巴蜀文化通史

百〇四歲叟 馬識途

《巴蜀文化通史》学术委员会

章玉钧　隗瀛涛　李绍明　林　向　胡昭曦　贾大泉
谭继和　万本根　陈玉屏　罗　鸣　沈伯俊　彭邦本

主　编
章玉钧　谭继和

副主编
罗　鸣　彭邦本

编辑部
主　任　侯水平　向宝云
副主任　万本根　李　庆

"十二五"国家重点图书出版规划项目
四川建设西部文化强省重点项目

章玉钧　谭继和　主编

巴蜀文化通史
通论 卷

谭继和　著

四川人民出版社

编者的话

巴蜀文化通史

编者的话

《巴蜀文化通史》编撰工程是中共四川省委批准、省委宣传部直接组织和领导，由四川省繁荣发展哲学社会科学协调小组立项、四川省社会科学院牵头的四川省西部文化强省建设重点支持项目，也是"十二五"国家重点图书出版物出版专项规划及国家出版基金（2016年度）资助项目。一直关心四川文化传承创新的省老领导杨超、杨析综、何郝炬、冯元蔚、廖伯康、聂荣贵、李永寿等同志率先向省委、省政府倡议启动编撰工作。在编撰研究过程中，得到了陶武先、柯尊平、王少雄、甘霖等历届省领导的大力支持和亲切指导，我们谨致衷心的敬意和感谢。

本书编撰委员会于2006年设立，编撰工作由此启动，至2020年全面完稿，历时十五年。编撰委员会名誉主任陶武先，主任王少雄、柯尊平，副主任殷建中、贾松青、侯水平、隗瀛涛、李绍明；顾问蔡美彪、李学勤、张海鹏；编委会成员有章玉钧、林向、胡昭曦、贾大泉、谭继和、万本根、陈玉屏、罗鸣、沈伯俊、彭邦本、向宝云、王素、舒大刚、邓经武、赵振铎、龙晦、龙显昭、刘平斋、吴野、钱来忠、曹顺庆、陈德述、任新建、李明泉、张忠仁、王毅、王庭科、冉光荣、杜肯堂、李学明、孙锦泉、陈廷湘、刘复生、佘正松、李健、李刚、李诚、江玉祥、江章华、蒋维明、李富政、高大伦、段志洪、侯德础、谢元鲁、甘绍成、张明富、张凤琦等。编委中，有些作为学术委员会成员，自始至终参与本书研讨和审定；有的承担了分卷的撰著；有的在本书酝酿和编撰的相关会议上提供了不少宝贵意见；有的应邀对有关书稿审阅并提出有益的建议。总而言之，编委们都为本书编撰出版做出了各自的贡献。另还专门请宗性（中国佛学院）审读了《宗教文化卷》。

编撰工作具体依托四川省社会科学院进行，院历届领导贾松青、侯水平、李后强、向宝云、高中伟等都给予大力支持、督促和帮助，多次召开院党委或院办公会议，听取编辑部汇报，决定有关事项并检查落实。编辑部成员张彦、彭东焕、印国玲在具体组织协调、制订规范规则、联系作者、学术讨论记录（含录音）、编写简报等方面做了大量工作。

《巴蜀文化通史》是集思聚智的学术成果，撰著参与者及分工情况详见于各卷后记。以下谨按卷次列出主要撰著者名单，共同见证这部著作的出版：

《通论卷》　　　　　　谭继和著
《农业与水利文化卷》　彭邦本编著
《工商文化卷》　　　　张学君著
《城市文化卷》　　　　何一民等著
《建筑文化卷》　　　　庄裕光著
《交通文化卷》　　　　蓝勇等著
《民族文化卷》　　　　赵心愚、杨铭等著
《宗族与会社卷》　　　张力著
《移民文化卷》　　　　陈世松著
《方言卷》　　　　　　李国太、黄尚军、袁雪梅、曾为志著
《民俗文化卷》　　　　徐学书、喇明英、况红玲等著
《哲学思想卷》　　　　蔡方鹿、刘俊哲、金生杨著
《史学卷》　　　　　　粟品孝、周鼎、李晓宇著
《宗教文化卷》　　　　李远国、向世山等著
《教育卷》　　　　　　徐辉、徐仲林等著
《文学卷》　　　　　　邓经武著
《艺术卷》　　　　　　苏宁、沈博、幸晓峰著
《科技文化卷》　　　　查有梁、王迎川、周世祥等著

《传播文化卷》　　　　　　赵志立著
《文献要览卷》　　　　　　舒大刚、李冬梅等著
《巴蜀文化大事记》　　　　张彦、陈德言、王林、彭东焕编著
《巴蜀文化研究论著索引》　李敬洵编

由于多领域的地域文化通史尚属首创，不同门类各有其文脉演变、内在逻辑与历史进程，故未对各卷涉及本领域涵盖的时间起止及个别体例做统一的要求。编著者虽务求如清人顾炎武所说"庶几采山之铜"，而力避"买旧钱""废铜以充铸"，但因见闻学识所限，书中疏漏不足之处，尚祈望读者正之。

最后要说的是，全书从编撰到出版来之不易，还得益于四川人民出版社历任社长罗韵希、解伟、黄立新，副社长骆晓平，总编辑刘周远的关心和支持。特别是谢雪编审从中协调、统筹以及众多编辑"为他人作嫁衣裳"的辛勤付出。巴蜀文化界学术界的领军人物、尊敬的马识途先生在2018年一百零四岁时为本通史题写书名。在此，我们表示深深的谢意。

章玉钧　谭继和　罗鸣　彭邦本
2021年11月

总 序

◎ 章玉钧

总　序

　　呈献在读者面前的这部多卷本《巴蜀文化通史》，是国家重点图书出版物出版专项规划项目、国家出版基金资助项目和四川省西部文化强省建设重点支持项目的学术成果。这个项目由中共四川省委宣传部直接组织和领导，四川省社会科学院牵头，川渝合作，组织和邀约四川省、重庆市七十多位巴蜀文化研究专家参加，得到四川省委、重庆市委和国家有关部门的重视和支持，获得国家和省文化产业经费的资助。全书二十二卷二十八册，约一千六百万字。编撰出版工作历时十五年终告完成。参加本书编修的专家学者们团结协同、切磋琢磨、集思聚智、甘苦备尝，贡献了创造性的劳动。四川人民出版社和各卷责任编辑认真敬业，严谨审慎，做出了辛勤奉献。在此，谨就编撰《巴蜀文化通史》的缘起与旨归、定位与特色、架构与方法、集成与出新，作一概括的介绍，以助读者对全书先有个总体的了解。

缘起与旨归

　　编修《巴蜀文化通史》之议，酝酿已久。20世纪80年代至90年代，巴蜀文化和蜀学研究在四川逐步升温，在选编出版徐中舒、蒙文通、顾颉刚、任乃强、邓少琴、冯汉骥等大师关于巴蜀文化的论著①后，陆续编写出版了《巴蜀文化图典》②《巴蜀文化研究丛书》③《巴蜀文化系列丛书》④。大家既为"地域文化热"的兴起而振奋，又在同地域文化研究先行地区的比较中，看到我们的差距，深感传承、整合和弘扬巴蜀文化，要抓牵头的东西，抓具有基础性、全局性和带动性的项目。2001年，一直关注文化的四川省老领导杨超、杨析综率先提出编撰《巴蜀文化通史》的倡议，杨超还构想系统整理自古以来的巴蜀文献，编成《巴蜀全书》。他们登高一呼，高屋建瓴，对学界有很大的启发和鼓舞。经过反复酝酿，省里八位老同志⑤于2005年10月联名致信四川省委、省政府，建议启动《巴蜀文化通史》的编撰工程。在组织四川高校和研究机构数十位专家学者进行论证，并征得重庆市有关领导和专家学者的赞同后，省委批准立项，审定了全书的框架设计。2006年7月，《巴蜀文化通史》多卷本编撰工程正式开展。

大家渴望编撰《巴蜀文化通史》并积极付诸行动，是基于这样的共识：民族文化是一个民族的根、脉、魂，是民族精神的载体，是支撑民族生存和发展的脊梁。全球文明古国各具优长，唯有中华文明几千年来一脉贯通地连续发展至今，重要原因是有由甲骨文、金文发展而来的形、音、义相结合的汉字为重要载体和文化纽带，用其写成的文史典籍代代承传，从未间断，起到全民族凝心聚力的巨大作用，激励中华民族历经磨难而不衰，直至迎来民族走向伟大复兴的盛世。巴蜀文化是多源汇成一脉、多元聚为一体的中华文

---

① 徐中舒《论巴蜀文化》、蒙文通《巴蜀古史论述》、顾颉刚《论巴蜀与中原的关系》、任乃强《四川上古史新探》、邓少琴《巴蜀史迹探索》，均由四川巴蜀史研究会编辑，由四川人民出版社于20世纪80年代出版。此后还有《冯汉骥考古学论文集》1985年由文物出版社出版，另有《缪钺全集》2004年由河北教育出版社出版。
② 该图典由川渝合作编成，刘茂才、滕久明任编委会主任，万本根、俞荣根任主编，四川人民出版社1999年出版。
③ 该丛书由杨超、杨析综任编委会主任，首批六册。李绍明《巴蜀民族史论集》、隗瀛涛《巴蜀近代史论集》、林向《巴蜀考古论集》、胡昭曦《宋代蜀学论集》、谭继和《巴蜀文化辨思集》、徐南洲《古巴蜀与〈山海经〉》，均由四川人民出版社2004年出版。
④ 该丛书由杨超、杨析综任编委会主任，谭洛非、邓星盈、万本根任主编，共十册，四川人民出版社2001年出版。
⑤ 八位老同志是杨超、杨析综、何郝炬、冯元蔚、廖伯康、聂荣贵、李永寿、章玉钧。

化中一个重要的区域文化，是博大精深的中华文明的一枝奇葩，在中华民族文化谱系中占有独特的地位。她绚丽多彩、大器包容，在与兄弟地域文化交流互益、吞吐融会中发展繁荣，形成并展示出独特的神韵和魅力，使哺育她的中华文化更添灿烂辉光。对于川渝地区各族同胞而言，巴蜀文化就是我们世代生存之根、承传之脉、发展之魂。

巴蜀大地钟灵毓秀、文脉悠长，堪称多种人类遗产荟萃的聚宝盆。巴蜀文化有许多独具的特色和亮点，足以令我们为先辈的创造感恩并自豪。茂县营盘山、成都平原从宝墩到三星堆、金沙以及长江三峡、宣汉罗家坝等处文化遗址的多次惊世发现，结合古文献资料，无可辩驳地证实了巴蜀作为长江上游的上古文明中心，丰富了中华文明的基因，显示出古蜀古巴文化永恒的魅力。周秦以来，中华思想文化素以儒学、道学为主干；佛学西来后，更以儒释道交融互补为特色。蜀地仙道发源很早，成为天师道的创教地；儒学从西汉起就在此代代传承，文翁石室、周公礼殿、孟蜀石经彪炳千秋；在佛教中国化的进程中，巴蜀出了许多大德高僧，尤其是禅学大师，成为中国禅学中心之一。作为中国重要地域学术文化的蜀学，富有哲思传统和文史之长，"易学在蜀""史学莫隆于蜀""文宗自古出巴蜀""自古诗人例到蜀"等赞语，无不彰显历代巴蜀学术文化的璀璨夺目，成就非凡。巴蜀的音乐、舞蹈、碑刻、石窟、书法、绘画、诗词歌赋、戏剧、织锦、酿酒、制茶、肴馔等享有盛誉，非物质文化遗存丰赡多彩。巴蜀悠久的农耕文化与繁盛的工商文化相得益彰，并曾在水利开发、天然气开采、钻井术、天文、数学、医药等科技领域独占鳌头，纸币"交子"首发领先全球。巴蜀是中国历史上一个典型的移民区域，又长期是汉族和许多少数民族相聚和融合的地区，开拓了对外交往的条条蜀道，形成了连通中亚、南亚的南方丝绸之路和藏羌彝民族走廊。移民文化与原生文化、汉文化与少数民族文化、本土文化与外来文化在这里交融互动，使巴蜀文化具有很强的开放性、包容性、创新性和辐射性，这些特性被学者喻为"水库效应"。巴蜀儿女自古敢为天下先，尤其是百余年来向现代化转型时期，巴蜀文化哺育和造就了众多的杰出人物和文化精英，红色文化光耀史册，三线建设举国之重，"改革之乡"①闻名遐迩。在2008年"5·12"汶川特大地震等自然灾害的救援和重建过程中，四川人民表现出的英勇、睿智、大爱、感恩，也都凝聚着巴蜀文化浴火重生的精神。

当今中国正处于世界百年未有之大变局，建设社会主义文化强国，着力提升文化软实力，关系到"两个一百年"奋斗目标和中华民族伟大复兴中国梦的实现。身为当代学人，要在马克思主义指导下，树立高度的文化自觉和自信，十分珍视本土优秀的传统文化，处理好传统文化与现代化、本土文化与外来文化的关系，立大志愿，开大视野，用大手笔来发掘和系统梳理传统文化资源，传承、整合、弘扬巴蜀文化，致力于培根铸魂、固本延脉，使我们优秀的文化基因永续传承，与当代社会相协调，让富有恒久魅力、具有当代价值的巴蜀文化在提高全民精神素质，推进文化强省强国，铸牢中华民族共同体意识和助推构建人类命运共同体的进程中发挥应有的作用。

编撰多卷本的《巴蜀文化通史》，具有深远宏大的文化价值、学术价值和应用价值。一是对巴蜀文化几千年的发展轨迹及其创造、积累的宝贵文化财富，作出系统梳理和规律性总结，可以回应巴蜀民众了解"我是谁""我从哪里来"的文化寻根需求，丰富人们的精神世界，尤其是在道德规范和价值取向上得到涵养和化育。二是可以较全面地展示巴蜀文化的神韵和亮点，系统阐扬蜀史、蜀学、蜀文、蜀艺，构筑宽阔的学术研究平台，为巴蜀人文社会科学走向繁荣，促进传统文化的创造性转化和创新性发展，发挥立其大本、凝聚人心、导向助推的作用。三是同兄弟地域文化的研究成果相互呼应、相得益彰，有助于深入了解中华文化，传承中华文脉，为我们的母亲文化增光添彩，一起来展示她的独特魅力，进而与世界多元文化中不同民族文化平等交流互鉴，为建设新时代中国特色社会主义文化，增强我国的文化竞争力和软实力添砖垒瓦。四是更进一步促进川渝文化合作，可以为繁荣、丰富当代巴蜀先进文化建设，尤其是推进文化创意产业和康乐旅游产业，发掘深层次的文化内涵，提供坚实的学术依据，从而开启思路、激发灵感，以文塑旅，以旅彰文，把潜在文化资源（包括物质文化遗产和非物质文化遗产）

---

① 邓小平1982年对家乡四川的深情赞语。

转化为现实的生产力和文化软实力。五是有助于改变四川高校和研究机构在巴蜀文化和蜀学研究上各自为政、力量分散的状况，使之汇聚并形成有较高水平的老中青结合的研究队伍。与《巴蜀文化通史》珠联璧合的《巴蜀全书》，作为四川有史以来最大规模的古籍文献整理工程，经由四川大学古籍整理研究所提出并担纲，在四川省社会科学院和兄弟高等院校协力下，2012年以来，已出版阶段性成果两百余种，就是蜀学研究正在形成合力的又一明证。

定位与特色

为了实现前述宗旨，参与编撰的同仁都力求使《巴蜀文化通史》既是文化集成，又是学术创新，努力做到观点有一定创新性，知识含量丰富，资料翔实，文笔流畅，总体上进入巴蜀文化研究的学术前沿，在科学性、系统性、创新性、前瞻性、可读性等方面力争成为当代巴蜀学人可以"预流"——预于时代学术潮流的成果，成为在巴蜀文化研究上服务于现实并可继往开来的学术著作。但我们悬鹄虽高而未必力所能逮，故难免"取法乎上，仅得乎中"之憾。

这部书的研究对象是巴蜀文化，性质是通中寓专、通专结合的文化通史，角度是把地域史学与文化学及相关学科契合起来，贯穿全书的编撰理念是"三通"，即纵通、横通与会通。这里就分别说一说本书的"文化"本位、"巴蜀"立位和"三通"定位。

（一）"文化"本位

世界上对"文化"的定义已经有好几百种。我们以唯物史观为指导，本着天人合一、以人为本的中华人文精神[①]来解读文化。"惟天地万物父母，

[①] 天人合一、以人为本，打破天道与性命的隔阂，既避免把天人合一引向神学化，也避免陷入人类中心主义，而把敬畏、顺应自然与发挥人的主体能动性相统一，蕴含天人相依相待、互动互益的张力。

惟人万物之灵。"①人作为自然演化的产儿，受惠于天地万物，在群体劳动实践中成为地球上的万物灵长，既能创制工具，又能用语言交流，进而创制文字，由此有了文化及其积累、传承，于是便创造了"人化的自然界"。同时，在法天、法地、法万物的进程中，人也改变和提升着自身。汉字的"文"，原意是文身、文饰、纹理，以文来显示，以文来变化，讲规矩、礼貌，与禽兽区别开来。这是外在的，更是内在的。文的外化于行与内化于心，开物成务与锻塑成人，乃是人类与自然进行精神与物质相互变换中联袂互动的双重效应。自然力所为乃造化，人类心力所创是文化。文化从何而来？由人化文；文化落脚何方？以文化人。荀子讲"化性起伪"，"伪"就是人为的东西。要改变自身才能更好地改变世界。文化就是这样"人化"与"化人"（或曰"人为"与"为人"、人性的外化与内化）相统一，在双向建构中螺旋式上升，推动着人居世界的演进。人，既是创造文化的能动主体，又是文化所创造的价值主体。这与古语"人文化成"②的解读可以相通，也跟西方"文化"一词兼容"耕作、栽培"（外化）和"养育、教化"（内化）的语义相衔接。《中庸》讲至诚尽性，内外交修："惟天下至诚，为能尽其性。能尽其性，则能尽人之性；能尽人之性，则能尽物之性；能尽物之性，则可以赞天地之化育；可以赞天地之化育，则可以与天地参矣。"③这段话，恰可理解作为内化与外化相统一的文化的功能。

这样的广义文化，它对外与天地万物相成相济，内结构则包含着精神文化、语文符号、规范体系（行为习俗和法律）、社会制度和社会组织、物质产品等要素。④这些文化要素，大体可划分为相互联结、相互渗透的三个层面：外层是作为基础的物态文化，即经过人的劳动形成的"人化"自然或器物层面，体现人与自然的互动关系及其物质成果；中层是语文符号、制度文化和行为习俗文化等，可称为"交往文化"，体现出人与人的互动关系即社会关系，也是精神文化的外在表现；内层则是以价值观为核心的精神文化，

---

① 《尚书·周书·泰誓上》，《十三经注疏》上册，中华书局1979年影印本，第180页。
② 《易·贲卦·彖辞》："观乎天文以察时变，观乎人文以化成天下。"
③ 《礼记·中庸》，《十三经注疏》下册，中华书局1979年影印本，第1632页。
④ 《中国大百科全书·社会学卷》，中国大百科全书出版社1991年版，第409页。

体现出人的心灵世界在真、善、美、圣（科学、道德、艺术、哲学、宗教）诸多领域与境界的创造。清代龚自珍说过："圣人之道，本天人之际，胪幽明之序，始乎饮食，中乎制作，终乎闻性与天道。"①文化的上述三个层面，既如血脉相通，总体上联动互进，在变迁时序上又往往呈现有速有缓、或前或后的不平衡发展状态。这种总体性与异步性的统一，是在研究和描述文化史时需要仔细琢磨和体现的。

综上所述，文化是在天人相合相分、互动互益进程中人的生命存在及其取得的全部成果，或简单地说，文化就是人类独有的生存方式。人们总是生活在世代传承而又不断积累、不断丰富的文化之中。这文化如水，滋润万物；若风，吹拂人间；又好比血液，灌注循环于特定民族或地区人群的心灵深处，产生凝聚力和认同感，积淀、凝结为人们稳定的生存方式。因此，人类的文化既有共通性，又有民族性、地域性和时代性，是多元的、多样的，而不是单一的、无差别的。不同民族、不同地域、不同时代产生的文化模式，形成的文化精神各有不同。伴随着时代的风云变幻，当不同文化相遇、相会时，从价值观念、思维方式、生活样态到社会习俗，就会产生交流、交融、交锋，出现文化选择和互融，进而导致文化的转型。通观世界历史，文化转型曾有过各种不同的类式。中华文化的现代转型是守正创新，把马克思主义基本原理同中华优秀传统文化相结合的自主式；而不是聚合多种移民文化、喧宾夺主的复合式；更不是那种特定场合下原有文化解体，被另一文化取代的断崖式。

"文化"和"文明"是两个意义相近又有区别的概念。文化侧重于文的功能，文明侧重于文的成就。人猿揖别，就出现文化；到告别蒙昧、野蛮，才进入文明时代。文明是个褒义词，囊括人类创造的积极成果之总和，用以指称人类社会的进步程度和开化状态。②当今多以文化标示民族性差异和地域性特色，而以文明标示人类的普遍行为和多元成就。文明因交流而互鉴，因互鉴而发展。在经济和科技全球化进程中，许多物态文化和一部分行为习

---

① 《五经大义终始论》，《龚自珍全集》，上海人民出版社1975年版，第41页。
② 《易·乾·文言》："见龙在田，天下文明。"《尚书·舜典》："睿哲文明。"孔疏：'经天纬地曰文，照临四方曰明。"

俗文化在逐步趋于同质化，而具有不同基因的制度文化、语言文字，特别是精神文化，则终会呈现和保持多样化。这一部地域文化通史，本着文化的多元性和相通性来立论，各卷都力图写出浓郁的地域文化味，体现出"人化"与"化人"的统一。

（二）"巴蜀"立位

广袤的中华大地因地壳碰撞形成了自西向东、由高到低三个落差很大的阶梯，巴蜀处于高阶到中阶的内陆腹地，连通祖国的南北西东。巴蜀西部为青藏高原东南缘及横断山区北段，东部为群山环抱的四川盆地，总体地势西高东低，地形地貌独特丰富，集雄、奇、险、秀于一体，自然禀赋得天独厚，是万物生灵的洞天福地。巴和蜀是上古以来巴人、蜀人及其他族群先民活动的地域，二者相连乃至交错，文化复合共生，自成一个地域文化区系。在中华文明满天星斗式的起源中，这里是相对独立肇兴的长江上游文明起源中心，有巫山人、资阳人为代表的文化根系，有万年以上的文明起步，上古巴蜀地域文明形成和发展中的不少谜团还有待地下发掘来破解。三千多年前巴蜀文明就与中原文明血脉交融，与吴越、荆楚等文明紧密互动，也与南亚、中亚文明交流互鉴。公元前316年，秦并巴蜀后则更紧密全面地融入中华文明共同体，成为它重要的组成部分之一，东汉时即享有"天府之国"的美誉。巴与蜀同源同圉，文化具有同质性和内聚力，而自然人文环境又同中有异，形成了刚柔相济的复合型文化共同体。蜀人慕文好乐，精敏健雄，浪漫诙谐；巴人质直尚勇，豁达豪爽，吃苦耐劳。所谓"巴出将、蜀入相"，大致道出了两者文化性格的差异。巴蜀的地域范围历代有涨有缩，行政区划迭有变迁（包括1997年以后川渝分治），而长期历史形成的巴蜀文化区虽没有截然划定的边界，却是相对稳定的整体，并未因行政区划变动而忽合忽分。巴蜀文化区的范围是涵盖今四川省和重庆市地域，兼及周边风俗略同地区的民族文化共同体。它以史源悠久、流传有绪的巴文化、蜀文化为主轴，既包括四川盆地以汉族为主体、辐射四周的文化，也包括盆地周边各以藏、彝、羌、苗和土家等世居少数民族为主体、各民族和谐共融的文化，是这一地区从古至今多民族地域文化的总汇。这部书论述的地域以今四川省和重庆市为主,对不同历史时期曾纳入巴蜀行政区划或与其文化关联密切的地域也有涉及。

巴蜀虽地处祖国内陆,不靠边、不濒海,却衔接南北,连通西东。在编撰这部书时,我们力求处理好巴蜀文化与其母文化——中华文化的关系,重视巴蜀文化与兄弟地域文化之间的交集和互动,着眼于巴蜀文化的特性、个性,寓共性于个性之中,寓统一性于多样性之中。我们也重视巴蜀文化与域外文化之间的交集和互动,注意巴蜀文化在中外文化交流中所起的作用。在巴蜀文化内部,我们力求处理好蜀文化与巴文化相互之间的关系,巴蜀汉民族文化与各世居少数民族文化的关系,尽可能都给以充分的关注,反映它们之间的共性与个性、互联与互动,力避顾此失彼,详略失当。为涵盖并展示少数民族文化多姿多彩的众多领域和方面,这部书除单独设置《民族文化卷》外,各有关专题卷都力图把相关领域的少数民族特色文化摆在重要位置进行阐述和概括。

(三)"三通"定位

"三通"是贯穿全书的重要编撰理念。史著价值在于信,通史灵气在于通。司马迁"究天人之际,通古今之变,成一家之言"[①]是我们心向往之、孜孜以求的目标。史学前辈范文澜等曾提出"三通"("直通""旁通""会通"),我们根据编撰《巴蜀文化通史》的要求,把历时态的"纵通"、共时态的"横通"与跨文化、跨学科的"会通",合在一起作一些新的阐释。世界是通的,大历史是通的,大文化是通的。文化史的发展,本来就涵盖着纵向的全过程、横向的多层面、跨文化的多领域。通向历史本真,揭示历史本体,是"三通"追求的目标。尤其是作为通中寓专、通专结合的多卷本地域文化通史,无论承担通论或专题卷的学者,都力求在"三通"上下功夫。

一曰纵通,指历时态全过程的贯通。"观水有术,必观其澜。"这部书贯穿古今,上溯于远古巴蜀先民之蒙昧初开,下迄21世纪初年川渝之文明新

---

① 《史记》卷一三〇《太史公自序》。

貌，原始察终，系统梳理这个既有内在连续性，又呈现不同时代阶段性的曲折过程中巴蜀文化层积而兴的脉络，由此分析其在各个历史时期的盛衰流变，此起彼伏的高峰低谷，展示巴蜀文化的特色和贡献，进而探究其发展的逻辑进程，尤其是传统巴蜀文化向现代化转型的路径，论证巴蜀文化的当代价值和意义，揭示巴蜀文化的发展趋势和前景，做到鉴古察今、述往知来。这是全书贯穿始终的主线。这条主线还可以从实践与认识的角度一分为二：一是巴蜀文化的实践史、发展史；二是在实践基础上对巴蜀文化的认识史、研究史。二者结合方能从实践与认识的循环往复中，深入把握"外化与内化相统一"的文化真髓。

二曰横通，指共时态全方位的互通。"事不孤起，必有其邻。"从全书立卷到各卷章节的设置，都力图以时间为经，以反映文化的不同层面及专题为纬，纵横交织，立体成像。历史运动是有结构的，它是过程与结构的统一，广义文化中各层面的共生、交叉、互动就体现着这种结构性。这部文化通史不仅要剖析巴蜀文化发展的过程，同时要展现巴蜀文化的层次与结构。本书多数专题卷，虽然在物态文化、交往文化、精神文化几个层面中各有其侧重点，但都是从有血有肉的文化肌体中抽出来的，不能孤立求索和描述。研究时不仅不能把经济基础与其上层建筑割裂开来，还要努力展示文化各层面的横通，展示各专题内部各个相关领域的横通。这样做是为了尽量体现地域文化生成的内在机理，使读者把握到神完气足、血肉丰满、生机勃勃的整个巴蜀文化。

三曰会通，着重指跨文化、跨学科的多元共融，全景式打通。《易·系辞上》说："圣人有以见天下之动，而观其会通。"① 南宋郑樵《通志》特别强调"会通"。② 要从天下事物阴阳变动不居的状况，观察领悟其会合变通的卯窍。人类文化从来是多元并存，在相互比较、碰撞、渗透、融合中发展的。研究地域文化，必须有开放式的大视野，具备跨文化、跨学科的眼界

---

① 李鼎祚《周易集解》注文中引用汉代干宝："观日月而要其会通，观文明而化成天下。"
② 郑樵《通志·总序》："百川异趋，必会于海，然后九州无浸淫之患。万国殊途，必通诸夏，然后八荒无壅滞之忧。会通之义，大矣哉！"又其《夹漈遗稿》卷三《上宰相书》："天下之理，不可以不会，古今之道，不可以不通，会通之义，大矣哉！"

和通识，能够在充分尊重和了解各种文化事象的前提下，不停留于对现象的描述，而要触类旁通、探赜索隐、择精合妙、汇聚通宜，真正实现圆融贯通。纵通为经，横通为纬，须擅会通，方呈现三维立体的全息图景，做到究始终、观全体、明是非得失之故。就是说，文化史研究要通过分析和综合，具备文化反思和阐释张力，会归通衢，由"方以智"进到"圆而神"，抵达藏往知来之境。

我们时时提醒自己：研究巴蜀文化不仅要钻得进去，还要跳得出来，站到更高处，具有开放的胸襟和跨文化比较的视野，把巴蜀文化放到多元一体的中华文化和全球多元文化的大背景下加以审视，察异观同，和合会通。巴蜀文化从来不是与世隔绝、孤立自足地成长起来的，而是在同周围的兄弟地域文化相互影响下发育繁衍，并在同远近的异质文化间接或直接的交流互动中汲取营养的。我们正处在不同文化交流空前深入、碰撞空前激烈的时代，为了追寻全球文化的多元和谐，助推构建人类命运共同体，一定要本着"各美其美，美人之美，美美与共，天下大同"的文化会通观，祛除近代以来因受西方强势文化轻视、压抑而形成的文化自卑和盲从心态，提高对中华文化地位、作用的认识，坚定文化自信，珍爱并拓展、弘扬本土文化的精华。要在马克思主义指导下，具备通识通才，对中外文化精神析同辨异，折冲樽俎，在会通中实现对优秀传统文化的继承和超越，对外来文化精华的吸纳和转化，促进新时代中国特色社会主义文化繁荣发展，不断开拓文化巴蜀、文化中国转型复兴之路。

架构与方法

20世纪初叶，随着新史学的兴起，文化史在历史学中的地位得到重视和加强。刘师培曾计划研究文化专门史，含十六种，以西方学术的科目，析先秦诸学学术思想之长短得失。①胡适设想，中国文化史要包括民族史、语言文字史、经济史、政治史、国际交通史、思想学术史、宗教史、文艺史、风俗史、制度史等科目。②梁启超专就文化史的做法讲课，认为需要对政教典章、社会生活、学术文化等方面，做分门别类的文化专史。最好是把人生的活动事项纵剖，依其性质，分类叙述。在狭义的文化专史中，他举出语言史、文字史、神话史、民俗史、宗教史、道术史（哲学史）、史学史、自然科学史、社会科学史、文学史、美术史等。③不过，20世纪30年代初问世的几部中国文化史（如杨东莼1931年、柳诒徵1932年、陈登原1935年），仍多系综合体裁，对各文化门类往往语焉不详。

在前辈学者探索的启发下，我们反复思量，决定突破所见的国内现有地域文化史侧重综合、纵通的体裁，而按"纵述史实，横排门类"的编撰原则，采用"通论+专题卷+大事记"这样一种体现纵通、横通、会通的创新结构，几经斟酌，全书共二十二卷，排序如下：置全书之首的《通论卷》，阐释了巴蜀文化的基本概念与学术体系，生态环境背景，巴蜀文化的研究史和认识史，由古及今的文化发展轨迹、基本性质及基本特征，在多元一体、博大精深的中华文化中的定位及其特殊贡献，薪火传承与现代化转型创新及前景趋势，力求起到提纲挈领、纲举目张的作用。其后大体按文化的不同层次，分别为巴蜀文化具有特色的领域、学科列专题卷。先是侧重物态文化并由此探及相关交往文化、精神文化层面的，有《农业与水利文化卷》《工商文化卷》《城市文化卷》《建筑文化卷》《交通文化卷》；接下来的《民族文化卷》从中华民族共同体的多民族视角强调综合性；《宗族与会社卷》《移民文化卷》《方言卷》《民俗文化卷》大体属于制度文化、语言文字、行为交往文化层面（鉴于政制、职官、法律等制度，全国大体统一，故不设专卷）。继后精神文化层面的部分，卷数较多，设有《哲学思想卷》《史学卷》《宗教文化卷》《教育卷》《文学卷》《艺术卷》《科技文化卷》《传

---

① 刘师培：《周末学术史序》，1905年作，《刘师培儒学论集》，四川大学出版社2010年版，第36~78页。
② 胡适：《〈国学季刊〉发刊宣言》，《胡适文存》二集，黄山书社1996年版。
③ 梁启超：《中国历史研究法（补编）》，《中国历史研究法》（外二种），河北教育出版社2000年版。

播文化卷》。为便于了解巴蜀历史文献，尤其是蜀学文献，特设有文献目录学专题《文献要览卷》。专题卷之后的《巴蜀文化大事记》，对先秦至当代巴蜀文化重大事件以编年方式扼要记载，便于读者对巴蜀文化全程有鸟瞰式、综合性的把握；《巴蜀文化研究论著索引》，则供研究者作为检索工具使用。以上就是全书的架构。

各专题卷均前置导言，末设结语。其篇章框架则因事制宜而有所不同。有的是以时期分章，大体按不同门类分节，在纵通中含横通（如《教育卷》）；有的主要按专题并结合时序来分章节，在横通中含纵通（如《科技文化卷》）；有的先理出历史线索，再突出一些重点专题，先纵后横，纵横结合（如《城市文化卷》）；还有的卷内分两编，分述相关内容（如《农业与水利文化卷》）。

《巴蜀文化通史》作为多卷本的学术著作，主要供大专以上程度的读者阅读，以及文化馆、图书馆等购备。它既不是曲高和寡的"阳春白雪"，也不是能够直接普惠民间的通俗普及读本。为了让巴蜀文化走进千家万户，还有待开发科普读物和图文，使之逐步大众化，在应用和传播上做创新文章。

编撰《巴蜀文化通史》，涉及学科门类甚广，涵盖时间很长，创新要求颇高，总字数超过千万。这样的文化工程，绝非率尔操觚、短促突击所能成功。近人刘承幹[①]《明史例案》提出过八条准则，就是"搜采欲博，考证欲精，职任欲分，义例欲一，秉笔欲直，持论欲平，岁月欲宽，卷帙欲简"，我们在编撰过程中借作参照，同时根据在新时代撰写地域文化通史的新要求，不断从实践中探索，大体形成了以下一些做法：

（一）多学科的专家学者分工合作，协同攻关

梁启超主张，广义的文化专史，涉及面特别广，在专史中最为重要，也最为困难。这不单是史学家的责任，更是研究某种专门学问的人对于该种学问的责任，要尽量用内行的专门家去做。若能以终身力量做出一种文化专史

---

① 刘承幹（1881～1963）：著名藏书家、刻书家、史学家。

来，于史学界便有不朽的价值。①本书的编撰设置了编撰委员会、学术委员会及编辑部，确定由正副主编主持编撰，编辑部依托省社科院开展编务工作。各专题卷的著者采取定向邀标办法聘请，多为对该学科领域研究有素的专门家，分别采取由个人承担，或二三人合著，或一人主撰、团队协力完成等方式进行。为保证学术质量，使全书有机统一，在实行主编负责制的同时，由资深专家组成学术委员会，全程参与从项目规划到成书的学术攻关和学术把关。

2006年以来，先后开了四次分卷著者会议，八十多次书稿审读会议。第一阶段，先由学术委员会同分卷著者反复讨论各卷著者拟出的由粗到细的提纲，并明确全书编纂理念②，统一规范体例，然后与分卷著者签订编撰合同，落实工作责任。第二阶段，学术委员会同分卷著者研讨各卷写出的一两章样稿，这是"摸着石头过河"的试错与磨合过程。有些卷的思路和写法曾有大的调整和改变。第三阶段，各卷著者潜心研究，奋力写作。初稿先后写出后，大都经过学术委员会仔细研读，写出审读意见，同著者一起讨论，从结构、体例到观点、材料都认真交换意见，对著者遇到的各种史料、概念及话语体系、文脉梳理、文化基因挖掘等问题，出点子，提思路。待著者修订后又进行讨论，有的书稿研讨了四个回合。当某一分卷初稿趋于成熟时，即请出版社责任编辑提前介入审编，参加讨论，以便撰写工作与第四阶段的编辑出版工作紧凑衔接，不出空当。因各卷皆分头撰写，结构和文字风格有所不同，对同一文化事象的见识裁断有别也在所难免。在统改书稿过程中，既充分尊重分卷著者的学术个性和创见，同时为了各卷在总体上规范统一，基本观点相互协调而不相抵牾，尊重主编的统改权，而在个案判断上各卷则有自由度。注意把握各卷边界，相互照应避让，以免大的重复，做到详略互见，各得其宜。

在这部文化通史编撰期间，本书学术委员会大多数成员在辛勤共事中度过了古稀以至耄耋之年。我至今还清楚地记得在每次研讨会、审稿会上专家

---

① 梁启超：《中国历史研究法（补编）》，《中国历史研究法》（外二种），河北教育出版社2000年版。
② 章玉钧：《关于编纂〈巴蜀文化通史〉的思考》，《中华文化论坛》2007年第4期，第5~10页。

们无私地贡献个人的真知灼见，自由发表不同见解乃至相反的主张，体现出的那种学术为公的争鸣探索精神。尤其令我们刻骨铭心的是：隗瀛涛、李绍明、贾大泉、沈伯俊、万本根、胡昭曦、林向七位先生为学术工作长期呕心沥血，先后因病辞世。对诸位先生的高见卓识、学者风范尤其是为编撰本书所做的贡献，我们将永志不忘。

（二）采取多重证据法和综合研究法，在搜集和鉴别史料上下大功夫

古人所称"文献"，原本指书面文字记载与贤人口头传闻[①]，徐中舒先生拓展他的老师王国维的古史二重证据法为多重证据法，注重传世文献、出土文物和现代民族学、民俗学的活态文献等结合互证，将区域文化史研究提高到崭新的学术境地。本书编撰中，继承和弘扬王、徐等前贤视野广阔的史料观，搜罗史料力求竭泽而渔，鉴别史料着意披沙拣金，通过综合比勘、相互参证，追根溯源，从而正误辨伪，务寻真史。各专题卷著者都是先汇辑基本史料并掌握学界已有研究状况，汲取前人取得的成果，才进入写作阶段。有好几卷的著者更是"读万卷书、行万里路"，带领研究生经年累月搞田野考察，获得不少真知灼见，从而在学术上有了新的拓展。

（三）坚持文化学的视角，采取多学科交叉和比较文化学的研究方法，力求写足文化味

文化既然是人的生存方式，归结为"人化"和"化人"，每卷文化史就要见物更见人，既写出"由人化文"的胜境，更揭示"以文化人"的妙谛。有关精神文化的各专题卷，既系统梳理巴蜀精神文化尤其是蜀学发展繁荣的脉络，突出展示巴风蜀韵孕育出的文宗巨子和文化精英的成就，也记载众多无名工匠、艺人等留下的民族民间文化、市井文化的瑰宝。侧重物质文化的各专题卷，不停留在物态层面的描绘，而尽力深入到制度层面、精神层面。如《农业与水利文化卷》《科技文化卷》等，对举世无双、造福人类

[①] 朱熹："文，典籍也；献，贤也。"引自《四书章句·论语集注》卷二《八佾第三》，中华书局2012年版，第63页。

二千二百七十多年的都江堰水利工程，就不仅从物质、科技、生态层面介绍其巧夺天工、可持续发展的奥秘，而且从制度文化层面总结其堰官、岁修、劳役、配水、轮灌、收费等管理制度，更深入精神文化层面阐释其"上善若水"的哲理和人文精华。

（四）掌握焦点，抓住重点，发挥特点，突破难点

饶宗颐先生在揭櫫华学趋向时，曾提出"三条"："一是纵的时间方面，探讨历史上重要的突出事件，寻求它的产生、衔接的先后层次，加以疏通整理。二是横的空间方面，注意不同地区的文化单元，考察其交流、传播、互相抱注的历史事实。三是在事物的交叉错综方面，找寻出它们的条理——因果关系。"又说："我一向采用的史学方法，是重视'三点'，即掌握焦点，抓紧重点，发挥特点，尤其要特别用力于关联性一层。"[①]我们体会，"三通"的理念与上述"三条""三点"是一致的，而方法上特别重视关联性，就要纵通找焦点，横通抓重点，会通求特点。编撰中，我们注意咀嚼梁启超的卓见：文化的发展史，各个时代、各个领域是不平衡的，重要性是不一样的，要分主系、闰系和旁系。不要平讲直叙，分不出浓淡高低。须用鸟瞰的眼光，看出哪个时代最主要，发达到最高潮，便用全力赴之。[②]各书大都采用了这种大处着眼、抓住重点、突破难点、提炼观点、不平均使用力量的方法。

集成与出新

前面提到，编撰这部书时，我们力求做到既是文化集成，更是学术创新。无论文化发展、学术探索，都是慧命相续、推故致新的过程，需要不断传承积累，继往开来，久久为功。"譬如积薪，后来居上。"用冯友兰先生

---

① 饶宗颐：《〈华学〉发刊词》（1995年），《选堂序跋集》，中华书局2006年版。
② 梁启超：《中国历史研究法（补编）》，《中国历史研究法》（外二种），河北教育出版社2000年版。

的话,这是从"照着讲"到"接着讲"的进程。每门文化史的研究,都需要对已有的各种史料,广搜博采,集纳钩沉;对前贤成果循波讨源,含英咀华;只有在对文化遗产守正传承的基础上,才有可能站到前人肩膀上,回应新的时代需求,匠心独运,开拓新境;才有可能焕然出彩,奉献出在某些方面超越前贤的成果。朱熹诗云:"旧学商量加邃密,新知培养转深沉。"①集成是出新必需的基础和前提,出新则是集成企求的目标和价值增值的成就。二者同体异面,缺一不可,是衡量学术成果质量相互关联的两个维度。

(一)从集成的维度看

首先,《巴蜀文化通史》可以说是"巴蜀文化"概念提出八十多年来首次大的学术集成。"西蜀文化"(郭沫若1934年)、"巴蜀文化"(卫聚贤1941年)提出之初,主要是就巴蜀考古文化而言,后来渐次扩大到广义的巴蜀文化,有关论著已上千册,有关文章达数万篇(《巴蜀文化研究论著索引》多有著录),形成了分别以史学文献考据、文物考古、民族民俗田野调查为主的三种研究方向,近年又发展出综合诸家的会通型研究方向。各条路径的学者在不同领域、从不同角度艰辛探索,均取得了丰硕的成果。本书各卷编修中,都努力加以搜集、消化和吸取,并以借鉴、发挥这些观念、方法为前提,力求形成对巴蜀文化研究具总汇性的成果。如《通论卷》从总体上就巴蜀文化生态背景、内涵性质、发展历程及基本规律、特征等问题,会通诸说,取精用宏,做了言之成理的统体性总述,成为具有集成性的一家之说。《民族文化卷》不仅就民族理论的疑难问题深入研究,还在搜集分析历史文献材料、文物考古材料,特别是对国家组织的多次民族调查材料下了很大功夫,从而描绘出巴蜀世居各少数民族立体生动的文化图景。

其次,古往今来的巴蜀文化长河浩荡壮丽,魅力无穷。《巴蜀文化通史》对清点总结长时段、宽领域、多层面的巴蜀文化来讲也是一次学术集成。巴蜀的历史文化名人,如大禹、李冰、落下闳、文翁、司马相如、扬

---

① 《鹅湖寺和陆子寿》,(宋)朱熹著,郭齐、尹波点校:《朱熹集》卷一,四川教育出版社1996年版,第185页。

雄、诸葛亮、陈寿、常璩、陈子昂、武则天、李白、杜甫、薛涛、苏轼、格萨尔、张栻、秦九韶、杨慎、李调元等，都在相关卷帙中重点推介，娓娓道来；巴蜀历史上突出的物质文化成就和非物质文化成就，蜀学、蜀文、蜀艺、蜀籍的精华也都提要钩玄，荟萃于此。如《文献要览卷》就搜选论列了近五百种巴蜀文化重要典籍，可一览巴蜀文献精华，为学者指点津梁。又如智慧幽默的四川方言是巴蜀历史文化凝结的珠宝，《方言卷》挖掘、串起一颗颗珍珠，并生动剖析其蕴含的丰富文化信息，令人齿颊留香。

再者，不少专题卷的著者既具文化通识，又对该学术领域长期耕耘，研究有素，此次写作起到了阶段性总结的学术集成作用。例如：《城市文化卷》著者三十多年来由跟从名师到带领团队，一直深耕于近现代中国城市与城市文化研究领域；《移民文化卷》著者是国内知名的移民文化、客家文化研究专家；《交通文化卷》著者多年致力于西南历史地理尤其是交通文化的调研；《哲学思想卷》和《史学卷》著者长期潜心研究巴蜀哲学、巴蜀史学；《建筑文化卷》著者是卓有成就的古建筑研究专家、高级建筑师。他们都在各自领域完成了多项国家课题，此次承担专题卷，更是辛勤研讨，旁搜远绍，厚积薄发，突出亮点，倾力奉献了后出转精之作。

（二）从出新的维度看

本书围绕前述长时段、宽领域、多层次的巴蜀文化来创新体例结构，成为首部纵横贯通、覆盖面广、体量超大的巴蜀文化史，在全国已出的各种区域文化通史中，当属编撰体例新、时间跨度长、内容浩繁的一部。学术体系上的集成性，本身就是从文化观念、编撰理念到架构体例的出新，在地域文化通史领域作了开创性的探索。这是其一。

本书各卷着眼于发展新时代文化，明道求真，以史经世，着力写出巴蜀文化的特色和韵味，在内容上有较多突破和出新。过去关于农业与水利、工商、交通、建筑、城市等的论著，容易停留于物态层面，罕有从文化学角度和宏观视野对其全过程深入探讨之作；这次研究标明以"农业与水利文化""工商文化""交通文化""建筑文化""城市文化"为对象，注重深入文化层面进行阐释，且着意探讨长时段历史中这些物质文化变动与制度文化、精神文化演进的关系及产生的影响，这些往往是以前研究论著较少触及的。有关巴蜀学术文化的几卷，着力显示蜀学长于思辨、多元会通、创新超迈、沟通理欲、注重事功等特色，有助于发扬当今的时代精神。有关交往文化的几卷，注重聚焦于民间大众，关注各色人等的日常生活，运用了许多文化人类学、社会学、民族学的方法，见解新颖，地域文化味很浓。这是其二。

更值得珍视的是，各卷在编撰中深汲传统的源头活水，发现其烛照现实和未来的原创亮点，尤其是优越秀冠的巴蜀文化在传承创新中焕发异彩之所在。许多卷发掘出大量翔实的资料，匠心独运，以史鉴今，提炼出有创新性的学术观点，或举出有新颖性的论据，活用巴蜀首创的学术话语，采用别出心裁的叙事方式，力争获得创新、独见、卓识的学术成果。具体的创新点如同"诗眼""文眼"分布闪烁在卷帙之中，细心披阅，当会时有"山阴道上，应接不暇"之乐，这里无法一一细析。

鉴于多卷本地域文化通史尚属初创，不同文化门类各有其学理脉络、发展轨迹和演进特色，编撰难度往往超出预期，主编和各卷著者虽迎难而上，勉力为之，但仍难免有纰漏丛脞之处。尤其是古蜀文明还有不少千古待解之谜，我们受限于已获的资料和研究水平，多只能守阙存疑。对成稿后的许多惊世发现，巴蜀文化日新月异的面貌和新的研究成果亦未能更多纳入。当把多卷本《巴蜀文化通史》奉献到读者面前时，我们既同大家分享喜悦，又有颇为忐忑的心情。这部书，以至其中每一卷，究竟应获怎样的评价，最终还要接受时间的检验。衷心期望巴蜀文化研究慧命相续，薪火相传，探索和构建起自身完整的学科体系、学术体系和话语体系。但愿此番的初创能为后续俊彦们开拓新境起到抛砖引玉的作用。

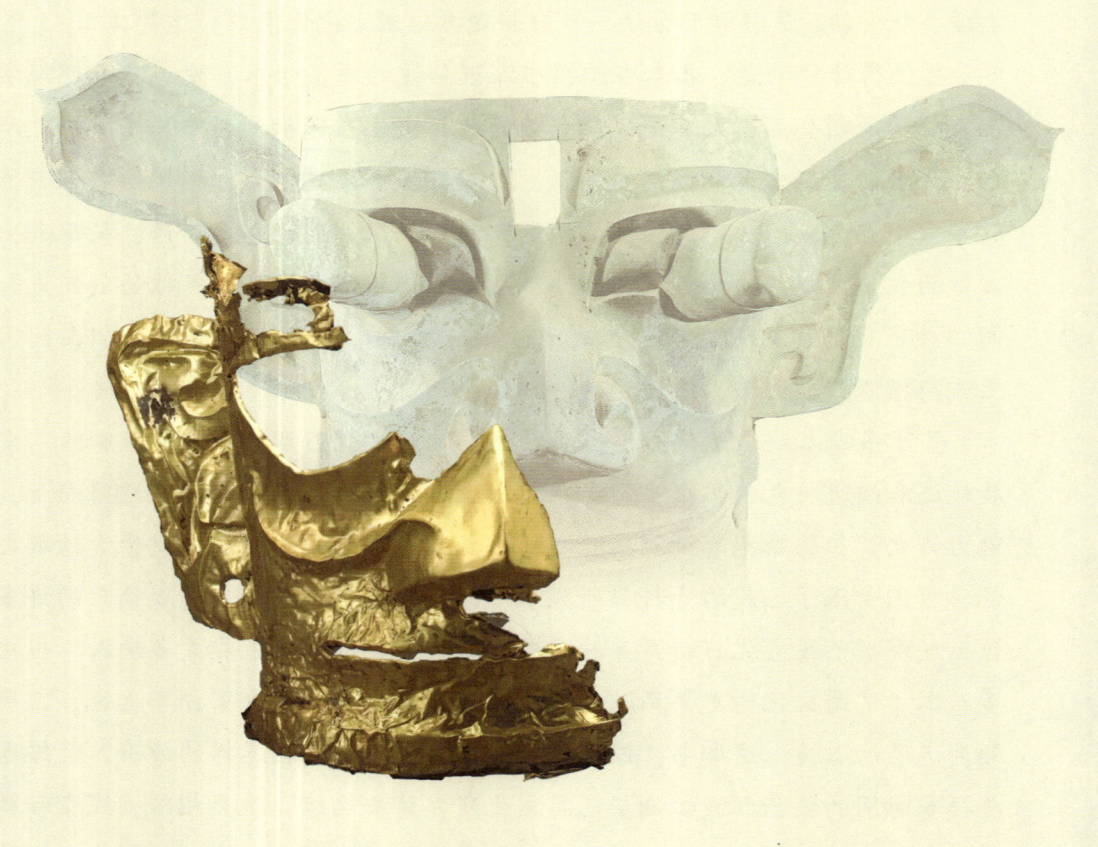

目 录

导 言 / 1

　　一、中华广域文化共同体的视角 / 3

　　二、自成一系、缃缡相属的地方特色文化发展体系 / 3

　　三、心向中原，以中原文化为国家民族大一统共同体凝聚力
　　　　向心力的核心 / 5

　　四、"三态"（生态、文态、心态）美学视野下巴蜀地域的
　　　　个性文化 / 8

　　五、地域文化形成和发展的基因与动力 / 9

　　六、地域文化与地域文明概念的解读 / 10

第一章　巴蜀文化基本概念 / 13

　　第一节　巴文化 / 16

　　第二节　蜀文化 / 19

　　第三节　巴蜀文化 / 22

　　第四节　巴蜀文化区 / 23

　　　　一、从文化的空间分布研究状况看 / 26

　　　　二、从地域文化发展所形成的历史中心区域看 / 28

　　　　三、从各地域文化之间互相交融、互相影响的视野来看 / 30

　　第五节　巴蜀文化共同体 / 33

　　　　一、巴与蜀的文化认同是巴蜀文化共同体形成的基础 / 34

二、巴与蜀的互补结构是巴蜀文化共同体发展的动力 / 36

三、巴与蜀的特色整合是今日川渝文化合作发展的方向 / 39

第二章　巴蜀文化认识史、研究史考索 / 43

第一节　秦汉至明清时期巴蜀文化共同体的认知与考究 / 45

第二节　民国时期巴蜀文化概念命题的提出与探索 / 51

　　一、20世纪初期巴蜀文化研究新思潮的兴起 / 52

　　二、20世纪30年代巴蜀考古发现与巴蜀文化研究 / 59

　　三、抗日战争时期大后方巴蜀文化研究的初步勃兴 / 62

第三节　新中国时期马克思主义指导下的巴蜀文化创新性研究 / 69

　　一、20世纪五六十年代巴蜀文化共同体新认知的研究热潮 / 69

　　二、20世纪80年代以来巴蜀文化共同体研究的新探索 / 95

第四节　巴蜀文化研究的未来 / 106

　　一、巴蜀文化研究的未来趋势审视 / 106

　　二、巴蜀文化研究方法论审视 / 114

第五节　中华广域文化共同体与地域文化研究的新趋势 / 129

第三章　巴蜀地理文脉 / 133

第一节　巴蜀地脉 / 136

　　一、巴蜀地域范围 / 136

　　二、巴蜀地貌环境 / 137

　　三、巴蜀生态环境 / 139

　　四、巴蜀地脉的文化特征 / 141

第二节　巴蜀水脉 / 149

　　一、巴蜀水系 / 149

　　二、巴蜀水脉 / 150

　　三、巴蜀水脉的文化特征 / 153

第三节　巴蜀历代建置与"四川"得名的文化解读 / 161

　　一、巴蜀历代建置 / 161

二、"四川"得名的文化解读 / 164
三、"天府之国"与"陆海之乡"的由来 / 168

第四章 巴蜀文明的起源及其初期发展 / 171

第一节 古巴蜀文明的生成与初期演进 / 173
第二节 巴蜀二百万年文化根系与万年文明起步 / 176
一、"巫山人"与二百万年巴蜀文化根系 / 176
二、"资阳人"（"现代人"）大脑雏形的起点与巴蜀"人皇一圈"万年的文明起步 / 177
第三节 巴蜀新石器时代、青铜时代考古文明 / 183
一、新石器时代晚期宝墩文化与古蜀文明的形成 / 183
二、新石器时代三峡文化与古巴文明的形成 / 190
三、古蜀青铜时代文明的繁盛发展 / 195
四、古巴青铜时代文明的发展 / 208
五、古巴蜀青铜时代向铁器时代的过渡 / 216
六、巴蜀地区其他类型的考古文化 / 218
第四节 历史文献记载的古巴蜀文明 / 225
一、古史记述与古巴蜀文明 / 225
二、高阳氏与蜀山氏部族联盟文化 / 228
三、兴于西羌的大禹文化及其西兴东渐 / 233
四、古蜀五祖传说与古巴蜀历史文化的演进 / 240
五、古巴蜀文明的三大特征 / 245

第五章 古代巴蜀文脉的薪火传承与转化发展 / 251

第一节 秦汉至唐宋元时期巴蜀文脉的传承与发展 / 253
一、秦汉至唐宋元巴蜀物质文明的创新性发展 / 253
二、秦汉至唐宋元巴蜀精神文明的创新性发展 / 255
第二节 秦时李冰治理都江堰与蜀水润天府 / 257
一、李冰首提"珍水万世"，是中华老祖宗最可贵的

　　　　　生态文明理念 / 258
　　　二、江沱文化：继承大禹"岷山导江，东别为沱"的历史经验 / 259
　　　三、对天府优越秀冠农耕文明的奠基性贡献 / 260
　　　四、对巴蜀因水而生的城市自然生长模式的创新性贡献 / 260
　　　五、川主信仰是巴蜀珍水万世的文化标志 / 261
　第三节　汉唐宋元时期巴蜀丝绸文明的繁盛 / 262
　　　一、汉代、三国蜀汉时期"蜀锦"品牌专称的确立与
　　　　　蜀锦文明的发展 / 262
　　　二、唐宋元丝绸业的繁盛与蜀锦文明的发展 / 265
　第四节　汉唐宋元巴蜀古典城市群经济、文化的繁盛发展 / 267
　　　一、秦汉时期巴蜀工商文化与城镇群的闪亮发展 / 267
　　　二、唐宋元时期巴蜀商品经济与特色文化的鼎盛发展 / 269
　　　三、"蜀国弦"与永陵二十四伎乐 / 274
　　　四、唐五代宋元巴蜀绘画艺术"包旧延新"，开派蜀风 / 277
　第五节　明清时期巴蜀文脉由精英社会文化向市民社会文化的
　　　　　转型 / 285
　第六节　明清巴蜀城镇体系地位的提升与财富文化观念的转型 / 287
　第七节　明清"川味"特征的巴蜀基层社会群众文化的兴盛 / 293
　　　一、市民社会生活美学化的文化标志：川剧 / 293
　　　二、追求社会生活美的"川味"特色休闲方式 / 294
　　　三、明清书院教育与蜀学复苏 / 295

第六章　近代与现当代巴蜀文化的创新性传承与发展 / 297

　第一节　近代与现当代巴蜀文化形态的创新性传承与转化发展 / 299
　　　一、近代时期巴蜀文化古典形态向近代化（即早期现代化）的
　　　　　转型 / 299
　　　二、新中国巴蜀文化的社会主义现代化新面貌与新格局发展 / 301
　第二节　蜀学向近代化转型的开端：新心学与今文经学的崛起 / 302
　　　一、近代开端时期以新心学为标志的蜀学向近代化方向的转换 / 302
　　　二、锦江书院、尊经书院与以今文经学为主流的蜀学转型崛起 / 306

第三节　保路运动与巴蜀文化的近代化 / 313
　　一、保路运动：巴蜀文化近代化的标志 / 313
　　二、精英意识向市民意识的转换 / 314
　　三、对西方民主意识的吐纳与民族革命精神的突起 / 318
　　四、对巴蜀古史的新解读与四川人救亡图存文化心理的认同 / 320

第四节　巴蜀红潮：从革命文化到红军长征文化 / 323
　　一、鹃声血化红潮涨的革命文化 / 323
　　二、具有人民共和国雏形的苏区根据地 / 323
　　三、长征蜀道红色魂的红军文化 / 324
　　四、最佳的精神馈赠 / 324

第五节　全面的全民族的抗日三大战场与四川人民的文化精神贡献 / 324
　　一、正面战场的主要特征与川人的文化贡献 / 326
　　二、敌后战场的主要特征与川人的文化贡献 / 329
　　三、大后方战场的主要特征与川人的文化贡献 / 332
　　四、川人对抗日战争的贡献与四川抗战文化 / 335

第六节　巴蜀文化社会主义现代化创造性发展的四大特征 / 337
　　一、巴蜀文化事业与产业体制改革与发展 / 337
　　二、巴蜀自然遗产、文化遗产与非物质文化遗产的保护、传承与创造性发展 / 344
　　三、巴蜀历史文化名城、古镇、名村的保护、利用与发展 / 347
　　四、传习华夏家风四千年文脉，创新当代巴蜀家风 / 349

第七章　巴蜀文化的基本性质及其特征 / 359

第一节　中华广域文化共同体中的巴蜀区域文化 / 361
　　一、长江上游与黄河上游文化哺育下的巴蜀文明 / 361
　　二、区域文化学视野下的巴蜀特色文化 / 362

第二节　巴蜀文化的基本性质 / 367
　　一、巴蜀乡村社会的静态农桑文化与巴蜀城市社会的动态工商文化的矛盾运动 / 367

二、从大历史观看巴蜀文化的发展特性 / 370
第三节　巴蜀文脉的总谱系特征 / 373
　　一、巴蜀自然生态世界无边的神奇 / 374
　　二、巴蜀文化世界无尽的神秘 / 375
　　三、巴蜀心灵世界无穷的神妙 / 381
第四节　巴蜀物质文化家园的五大特征 / 383
　　一、巢居文化 / 383
　　二、蜀道文化 / 388
　　三、笮桥栈道文化 / 395
　　四、仙乡人居文化 / 398
　　五、林盘文化 / 402
第五节　巴蜀精神文化家园的八大特征 / 404
　　一、仙源在蜀 / 404
　　二、道源在蜀 / 411
　　三、儒学源蜀 / 414
　　四、菩萨在蜀 / 420
　　五、文宗在蜀 / 429
　　六、才女在蜀 / 445
　　七、天数在蜀 / 461
　　八、易学在蜀 / 466

结语：传薪火，开新路 / 472

后　记 / 476

导 言

《巴蜀文化通史·通论卷》，正如书名所示，是认识和研究巴蜀文化通史的总纲。它与该通史的其他卷不一样，其内容主要是会通论述巴蜀地域文化生成、发展、变异和衍变轨辙的历史。而其他二十一卷，除《文献要览卷》《巴蜀文化大事记》和《巴蜀文化研究论著索引》三种外，是按"文化"的三大方面：物质文化、交往文化（制度、行为习俗）和精神文化来安排的。这在全书的总序中已有详尽说明，不再赘述。这里，只就《通论卷》的写作，阐明本书研究的基本立场和基本方法。

本卷最重要的特点是从特定的地域视角，对中华大地的巴蜀地域上发生的文化现象和创造的文明成果加以会通式的考察。本书编纂强调"三通"（纵通、横通和会通）的理念，这是全书各卷奉行的准则。而本卷则更重在会通。"会通"，一般可释为"融会贯通"。但就"会通"作为思维方式言之，则它从古义到今义有个发展过程。《易·系辞上》云："圣人有以见天下之动，而观其会通。"①这是指就天下事物阴阳变动不居的状态，加以"会合变通"的观察，这是"会通"一词最古的含义。到汉唐时期，"会通"一词内涵则衍变为"阴阳合会""乾坤交通"的"合会交通"之义。②到明代，对《易经》这一研究思维更细密了，发展成为择其精华、合其要妙的会通方式。儒释道三家

---

① 《易经》是使用"会通"一词并用"会通"思维法研习《易》的最早的著述。
② （唐）李鼎祚著，陈德述整理：《周易集解》，巴蜀书社1991年版。该书集中了汉唐人对"会通"一词的古义注释。该书引干宝云："观日月而要其会通，观文明而化成天下。"（卷五第101页）。该书引虞翻曰："动，谓六爻矣。"张璠曰："会者，阴阳合会，若《蒙》九二也。通者，乾坤交通，《既济》是也。"（卷一二第268～269页）。

都采用《易经》会通思维方式，而成为中华传统文化的研究方法。儒家主张"人存"与"天地存"相协合，择其精，合其妙，"存存"相会通。道家用会通法阐释"存存"是长生久视的枢纽和关键，佛家用会通法阐释"存存"是不生不灭的真谛，三家都是从《易经》的"存存"会通衍化出来的。① 到了清代，清人的研究思维就更细致了，他们认为《易经》的"会"是指事物条件会聚会合在一起，"通"是指从事物条件的会合中，找出合适的"事之所宜"的基本发展规律，使事物从矛盾中能够得到和谐会通发展，去其窒塞而可通贯。② 范文澜先生在写作《中国通史简编》时专门指出：通史当"三通"，"这是因为通史所要完成的任务，第一要直通，第二要旁通，最后要会通"。"所谓直通，就是要精确地具体地划分出中国社会发展的各个阶段"，"掌握贯穿古今的一条基本线索"。"所谓旁通"，就是"要研究当时社会的一切思想和各种趋向"。"两个方面的综合，就是会通。"③ 本卷作者在研究古今学者"会通"思维法的历史进程后，大得裨益，懂得了由"会合变通""合会交通"到"择精合妙""会聚通宜"（宜也，义也），再到"直通"和"旁通"相综合，才是真正的融会贯通的道理。故本卷采用会通思维法，从文化过程中抽出贯穿古今的主流发展线索，即找出文脉，从而观察每个社会阶段的基本走向，分析其中的独特创造和主要特点，得出一些综合的规律性认识，而不是全书各分卷分门别类简单重复的综合，其宗旨重在巴蜀地域上各种文化的总体会通，而避免与其他分卷思路雷同。因此，本通论卷，既与各专题卷有联系，又有差异。读者阅览本卷可对巴蜀文化演进之"通则"有个整体性的了解。再分览各卷，则可对各门类巴蜀文化的真际及特殊点有个专业性的舰识。这是本卷

---

① （清）王夫之：《周易外传》，中华书局1977年版，第188页，卷五第七章云："择其精，因其中，合其妙，分以剂之，会以通之，人存而天地存，性存而位存。析乎其有条也，融乎其相得也，斯则以为存存也。玄者之窥易曰：存存者，长生久视之枢也。释者之窥易曰：存存者，不生不灭之真也。"
② （清）陈梦雷撰：《周易浅述》第四册卷一，上海古籍出版社1983年版，第30页。（清）陈梦雷云："会，以物之所聚言。通，以事之所宜言。观其会不观其通，或窒塞而不可行。观其通而不观其会，则不知其中之条件曲折。"又（清）徐珂编撰：《清稗类钞》之《徐华隐读书法》中记载："读古人文，就其篇中最胜处记之，久乃会通。"中华书局1986年版，第3875页。
③ 范文澜：《关于中国历史上的一些问题》，《范文澜集》，中国社会科学出版社2001年版，第63、64页。

写作欲达到的主要目的。

本卷《导言》，是《通论卷》所持的立场和观点的统体总述。其下各章则对巴蜀文化的生态背景、内涵性质、发展历程及基本规律、特征等问题，做一个统体会观的鸟瞰。

一、中华广域文化共同体的视角

多元多彩的各种地域文化组成为中华广域文化共同体，是世罕其匹的一个重要特色。中华地理有不同于世界其他国家的殊异性。中华大地广袤，有三大不同海拔高度的地貌阶梯（海拔四千米以上的高原，两千米至一千米的高原和盆地，一千米以下的丘陵、平原和海岛等）组成的地理单元，有从寒温带直到热带的四级气候带分布，还有各种动植物与生态地域差别。地理的多样性是多元地域文化被历代该地域人创造和发展的自然基础。各个大的地域文化差不多都有各自的始源、发展轨辙和特殊的脉络。多元化的各种地域文化，和合而成为大一统共同体的中华民族文化。按袁行霈先生的说法："中国文化具有多个发源地"，"发源于不同地区的文化先后汇为中国文化的大海，我们称之为多源同归"。①巴蜀文化是多元一体、多源同归的中华广域文化中独放异彩、特色鲜明的一朵奇葩。因此，本书所讲的"巴蜀文化"是指作为大中华广域文化共同体内部的一个地域文化。本书的论述也是从中华广域文化共同体的视角来展开的。

二、自成一系、绵绵相属的地方特色文化发展体系

每个地域文化有其发展体系。中华每片地域文化，一般地说，自成一个传统绵绵相属，时代持久绵延，几千年从不间断的、变动不居的、开放互鉴、互学互融的文化体系。延续五千年从未中绝的中华大文明，就是由这些各自连绵不断达五千年以上的地方文化体系构成的。这是中华文明傲于世界各古文明而

---

① 袁行霈：《中国地域文化通览》总绪论，引自袁行霈、陈进玉主编：《中国地域文化通览·四川卷》，中华书局2014年版，第2~3页。

独一无二的特点，"比而观之，中国独寿"①，而世界其他古文明都中绝了。从中华文化到中华文明的发展史，苏秉琦先生概括为"超百万年的文化根系，上万年的文明起步，五千年的古国，两千年的中华一统实体"。②凭借这一总体观，苏秉琦先生提出了考古学文化区系类型学说的理论和方法。

　　本卷对巴蜀文化发展史的总体看法，采用了苏秉琦先生的区系类型理论，提出了对巴蜀文化这棵常青树的看法，即："有两百万年以上'能人'——'巫山人'起始，到四万年左右'晚期智人'（真人）——'资阳人'出现的文化根系，有万年以上新石器时代以'人皇'解读为特征的文明起步，有四千五百年以上古城古国古方国发展的文明形成历程，有两三千年以上巴蜀文化共同体形成并融入中华大一统实体的历史。"③巴蜀文化共同体有其长期不间断的发展衍变历程，自成一个地域文化体系，五千年来它始终处在变动不居的状态中。它从不失其根脉，始终保持和丰富着自身特色。它的特点是不断增添新质因素，而旧质基因虽有转化但并无绝弃。换句话说，有增添而无抛弃，就是秦灭蜀事件和"湖广填四川"事件，也不是斩断和重组巴蜀文化，而是巴蜀文化的添新和转化，这是符合文化历史发展规律的。正如英国学者阿诺德·汤因比所说："变形恰恰是历史上的本质，因为历史的本质正在于不断地增添自身。"④巴蜀文化早在先秦时期就已成为一个地域体系。苏秉琦先生的六大区系论，把它划在"以环洞庭湖和四川盆地为中心的西南部"区系⑤内，李学勤先生论述先秦东周的七大文化圈则把它划为"巴蜀滇文化区"。⑥总之，巴蜀文化在中华广域文化共同体内从来是自成一系起源和发展起来的始终未间断的地方文化体系。五千年来它始终保持并丰富着以先秦巴蜀地域为范围的巴蜀文化根脉生长地的特色。

---

① 柳诒徵：《中国文化史》，上海古籍出版社2001年版，第5页。
② 苏秉琦：《中国文明起源新探》，生活·读书·新知三联书店1999年版，第176页。
③ 谭继和：《古蜀国旁白的旁白》，萧易：《古蜀国旁白》，成都时代出版社2005年版，第3~4页。
④ ［英］阿诺德·汤因比著，刘北成、郭小凌译：《历史研究》序言，上海人民出版社2005年版，第3页。
⑤ 苏秉琦：《中国文明起源新探》，生活·读书·新知三联书店1999年版，第78页。
⑥ 李学勤：《东周与秦代文明》，文物出版社1984年版，第11~12页。他主张把东周时代列国划分为七个文化圈：中原文化圈、北方文化圈、齐鲁文化圈、楚文化圈、吴越文化圈、巴蜀滇文化圈、秦文化圈。

三、心向中原，以中原文化为国家民族大一统共同体凝聚力向心力的核心

在中华文明形成和发展的漫长过程中，各地域原生型文明互相融汇，逐步形成了以中原文化为四方八面的各地域文化凝聚力的核心。苏秉琦先生根据20世纪90年代以前的考古发掘成果，论证出：各方地域文化往往具有原生型文明特点。①包括中原文化在内，都具有原生型文明的根系，这已由"河洛古国"遗址的最新考古发现所证实。2020年郑州市文物考古研究院在巩义市河洛镇双槐村发掘出距今五千三百年左右仰韶文化庙底沟类型晚期的巨型古国都邑遗址，面积达一百一十七万平方米。其聚邑布局是由大型中心居址、瓮城、外围三重大型环壕、祭祀台、公共墓地组成，出土了大批仰韶文化时期遗物。该遗址的发现，解开了学者们誉为"河洛古国"的神秘面纱，找到了中华文明延续五千年的主根脉，证实了中华广域文化共同体的核心——中原文化是"黄河文化之根"②，是"早起中华文明的胚胎"③，"不排除双槐树遗址是黄帝时代的都邑所在，至少是早期中国的酝酿阶段"④，"中华文明的根和魂在这里"⑤，"占有在中华文明的中心地位"。⑥这个震惊世界的考古新发现，证明中原文化也同样是"原生型"发展模式，是多元一体的中华广域文明共同体以中原文化为中心的向心力、凝聚力达五千年传统的祖源头。

它有三大特色：一是出土的野猪獠牙制作的"牙雕蚕"是中国最早的骨质蚕雕艺术品，表现的是正在吐丝的家蚕的形象。在同一时期的汪沟遗址还出土了一块"绫罗"绸织物。它们印证了中原地区也是中华丝绸文明多处起源的

---

① 苏秉琦：《中国文明起源新探》，生活·读书·新知三联书店1999年版，第130页。秉琦先生主张：中国国家起源问题可以概括为"发展模式的三类型"："原生型""次生型""续生型"三模式是中国万年以来历史发展的总趋势，是关于中国文明起源和古代国家形成的一个系统完整概念。就这三类型标准看，巴蜀文化应属于"原生型"发展模式。
② 中国考古学会理事长王巍先生评语，见新华社2020年5月8日报道：《河南巩义发现5000多年神秘"河洛古国"》。
③ 中国考古学会理事长王巍先生评语，见新华社2020年5月8日报道：《河南巩义发现5000多年神秘"河洛古国"》。
④ 夏商周断代工程首席专家之一李伯谦先生评语，见《人民日报》2020年5月9日报道。
⑤ 夏商周断代工程首席专家之一李伯谦先生评语，见《人民日报》2020年5月9日报道。
⑥ 夏商周断代工程首席专家之一李伯谦先生评语，见《人民日报》2020年5月9日报道。

一个重要源头。中华丝绸文明是世界四大古文明中独有起源的唯一文明。它同农耕文明一起构成中华"农桑文明"的特色。中原文化是中华农桑文化最早的代表之一。同时，它还说明古蜀丝绸文明的起源，与中原丝绸文明起源紧密相关，是蜀山氏蚕丛部族的栽桑养蚕技术与黄帝嫘祖族裔高阳氏的缫丝织绸技艺相结合而形成为古蜀丝绸文明的。古蜀也是中华丝绸起源的一个摇篮，这个论证是可靠的，可信的，真实的。中原和西蜀都是中华农桑文明起源最早的代表。二是在该遗址中心居址区发现用九个陶罐摆放成北斗星形状的天文礼祀遗址。这是农耕社会"天地之中"的宇宙观与天人合一的社会理念出现的标志。它表明五千年前中原先民以北斗为标志的天象授时观，是中华敬天保民的北斗（实为后世的"太极"）信仰的源头，是"藏礼于器"的礼仪性制度标志的开端。它表明重视民生、重视农桑、重天地人相应的中原重礼、重礼器、重礼制的文明就是从这里开始的。从纵向来看，礼治文化从五帝传到夏商周三代。从横向来看，礼治文化从中原传播到四方各地域。因此，"北斗九星"遗址是中原礼治文化的最早的象征性代表和文化符号。古蜀文明就是在中原礼治文明影响下形成并发展出自己的特色的。三是该遗址延续时间很长，证明中原文明起源历程，也符合苏秉琦先生归纳的"古文化—古城—古国"三部曲发展模式："从仰韶中期开始的西坡，到双槐树，到龙山时期一系列的城址，到新砦期，到二里头，这样一个非常典型的逐级递进过程"，"是一个逐步发展形成的高等级中心聚落"。同时，该遗址还发现了面积为一千三百平方米的大院落，开启了中国宫室建筑的先河。它的城址布局是外围三重环壕加瓮城建筑，居址区布局很严密、规划性强，"类似于现代北方的村庄"①，后来历史时期的北方村庄人居文化，就是以此为根发展起来的。这同古蜀文明宝墩时期起源的成都平原以散居建筑为特征的林盘文化，刚好是中国建筑人居文化两大类型的代表。

这样的文化特点使得中原文化形成为中国东西南北各地域文化凝聚向心，行有所归的核心。心向中原，心向华夏则成为各地域文化都认同的共同文化心理。在这一共同文化心理的基础上积累、沉淀而形成的中华民族核心价值观的理念和体系，是中国以文化立国，以文化为魂，以中原领衔神州，以各族凝聚

---

① 以上引文见戴向明：《河南巩义双槐树新石器时代遗址》，《专家谈六大考古发现》，《中国社会科学报》2021年4月1日第7版。

拱卫华夏最持久最深层的力量。这是本书也是本卷的立论立场。

文化是中华立国之本，是中华民族的灵魂。中华各地域文化是以炎黄华夏文化的凝聚力为根基的，是以中原文化的向心力为核心的。中华民族多元一体的文化共同体内包含的各个子民族，从来不是以种族血缘来划分，而是以文化的差异来区分的。在中华民族内部，没有哪一个民族是从古到今一个血缘构成的，而总是在互相交流互相融合、血脉相连、血浓于水中形成的。地域文化也是这样。从文明起源时代起，中华文明就因各地域的不同而形成满天星斗一样的多源文明起源地。这些文明起源地往往形成该区域文化的中心区，因这些中心区文化的差异性又形成不同的地域与民族特色。同样，又因这些中心区文化的共通性，特别是认同华夏与认同中原的凝聚力和向心力，而形成中华地域和中华民族大一统的文化共同体。文化立国形成的"文化中国"共识，是这个大一统的文化共同体的首要基础和内在核心，是最大的文化认同和身份认同。不管内部政治军事上的分与合，统一还是纷争，中华民族这个文化共同体从来没有分裂，只有越来越凝聚，越来越紧密，越来越具有向心力。

本卷基于"文化中国"的观点，对巴蜀文化的两个凝聚过程作了阐述：一是巴文化与蜀文化及其周边文化交融交汇、凝魂聚力，形成一个稳定的地域文化共同体的过程；二是巴蜀文化共同体与中原文化交汇并融入炎黄华夏文化，成为中华文化共同体重要成员的过程。这两个过程是同步发展的。

蜀人心向中原，认同炎黄华夏体系的民族凝聚力、向心力起源很早。巴蜀文化是中华文明满天星斗起源的一个重要摇篮，有自己的起源和发展历程。自五帝时期起，古蜀山氏、蚕丛鱼凫之世，蜀人就已把自己的祖先同黄帝、颛顼、大禹一系相联系，认同中原炎黄—华夏—大禹一系的高阳氏集团是自己的祖先，是黄帝、昌意、颛顼一系降居若水、夏禹兴于西羌的产物。巴人则认同伏羲、黄帝一系的高辛氏是自己的祖先，巴与蜀都是华夏族中原文化体系内翼生出来的。在秦汉以后巴蜀文明的发展历程中，更不乏巴蜀人与中原的文化认同、国家认同的实例。杜甫曾借描绘蜀中山水形势来展现巴蜀人面向中原的文化心理。杜甫写《剑门》一诗云："连山抱西南，石角皆北向。"宋人赵次公注此句说：该诗借自然地理之势，描摹"剑山上石皆北向，如拜伏状"，

"地形虽险，而趋中原自然之势"，示"朝上国而不背之也"。①这种心向中原凝聚，反对地方割据的文化心理，就是今天广元、剑阁、青川一带朝天岭、朝天程、朝天峡、朝天关、朝天驿等名称的由来。"向帝都者，谓之朝天门也。"②朝天者，朝向中原中央王朝也。特殊的剑山向北倾伏的自然地势，激发巴蜀人神与物游，联想而生北向中原中央王朝的文化心理。即使是历史上政权分裂时期，也只是争夺"大一统"的正统地位，心向统一，而不是闹独立。从这些例子，我们可以看出，对炎黄华夏文化的认同、对中原文化向心力和凝聚力的认同的五千年文脉，是巴蜀人在中华民族凝聚力和向心力发展链条上凝结的巴蜀地域价值观的结晶和历史闪光点。

总之，巴蜀人以国家民族为始终如一的最高文化认同的价值观理念，数千年来不断地丰富、充实和发展着整个中华民族文化的核心价值观体系。同时，他们又受到中华民族核心价值观的培育、熏陶和教育。总之，一部丰富多彩、特色鲜明的巴蜀文化史，是今天巴蜀人在承袭巴蜀历史传统和历史优势的基础上，发展巴蜀文脉，对中华社会主义核心价值观体系的建设和发展，继续做出更大奉献、起到更大作用的宝贵的思想文化资源。

四、"三态"（生态、文态、心态）美学视野下巴蜀地域的个性文化

由于各地域文化都属于大一统的中华文化分支，因而各地域文化往往既具有统一性，又具有多样性；既具有共通性，又具有特殊性；既具有一脉性，又具有多源性；既具有一体性，又具有多元性。而共性寓于个性之中，统一性、共通性、一脉性、一体性寓于多样性、特殊性、多源性和多元性之中，这样的特点使得每个地域文化在概括自己的地域文化特征时，往往趋于雷同，难以避免概念的重复，因为各地域文化毕竟是同属共同性为本质特征的中华民族命运共同体。例如，开放性、兼容性、开拓进取、务实求新、诚信团结、重仁尚义、崇文尚武等等提法，分开来看，固然是各地域分别的特色，但合起来看，

---

① （唐）杜甫撰，（宋）郭知达编注：《九家集注杜诗》卷六，上海古籍出版社1985年版，第99页。
② （宋）徐梦莘：《三朝北盟会编》卷四九，书目文献出版社2013年版。

又是同一个中华共同体的共同特点。这样的归纳方法往往使读者抓不住本地域文化的特色，容易生出阅读的倦怠，也容易限制和损伤读者做出观察和挖掘本土文明背后景象的努力，从而阻滞文化创意资源的创意作用的发挥，因为"在每个文明的背后，都别有一番景象"。①因而本卷采用了历史进程与逻辑联系相一致的归纳法，不仅指出其作为地域文化的一般共同特征，而且更进一步就巴蜀文化的自然世界、文化世界和心灵世界三大逻辑层面，分别归纳为"巴蜀生态神奇之美，巴蜀文态神秘之美，巴蜀心态神妙之美"三大特征，既有前人论述的历史依据，又含今人的现代思维。现在对"神奇、神秘、神妙的巴蜀文化"特色的概念，已得到越来越多的社会关注和认可的热度。

五、地域文化形成和发展的基因与动力

推动地域文化作为上层建筑得以生长、发育和发展的根本动力在于地域文化的经济基础——生产方式与生活方式内部基因对立面的矛盾运动。这个矛盾运动决定了地域文化的根本性质。英国学者阿诺德·汤因比曾经专门论证过人类文明的动力问题。他认为"把活力注入呆滞的宇宙的力量"，"先是从消极的雌性生命和积极的雄性生命之间的明确分离开始的。这种关于对立面在连续的运动中交互作用的辩证思想，在许多年代和众多社会中，成为理解创造的性质和成长过程的一把钥匙。在希腊，这种力量被看作是爱与恨，在中国是阴与阳，在现代欧洲是命题和反命题"。人类文明就是在静止状态和活动状态交替运动的"宇宙韵律"的支配下活动和向前发展的。而不同的文明表示这一宇宙韵律的符号则是各自不同的。其中，中国人的阴与阳，比较起希腊的爱与恨和欧洲的命题与反命题来，"是最贴切的"，阿诺德·汤因比甚至认为"中国人的阴阳观与希腊人的思想运动毫不搭界"。阿诺德·汤因比的历史文化观是很开明的，他认为"西方文明和中国文明之间的关系是相互完全独立的关系"。②用现在流行的术语来说，就是各有各的话语权。中华文明的话语权是从对文明的终极价值与宇宙韵律的独特认识，即阴与阳组合的"道"开始的。

---

① ［英］阿诺德·汤因比著，刘北成、郭小凌译：《历史研究》，上海人民出版社2005年版，第19页，引克里斯托弗·道森之语。
② 以上引文见［英］阿诺德·汤因比著，刘北成、郭小凌译：《历史研究》，上海人民出版社2005年版。

中华地域文化的本土话语权也应该以此为根本出发点。考察巴蜀、齐鲁、吴越、燕赵、荆楚、湖湘等地域文化，单从双名组成的名称就可以看出其阴与阳、静态与动态组合的奥妙，它们无一例外都是由刚柔、阴阳、动静两种对立的文化性格组成为一个地域共同体的。巴蜀文化就是由巴文化与蜀文化两种文化性格刚柔相济、阴阳和合、动静相激、相辅相成组合起来的。静态的农业生产方式与乡村社会生活方式是巴蜀文化发展的基础，动态的工商生产方式与城市社会生活方式是发展的活力。这二者之间的矛盾运动，则是巴蜀文化发育和成长的根本动力，是决定巴蜀文化基本性质的基本因素。本卷对巴蜀文化性质的论证，就是以上述观点作为理论的基础。

六、地域文化与地域文明概念的解读

本卷对地域文化与地域文明这两个概念，一般是作为同义词使用的，这是因为按国际史学界惯例，如法国布罗代尔所说："在很长时间里，这两个词是同义语。"①只有在专论考古学意义上的文明起源时代的时候才会把二者加以区别。例如，地域文化处在旧石器时代和新石器时代早期阶段，称为"文化"而不称为"文明"，到新石器时代晚期文明起源时代及其以后，则称为"文明"，亦可混称为"文化"。

这是因为"文化"与"文明"两个概念具有不确定性。这两个概念的内涵和指示的时代，国内外学者也众说纷纭，认识并不一致。②一般说来，人类创造文化的开端，也就是人类史的开端，有的学者把它设定在两百万年前"能人"即制造工具的人形成的时期；也有的如阿诺德·汤因比等学者则把它设定在几万年前"真人"或"晚期智人"时期。

至于"文明"则一般认为是一系列文化因素逐步过渡积累的结果，是指一般文化上升到被称为"文明"的更高一级文化的阶段，即"在一个特定时代存

---

① 参见［法］费尔南·布罗代尔著，常绍民等译《文明史——人类五千年文明的传承与交流》，中信出版社2014年版，第17页。
② 参见［法］费尔南·布罗代尔著，常绍民等译《文明史——人类五千年文明的传承与交流》，中信出版社2014年版，第35～40页。

在的一种特定文化或特定文化阶段"①。这个特定文化阶段，一般又是指"在城市中发现的那种文化"和那种"社会状态"②。因此，"文明"是同人类划时代的"城市革命"的开端联系在一起的。很多国内学者认为文化成长为文明，是从新石器时代晚期农业定居和中心聚落出现的时候开端的，是指从古文化衍变到古城、古国的阶段，当然，也有异议。阿诺德·汤因比就认为文明开端于旧石器时代晚期结束至新石器时代早期开始这样一个特殊新旧石器过渡时代："文明的降生，从文化以及编年上看，都是通过一系列文化的过渡，在旧石器时代晚期结束时脱颖而出的。"③由此可见，有关"文明"起源指示的时代也还没有定论。至于文化与文明、城市与国家的定义、内涵、范畴以及概念界定，则更是国际范围内意见分歧、争论不休的老难题。

苏秉琦先生有鉴于此，经过多年的研究和考察，把中国文明起源问题的认识，放"在考古学文化区系类型理论建立的基础上"，创新性地提出了中国国家文明起源"发展阶段的三部曲和发展模式的三类型"的理论，而"不再局限对于诸文明要素，如文字的出现、金属的发明，城市的形成等概念的理解和具体讨论"，却"是更注重理论上的建树"。苏秉琦先生在20世纪80年代提出的这个"三部曲""三模式"理论框架，"是中国万年以来历史发展的总趋势，是关于中国文明起源和古代国家形成的一个系统完整概念"④，突破了西方学者以文字、青铜器、城市三者为文明起源标准的旧观点，摆脱了西方话语权的桎梏，提出了中国学者自身的本土话语权的新颖理论框架，指出了文明起源问题研究的新模式、新方向，真可谓开学术之新宇，脱陈说之桎梏。本卷却秉持苏秉琦先生的中国文明起源"三部曲""三模式"思想，考察和研究巴蜀文明的起源和形成，而不采用西方学者"文字""青铜器""城市"三标准的陈说。其实，这三标准不是文明起源标准，而是文明已达成熟阶段的标准，故不宜采用。对于国际学者有争论有分歧的文明起源时间和内涵标准的问题，本卷

---

① ［英］阿诺德·汤因比著，刘北成、郭小凌译：《历史研究》，上海人民出版社2005年版，第21页。
② ［英］阿诺德·汤因比著，刘北成、郭小凌译：《历史研究》，上海人民出版社2005年版，第21页。
③ ［英］阿诺德·汤因比著，刘北成、郭小凌译：《历史研究》，上海人民出版社2005年版，第25页。
④ 苏秉琦：《中国文明起源新探》，生活·读书·新知三联书店1999年版，第130页。

也不过多涉及，对学术概念与术语的争论，只持本通史学者共有之通识，不采用从概念到概念的方法，而是从历史实际出发，由抽象上升到具体，得出规律性的认识，以显示巴蜀历史的真实面目。本卷在各卷分门别类的基础上，着重于通论，以历史进程与逻辑进程一致性的观点，阐述巴蜀文化的基本性质、基本特征、基本发展轨迹和基本衍变规律，使读者对巴蜀文化能有整体、概括、清楚的认识。

第一章

巴蜀文化基本概念

中国区域文化丰富多彩，各具地域特色。如：燕赵文化、齐鲁文化、吴越文化、荆楚文化、湖湘文化、巴蜀文化。这些地域文化的名称，一般是双音连语，这是因为中华地域文化，多是由相邻的两个地域组合在一起的，而且多是由刚与柔、阴与阳两种对立因素的集体文化性格基因互补互融而形成一个同风同俗的文化共同体。

巴蜀文化就是巴与蜀两个相邻地域的两种集体文化性格基因组合在一起，长期交汇融合，组成刚柔相济，阴阳和合的一个有自身文化特色的地域文化共同体。它是中华广域文化共同体的一个组成部分。中华文明广域共同体是由中华大大小小各个地域文化共同体构成的。这些地域文化共同体都有数千年文脉，有其起源、发展、衍变、互汇、互融、互学、互联的历史进程。巴与蜀连称在一起，也经历了复杂的变化过程。

在战国以前的文献里，巴和蜀一直都是分开称呼的。在殷商甲骨文里有"巴方"，也有"蜀"，但地望不能确指，可能是指汉中盆地的军事边围。在周原甲骨文里有"伐蜀"的记载，这个"蜀"国与"巢"国相邻。在成都青白江区的城厢镇有弥牟"有巢氏"的传说和遗存，最早的巢国有可能在这里。这样看来，古蜀国可能已从岷山的"蜀山氏"发展到了成都平原。只是甲骨文里还没有出现巴与蜀连称。历史文献里，《左传》有巴子、巴国，是姬姓，但没有蜀国。有个"蜀"字，但不是指今四川的蜀，而是山东的一个地名，这是很奇怪的。这一情况至少表明巴与蜀在战国以前的中原文献里，还没有形成一个共同地域的概念，更不是一个文化区域的概念。直到战国时代，巴和蜀这两个区域才连称在一起，最早的记载是《战国策》秦、楚、赵三策均有"巴蜀"合称的记载。[①]这个"巴蜀"合称过程透露了这样的信息：

巴与蜀两个地域分别是巴文化和蜀文化的生长点。在战国以前是分称的，不论是在地域范围、人类群体、族群迁移，还是在古国、古族等方面，都有着

---

① 诸祖耿撰：《战国策集注汇考》秦一、秦二、楚一、赵二，江苏古籍出版社1985年版，（上）第118、230页，（中）第744、753、961页。

清楚的分野。到战国时代出现巴蜀合称的记载，说明至少在春秋战国时代，巴蜀已成为这一特殊地域人类群体的一种具有共同集体性格的文化。巴与蜀在远古是两支各自起源与发展、集体文化性格各自不同的文化，经过长时期的历史发展，两支文化才互补交融与认同，统一为一个区域文明，直到战国时代才取得整体的"巴蜀文化共同体"的共识，故《史记》《汉书》才把巴蜀与汉中、关中列为同风同俗的文化区域。这样一个文化共同体一直延续发展到现在，几千年的巴蜀文脉从来没有中断过。

第一节 巴文化

巴字的本义，传统的说法，按照东汉学者许慎《说文解字》的解释，"巴，食象它（蛇）也，象形"，小篆巴字犹似一种吞食大象的巨蛇，"其腹彭亨"之形。①通俗地说，弯弯曲曲的大蟒蛇，的确像一个巴字。《山海经》记有"巴蛇食象"的故事，这条大蟒蛇吞掉这头大象，消化了三年，才把它的骨头吐出来。②这种解释最传统，历来为大多数人所接受，也符合巴字字形所象的事物以及文献有关巴的各种传说。

其他有关巴字的含义，现代学者还有几种说法：一是吾师徐中舒先生研究，"巴之本义为坝"，"巴坝同音，惟平去稍异"③。"巴"指山区的"坝"，巴的区域多高山丘陵，故以小平坝为稀贵，巴人多居于大巴山间小平坝区域，特别是江河畔的二级台地上，考古遗址多在这类区域，故"坝"，也就是"巴"音，成为巴人的通称。元稹《酬乐天得微之诗知通州事因成四首》诗云，"平地才应一顷余，阁栏都大似巢居"，这就是巴人的特点。二是认为巴字来源于"巴贯"（指石板），或因"芭苴"（指芭茅）得名。三是认为"巴"就是鱼，"是我国南方壮傣民族中'鱼'字的读音"，"古代的巴人

---

① （汉）许慎著，（清）段玉裁注：《说文解字注》，上海古籍出版社1981年版，第十四篇下。
② 袁珂校注：《山海经校注》之《山海经海经新释》卷五"海内南经（山海经第十）"，上海古籍出版社1980年版，第281页。
③ 徐中舒：《巴蜀文化续论》，徐中舒：《论巴蜀文化》，四川人民出版社1982年版，第92页。

应该是属于壮傣语系的民族。"①四是认为"巴"来源于其字形曲折三回如巴字,指嘉陵江多曲流。汉魏时人谓:"阆、白二水合流,自汉中至始宁城下入武陵,曲折三回,有如巴字。"②唐人承袭汉说,主张:"禹贡梁州之域,古之巴国也。阆白二水东南流,曲折如'巴'字,故谓之巴,然则巴国因水为名。"③阆水即嘉陵江,嘉陵江有一个很大特点,就是多曲流。河岸弯弯很多,形成美丽风景,山水形胜。嘉陵江围绕阆中古城绕了三个弯,它的形状像个"巴"字,今天阆中这个巴字形山水城镇格局都还在,已成为阆中古城的旅游品牌。

从最广泛的意义上说,巴作为地域名称,它的涵盖面相当广阔,不但拥有包括长江三峡在内的川东鄂西地区,还北达陕南汉中之地,包有嘉陵江和汉水上游大部分地区,又南及黔涪之地,包有黔中和湘西地区,同夜郎文化交融。由于这一大片地域通称为巴,所以世代居息繁衍在这块土地上的各个古族也被通称为"巴",并由此派生出巴人、巴匡、巴文化等概念。从这个意义上看,巴这个名称包含有地、人、族群、古国、文化等多层次的复杂的内涵,是一个复合型概念。

巴作为地域、部族和古国的名称,早在夏商时代就已著称于世。在《山海经》这部"古之巫书"④里,记载有夏代开国君主大禹之子夏启的臣子孟涂在长江三峡巴地主管神祇的事,又记载有"西南有巴国"的事。古巴人分为两支,一支是清江流域的廪君蛮,另一支是嘉陵江渠江流域的板楯蛮,这是巴人不同的两支来源。廪君蛮的习俗是敬拜白虎,从"廪君死,魂魄世为白虎"⑤的传说化出尊白虎为祖先的习俗。而板楯蛮习俗是"专以射白虎为事",又号"白虎复夷","弜头虎子"⑥,实质是敬畏白虎,二者的信仰不一样。不

---

① 张勋燎:《古代巴人的起源及其与蜀人、僚人的关系》,《南方民族考古》第一辑。
② (汉)谯周:《三巴记》,刘纬毅编《汉唐方志辑佚》,北京图书馆出版社1997年版,第38页。
③ (唐)李吉甫撰《元和郡县图志》卷三三"渝州"条,中华书局1983年版,第853页。
④ 鲁迅:《中国小说史略》,第二篇《神话与传说》中对《山海经》的评价:"《山海经》今所传本十八卷,记海内外山川神祇异物及祭祀所宜,以为禹益作者固非,而谓因《楚辞》而造者亦未是;所载祠神之物多用糈(精米),与巫术合,盖古之巫书也,然秦汉人亦有增益。"中国和平出版社2014年版,第9页。
⑤ 《后汉书》卷八六《南蛮西南夷列传·巴郡南郡蛮》引《世本》之语,中华书局1965年版。
⑥ (晋)常璩著,任乃强校注:《华阳国志校补图注》,上海古籍出版社1987年版,第14页。

过，不管是拜还是畏，对白虎"敬"的本质是一致的，白虎是巴人的文化标志。今天土家族就是从廪君蛮和板楯蛮两支来的。二者至今还保留着巴人这样两种习俗。在神龛上供着白虎的，叫"坐堂白虎"①，来源于廪君蛮敬重白虎的习俗。在大门上刻着白虎，希望白虎不要进他的家，当作门神供起来，叫"过堂白虎"，来源于板楯蛮射杀白虎的习俗。巴人的中心活动区域是嘉陵江，古称渝水。巴人逐渐南迁，曾在宣汉罗家坝遗址、阆中、江州涪（涪陵）等地建都。巴人曾帮助周武王伐纣，"歌舞以凌敌"，唱着巴渝曲，跳着巴渝舞去打仗，这是当时巴人的风俗。到汉初，巴人仍然以巴渝舞凌敌，帮助汉高祖夺天下，立了大功。汉高祖刘邦就减轻了他们的赋税，每户每个男丁每年"户岁出賨钱口四十"②，巴人呼赋为賨，又叫"賨布""賨钱"③，而出賨钱的人就被称为"賨人"。所以那以后，巴人又改称为賨人，其聚居之地，则被称为"賨城"④，今天从阆中到渠县还有不少賨人文化遗存、遗物与遗迹，故今达州、巴中、广安、南充地区，又称为賨人文化区域。巴渝舞与巴渝曲，流传时间很长，杜甫的《暮春题瀼西新赁草屋五首》诗里有"万里巴渝曲，三年实饱闻"的诗句，以后衍变成竹枝词。竹枝词是来源于巴人的，通行于巴蜀地区，以后风行于全国其他地域。川剧的高腔也有竹枝词融入。⑤今天土家族的摆手舞，就是从古巴人、古賨人舞姿来的。

---

① 李绍明：《巴人与土家族关系问题》，李绍明：《巴蜀民族史论集》，四川人民出版社2004年版，第67页。
② （晋）常璩著，任乃强校注：《华阳国志校补图注》，上海古籍出版社1987年版，第14页。
③ （南北朝·梁）萧统编：《文选》，上海古籍出版社1986年版，卷六《魏都赋》注引《风俗通》："廪君之巴氏出幏布、八尺，幏亦賨也，故统谓之賨布。"
④ （东汉）应劭撰，王利器校注：《风俗通义校注》，中华书局1981年版，第490页："巴有賨人，剽勇。高帝为汉王时，阆中人范目说高祖募取賨人，定三秦，封目为阆中慈凫乡侯，并复除自所发賨人卢、朴、沓、鄂、度、夕、龚七姓，不供租赋。阆中有渝水，賨人左右居，锐气善舞，高祖乐其猛锐，数观其舞，后令乐府学之。"《华阳国志·巴志》记载史实相同，《后汉书·南蛮传》认为"板楯七姓"，据此，賨人当指的是板楯蛮。但《风俗通义·佚文》又载："槃瓠之后，输布一匹二丈，是谓賨布。廪君之巴氏，出幏布八丈。"可见廪君蛮贡赋布，亦叫賨人。"賨人"实兼板蛮、廪君巴人的统称。据上注，至汉代，"賨人"是对巴人的数支板楯、廪君、槃瓠的统称。邓少琴先生在《巴史新探》中云："賨钱""賨人""賨城""应起于汉也"。
⑤ 谭继和：《序：蜀琴——本土文化的经典记忆》，杨晓主编：《蜀中琴人口述史》，生活·读书·新知三联书店2013年版，第1~6页。参见谭继和《开篇：竹枝成都》，谭继和主编：《竹枝成都》，四川人民出版社2008年版，第1~5页。

从这里可以知道，巴是一个包括广阔地域范围和众多古代族群的称谓。“其地东至鱼复（今奉节），西抵僰道（今宜宾），北接汉中（今汉中），南极牂柯（今贵州境），是其界也。”①它的中心活动区域是渝水，即今之嘉陵江及其支流。如果以文明古国作为巴的地域和民族主体的话，那么，殷墟甲骨文中的“巴方”就是它的代表。巴方就是巴国，殷商时代称国为方。巴方最初活动在汉水一带，西周、春秋时沿大巴山北缘向东发展，南移长江流域，溯江而上进入川东。

巴作为文化名称，则有“三巴”：嘉陵江流域的“巴渝文化”，渠水流域的“巴渠文化”，涪水流域的“巴涪文化”，即巴、巴东、巴西三郡文化。

第二节 蜀文化

蜀字的本义，来源于蚕的形状。东汉学者许慎《说文解字》根据《诗经·豳风·东山》所说“蜎蜎者蠋，烝在桑野”，把“蜀”字解释为“葵中蚕”，《尔雅·释文》引作“桑中蚕”，《毛诗故训传》把蜀字就叫作“桑虫”，其字形“从虫，上目象蜀头形，中象其身蜎蜎”，是会吐丝的蜎蜎家养桑蚕的形象。而野蚕不会吐丝，面目可憎，人“见蠋则毛起”，《韩非子·说林下》就把这种蚕叫作“蠋”。清段玉裁注《说文》，把它叫作“蛸蛴”，四川方言叫作“猪儿子虫”。“蠋”和“蜀”都是桑虫，只有会吐丝和不会吐丝的区别。虽然身体形状相似，但给人的爱憎感觉不一样，故“蚕之与蠋状相类，而爱憎异”。“蚕”具有吐丝的功能，《说文解字》就把它解释为“蠶，任丝虫也”。蚕应是专指会吐丝的虫，惹人喜爱，故“言惟此物能任此事，美之也”。蜀王初祖蚕丛，就是因从聚养蚕技艺，而被部族民众尊称为“蚕丛”。②

---

① （唐）李吉甫撰：《元和郡县图志》卷三三，中华书局1983年版，第853页。

② 以上史料见许慎著，段玉裁注《说文解字段注》（上下），成都古籍书店1981年影印版，上第704页，下第713页。王先慎《韩非子集解》卷八“说林下第二十三”，《诸子集成》第五册，中华书局1986年版，第137页。高诱注《淮南子》卷一七“说林训”，《诸子集成》第七册，中华书局1986年版，第292页。本文中所引各书原文如下：《说文解字》云：“蜀，葵中蚕也，从虫，上目象蜀头形，中象其身蜎蜎。”《诗》曰：“蜎蜎者蜀。”段玉裁注云：“葵，尔雅释文引作桑，《诗》曰，蜎蜎者蠋。蒸在桑野，似作桑为长。毛传曰：“蜎蜎，蠋皃。蠋，桑虫也。传言虫，许言蚕者，蜀似蚕也。”“桑中蠹即蛸蛴。”《说文解字》释：“蚕，任丝虫也。”段注：“言惟此物能任此事，美之也。”《淮南子·说林训》云：“今鳝之与蛇，蚕之与蠋，状相类而爱憎异。”高诱注：“人爱鳝与蚕，畏蛇与蠋。”“蚕食而不饮，二十二日而化。”

上面把蚕与蠋的区别讲清楚了，但它们与"蜀"字又是怎样的关系呢？"蜀"字，其实有个由野蚕变家蚕的衍变过程。在甲骨文中，有"蜀"字，但无"蚕"字，这是因"蜀"字最初即指野蚕，是古蜀人采集野蚕为食的代称，因为蜀人最初是原始食虫部族，以野蚕为食，就用"蜀"字作为这支食虫部族的标志和代称，这个"蜀"部族所占据的地域就叫作"蜀山氏"。后来，蜀山氏发现了"蜀"蚕有吐丝的功能，又可以丛丛聚笼家养。于是，这个"蜀"字就由野蚕的代称衍变为家蚕的代称，"蜀"字就变成"桑中蚕""桑虫"的含义了。这个蜀山氏与来到若水的黄帝之子昌意及昌意之子颛顼所率领的高阳氏集团结合成为部族联盟，并世代互通婚姻。高阳氏集团是黄帝之正妃嫘祖氏培养出来的擅长掌握纺纱织绸技术的部族。高阳与蜀山两个结合，一个会栽桑养蚕，一个会纺纱织绸，两种技艺结合，丝绸就这样发明出来了。锦缎就是丝绸技术的产物。据徐中舒先生论证，锦是从缎产生出来的，先有用布缎于砧石，然后才有软锦织物在水中洗濯，先有缎，后有锦，先有蜀缎，后有蜀锦。所以，蜀山氏成为中华丝绸起源地的重要摇篮之一。蜀山氏的首领因擅长带领部众丛聚养蚕，故被上了个尊号，叫"蚕丛"。所以，从一个"蜀"字，我们就可以解读出它背后的故事，反映出蜀人由食虫部族向治丝部族的演化。今四川多地发掘出绘有桑园图的东汉"桑园"画像砖，上有桑树丛聚、妇女执竿采桑、挂篓饲蚕的形象，还可看出原始蜀人部族的这个特点。

蜀的区域是指哪个范围？蜀人早在四千五百年前即已过着农耕生活，故其地域不像巴人那样分散，而是比较固定。他们的祖先即陇西秦亭秦谷区域的古羌人，从天水秦亭（今天水秦州大地湾遗址是文化地标）分东、西两支南迁。向东南迁秦岭、秦巴山地和汉水流域的这一支是巴人。向西南迁徙的一支是蜀人，从河湟来到岷山，又从岷山下到成都平原，并以此都广之野作为蜀人活动的中心。古蜀国就是以成都平原为腹心，演绎出多姿多彩的蜀文化的图景的。

作为古地名，在古文献当中，记载的有蜀山，就是岷山。早在黄帝时代，他的儿子昌意，孙子颛顼，名高阳氏，他们世代同蜀山氏通婚。黄帝玄孙大禹承袭高阳氏颛顼与虞舜一系，"兴于西羌"①，出生于今岷山区域，今汶川、北川、都江堰市龙池、茂县、理县等多处汶山区域有传说他出生的石纽与禹穴遗迹，说明西蜀羌乡是大禹出生地，是他率领的夏后氏部族最早发迹地，因此大禹是蜀人。夏代少康中兴以后，夏禹七代孙帝杼（伯沇）曾回蜀中祖庭汶川石纽祭祀大禹，"先人伯沇，匪志慷慨。术禹石纽，汶川之会。"②表明夏朝君主对夏祖源地的认同。夏末君主帝桀（帝履癸）曾娶岷山庄王二女琬和琰，说明夏桀不忘岷山汶川是夏后氏发迹的祖庭。"景云碑"中还记载景云叔于是楚人，是"帝高阳之苗裔"，而其先祖是夏朝君主伯沇，即帝杼。他带着"帏屋甲账龟车"，隆重回汶川祖庭祭祖，留下了景云先祖九族之一支，发展成为"冠盖"名族。这说明高阳氏与蜀山氏在蜀地的联盟和交融，水乳相生相存时期很长，从五帝时代一直传到整个夏代都保持着。从大禹到伯杼，再到夏桀，整个夏代，夏后氏都与蜀山氏有着长期的姻亲关系。即使到了中原，也不忘回汶川祖庭祭祖。这种长期的部族联盟关系，发展成为邦国，就有了古"蜀国"这个称呼。这样看来，从最广泛的文化意义上说，蜀和巴一样，都是包含着地名、人称、族称、国称这样多层次内涵的复合型概念。

在蜀的先祖里面，没有准确的世系，历史也很迷茫，我们至今还找不到像《竹书纪年》有关中原夏代世系，甲骨文有关商代君主世系这样很准确的记载。只有古蜀三王二帝的一些传说。最早的蚕丛、柏灌、鱼凫，合称为古蜀三王，这是蜀史的传说时代。在它的后面有杜宇时代、开明时代。杜宇称帝，教民稼穑，是巴蜀农祖，已经进入农业时代。但上述古蜀先祖并无其世系的叙述记载，只有到春秋战国之交开始的开明时代，从丛帝鳖灵时起，才有十二世的记载，但都不全，有名称的只有丛帝、保子帝、卢子帝、开明尚等几个。总之，巴和蜀的远古史和上古史的记载蒙昧不清，《史记》上有很少的一点巴与楚、蜀与中原的冲突征战事迹，其他就没有记载了。虽无文献记载，但在今天巴蜀考古发掘领域却有惊人的、神奇的、从来不见诸文献的发现。在殷墟中期出现了高度发达辉煌的三星堆青铜文明，它是在四千五百年前古蜀宝墩文化基

---

① 《史记》，中华书局1959年版，卷一五《六国年表序》："夫作事者必于东南，收功实者常于西北。故禹兴于西羌，汤起于亳，周之王也以丰、镐伐殷，秦之帝用雍州兴，汉之兴自蜀汉。"

② 东汉熹平二年（173）《东汉巴郡朐忍令景云碑》，云阳县旧县坪出土，现藏重庆中国三峡博物馆。

础上土生土长出来的古蜀青铜文明。三星堆文化衰落以后，古蜀国中心王都又迁到成都城西的金沙遗址。自此以后，成都城址三千年只有扩大，没有离开成都平原腹心迁徙过，成都城名也二千五百年没有变动过，这是世界城市少有的特征。这些震惊世界、不同凡响的考古发现，在历史文献上都找不到记载，成了历史之谜。这也许同巴、蜀人历史观重祖先浪漫理想的口述史，即祖源文化特征记忆史，而不重视具体历史事件的写实记载的思维特点有关。直到战国后期秦国灭巴蜀，设置为巴郡和蜀郡，才有较详的历史记载。蜀郡后来又分为蜀、广汉、犍为三郡，遂有"三蜀之号"①。这样看来，蜀也是包含着地名、人称、族群称、古国称、文化称谓等概念在内的多层次的复合型概念。

第三节 巴蜀文化

巴蜀文化就是指以四川盆地为依托，北到天水、汉中，南到滇东、黔西这样一个大范围内，起源发展于长江上游流域与黄河上游第一湾区域，有自己的文明源头，有族群活动的中心区域，还有自己很强的辐射力，几千年文脉不间断发展衍变至今的一支地域性文化。中华古文明是多源的，又是多元的。与宝墩文化先后或同时的考古地域文化，还有黄河流域和长江流域一些地域的新石器时代的文化以及北方草原的细石器文化。苏秉琦先生有一个很形象的说法，叫作满天星斗在起源。②各个区域文明先后在各地起源，后来经过互相交融、互相认同的长过程，最后形成我们中华民族五千年从未中绝这样一个悠久的多源一脉、多元一体的大一统文化共同体。巴蜀文化是其中的一朵奇葩。

如果认同这样的定义，我们从文化学的观点来讲，有五点值得注意：（一）它是区域文化，有其独特的区域特征和奇特性。它同中华民族整体文化有着长期的文化认同凝聚和向心的历史过程。（二）巴蜀文脉从古至今，具有历史的延续性，从没有中断，这当然也是我们大中华文化的特点。（三）巴蜀文化在中华地域文化中有着独特的地位：它是长江上游古文明起源、形成和发

---

① （唐）卢求撰《成都记序》："汉高帝分蜀郡北鄙置广汉，武帝分南鄙为犍为，遂有三蜀之号。"（宋）扈仲荣等编：《成都文类》卷二三，商务印书馆1934年版。
② 苏秉琦《中国文明起源新探》："中华大地文明火花，真如满天星斗，星星之火已成燎原之势。"生活·读书·新知三联书店1999年版，第118～119页。

展的中心，它是中华民族文化的一个重要摇篮，它是中国山川"东北流"古文脉走向"其维，首在陇蜀，尾没于勃碣"①的龙头，是中华地理对角线的一个焦点，也是欧亚大陆桥南、北丝路重要的一个枢纽和连接点。（四）作为区域文化，巴蜀人有他自己特殊认可传承的一套思维模式，有自己特殊的个性、有自己独特的文化想象力和文化创造力。今天四川三星堆、金沙、九寨沟等遗址遗物，就是古巴蜀人文化想象力创造出来的文化遗产。（五）巴蜀文化是中华古文明探源的一个不可或缺的重要区域。巴蜀人对巴蜀文明有自己特殊的文化解读，有自己的价值取向和独特创造。离开了巴蜀文化这块重要区域，中华文明的起源和形成就难说清楚。传承和发展到今天，巴蜀文明已经过了若干个发展阶段，进入向现代文明发展转型的新阶段。今天仍然需要深入研究、传承和发展辉煌璀璨、神奇神秘的巴蜀文化，凭借其历史优势，把巴蜀建成西部文化的高地和中国西南连接欧亚大陆桥的纽带，在国家"一带一路"的倡议中发挥巴蜀文化区在丝绸之路上的特殊价值和重要作用。

第四节　巴蜀文化区

古三巴与古三蜀的地理范围，以及周边"与巴蜀同俗"②的地区，统称为巴蜀文化区。这个文化区超过了我们今天四川省和重庆市的范围。它是指中国的西南部，以四川盆地为中心，兼及周边地区，而风俗略同，以西南官话为特征的稳定的地域共同体。它的核心区域与主体部分大致与今天的四川省和重庆市的区域相当。今天的四川省地域包括古"三蜀"全部区域和古"三巴"区域中的巴西郡和巴郡的一部分。今日重庆市则包括巴东郡和巴郡的另一部分。它的外延地域，北边包括汉中盆地，南边包括贵州、湘西山地这样一些"与巴蜀同俗"的地方。西边包括青藏高原东缘横断山脉走廊直到三江流域。不过，古代横断山脉走廊这一带主要是西南夷和南夷、西夷诸少数民族之地，它们虽同属于巴蜀文化区，但与其东边的巴蜀人的关系却很复杂，是长期相互交流、交融在一起的，有着复杂衍变和发展的过程。

---

① 《史记·天官书》，中华书局1959年版，第1347页。
② 《汉书·地理志》：武都、犍为、牂柯、越巂，皆"西南外夷"，"民俗略与巴蜀同。"中华书局1962年版，第1646页。

"文化区"，也有的称为"文化圈"或"文化带"。这些概念是针对"作为地理区域文明"的研究范畴提出来的，是划分文化区域的基础概念。法国学者费尔南·布罗代尔曾分析这些概念在西方是从"人类学家的定义"最先开始使用的，以后被西方历史学家和文化学家所广泛采用。它的内涵，主要是指一个地区有一组自己的占优势地位的文化特征。他认为"每一种文明都立足于一个区域"，"每种文明都有其自身的地理条件"，因而文化区、文化带就是指"一组文化特征占优势地位的一个地区"。①西方历史学家多采用这种研究方法。英国学者阿诺德·汤因比的名著《历史研究》，把世界历史区分为从古到今的三十一种文明，就是运用"选取某种范围更大的（文明）碎片"的研究方法得到的结果。他说是"从希腊史、中国史、犹太史的过程中抽出我的线索"，"归纳这些文明的主要特征，提出一个似乎适合我们所知的大多数文明史的综合模式"。②这种方法成为史学家、文化学家研究文化区系的典型范式。文化区、文化圈所指称的范围有大有小，但只要是"文明，无论其范围广大还是狭小，在地图上总能找到它们的坐标"，"讨论文明，便是讨论空间、陆地及其轮廓、气候、植物、动物等有利的自然条件"。划分文化区域文化圈，有各种标准和方法，例如，依照流域文化的观点，世界性文明可划分为"大河文明"（civilisations fluviales）与"海生的文明"（civilisations thalassocratiques）。又如，依照气候学观点，把"远东文明"看成"一个热带和亚热带的世界"，它的性质则"几乎都是素食文明"。又如，美国学者卡尔·奥古斯特·魏特夫则把中国古文明称为"稻米文明"，"这使它们有了一种卓越超凡的统一性和内聚力"等观点，都是从不同"文化区"的性质和特征中生发出来的概念。由这些概念出发，形成不同文化区的地区性质的本质区别："一种文明（或一种文化）是其文化财富（biens culturels）的总和；其地理区域是其文化的领地；其历史是其文化的历史。"③上述世界性文化或文明划分区域或地域的理论依据和研究范式，是我们把巴蜀地域作为一个独立的文

---

① 以上引文见［法］费尔南·布罗代尔著，常绍民等译：《文明史》，中信出版社2014年版，第41、44页。下引版本同此。
② ［英］阿诺德·汤因比著，刘北成、郭小凌译：《历史研究》序言，上海人民出版社2005年版，第1页。
③ ［法］费尔南·布罗代尔著，常绍民等译：《文明史》，中信出版社2014年版，第41、42、193、194、205、39页。

化区域来研究并称为"巴蜀文化区"的主要参照和主要依据。

"巴蜀文化区"的概念，在中国史书里，其实萌动很早。《汉书·地理志》是我国早期历史学家班固研究文化地域的代表作。前已述及，在该书内，巴蜀是同关中、秦陇一起，放在同一个同风同俗的文化地域内来考察的。在秦汉时代，巴蜀属于当时全国第一个中央文化地域，其地位等同关陇，在古人视域里是很高的。不过，古代的"巴蜀文化区"概念，主要是就民性风俗等精神层面而言。就文明或文化的本质而言，如同civilisation是"一个双义词"一样，"它既表示道德价值又表示物质价值"①，它"至少包含两个层面"：一个是"高贵的精神支柱"，另一个是"平凡的物质事务"。②用中国术语来说，就是指精神文明和物质文明，是区分文化地域性的主要特征。把地域文化的内涵做这样的理解，是从近现代的巴蜀文化学者开始的。

巴蜀文化作为地域文化学研究的对象，最早提出来的是"西蜀文化"的概念，这是郭沫若先生1934年提出来的。③郭老当时是从"展现这个文化分布的广阔范围"，发现"更可靠的证据"的角度来立论的。到1941年卫聚贤先生才将这一概念发展扩大为"巴蜀文化"的概念。虽然，当时还未明确提出"巴蜀文化区"的概念，但已为"区系"文化概念的提出和研究奠定了基础。近百年来，从1929年广汉月亮湾古蜀玉器窖藏的发现开始，到20世纪80年代、90年代三星堆遗址、金沙遗址和三峡考古遗址不同凡响的惊人考古发现，为巴蜀文化的研究进入区系和圈层的探讨阶段，提供了更现实的材料基础和更广阔的文化视野。正是在这一背景下，林向等先生提出了"巴蜀文化区"的概念，并作了考古学与历史学的详尽分析和研究，使"巴蜀文化"这个大概念，由狭义的"四川史前文化"扩大到由古及今的广义巴蜀文化，进而扩展为整个巴蜀文化大区系。这个大区系内部再分若干特色小区。这个"巴蜀文化区"概念的研究范式，是今后整个巴蜀地域文化发展的必然趋势和基本走向。

进一步说，"巴蜀文化区"，或称"巴蜀文化圈"的研究范畴，研究对象和研究内涵，还可以从文化发展的空间分布、文化发展的中心区域和各区域文化，特别是邻近区域文化之间的关系等三个方面来加以考察，可以得到更深入

---

① ［法］费尔南·布罗代尔著，常绍民等译：《文明史》，中信出版社2014年版，第37页。
② ［法］费尔南·布罗代尔著，常绍民等译：《文明史》，中信出版社2014年版，第38页。
③ 黄淳浩编：《郭沫若书信集》，中国社会科学出版社1992年版，第398~399页。

更明晰的认识。

一、从文化的空间分布研究状况看

中华地域文化，随着研究工作的深入，出现了由大区系研究向细分特色小地域研究发展的趋势。苏秉琦先生把这种研究趋势，欣喜地称为"考古学文化的认识"上的"分子水平"。他期待文化地域研究"如同现代生物学由达尔文的优胜劣汰发展到分子生物学"一样，取得"理论突破"。[①]

关于"巴蜀文化区"与中华文化区系的研究，以李学勤、苏秉琦先生为代表。李学勤先生以东周时代列国地块为基础，把"原史时期"（protohistory）分为七个文化圈，包括中原文化、北方文化、齐鲁文化、楚文化、吴越文化、巴蜀滇文化、秦文化等七个圈，这是以地域和古国来命名的。[②]苏秉琦先生则把古中国文化分为"六大考古学文化区系"：一是以燕山南北长城地带为重心的北方；二是以山东为中心的东方；三是以关中（陕西）、晋南、豫西为中心的中原；四是以环太湖为中心的东南部；五是以环洞庭湖与四川盆地为中心的西南部；六是以鄱阳湖、珠江三角洲一线为中轴的南方。[③]

以上分类法都是着眼于考古学的文化分区分类，还不是整个区域由古及今的历史文化的分区分类。但考古学上这种"区、系"条块与"类型"分支的分类法，已经不是简单的地理划分，而是以"主要着眼于其间各有自己的文化渊源、特征和发展道路"[④]来作为划分区系的标准。这种考古文化区系划分法，为历史文化区系的划分法提供了重要的标准和范例，二者在内涵上是完全一致的。人们生活在不同地域，由于地域的自然条件不同，获取生活资料的方式不同，所采取的生活方式和生活态度也就会不相同，这就形成了不同的特色文化地域。在这些地域内，不论是古，还是今，该地区自己的文化发展脉络、基本轨迹、基本走向和基本特征，还是一脉相承的，而不同地区之间这些因素又是不同的。所以，考古学上这一分区法也适应于今天历史文化区系的分类。就"巴蜀文化区"而言，从古到今，它都是一个有自己文化发展脉络和独到特色的区域。它同周围邻近地域文化的关系，或时有区别，但作为一个地方文化

---

① 苏秉琦：《中国文明起源新探》，生活·读书·新知三联书店1999年版，第22页。
② 李学勤：《东周与秦代文明》，文物出版社1984年版，第11~12页。
③ 苏秉琦：《关于重建中国史前史的思考》，《考古》1991年第12期。
④ 苏秉琦：《中国文明起源新探》，生活·读书·新知三联书店1999年版，第38页。

的主体地位则是始终如一的。以上李、苏二先生的划分法在这点上认识是一致的，其区别仅在于把巴蜀同环洞庭湖地域联系或者同滇地域相联系的看法有所不同而已。

如若从长江流域文明起源和形成的角度看，巴蜀文化是长江上游产生的文明，它与长江中游的环洞庭湖，尤其是石家河古城，是同一古城时代，又是同一系的。如若从地域文化之间的紧密联系关系看，它则又同滇黔文化是同一系的，故李、苏二先生各有各的道理。考古学的这些分类能使人认识古巴蜀文化在整个中华地域文化大系中的地位问题，但并没有完全解决对巴蜀文化区自身特征、渊源和发展道路的认识问题。后来，因三星堆等考古发现而促使学者们把独具特色的"巴蜀文化区"单独提出来，作为独立的一区。这个分法进一步启发了我们，即使这样把"巴蜀文化区"单独划出来，也还远远不够，还需要像物理学上解析"分子"一样，再把它划分为若干文化小块，如苏秉琦先生所主张的，以现有的市为单位进行研究。其原因就在于："中国现行行政区划中的两百多个省级以下的专区一级（现大部分专区已改为省辖市），以一个有相当规模的、有历史来源的中等城市为中心，它们在现实生活中所起作用的历史渊源，就是指相当于这些专区一级范围的考古文化区系，是产生古城古国的基础。秦汉设郡大致都是以现专区一级范围的古文化古国为基础的。"[①]顺着这个思路，可以把巴蜀文化分为蜀文化区、巴文化区。再往下分出三蜀文化区和三巴文化区，再往下，以产生古城古国文化的成都城为中心，每个区、市、县还可成为一个独立单元的文化区域。也可以三峡为中心，整合巴文化区为一个文化区域，再加以分小区小块的文化单元研究。

按照苏秉琦先生的文化区系说，"区"是指块块，"系"是指条条。依据这个理论，苏先生认为"四川古文化又可分若干块块"，而"成都及其附近几县从距今五千年前新石器时代晚期至距今三千年前存在着自成一系的古蜀文化区系"。这里说的"自成一系的古蜀文化区系"，实际上主要是指"巴蜀文化区"中的"西蜀文化区"。这种情形也存在于古巴文化区域，经过三峡考古，证明它也是"自成一系的古巴文化区系"。[②]

西蜀文化区的区域范围，主要是指古称"三蜀"（蜀郡、广汉郡和犍为

---

① 苏秉琦：《中国文明起源新探》，生活·读书·新知三联书店1999年版，第144页。
② 苏秉琦：《中国文明起源新探》，生活·读书·新知三联书店1999年版，第85、83页。

郡）的区域。按常璩《华阳国志》对蜀国的地域界定是："其地东接于巴，南接于越，北与秦分，西奄峨嶓，地称天府，原曰华阳。"①大体包括以成都平原为中心的四川盆地西部。从水系文化来观察，则主要是指岷江沱江流域的文化、青衣江大渡河流域的文化、金沙江流域的文化三大支。而它东边的巴文化，则主要指"三巴"（巴郡、巴西郡和巴东郡）区域。常璩《华阳国志》对巴国的地理界定是："其地东至鱼复，西至僰道，北接汉中，南极黔、涪。"②从水系文化观察，则主要指渝水（嘉陵江）流域的巴渝文化、渠江流域的巴渠文化和涪江流域的巴涪文化三支。涪江大体可视为巴和蜀的分界水。整个巴蜀文化区包含蜀文化区和巴文化区两大支。它们是既有各自始源和特色，又是同根同源、同质同体、亲缘相近、互相融汇的两支文化。这两支文化，构成文化的、地域的、命运的共同体，其形成渊源、发展道路和总体特征都有自己的地域特色，故可以视为同一个"文化区"加以研究。

二、从地域文化发展所形成的历史中心区域看

巴蜀文化圈也有自己历史发展的核心区域，主要是指西蜀文化腹心发展区。它既是中国西南地区的重点集中发展的高地，又是中国与南亚关系发展的"龙头"。③以西蜀为核心区，形成四川盆地腹底主要是汉族文化特色区域，而四周和其西横断山脉走廊则主要是藏、羌、彝、土家等少数民族文化特色区域的格局。

就整体巴蜀文化区系来看，它有自己独特的文化渊源和发展道路，有自己的发展主轴和基本特征。这些要素都集中体现于巴蜀文化区系内的历史发展中心区域。这个中心区域有着标示该区系历史发展主轴和文化地标的作用。这个中心区域指的就是以成都平原为主的西蜀文化发展区域。按今天地图来说，这个中心区域是指从蜀郡和成都府发展而来的今全域成都。今成都市是从古及今巴蜀文化圈历史发展的地域腹心。

以成都平原为主要地域的巴蜀文化，有万年以上"肇于人皇"④的文化起步，有距今四千五百年至五千年以上古城、古国和古方国三部曲的文明起源和

---

① （晋）常璩著，刘琳校注：《华阳国志校注》，巴蜀书社1984年版，第175页。
② （晋）常璩著，刘琳校注：《华阳国志校注》，巴蜀书社1984年版，第25页。
③ 苏秉琦：《中国文明起源新探》，生活·读书·新知三联书店1999年版，第85页。
④ 李学勤：《蜀文化神秘面纱的揭开》，《寻根》1997年第4期。

文化发展的历史。巴蜀统一形成一个区域文明，是一个以成都平原为中心基础和演进舞台，经过互补互融、交流融合，取得巴蜀地域内人们最广泛的文化认同的长期发展过程。从古到今，巴蜀文化的性质和内涵屡经变异，但其内涵的特异性和文化认同的牢固性程度是越来越高的。它以这种特异性和牢固性，而成为多元一体的中华民族文化共同体中的一朵奇葩。成都平原在其中起了中心凝聚和圆心辐射的巨大作用。

再从中国文化的大格局视野来看，作为承载巴蜀文化活动的四川地域，在一定意义上，还有"龙头"的作用。《史记·天官书》说："中国山川东北流，其维，首在陇蜀，尾没于勃碣。"①这不全是自然地理的描述，而是司马迁以文化学视野观察的山川文化发展流向脉络的成果。中国山川西高东低，像一条巨龙由西向东蜿蜒而下，直奔大海。这是古人认为的中华地域文化的龙脉，也叫直根系。应该说从自然地理看，西北最高处海拔四千米以上的青藏高原是这个龙脉的龙头，但司马迁却不这样看，他认定"陇蜀"，即青藏高原的东麓，降下一级阶梯，一般海拔在两千米以内的山川为"龙首"。这其中的奥妙就在于：海拔四千米以上的地理阶梯，不是中华文化最早发生的地方，而两千米左右的岷山地理阶梯即"陇蜀"地区，反而是人类开发最早、文化最早发生的地方，故岷山是中华文化龙，特别是长江文化龙的龙头。古人认为岷山即渎山，岷江即渎水。渎者，源头也。这不是从自然地理说的，是从文化地理说的。因为岷江是文明最早开发的地方，故被称为"江源"，具有"龙头"的地位。为什么"陇蜀"连称？因为"蜀山"乃"陇山之南首也，故称陇蜀"。陇蜀在"华山以西"，处于渎山渎水的源头地位，故被称为中国山川之首，也就是"龙头"地位。②从历史文化视角看，陇蜀是古羌人的文化创始地，也是古羌人分几个支系迁向巴蜀和中原的迁徙文化脉络发展地。放在这样一个中华文化大格局中来看，古蜀文化区应该属于"维首在陇蜀"的重要核心区域。再放大来看，"四川的古文化与汉中、关中、江汉以至南亚次大陆都有关系"，

---

① 《史记》第四册卷二七《天官书第五》，中华书局1959年版，第1347页。
② 程恩策：《国策地名考》："案广雅：蜀山谓之嶲山，蜀读为独，或作渎。封禅书：自华以西，名山曰渎山。渎山，蜀之汶山。水经注：嶲山即渎山，水曰渎水。元和志曰：即陇山之南首也，故称陇蜀。蜀地盖因此得名。史记：昌意娶蜀山氏女，生帝高阳，后封其支庶于蜀，历夏商至周衰称王，长曰蚕丛，次曰柏灌，次曰鱼凫。"转引自诸祖耿撰《战国策集注汇考（上）注》卷三秦一（七）注〔二〕，江苏古籍出版社1985年版，第183页。

在春秋战国时期"曾是周、秦、楚的同盟者活动地区","是西南地区的重镇"。①巴蜀文化区在中华山川文化地理龙脉上,占有"首在陇蜀"的"龙头"地位。正如苏秉琦所言,"就中国与南亚的关系看,四川可以说是'龙头'"。②

三、从各地域文化之间互相交融、互相影响的视野来看

巴蜀文化区与邻近的文化区域,特别是同楚文化和秦文化之间也有着互相影响的复杂关系。这些不同的地域文化在不同的历史时期发展是不平衡的,因而互相影响的大小和主次关系也就各有不同。这些地域文化之间还存在着两个文化边缘的缓冲带和文化交汇的连接带,这样的边缘文化带往往能体现其中的地域文化影响的大小和主次关系。研究这些邻近文化区域互有差异、互为条件、互融互补的特殊关系,可以把"巴蜀文化区"作为一个独特的历史发展区域突显出来。

先看巴蜀文化区系内巴与蜀的关系。

从集体文化性格看,巴文化以刚直强悍为主,蜀文化以柔智文雅为主。从古到今,蜀文化与巴文化从始源的特异到发展的交融,经过长期的历史融会与文化认同,互为条件,形成了一个亲缘相近、刚柔相济、相辅相成、相辅相依的紧密的文化共同体,但又各自在自己区域内传承着各自的特色和差异。在这个意义上,巴蜀文化区可大体分为文化性格相辅相成的巴文化区与蜀文化区两个区域。"蜀文化区"的概念等同于以成都平原为中心的蜀文化圈。如果把蜀文化区视为包括横断山脉和川西高原更大范围的文化,那么,"蜀文化"就是这个大文化范围的同义语。至于"巴文化区"的概念,则等同于以今重庆为中心,含有秦巴山区和三峡区域在内的文化区域。

再看巴蜀文化与秦、楚文化的关系。

巴蜀文化同荆楚文化与秦陇文化有着特殊紧密的关系。它们的关系是你影响我,我影响你。从长时期看,楚文化影响更大些,它是影响整个南方文化并起着主导作用的文化。拿巴与蜀相比较,楚对巴文化的影响比对蜀文化的影响更大。所以,从大范围说,巴、蜀都属于楚文化辐射和融会的区域,从精神

---

① 苏秉琦:《中国文明起源新探》,生活·读书·新知三联书店1999年版,第85页。
② 苏秉琦:《中国文明起源新探》,生活·读书·新知三联书店1999年版,第85页。

文化范畴说，都属于南方巫文化的范畴。当然，各个地域文化之间是相互影响，双向交流的。但不能不承认楚对蜀的影响和主导作用比蜀对楚的影响和作用要更大些。当然，在双向交流中，巴蜀因长期葆有自己的特色，因而巴蜀对荆楚文化影响也很大。例如，古蜀仙道影响楚的巫文化和三峡神女文化，结晶为以屈原赋为元典代表的楚神巫文化。它又反转过来影响巴蜀，如屈原的《远游》即为司马相如所继承，发展成为以司马相如《大人赋》为代表的"列仙之儒"与"大人"神仙的想象，形成巴蜀浪漫主义的文学传统。我们可以从这种复杂的相互关系中，更深刻地理解各区系在各自范围内是如何吸收对方的文化因素，又如何在互相影响的关系中坚持自己的文化传统、社会关系和风俗习惯而向前发展自己的个性的。考察这些关系，我们可以清晰地断定它们各自的特点。与北方中原文化重礼的特征不同，楚文化重巫，蜀文化重仙，巴文化重鬼，是三支地域色彩不同的文化。这些文化又是统属于南方巫文化体系的。

秦文化本属西戎。秦，嬴姓，夏伯益之后。殷纣王时，秦祖恶来初受封。[①]西周中叶，非子为周孝王养马，邑于秦，号秦嬴[②]，始成为周文化圈内的附庸。平王东迁，秦襄公起，被封为诸侯[③]，才在西周故居的废墟上兴起，然后逐步东进，多次迁徙国都，最后定都咸阳。它既保留了土著西戎游牧文化的特征，又承袭了西周正统，传承了中原农耕文化，先由中原文化的附庸，后变成中原文化的正统，形成了有独特风格的秦文化，重视耕战，提倡农商。中原文化是指关中、晋南和豫西区域，其中包含着先夏和夏文化，先商和商文化、先周和周文化、先秦和秦文化、汉唐文化等整个黄河流域中上游的文化。秦文化是在西周文化故地上由戎狄文化转型为周的中原文化的（主要是继承周农耕和礼治文化，但秦文化本身却保持了耕战、农商文化的特点，倾向于法家与法治文化，农耕和礼治文化反而主要被汉文化所继承）。先秦文化与先周文化在新石器时代均属于以陇山为界的仰韶文化西侧的文化，是仰韶文化发展的核心区。在天水秦安大地湾遗址文化之后发展起来的是齐家文化与马家窑文化诸类型。它直接影响蜀文化区域茂县营盘山遗址为代表的宝墩文化的源头的文化。到青铜时代，这里也是"较早发明青铜器的地区，是周秦的老家"。[④]巴

---

① （汉）宋衷注，（清）秦嘉谟等辑补：《世本八种》，商务印书馆1957年版，第31页。
② （汉）宋衷注，（清）秦嘉谟等辑补：《世本八种》，商务印书馆1957年版，第44页。
③ （汉）宋衷注，（清）秦嘉谟等辑补：《世本八种》，商务印书馆1957年版，第45页。
④ 苏秉琦：《中国文明起源新探》，生活·读书·新知三联书店1999年版，第62页。

文化区域也是受陇右文化，特别是秦州大地湾遗址文化的影响。秦国的祖亭"秦亭"也在这个区域。所以，在东周至秦代时期，秦文化作为周秦老家的代表，就自然成为中原文化的代表，在战国七国中占有独特的优势和强势。《华阳国志》提出秦国灭蜀后，蜀"染秦化"①的问题，实质指的就是巴蜀"趋中原化"，逐步向中原文化"转型"的问题。当然，情况比较复杂。常璩《华阳国志》所谓的"染秦化"是指秦灭蜀直至"克定六国"，全国统一，不断"徙其豪侠于蜀"，使蜀土"居给人足"，格外富裕起来，形成了"以富相尚"，"奢侈不期而至"的习俗，"此其所失"，究其缘由，还是受"秦化"感染的缘故。这里，常璩是把"染秦化"作为批判词语使用的。但如果我们从文化学的视野来解读，"染秦化"除了其"尚奢侈"的"所失"一面之外，还有个巴蜀受到秦国带来的"周秦老家"文化影响的问题，也就是秦国给巴蜀带来的关中文化、中原文化的影响。中原文化对巴蜀的影响，从黄帝为首的五帝、夏商、西周时期就开始了。而秦国的耕战文化是在西周农耕文化的基础上发展起来的。所以，所谓"染秦化"就不只是秦文化，而是秦周融合的中原文化的影响。陇蜀道上出土的青川木椟，就是"染秦化"的考古实证。它记载秦灭巴蜀后，秦武王二年（前309）"更修为田律"，既在巴蜀推行周秦中原阡陌田亩制度，又根据巴蜀地广人稀的田亩实际情况"更修"阡陌沟洫，以便排水灌溉，后来又治都江堰，这才发展出"家给人足"的富裕天府，这就是"染秦化"。故究其实质和效果而论，是巴蜀向中原文化趋同和完全认同的过程。巴蜀向中原文化转型的过程是以"天府之国"农耕文明的天生丽质作基础，而朝中原文化凝聚向心的过程。这个过程在春秋战国时期就是蜀开明氏与秦国在长期交往中形成了"染秦化"，即"趋中原化"的文化习俗。秦国灭巴蜀，军事行动很迅速，遇到的阻力很小，首先就得益于文化的"染秦化"带来的巴蜀人对中原文化的认同。因为易、道、儒文化早在先秦时代就在蜀地生根开源，蜀地早有原始儒学与仙道文化的根基，到汉代经过文翁化蜀的倡导，进一步用中原文化"儒化巴蜀"，促使巴蜀原始儒学因素转型为中原正统儒学，成为中原儒学主流意识形态普及的重要组成部分。土著蜀学也由此创新性转型为以儒学为主的

---

① （晋）常璩著，刘琳校注：《华阳国志新校注》："然秦惠文、始皇克定六国，辄徙其豪侠于蜀，资我丰土。家有盐铜之利，户专山川之材，居给人足，以富相尚。……原其由来，染秦化故也。"四川大学出版社2015年版，第124页。

蜀学。这个过程看来是向中原汉文化的突变转型，实际上只是"染秦化"和"趋中原化"总趋势中的一次突变，是中原化总趋势的继续，是儒化传统传播的继续，是在向中原文化凝心聚力中同时保留自身地方特色、生活方式和思维方式特色的一次成功的尝试，而不是有些学者认为的是巴蜀地区由民族文化转型为地方文化，这是比较片面地割断了文脉的看法。正是在这种秦蜀文化复杂错综的关系中，凸显出了"巴蜀文化"作为中华地域文化的一个历史文化发展区域的特殊价值。这个衍变，应该说明还是双向的，中原辐射地方，地方影响中原。这个总趋势在两千多年来从古到今的历史发展中，继续发展和分化，巴蜀文化区又分成若干地域发展，形成更小一级的特色区域文化。巴蜀文化区内的区、市、县都经历了这样的历史文化发展衍变过程，成为各自小区域内的特色文化。同时，它们又属于同一个大区系文化共同体的组成部分。中华文化就是这样形成了多源一脉、多元一体、多级一系的特色。

第五节　巴蜀文化共同体

中国是一个统一的多民族国家。华夏民族文化从原史时代（protohistory）开始，其文明始源就如满天星斗，璀璨珠玑，到处发生。进入历史时代，其文明发展历程，随着众多民族和方国递兴迭起而显现出复杂性、丰富性和多样性。中国青铜时代七大文化圈中，巴蜀文化圈是其中有着独特发展历程的一支地域文化。[①]在巴蜀文化圈中，巴文化与蜀文化又都各有自己悠久的始源和发展、交融的历程。有两百万年以上的巴地"直立人巫山亚种"和四万年以上的蜀地晚期智人"资阳人"的文化根系，有巴地与蜀地"同囿"而"肇于人皇"时期的万年以上的文明起步，有距今四千五百年以上新石器时代晚期宝墩文化开始的古巴蜀文明的古文化、古国和古方国的巴蜀文明发展史。巴地与蜀地、巴人与蜀人是在这样一个历史长河中互相接触、交流和融会而创造和发展文化的。巴蜀统一为一个区域文明，经过了文化性格相辅相成、互补融会的长期的过程。巴与蜀同根同源、同质同体是确有历史依据的，这是川渝文化合作的文化基础、历史优势和文脉之根。

巴蜀文化共同体的形成和发展，经历了由分立发展到合一发展，互补互融

---

① 李学勤：《东周至秦代文明概观》，《中国古代文明十讲》，复旦大学出版社2003年版。

的长期过程，也是巴文化与蜀文化实现最广泛的文化认同的过程，更是在增强和发展共同的凝聚力和向心力程度上达到更广泛更高层次的文化认同的过程。从古到今，巴蜀文化的性质和内涵虽几经变异，但其内涵的特异性和文化认同的牢固性程度是越来越高的。它以这种特异性和牢固性，作为中华民族文化区域的"亚文化"（sub-culture）而成为多民族统一文化体的值得骄傲的一员。这可从巴与蜀的文化认同、巴与蜀的互补结构、巴与蜀的特色整合三方面来说明。

一、巴与蜀的文化认同是巴蜀文化共同体形成的基础

巴文化与蜀文化早在五千年前就在各自起源和发展过程中开始互相接触、交流与认同。最明显的标尺是从新石器时代晚期到夏代，川东的长江、嘉陵江流域等巴地，如西陵峡、清江口、鄂西、忠县㽏井沟、巫山大昌坝、哨棚嘴等遗址，同川西岷江、沱江流域等蜀地，如广汉三星堆、新繁水观音等遗址，普遍发现鸟头形把勺，也就是鱼鹰的形象；云阳李家坝墓葬发现人死后身边放两条大鱼的习俗。这都是渔耕时代的明证，与农耕时代有些区别，尽管都属于农业定居时代，但特色不一样。由此可见，巴与蜀都是崇鱼的民族，而且都与鱼凫（鱼复、鱼妇）部族的传说有关，这是巴与蜀互相认同的有力证明。

巴文化与蜀文化同中原文明的源头夏代二里头文化也有着亲密的同源异流的关系，其主要特征是同属于赵光贤先生所主张的灰陶文化谱系（蜀偏于灰色，巴偏于褐色）。它表明黄河流域的中原文化虽然"鼎鬲不同源，商周不同源"[1]，夏商周文化各有各的发展脉络，但其中最早的文明中的一支"夏文明"则是蜀夏同源又同古巴蜀文明同源而异流的，展现了巴蜀地域文明从源头时代就同中原文化融合为"共同体"的紧密关系，巴蜀文化是在多源一脉的华夏文明共同体哺育下成长起来的。[2]

夏禹生于西羌，在蜀。但娶于重庆巴县涂山，则在巴。夏禹由蜀到巴的迁徙活动，是夏文化西兴东渐历程的一部分，它促进了巴与蜀的认同。巴人与蜀人祖先同夏禹部族一样，"黄帝婚其族"，同属高阳氏颛顼一系。蜀夏同源，巴夏也是同源的，夏文化迁往中原和东部独立发展，不同流了，但巴与蜀两支文化

---

[1] 苏秉琦：《中国文明起源新探》，生活·读书·新知三联书店1999年版，第16页。
[2] 谭继和：《古蜀文明的生长点和里程碑》，《三星堆图志》，四川人民出版社2005年版；谭继和：《古蜀国旁白的旁白》，萧易：《古蜀国旁白》，成都时代出版社2005年版，第3～4页。

却同流发展。到东周时期巴文化与蜀文化就混同一体了。例如，船棺葬俗，巴蜀都有，是同流而合俗的。又如崇虎习俗，蜀地的三星堆与金沙遗址有石虎、金箔虎和青铜虎形象，巴地的廪君蛮崇拜白虎，是敬爱白虎，它形成今日土家族"坐堂白虎"的习俗，巴地的板楯蛮、賨人主张射杀白虎，是敬畏白虎，它形成土家族"过堂白虎"习俗。总之，巴与蜀对虎形象以"敬"为精神崇拜的中心是一致的。①

再说一说巴蜀文化共同体一些有趣的特征：

一是"巴蜀"连称概念出现后，就逐步成为一个共同文化体的称呼，巴在前，蜀在后，再没有人称为"蜀巴"的。从语音看，巴是重唇音系统，蜀是舌上音系统，都是人类族群最古老的语言，巴蜀连称比较自然，但也显示出特异性。彝族自称"诺苏"就都是舌上音，藏族自称"博巴"，又都是重唇音，只有巴蜀是重唇音与舌上音连称，与此不同。

二是移民文化，从"迁秦民万家"②始，到汉代移民就食于巴蜀、湖广填四川、抗战时期大移民、新中国成立后三线建设移民、今日三峡大移民，哪一次不是巴蜀联动？这是难分彼此的。

三是巴蜀文宗多形成刚柔相济、文武兼备、巴文化与蜀文化不同特征认同于一身的集体文化性格（或曰集体无意识）。司马相如生于蓬安，是巴地，长于成都，是蜀地，受两地文化熏陶，形成刚柔阴阳相济、文才与将才兼具的文化性格。司马相如的大赋，既有气势磅礴、铺张扬厉的"刚"与"质"的一面，又有闲雅博丽、侈衍排比的"柔"与"文"的一面；赋的语言，既有巴方言，也有蜀方言。这便是刚柔文质两种互相认同的文化特质统一而融于一人的表现，也是巴蜀文人基本文化性格的体现。

扬雄的祖先是三晋移民，先到三峡受巴文化熏陶，然后落籍成都郫县，受蜀文化孕育。扬雄本人把巴方言与蜀方言统一为梁州、益州方言，这是巴与蜀文化融会的表现。

唐李白与清张问陶是巴文化与蜀文化交汇地带出生和成长起来的，杜甫是在成都和夔州两地居住，受巴地与蜀地奇山异水与文化的熏陶而成就为诗圣的。苏轼为蜀的眉山人，但他也曾自称为"巴人"。郭沫若生在蜀的乐山，除

---

① 谭继和：《巴蜀文化辨思集》，四川人民出版社2004年版，第104~106页。
② （晋）常璩著，刘琳校注：《华阳国志校注》，巴蜀书社1984年版，第225页。

客家人祖籍渊源外，他的外祖母杜氏则是重庆市开县人，是巴人。邹容是巴人，但却受的是蜀地的教育。邓小平、陈毅两位当代巨人出生在巴与蜀交会地带，同样具有刚柔、文质兼济的文化性格。可以毫不夸张地说，巴蜀历代文宗，不管他们是否都出生于巴蜀，但他们都是巴文化与蜀文化共同孕育结出的硕果，是巴蜀文化长期认同与融会的产物，是巴文化的刚质特征与蜀文化的文柔特征相辅相成熏陶养育的结晶。

总之，从古到今，巴文化与蜀文化从始源的独立到发展的交融，经过长期的历史融会与文化认同，形成了一个亲缘相近、刚柔相济、相辅相成、相辅相依的紧密的文化共同体。这个共同体的根脉与根系盘根错节，不会因为历史与现实行政区划的变更而被割断。巴与蜀的高度认同性是今日川渝文化合作的天然的历史联系和文化基础。

二、巴与蜀的互补结构是巴蜀文化共同体发展的动力

巴人与蜀人刚柔相济、文质互补、阴阳相和的不同文化性格形成的互补结构，是在巴蜀文化共同体内，静态、闲适、封闭的农耕文明社会与活态、繁忙、开放的工商文明社会二者之间的矛盾运动的结果。这一矛盾运动至今还在持续发展，这是巴蜀文化共同发展的动力。

巴人与蜀人在文化上有下列大的差异：

第一，刚与柔、阳与阴、质与文、刚直强悍与巧慧多智等巴与蜀不同的性格特征形成互补相依的文化深层次结构。"巴人出将，蜀人出相"[①]已成巴蜀人才发展的历史规律。巴是刚与质、强毅一面居多，蜀是柔与文、巧慧一面居多。巴人善于创业，蜀人善于守成，巴多具有超前性和冒险性，蜀则多具有追求完美性，二者通过历史的凝聚，巧妙地形成互补，这是改革开放时代特别需要的文化性格。[②]

第二，在精神形态上，巴与蜀也有不同特征。巴、蜀、楚虽然同属于南方巫文化区域，与中原重礼制重礼器的文化是不同的，都具有好奇幻、梦幻、迷离、浪漫的特征，但它们又各自具有易于识别的标志性特征。

---

① （晋）常璩著，刘琳校注：《华阳国志校注》，巴蜀书社1984年版，第225页。
② 刘茂才、谭继和：《巴蜀文化的历史特征与四川特色文化的构建》，《西南民族大学学报》（人文社科版）2003年第1期，第57～60页。

巴文化内涵是"重鬼尚巫"的文化，其代表是丰都平都山鬼文化，有许多鬼神故事。蜀文化内涵是重仙的文化，其代表是三星堆、金沙考古发现的飞鸟崇拜现象。三星堆遗址的青铜人身鸟爪足像，寓意人鸟合一成仙。金沙玉琮上线刻的羽人像，寓意羽化飞仙。古蜀五祖中，蚕丛、柏灌、鱼凫"忽得仙道"①，望帝魂化啼血杜鹃，开明上天成为开明兽，均为仙化故事。②到汉代，司马相如《大人赋》写列仙游历四方，汉武帝读后竟然飘飘欲仙。巴文化重鬼与蜀文化重仙形成互补结构，显示出巴蜀人如仙如幻、如神如鬼的特殊文化想象力，幻想力和联想性丰富，它成就了巴蜀文学重浪漫主义的传统，也是巴蜀学术重今文经学传统的源头。③

第三，在学术源流上，谢无量先生曾说："蜀有学，先于中国。"④这里的"中国"是中原之意，用今天的话来说，"蜀有学先于中土，文与史重在神髓"，是巴蜀学术的共同特征。这里的蜀学是巴蜀学术的通称。道学的仙源与道源均起于蜀，道教最早的教区组织二十四治以及别治、游治，遍及巴地与蜀地。原始儒则源于生于汶山郡石纽的大禹所作的《洪范·九畴》。佛教传进中土而中国化为禅宗，六祖慧能创禅宗南宗，离不开慧能的师兄弟智诜在蜀中创立净众——保唐禅系，也就是巴蜀禅系，具有南北二宗"顿悟"与"渐修"兼容会通的特色，从而为南宗成为禅宗正统做出了特殊地域与特殊形式的贡献。至于禅宗向人性化、人本化发展，成为"人间佛教""生活佛教"，则更离不开由八祖什邡人马祖道一主张的"平常心是道"奠定的理论基础和创立的丛林制度。到明代，高僧破山海明既在蜀的昭觉寺，又在巴的双桂堂把禅学推到新的阶段。天文、易学则有落下闳、袁天罡、李淳风，既曾在蜀地，也曾在巴地。由此可见，中华传统文化的主干——儒、释、道三学，巴蜀在其中都占有特殊的地位。"仙源在蜀""道源在蜀""儒学源蜀""菩萨在蜀""文宗在蜀""才女在蜀""天数在蜀""易学在蜀"八大特征，是包含巴与蜀在内

---

① （晋）常璩著，刘琳校注：《华阳国志校注》，巴蜀书社1984年版，第181页。
② 参见谭继和《道源：古蜀仙道》，台湾义守大学《人文与社会学报》2006年第一卷第9期，第1~14页。
③ 参见谭继和《三峡与巴蜀文化》，《巴蜀文化辨思集》，四川人民出版社2004年版，第104~106页。
④ 谢无量：《蜀学原始论》，中央文史研究馆馆员文集《崇文集》，中华文局1999年版，第230页。

的，是巴与蜀的互补才形成如此璀璨夺目的蜀学，这是今天川渝两地共同发展新蜀学的历史基础。

第四，优越秀冠的巴蜀农耕文明，以水为源，以人为本，以文化为魂，以"天府之国"的共同的历史称谓把巴与蜀紧密地联系在一起。蜀王杜宇既教蜀农耕，又教巴农耕，可以说巴蜀农耕文明都是在同一个杜宇时代开始的，不分轩轾，如兄如弟，共同学习和互相传授同一种生产技术文明。蜀对外开放的通道也依赖于巴。一是北开金牛道、石门道以及剑门蜀道，越秦岭到汉中盆地，巴是必经之道。二是南走东出水道，从岷江到长江，穿三峡，冲出盆地，形成对外开放的活力，也必经巴水道。农耕文明社会本身具有封闭性，但巴蜀很早就具有冲出盆地的活力，因此，它又具有开放性。所以，有四川人"不出夔门不能成人才"的说法，"在川是条虫，出川是条龙"，蜀人要由巴地走出去才能成才。历史上还有"自古诗人例到蜀"的说法，这正好是从反向交流角度立论的，出川与入川皆能成才，这可说是人才双向发展的规律。巴地三峡是巴蜀人的历史文化通道。"三峡"在巴成为固定的文化名词，蜀地也跟着学，出现了不少小三峡、小小三峡，有的江河超过三峡这个数，但不能称为"大峡""二峡""四峡"，因为人们的文化心理不认同。只有三峡才是文化的、历史的，才能取得文化心理的共同认同。

第五，成都与重庆两大城市也是互补的，是巴蜀文化的双城星座。

文明诞生于城市社会，成都与重庆都有悠久的城市文明的历史。两座城市有共同性，但两座城市的性格和风格又有互异性。成都是历史的，重庆是现代的；成都是休闲的，重庆是忙碌的；成都人思维细腻，追求完美，重庆人思维雄阔，开拓进取性强；成都是古典的，重庆是时尚的；成都是柔智的，重庆是刚毅的；成都是大家闺秀，重庆是铁板莽仔；风气之先总是重庆先得，但成都也从不甘时尚之后，总要以最快的时间从重庆拿来；成都人的生活态度如行云流水，重庆人的生活态度如雾气熏蒸。重庆人的忙碌有成都人学，成都人的悠闲也成为事业有成的重庆人之所好。重庆与成都的互补性是如此之多，以至于难分彼此。大抵居于成都则蜀化，居于重庆则巴化。反过来，从重庆到成都则蜀化，回到重庆又巴化。巴与蜀既血脉相连，水乳交融，又各有个性，差异发展。当今时代，从工业文明社会过渡到信息文明社会，随着虚拟空间的扩展，巴蜀这种互补结构更显出一体兼容，难以分出彼此的发展趋势。

三、巴与蜀的特色整合是今日川渝文化合作发展的方向

第一，巴蜀文化的神奇、神秘、神妙为川渝合作文化创意，提供了取之不尽、用之不竭的"文心"养料。

今天的川渝均是文化资源富集之区，其特点是魅力独特，点多面广，类型多样，有如满盆珠玉，到处闪光，但缺点是分布零散，划区为牢，缺乏一根"金线"穿珠，缺乏一个母题来整合众多特色文化资源。

这根"金线"是什么？是神奇、神秘、神妙的巴蜀文化。重庆市和四川省都是巴蜀文化永恒的故乡。它有三大特征：

巴蜀自然世界无边的神奇，初唐王勃把它称为"宇宙之绝观"。[①]

巴蜀文化世界无穷的神秘，巴的吊脚楼与蜀的干栏组成的巢居文化、巴蜀的栈道文化、笮桥文化、梯田文化和林盘文化，奇幻的非物质文化遗产，甚至巴蜀"人日游"也奇异，蜀人是人日游杜甫草堂，"草堂人日我归来"；而巴人是"人日踏迹"而游，游夔门边上的水八阵，"巴俗深留客"（黄庭坚），如此种种，在显示出有待揭开的神秘面纱。

巴蜀心灵世界无尽的神妙，展现为巴蜀民俗、民心和民风的特异。例如，巴地的古老"万里巴渝曲"（杜甫诗）是蜀地的"蜀国弦"、四川清音和蜀派古琴的来源，而蜀王开明的"陇归之曲"又远超巴地的《竹枝词》，这又是何等的神妙。

以上三大特征从内涵上显示出巴人和蜀人的特殊文化想象力和文化创造力。丹麦未来学家罗夫·钱森说："人类即将进入一个以故事为主导的年代，我们将从重视信息过渡到追求想象。"这正是世界趋势。巴蜀文化的神奇神秘神妙性，为川渝两地提供了创意想象驰骋的巨大合作空间，是川渝合作培育和发展文化产业与创意产业的无尽的源泉，是整合川渝多种特色资源加以金线穿珠的最大母题。

第二，巴与蜀都有长达四千年以上的城乡浑然一体发展的历史优势。在长达几千年的巴蜀农耕文明社会里，城市就是有城垣的农村，乡村生活占据着社会生活的主导地位。乡村社会与城市社会交融，乡村地域与城镇地域交错，乡民与市民"耕读传家""务农业儒""负耒横经"，城乡生活方式常常互换角

---

① （唐）王勃：《入蜀纪行诗序》，《全唐文》第一册，上海古籍出版社1990年版，第808页。

色。在长长的历史时期，巴蜀的城与乡有天然的联系，这正是今天成渝合作统筹城乡发展的良好基础和有利条件，也是成渝统筹新农村建设风貌，突出乡村特色、地方特色和民族特色的最大优势。建设有巴蜀特色的川渝新农村，特别是文化环境和文化空间的特色塑造，还大有合作的空间和余地。

马克思曾经分析过东方农村公社城市化的道路与西方日耳曼城市化道路的区别。东方是走的城市乡村化路径，是城乡浑然一体发展的历程，东方城市就是以地产为基础，以人与自然和谐相处为基础的"田园共和国"。西方是走的乡村城市化的路径，是城乡分离对立发展的历程，发展到极致就是中世纪的领主城堡。川渝的众多城镇，走的即是东方城市乡村化的"田园共和国"道路，城镇多从滨水区域生长和发生。尽管在城市现代化进程中，重庆市和成都市市区的快速扩大，也带来城乡二元结构对立发展的问题，但从两市的全域看，城乡天然结合的历史优势还是明显存在着的，这一点比西方城市好。鉴于西方城市的弊病，英国城市规划专家埃比尼泽·霍华德主张在郊区边缘创建"花园城市"。而川渝有着创建"公园城市"的天然优势。巴蜀城乡凭借这一优势联姻，可以形成新的复合体，培植新的生活和新的文明，为今日乡村振兴创建出新的发展模式。川渝文化合作，解读城乡发展的新模式，从而把握城市与新农村的发展脉络与未来走向，还有相当的工作可做。两地新农村文化建设整合出特色，也还有大量工作需要合作，共同创造城乡统筹文化建设、振兴乡村的新经验。

第三，巴渝文化异军突起，产生了"巴渝文化现象"，这有它的合理性和必然性，值得研究。这是因为在长达三四千年的巴蜀农耕文明社会时期，在巴蜀文化圈的大区域内，各个地区文化的发展，特别是三蜀与三巴地区各自文化发展的不平衡性并不显著。四川盆地内巴蜀文化的布局（盆底汉族为主的文化与盆周世居少数民族文化相结合的格局）也比较稳定，成渝两个城市也都在农耕社会框架内稳定发展。在长长的历史时期，蜀文化区域内有岷江文化、沱江文化、大渡河文化和金沙江文化，巴文化区内有渝水（嘉陵江）流域的巴渝文化、渠江流域的巴渠文化、涪江流域的巴涪文化，它们都各自稳定发展，统一兼容为巴蜀文化。

但近代开埠以来，农业社会向工业社会转化，城市近代化与现代化的转型速度有快有慢，这就出现了平衡发展的不和谐音与发展比例的失调。《全球城市史》作者乔尔·科特金提出城市健康发展的三个关键因素：神圣（地点的神圣）、安全（提供安全和规划的能力）、繁忙（有活力的经济和商业的激励作用）。[①]成渝两大城市相比较，前两个因素是城市生长和发展的基础，区别不大。最主要的区别来自后一个因素：繁忙。重庆开埠以后，主要是有活力的经济和商业的激励作用，重庆城市较快近代化和现代化，其速度领先于成都，影响到城市文化，必然提出新的需求。加上自身突破传统、变异自我和超越自我的文化基因，必然率先实现文化的现代性转换。这种历史的蓄积在重庆市划为直辖市后，使得巴渝文化的强势提出和打造应运而生。不过，这种情况是整个巴蜀文化内部发展的新的不平衡性的一次调整。这种调整，为城市文化的新转型孕育了新的希望。巴渝文化的走向，也预示着巴涪、巴渠文化未来的方向，也给三蜀的文化转型留下新的待望。这应该就是解读"巴渝文化现象"的真谛。

　　工业文明社会为巴蜀文化的现代化提供了新的发展天空，而巴蜀文化区域内部不平衡的发展则为三蜀、三巴文化新的转型提供了机遇。川渝两地在整个巴蜀文化体系内通过联姻互动，相辅相依，发展本地的文化，是未来发展的方向。川渝合作，通过推动本地特色文化的发展和整合，从而实现巴蜀文化体系的现代化，更是急迫需要发展的方向。

---

① ［美］乔尔·科特金著，王旭等译：《全球城市史》，社会科学文献出版社2006年版，第5~6页。

第二章 巴蜀文化认识史、研究史考索

上章关于巴蜀文化基本概念体系的阐述，是我们今人对于巴蜀文化的总体、面貌、性质、特征和发展轨迹的基本认识和今天对其体系框架与价值判断的文化解读。这些认识和解读，来自秦汉以来历代祖先和近现代前辈对于巴蜀文化的长期探索与研究，是传承从古至今学者研究路径的薪火，在巴蜀文化研究发展史上，其研究思维与研究范式不断创造性转化，其概念体系与话语体系不断创新性发展的结果。它大体分为三大发展时期：一是秦汉至明清时期，历代知识精英对于巴蜀作为一个特殊地域的地方文化命运共同体的形成发展和区域特色的认知与认识。二是民国时期，主要是20世纪40年代以前，"巴蜀文化"作为现代概念的首次提出及其讨论与争论，巴蜀考古的第一次新发现，巴蜀文字的第一次新认知。三是新中国时期，首先是20世纪五六十年代，新中国巴蜀文化研究工作者在马克思主义指导下，特别是在恩格斯《家庭、私有制和国家的起源》思想指导下，沿着郭沫若1929年《中国古代社会研究》倡导的"中国人是应该自己起来，写满这半部世界文化史上的白页"，写出"恩格斯的《家庭、私有制和国家的起源》的续篇"[①]，开拓出马克思主义新史学道路，开始新中国时期对巴蜀文化研究的新探索。其次是20世纪80年代改革开放以来，巴蜀文化研究发展史翻开新页，开拓出巴蜀文化现代化的新路。特别是新时代，在中西文化争夺话语权的语境中，抵制西方话语霸权，破古蜀文明西来说，抵制碎片化的历史虚无主义，以培育和坚守本土文化自信热力为鹄的，开展巴蜀文化新理念、新概念、新话语的新探索。

第一节　秦汉至明清时期巴蜀文化共同体的认知与考究

从古至今对于巴蜀文化的探索和研究，经历了长期发展的过程。文化是人类智慧在物质、精神和社会结构成果上的结晶，也是人类知识、信息、经验和

---

① 郭沫若：《中国古代社会研究》自序，《郭沫若全集·历史编》第一卷，人民出版社1982年版，第9页。

智慧的结晶,因此,对文化的探索和认识就是一个对文化的不断挖掘、转化和创造的过程,是对该文化共同体不断加深认识的过程。古人对巴蜀文化的最初认识过程,是从巴与蜀由分别称呼到连称、从同风同俗的认识开始的。巴蜀的连称,体现了巴人与蜀人的文化性格不可分割,巴地与蜀地的地域文化不可分割,巴蜀地域命运共同体不可分割。

前人把古巴蜀认定为一个同风同俗的文化区域的观念,也就是今天说的"文化共同体"意识,是经历了长期的认识过程的。在春秋以前的典籍里还未发现巴与蜀连称。战国时期才开始有《战国策》等文献把"巴蜀"连称,但还没有巴蜀同为一个文化区域的概念。文化区域概念的形成,最早出现于汉代。《史记·货殖列传》说"巴蜀沃野地饶";《汉书·地理志》谓"巴蜀之风俗物产","巴蜀与汉中同俗";《汉书·循吏传》称:"巴蜀好文雅,乃文翁之化。"这些看法,实际上已是文化学范畴的概念,表明汉代人不仅把巴蜀连称,而且把巴蜀视为同一天文分野,在风俗、物产、文雅、教化诸方面具有同一性,故明确肯定为同风同俗的文化区域。尽管这一文化区还是同关中、秦陇、汉中等地域连在一起的,属于秦陇文化这个大范围,但毕竟说明汉代人已明确意识到巴与蜀在文化上的密不可分。汉代人的这种意识,应该说是前人对巴蜀文化作为一个共同体来认识和研究的最早最明确的起点。

当时的巴和蜀,既是地域的概念,又是特定地域内生活的众多部族邦国或部族的复合概念。战国后期秦国灭蜀以后,巴与蜀的主体部分最先与秦陇文化融合,"秦之迁人多居蜀"①,"乃移秦民万家实之"②,"秦惠文、始皇克定六国,辄徙其豪侠于蜀"③,正说明了这种融合的事实。又因为秦陇文化是在西周文化故域上发展起来的,所以秦国实质上是黄河流域的中原文化的继承者。秦灭巴蜀,随着"染秦化"的加速,巴蜀文化与中原文化的融合过程更加快速了,巴蜀、关中、汉中很快成为"同风同俗"的区域,被通称为"天府"。西汉文翁兴学,是巴蜀进一步融入中原文化大一统进程,由边缘层成为汉文化的紧密层,成为大汉文化共同体的一部分。西汉以后,巴蜀文化就其主

---

① 《史记》卷七《项羽本纪》,中华书局1959年版。
② (晋)常璩著,刘琳校注:《华阳国志新校注》卷三《蜀志》,四川大学出版社2015年,第107页。
③ (晋)常璩著,刘琳校注:《华阳国志新校注》卷三《蜀志》,四川大学出版社2015年,第124页。

体而论，已不再具有地域和邦国民族的双重性，而是汉文化体系中具有地方特色的一支子文化。巴人与蜀人的称谓，不再具有族群和邦国性质，而只是地域或地望的称呼。需要说明的是，刘邦建汉朝，"汉"之名源于汉水，刘邦称王汉中，故朝代被命名为"汉"。汉朝文化始于巴蜀汉中区域，以中原文化为主干，以楚文化为基础，最终又结束于巴蜀的"蜀汉"。巴蜀文化对汉朝文化做了重要贡献。汉朝文化发展成为汉文化，成为中原文化凝聚核心的代名词，汉族成为中华民族的主体，巴蜀是做出了特殊贡献的一支灿烂的区域文化。巴蜀文化融会入汉文化的紧密层，不是巴蜀文化的消失，而是融入中原文化为主干的大一统共同体的巴蜀文化基因的自我更新和质的提升，它在西汉以后仍在以新的形式和内涵继续变化发展。例如，唐代中原文化大一统的复兴，就是在关陇集团汉化和保存儒化的基础上发展起来的，其中包含着巴蜀文化对大唐文化共同体的贡献。今天的研究工作者对巴蜀文化的内涵有两种尖锐对立的意见，或认为巴蜀文化仅指汉代以前的巴人和蜀人的文化，即古巴蜀文化说；或认为应泛指从古及今的巴蜀地区的文化，即泛巴蜀文化说。笔者向来持后一种意见，但觉得需要深入研究古巴蜀文化与泛巴蜀文化之间在内涵性质上的转变和演化过程，才有可能解决这一争论，找到双方的契合点。

这里不能不重点论述一下前人对巴蜀文化的认识。古巴蜀文化融入秦汉文化，这是一性质变化的过程，必然对蜀人认识产生振荡和影响。这绝不是自然而然、自觉自愿接受转变的过程。从广汉三星堆、成都十二桥、成都方池街、青羊宫、羊子山、彭县竹瓦街、新都马家墓等古蜀文化遗存看，蜀人在被秦亡以前是有策有典、文化很高。秦人灭蜀以后从商鞅燔诗书的遗策到始皇的焚坑政策，受震荡最大、受害最深的是巴蜀大地上巴人和蜀人的文化。土著蜀人大部被驱赶南迁，巴蜀典册和文物受到摧毁性的破坏，巴蜀祖先的历史被从记忆和口头流传里加以扫荡，至今也仅存残篇断语。

从文化学角度看，秦国对巴蜀的这些措施带有文化融合的强制性。它加速了巴蜀文化融入秦文化的自然历史进程，在一定程度上是历史的进步。但从蜀人思维的立场看，毁策毁典，弃国弃鼎，灭弃蜀史，消除蜀人祖先记忆，毕竟是难以自觉接受的事实。所以，从两汉到南北朝，特别是蜀汉时期，我们看到了蜀人重构蜀史，复兴蜀人祖先记忆，抵制坑灰同化，力图保卫和复兴巴蜀文化独立性的尝试和努力。从司马相如、扬雄、郑伯邑到谯周、来敏、秦宓纷纷"各集传记,以作(蜀)本纪"。①当时著《蜀王本纪》《蜀记》《蜀志》《巴蜀异物志》的多达二十多家。秦宓对巴蜀古史"肇于人皇"的祖先口述史记忆,作了极具地方文化自信力、自豪力的陈述,谯周从大一统视角作了《古史考》,从恢复巴人和蜀人祖先的历史记忆、历史信息视角,致力于蜀记、三巴记的改作。晋人常璩则从历史实证学角度,为巴蜀文化史的进程作了总结,成就了蜀人第一部巴蜀地方文化史的系统著作。西汉末扬雄是复兴蜀王历史的大功臣。他的《蜀王本纪》对古蜀蚕丛、柏灌、鱼凫、杜宇、开明等三王二帝的历史与文化事迹,作了最详尽的搜罗和阐述,留下了宝贵的遗产。可惜的是该著作佚散,只能看到只言片语。但仅这些片段已可见到古蜀祖先的华光灵羽。如果能让全书重见光彩,那该多好。这个梦想也许有朝一日能够考古发现。总之,无论是尘封的文献记忆,还是口述历史的流传,只要是有关蜀人祖先的,他们都努力搜采网罗,披拾旧闻遗说,在所不弃,形成了巴蜀文化史上第一次回溯与重构巴蜀原史时期的著作高潮,"故其见于记载,形于歌咏者,自扬雄蜀王本纪、谯周三巴记、李克益州记以下,图籍最多,遗事佚闻,皆足资采摭"。②我们今天所能看到的《蜀王本纪》等古朴型的蜀史著作,所能知的蚕丛、柏灌、鱼凫、杜宇和开明的祖先序列及其传说故事,就是这一时代著作高潮的产物。如果再深一层从认识论角度分析,我们还会发现蜀人重现巴蜀祖先的特色文化的思维与实践努力,同这个时代巴蜀文化独到特色正在消融的实践进程是相悖逆的。《汉书·地理志》说文翁兴学,"教民读书法令,未能笃信道德,反以好文刺讥,贵慕权势。及司马相如游宦京师诸侯,以文辞显于世,乡党慕循其迹。后有王褒、严遵、扬雄之徒文章冠天下"。这里显然表明着中原汉文化与巴蜀文化两种价值观趋向的相互融会与冲突。中原重经学,蜀人重文学;蜀人读经,未能学到"笃信道德"的精髓,反而学到好文辞,慕权势;中原文化重礼重现实主义,蜀文化重仙重浪漫主义,中原历史记述,如甲骨文,以现实的历史事件、历史活动为主,而蜀文化的历史记述则以祖先的浪漫传说、理想和梦想的记忆为主,以祖先口述历史为主。这正是中原文化与巴蜀文化不同特色不同文化性格的反映。秦汉以来,蜀人在融入中原文化的进程

---

① (晋)常璩著,刘琳校注:《华阳国志新校注》卷一二,四川大学出版社2015年版,第519页。
② (清)纪昀等撰:《四库全书总目》卷七〇史部·地理类三《益部谈资三卷》,中华书局1965年版,第627页。

中，努力以恢复自己祖先的浪漫理想文化口述史为己任，因此，未能笃信现实的道德的历史叙事方式，而努力将自己理想的浪漫的口述历史叙事方式保护下来，并融入中原历史叙事体系。这种尝试与努力，正是当时巴蜀文化本身神奇浪漫特色融入中原现实儒学的实践进程，司蜀人精英力图恢复和重建自身文化的性格和特色的思维进程相悖逆的一个证明。从两汉至三国蜀汉时代，对巴蜀古史的搜集、加工和整理正是经历了这样一个过程。他们带着扬、马言旋轩轻，高车驷马回归的梦幻和文献不足征，"开国何茫然"的遗憾，力图以恢复和重建巴蜀古史的新体系和巴蜀文化的独特性的尝试，与正在消融其独特性的巴蜀文化实践的进程相抗争。我们可以把这段时期视为文化史上巴蜀古史再构成的时代。

唐宋时期蜀人对巴蜀文化的认识和研究，表现出新的特征，这主要是指当时人们对巴蜀不同于中原的文化特色和文化心理的探索与研究。西晋裴秀的《九州图经》称巴蜀是不同于中原的"绝域殊方"。[①] 杜甫带着中原人的文化眼光，从秦岭、剑阁入蜀，忽然感到蜀中是山川习俗迥异的"别一世界"。他从成都到夔州一再感叹："我行山川异，忽在天一方"（《成都府》），"但逢新人民，未卜见故乡"（《成都府》），"出入异中原，老病客殊方"（《壮游》），"异俗吁可怪"（《戏作俳谐体遣闷二首》），"异俗更喧卑"（《偶题》），"天路看殊俗"（《雨晴》），"春农亲异俗"（《东屯月夜》），"殊俗状巢居"（《雨二首》）。这些诗句表明，巴蜀文化的特异个性引起了中原诗人文化心理上的特殊新鲜感受。这些看法在唐宋时期具有普遍性和典型性。不过，唐宋时期对巴蜀文化特异个性的感触，已经与汉魏时代不同，不再是巴蜀地方古史的搜奇好异，而是将巴蜀祖先传说史、口述史纳入历史疑案的追问。如：李白《蜀道难》中的"蚕丛及鱼凫，开国何茫然"诗句表达了对古蜀茫然蒙昧开国的感叹，杜甫《杜鹃》中的"西川有杜鹃，东川无杜鹃。涪万无杜鹃，云安有杜鹃"诗句，多家注杜者争论不休，没有确解。其实这些诗句指的是杜鹃信仰习俗的地区有哪些，无哪些。西川是蜀国，故有跪拜杜鹃祭祀其祖杜宇的习俗。东川是巴地，自然就没有拜杜鹃的习俗。云安（夔州）是杜宇的故乡，故有跪拜杜鹃的习俗。涪州、万州是巴地区域，自然没有拜杜鹃的习俗。这样一讲杜甫《杜鹃》诗就全通了。他讲的是当时唐代巴

---

① 《晋书》卷三五《裴秀传·禹贡地域图序》，中华书局1974年版。

蜀地区杜鹃信仰和跪拜杜鹃即杜宇化身的习俗分布地区的实际状况,是崇拜古蜀第四代先祖杜宇的民俗遗产传承至唐代的真实记录。宋代以后没有这样的记录了,说明这个民俗也消失了。从唐人张周封的《华阳风采录》到卢求的《成都记》,可以看出这种探索又主要是对川原丰厚,人物昂藏,人文繁盛和游赏艺术的地方文化"夸述其胜"[①]的肯定倾向。这种倾向成为宋元明清时代人们对巴蜀文化认识的基调。南宋时期因为政治上偏处南方,"以荆襄为前障,以兴元汉中为后户,天下形势,恒在楚蜀"。[②]楚蜀不仅是政治的重心,也是南宋文化的重要基地,这就促进了对巴蜀文化认识和研究的进一步深化,并出现了巴蜀著作的第二个高潮。这一著作高潮以宋元之际费著的《岁华纪丽谱》等九谱为代表。费著"因风俗而及土产,稽求名品,胪列颇详,追述旧事,集为此书"。费著指出,成都自唐代号为繁庶,甲于西南:"富贵优闲,岁时燕集,寝相沿习。""其侈丽繁华,民物殷阜,歌咏风流,亦往往传为佳话,为世所艳称。"这里,指出巴蜀文化特征人文重在繁盛,习俗重在游赏的观点,以费著最为典型。难能可贵的是,蜀笺和蜀锦"盖汉唐以来,二物为蜀中所擅,而未有专述其源委者"。费著能独具慧眼,抓住蜀人这一文化结晶,考镜原委,为之立谱,留下了有价值的文化遗产。更重要的是南宋时"天下形势,恒在楚蜀",楚蜀成为南宋统一复兴的重要根据地,也是文化学术重心南移的重地,成为文化人才、学术人才聚集的中心,为"惟楚有才""惟蜀有才"(孙中山语)打下了培育展示的基础,引起对巴蜀文化的探寻和研究出现新的局面和新的特色。

到明清时期,蜀人或生活在蜀的人对巴蜀文化的认识,往往表现为对巴蜀人文传统的"夸述其胜"和对文化传统的追寻,表现为巴蜀文化由汉唐精英社会类型向明清市民社会形态的创新性转化,这是唐宋以来蜀人认识论上的又一步深化。例如明代人何宇度认为:"长卿子云以后,文士为众。又地形奥衍,百产繁饶,富庶之余,溢为奢丽,岁时游乐,亦自古为盛。"[③]明人傅振商认为:"蜀虽僻处一隅,而自汉晋以来,文章为盛。"[④]清人王闿运说:"繁富

---

① (清)纪昀等撰:《四库全书总目》之《岁华纪丽谱》,中华书局1965年版,第626页。
② (清)纪昀等撰:《四库全书总目》之《蜀鉴》,中华书局1965年版,第438页。
③ (清)纪昀等撰:《四库全书总目》之《益部谈资》,中华书局1965年版,第627页。
④ (清)纪昀等撰:《四库全书总目》之《蜀藻幽胜集》,中华书局1965年版,第1758页。

始秦守,兴文俪汉朝。""士女闲且都,锦绮艳翔邀。"①这种对蜀尚富庶、喜游乐、重文章的社会与文化生活方式,包括上层精英社会和基层平民社会,转型与创新传统的认同和追寻,可以说是明清蜀人的主要思维倾向,也是不同于明清以前蜀人思维活动的主要特色。宋明时期集巴蜀文化大观的集成式著作出现,宋有《成都古今集记》和《成都文类》,明有《全蜀艺文志》,明清之际有《蜀中广记》,清末有《成都通览》,进一步表现了当时文化人对巴蜀文化传统作大观式宏览和对巴蜀文化特质、特性作规律性总结的思维倾向。这种倾向一直影响及于当代,治蜀史的众多学者还很难跳出追寻昔日繁盛传统、重在游赏观览的思维定式。②

不过,也应当看到明清以前的人对巴蜀文化的认识和研究,尽管具有文化学的意义,但毕竟不是巴蜀文化这一科学明确的概念。明确提出这一命题,已经是在20世纪的30年代了。当时提出这一命题时,学者中支持的不多,甚至还有不少人表示怀疑。究其原因,除了当时考古发现不多的客观原因外,主要就是因为对前述文化转型、转化和发展的阶段性进程的区分不够,探索不够。由兹而论,今天提出要重视和研究历代巴蜀学者与人才对巴蜀文化自身发展衍变的、转型转化的历史进程的阶段性认识和探索的课题,也就是"巴蜀文化研究史"的课题,应该是有益的。因为这是巴蜀文化的可贵遗产,需要总结,也需要继承和发展。如果能写出一部以巴蜀文化为对象的历代研究史、认识史,它对今天巴蜀文化研究总结历史经验,突破陈旧思维定式,向新的高度升华,肯定可以带来助益。

第二节 民国时期巴蜀文化概念命题的提出与探索

郭沫若先生曾说:"认清楚过往的来程也正好决定我们未来的去向。"③对现代巴蜀文化研究状况加以审视,"必要的条件是需要我们跳出一切

---

① (清)王闿运:《除夕行成都草市遂至洗马池》,马积高主编《湖湘文库·湘绮楼诗文集》(五),岳麓书社2008年版,第151页。
② 冯举、谭继和:《府南两河史话》,四川民族出版社1998年版,第6~8页。
③ 郭沫若:《中国古代社会研究》自序,《郭沫若全集·历史编》第一卷,人民出版社1982年版。

成见的圈子"①，用新的发展眼光来检讨旧有的结论。例如，我们一直认为卫聚贤1941年提出"巴蜀文化"概念并以此概念组织《说文月刊》专号②，他是第一人。而我们现在知道，早在1934年7月9日郭沫若先生在致当时参与广汉月亮湾发掘的华西协合大学古物博物馆的林名均先生的回信中，根据林名均先生报告的有关出土玉石器情况，提出了"西蜀文化"的概念，并且认为"这个文化分布的广阔范围"，"是极为重要的问题"。他还预言："四川到处会有新的发现，将展现这个文化分布的范围，并且肯定会出现更可靠的证据。"③这已经是用文化史学者的眼光在审视"巴蜀文化"的概念、范畴和分布范围等问题了。在郭沫若先生仙逝后，三星堆遗址惊世骇俗的考古发现，证实了他的待望。他才是（就文化学意义而言）提出"蜀文化"课题的第一人。④其实，更早的是20世纪20年代"华西边疆研究学会"、《华西边疆研究学会杂志》和华西大学博物馆，即在进行蜀地考古学、民族学和民俗学的考古发掘和田野调查以及民间史料搜集工作，这已是现代巴蜀文化研究的开端，美国学者葛维汉和林名均先生1933年主持的汉州（今广汉）考古发掘是这个开端的标志。也许我们还可以发掘出更新的史料，证实20世纪有更早的先行者。不过可以肯定地说，有关巴蜀文化研究工作的研究，即"巴蜀文化研究史"的研究，至今都还留着大小不等的问题空白，还缺乏科学、系统的专著，需要我们破除陈见，加以创新性的开拓。

由上述可知，1929年是现代巴蜀文化研究的起点，郭沫若先生是提出巴蜀文化研究概念的第一人，美国学者葛维汉与林名均是"华西科学考古工作的开拓者"。不过那时的巴蜀文化概念，主要是指先秦古蜀的文化。

一、20世纪初期巴蜀文化研究新思潮的兴起

20世纪初期巴蜀文化研究新思潮的兴起，是19世纪末巴蜀文化发生创新性转化和转型的客观进程的反映。19世纪末开始的巴蜀文化形态近代化的社会遵

---

① 郭沫若：《中国古代社会研究》自序，《郭沫若全集·历史编》第一卷，人民出版社1982年版。
② 卫聚贤：《巴蜀文化》，《说文月刊》1941年第3卷第4期，1942年第3卷第7期。
③ 黄淳浩编：《郭沫若书信集》，中国社会科学出版社1992年版，第398页。
④ 谭继和：《郭沫若与巴蜀文化》，《郭沫若学刊》1996年第4期；秦川：《1997年郭沫若研究概述》，《郭沫若学刊》1998年。

变和生活方式的遽变，直接推动和促进了20世纪巴蜀文化研究思维和研究范式的遽变，出现了新思潮。

这里先说巴蜀文化向近代化转换的客观社会进程。

20世纪是巴蜀文化创新性转型发展的时期。这个转型期是从19世纪末的戊戌维新运动开始的。

19世纪末的戊戌维新运动是中华传统文化由古典传统性形态向现代创新性形态转型的标志，也是中华地域文化中的巴蜀文化转型的标志。1895年5月2日"公车上书"，七十一个举子向朝廷提出"变法成天下之治"的要求。这个要求不仅是变法维新的政治诉求，同时也是变法维新新思潮出现的文化诉求。四川举子张联芳、杨锐参加七十一人上书，参加康有为、梁启超、文廷式组织的"强学会"，四川宋育仁还成为强学会"都讲"。1898年地方维新学会兴起，继康有为全国第一个组织"粤学会"之后，四川杨锐、刘光第紧密响应，全国第二个组织了在北京的"蜀学会"。以后许多省份相继成立学会，各省又联合在北京组织"保国会"。北京蜀学会的杨锐、刘光第、傅增湘、李植等十余位四川人参加了保国会。并在京设立"蜀学堂"。从1898年开始，维新文化新思潮和维新组织发展到四川。宋育仁在重庆办《渝报》，后又在成都设"蜀学会"，创办《蜀报》，出版《蜀学丛刊》，兴办"中西学堂"。宋育仁还利用担任尊经书院山长之机，与吴之英、杨道南、廖平等维新志士大力宣传变法维新，"讲求时务之学"[①]，他们的文化主张已是中国正经正史与西国文字兼习，前者是正人心之根，后者是开风气之新。杨锐认为"非讲习正经正史，择精语详，力求实际，则人心无由而正；非兼习西国文字，其能语西人之书，通西人之政，则风气无由而开"。[②]由上述理念主张和实践活动，可以鲜明地看出蜀人中的知识精英已经以中西文化兼习的转型意识，在做推动巴蜀文化传统形态向现代形态转型的工作，推动巴蜀文化的时代化和现代化的启蒙工作，"讲新学，开风气，为近今自强之策"[③]，成为四川维新思潮的共识。

---

① 光绪二十四年戊戌正月二十四日刘光第《致刘庆堂书》，（清）刘光第：《刘光第集》，中华书局1986年版，第280~281页。
② 光绪二十四年八月初三日内阁侍读杨锐等呈"京师蜀学堂"，《中国近代学制史料第1辑》（下），华东师范大学出版社1986年版，第756页。转引《戊戌变法档案史料》第306~308页。
③ （清）陈鸾章：《戊戌日记》，闰三月初六日。

进入20世纪开端，尽管戊戌变法在政治上失败了，但在文化上却促使启蒙新思潮进一步发展，"向西方求学开眼看世界和改良维新向革命维新转化"两种启蒙思想进一步发展，成不可阻挡之强势，其标志是戊戌之后的留日学生运动与五四以后的留法勤工俭学活动，四川是参加这两项活动最积极的省份。从1901年四川总督奎俊首派二十二名青年学生留日开始，发展到1905年已达两三千人。当时青年学生留日的普遍心理是抱着到日本学习向西方世界取经的目的。正如吴玉章回忆1903年2月9日启程赴日所说："我们一行九人，好像唐僧取经一样，怀着圣洁而严肃的心情，静悄悄地离开故乡，挂帆而去。"①

正是在留日学生新风气的熏陶中，出现了重庆人邹容于1903年所著《革命军》一书，以"中华共和国"的理想和革命号召，振聋发聩，成为辛亥革命的舆论先声。《革命军》的出现，是20世纪初巴蜀文化性质由维新启蒙性向除旧革命性转换的标志。

1911年四川保路运动和全国辛亥革命发生，是中国新文化和新的民族觉醒思想意识形态开端的标志。四川保路运动是士绅社会和哥老社会②为代表的"城市化精英人士"③领导的运动，它是戊戌变法以来民族文化新变化的催生物，同时，它又反过来影响和促进早期现代化民族意识形态的催生和转换，影响和推动以古老的农业文明为特征的巴蜀传统文化性质的裂变。这突出地表现在下列三方面：一是城市化意识的加速与市民意识的转换，推动大汉四川军政府和其后的四川军政府实施一系列以灌输文明知识为目的、以育才为要义的文明改革，促使巴蜀人的文化心理和生活习俗发生巨变；二是巴蜀文化对西方民主意识的吐纳与民族革命精神的突起，促使民族意识和民主意识两方面的现代意识形态，突破了城市化的士绅精英阶层的狭小圈子而向广大市民社会渗透和发展，"将数千年号称最腐败、最愚弱之四川，一变而为将来之最文明、最武健之四川"④；三是从世界观、价值观的层面，对巴蜀古史作了现代化的阐

---

① 吴玉章：《从甲午战争到辛亥革命前后的回忆：为纪念辛亥革命五十周年而作》（续四），《中国青年》1961年第23期。
② ［美］费正清编：《剑桥中国晚清史》（下卷），中国社会科学出版社1985年版，第667页。
③ 李璜：《辛亥革命在成都——对当时社会民情的分析说明》，《四川文献》第168期。
④ 《西顾报》"社说"：《对于保路同志会之评论》（1911年7月下旬至8月初），戴执礼编《四川保路运动史料汇纂》（中），台北《"中央研究院"近代史研究所史料丛刊》（1994年），第716页。

释，特别是对古老的望帝春心杜鹃啼血的古蜀故事以挽救民族危亡的救国主义为基调加以新的文化解读，为现代巴蜀文化史增添了以爱国救亡为特征的新的一页。上述三大方面，四川保路运动所开启的意识形态和文化形态的裂变与转换，是20世纪巴蜀文化现代化社会历程的开端。它以不可逆转的生产方式、生活方式和文化方式的衍变转化，开辟了四川现代化运动汪洋恣肆的发展历程，推动了五四新文化运动在四川的发展。

五四前后的新文化运动是以科学与民主为中心的民族精神自觉运动。它在巴蜀地区引起极大的反响，出现了新文化运动在四川的代表人物吴虞。他是四川最先讲新学的人物之一。他以资产阶级文明国家的宪法精神批判儒家礼教与君主专制，被胡适誉为"中国思想界之清道夫"，"四川省只手打孔家店的老英雄"。[①]虽然今天看来，吴虞反孔反礼教的思想主张，具有片面性和绝对性，但那是时代局限造成的。从他当时激扬慷慨的反礼教的论说里，我们倒可以深切地感受到巴蜀文化历来所具有的"好翻案""重时势"狂放躁进文化性格传统的传承和发展。这种传统往往在历史的转折关头和决定命运的时刻，表现为敢为人先的历史首创精神。

1918年到1921年发生在四川的"留法勤工俭学"运动，是在五四新文化运动和北京留法勤工俭学会的影响下发展起来的。这四年内四川共输出留法学生四百九十二人，是全国各省留法学生人数最多的省份。他们出国学习和回国做事，起到了对当时古老的巴蜀文化转型贡献民族和民主新质因素的巨大作用。

上述20世纪初期巴蜀社会与文化的发展历程，是就巴蜀文化发展衍变向早期现代化转型的客观进程而言的。这个客观社会进程促使巴蜀人的文化心理和意识形态走向根本性的现代化巨变趋势。这个客观社会发展趋势，其转换和觉醒，其律动和嬗变，是不以人的主观意志为转移的，是社会文化发展的客观进程。

但就当时人对当时巴蜀文化的主观认识和研究而论，情况就有些不一样了，并不是同步发展的。在20世纪初期，巴蜀文化现代化创新发展的社会客观进程，具有变异风捷、快速衍变、甚至风云变幻、波谲云诡的特点，但就当时巴蜀文化研究学者而论，数量相当稀少，质量上能够具有巴蜀本土文化自觉意识，对巴蜀文化能从统体观视角加以研究的学者就更少了。

[①] 吴虞：《吴虞文录》，成都吴氏爱智庐1936年刊本，卷上，胡适撰《吴虞文录》序。

在这个时期，能够从文化学的视野和地方民性的角度来研究巴蜀文化并且提出研究课题的代表人物，可以数到郭沫若和李璜。郭沫若在20世纪30年代流亡日本，写了《反正前后》，属于对保路运动的个人记忆，其中已包含他对巴蜀文化的看法和一些研究。李璜则写出了《辛亥革命在成都——对当时社会民情的分析说明》①一文。这篇文章虽然是在20世纪60年代才登载于台北《四川文献》，但他是就保路运动当时亲身经历和当时思考问题的回忆而在20世纪初期就写出来的，应视为有关当时保路运动的亲历口述史的实录。李璜声明它"大半是据我的亲身经历说话，但我并无意增加何种新资料，也不想去批判何种旧资料"，而是希望从"亲历的回忆中，对当时的社会民情分析说明一下"。由此可见，李璜这篇文章应视为20世纪初期保路运动的亲历记，保存了当时所思所想所亲历的原生态史料，是价值颇高的20世纪初期有关"巴蜀文化研究"论题的口述史。

　　李璜研究的第一个特点是对巴蜀文化研究自觉地采用了民族文化史的眼光。李璜说："今日治一民族的文化史，通常要应用人文地理学的观点来探索的。"他认为"第一要探索文化在地理上的交流情形"。他把这种"探索"称之为有关"文化的交通"的研究。他又说："第二要解说山川形胜所孕育的风尚情势。"他把这种"解说"称之为有关"人文地理"的研究。他认为"天地生才"，因为有不同的"山川形胜"，所孕育的"人文的格调"，包括人才、民性、风尚、情势等方面，也就会出现不同的特色，构成不同省情的"省性"。他认为"在人文地理的结论上，有河流开启文化，山险阻碍文化，而又有岛国文化与大陆文化种种差别之分"。"固然谈文化离不开人才，人才之不世出，半靠天生，然而其才的格调，也半靠地成，否则天地生才应是一律，而何以中与西，以至中国的各省，所特出的人才或产生的文化，竟会各有其表现之不同与特殊呢。"他主张把"这种论点应用到四川省性上来作分析"，着重研究"四川的地理"与"四川人文的格调"的关系。尽管他这些看法，从文化学观点来分析，还有粗糙和不妥之处，但他能"应用人文地理学的观点来探索"巴蜀文化，"用自然环境因素去说明文化"。这种"民族文化史"视角的地方文化研究方法，在当时还是很先进的，这种地方文化史研究的"自觉"，

---

① 李璜：《辛亥革命在成都——对当时社会民情的分析说明》，台湾出版的《四川文献》第168期，以下征引文字皆出自此文。

在当时也还是很稀少的。

李璜研究的第二个特点是把巴蜀文化研究，提升到了四川"省性""四川民性"的巴蜀集体文化性格的层面，接触到了有关"巴蜀文化共同体""巴蜀人命运共同体"的精神内核的探索。

他认为"四川民性"，"或应称省性，因为中华民族本在文化熏陶上已融为一种，只是地域广大而在省性上有些差别罢了"。就"民性"而论，中华民族文化具有同一性，具有共通的民性，其根本特征是共同的。但由于各省地理与人文风尚的不同，因而在"省性"上会有所差别，地域文化上会有不同特点的差异。他主张深入研究四川的"省性"。由这些分析，我们可以看出，李璜有关"省性"研究的提法，不仅在当时是先进的，在今天仍是我们研究地域文化的基本方法。因为中华地域文化，经历五千年中华文明的形成、凝聚和发展的长过程，不仅具有共同血脉和命运的"民族性"，即中华民族命运共同体共通的"集体文化性格"，而且加入中华民族大家庭的各地域还自然会形成不同的地域文化个性，即"省性"。不同地域的文化自然形成不同的地理文化单元，因此，往往一个省就是一个地域文化凝聚中心的代表，一个省一个市就是该地域文化的一个自然地理单元。这个自然地理单元因自己地域文化的个性特色不一样，就成为一个省一个市的特殊"省性"。研究"省性""市性"，也就是研究该地方的文化个性与神韵。

李璜研究的第三个特点是比较深入地探讨了"四川人文传统的特性"与四川特殊地理气势的关系，特别是追索四川人"狂放且急进"的民性、省性形成的原因。

在他看来，"以四川山形之崔巍，水流之湍急，有时幽深到逦迤入云，有时奔放得一泻千里，气象绝不平凡。人在其中，大有鹰隼凌霄，蛟龙赴海的感想，于是狂放之气以生，急进之性以启。因之在四川人文传统的特性上，无论扬雄、司马相如、李白、苏东坡及其父弟，他们的文章都有一种奔放雄瑰的格调，并不平淡或纯厚，而他们的言行也大抵狂放而急进，容易在专制皇朝的拘束下遭到坎坷。降及近代，还有明之杨慎，清之张问陶等，兹不具论。即以我年轻时候所尚及请益的四川名流学者而言，经学家如廖季平、文学家如赵尧生、版本学家如傅沅叔，……总感到他们均具有一种名士的超脱气，而甚少道学家的拘谨之习；临老还好与后生辈天南地北的谈论不休，才情并不内敛，仍是狂放而急进一流。等而下之，一般四川人都喜欢高谈阔论，相习成风已久；

并不是有了茶馆，大家才去摆龙门阵的。……在《后汉书》中即已说道：'成都俗尚文辩，好相持长短'，足见这种好发议论的省性，其来源甚远也"。

今天看来，上述李璜把"四川人文传统的特性"归纳为"狂放之气""急进之性""喜欢高谈阔论""好发议论"和"名士的超脱气"等等特点，其观点有失偏颇，但其观点的确反映了四川的"集体文化性格"，已触及巴蜀文化具有"好时势""重经世""好发翻案议论"的今文经学传统的特质，触及巴蜀自古出文宗，富有鹰隼凌云，蛟龙赴海，控引天地，错综古今，文心赋迹，迷离梦幻的浪漫主义文学传统的实质，这还是难能可贵的。

李璜研究的第四个特点是重点分析了巴蜀文化自古富于外向交流，同其他地域文化善于包容互鉴的特色，并非闭塞、固陋、保守。

他批驳李白《蜀道难》是"过甚的形容"，认为"四川的文化""自古以来"并非"风气闭塞，习俗固陋，民性保守，文风纯朴"，而是善于开拓交通，促进文化外向交流。除了东路交通，如夔巫山险水恶，古时"大为不便"之外，在"四川与外省在北道的交通上""不能不说早已畅通了"。他举秦灭蜀从陇西沿嘉陵江而下，大获积粟之利为例；举楚汉之间，萧何发蜀汉米万船，接济军粮为例；举两汉三国打通川陕陆路栈道以便军事商旅为例；还举唐明皇循陈仓道入蜀，为今日宝鸡成为川陕公路铁路中心点奠定历史基础为例，证明"北道并不闭塞"，反而通向咸阳、长安"是最为便利的"，"四川的北道交往早就畅通，而四川与古文化中心的长安本是容易交流的"。他甚至认为"江南人要往秦中，在古来恐怕费时费力还比四川人大些"。他还说："我以社会学的见地，也不承认以文翁一人之力，而便可以化蜀的。"

这些有关四川文化开放性、包容性的论述，今天已为秦安大地湾遗址与茂县营盘山考古发现、成都平原宝墩文化考古发现、广汉三星堆文化考古发现与蜀道考古发现所证实。而在这些考古发现之前，李璜能提出先见的观点，是难能可贵的。

总之，李璜文章提出的这些代表性观点，代表了20世纪初期巴蜀人对"四川省情"即巴蜀文化特质的认识。无论是当时四川城市化知识精英阶层的研究和认识，抑或是下层市民社会对本省省情的龙门阵式议论，都多以四川人的性格、四川人的文化和四川的特殊省情为议论的焦点和热题，标志着20世纪初期对现代巴蜀文化研究的兴起。尽管我们在这里只分析了一两位代表性人物的巴蜀文化研究观，但它是随着20世纪初期巴蜀文化形态的现实急遽转型趋势而必然出现的人们对巴蜀文化的学理探索、研究、思考和议论的热潮的标志。所以，20世纪初期是向早期现代化转换的巴蜀文化研究的开端。

二、20世纪30年代巴蜀考古发现与巴蜀文化研究

20世纪30年代前期是向早期现代化转型的巴蜀文化研究任务初步发动和研究课题初步提出的阶段。这个阶段的特点是：一方面是从1929年广汉月亮湾燕家院子古蜀玉器坑发现开始，巴蜀文化的科学考古发掘与巴蜀民族史料的考察，逐步正式纳入了巴蜀文化研究的范围；另一方面，有关巴蜀古史及其文献的研究，也以专题形式纳入了巴蜀文化研究的视野。这两方面相互推动相互结合，其研究工作与研究成果璀璨夺目，从此为后来数十年巴蜀文化研究有关历史文献、考古发现和民族调查三结合的研究格局的形成和发展，奠定了开局基础，出现了一批以美国学者葛维汉和林名均、郑德坤为代表的现代巴蜀文化研究道路的开拓者。

这一阶段可分为下列三方面：

一是巴蜀科学考古发掘与巴蜀文博研究的新开端。

开端是燕家院子的偶然的考古发现。"（广汉）太平场在广汉县城西北十八里。1929年燕氏农民在其宅旁小溪内发现璧形石圈数十，大小不等，横卧泥中，还得圭、璧、玉圈、石珠若干，散落损毁甚多，部分入藏华西大学博物馆。"[①]燕家这一考古发现，后来引起华西大学博物馆的重视，才开始了系统的科学发掘。

1932年，美国哈佛燕京学社派遣葛维汉（David Crockett Graham）博士来成都担任华西博物馆馆长。他从董笃宜牧师处获悉燕家院子考古发现情况。董牧师已于1931年6月组织了发掘队，进行了第一次发掘。葛维汉得知后，即在广汉罗县长的帮助下，与考古文博学家林名均、美术家黄思礼博士、地质学家戴谦和博士、化学家柯理尔博士等一道于1933年3月1日开始了广汉月亮湾首次科学规范的考古发掘。他们在燕家院子旁小溪的溪岸和溪底两处作了科学勘测和发掘。[②]溪岸发掘三坑，溪底发掘一坑，可能系墓葬，出土遗物有石器斧、杵、

---

① 林向：《巴蜀的历史与文化论著目录提要索引》，中国西南民族研究学会1986年7月印，第10~11页。引自索引对林名均《广汉古代遗物之发现及其发掘》一文的"摘要"。
② ［美］葛维汉著，李绍明编：《葛维汉民族学考古学论著》，巴蜀书社2004年版，第176~198页，沈久宁译《汉州（广汉）发掘简报》。

锥、刀、珠、石璧、磨石、石环、石凿等。玉器有方玉、玉刀、玉璧、玉琰、玉环等。陶器属灰褐色系，有钵、盆、盘、盔、纺轮等。葛维汉断定该坑时代为新石器时代晚期至周代早期。①广汉发掘工作结束后不久，郭沫若先生闻讯即去信向葛、林二先生索要照片及器物图版，葛、林回了信，寄去了发掘照片和图版，并将该发掘情况向远在日本的郭沫若先生详尽报告，郭沫若先生于广汉发掘第二年（1934年）7月9日回信，表示十分欣喜，认为是十分重要的发现，并据此提出了"西蜀文化"的概念，希望进一步加强发掘工作，包括对碑铭、建筑、雕刻、墓葬、土著居民岩洞等文化发现工作，以更可靠的证据和发现，科学地确定西蜀这个文化分布的范围。他称赞葛维汉、林名均"真可谓是华西科学考古工作的开拓者"，以此次发掘"证明西蜀（四川）文化很早就与华北、中原有文化接触"。他十分肯定地说将来"有朝一日四川别处"②会有新的发现，将展现这个文化分布的广阔范围。1933至1934年葛维汉在《华西边疆研究学会杂志》第6卷就此次发掘情况发表了《汉州（广汉）发掘简报》（英文）③，从此以此次发掘为契端，引起当时海内外学者对巴蜀文化及其研究状况的重视和关注。

这次考古发掘在现代巴蜀文化研究史上占有重要的开拓地位。它只比中国第一次科学考古发掘——殷墟遗址晚五年。殷墟发掘是1928年开始的，是中国科学考古发掘的纪元之年。而1933年开局的广汉月亮湾遗址的科学发掘是现代巴蜀文化研究史上第一次科学考古，也是广汉三星堆遗址系列考古发掘的第一次，因它而"揭开了古蜀'三星堆文化'发现与研究的序幕"。④"经过其后历次考古调查与发掘，三星堆遗址及巴蜀文化的研究已成为今天西南考古的核心内容之一。"⑤

这次汉州考古发掘，不仅是三星堆文化考古发掘的首次，而且是巴蜀文化区域第一次科学的考古发掘，是现代巴蜀考古学的开端，其筚路蓝缕的开拓之

---

① ［美］葛维汉著，李绍明编：《葛维汉民族学考古学论著》，巴蜀书社2004年版，第176~198页，沈久宁译《汉州（广汉）发掘简报》。
② 黄淳浩编：《郭沫若书信集》，中国社会科学出版社1992年版，第398页。
③ ［美］葛维汉著，李绍明编：《葛维汉民族学考古学论著》，巴蜀书社2004年版，第176~198页，沈久宁译《汉州（广汉）发掘简报》。
④ ［美］葛维汉著，李绍明编：《葛维汉民族学考古学论著》，巴蜀书社2004年版，第2页。
⑤ ［美］葛维汉著，李绍明编：《葛维汉民族学考古学论著》，巴蜀书社2004年版，第2页。

功是不应该低估的。

在这一时期，有关巴蜀文物的收藏与展示也开展起来。华西协合大学博物馆初创于1914年美国戴谦和教授，到1931年已收集到文物和标本六千余件，其中主要馆藏内容是巴蜀文物。此后，巴蜀考古的不断发现和巴蜀文物的不断征集和收藏，遂为巴蜀文化的现代研究提供了丰富的资料和养料。特别是葛维汉担任馆长后，十分重视并亲自主持多项巴蜀地区的考古学、民族学等方面的田野调查工作，从各种途径广泛收集文物标本，为初期的巴蜀文物考古事业的奠基做出了巨大贡献。

还必须提到的是，围绕考古发掘展开考古研究的巴蜀文化论文也多了起来，仅就《华西边疆学会杂志》刊载的四川考古发现和研究的论文就有三十七篇之多。①

二是古巴蜀历史的专题研究论文开始涌现。

1930年5月《史学杂志》第2期刊载吴致华《古巴蜀考略》，这是目前我们所知20世纪以来第一篇以古巴国古蜀国历史为专题的论文。该文对古巴国和古蜀国的时代、疆域范围和发展历史，以及巴蜀的文化和社会状况作了初步的探讨。这一时期比较重要的巴蜀文化论文，还有林名均先生的《中国传说和信仰中的杜鹃》。这篇论文第一次把蜀杜宇帝魂化杜鹃的传说纳入中华人信仰系统加以立论，大大提升了古蜀史精神信仰研究的层面，启发了后被称为"四川人的杜鹃啼血精神"的研究。还有葛维汉《四川树神》一文，是对四川人自然崇拜的信仰特质的研究，也都是此前还没有研究者涉及过的题材。

总之，就宏观研究来看，20世纪初至30年代前期以"巴蜀"为题的历史文化研究论述还是很鲜见的，但是有关四川文化或巴蜀文化的一些门类，如四川的人文地理、奇风异俗、自然地理、生物科学、农业水利、交通建筑等等方面则相对多一些，已出现数十篇研究论文，它们集中发表在华西边疆研究学会创办的《华西边疆研究学会杂志》②上。此外，《禹贡》杂志也是古巴蜀研究的一个重要阵地，于1934年至1936年期间，发表了《巴蜀归秦考》等研究论文。

---

① 三十七篇这个数据是就《华西边疆学会杂志目录》统计的。是该杂志1922年至1946年共十六卷发表的考古文物论文的统计，其中除少数几篇不是四川考古以外，其他全是四川考古文物的论文。当时还普遍没有提到巴蜀这个名称，多称"四川"。

② ［美］葛维汉著，李绍明编：《葛维汉民族学考古学论著》附录二，巴蜀书社2004年版，第265~413页，周蜀蓉译编《华西边疆研究学会杂志目录》。

三是开始了对巴蜀、西南直至西部的民族学、宗教学和民俗学的田野调查与文献研究。

当时把整个西部从云贵川西藏到陕甘青地区均称为"华西",故有华西协合大学博物馆、华西边疆研究学会的创办。

有关巴蜀文化的民族和宗教研究,主要是由华西边疆研究学会创始和开展起来的。该学会1922年3月在华西协合大学内创办,创始人为莫尔思、戴谦和、威尔佛德、佛斯特、博瑞斯等十一位著名人类学、宗教学、民族学专家。在创建学会的同时,即创办了学会刊物《华西边疆学会杂志》。这个刊物刊载内容非常广泛,是20世纪20年代至40年代以巴蜀民族、宗教、民俗、社会研究为重点,以巴蜀考古、历史、文物、文化研究为次重点的主要研究阵地。30年代前期起,对巴蜀文化研究贡献最大的是华西博物馆馆长、美国文化人类学博士葛维汉先生,他不仅主持了今天称为"广汉三星堆"的首次考古发掘,而且把其主要精力放在巴蜀和西南的民族田野调查与研究上。他曾十三次赴四川的藏、彝、苗、羌等民族地区进行调查研究,对当地少数民族文化、文物、风习进行了系统收集、整理与研究,为我们今天留下了当时记录保存下来的珍贵的原生态民族资料。其中他所著《羌族的习俗与宗教》(1925年开始田野调查,1948年成书,1958年出版)、《四川苗族的故事与歌谣》(1921年收集,1951年出版)、《四川古代的白(僰)人墓葬》等三篇系列论文(1932至1936年)是这一时期巴蜀少数民族文化研究最重要的成果。

继葛维汉之后,华西边疆研究学会有关巴蜀文化研究的重要代表人物还有人类学社会学家李安宅先生和考古学家冯汉骥先生。

三、抗日战争时期大后方巴蜀文化研究的初步勃兴

抗战时期的四川成为大后方的主要基地,几乎全国的学者都来到了四川,因此而掀起了近现代以来研究巴蜀、研究四川历史文化的第一次高潮。正如顾颉刚先生所说:"抗日战争时期,我国的专家学者差不多全体集合到四川。当时对于川康的自然界和社会各方面的调查研究风起云涌,实在是抗战前所没有预料到的收获。单就史学界而言,重要的论文如徐中舒先生的《古代四川之文化》,朱希祖先生的《古蜀国为蚕国说》,孙次舟先生的《读〈古蜀国为蚕国说〉献疑》《从蜀地神话中的蚕丛说到殡葬的蚕玉》和《关于金蚕解释的补正》,杨向奎先生的《李冰与二郎神》,都是可以纪念的作品。我自己呢,到

成都快两年了，服务的余暇曾游了郫县的望帝丛帝陵，温江的鱼凫城，双流的蚕丛祠和瞿上乡，对于古代的蜀国也浮动了重重的幻想。……蛮想下手整理，写一篇古蜀国的传说。"①

顾颉刚先生这段话写于1941年5月，说的是1937年至1941年巴蜀文化研究勃兴初起时的情景，1941年以后直到抗战胜利后的1946年，这五年期间，巴蜀文化研究出现了更多"可以纪念的作品"。大致可以分为四类：

第一类是对古巴国和古蜀国的研究，出现了百家争辩和百花齐放的高潮。除了上述顾颉刚先生所列举的几种著述以外，重要的还有朱逖先的《古蜀国为蚕国说》（1939年），这篇文章引起了对蚕国含义和金蚕发现的争论。孙次舟的《古蜀国的起源》（1941年），提出"蜀族为夷族"，是罗俤的前身，蜀即叟，蜀是叟的译音，蜀蚕并非为一字。冯汉骥、郑德坤先生的 The Meglithic of the ChentuPlain② 是目前所知第一篇论证成都大石文化的文章。这些问题的提出，既是巴蜀古史的老问题，又是巴蜀古史的新表述，还是对巴蜀古史研究的怀疑翻案意识的体现。顾颉刚先生的《古代巴蜀与中原的关系说及其批判》（1941年）、《秦汉时代的四川》（1942年）和《蜀王本纪与华阳国志所记蜀事》（1944年）等论文，更是对巴蜀古史这种怀疑翻案研究意识的集中强烈的体现。他在文中主张"没有彻底的破坏，何来合理的建设。所以必须先做一番破坏功夫，然后整理蜀国的史事方可拨云雾而见青天"。可以明显看出，顾先生对巴蜀古史的研究方法是《古史辨》剿翻古史文献的翻案思维的继续，对今天古巴蜀文化史的研究方法还有很大的影响。加入当时这场古巴蜀国史讨论的论文还有陆侃如先生的《评卫聚贤"巴蜀文化"》（1942年），郑德坤先生的《巴蜀始末》（1942年）和《巴蜀之交通与实业》（1943年），童书业先生的《古巴国辨》（1943年），黄少荃先生的《秦灭巴蜀考》（1947年）。③这些先生中，有史学家，也有文学家，说明人文学家在那时都重视和参加了巴蜀古史的大讨论。

---

① 顾颉刚：《古代巴蜀与中原的关系说及其批判》，顾颉刚：《论巴蜀与中原的关系》，四川人民出版社1981年版，第1～71页。
② 该文发表于1946年《华西边疆研究学会杂志》，但系抗战时期所写论文，故仍放在抗战时期叙述。
③ 这里把抗战胜利以后发表的论文也放在抗战时期，是因为这些论文紧接1945年抗战胜利，是抗战时期的研究成果。

抗战时期最重要的巴蜀历史文化研究成果有两项：

一项是卫聚贤先生的文章《巴蜀文化》（1941年10月）和另一篇同题的《巴蜀文化》（1942年8月）。卫聚贤明确地提出"巴蜀文化"的概念，比此前郭沫若提出的"西蜀文化"概念更为丰富和扩大。他这两篇论文是根据当时成都白马寺坛君庙北瓦窑取土时所出铜器而对"巴蜀文化"作出的推断和研究。他认为坛君庙似为"蜀国宗庙"，庙后土阜"可能是蜀国的社稷坛"，成都北门外高阜之地应是"蜀国都城"。这些推断和猜想具有预见性，后来在成都城北发现的羊子山土台遗址和众多新石器时代晚期至春秋时期古蜀国墓葬遗址，证实了卫聚贤这些推断的合理性，也可以说卫聚贤对白马寺遗存的研究对后来人的考古发现是一种先导的指引。

更为重要的是，卫聚贤还在该文中专门阐述了巴蜀文化研究的起因、动机、研究状况和研究的困难。这是现代巴蜀文化研究史上第一个对研究状况宏观综述的人，具有引领方向的作用。李学勤先生甚至认为"关于巴蜀文化的研究，即发端于此"。[①]这是就"白马寺"名号出土铜器的真伪及时代问题引起学者们一系列讨论的情况下而说的这个话。这一系列讨论，确有巴蜀文化研究发端开创的作用。

第二项是郑德坤先生的专著《四川古代文化史》（1946年7月）。他是1941年接替葛维汉担任华西协合大学博物馆馆长的。一上任即以巴蜀历史文化和巴蜀考古工作为中心，组织和出版了不少巴蜀文化的历史研究和考古研究的成果，除了《四川古代文化史》外，重要的还有历史方面的《四川古代小史》，考古方面的《四川考古学》《四川史前石器文化》《理番版岩葬》《王建墓》等著作。

《四川古代文化史》是现代巴蜀文化研究史上的第一部先秦到秦汉时代四川文化也即巴蜀文化的通史专著，在百年现代巴蜀文化研究史上具有开拓性的通史地位。该书包括古巴蜀国始末、史前石器文化、四川大石文化、广汉（三星堆）文化、版岩葬文化、秦代开发、汉代四川建置、政治与社会、交通与实业、汉墓文化调查、西南夷始末等内容，是包含历史、考古、民族三大方面的古巴蜀文化通史。郑德坤先生在书中还特别研究了"四川史前文化在东亚史前文化上之地位"，"巴蜀与安南之关系"，这些问题都是巴蜀文化与其他地域

---

① 李学勤：《东周与秦代文明》，文物出版社1984年版，第161页。

文化交流互鉴的大问题，对新中国成立以后的研究者研究巴蜀文化与南亚、东亚和东南亚的关系史应该具有相当的启发性和先行性。

第二类是抗战时期对古巴蜀和秦汉巴蜀的考古研究，在30年代广汉月亮湾考古发现和研究的基础上出现了第一个热潮，涌现的成果较多。

抗战时期考古发掘比30年代前期多了起来，成都白马寺有青铜器出土，还有青铜器及其他文物的市场买卖，卫聚贤先生关于"巴蜀文化"命题的提出，就是从白马寺大量古巴蜀文物交易中受到的启发而得到的灵感。重庆也开始有汉墓的发掘，葛维汉于1938年写出了《重庆汉墓发掘报告》。其他如重庆黄桷垭建窑遗址（1938年）、川南叙府（宜宾）汉墓、川西出土汉砖（1938年）、威州发现的新石器时代陶片、成都琉璃厂（场）窑址、邛崃陶器、成都平原大石文化遗址、四川古代白（僰）人墓葬等等，都有田野考古和发掘报告以及相关论文发表。尤其是葛维汉1940年写出的《中国石器纪要》，预言四川将找到像北京周口店原始人那样的原始人化石，对于后来巫山人、资阳人的发现，确起了预见的作用。其中最重要的考古发掘，是冯汉骥先生1942年9月15日开始主持的对永陵王建墓①的发掘。永陵土垒高耸，在发掘前一直相传是司马相如的琴台，下埋有相如响琴。经发掘才使这座全国唯一一座地平面上帝王陵寝露出了真容，内有石棺石座、力士和玉带、玉玺及王建真容石像等文物出土。其中最有价值的是二十四乐伎石刻浅浮雕，再现了王建宫廷乐队，是唐代雅乐转变为燕乐的过渡时代的音乐文化标志，是坐部伎兴起的实像图证据，也是唐代成都作为古代东方音乐之都，"锦城丝管日纷纷"的明证，在中国音乐史和巴蜀文化艺术史上具有极高的价值和地位。虽然有关永陵的发掘报告是新中国成立后才得以发表，但在抗战时期经过著名记者车辐等人报道后，在当时已很出名，成为抗战时期大后方考古文化发展的标志。

除上述考古发现外，还有对孟蜀石经残石的研究，从1912年缪荃孙第一篇"校记"开始，直到1941年成都第一次出版宋人王象之著，清人李调元补的《蜀碑记》十卷，持续不断地有学者关注，也是当时一个学术热点。其他还有樊敏碑的研究，由任乃强先生1944年首先发文。武侯祠三绝碑在抗战时期已是

---

① "永陵"为王建墓在当时的正式称号。（宋）欧阳修《新五代史》卷六三《前蜀世家》："光天一年（918）六月建卒……庙号高祖，陵曰永陵。"到宋代，永陵亦被称为"王建墓"。（宋）张唐英《蜀梼杌》卷下："长兴四年（933）……命修王建墓，禁樵采。"（宋）陆游《剑南诗稿》卷八亦径称永陵为"王建墓"。故这里用了"永陵王建墓"的称呼。

研究热点，还引起日本学者的兴趣。

第三类是抗战时期民族、社会与民俗研究也迎来了第一个热潮，出现了葛维汉、李安宅、冯汉骥、于式玉等先生有关民族学、社会学、藏传佛教寺院学、藏羌彝生活与民俗、地理学、生物学等方面的田野调查报告和研究论文。

其中葛维汉的《羌族的习俗与宗教》（1925～1948年期间调研成果，1958年出版）、《四川苗族的宗教与习俗》（1937年）、《四川苗族的故事与歌谣》（1921年起收集，1951年出版）是极为珍贵的羌、苗族早期田野调查文献。尤其是有关川南宜宾僰人的研究，他写出的《四川古代的白（僰）人墓葬》（1932年）、《川南的白（僰）人墓葬》（1935年）、《有关白（僰）人的历史文献》（1936年）等著作，第一次开启僰人的研究之门，为学术界打开一个鲜为人知的神秘世界。他考察写出的《松潘采集行记》（1924年采集，抗战时期发表）是对外宣传松潘（黄龙、九寨沟）自然生态与民族风习的第一人。郑德坤先生用英文翻译的《史记·西南夷列传》把有关西南少数民族的人文历史经典文献，第一次向西方人作了推介，对于对外宣传，讲解中华民族故事，起了大好作用。

其他民族学和宗教学方面的论著在《华西边疆研究学会杂志》上还发表了不少。如：《川苗礼仪》（1937年）、《四川佛教研究》（1937年）、《汉藏边境实地考查》（1937年）、《川苗传说》（1938年）、《喇嘛教和喇嘛寺的起源》（1938年）、《西藏活佛转世》（1939年）、《中国道教的炼丹术》（1940年）、《喇嘛寺概说》（1942年）、《中国突厥语族中的十四个民族》（1944年）、《中国西南民族导言》（1946年）、《喇嘛教的"拉都尼巴"仪式》（1946年）、《羌民的"经典"》（1946年）等，都是抗战时期有关巴蜀文化的民族学与宗教学的极其珍稀的文献。

第四类是对于抗战时期巴蜀文化研究有着重要作用和贡献的学术阵地，它们为抗战时期巴蜀文化研究者提供了成果展示的平台和学者争鸣的园地。这些阵地和平台最大的作用是为抗战民族文化的坚守和复兴作出了"鸣国家之盛"，探索民族文化之根，坚守民族精神家园，用巴蜀历史文化传统塑造巴蜀人灵魂的巨大作用。

抗战当时，虽然创办学术刊物有诸多困难，连印刷纸张一般都用土纸，但学者和出版家都以坚韧的毅力把这些学术刊物坚持办下来了，而且每年都有一些增加。其中有三大与巴蜀文化研究有关的刊物和活动。

一是《说文月刊》。抗战时期,《说文月刊》发表有关巴蜀文化研究的论文、散文、杂记等论述,是抗战刊物中数量最多的。1941年10月《说文月刊》第3卷第4期刊发卫聚贤研究成都白马寺坛君庙出土铜器与铜兵器,发现了独特的手心纹(此后"手心纹"在錞于、兵器、印章上大量发现,成为巴蜀文化的形象标志)。卫聚贤将这批器物和图语文字,命名为"巴蜀文化",因此而引起了学术界对于"巴蜀文化"热烈的讨论。如文学史研究专家陆侃如就写了《评卫聚贤"巴蜀文化"》一文。一年之间,参加讨论的文章很多,《说文月刊》遂于1942年8月出版了"巴蜀文化专号"(该刊第三卷第七期),全部刊载巴蜀文化研究论文。卫聚贤在这个"专号"上发表了以《巴蜀文化》为题的第二篇论文,对巴蜀文化作了更深入的宏观和具象的研究,是该专号的核心论文。除此文以外,该专号还刊有于右任《巴蜀古文化之研究》、傅振伦《巴蜀在中国文化上之重大贡献》、商承祚《成都白马寺出土铜器辨》、林名均《广汉古代遗物之发现及其发掘》、董作宾《殷代的羌与蜀》、缪凤林《漫谈巴蜀文化》、吴敬垣《避巴小记》等论文,皆是名家著作,由此可以发现抗战时大量学者、名家、专家入蜀,关注巴蜀文化研究的热烈程度,是巴蜀文物、风物、风土、人情的永恒魅力,引起他们研究和探索巴蜀文化的恒久兴趣。

二是设在重庆的中华书局所办《文史杂志》1944年3月1日出版了"四川专号"(该刊第三卷第五、六期合刊),是继《说文月刊》之后又一次对巴蜀文化研究的热烈讨论。其中,林超、孙承烈的《蜀道考》一文,由当时中国地理研究所所长黄国璋先生推荐,并由邓少琴先生提供了该文所用参考书,由此可想见当时四川学者文人相亲和学术开放的风气。该文以扎实的考据功夫论证了蜀道的起源及其衍变,蜀道的"间道""隙道"特点,指出古蜀人开辟的蜀道、栈道,是唐宋以来之驿路、近世之川陕公路的线路的来源和地脉的走向,"半由于地势,半由于历史,而非偶然也"。1944年能提出这样的观点和论述,今天看来,不妨把它视为最早把"蜀道"提到历史遗产地位的开局者。

其他还有吕炯的论文《巴山夜雨》,其特点是用自然科学方法,用巴山地势、气候、物象和年平均雨量、冰雹特点以及日晴夜落雨等自然科学知识作为论据,论证"巴山夜雨""西蜀天漏"的特征,论证有关诗词的人文与自然的内涵,这是巴蜀文化研究中较早的一篇人文与自然科学融通研究的杰作。

陆懋德的《汉中各县诸葛武侯遗迹考》一文,对三国文化与武侯祠及其遗迹的实地考察,起了先行研究者的作用,至今研究武侯祠在各地的发展史还离不开这篇论文。

姜蕴刚的《成都旧话》是他在华西协合大学社会学系的公开讲演记录稿。这次讲演是"纯凭我个人之记忆力","说成都,是一篇很美丽的故事"。他在文中追述成都由古及今的历史,特别称道清末周善培抓成都社会建设的四大重点:"娼、厂、场、唱"四个方面的成就。他认为当时成都的社会建设工作,抓住了"社会文化"这个中心。"清末一切都腐化,都向崩溃路上去,可是成都的社会建设工作都向革新中迈进,光彩有力,极有前途。可是在反正以后反而停滞了,至可叹息。"姜蕴刚先生的这些论述,对于探索成都文化近代化的曲折历程,有着启示的意义。

傅振伦的《四川古代的陶瓷器用》一文研究四川古陶器、古瓷器,也应是抗战时期有关四川古陶瓷史的开山之作。

除了上述史学论文外,该专号还有巴蜀文学研究论文两篇:一篇是唐圭璋的《唐宋两代蜀词》,另一篇是卢前的《新都杨氏曲论》,皆有新见,为名家力作。

该刊所发社论《创造四川历史的新页》,明确地宣示了有关四川文化的学术研究在抗战后期的目的和作用。它宣讲"此次编辑四川专号的微意"(也就是目的)是要通过"文史学研究"鼓舞夺取抗战最后胜利的"民族精神"。"第一,我们应当珍视四川自然环境的优越,以增强成功的信心","其次,我们要努力发扬四川精神","四川历史上人物所表现的精神",即"坚忍不拔的精神"与"文化的创造精神"。"第三是四川乃中国民族文化的大熔炉",可以使"社会文化获得综合的向上发展"。之所以要发扬这样的四川精神,是因为"抗战以来的四川,已成复兴中华民族的根据地,四川的历史已随着抗战而翻开了新的一页",因此,"希望文史学界人士能对四川文史学的研究有更多的贡献"。

这些论述有力地表达了"四川专号"的目的和意图,是弘扬四川精神,特别是四川人的历史精神,坚持抗战胜利,担当起作为"中华民族复兴的根据地","动员四川的人力物力财力以完成民族复兴任务的光荣伟大"的历史责任。所以这个"四川专号"是抗战后期巴蜀文史学复兴和兴旺的标志,是四川文史学界抗战精神的代表,显示了巴蜀文化,特别是蜀学重通经致用,重今文经学,重为现实服务的历史传统和历史精神,是值得我们今天特别注意和研究的。

三是《华西边疆研究学会杂志》在抗战期间仍然发挥着巴蜀文化研究主力

军和主要阵地的作用，发表了不少研究论文，重心仍在巴蜀民族、巴蜀宗教、巴蜀社会民俗方面。此外，抗战时期该刊增加了西南地理、生物、植物等自然科学论文，为巴蜀文化的生态研究开辟了一条新路。

四是在巴蜀文艺方面，特别是巴蜀绘画方面也有不少力作在抗战时期面世。其中的佼佼者有张大千、张善孖、徐悲鸿、周抡园等著名画家。与巴蜀文化研究有关的是张大千临摹敦煌壁画在成都祠堂街展出后，由当时的四川美协组织了一批有关的艺术评论研究的美文，多数分析张大千临摹画作的文化意义、艺术价值和时代精神。在当时的研究氛围中，提出了张大千画展显示了成都是"中国文艺复兴根据地"的文化价值的观点。这个结论突出了以成都为中心的巴蜀文化区在中国抗战文化史上作为民族文化复兴根据地的作用。其所说"中国文艺复兴根据地"的观点在学术上不管是否完全立足，但它是当时学术界第一次提出，有鼓舞大后方抗战精神的作用，至今也还值得研究。

总之，抗战时期有关现代巴蜀文化研究工作兴起了第一个热潮。全国来到四川的学者最多最集中，关注和热心巴蜀文化研究工作的也最多，并且成为四川文史学研究的重点、热点和焦点。这个热潮既推动了四川抗战现实文化的发展和演化，也推动了巴蜀历史文化研究的纵深发展。在那个时期提出的研究命题、课题和发前人所未发的一些创新性见解，至今都还是推动巴蜀文化研究深入发展的思想与知识养料。

第三节　新中国时期马克思主义指导下的巴蜀文化创新性研究

一、20世纪五六十年代巴蜀文化共同体新认知的研究热潮

1949年中华人民共和国成立后，巴蜀文化研究进入新的发展阶段，迥然不同于1949年以前，在质和量两方面有三点显著变化：

一是研究观念、研究视野与研究方法有了质的变化。

辩证唯物主义和历史唯物主义成为史学研究的指导思想，不少学者在研究地方史包括研究巴蜀文化史时，努力学习运用马克思主义的立场、观点与方法。特别是当时四川史学界的前辈几乎都很认真研究马克思、恩格斯关于古代社会的理论，特别是研读马克思关于美国摩尔根《古代社会》一书的摘要和恩格斯根据马克思的《路易斯·亨·摩尔根〈古代社会〉一书摘要》，结合他本

人多年研究成果写下的《家庭、私有制和国家的起源》，用以指导自己关于中国古代社会与古代史的研究。早在此前30年代时，郭沫若先生的《中国古代社会研究》就宣称要用恩格斯的"起源论"来指导写书，"考验辩证唯物主义的适应度"，要写出恩格斯的《家庭、私有制和国家的起源》的续篇。①新中国成立后，巴蜀研究方面的老学者，实际上正是在做郭沫若先生所宣示的撰写恩格斯"起源论"缺乏东方中国一页的"续编"的工作。在政治运动繁多的情况下，他们仍坚持着古代历史和巴蜀历史的研究，思考着如何运用马恩的思想和理论。以徐中舒先生为例，他师承王国维关于"取外来观念与本国固有材料之结合；取地上文献与地下文物之结合"的"二重证据法"，提出并运用文献、考古与民族资料相结合的"多重证据法"研究古巴蜀文化史。同时，他还努力学习恩格斯的理论，在60年代初，他写出了《论自然经济、阶级和等级》的论文，用经济基础与上层建筑的关系来分析西周封建领主制社会问题。他在20世纪80年代为李绍明、冉光荣、周锡银所著《羌族史》作序，提出古代巴蜀女国、附国甚多，其文明的传承，证明不仅父系氏族制社会产生文明和国家，母系氏族制社会一样会过渡到文明并产生国家。这一创新性理论观点，即酝酿于他在20世纪五六十年代对恩格斯"起源论"的学习与研究。今天看来，中舒先生的研究，确是在向着填补恩格斯"起源论""下半页"的研究路径开拓、努力。他用这样的创新理论研究巴蜀古史，不论今天如何评价，都是巴蜀研究发展史上的第一次，至今还需要我们沿着这个研究思路继续开拓下去。

新中国成立前后即民国时期和新中国时期巴蜀文化研究论著的区别，主要是历史观的指导有根本区别。民国时期多是实学、朴学论文，是旧的史学观，缺乏马克思主义的指导。这类论文以徐中舒先生的《古代四川之文化》②为代表，发表于1940年3月，早于卫聚贤提出"巴蜀文化"命题③之前，是最早研究巴蜀文化的学者之一。新中国时期研究论著多转向马克思主义历史观，特别是以恩格斯"起源论"为历史观的指导。这类论文以徐中舒先生的巴蜀文化"初

---

① 郭沫若：《中国古代社会研究》自序，《郭沫若全集·历史编》第一卷，人民出版社1982年版，第9页。
② 徐中舒：《古代四川之文化》，《史学学刊》第一期（1940年3月）。
③ 卫聚贤：《巴蜀文化》，同题两篇，分别载《说文月刊》第3卷第4期（1941年10月），《说文月刊》第3卷第7期（1942年8月）。

论"和"续论"两篇为代表。①他不仅第一个写出论文，而且还第一个倡导和发起在新历史观指导下研究巴蜀文化学术的热潮，这是巴蜀文化研究两个发展阶段不同性质的标志。

"巴蜀文化"的"初论"和"续论"是徐中舒先生活学活用恩格斯"起源论"思想的代表作。这两篇论文中，他用恩格斯"起源论"研究古巴蜀的社会组织，"蜀无姓"已经超过部落组织而进入国家形式，"巴五姓"证明巴国还只是部落联盟，还没有完全建成国家机构。他还论证巴蜀的"宗、里、邑、都"等社会基层组织皆是各种等级的"农业公社"，这些都是对"起源论"的活学活用。特别是他通篇强调"从地理和民族的分布来看"，从新石器时代晚期以来，四川就是"古代中国的一个经济文化区""与中原地区就已经有紧密的联系"，西南少数民族"心长向国"②。即心向中原，心向中原文化为核心的中华"共同体"，这里也是中舒先生最早提出"共同体"概念。在巴蜀文化研究史上明确提出巴蜀地方文化一直是在中原文化的凝聚力、向心力影响下发展，这一先进理念是从徐中舒先生开始的。中舒先生关于巴蜀文化的研究，确是在恩格斯"起源论"中"没有一句话说到中国社会的范围""世界文化史关于中国方面的记载，正还是一片白纸"③的学术空白领域，以巴蜀文化研究领军人物的责任和担当所作的填补空白的巴蜀文化研究新路径的尝试和实践。

二是研究工作出现了新重点，这便是有关巴蜀的民族研究和田野调查的兴起。

这首先是由于新中国成立后国家对于民族识别的现实急迫需要。从50年代初起，国家和各省的民委机构系统地组织和开展了西南少数民族现状和历史的调查工作，其中主要内容是调查民族社会状况与民族文化状况。当时由于"人类社会学"已经在高校被禁止列为课程，一批老学者，如著名的人类学家李安宅、夏征农、于式玉等先生不再教课，而转入了民族学的田野调查与研究。与

---

① 徐中舒：《巴蜀文化初论》，《四川农学报》（哲学社会科学版）1959年第2期。徐中舒：《巴蜀文化续论》，《四川农学报》（哲学社会科学版）1960年第1期。
② 徐中舒先生引证《蛮书·名类篇》云："丰巴部落心长向国"，"丰巴"即"濮巴"，"具有深厚的汉族文化的修养"，"对祖国保存了这样深挚恋慕之情"。以上论述见《巴蜀文化续论》（四）"巴蜀与白虎的传说"一节。
③ 郭沫若：《中国古代社会研究》自序，《郭沫若全集·历史编》第一卷，人民出版社1982年版，第9页。

此同时，一批年轻的新学者，如李绍明、陈家祥、曾文琼等也参加了民族调查队伍。他们做了大量西南民族文化资料积累的工作，奠定了新中国民族研究事业的基础，同时为新中国民族划分，做出了重大贡献。这一时期留下了大量各个民族的原始调查资料，其中包括社会与阶层关系、文化习俗与民族特色、独特风习、独特经济关系等等。由于这些资料是当时状况的实录，而这些资料所反映的历史与现实状况又具有活态性，稍纵即逝，因而留存至今，就成为十分珍贵的原生态史料。这一时期的民族研究论文也不少，反映了这一阶段民族研究的巨大收获。徐中舒先生作为四川大学历史系主任对民族田野调查十分重视，对推动四川民族史研究，做出了重要贡献。

三是出现重考古发掘与考古研究的趋向。

这种趋向一直持续到20世纪80年代始有改观。突出反映在研究论文数量上的变化。20世纪五六十年代发表的巴蜀文化论文总量超过20世纪40年代，但其主要内容是考古发掘报告及其研究，而有关巴蜀文化的历史文献与历史研究的论述则数量较少。

这一时期有关巴蜀考古发现与研究的主要成果有：

（1）成渝铁路、宝成铁路修建中的巴蜀考古遗址和遗存的发现。其中，特别重大的是50年代初修筑成渝铁路时在资阳鲤鱼桥关于"资阳人"头骨及其周边旧石器时代遗存的重大发现。"资阳人"经后来考古学家若干次科学测验，定为四万年前原始人的遗骨，代表着原始人转变为真人（智人、能人），人类开始出现思维和智慧的时代，有极大的学术价值和文化价值。当时"资阳人"的发掘由著名学者兼新闻人张圣奘先生主持，邓小平高度关注，曾做专门保护的指示。后来又经中国科学院考古研究所裴文中先生等专门加以研究。

（2）四川船棺葬、石棺葬的发现与研究，是这一时期巴蜀考古的一个重要内容。1954年在巴县冬笋坝和昭化县（今广元市昭化区）宝轮院同时发现战国至西汉时期的船棺墓葬区，这是属于巴人的船棺。但后来又在蒲江、绵竹等地多处发现，同一时期的柳叶形铜剑也在芦山县发现。这是属于蜀人区域。这些发现与发掘，引起了关于船棺葬性质、族属、地域、习俗和文化内涵的热烈争论。是巴人的习俗，还是蜀人的习俗，或是巴蜀人共同的习俗，成为该争论的热点。冯汉骥、王家祐、杨有润等先生在1958年发表了《四川古代船棺葬》的论文，探讨了巴文化地区战国至西汉的船棺葬文化。1960年由四川省博物馆发表了《四川船棺葬发掘报告》，探讨了巴人船棺等五类墓葬。出土器物中有关铜剑上手心龙虎纹的发现，成为巴文化的重要象征。关于石棺葬文化，李绍明先生在50年代最早发表了关于理县石棺葬的报道。以后冯汉骥先生以及童恩正、林向等先生在60年代相继发表了有关岷江和杂谷脑河流域有关石棺葬的调查和研究成果。50年代至70年代关于船棺葬、石棺葬的调查和研究，开启了20世纪80年代石棺葬、船棺葬研究的热潮，吸引了不少学者参与研讨，出现了专门论著。

（3）成都羊子山上溯西周至春秋土台遗址的发现与清理，是古蜀杜宇时期蜀文化研究史的新开拓、新曙光。羊子山172号墓的发掘是1956年进行的，与此同时，在该地区发现许多蜀人墓葬，出土器物以青铜玉器方扣与圆扣漆器以及玉器等为蜀文化特征。到80年代，这块地域还陆续有新的考古发现，是成都地区新石器时代直至西周时代古蜀国文化的考古发现，具有极大研究价值。

1961年王家祐先生最先探讨彭县（今彭州）濛阳镇竹瓦街窖藏铜器。其中牧正父己铭青铜觯与覃父癸觯，经徐中舒先生考订，是蜀人参加武王伐纣的遗物，表明蜀与殷、周中原文化，早有联系。

（4）这个时期关于成都青羊宫战国遗址夹砂粗褐陶器的发现，特别是有卜甲、卜龟的发现，却无卜骨的发现"卜用龟甲而不用骨"[①]，表明蜀地盛行卜算文化，还承袭殷墟龟甲为卜的传统，但却无牛肩胛骨为卜的习俗了。因牛在战国时期已用作耕牛，已不再作为卜算工具。成都南郊遗址发现战国陶器、兵器以及西周铜罍，成都百花潭战国水陆攻战纹铜壶的发现，郫县红光公社战国铜器，特别是有蜀人文字的铜戈与印章的发现，芦山县战国时期古蜀铜剑与印章的发现，乃至甘孜铜器的发现，特别是川东地区和川西地区铜戈铜剑等多处的发现，涪陵小田溪战国土坑墓的发现，其中虎纽铜錞于乐器与错金铜编钟十四枚以及柳叶形剑等遗物，对研究巴蜀文化特征有极大价值。铜兵器中还出现秦始皇二十六年蜀守武的铜戈，刻有工匠名，均有价值。由这些多地多特色战国铜兵器考古发现，开始了巴蜀戈与巴蜀剑的特征的研究。此外，成都天回山战国土坑墓及陶器与铜兵器的发现，新繁水观音殷末周初遗址四个地层中打制石器、磨制石器、陶器、铜器层叠式出现，是值得研究的重要文化现象。需要特别指出的是这一时期关于广汉三星堆区域，如月亮湾、真武宫一带，陆续有发现，这些遗址多位于鸭子河、马牧河台地上。这些发现为80年代三星堆

---

① 徐中舒：《论巴蜀文化》，四川人民出版社1982年版，第5页。

的惊世考古发现奠定了基础。①自1986年一号与二号三星堆祭祀坑首先发掘开始，我们清楚地认识到此前发掘的月亮湾、真武宫等遗址，都属于"三星堆古城遗址区域"，这个区域有十二平方公里的范围，正陆续有更多的考古材料发现。加上汉代石刻、汉隶、碑记等记载与研究，再加上唐以后文物，如宋代苏适墓志、明代洪雅九胜山明墓为代表的唐宋明清的考古发现，还包括川东地区涪陵白鹤梁石鱼的调查与研究，梁平播州营石刻研究等题材，兼及于台湾《四川文献》在60年代登载的綦江汉隶字碑和蜀儒陶闾士、胡俊等墓志……所有这些考古发现与研究，为80年代以后巴蜀考古崭新面貌的出现奠定了基础。

徐中舒先生在这一时期直接写的巴蜀考古的论文不多，但他对考古发掘工作十分重视，凡有关考古遗存的研讨都有他的参与和指导，他对当时四川文物考古的指导作用是不可低估的。尤其是当时考古发掘考释的关键性问题，都是他在思考和解决。如：巴蜀与武王伐纣的相关器物，巴蜀楚特殊关系的器物铭文，对巴蜀图语，即"巴文"与纳西东巴经文字的比较研究等问题，他都是带头进行首创性的考释、考订与研究，始终站在考古学前沿，起着引领学术潮流，建设巴蜀文化研究学科的领军作用。对于巴蜀图语，中舒先生当时认定是"巴文"。他认为"蜀左言，不晓文字"，因此蜀人无文字。而巴人"世尚秦女"，与秦联姻，替秦戍守蜀地，需要文字，故铜兵器、铜印章的铭文是巴人带来的巴文字。中舒先生把"巴蜀图语"即"巴文"中的象形字的独体与合体字共十一字，与么些象形文字（纳西东巴经文字）作了比较，肯定二者"应有一定的亲属关系"。么些（纳西东巴）文是从古巴文到晋代南中"夷经"一脉相传的文字。中舒先生创新性地指出："古代文字是由巫师创造的，也由巫师世代相承。"甲骨文、巴文、么些文都是巫师创造的。无疑的这些观点对于我们认识研究"巴蜀图语"与今天宣汉土家族祭司秘传文字的关系是一条有效途径。②

值得注意的是，50年代至70年代的巴蜀考古研究一个重大贡献是为确立巴蜀文化发展谱系及其文脉和内涵奠定了坚实的基础。这一时期的考古发现和研究，加上80年代以后的大量发现，使后来的巴蜀文化研究界有可能构建起巴蜀

---

① 以上考古发现，参见林向编《巴蜀的历史与文化论著目录提要索引》，中国西南民族研究会1986年印。

② 上述徐中舒先生观点见其《巴蜀文化初论》，徐中舒：《论巴蜀文化》，四川人民出版社1982年版，第27、42、43、47页。

考古发展系列的完整链条。同时将三星堆遗址到彭县（今彭州）濛阳镇竹瓦街青铜器窖藏遗址，到新都马家古蜀王大墓遗址，再到金牛区黄忠遗址、青羊区金沙遗址、十二桥遗址、商业街战国时代船棺葬遗址，直到指挥街遗址等等地点连接起来，正好构成成都平原从北向南的文化发展轴线，也是殷商以来古蜀文明发展的中轴线，即"古蜀文脉"的清晰线索。① 后辈学者这种巴蜀文化考古发展体系的构建工作，都离不开中舒先生在前探路的考古与历史结合的研究与启迪。

五六十年代最大的学术亮点是在1959至1962年间四川学界出现了新中国成立后第一次发动的巴蜀文化百家争鸣的讨论热潮。这个热潮的发动者、弄潮者和领军者就是中舒先生。不过，这个热潮只持续了近三年，即又走向沉寂。1966年"文化大革命"开始后，直到70年代末，就几乎没什么研究论文了。

1959年徐中舒、蒙文通、缪钺、冯汉骥、任乃强、邓少琴等先生发起了新中国成立后的第一次有关巴蜀文化研究的学术讨论。徐、蒙、缪等先生均写了研究论文。在这些研究论文基础上于1960年由四川大学历史系组织了第一次"巴蜀文化学术讨论会"。在会上，徐（当时系川大历史系主任）、蒙、缪（当时系川大历史系古代史教研室主任）等先生互相辩难，各抒己见，形成了"鸣巴蜀之盛"的百家争鸣盛况。他们对巴蜀文化，尤其是古巴蜀文化做了深入的研究，各自阐述自己的研究观点并互相切磋辩难。这两年间有关巴蜀文化研究的成果构成新中国成立以来第一个巴蜀文化研究热潮，比抗战时期卫聚贤、顾颉刚、徐中舒、郑德坤等先生发起的巴蜀文化研究的初步热潮，规模更大，更有深度。审视这次热潮中出现的观点慧颖、史料丰实的成果，其对后来改革开放以来的巴蜀文化研究事业和研究队伍的发展，所起的奠定研究史料之基、引领综合总体研究之先、示以研究来重大方向的巨大作用，确实不应低估。这一阶段的众多研究成果是现代巴蜀文化研究发展史上又一个阶段性、标志性的里程碑。

这里择要将这一时期代表性学者及其研究巴蜀文化的主要成果的主要观点与贡献，试述如下：

一是徐中舒先生。他是这一时期巴蜀文化研究领军群落里的带头人物，以

---

① 谭继和：《成都城市的起源与形成》，见《成都》课题组著《成都》一书，当代中国出版社2007年版，第7页。

他的《巴蜀文化初论》(1959年)、《巴蜀文化续论》(1960年)[①]为代表。这"两论"既是承袭他在40年代抗战时期所撰的《古代四川的文化》论文的实证研究范式,同时又是新中国成立以来,他运用在马克思主义指导下的综合统体历史观和多重证据研究法对巴蜀文化加以会通统体研究的拓荒性佳作。

"初论"以中华地域文化通览的视角,对古代四川地域经济文化的基本面貌、基本性质和基本发展轨迹作了探索,提出了"四川是古代中国的一个经济文化区,但是它并不是孤立的"观点,并作了论述和阐释。中舒先生通过丰富的史料考释和论证,说明了这个"经济文化区"的三个特点:

中华文化是分地域独立发展并各有其特点。四川作为一个独立的经济文化区域,有自身的发展特色。如深盐井开凿技术是四川最早,至今"对现代新式凿井工程"还有现实作用。蜀锦来源于古"锦缎""锦绣缎",是"四川的特产",是蜀人与哀牢人、氐人"共同创造的果实"。此其一。

植根在四川大地上的巴蜀文化不是封闭的,自古以来就有开放的眼光和向外开拓的活力:"古代四川人民从不甘心局限于这一个小经济文化区内,而决心开辟道路,向外发展。"此其二。

古代巴蜀文化也从来不是孤立的,与中华大地上其他地域文化从来有着各种联系,是互学互鉴的关系。互学互鉴互融是地方文化发展的动力。尤其是与中原文化有着紧密的联系,中舒先生认为:"从地理和民族的分布来看,古代四川和中原的联系,肯定是存在的。"中舒先生以栈道、索桥、新繁水观音和忠县㽏井沟遗址、青羊宫出土陶器和卜用龟甲等考古和文献材料为例,阐述了古巴蜀文化与中原文化交往交流的关系以及这种关系在殷商、西周和春秋战国三大阶段不同的内涵和特征。他认为巴是"水居民族","巴则水居射猎,虽有农桑,也是受了蜀的影响"。"巴楚接壤,巴所受中原影响较多。"蜀是农业发达民族,"蜀左言、无文字","蜀无姓","说明蜀的言语文字以及社会组织,和中原地区都大不相同"。"秦蜀接壤,蜀所受中原影响较少","蜀与中原文化联系,既由秦巴间接而来,因此蜀文化的发展,就受到很大的限制"。今天看来,这些观点有一定缺陷,三星堆遗址受中原文化影响很大,不能说蜀受中原影响比巴少。但徐老率先第一个指出巴文化与蜀文化同中原文化有不同的联系和不同特征的交往关系,仍然是学界前沿领先的,是极富启发

[①] 徐中舒:《论巴蜀文化》,四川人民出版社1982年版,第1~137页。

性的。此其三。

在这三点基本认识基础上，中舒先生对蜀文化和巴文化的所在地域及其历史发展，分别作了详细的论证和考释。

在对"蜀的历史"考释中，中舒先生首次对研究蜀国历史最基本的资料作了考释梳理和列表整理，证实"古代巴蜀""壤地相接，但是它们的经济文化，还有很大的差别"。巴文化与蜀文化同属"巴蜀文化共同体"，但二者又各有其文化性格和不同个性。现在流行的这个观点，特别是"巴蜀文化共同体"的观点，早在20世纪60年代初中舒先生就注意到了，是他首次提出的。

对于蜀文化，中舒先生认为"蜀地从有记载以来，就是一个农业发达的区域"，"因为蜀地农业的发达，至迟在战国时，蜀就已经具备了国家的形式"，"有了统一的水利建设事业"。对于蜀的地域和历史，直到四川普遍存在的"大石文化"，中舒先生"初论"均作了扼要的考述和论证。

对于巴文化，徐先生的"初论"根据文献与考古材料着墨甚多。他认为"巴郡南郡蛮有五姓"，板楯蛮有七姓，"姓是大姓的姓，是一种部落组织。每一个大姓，就是一个部落"。巴有姓，说明巴还在部落联盟阶段，"巴还没有完成国家机构"。"蜀无姓"，说明蜀"已经超过了部落组织而进入国家形式了"。对于巴地所在范围及其历史，尤其是捍关、弱关、汉中、巴黔中、三峡，中舒先生均作了充分论证。对于巴人的故都，江州、垫江、平都、阆中、枳等处均作了充分考证。对巴族来源的廪君、巫诞以及板楯蛮、豫州蛮、渝水賨民等，均作了精密的训诂和考据。

中舒先生特别重视新的考古材料。在该"初论"中，他花了大量篇幅论证船棺葬、錞于、铜钲、铜锣、铜鼓等形制的考古遗存与巴族的关系。最难认识的，是巴蜀图语符号文字。中舒先生认为这是巴文，特别论证了巴文与"么些"（纳西东巴）象形文字的关系，强调指出"巴文和么些文""应具有一定的亲属关系。么些文可能就是在巴文的基础上发展起来的"。"巴文、么些文和汉字""最初还有可能是同出一源的"。而么些文可能就是晋代南中"夷经"一脉相传的文字。这些论断皆为后继研究巴蜀文字的学者所本，具有重要的认知和启示意义。

"初论"还从古代西南民族迁徙、衍变传承轨迹的广阔视角论述巴与僚的关系。中舒先生认为巴族祖先廪君出于巫地诞族。诞即蜑，乃水居民族。"古代巴族又有僚称"，古称"僚子"，汉代南郡溇山蛮和巫蛮以及渝水賨民

（"古板楯七姓蛮"）在六朝时被称为"巴氏"，到唐宋时被称为"南平僚"（渝州蛮），这一历史轨迹，说明巴就是僚，"后来的僚族，就是出于巴郡南郡蛮的"。不仅巴地是僚所居，蜀地和南越地域都有僚。常璩说"蜀土无僚"，这"本来是一个错误的结论"。"蜀土原来就有僚族"，僚族就是"未汉化的巴族"。

总之，中舒先生在"初论"一文里，通过多方考证，证实了中国南方，尤其是西南大部分区域，皆为僚人居住地，而僚人就是"未汉化的巴族"。这个观点当时曾引起辩论，缪钺等先生曾与之商榷。通过当时的学术争鸣与辩难，中舒先生又撰写了《巴蜀文化续论》一文，不仅坚持了"初论"的观点，而且把这一观点发展得更鲜明了。他在深入发掘史料的基础上，以"天下为一家，中国为一人"的广阔视野，审视"初论"的观点，更进一步丰富发展为"中国基本的广大的人民群众，原来就只有蛮、僚两族"，"中国广大的人民群众，原来就是一家"的结论。由这个结论，我们已经可以看出中舒先生当时已经具有"文化中国"的历史观，"中国"是因文化而立国的，中华民族的各子民族不是种族和血缘的区别，而是文化的差异形成的，中华各族"原来就是一家"，因此，文化是基因是灵魂，是铸就"中华一家"的根柢。中舒先生这个"文化中国"的思想，如从近说，是源于他在"初论""绪论"里对巴蜀文化基本性质及其与中原文化关系的科学探索得出的认识。如从远说，则源于他早年在清华国学研究院就开始了的对殷周民族复杂衍变关系以及两大古民族集团高阳氏和高辛氏的互交互融的探索，逐步形成了中国古史研究的徐氏学派的特色。

《巴蜀文化续论》的最大特色是深化了"初论"的各种论点，"从更广阔的范围"，"从全国范围入手"，从"明了蜀境周围的历史"及其自然环境的特色入手，广泛深入地阐述了巴蜀地域文化的基本性质与特色以及民族关系，对巴蜀古代社会与古代民族的变迁之轨迹作了深入系统的梳理。

"续论"一文对巴蜀文化的五个关键问题作了探索和回答：

其一，对古代巴蜀地域上存在过的有关基层地域和社会组织的一些特殊名称，如宗、里、邑、甸、县、都等名称所体现的古代巴蜀农业公社的不同社会性质、文化内涵和不同发展阶段，作了充分探讨。对于这些名词所包含的繁杂史料，中舒先生没采用烦琐杂沓的文献考据方法，也没有采用空谈义理（理论）的研究方法，而是以训诂法为基础，尤其是以古文字学方法的渊博知识，来训释"宗、里、邑、都"等不同字词的文化内涵，从而得到对巴蜀地区农业公社"各个不同时期、不同地区的聚落"发展的规律性认识。如从宗（源于周代宗法）衍生出"宗部""宗帅""宗伍""宗兵"等组织的衍变，体现出从原始"鬼主"（大鬼主、都鬼主）氏族组织，到"方士大姓"的家族制氏族公社，直到国家雏形的社会组织的历史衍变过程。这就是以训诂学方法为思辨之基得出的结果。历史文献的研究方法中，训诂学居于中间地位。它向下是考据学，易流于烦琐。它向上是义理学，易流于空疏。中舒先生的研究方法是抓住"训诂"这个牛鼻子，以考古、文献、民族三重资料的考据相融合，提升为以实学为根基的义理思辨的结论。这样既不会陷于空谈义理哲理，也不会陷于纷繁复杂的史料考据，这就是中舒先生在巴蜀文化研究方法上留给我们的宝贵遗产，也是"初论""续论"两文的价值所在。

其二，南方部族多为孤立封闭的农村公社。他们所居处的自然环境因其特异性而被赋予了黔、越、溪、洞、阴、阳、林、箐等不同的名称。这些名称体现了不同族群、不同部落的文化内涵及其独特个性，也体现了这些族群、部落的社会组织的不同来源和不同特征。中舒先生对这些名词所包含的社会、人文和历史的内涵作了深入的挖掘，得出了"百越出于龙山文化，百濮出于仰韶、龙山的混合文化"，"古代所称的'百濮'和'百越'，就是中国大陆上存在的许许多多的农业公社的总称"的独到结论。他进一步指出巴就是濮，坝、浦、灞就是巴或濮的对音。他们因为居在坝上，就称为巴，因为居在浦上，就称为濮。巴、濮都逐步成为巴人濮人的自称。今天来看，值得特别珍视的是中舒先生提出了中国古代农村公社发展的一个普遍模式。他指出杨、越、于中、黔中、商于、溪、洞、峒、蜓（疍）、林、箐、郎、零、瓯、僳、俍、兰、阆等名称，虽有不同字义，但其性质都是"各个孤立的群体"，是"古代的农村公社"不同层次的基层社会组织结构。这些"古代的农村公社都是各个孤立的群体，每一个公社，其中为居宅，居宅之外为田园，田园之外为牧场，牧场之外即为森林，公社与公社之间就是森林蓊郁的弃地或隙地"。中舒先生从文献资料和民族资料中发现的这种"居依山谷林箐"，大森林大竹林围绕的村落的社会组织，又被称为洞或峒，是当时南方民族居住的常态样式。在后来的研究文章中，他进一步把它们称为以谿峒村社为代表的"古代村社共同体"模式。成都平原著名的林盘文化就是这种田园村社共同体的产物。

其三，以"氐类"为中心，专析"西南夷"民族成份的变迁。《说文》"氐，本也"，"氐"之本义即为低、为平。中舒先生据此字本义，以历史文献材料证之,"氏族即为居于水滨或低下的平原的族类"。这是氏族文化个性最准确的解释,是中舒先生发现的。中舒先生的研究并未停止于此,而是据此进一步指出了汉晋人与汉晋文献共识与认同的一种文化现象:"巴、蜀及西南徼外的蛮夷皆为氏族",就是"指分布在(今天)四川、贵州、云南三省非汉族的蛮夷而言","可见西南夷为氏类就是当时的人一致的认识"。

中舒先生进一步揭发了这一"西南地区总称氏类"的文化现象的深层次矛盾:西南地域广阔,部族种类繁多,各地经济文化发展水平极不平衡,"经济文化悬殊如此,而总体称为氏类,这是一个很难解答的问题"。中舒先生从这里入手,以问题为导向,对氏类与羌、姜、戎、庸、崇、邛笼、石雕的关系,特别是与巴、蜀、楚的关系作了广泛而深入的研讨,指出其概念的衍变与历史的变迁以及文化内涵的变异,是"当时所处的不同的社会阶段的反映"。这些令人耳目一新的研究方法,深邃的思辨和颖异的观点,对推动后来的巴蜀文化的启示和研究有着重大的作用。改革开放以来的巴蜀文化研究思维,虽然走向多元化,但中舒先生等老一辈的贡献与传统,仍然是主流,是基调。

其四,从巴賨与白虎传说的关系,论证巴的起源;论证巴与濮两族长期杂居而变为一族的历史过程;论证巴人受楚驱迫而由原居地江汉平原西迁四川盆地,进入号为"于中"的大巴山无人地带,居住于山岭上或山岭之间的小平坝,或近水旁更低坦(氐诞)的土地,逐步开发巫于中,又南迁开发巴黔中的历史进程;论证巴人溯清江西上,建立五都,由枳(涪陵)到平都(丰都)、江州、垫江、阆中的过程;论证賨人是巴濮大姓融合定都于阆中,而向秦汉纳贡的特殊"賨"称谓的产物。

20世纪五六十年代以来的巴蜀文化研究勃兴状况,说明上述这些论证对巴蜀文化研究有着重要的启示和推动作用。其中最重要的有两点启示:

(1)"巴"与"蜀"的结合是个历史过程,是巴人与蜀人两种不同文化性格长期互学互鉴、互交互融的结果。巴与蜀成为文化命运共同体是巴濮西迁进入四川盆地的长期进程,在战国时期才最终得以完成。值得注意的是,中舒先生特别重视以"棘围"或"樊篱"为城寨的居于农村公社外围森林地带的狩猎部族对巴蜀地域的开发作用。楚称荆楚,濮称棘人,廪君之"廪",即森林的林,这些名称的由来,皆是在自己部族周围种植荆楚或棘围之意。这些原为狩猎经济的部族,正是在荆棘之外的农村公社的带动下,利用这些隙地的开发而迈向农业经济生活的。从更广泛的区域看,这也正是古高辛氏集团利用林带隙地在高阳氏农业集团带动下走向农业经济的，巴人也是利用森林隙地在蜀人高级农业的引领下而走向农业与渔猎并兼的经济生活的。这同古蜀望帝杜宇被称为巴蜀"农祖"，先教蜀人农耕，然后再教巴人农耕的历史文献记载是完全一致的。因此，古代农业部族村落之间的广阔林地，正是容纳和消化渔猎部族并使其经济生活向农业转向的最大空间，也是古代部族和睦相处、社会和谐和生活安宁，实现古代静态农业生活方式的有效空间。古巴人和古蜀人两种不同的经济生活与生产方式的转向和互融，正是因为有了这样广阔的林带空地。因此，这种荆棘空间形态就具有极其重要的推动古代经济生活转型的文化价值和意义，所以，中舒先生极其重视并把这种古代空间形态着重发掘出来。

（2）中舒先生特别重视西南民族、部族之间迁徙杂居的长期历史过程，对于民族心理与文化修养的互鉴互学与互为提升的作用，特别是对各部族心向中原文化凝聚，"心长向国"的爱国主义向心力的培养作用。《蛮书·名类篇》有"丰巴部落心长向国"的记载。中舒先生据此推论"丰巴即濮巴对音。巴、濮本为两个部族，因为长期杂居而逐渐成为一族，西南部族中此例极多"，如冉与駹为冉駹，么蛮与些蛮为么些，斯与榆为斯榆，包与蒲为包蒲，邛与筰为邛筰，布濮（水）与槃木（王）合为巴濮，濮与巴合音为僰，皆是两族从文化上融为一族的明证。徐先生说，因为历代长期融合，一心向"仁道"，因而"他们的文化，还是与中原相去不远"，"他们具有深厚的汉族文化的修养，他们到唐代还是'心长向国'。他们经过这样长久的时间，对祖国还保存了这样深挚恋慕之情"。这些深情论述，是以巴蜀文化的历史记叙与巴蜀历史的"祖源记忆"的深入挖掘，加深了我们对中华民族文化，以中原文化为凝心聚力的正统，形成多源一脉、多元一体的中华统一的多民族国家特性的认识和理解。

其五，以"蛮僚的族属问题"为中心，论证复杂的民族称谓：蛮、闽、氓、民、僚、貉、葛僚、仡僚、归追、鬼方（怀、隗、魄）、挛鞮、韦、濊、薉、昆吾、顾、狄、夫余（蒲姑）、莫瑶、苗、白马氏等部族的历史渊源、分布地域与发展的脉络。这是横向的空间分布的研究。同时，中舒先生又专门分析了这些族类在夏代、殷商、西周和春秋战国直至唐宋时代各族南移北迁、东流西向及与中原交会的各种情况，这是纵向的时代流徙的研究。他通过这种横向与纵向相结合的比对和研究，得出了"中华民族为一家"的结论。他认为"氓和民是中国历史上最广大的土著部族。他们和历史上称为蛮或闽的人，都属同音同义的名称。在更古的年代里，他们就应属于同一族类的人群。他们就是中国历史上最广大的劳动人民，他们就是中国历史的创造者"。他进一步分析并归纳古中国为蛮、僚、狄三大族群："中国基本的广大的人民群众，原来就只有蛮、僚两族，甚至于僚还是蛮的一支。从远道来的，也只有使用细石器的狄族。他们在长期杂居之后，也成为蛮僚的姻族。中国广大的人民群众，原来就是一家。"中国原本就是一家，中华民族原本是一家，这是中华文明历史道路形成的不可易移的结论和信念。中舒先生不仅以历史的资源、历史信息与历史知识和智慧，论证了这一结论；而且以自觉倾情于对中华广域文化命运共同体的凝聚力和向心力的理论自信指导了他对巴蜀文化的研究。这是他留给我们巴蜀文化研究史最宝贵的一笔思想文化遗产。

二是缪钺先生。缪先生在读了中舒先生"初论"后立即撰写《〈巴蜀文化初论〉商榷》（1959年）一文，与中舒先生辩难讨论。缪钺先生对中舒先生关于"廪君蛮、哀牢、氐、僚诸族"皆属"巴族"（广义）的说法提出异议，不同意中舒先生的意见。缪钺先生提出了三大问题加以讨论：

其一，缪先生不同意中舒先生关于哀牢与氐都属巴族的论证，认为"哀牢与氐绝非巴族"。"哀牢族属应是百越的支系"，"氐族居住区与羌（最早在河湟）接近，亦在陇右"，"与川东之巴人风马牛不相及"。

关于哀牢是否巴族，缪先生认为中舒先生提出的哀牢人善于织布，蜀人善于织锦，纺织技术是二者"共同创造的果实"的论证是不能成立的。蜀人不是巴人，与蜀人都有共同纺织技术，不能说哀牢是巴。即使都有共同的纺织术，也不能说蜀与哀牢"有族属关系"。

关于氐，缪先生也不同意中舒先生的氐为巴人说。晋代巴賨李特有"巴氐"之称，也不能说氐就是巴。"巴氐"之称，是李特一族迁居氐人居住区域略阳，习染氐族风习，故被称为"巴氐"，其义"是巴人而氐化者"，不能说巴人自古是氐族。

其二，关于僚族是否巴族？缪先生不同意中舒先生关于僚族即巴族，也就是賨人板楯蛮的观点，而认为僚出骆越，属于越族，与巴族无关。

这个问题的焦点是"蜀土无僚"说。中舒先生是反对"蜀土无僚"说的，认为不是历史真实，缪先生赞成"蜀土无僚"说，认为蜀土在成汉以前是无僚的，僚人是成汉时期从南越、牂牁入蜀的。缪先生列举史料证明从晋到唐，从常璩到李膺，都是讲"蜀土无僚"，僚人是成汉时李寿、李势从牂牁引僚入蜀境的。从晋至唐的史料也没有僚士板楯蛮的记载。只是到了元人修《宋史》的时代，才出现了"南平僚是古板楯七姓蛮"的说法。因此，中舒先生坚持的这条史料站不住脚，而且自相矛盾。中舒先生还引用西晋张华《博物志》"荆州极西南界至蜀，诸民曰僚子"的史料作为僚是巴族的证据。缪先生亦加以批判，认为这条史料是孤证，原文有问题。即使承认这条史料，也只说明僚人从湘西进入西南青衣江（大渡河）流域，居于川滇间，属于蜀地，而绝不是巴地。而说僚族是越族，其最重要的证据则是悬棺葬。

其三，关于"板楯蛮与廪君蛮族属异同问题"，中舒先生坚持《魏书》《晋书》以来，关于"板楯蛮与廪君蛮是一族"，板楯蛮"盖廪君之苗裔也"的传统主张并加以多方论证。缪先生不同意此说，认为"这个问题还是可以进一步讨论的"。

缪先生根据《华阳国志》与《后汉书》，指出板楯蛮与廪君蛮有三大不同："一、居住地区不同"：板楯蛮在渝水，廪君蛮在夷水（今清江）。"二、姓氏不同"：板楯七姓，廪君五姓，无一姓相同。"三、神话不同"：廪君祖先是魂化白虎，"尊重白虎"。板楯神话是射杀白虎。据以上三点，"板楯蛮与廪君蛮似乎不是同族"。

今天来看，这些争论是因为双方所依据的史料有所不同，或者是对同一史料有不同的判断和看法而引起的。事实上，历史流传下来的典籍，关于巴蜀的地方史料，确实也存在多断章零句、驳杂互混、诸书违异、传说殊途，多缺漏的问题。徐、缪二先生在当年的争论，只是至今研究巴蜀文化史争论的一个开端，至今论争反而更热烈和激烈了。特别是关于巴蜀文化的渊源性质、特征及其发展脉络诸问题，至今也还争论不休。特别是随着考古发现的不断增多，与历史文献的距离越来越大，具体史料出现的问题也越来越多，遂使巴蜀文化研究史成为一部聚讼纷纭史。因此，我们至今还不能简单化地对当年争论问题定其是非，辨其真伪，而应秉持"真理是矛盾中清理出来"的科学态度，从这场争论中学习和研究前辈学者的智慧。从史料这一环来说，亟须首先从审订史料这一基本而重要的工作入手，勤勉用力，搜辑广备，梳理细密，比勘异同，考辨精详，以便得出真确的共识。"根据史料之真确性如有问题，则其阐发之意义，亦将徒劳，甚至谬误。"①这就是当年诸位前辈学者的争论，给我们留下来的一个宝贵经验。

---

① 缪钺：《缪钺全集》第一卷（上），河北教育出版社2004年版，第329页。

另一方面，不同的史观、不同的出发点和不同的研究方法也影响不同的判断。这是当年学术争论之所以发生的又一个深层次原因。就巴的族属，如哀牢与氐、僚与巴、板楯蛮与廪君蛮三大问题而论，其争论不是简单的史料问题，尽管表现为具体史料阐述的矛盾，但实际上其争论背景是那时诸位前辈学者治史的理念有一定分歧，牵涉各人治学道路的特色不同。

仅就上述徐、缪二先生三篇论文而论（当然不是全面的），两位先生各有不同着重点。中舒先生阐述的一个重点是从文化人类学的广阔视角出发来论述巴、氓、民、蛮、僚、氐诸族的族属问题的。之所以得出"巴"与这些族群同源的结论，这是用人类族称语言最初是同源，后来才分化的人类语言发生学的观点来考察的结果。他认为人类最初的语言是同音同源的，人之初呼"爸爸""妈妈"之音是全世界共同的。后来族群分化，族群语言也分化，但最初的重唇音语言的基本音"是可以用口语保存下来而不至于有所改变的"。人称的单复数，在印欧语系里是man、men，汉语是（你）每、（他）们。用这个语言所佐证的"人类同源说"来考察，历史上的氓、民、蛮、闽之称，就是"man、men、每、们"这些人类最初语言保留下来的转称。再考察僚、貉、巴、貊等，都是与蛮、闽、民、氓同音同义的转称，他们"是中国历史上最广大的土著部族"，"在更古的年代里，他们就应属于同一族类的人群"。中舒先生这个结论，特别是僚、氐皆"巴"的观点，就是运用人类最初语言发音同源说得出来的结论。同理，他关于巴蜀文化的研究观点，包括古中国大地上皆"属于同一族类的人群"的观点，就是运用文化人类共同体的统体观综合考察史料得出的论断。缪先生的驳难，除了史料辨析以外，也是由于在考察史料的总体观上有着差异和分歧。缪先生更着眼于巴、僚、哀牢、氐等民族地理分布带的不同来立论。中舒先生讲"自古以来"，缪先生讲"汉晋民族格局"，时间维度和空间维度上的差异，因而产生了巨大的分歧，争论就是这样出来的。不过，也正是这个争论，徐、缪二先生为后来者留下了巴蜀文化研究遗产不少闪光点。如中舒先生关于"蜀无姓"，巴"五姓"和"七姓"的独特文化阐释，缪先生关于蜀锦是古代四川的特产，还是受中原影响的问题的独到考释，在今天都还有很重要的研究价值。

三是蒙文通先生。有关巴蜀文化的研究是蒙先生广泛的学术研究领域的一个重点。他在20世纪60年代发表的有关巴蜀文化的最重要的论文有两篇：一篇是1959年继徐、缪二先生的论文之后发表的《巴蜀史的问题》[①]，集中阐述了他对巴蜀文化基本问题的深入思考。另一篇是1962年写的《略论〈山海经〉的写作时代及其产生地域》，在学术界首次考论《山海经》乃上古巴蜀人（包括楚人）作的以上古巴蜀地域空间和巴蜀"天下之中"认知作为重点的，包括神话与传说在内的巴蜀文化史料集大成的著作。除了这两篇重点论文外，还有他在1960年川大历史系巴蜀文化学术讨论会上的发言稿（油印），专门对徐、缪二先生的巴蜀文化论文提出争鸣辩证的意见。另外他在50年代撰写的《与友人论区域史和巴蜀史的问题》信函一件，在1963年发表的《庄蹻王滇辨》，也是他在这时期著的有关巴蜀文化的专题论文。[②]他在晚年写作的绝笔之作《越史丛考》，也是与巴蜀文化研究有关的重要论著。该书详考百越民族、秦汉越人、越史及分布地域，广搜故典，综核载籍，分核名实，探明根源，驳斥越南治史者之羌非故实，歪曲历史，别有用心觊觎中国领土的谬说，诚乃维护中华民族利益之杰作，骎骎度骅骝于前，漫漫启后昆于后。书中对巴蜀开明氏被秦灭后南迁交趾，蜀王子安阳王建国于瓯雒等诸多史料，尤详加考实，发掘出古巴蜀文化一段难见的稀有资料。这一论述与中舒先生的《"交州外域记"蜀王子安阳王史迹笺证》一文的论述交相辉映，发掘出来蜀人南迁出海的故事，至今仍具有重要的现实应用价值。

除上述巴蜀文化论著以外，蒙先生还致力于西南（巴蜀）民族关系的研究，以及四川地理人口与交通的研究，这也是巴蜀文化研究的两大重要方面。如：《汉唐蜀境民族之移徙与户口升降》（1958年手稿）、《羌氏与赛叟及其北迁》（初稿为1935年作，其后二十余年仍在修改中，为未定稿）、《獠人入蜀研究提纲》（50年代作，未定稿）、《与友人论西羌与土谷浑书》（1964年作，未定稿）、《略论四川二千年间各地发展先后》（1958年）等等，专论巴蜀民族交流变迁与四川地理交通、人口变迁，亦是巴蜀文化研究的重要著述。

下面以《巴蜀史的问题》一文为中心，试述蒙文通先生对巴蜀文化研究的基本观点及其贡献：

其一，蒙先生认为两千多年来中国文化的走向乃以地域性为主导的大区域文化布局，研究中国文化就必须分大区域来分别研究。巴蜀文化正是中国文化

[①] 蒙文通：《巴蜀史的问题》，《四川大学学报》（社会科学版），1959年10月第5期。
[②] 以上引文见蒙文通《蒙文通全集》第二册，巴蜀书社2015年版，第115~136、165~191页。

大区域之一，因此应该独立分为一区研究。

他早在50年代就说："近来深感中国地大人众，历史悠久，社会经济之发展各地颇不平衡，风俗文化又随时随地皆有大殊，余于地志用力年久，稍知其概也。故鄙意以为欲研究中国通史，应将全国分为几个大区域。""如两湖之自为一区，两广之又为一区，江浙又为一区，中原又一区，若斯之类，各有其史。""先进行分区研究，各地社会经济之历史既明，而后全中国之历史乃可大明而不落于空套也。"①他认为中国历史就是分区域发展的历史。只有区域空间的历史研究透了，才能明了整个中国的历史。这种"区域空间观"的研究方法，是他观察分析和研究巴蜀文化性质和特征的利器。他认为："姑以四川论之，四川本为一大盆地，又长期为一统一行政区划，无疑可作为独立区域。"②《巴蜀史的问题》一文就充分运用了这一研究方法。蒙先生首先从分析和确定巴蜀的区域四至和环境的变迁入手，包括巴与蜀的分界线，巴蜀同俗的区域西部黔中与东部黔中的界线，区域内的小诸侯小部族分布特征，从而明晰"巴蜀"这个地区确是一个"独立区域"，而且"在历史上不同时期有它不同的范围"。③区域地理环境既明，然后才能论到巴蜀的古史渊源及其史迹，社会经济的发展，文化的性质和特征。这一研究方法和逻辑理论，至今还是我们巴蜀文化研究工作者遵循的思维定式。

其二，"先生治史重在通观达识，明其流变"④，治区域史亦然。蒙先生认为治史通观流变就要站在社会历史流变转折的关键处，即从"各地社会经济之变"处加以考察，然后学术、文化、风俗等流变方能清晰，全部"历史乃可大明而不落于空套"。"不求各地社会经济之变，亦无推明一国二千年治变也"⑤。所以蒙先生研究区域史，特别地重视区域社会经济与区域文化学术的关系。他的《中国历代农产量的扩大和赋役制度及学术思想的衍变》一文，就是专门分析社会经济发展与学术文化变异的关系，"明古今之变易，稽发展之

---

① 蒙文通：《与友人论区域史和巴蜀史的问题》，《蒙文通全集》第四册，巴蜀书社2015年版，第171~173页。
② 蒙文通：《与友人论区域史和巴蜀史的问题》，《蒙文通全集》第四册，巴蜀书社2015年版，第171页。
③ 蒙文通：《巴蜀史的问题》，《四川大学学报》（社会科学版）1959年第5期。
④ 蒙文通：《蒙文通全集》，蒙默撰《前言》，巴蜀书社2015年版，第3页。
⑤ 蒙文通：《与友人论区域史和巴蜀史的问题》，《蒙文通全集》第四册，巴蜀书社2015年版，第173页。

程序"的典范之作。

对巴蜀文化史的研究，蒙先生就是采用的这种考察其地社会经济变迁轨迹，然后考察其文化学术衍变特征的方法。他指出"社会经济之发展各地不平衡，风俗文化又随时随地皆有大殊"，"若斯之类，各有其史，贫富悬殊，文野各别，今古既不同，风俗恒异，易代之际，或如沸羹，或如安堵，……起伏盛衰各异"。①他从地域经济贫富和风俗文野的不同加以研究，对巴蜀历代户口的变迁和流民入蜀的规律性分析，发现了两千年来巴蜀历史与文化"三盛三衰"的发展轨迹和衍变规律："蜀之情事，二千年来三盛三衰，与全中国之史不同，而又息息相关。"他根据这一规律对巴蜀区域社会经济与文化学术风俗的复杂关系，作了辩证分析，得出了一些重要结论。如"蜀富而巴贫，蜀文而巴武""蜀之衰自葛公（诸葛亮）始也""唐为中国盛世，而蜀尤衰""川蜀之盛，轶于汉唐。蜀中经济文化之高，莫与宋比"等等观点，都是巴蜀文化史研究的重要成果，是对巴蜀社会经济与文化学术发展历程通观流变的产物。

四是任乃强先生。任先生关于巴蜀上古史和民族史的探索，多在20世纪60年代，但因特殊的政治原因，这些成果未能及时面世。在这一时期，任先生关于巴蜀文化的最大成果是他校注的晋常璩《华阳国志校补图注》。该书系校注者1961年完成初稿，1962年修订，但迟至1987年10月才得以公开出版面世。他在当时为该书写作的前言中即认定《华阳国志》是独特的、卓然的巴蜀地方文化史的"鸿篇巨制"，是承前启后的总结性的古巴蜀文化史巨著，是中国地方史志之祖。任先生认为该书"其主旨在于夸诩巴蜀文化悠远，记述其历史人物，以颉颃中原，压倒扬越，以反抗江左士流之消貌。因资料新颖，叙述有法，文词亦复典雅庄严，符合封建士流志尚，故能及时流行，为千六百年来地方史志所取则"。②

任乃强先生关于巴蜀文化史和民族史的见解和创新点，主要体现在这本"校补图注"中。特别是该书的"附录"，如：说盐、蚕丛考、成都七桥考、庄蹻入滇考、蜀枸酱入番禺考、蜀布邛竹杖入大夏考等篇，皆为任先生研究的独到观点。特别是他研究出常璩作为第一位巴蜀地域文化百科全书型学者的风

---

① 蒙文通：《与友人论区域史和巴蜀史的问题》，《蒙文通全集》第四册，巴蜀书社2015年版，第173页。
② （晋）常璩著，任乃强校注：《华阳国志校补图注》前言，上海古籍出版社1987年版。

格和气派的特色在于述巴蜀文化之绵远神奇,赞巴蜀人物之优越秀冠,[①]诚为发前人之所未发的卓见。

任先生在常璩《华阳国志校补图注》书中散见的这些学术观点,后来集中论述于他的《四川上古史新探》一书中。该书1986年出版,包括《羌族的迁徙与蜀族的发展》《巴的兴亡与古老土著》两篇论文,系统地阐述了他对古巴蜀文化史的见解,简述如下。

其一,对于古蜀国史和蜀族的来源,任先生有下列看法:

(1)他认为"西南的大部分民族及西北各民族皆是古时康、青、藏高原上居住的羌族支配","古时青康藏大高原的地理条件最适合于人类生存和发展,最适于原始狩猎和畜牧。这些条件使它成为亚洲原始文化发源的地区,成为人类生殖繁衍的地区"。

(2)他认为"羌族牧业文化的诞生早于中原农业的诞生",羌族不仅"驯养野兽成功,进入农业生产亦早于中原"。"羌族发展牧业文化的时间估计为一万至五万年",而发展到农业阶段则是万年。中原的牧业文化和农业文化都是从青藏高原的羌族带来的:"中原农业文化的前期所应有的牧业阶段,是羌族在青藏高原上已经完成了的。中原所传伏羲氏这个氏族,只是把羌族牧业发展到陇西黄土区来,把进行舍饲牲畜和栽培牧草的方法传播到中原来的一个代表氏族。"至于中原的农业,以神农氏为代表,"很可能""就是直接承受羌族农业影响,或由羌族带动而发展起来的"。总起来说,"上古年代的(中原)华族祖先,与西羌的祖先不但是友好相处,而且是互通婚姻,互为君长,亲密如一家人的"。羌字与姜字同义,"周代的姜戎氏"以及姜姓国,"都可认为是羌族华化者的后裔"。

(3)在历史时期,"羌族向四方流动","向中华内地迁徙",形成新的文化新的羌支,这些羌支又各有其新的种号。"后世所谓匈奴、鲜卑、突厥、回纥,都有可能是他们支系子孙发展起来的别种"。其中东进的一支、到达江河上源地区的羌人,则直到汉、魏、隋唐都还保留了"羌"这个名称和原有习俗。

(4)羌族的"原始居住地是今西藏高原的顶部——羌塘",后向四方低地迁徙。"蜀族则是循岷江河谷进入四川盆地的"。至于"蜀山氏"的来源,任先生认为是"羌人从松潘草原循岷江河谷南下,找寻更好的耕地,大约要经过

---

① (晋)常璩著,任乃强校注:《华阳国志校补图注》前言,上海古籍出版社1987年版。

一万年时间的艰苦奋斗才能进入成都平原，形成蜀山氏"。它的地望，"可以肯定它当年在华夏之西、陇蜀之间的河谷地区"。关于"蜀山氏"的得名，任先生认为"蜀"字指野蚕，"是最先重视野蚕，创造出拾茧制丝的氏族"，这种"发现和创造"传到中原，"中原华人不忘其法所自来"，"乃称此最先发明者为'蜀山氏'"。

（5）关于古蜀五祖：蚕丛氏、柏灌氏、鱼凫氏、杜宇氏、开明氏，任先生对其名称、地望和社会性质，皆详加考订，得出了他的见解和结论。

关于蚕丛氏，任先生认为"蜀族得名于蜀山氏。然蜀山氏未能养成家蚕，家蚕养殖成功，自蚕丛氏开始，此后支别遂为蚕丛氏"。至于其时代，"可以这样说：黄帝至夏代的蜀族祖先，皆当属于蜀山氏阶段。自殷中叶到周东迁，都属于蚕丛氏阶段。蜀族至蚕丛氏阶段才开始富庶、强盛"。蚕丛氏继蜀山氏之后"可能仍然是母系氏族社会"。夏禹兴于西羌，"可以推断他就是蚕丛氏阶段出生在蚕丛氏地域的人"。蚕丛氏的活动地域，主要在"茂汶盆地"（今茂县和汶川），后来发展至"石泉盆地"（今北川县）。

关于柏灌氏，任先生认为"他是一个蚕丛支族的领袖"，"可能就是进入北川（即石泉）盆地的一个氏族首领"，是已经建成氏族公社向古国过渡的阶段，故被汉儒称为"王"。蚕丛、柏灌、鱼凫都被称为"王"，是汉儒称的，不是自称。

关于鱼凫氏，任先生认为它是指"从茂汶盆地进入成都平原的时代"。鱼凫氏建成了"蜀帝国"，"他们是从汶川翻越九顶山脊进入海窝子的"，在这里"展拓耕地"，进入"成都大平原的北界"，即"天彭阙"，"亦称彭门"。

关于杜宇氏，任先生认为是"鱼凫氏之后"，是"鱼凫氏阶段之结束者，其时间当在东周的春秋之世"。它最早居于"小郫"，即今彭州的"九陇山"（唐之九陇县治）。郫字义为卑邑，卑下，潮湿，多水患，"时冲积平原尚未排水，沮如大泽，不可耕种，故只营邑于陇冈高处曰郫，而创耕种黄泥之法教民种植，是为蜀族开垦成都平原之始"。杜宇，又名"蒲卑""蒲泽"，就是因卑湿泽居筑邑而得名。（按：此郫字为唯一县名使用字，是杜宇留下来的。）杜宇本人系"朱提男子"，"朱提"即今云南昭通。他是"华夏人亡命至朱提"，以农业技术教朱提人，"开发了一方农业文化"而成为朱提酋长。他"运银铜至蜀市易"，与蜀的鱼凫女王利结婚，从旧邑"瞿上"迁至新的

"郫邑"，教耕于黄土丘陵，"后遂为建成国家的都邑"，"而杜宇领导的蜀族"，则"组织许多氏族成为一个中央领导的公社"，其势力范围已甚广："褒斜为前门，熊耳灵关为后户，玉垒峨眉为城郭，江潜绵洛为池泽，以汶山为畜牧，南中为园苑。"但杜宇时代还只是"由氏族公社向国家组织过渡的组织形式。到开明氏，才算得真正建成国家了"。

开明氏代望帝杜宇为帝，共十二世。其第一代始祖是鳖灵，又名鳖泠，荆（楚）人，为鳖县令。因其"治水成功，耕地推进于平原沃壤，蜀人拥戴，遂得代杜宇为蜀王"，称为"丛帝"。"丛帝"的"丛"名是取蚕丛之义而来，因为开明氏是"蚕丛氏"之一支而来。丛帝擅长筑坝分水，"李冰即因其法更创湔堋"，即都江堰。开明丛帝时，"蜀国都邑已由郫邑徙居新都"，"又向南展拓为广都"，后又"定都于大墰下的赤里街，是为成都"。

开明氏的第二代是卢帝，其势力范围曾达雍、汉中和武都两个盆地。第三代为保子帝，曾攻占青衣羌，为南中獠人与僰人之国的霸主。第九代为开明尚，迁成都，得"五丁力士"相助，即是支持开明尚"为蜀王的五个羌支氏族"。第十二代开明氏为秦国军所灭，蜀王在武阳（今彭山县江口镇）被杀，其傅相与太子逃奔白鹿山（即海窝子）被俘，蜀国遂灭。蜀王族则向南迁徙，"蜀王子建国于越南"，"称安阳王"。"安阳王裔再进入柬埔寨建成扶南国"。

（6）除上述四川盆地蜀族的历史衍变外，任先生还分析了进入四川盆地的羌人，还有多个支系：一是大渡河与青衣江流域的羌支分为五个支系："西倾因桓是来"的西倾羌系、以金川为根据地的钟羌系、《竹书纪年》所记的瑕阳人与今世西藏的夏尔巴人、笮都为沈黎郡的笮人、青衣羌人等五支。二是岷江上游的羌支系。除"蜀山氏"这支羌人，由茂汶盆地发展到成都平原，建成大国这一支之外，还同时有活动于岷江上游的几支羌人："冉駹为汶山郡"的冉人与駹人、"黄羊造镜"的黄羊人、"封雍齿为什方侯"的什方人等三支羌人。三是进入涪江、白水地区的羌支民族，如氐与傁一系、刚氐、甸氐、黑白羌、紫羌一系、白马种与参狼种一系、梓潼人与鄡国人一系、陇蜀间的宕昌遗民一系等五个羌支系。四是嘉陵江与大巴山区华蓥山以北的羌支民族，如"牧誓八国"的庸蜀羌髳微卢彭濮支系的羌人、平州国与有果氏之国的羌支系、葭萌的苴人与汉中的褒人一系、七姓寳王与板楯蛮一系。总之，这些纷繁入川的羌系先后有数十支，以停留于川边高原者居多。第六世纪以后多为吐蕃所并，同号"蕃巴"，今为藏族。上述这些区域为嘉陵江以西与岷江流域，都是与蜀人关系密切的羌人活动区域。至于嘉陵江以东与大巴山区还有大巴山羌支的百濮人，更多与巴人有关，而不是与蜀人相关。

总起来看，任乃强先生对古羌的东迁南下和古蜀国的历史发展，作了缜密的研究，将纷繁的史料条分缕析，整理出完整的古蜀国发展史和古蜀民族的分布史，分则序列清晰，合则相互为用。其中蕴含的丰富的地理知识、发掘的丰富的文化养料、逻辑严密的族群分合思路，特别是从蜀山氏到开明氏的历史序列，都非常清晰而丰富，为后辈之巴蜀文化史研究，特别是20世纪80年代以来的巴蜀史研究，奠定了坚实的理论基础，提供了丰富的思想养料。80年代以来史学界有关巴蜀的创新性观点和世系的系统研究，是在任先生这些研究成果和研究思路上发展起来的。任先生与前述徐中舒、蒙文通、缪钺、冯汉骥、邓少琴等前辈是新中国成立以来巴蜀史研究的开拓者。

其二，关于古巴文化发展历程，任先生有下列看法：

（1）因三峡巫溪的盐泉而形成巫载文化，兴起巫载之国和巫载民族。其时代应与虞夏同时，巴与楚皆仰仗其盐泉：巫盐通过夔峡畅销于四川盆地，影响巴。巫盐通巫峡畅销云梦盆地，影响楚。巴与楚皆因巫盐而发展兴盛起来。"先有巫载文化，才有巴文化与楚文化"。

（2）对巴族与巴国的看法，任先生认为"巴族是伏羲氏之后"。伏羲之后的"咸鸟""是巴族祖先的开始，它可能是巫载国做运盐行销的商民"，到了"后照"，"便兴盛成为巴人氏族了"，它是"华族的一支"，"从桂林地区进入长江流域"，居云梦盆地，"初期以渔业为主要生业"，夏代时，"在云梦地区被破灭"才溯江进入四川盆地。巴族最早立国地为固陵巴乡（巫山之西），强盛成立独立国后，又开辟了涂井、䓕井两处盐利，发展到枳县（今涪陵），徙都于平都（今丰都），而其活动地域则已"深达成都平原与青衣江流域、涪江上游与嘉陵江上游"。①直到再西迁徙到江州（今重庆），以江州为国都，后其国都又迁到垫江（今合川），最后迁到阆中，与蜀国相会，杜宇教蜀民亦教巴民"务农"，发展出农业。到战国时期，巴国与蜀国皆为秦国惠文王所灭。

（3）在巴文化区域，还生活有多种部族。如：因黔中地区的盐泉与丹穴而兴起来的獽人和蜑人、蟾夷、濮人；因清江盐泉而兴起的㮾侯之国、南夷中的

---

① 以上引文见任乃强《四川上古史新探》，四川人民出版社2019年版，第255、256、258、275页。

且兰、头兰、鳖人、劳深、靡莫、滇池土著、同师、句町、漏卧、牂牁竹王、建南高原的邛国、姑缯、郪道郪人、丹犁，直到僚族，任乃强先生都根据史料对这些部族和族群作了探讨和分析。

任先生对古巴文化的见解，集中在《巴的兴亡与古老土著》一文里。他对巴文化的研究有独特的视角。这便是"盐泉"是"原始人类的文化核心地点"，"其最早被人类发现的地面盐泉区，也就是人类文化发育最早的地区"。用这个独特视角看巴文化，"巴的境域主要是在四川东部，长江上游可以行船的地区。它不是羌族的分支，却作羌支民族的大君，主要是凭借巴东盐泉"。"综巴族历史兴衰、起灭之变，都是与巴东盐泉分不开的"。而"蜀文化形成晚于巴"，"蜀族还是在巴盐支持下发展起来的。自李冰开凿地下盐井，蜀盐自给以后，蜀地文化（才）再开始一个飞跃。两汉四川文物之盛，与蜀盐自给，社会安定富乐，有密切关系"。① 以上论述是任先生关于巴文化的基本观点，其"文化盐泉说"贯穿于巴史兴衰起灭的整个过程，影响及于古巴文化与古蜀文化的关系，乃至巴蜀文化命运共同体形成研究，也都离不开任先生的这一学说，这是巴文化研究范式的一大创新。

五是邓少琴先生。关于巴蜀文化的探索特别是关于巴人史迹的探索，少琴先生亦自树卓论。他在新中国成立后到60年代关于巴蜀史迹探索的主要成果是"巴史三论"和"蜀故新诠"，后来均收集在他的《巴蜀史迹探索》（四川人民出版社1983年出版）一书中。

少琴先生关于巴的论断有新颖见解。他将巴人分为"巴蛇之巴""廪君之巴"和"板楯之巴"三类：

巴蛇之巴有七姓即七支，来自氐羌，西汉水上源多"龙"称，即为巴蛇之巴的发源地。分布在大巴山北与山南，即"巴岭山"。巴字来源于蛇形，蛇形又衍变为龙形，故龙与蛇皆为巴所信仰的图腾，"巴应即蛇之称也"。甲骨文龙字象"巨口长身之虫，盖即巴字"，故"龙为神化之巴"。蛇山又称为大巫山，皆巴蛇之巴的活动区域。

廪君之巴，有五姓，统一于务相氏之姓，以魂化白虎为图腾，分布于古代清江流域，"盛产鱼盐之区"，以铜錞于为乐，皆为虎纽，历代皆有錞于出土

---

① 以上引文见任乃强《四川上古史新探》，四川人民出版社2019年版，第245、249页。

的记载，故又称之为白虎之巴。这一支巴人原出清江之武落钟离山，曾"君乎夷城"南下长江之枳（今涪陵县），至江州（今重庆市）建都。在巴地这个大区域内，白虎之巴渐渐强大起来，巴蛇之巴则渐渐衰歇，故廪君之巴成为巴人统治者。

"板楯之巴"，"世号为板楯蛮夷"，又号"賨民"，原出于陇，后分布于巴郡阆中，曾为秦昭襄王射杀白虎，又曾助汉高祖"伐三秦"。后又移入汉中，西晋末成汉李特一族即出自賨人。

这三支巴人互融互争，形成为巴文化共同体，其历史可上溯到殷代，甲骨文中称为"巴方"，周初随武王伐纣，其居住地域"西与蜀邻，东与楚接，南及牂牁，北至汉水流域"。巴人部族衍变为巴国，与蜀国是兄弟联盟，又曾与秦楚联合灭庸国，但终因力量不强，而为楚所奴役，最后被秦所灭。巴人的社会性质由原始氏族发展到家长奴隶制，进入铜器时代，也渐采用了铁的生产工具，掌握了农时。其文化特征是已有共同的语言和象形文字。① "俗好鬼巫"，"以鬼道教百姓，賨人敬信"。②

少琴先生还指出在古代巴族活动区域内还有多个族群，蜑是廪君族系，并兼獽之称；晋之巴氐属于賨，僚猺之称出自獽蜑，今之土家乃古巴族之后。"土家"得名，源于巴人祀虎，楚称虎为於（读如乌）菟，"於菟"疾读为"土"，这就是土家族的来源。他还论证孟涂即塗山氏，巴人出自氐羌，为太皞伏羲之后。③

以上少琴先生的论述，是对巴人、巴族、巴文化最细微、最清晰的划分，于后之研究者，提供了丰富的思想养料。其中提出的巴人"鬼道"与"俗好鬼巫"尤给巴文化研究者以启示，有助于我们弄清巴文化重鬼，蜀文化重仙和楚文化重巫的不同特色和不同神韵。这些论述中，唯一的缺点是认为船棺葬沓是巴人墓葬，这是因为少琴先生只看见巴县冬笋坝和昭化宝轮院出土了船棺墓葬，材料有限，故判断有片面性。后来才在蜀地，如蒲江等地陆续发现船棺，可见船棺是巴蜀人共有的特征。

关于古蜀文化的研究，少琴先生着重对古蜀的神话、传说与历史中的难点

---

① 参见邓少琴《巴蜀史迹探索》，四川人民出版社1983年版，第50～110页。
② （晋）常璩著，刘琳校注：《华阳国志校注》，卷九《李特雄寿势志》，巴蜀书社1984年版。
③ 参见邓少琴《巴蜀史迹探索》，四川人民出版社1983年版，第88、106、97页。

和热点问题以及研究者尚未注意到的问题加以研究，发表了自己的见解。

例如，铜梁旧石器文化与资阳人；巴蜀先民为崖栖之族；岷江是昆仑之伯仲，岷音是由复音"昆仑"变来的单音；伏羲女娲的人首蛇身形象是蜀中传说衍变而来；夏禹出自西羌石纽；殷墟卜辞里蜀有"人方"之称，"人方"就是蜀中传说的"人皇"，应在汶川冉駹之地；杜宇称帝，振兴蜀中，与蜀中天文历象；开明为蜀中治水前驱，为金马碧鸡之神；石棺椁与石笋；石牛道之平治、李冰治水、"禹贡"梁州贡道所反映的蜀中生产，等等问题，少琴先生均有独到的见解。

少琴先生为四川史学界、文博界奠基人之一，于巴蜀史研究、西南史地研究、四川河道研究、少数民族史和金石考证诸方面均卓有成就，尤对巴蜀史研究倾注了一生中的大量心血。他对巴蜀史研究的路径是值得我们重视和探讨的。如：他的"巴史三论"是对20世纪50年代巴县冬笋坝和昭化宝轮院两地巴人墓船棺葬群的发掘进行深入研究后开始的，由考古材料结合历史文献全面论述巴人的族源、历史、与四周民族的往来、氏姓、文化、文字等方面，得出冬笋坝是巴人立市于龟亭北岸的新市里，昭化为古之葭萌，是苴侯封地的结论，进而考论巴人有高度的文明，巴蜀图语与东巴文字有相似之处。[1]少琴先生的这些论点与前述此一时期徐中舒、蒙文通、任乃强、缪钺等先生的论述，在探索巴蜀古文化发展轨迹和规律上有高度的一致性，又有各自独到新颖的见解。在研究路径上，有从考古先入手的，有从历史文献先入手的，少琴先生属于前一种。但不管是从考古发现，还是从历史文献入手，都重视考古发现、历史文献与民族资料的三结合，均各有特殊的成就。这个研究途径，中舒先生概括为"历史研究的三重证据法"。这个研究范式与研究途径的确立，是20世纪60年代巴蜀研究热潮最主要的收获，为其后80年代，乃至当前的巴蜀文化研究奠定了坚实的基础。今天的巴蜀文化研究学者还是循着这条轨迹，传承这种研究范式，向着创新性转化和创造性发展的方向走。这是巴蜀文化研究的主流方向，是20世纪确定的，今天只是遵循这个走向，更加发展为多元化的视野和研究方法。虽然今天的巴蜀文化研究也需要转换研究思维，审视旧的学术结论，拓展新的视野，但20世纪前半期前辈学者所探寻的这条践行模式仍然值得效法，其

---

[1] 邓少琴：《邓少琴西南民族史地论集》（下），《邓少琴先生传略》，巴蜀书社2001年版，第1131~1132页。

"有统系与不涉傅会"（陈寅恪语）的研究原则仍然值得传承和发展，以避免浮躁而游谈无根的研究方式的影响，这是当前面临的一个大问题，需要我们仔细探究这个时期前辈学者的成果与思维，以作今后巴蜀文化史研究的金鉴。

二、20世纪80年代以来巴蜀文化共同体研究的新探索

（一）20世纪80年代以来巴蜀文化研究状况

20世纪80年代进入改革开放时期，关于巴蜀文化研究出现了第一本创新性的著作，这便是童恩正写于1978年而在1979年首次出版的《古代的巴蜀》一书。该书对古巴族和古蜀族衍变发展史第一次作了系统阐述。这本书是在徐中舒、蒙文通、缪钺、冯汉骥等先生直接倡导和发起的巴蜀文化研究热潮中受教和指导下写出来的，在"治学方法和史料运用上"都是这一新研究思潮的传承和创新。[①]

这一时期，以巴蜀文化为题，对巴蜀文化研究状况加以回顾和总结的综述性论文，已经出现，虽数量不多，但大致可分为如下几种综述和评议的方式：

其一，纵通式的回顾和展望。以林向的《近五十年来巴蜀文化与历史的发现与研究》（又名《巴蜀文化的发现与研究》）[②]、《巴蜀史研究的新篇章》[③]《巴蜀文化辩证》[④]等三文为代表。除这三文外，作者还在1986年7月编制了《巴蜀的历史与文化论著目录提要索引》，由中国西南民族研究学会印制。这是最早的巴蜀文化研究论著目录。作者是以年序为次，对巴蜀文化研究历程加以阶段划分的第一人。他认为20世纪30年代是用近代方法治巴蜀史的开端时期，巴蜀与中原的文化认同，广汉玉石器肯定为蜀国遗存，蜀建国于殷周之际，是30年代的主要学术收获。40年代巴蜀文化研究重点触及巴蜀文化的基础性问题，如巴蜀文化归属的系统、古巴蜀的地理位置、巴蜀古史文献记载的可靠性、巴蜀遗物的辨认与断代，是这一时期的主要收获。50年代是有关巴蜀文化研究的里程碑式重要论著发表的时期，60年代是巴蜀文化研究走向深入的

---

① 童恩正：《古代的巴蜀》后记，四川人民出版社1979年版。
② 林向：《巴蜀文化的发现与研究》，林向：《巴蜀考古论集》，四川人民出版社2004年版，第39~60页。
③ 林向：《巴蜀史研究的新篇章》，《社会科学研究》1987年第2期，第126~129页。另有林向：《近三年来三星堆考古与巴蜀文化研究论著述闻》，《先秦史研究动态》1995年第1期。
④ 林向：《巴蜀文化辩证》，《华中师范大学学报》（人文社会科学版）2006年第4期。

时期，巴蜀异形青铜器，特别是异形戈的真伪、族属和流传等问题的研讨与争论，是这一时期的主要收获。70年代为考古材料的积累和整理与学术队伍的壮大准备了条件，80年代是巴蜀文化有突破性的考古发现和研究工作向纵深蓬勃发展的时期。作者根据上述几个阶段的研究状况，提出了巴蜀文化研究在区系类型、渊源流变和泛巴蜀文化等问题上的薄弱环节需要克服，需要继承和发扬巴蜀地域性文化模式。对于巴蜀文化"狭义"与"广义"概念的划分与争论，他进一步提出了划分的界限。他认为"狭义"的巴蜀文化，是指春秋战国秦汉时期前后延续上千年中国西南地区以古代巴、蜀为主的族群的先民们留下的文化遗产。考古文化确证巴蜀诸族群文化，并形成巴蜀文化区，是新中国成立以来先秦考古的一大收获。"广义"的巴蜀文化则指包括四川省与重庆市及临近地域在内的，以巴文化和蜀文化为主体，包含地域内少数民族文化在内的，由古及今的地区文化的总汇。

其二，横通式的回顾和总结。以段渝《三星堆与巴蜀文化研究七十年》为代表。①作者分类对巴蜀文化研究的新成果作了简要介绍。按巴蜀的政治、经济、社会、文化，巴蜀文字、宗教、艺术与科学，巴蜀文化与中原及周边文化的关系，巴蜀文化与越南民族及西亚文明的关系等方面作了综述。

其三，巴蜀文化与巴蜀文明的考古学分期的综述。以赵殿增的《巴蜀原始文化的研究》《三星堆考古发现与巴蜀历史研究》《略谈巴蜀文化与巴蜀文明》②等文和宋治民的《蜀文化与巴文化》一书③为代表。赵殿增以重大考古发现为标志，把巴蜀文化研究划分为初期发现、主动探索、科学发掘和深入发掘研究四个阶段，认为这些研究为探索巴蜀文明创造了条件。他认为巴蜀文明孕育于新石器时代，形成于青铜时代，融合于铁器时代，秦汉以后仍保持着自身的风格和神韵。他认为巴蜀文明有一个从萌芽形成到发展的完整过程，是源远流长、独具特色、自成系统的文化体系。作者提出了两点有价值的看法：一是巴和蜀是长期共存的文化集团，早期以蜀为主体，晚期以巴为主体。二是巴蜀文明有着重要的历史地位。它是西南地区和东南亚地区的龙头，是长江上游古

---

① 段渝：《三星堆与巴蜀文化研究七十年》，《中华文化论坛》2003年第3期，第11～35页。
② 徐中舒主编：《巴蜀考古论文集》，文物出版社1987年版，第1～22页；赵殿增著《巴蜀原始文化的研究》。另外的两篇文章《三星堆考古发现与巴蜀历史研究》《略谈巴蜀文化与巴蜀文明》为未刊稿。
③ 宋治民：《蜀文化与巴文化》，四川大学出版社1998年版，第2～3页。

文明中心、是中华汉文化的又一个源头。宋治民认为"巴文化"与"蜀文化"是从巴蜀文化中分出来的两个概念。蜀文化主要分布于四川盆地西部并以成都平原为中心。而巴文化则主要起源于湖北西部宜昌地区沿长江沿岸和清江流域，以川东为中心。

其四，对巴蜀文化研究趋向的回顾与探讨。以谭继和的《巴蜀文化研究趋向平议》①《巴蜀文化研究综述》②《巴蜀文化研究的现状与未来》③《弘扬巴蜀文化传统、推动巴蜀文化研究》四文为代表。④笔者提出继承前人巴蜀文化认识论遗产的问题。在重视巴蜀文化自身实践发展衍变的历史进程的同时，尤其需要重视对历代前人的巴蜀文化认识史、研究史的发展变化这一逻辑进程加以研究。这种研究对今天巴蜀文化研究工作突破陈旧思维定式，向新的高度升华，肯定可以带来助益。笔者回顾了巴蜀文化研究以历史学文化为主、以考古学文化为主和以民族学文化为主的三大研究方向，提出20世纪前半个世纪的巴蜀文化研究存在着思维定式上的先天性缺憾和误区，如对史料的望文生义、望音生义、用传说强合历史以及用社会发展史框架硬套巴蜀历史等问题。对于巴蜀文化研究的现状与未来，笔者提出了自己的见解，认为巴蜀文化研究目前已取得相当丰硕的成果，但以经验层面的具体性成果居多，而理性层面的具有远见卓识成果的还不多见。至于未来的巴蜀文明史研究，将逐渐转向以考古发现为主，以文献为辅。不仅需要进一步拓展研究的领域，而且需要传统思维的更新。巴蜀文化研究需要开辟新途径，这包括需要对史料重新给予科学审视、对文化加以宏观性研究以及引进新的研究方法。

其五，从巴蜀文化整体研究中，单就蜀文化特征或某个时段的研究情况加以剥离。以陈世松的《巴蜀文化与蜀文化的认识发现过程综述》⑤一文为代

---

① 谭继和：《巴蜀文化研究趋向平议》，《社会科学研究》1996年第2期。又见谭继和《巴蜀文化辨思集》，四川人民出版社2004年版，第3~21页。
② 谭继和：《巴蜀文化研究综述》，《巴蜀文化论集》，四川民族出版社1999年版。又见谭继和《巴蜀文化辨思集》，四川人民出版社2004年版，第23~38页。
③ 谭继和：《巴蜀文化研究的现状与未来》，《四川文物》2002年第2期。又见谭继和《巴蜀文化辨思集》，四川人民出版社2004年版，第34~60页。
④ 章玉钧、李翠贤、陈文书、谭继和（执笔）：《弘扬巴蜀文化传统、推动巴蜀文化研究》，该文是四川省政协八届二次会议的大会发言稿，见《巴蜀文化辨思集》，四川人民出版社2004年版，第487~493页。
⑤ 陈世松：《巴蜀文化与蜀文化的认识发现过程综述》，《社会科学研究》1998年增刊。

表。作者在研究巴蜀文化的发现与认识过程后指出:"蜀文化"是一种比巴蜀文化得名稍晚,但其存在时间较之巴蜀文化更早的,专指以成都平原为核心,由古代蜀人、蜀族和蜀国所创造的文化。蜀文化的发现有四个来源:一是古史传说的信息,二是"广汉文化"的启示,三是前辈学者的探索,四是地下出土文物的发现。作者把蜀文化从巴和蜀文化的各自特征中剥离出来,认为蜀文化的深入研究才是巴蜀文化研究的发展趋势和方向。

除此以外,还有林向先生《巴蜀文化辩证》、李钊《2012年巴蜀文化研究综述》等文,都是近几年撰写的,故未加以分析和评判。

上述评述方式都是对巴蜀文化的发现与研究进程的有价值的回顾、评议、展望和预测。但是我们也不能不看到,不论是"纵通式"还是"横通式",或是其他方式的综述,在对20世纪巴蜀文化研究进程的特点及其弱点的回顾方面,以及对未来巴蜀文化现代化的展望方面,都还是做得很不够的。从文化学的角度看,巴蜀文化的文化学理论、文化史研究和各门类文化的分类研究三方面都还远远不够。至于巴蜀文化的基本性质、特征、发展进程和衍变规律的研究,更需要做拓荒性质的工作。

(二)20世纪80年代以来巴蜀文化研究发展趋向

纵观20世纪以来的巴蜀文化研究,20世纪三四十年代重在古巴蜀考古文化的发现和研究;五六十年代重在对历史文献的研究。70至90年代在徐中舒、蒙文通、冯汉骥、缪钺、邓少琴等老学者开创的考古、文献和民族资料三结合研究成果的基础上,出现了巴蜀文化研究蓬勃发展、百家争鸣的新局面。但由于研究工作的分野和研究者专业、学识侧重面的不同,实际上形成了四种发展趋向:

其一,以历史学文化研究为主的发展趋向。

较多的学者继承传统方法,多从文献中勾勒古巴蜀文化的面貌。以中舒先生为例,他的《巴蜀文化初论》和《巴蜀文化续论》及相关著作,是巴蜀文化研究的里程碑。他运用文献、考古、民族三种资料互证的研究方法,全面论述巴蜀的经济、文化、历史、族属、社会组织与图语文字。但中心是历史文献,即使运用考古和民族资料,也重在论述文献。今天众多的学者仍继承着这种方法。中舒先生晚年对巴蜀文化最有价值的论述是对溪、峒、里、邑、都作为古巴蜀基层社会组织的考证,从而发现了古巴蜀历史上整整一个农村公社时代,提出了母权制产生文明的新论断。中舒先生对笔者还谈到过巴蜀母权制时代、巴蜀巢居文化和巴蜀古族源与语言、语义的关系等课题,惜乎未及详尽论述即已仙逝。这些课题实际上指出了今后历史文献研究的方向，大大丰富和扩展了巴蜀文化研究的内涵。蒙文通先生在巴蜀文化方面的研究偏重于经学、蜀学和学术源流。他提出了很多有影响的创新性论断，例如他详尽分析《汉书·地理志》所指"与巴蜀同俗"区域，实际即指汉中、关中、巴蜀区域，同属巴蜀文化圈，蚕丛、柏灌、鱼凫、杜宇、开明各为一族，等等。他对《山海经》独辟蹊径的研究，证明《山海经》是巴蜀文化的产物。他并且界定了巴蜀文化圈的范围，天才地发现了同中原认定方位的"东南西北"顺序迥然不同的巴蜀认定方位的"南西北东"顺序的文化意义。对文献这种创造性研究，是未来巴蜀文化研究的一个方向。

其二，以考古学文化研究为主的发展趋向。

古文化遗存是巴蜀文化最可靠的信史。郭沫若先生最早提出了"西蜀文化圈"的考古学命名。卫聚贤先生最早就异形青铜器提出"巴蜀文化"的命名。冯汉骥先生提出了巴蜀文化就是青铜时期的文化，是中原文化范畴内的地方性文化的见解。这之后，青铜窖藏、船棺葬和崖墓文化、羊子山土台、新都马家大墓、广汉三星堆遗址群、成都十二桥干栏文化、金沙遗址文化等巴蜀重要考古发现，成为研究的重点。许多学者证明巴蜀古文化遗存分布的广阔地域，与《汉书·地理志》所说的"与巴蜀同俗"的巴蜀文化圈相当，从而证实了这一文化圈的真实存在。尤其是20世纪80年代广汉三星堆文化的惊人发现和正式命名，促进了巴蜀文化考古学年代序列的建立[①]，作为"巴蜀文化的生长点"，取得了学者的共识。赵殿增就古遗存地层分析的成果，初步建立了巴蜀考古学的年代序列。按照巴蜀区系类型谱系，他在2005年写作和出版了《三星堆考古研究》《长江上游的巴蜀文化》（与李明斌合作）、《三星堆文化与巴蜀文明》[②]等书，对四川的旧、新石器时代，文明的起源，三星堆古城与巴蜀文明的形成，十二桥文化与杜宇氏蜀国，晚期巴蜀文化与开明氏蜀国，晚期巴文化与川东巴国，以及巴蜀文明汇入中华文明共同体的过程等问题，作了更详尽的分析。总之，对三星堆考古与巴蜀文化的关系，因两个祭祀坑的惊人发现，而成为需要索解的历史之谜。对它的断代、起源、性质、特征和文化意蕴，林向先生已总结出十个课题，预示着古文化遗存为主，历史文献为辅的研究方法的

---

① 赵殿增：《三星堆考古发现与巴蜀历史研究》，未刊稿。
② 赵殿增：《三星堆文化与巴蜀文明》，江苏教育出版社2005年版。

未来。①他本人以三星堆和十二桥文化为依据，提出了巴蜀文化区以古蜀文明为中心的概念，并认为它是长江与黄河两河流域之间的又一古代文明中心，与大中原文化同源合流。②较多的学者超越了古巴蜀文化是青铜文化或是新石器文化的争论，运用了这种文化区域学的观察方法。这种方法与巴蜀考古文化年代系列研究相结合，将会对巴蜀文化研究升华到新的高度，产生深远的影响。

其三，以民族学文化为主的研究发展趋向。

巴蜀族源的研究发端很早，但也非常困难。一方面，巴蜀地区自古为大小民族杂居，"五方错舛"，时分时合，其迁徙、融合与分化的速度，族称变换的频率，超过了其他文化区域，要厘清源绪是很困难的事情；另一方面，巴与蜀几乎与历史上的南方民族，包括部分北方民族都有过交往和过从关系，它们在巴蜀地区的衍变线索，扑朔迷离。最有意味的是，巴人、蜀人并不是单一的族称，包括氐羌、冉、駹、邛、筰、徙、榆等均变化不定，就连西南夷、南夷这些概念，都还是变动不居的称呼。那么，作为复合族称，巴人与蜀人起源于何时，衰落于何时，又如何发生这一衍变过程，至今还需要对这些问题加以探索。任乃强先生致力于氐羌与巴蜀关系的研究，徐中舒先生就古中国基本族群——蛮、僚及其姻族狄人与巴蜀的关系提出了创说。潘公旦、李绍明先生就土家族与巴人渊源提出了新见，蒙默、李绍明先生就巴人、蜀人古族源作出了若干新的推断。所有这些探索，都为巴蜀文化的民族学研究的新的进展，奠定了基础。

当然，就每个具体研究工作者而论，这三大方向的研究可以结合于一身，也可以是分离的。但从研究的流向来看，因主攻方向不同，确已形成三种研究方向和方法的分野，至今三者还未能有机融合达到学者间的共识。不过这种汇流的走向，无疑是巴蜀文化研究未来的发展趋势。

其四，以综合型研究为主的发展趋向。

21世纪以来，一些学者主要致力于巴蜀文化的基本概念、基本性质与基本特征、发展脉络与基本走向、价值体系与学术文脉的研究，出现了一些新的成果，主张巴蜀文化不仅是指古巴蜀文化，也包括现代和当今的巴蜀文化。不仅指古巴蜀文化的历史发展，更是指传承发展至今的现当代巴蜀文化。巴蜀文

---

① 林向：《近年来三星堆考古与巴蜀文化研究论著述闻》，《先秦史研究动态》1995年第1期。
② 林向：《巴蜀文化新论》，成都出版社1995年版。

化是指从古到今不断转型和转化的变动不居的形态，可以概括为"泛巴蜀文化"。当前关于泛巴蜀文化的研究已经形成为一种新的研究方向。这一方向逐渐汇入全国地域文化研究新趋势的潮流，引起更多人探索的兴趣和关注。如：林向的《巴蜀考古论集》《清江深居集——近三十年来考古文物的研究与札记》，李绍明的《巴蜀民族史论集》，隗瀛涛的《巴蜀近代史论集》，胡昭曦的《巴蜀历史文化论集》《巴蜀历史考察研究》，徐南洲的《古巴蜀与"山海经"》，谭继和的《巴蜀文化辨思集》《巴蜀文脉》，袁庭栋的《巴蜀文化志》，杨世明的《巴蜀文学史》等书，集中了对巴蜀文化的宏观性论述。在论文方面，如谭继和的《神奇神秘神妙的巴蜀文化》，罗志田的《巴蜀文化的一些特色——第一届两岸历史研习营结束致辞》，曾毅的《巴蜀文化的特征及其研究意义》，李安民的《巴蜀文化结构初论——巴蜀文化的文化学研究》，李怡、张敏的《"中心"与"外围"文化意义的生成与生长——以北京文化与巴蜀文化的比较为例》，子规的《巴蜀文化断想》，朱世学的《巴蜀文化的差异性探析》，陶亚舒的《巴蜀文化的特征及其对当代的四川文化发展影响》，刘弘的《巴蜀文化在西南地区的辐射与影响》等文，都采用了宏观视角，就整体巴蜀文化的性质和特征作出了自己的估价和评断。但总体说来，这类宏观性统体性的研究，还是相当不足的，求其会通更有待于后来。

（三）巴蜀文化研究现状的缺憾与不足

尽管半个多世纪以来的巴蜀文化研究取得了突破性的进展和辉煌的成果，但审视其历程，仍可以发现研究基础的两大先天性缺憾：

一是20世纪40年代"巴蜀文化"命名的提出，当时争论就很大，不同意见主要是来自中原的历史学家。抗战时期他们进入四川，难以避免像杜甫一样，有进入蜀地时的"别一世界"的心理感觉。茅盾有感于成都的川味特殊，于1943年专文赞颂成都为"民族形式的大都会"。[①]顾颉刚先生因初次接触到巴蜀历史与神话传说的新奇感，而就巴蜀与中原的关系举起了疑古的大旗，提出了若干假设和猜测。[②]因这种文化心理，加上当时巴蜀青铜器、玉器发现不多，性状特殊，这就使"巴蜀文化"的命名和课题研究，不能不带有天才猜测的成分。它影响及于后来的研究，不能不因袭"天才猜测"的思维定式。这

---

① 茅盾：《民族形式的大都会》，茅盾：《见闻杂记》，文光书店1943年版。
② 顾颉刚：《论巴蜀与中原的关系》，四川人民出版社1981年版。

特别突出地表现在巴蜀文化考古学年代序列与蚕丛、柏灌、鱼凫、杜宇、开明的历史传说时代的结合上，许多学者提出了各种假说，但无一说能令人信服。本来二者结合对于构筑统一的巴蜀历史考古的文化体系是十分必要的工作，但因为巴蜀考古学年代序列的建立还仅是初步的尝试，问题很多。至于蚕丛到开明的历史序列，本来神话、传说、历史三者就杂糅在一起，歧见很多，加上常璩用"缙绅先生难言之"的眼光加以主观武断的整理，反而还不如《蜀王本纪》保存了神话和传说的古朴面貌，要从现有的断简零篇中梳理出历史的真实内核，谈何容易？这两方面的基础均如此不可靠，如果因袭天才猜测的思维定式，尽管新见很多，何者又是巴蜀文化史的真实序列呢？即使目前考古发现大大超过20世纪40年代，甚至有震惊世界的三星堆文明和金沙为代表的十二桥文化的发现，但因上述思维定式传统的缺憾，反而更增加了猜测的神秘或神秘其神秘的茫昧。

二是有关巴蜀古史的专门文献典籍十分匮乏，使大家的注意力被引向了钩沉索隐和史料考据方面。《蜀王本纪》只有残简，作者和时代也不清楚，但这却是蜀人祖先的主要资料。至于前述多种蜀纪，今天已经无法看到。以《华阳国志》为代表的汉晋史学家对巴蜀古史再构成工作，在巴蜀文化史上有重要地位，但因是当时政治需要的产物，也有为儒家政治理想所囿的历史局限。前人重夏商周三代的儒家史学研究思维，把研究的兴趣集中于巴蜀古史上，影响于后人也把研究的重点转向了巴蜀的古史。同时，受抗战时期史学家把研究局限于先秦巴蜀文化的影响，研究的兴趣和致力的重点仍主要是古巴蜀文化即先秦巴蜀文化的研究，且成为一种流向和趋势。今天巴蜀文化是指先秦巴蜀文化，还是指包括古代、近代和当代在内的泛巴蜀文化的争论，就与当今研究的重点和范围受到局限有关，至今泛巴蜀文化的研究，还是非常薄弱的领域。

由于发端于20世纪40年代的近现代巴蜀文化研究一开始就建立在这两大先天性缺憾的基础上，因而在研究过程的思维定式上，形成了下列误区，至今还无法完全摆脱它的影响。

其一，对史料的望文生义。

例如巴与蜀称谓的来源，现有二十多种说法。这些说法的共同性是或据字形立论，或据文义立论。可以说巴是蛇形，也可说巴是江形曲折如巴字。可以说蜀是蚕，也可说是虫，还可说是纵目之形。笔者因蜀为虫形提出过蜀为食虫部族的假说，其实很难有这个自信，原因就在于旧考据学的望文生义的思维方式，至今还是古史研究一种简便的方法，虽有钩沉索隐的乐趣，但却忽略了理论思维与历史进程一致的研究功夫。

又如三星堆遗存中出土鸟头陶勺柄与鱼鸟共形的器物，据此可认定为鱼凫氏族图腾，因凫字是鱼和鸟的结合。但当前没发现刻有"鱼凫"字样的文物，也只能如此凭图像认定。甚至也可据此认定为杜宇部族，因杜宇一名即指杜鹃鸟。这种先假说后立论的方法，很难说是科学。又如见到"蜀锦"二字就一定断为西蜀所产，也过于武断。据费著的《蜀锦谱》，黎州、叙州、南平军、秦州和湖州皆产蜀锦，已大大突破蜀的范围，说明"蜀锦"只是一种特定锦缎的通称，不能据此即认定它的产地在成都或西蜀，由此例逆推，西汉张骞在大夏所见蜀布究为何地所产，倒是值得审慎下笔的历史公案。

其二，对族称的望音生义。

在历史文献、考古材料和民族学证据不足的时候，最危险的思维方式是望音生义，音韵通转。因为人类最古语言产生的时候，只有重唇音和舌上音，蛮、貊、僚、仡佬、爸、妈等，亦如man、men一样，皆是人类最古的语言，往往用作某一人群的通称，不能完全等同于族称。尤其是巴蜀地区不少民族产生较晚，如果单纯用音韵通转的方法，所有的重唇音族称均可转为蛮字，而所有的舌上音又可转为僚字，这就会引起通转的混乱，无助于真实历史和族源的确定。例如蜀语与中原华语对译说，是对成都得名有创意的新说，但其中矛盾不少，如认为蜀人自称为du，对译为蜀或成；或认为成是蒲卑的对译，蒲卑是杜宇族称；或认为成是滇、天、颠的对音，成都是成族人即来自天颠的高原人居住地。依据上述说法，我们同样可以把du音对译为都、峒、秦、楚、狄、夷，这还很难说没有道理，但却失去历史学的真实依据了。

其三，神话、传说与历史混淆，用传说强合历史年代。

前曾论述蚕丛、鱼凫、杜宇和开明的世系与年代，因为汉晋史学家为再构巴蜀的古史而做了人为的整合，他们把神话、传说与历史混融在一起，又各据己意强断年代，造成了混乱。今人不是先清理这段历史公案，而是各据一段史料，凭己意强断年代，沿袭古人思维误区而一误再误。据晋代左思：《蜀国赋》刘逵注引扬雄《蜀王本纪》说："从开明上到蚕丛，积三万四千岁。"①《华阳国志》引《蜀传》认为蚕丛至杜宇之间"周回三千岁"。《初学记》《艺文类聚》《太平御览》引《蜀王本纪》一说蚕丛、柏灌、鱼凫"此三代各数百岁",《又一说》作"四千岁"。至于罗泌《路史前纪》说的时间更长更玄。古人已如此混乱,今人据此断定其文化遗存即为某蜀王时代,又如何能令人信服呢?还有学者引用开明九世(或五世)建成都的史料,证明成都建都于前676年,而其根据是开明十二世,每三十年一世,故十二世为三百六十年,据此作为成都建城的确切年代。这显然不是准确的年代史。以历朝帝王传袭为例,没有一朝能恰好平均三十年。如此不确定的年代依据,怎么反而成了确切年份的根据呢?

其实,跳出古文献强合历史年代的误区,也许更接近历史真实。《古文苑》章樵注引《先蜀记》说:"上古时,蜀之君长治国久长,后皆仙去。自望帝以来,传授始密。"这段史料透露了两种不同性质的时代的秘密。杜宇以前的蜀王"治国久长",说的是时代迷茫。"后皆仙去",说明这是神话时代。望帝传授始密,说明这是英雄时代。开明十二世传授清楚,说明这是文明时代。这同古希腊历史有相似之处,由神话、英雄时代进入历史文明发生的时代,时间序列是逐步清晰起来的。越古应该越不清晰,这是中外历史的通例。治巴蜀古史,违背这个通例,自然会进入人为强合年代而不自知的误区。

传说与历史有互相包容的部分,但同时也有严格的分别,不能用传说年代来简单地推断历史,需要下功夫剥出其合理的内核。用文化学观点考察巴蜀古史传说发生的次第,有助于真实历史年代序列的解决。从开明时代向上逆推,开明兽的传说见于《山海经》,这是战国以前的文献。鳖灵传说最早见于张衡《思玄赋》、应劭《风俗通》,这是东汉时代的文献。至于蚕丛和鱼凫的传说,除了传为西汉的《蜀王本纪》以外,绝不见于西汉以前的文献。而据中舒先生考证,传为扬雄所作的《蜀王本纪》实为三国蜀汉人谯周所作。那么蚕丛、鱼凫的传说见诸文献的时间,显然晚于开明和鳖灵。蜀王为黄帝之后的传说产生也很晚。《世本》说:"蜀无姓,相承云黄帝后子孙也。"《史记·五帝本纪》说:"黄帝之子昌意娶蜀山氏女生颛顼。"《史记·三代世表》褚少孙补说:"蜀王,黄帝后世也。"这些说法大抵产生于西汉时期。中舒先生曾考证黄帝本身的传说最早见于战国文献和齐侯铭文。至于蜀王为黄帝之后的传

---

① 高步瀛:《文选李注义疏》(第二册),中华书局1985年版,第883页。

说应该比黄帝本身的传说更晚。蒙文通先生推断这一传说为战国到西汉时期蜀王后裔西南邑君所传,这是有见地的。由上述诸例,我们可以看见祖先位越非在前者如蚕丛、鱼凫,其见于文献记载的时间越晚。而祖先位在后者,如杜宇、开明,反而见诸文献的时间越早。这是因为神话传说时代与历史文明时代的分野,最先记录下来的必然是印象最深最清晰、离自己最近的祖先,而后追忆印象蒙昧、离自己越远的祖先。掌握这一文化学规律,应该说开明十二代的祖先较为清晰可靠,而杜宇上至蚕丛的传说和年代都是不可靠的,绝不能作为考古遗存年代的依据。为什么《左传》里有巴而没有蜀(《左传》里唯一的一处"蜀"地指的是山东),更没有蜀的祖先记载?这是因为蜀的准确历史年代,直到春秋时代的中原文献都还没有记载。因此,我们不能死扣年代,而应从考古实际地层和碳十四测定的年代来研究古蜀史大的经济特征年代。这种研究思维的转换,将对我们真实理解蜀史的时代大有裨益。其实,我们还不如把从蚕丛、鱼凫到杜宇、开明,视为从采集、渔猎时代到畜牧、农耕时代各种经济时代的代称①,宛如中原的有巢、燧人、伏羲、神农一样,不过是经济时代递相演进序列的代称。用这一代称对照古文化遗存,也许比强合年代的困扰要好得多。

就古蜀王五代祖先看,它们的名称和事迹不完整,这恰恰说明这些名号和事迹是历代祖先口授心传遗留下来的口述史的记录。作为口述史,历代相传相承袭,但必然带上传述者的主观色彩,因而出现不同的记录和记载,这是口述史的特点。传说中的那些仙话和神话,也是历代祖先的信仰和向往的体现,仍然是他们的前人所思所想所行所为的真实记录,因此需要对这些史料加以认真地辨识,找出历史的真实与包裹历史的外壳,还原历史的真相。

其四,脱离历史实际,用社会发展史框架硬套巴蜀历史的误区。

关于古巴蜀的社会形态问题,许多学者致力于如何为之定性。或定为奴隶社会,或定为不发达的奴隶制,或定为种族奴隶制,或定为部落制早期国家,或定为早期封建社会,时间则或前或后。笔者以为在巴蜀基本的历史线索尚有不少阙环的情况下,即断定社会性质,为时过早,进入了套用社会发展史理论框架穿靴、戴帽简单化做法的误区。秦惠王开金牛道,明明是神话,但很少人从文化学角度给予剖析,一概认为是信史。五丁力士的神话,被定为什伍里甲

---

① 谭继和:《成都城市的性质及其特征》,《四川大学学报》1988年第3期。

基层社会组织形式，仅仅因为有个"五"字。"五丁"还有称其为奴隶制的，因为有个"丁"字。我们并不认为，巴蜀古史可以脱离历史唯物主义的指导，但这种指导离不开从客观历史现象的具体历史条件出发进行研究。在史料的价值和内涵没有科学的界定以前，随意用社会发展史的常识来解释，甚至用未经严格审视的史料来证实自己设定的理论框架，这无助于恢复历史的本来面目。

　　截至20世纪末，相比于楚文化、齐鲁文化、吴越文化、岭南文化的研究，巴蜀文化的研究工作则显示出相对的滞后性。在研究队伍的组织和凝聚、研究条件的具备和改善、研究资金的投入等方面，都显得薄弱。当前研究状况上出现的综合性的巴蜀文化会通理论缺乏、基础性的巴蜀文献荟萃缺乏、学术独立见解创新的巴蜀文化论文缺乏，所谓"三缺乏"，都与上述条件的不具备有关。

　　除了需要客观条件改善科研环境以外，作为巴蜀文化研究工作者自身，也要以学术独立的精神，拿出有真知灼见、"唯陈言之务去"的巴蜀文化研究成果。政策图解式的媚时研究不可取，卖旧铜钱式的媚俗研究也不可取，需要的是"采取马克思主义的历史转折的态度，对于个别的历史人物、个别的历史事件同样应该采取这种历史的分析态度"[①]，得出切切实实服务于物质文明和精神文明建设的有独立见解的成果，而不是在浮躁学风影响下的学术规范失衡状态的陈言旧调的堆砌。

　　以上对20世纪巴蜀文化研究状况做了粗线条的扫描和概括，时间是到2000年为止。从新的21世纪以来，巴蜀文化研究又有长足的进展，有待于进一步的观察和总结，也就不再在本书内多加饶舌了。

第四节　巴蜀文化研究的未来

一、巴蜀文化研究的未来趋势审视

　　把文化作为近代科学研究的对象，始于19世纪后期英国泰勒的《原始文化》（1871年）一书，而把巴蜀文化作为科学研究的对象则晚得多。1933年春，美国葛维汉与中国林名均先生对广汉三星堆月亮湾的第一次科学发掘，揭

[①] 范文澜：《关于中国历史上的一些问题》，《范文澜集》，中国社会科学出版社2001年版，第2页。

开了巴蜀文化现代考古与学术研究的序幕，但比泰勒开端差不多晚了六十年。从那时以来，巴蜀文化研究是在反思传统和回应西方发生人类学的激烈论辩的背景下展开的。现代巴蜀文化研究的开创者葛维汉就是美国文化人类学之父、自然历史学派鲍亚斯的嫡传弟子。① 此后，摩尔根的"进化学派"、拉采尔的"播化主义"、英国马凌诺斯基的"功能主义"、德国施特劳斯的"结构主义"以及后来流行的历史学派、心理学派、生态学派，等等，均直接或间接对巴蜀文化的研究发生过影响。所以，当前有关巴蜀文化研究的诸种问题的争论，不是一个简单平面的史料与经验之争，而是一个复杂得多的如何反思传统、回应西学、重点研究其文化的区域性和多元性的问题。

巴蜀文化研究已取得丰硕的成果，但似乎以经验层面的具体性成果居多，而以理性层面为依皈的显示逻辑进程与历史进程相统一的卓识还不多见。若从发展趋势看，后者的研究是更重要的。至少有下列一些特点，对研究的未来有预警性。

（一）每一次巴蜀文化研究热潮的出现，都是因为考古新发现的推动

考古有了新发现，往往需要修改旧的学术结论，转换研究思维，利用新资料，拓展新视野。王国维有名言："古来新学问起，大都由于新发现。"巴蜀文化研究新学之兴，也是因为巴蜀考古的新发现。20世纪30年代初葛维汉对广汉三星堆玉器窖藏的第一次发掘，开拓了华西考古的科学道路，推动了郭沫若"西蜀文化"概念的第一次提出。40年代初卫聚贤、郑德坤第一次明确提出"巴蜀文化"作为新学科的问题，是受成都永陵的发掘和白马寺异形铜器发现的推动，郭沫若认为这"在中国学术界必有极伟大的贡献"。② 60年代徐中舒、蒙文通、冯汉骥、缪钺、邓少琴诸先生对巴蜀文化的论争，可谓运用王国维"二重证据法"于古巴蜀文化研究的第一次学术群体性创获，这是得力于新中国成立以来巴蜀地区如成都羊子山遗址、新繁水观音等众多考古发现。80年代以来，巴蜀文化研究有新的学术起飞，证明新石器晚期至青铜时代的古巴蜀文化是具有强烈的自身特点、在西南地区文化发展程度最高、对其他地区影响最大的一种历史遗存，是长江上游文明的中心，并被确定为全国八大文化区之

---

① ［美］布朗：《中国的文化人类学家和教士——葛维汉》，《中华文化论坛》2001年第3期。
② 郭沫若著，黄淳浩编：《郭沫若书信集》（上），中国社会科学出版社1992年版，第517页，《致车辐》（1942年1月26日）。

一，其主要根据就是成都平原和长江三峡一带新石器晚期和青铜文化的许多新发现。这些新发现以新的材料大大刷新了巴蜀文献的历史纪录，推动了巴蜀文化研究由传统学术型向现代学术型的转变。90年代以来，成都平原宝墩文化、三峡库区考古、成都商周金沙遗址、商业街战国早期船棺葬等重大发现，促使巴蜀文化面临新的挑战：一是需要以新的视角修改以往的学术结论，重写巴蜀文明史；二是需要实现思维的现代性转换，对各种史料，需取地下考古加以释证、取民族资料加以补正、取外来观念加以参证，如陈寅恪所说："史料发现虽多，而具有统系与不涉傅会之整理，犹待今后之努力。"

（二）未来的古巴蜀文明史的框架，面临着从巴蜀文献研究为主向以巴蜀考古研究为主的转型

综观20世纪巴蜀文明史的研究，其框架是以历史文献为主，以考古发现为辅，以考古佐证文献、以遗存补阙文献的方式而构筑起来的。这种方式有明显的缺陷：

一是文献与考古接榫困难时，对历史链条的断层，例如古蜀祖先"三王二帝"的时代性，易于被怀疑和否定；

二是忽视巴蜀文化多元多流的复合体性质，易于把巴蜀文化的发展历程视为单线的进化史。例如，我们长期遵循摩尔根的氏族制度总是从母系向父系进化的单线进化论，而事实上，考古发现已证实氏族制度进到文明时代是一个长长的"多线进化"的过渡时期。改用"多线进化"观来看巴蜀史，正如中舒先生所说，羌族的民族史资料证明，长长的母系制时代也可以直接过渡到文明。[①]沿袭这个思路，我们不难发现三星堆文化中以高禖"姐"神崇拜的母系与以十日九乌的神树崇拜为特征的父系并存的遗迹，它们都是文明形成的催生物。[②]

第一，未来的巴蜀文明史要建立"多线进化"的框架，就必须以考古发现为主，以文献为辅。

20世纪的研究成果中，已经不乏这种尝试。例如，林向先生划分早蜀文化为若干文化圈的论证，以及蜀文化圈以成都平原为中心的波圈传播现象和同其四周邻近文化圈的层序重叠现象[③]，这就是运用以文献证考古，以考古为主

[①] 冉光荣、李绍明、周锡银：《羌族史》，四川民族出版社1982年版，徐中舒撰《羌族史序》。

[②] 谭继和：《三星堆神禖文化探秘》，《四川文物》1998年第3期。

[③] 林向：《巴蜀文化新论》，成都出版社1995年版，《巴蜀文化区导论》。

的研究方法的结果。尤其是从林向先生20世纪80年代的文化人类学论文①，到他90年代关于巴蜀文化圈的主张，再到他21世纪有关巴蜀地理和地震与文化的关系的研究，我们更不难看到文化人类学中的播化主义所主张的文化圈说和文化潜移说对他的影响。用这样的观点，把宝墩文化的六座古城、三星堆文化、十二桥文化、金沙遗址所透露的历史信息、羊子山文化遗存和战国早期古蜀国船棺葬遗址连接起来研究，的确可以证实蜀文化圈是有圆心有边缘的波浪式发展的真实的独立存在。诚如美国学者赛缪尔·亨廷顿所说："文明没有明确的边界，也没有精确的起点和终点……然则文明是有意义的实体，尽管它们之间的界限难得清晰，但这些界限都是真实的。"②由此我们可以看出，文化圈的研究和文化层序的认定，如果依赖于文献为主，尤其是巴蜀文献为主，是容易陷入巴蜀古史本来就茫昧不清的误圈的，必须改向发展以考古为主，以文献为考古服务的研究。

第二，20世纪有关三星堆文化的研究，在古蜀国的人种、族源之谜的探索上形成了热点。但如果用文化人类学观点审视，我们也要警惕陷入用种族区分文化的研究误区。"文明与种族并不等同。同种族的人可能因文明而产生深刻的分裂，不同种族的人可能因文明而趋向统一。"③中华民族形成和发展的历史就是中华民族命运共同体融合认同的历史，中华民族内部各子民族之间没有种的区别，区别在于文化，在于思维模式和思维特征。三星堆文化圈中，没有不同的人种和种族。从现存文化遗物看，更大的区别在于不同族群之间的发式、服饰、举手投足的行为方式以及各种原始宗教性信物所体现的信仰方式的不同。如果我们硬要给纵目形象和诡异头像寻找种源族源，而不是从信仰崇拜的差别上来寻找，从考古遗存所体现的蜀人祖源崇拜文化的浪漫型、追奇型、发散型思维方式来寻找，我们就很难摆脱种族区别文化的误区，因为古代中华人无论夷夏、古蜀人，无论蚕丛鱼凫杜宇，都不是以种族区分民族，而是以文化区分民族的。正因有这样一些认识误区，发生三星堆文化是"外星人"创造的或是中亚犹太人带来的笑话，也就不难理解了。

---

① 林向：《羌族的"创世纪"神话——木姐珠与斗必娃》，中国人类学会编《人类学研究》，中国社会科学出版社1984年版。又见于林向：《童心求真集》，科学出版社2010年版，第145～152页。
② ［美］塞缪尔·亨廷顿：《文明的冲突与世界秩序的重建》，新华出版社1998年版，第27页。
③ ［美］塞缪尔·亨廷顿：《文明的冲突与世界秩序的重建》，新华出版社1998年版，第26页。

第三，考古发现证实巴蜀文化始源悠久，神韵独特且持续发展，古巴蜀人是古中华大地上一个特殊地域文化的集合体。他们所创造的文化，无疑是特殊性地域文化。而这种特殊性文化，通过宝墩文化、边堆山遗址、三星堆文化、金沙遗存等研究，证实其历史延续性是很长的。① 正是在历史延续进程中形成其独特性和特殊性，这是一方面。另一方面，这种独特文化，其根本性质是"非整体文化或部分文化"，即"亚文化（sub-culture）"②，是与生俱来同广域整体文化有认同感素质的特殊地域文化。"蜀左言，不与华同"，说明其边缘文化的独特性；而"巴蜀同囿，肇于人皇"，又说明其对整体文化的认同性。巴蜀文化正是在广泛的文化认同上融入中华文明的。笔者曾在另一文中有过粗浅的论说，这里不再赘述。③ 需要说明的是，巴蜀文化同中华整体文化的认同是一个历史过程。这个历史过程是从文化发展到文明的时候开始的。这只要比较一下成都平原宝墩古城文明与中原五十多座古城所发生的文明的异同就可明白，其城垒、壕沟、城内格局和建制虽有所不同，但其性质是基本相同的，这就是文化认同。秦汉以后，巴蜀文化融入中华整体文化，也依赖于这种文化认同。而文化认同的不断扩大，又使它在提高了的文明的基础上更广泛地融入。文明是扩大了的文化，是提高了的文化，是最高的文化分类。巴蜀文明是巴蜀文化通过更大范围更高层次的文化认同而实现其融入中华文明的进程，并成为区域性文明的。巴蜀文明从始源到生成发展衍变为区域性的文明，纯粹依赖历史文献的分析是困难的，而考古发现成了这一衍变的实证，且成为演进序列自成体系的完整链条。所以，将来的巴蜀文明史依赖历史文献是难以构筑起来的，必须建立以考古为主、以文献为辅的文明发展史框架。如果说，过去考古发现不多造成了构筑这一框架的困难，那么，现在巴蜀众多的考古发现，已为构筑这种新性质的框架准备了必要的条件。

（三）未来的巴蜀文化研究，需要实现思维的现代转换

仅就巴蜀文化研究而论，这种转换有两种途径：

---

① 江章华、王毅、蒋成、张擎：《成都平原早期城址及其考古学文化初论》，《成都考古研究》2009年第1期。
② ［日］石川荣吉：《文化人类学的课题和方法》，《当代国外文化学研究》，中央民族出版社1986年版，第60~78页。
③ 谭继和：《"西道孔子"扬雄的大一统观与儒风在巴蜀的流布》，《中华文化论坛》2001年第1期。

一是传统思维的更新。金沙遗址出土成吨象牙,三星堆遗址也有不少象牙出土。它的来源引起很多猜测。不少研究者认为海贝和象牙是从南海通过交换来的。海贝是来自东海、南海,还是来自内陆的古地层,没有研究,不妨妣置其论。说象牙是蜀人交换来的,并以此作为古蜀商业发达之证,这在思维方式上,是受文化只是单向传播,海贝、象牙只能来自海外的影响。如果我们更新一下研究思维,从更广阔的背景来观察象的产地及其南迁过程,则可以发现殷商西周时期,巴蜀正是产象之区。金沙遗址的象牙是土生土长的象身上的。中舒先生曾撰《殷人服象及象之南迁》,论证了中原产象及南迁过程。殷墟甲骨文有"获象""眜象",与《吕氏春秋》之"商人服象"可以互证,说明殷代河南实为产象之区。周代象始南迁,到春秋战国时象还生息于长江流域。《国语·楚语》有"巴浦之犀、犛、兕、象"之语,《山海经第五·中山经》有岷山"其兽多犀象,多夔牛"之语,这说明春秋战国直至西汉,益州地区都还是有象的。直到两宋时期,象仍生息于荆南、闽、粤各地。①三星堆和金沙遗址出土的象牙是岷山和巴蜀所产,正是殷象由中原向南迁徙,经过蜀地的产物。用这一事实来看金沙遗址,联系什邡市城关战国船棺葬所出长骹矛上阴刻卧象长鼻纹传递的信息②,不是可以启迪我们重新考虑蜀文化的性质吗?不是从商品交换着眼,而是需要从信仰礼仪着眼来重新加以思考,其中包含着丰富的历史文化信息。四川话中有"想象"一词,正是因为象已南迁,在中国仅存于西双版纳,四川早已不见象了,思念起象来就叫作"想象",后用作假设之词,已是其转义。

金沙遗址所出太阳神鸟金箔,是当前研究的另一热点。其图形为一圆太阳,放射十二条弧形光焰,中镂空,四边均匀分布四个神鸟形。神鸟作侧面飞翔展翅形象。双翅双肢,每肢有三足,这正可作《论衡·说日篇》"日中有三足乌,月中有兔蟾蜍"一语之证,这同中原地区是不同的。中原甲骨和铜器中画鸟形,多作侧式,但两足之鸟皆作一足,这与金沙的刻法迥然不同。世界上原始民族对日的崇拜有三种艺术形象系统:一是作太阳光芒放射形,简化为十字架。二是作人面绕日放光芒形,或以人射日形。三是日中或日外有飞奔神

---

① 徐中舒:《殷人服象及象之南迁》,徐中舒:《古器物中的古代文化制度》,商务印书馆2015年版,第53~75页。
② 四川省文物考古研究所:《四川考古报告集》,文物出版社1998年版,第136~137页。

鸟。我们华夏族以"日中有三足乌"为太阳神信仰。早在良渚文化中已有双鸟拥日的形象。到金沙出现的太阳神鸟形象，证实了"日中有三足乌"的传说形象。到汉代画像砖石中伏羲就成为腹中捧日与三足乌的形象，这是华夏族太阳神信仰的"三足乌"发展的历程，成都金沙遗址太阳神鸟成为华夏太阳神形象第一个完善的标志，现已成为中国文化遗产保护标志。总之，成都金沙遗址的神鸟寓日形，可谓独树一帜。对其含义和作用的研究，显然需要放到世界民族日神崇拜的多样性范式中加以考察，这就需要新的思维。

二是现代化思维的吸纳。20世纪巴蜀文化研究已出现运用西方现代思维的趋势。例如，用萨满文化对三星堆巫觋文化作比较研究（林向为代表），用桑德斯、普莱斯、塞维斯、科林·伦弗鲁的"酋邦制模式"研究巴蜀文明的起源（童恩正为代表），用城邦国家和社会组织结构理论研究巴蜀古国、古城的起源（段渝为代表），用现代民族资料，例如台湾省民族资料及彝羌诸族资料研究巴蜀民族（李绍明为代表），用结构主义来作巴蜀考古类型与分期（赵殿增为代表），等。这些方法的运用，说明研究思维现代转型的重要性。21世纪的巴蜀文化研究，需要在这些基础上进一步研究和吸纳文化人类学中"结构主义"的研究方法。结构主义研究"意识的结构模式"和"非意识的结构模式"，它实质是对某个特定的群体的特殊生活方式的分类。古巴蜀文化的特异性，早在西晋裴秀的《九州图经》里就得到了承认，被称为"别一世界"。杜甫入蜀用中原人生活方式的眼光，感到是"但逢新人民"，"异俗嗟可怪"，这主要是因为蜀人的行为、思维、感情和交流的选择性模式与中原人不同。未来的研究需要充分注意蜀人生活和思维的"选择性模式"的特性问题。例如，《汉书·地理志》说：蜀人"未能笃信道德，反以好文刺讥，贵慕权势"，这说明蜀人不愿遵循中原礼治思维之轨而以另类思维来关心时事利禄，把今文经学好异的思维特征演化为贵慕权势的商品化性格。历代蜀人还特别赋予其重要性和连续性，故蜀人"褊陿轻柔"（轻柔狡黠多智）成为蜀人的选择性模式，至今还有相当的影响，至于巴人的性格明显与蜀人不一样，"刚悍尚武"的群体文化性格更多一些，巴人的刚与蜀人的柔正好组合为刚柔相济，形成为巴蜀集体文化性格，这些都是值得研究的问题，以上是"意识结构的模式"。

说到"非意识结构的模式"，主要是社会生产、社会结构和社会形态如何推移发展的问题。一般多运用西方文化话语权确定的文明形成的三大标准：城市、文字、青铜器来衡量巴蜀文明的诞生。但这三个标准并不是普遍地适用的，尤其不适用于中国本土文明形成的标准。应该说，文明形成标准同这三大标准有联系，但并非必然的联系。有没有城市的文明，有没有文字的文明，还有铁器时代才进入文明的。这在李学勤先生主编的《中国古代文明与国家形成研究》一书中有精彩的论述。①如果我们把这三大标准作为普遍的标准，对研究巴蜀文明的诞生和形成问题是极为不利的。因为这三大标准在巴蜀文化向文明转换时均表现不完全。在四千五百年前，也即宝墩文化时期，既未发现文字，也未发现铜器。所谓六座古城也只是有城壕围起来的定居农业初期的中心聚落，其内部结构和经济组织性质尚待充分揭示和研究。②显然，不能机械搬用这样的标准，需要有新的标准，新的适用于本土文化的理论，也就是要有文明要素积累和形成的中国方案。中国是最早以农立国的国家，应该以种植农业文明的出现为标准，也就是本书"导言"所述，以"见龙在田，天下文明"的中国方案为标准。中国早期文明形成时期，国家的初始形态，依据恩格斯"起源论"论述的家庭、私有制、国家的起源的理论，看阶级阶层社会等级的出现和社会与国家治理的统治机构的萌生，看统一的祭祀信仰中心的出现，结合《左传》《周礼》诸文献的记载，叫作"协和万邦""协和万国"，"邦国"就是中国国家的初始形态。中国文明起源最大的标志是祭祀中心和礼仪权威性中心的形成。这一标准就很适合巴蜀文明起源和形成的情况，巴蜀是中国邦国都邑文明最鲜明的体现。从全国地域文化的共同性来说，巴蜀同其他地域一样，也是由各地林立的小邦小国，走向有社会等级差异的中心聚落，形成邦国联盟，部落社会逐步被邦国文明所取代，这是一个特点。第二个特点是文明起源同农业与城市两大要素的成熟相联系。巴蜀农耕文明生长、发展的进程是以城市文明的起源、形成和发展作为主轴的。从巴蜀文明诞生开始的宝墩古城文化，到近代城市的发展，是巴蜀文化几千年发展的主轴，是历代巴蜀人利用自然环境以高超的文化想象力和创造力不断创新城市生活模式的杰作，是巴蜀文明最大的成果。这两个特征都与西方文明的起源有所不同。再从多地域文化的差异性来看，巴蜀神奇神秘的祭祀信仰，是巴蜀文明形成时期最大的标志。总之，邦国都邑威权性礼仪信仰，是巴蜀文明最大的标志，用邦国都邑文明理论来研究巴蜀文明理论是适应本土文化根脉的理论，而用西方酋邦理论来研究巴蜀，是不切合实际，也不是科学的。

---

① 李学勤主编：《中国古代文明与国家形成研究》，云南人民出版社1997年版，第3~6页。
② 成都市文物考古研究所：《成都考古新发现》，科学出版社2001年版。

（四）从巴蜀文化、巴蜀文明和巴蜀学三个层次加深研究，是未来巴蜀文化研究发展的方向

巴蜀文化是比巴蜀文明广泛得多的概念。一般说来，巴蜀文化是指人类社会出现以来巴蜀地区人群生活方式的总和，它包含旧石器时代、新石器时代等史前时代，也包含整个文明时代。对于早期巴蜀文化的谱系，因为成都市考古所和四川省考古所的努力，已有了大致的轮廓，但整个巴蜀乃至西南地区的情况还是相当模糊，还需不懈地努力。至于巴蜀文明是目前较少研究的领域，对它下定义也很难。但它是比文化更高一个层次的概念，这似乎尚无歧义。大体说来，巴蜀人行为的作用方式、思维的体验方式、知识的积累方式和智慧的创造方式，应该是巴蜀文明史研究的范围。而巴蜀学则是以巴蜀文化和巴蜀文明为研究对象的一门学科，它包括文献学、考古学、历史学和文化一般理论等方面。巴蜀学要能成为学，需要一定的学术和组织条件，这可以通过各方面的积累，逐步形成学派，再由各个学派构筑其学。当前，这学那学的提法很多，这里也只是作为一个争取的目标提出来讨论罢了。

二、巴蜀文化研究方法论审视

（一）如何探讨巴蜀文化的基本性质与特征

时至今日，亟须要从文化学角度建立巴蜀文化的理论体系。关于什么是文化、什么是文明、文化与文明的相互关系等问题，其定义多达上百种，这是世界性争论的大问题。虽然对文化和文明的定义还不能准确认定，但我们却可以确实认定人类文化很早就具有民族的、时代的、地区的特点。这些特点表现在物质形态、制度形态和精神形态三方面，我们可以通过该地区的文化史料和文化实践切实摸索到，触摸到。文化的基本性质和基本特征是客观存在，只是因为我们主观认识的时代局限和客观进程的复杂性才使我们一时不易把握。但如果我们用"拓扑学"的方法，用模糊数学的模式，绕开什么是文化和文明的无穷争论，则我们仍然可以就巴蜀文化的性质、特征及其发展规律建立起理论体系。

例如，巴蜀文化的基本性质、范围、对象及特征；巴蜀文化与巴蜀文明；巴蜀文明区与生态环境、人文环境；巴蜀文明的萌芽、起源、形成和发展及消融；巴蜀文化传统的核心精神；巴蜀文化的历史地位；巴蜀文化传统的精华与糟粕；巴蜀文化的封闭性与开放性；巴蜀文化的兼容性和再生性等问题，目前在巴蜀文化的研究论文中还只有少数涉及或论述。因为这些问题的研究还有相

当的难度，还很不易明晰，尤其不易加以数据化的精确估定，这就需要带有一定模糊性的综合宏观研究，这是构筑理论体系的前提。当前的研究现状是在巴蜀文化的个案方面偏于精细性的和微观性的研究，而在其整体进程方面加以全局性和宏观性的研究的论文还不多见。这无疑受到了旧学考据的思维定式的限制。我们需要突破这种定式的藩篱，善于在精细性个案研究的基础上，做好综合的研究，作出高度的概括的分析，善于发现和总结各种不同文化类型发展的全貌和总的特点，找出其内在规律。

讨论巴蜀文化的性质和特征，是个涉及面广、关联度大的复杂问题，用简要语言加以定论十分不易，故至今学者众说纷纭。它既牵涉文化人类学基本理论，即如何界定巴蜀文化、巴蜀文明和巴蜀学之间概念的内涵和外延问题，又牵涉对中华整体文化体系与巴蜀区域文化之间的关系，如何认识二者取得"最广泛的文化认同"的历史过程的问题。如对上述两方面问题缺乏共识，就很难得到大体认同的结论。因此，有必要就如何探讨巴蜀文化的特征和性质的基本原则与研究方法，作一些讨论。

第一，从区域文化学角度来研究，巴蜀文化应是具有悠久而独立的始源，并具有从古及今的历史延续性和连续表现形式的区域性文化。因此，它也是历代巴蜀人以自己的方式文明化，并用巴蜀人历代赋予了头等重要性的思维模式来同中华整体大文化达到最广泛的文化认同的历史实现过程。

如果认同这一定义，有三方面值得注意：

一是它的始源具有独立性，同时其始源也是同中华整体文化实现最广泛认同的历史过程的开端。它的始源可追溯到旧石器时代乃至人类起源时代。但这个时代，四川虽有考古发现，却很薄弱，阙环很多，状况茫昧。我们的讨论只好集中到新石器时代晚期由广泛的文化，升华和诞生出区域性文明的时候开始。这一时代的代表性遗存是成都平原出现古城文明的宝墩文化。它为四川境内的新石器时代的文化谱系的建立确定了一个可靠的基点。它的上源仍很模糊，俞伟超先生认为可能源于四川的细石器。宝墩文化下限的流向，则与三星堆文化、金沙遗址、十二桥遗址、黄忠遗址相衔接。这支文化下传到战国早期的商业街船棺葬遗址以及较晚的什邡市城关、广元昭化宝轮院、荥经县同心村、蒲江县、大邑县等地的船棺葬，因是自成始源自成序列的一支新文化，有学者定名为"早期巴蜀文化"①。这支文化与中原二里头夏文化、二里岗商文化、湖南湖北的楚文化交流和相互播化很密切，如多节形玉琮、陶盉、牙璋、铜牌饰、青铜尊罍就分别同良渚文化、二里头文化、二里岗文化、楚文化有相似点。②但学者们对这支文化同中原文化的关系似估价低了点，只承认是相互有影响并有一定关系。现在看来，应该在更高程度上估价这一关系，应肯定早期巴蜀文明形成和发展的过程，就是以中原文化为核心，实现最广泛的中华广域文化共同体文化认同的历史进程。这一历程一直发展到现代，其文脉仍在延续，以大一统文化中国共识为核心，在保持和发展本土区域性特色的基础上，由区域性文化向中原文化紧紧围绕和凝聚，并共同为增强和发展凝聚力和向心力而达到更高层次的文化认同。对于秦汉以后的巴蜀文化心向中原的流向，学者们已无异议。但对秦汉以前的早期巴蜀文化形成和发展的历程，则应肯定它的流向是在保持地方特色基础上融入从黄帝到夏商周以中原文化发展为核心的"天下为一家，中国如一人"的共同体认同的过程。从基本器物类型看，早期巴蜀文化遗址同二里头文化遗址的陶器同为泥质灰陶系，多高足豆、多袋足、三足、尖底器、鬶、盉、大口尊、豆等典型器物均很相似。③这一基本事实，如果结合文献看，显然不只是蜀和夏互相影响的问题，而是如林向先生在《蜀与夏》一文中所主张的，蜀夏文化是同源共生并互相认同的问题。赵光贤先生曾主张把夏文化定名为"灰陶文化"，早期蜀文化正是属于"灰陶文化"体系，这就是互相的文化认同。高大伦还提出金沙遗址的玉牌形器为玉眼形器的创见，其椭圆形眼睛两角向外尖突延伸，与三星堆跪坐人像的眼睛造型相同，渊源于东方良渚文化的祖神眼睛造型，这也是文化认同的一个明显例证。蜀夏同源的考古发现，还可用巴蜀文献加以印证。据文献记载，夏部族与蜀山氏联姻，同蜀王柏灌（即鳖灌）④氏联盟。夏后氏夏禹兴于西羌，属于巴蜀文化区域。夏禹文化西兴东渐，化于中原华夏地区，属于二里头文化区域；再播于东方居巢，属于东方良渚文化区域。蜀夏同为黄帝后裔颛顼支庶，同

---

① 赵殿增：《四川原始文化类型初探》，《中国考古学会第三次年会论文集》，文物出版社1984年版。
② 李学勤：《商文化怎样传入四川》，《三星堆与蜀国古史传说》，《当代学者自选文库·李学勤卷》，安徽教育出版社1999年版，第169～185页。
③ 赵殿增：《四川原始文化类型初探》，《中国考古学会第三次年会论文集》，文物出版社1984年版。
④ 谭继和：《禹文化西兴东渐简论》，李绍明、谭继和、王纯五主编：《夏禹文化研究》，巴蜀书社2000年版，第148页。

祖同宗，均属古民族高阳氏集团系统。"夏法日"，夏的信仰是崇拜太阳的，这也印证了从河姆渡到良渚到三星堆和金沙崇拜以眼为特征的太阳神脉络。这就是早期巴蜀文化向华夏文化认同并融入的过程。①

二是巴蜀文化具有从古及今的历史延续性，从未中断，更不是秦汉融入汉文化以后就消失了。前已述及巴蜀文化早期是认同和融入华夏文化的过程。这一过程在秦汉时期发生结构性的突变。我们知道，所谓文化或文明，实则指的是一定民族的全面的生活方式。早期巴蜀文化是从采集渔猎时代到定居农业时代，逐步积累文明因素，逐步形成和发展出文明并融入华夏生活方式的过程。而秦汉以后，巴蜀则以得天独厚的自然条件和优越鼎盛的农耕文明的生活方式融入汉文化。但它虽为汉文化的一部分，却一直延续着自身生活方式的区域性特色，成为整体文化中的一种特殊形式，并以阶段变化显示出历史的延续性来。这是我们今天能以此为依据划分巴蜀文化从古及今发展的阶段性的历史基础。

三是它还具有连续表现形式，有历代巴蜀人认可传承并被赋予了特殊重要性的思维模式。笔者曾撰文分析蜀人的浪漫性、发散性、球形的百科发展的思维特征，从三星堆诡异的人面到成汉墓陶俑、汉朝司马相如"铺张扬厉"的大赋，到李白、苏轼的浪漫球形百科巨人，一直传承到球形天才郭沫若。同时，还承袭着今文经学重文学重现实政治与利禄的传统。②前文已论述了蜀人"贵慕权势"的另类思维特征。这一特征被历代传承，形成蜀"尚侈好文"③的文化性格和"以文辞显于世，文章冠天下"的文化创造力，这就是蜀文化的思维模式所决定的连续表现形式。至于巴人"刚悍生其方，风谣尚其武"④的性格也是由其特有的思维模式形成的，这里不再分析。巴人和蜀人虽然文化性格有所不同，但因它们亲缘相近，衍变的动力机制相近，在历史发展的长河中，二者能将迥不相同的价值取向和审美情趣整合在一起，形成具有共同性的生活结构体系和内隐的心态价值系统。总之，思维模式不同，对生活方式的理性和感

---

① 谭继和：《禹文化西兴东渐简论》，李绍明、谭继和、王纯五主编：《夏禹文化研究》，巴蜀书社2000年版，第143～157页。
② 谭继和：《成都城市文化的性质及其特征》，《四川大学学报》（社会科学版）1988年第3期，第93～103页。
③ （梁）李膺：《益州记》，（明）李贤、万安等纂修：《大明一统志》，国家图书馆2009年版，卷六七。
④ （晋）左思：《蜀都赋》，（明）杨慎编，刘琳、王晓波点校：《全蜀艺文志》，北京线装书局2003年版，第7～11页。

性体验的方式就不同，其文化创造力的连续表现形式也就不同，这是我们探讨巴蜀文化性质特征需要注意的一个重要理论问题。

第二，从文明初曙到迈进文明时代的门槛是一个很长的历史过渡时期，恩格斯称之为"一切文化民族"应该经历的"自己的英雄时代"。[①]巴蜀史也有自己的"英雄时代"，这就是蜀王先世五祖传说所透视出的历史信息。

蚕丛、柏灌、鱼凫、杜宇、开明五世相承，被蜀人赋予这些祖先以美丽的传说，每世的时期长短，也有不同的说法。如果从这五祖的名称及其传说的内涵来分析，它分明是指蜀人生活方式所经历的五个经济时代：蚕丛氏以桑蚕为特征，是采集时代。柏灌氏是狩猎时代，鱼凫氏是"随王所处致市焉，民无定处"的渔猎、畜牧时代。杜宇又号土主，教民耕作，是发明农业的时代；又号"蒲卑"，即制服（蒲即服）卑下湿地之意，是排水治理湿地发展高级农业的经济时代。开明是城市文明初期鼎盛，进入高级农业经济进一步发展的时代[②]。这个古史发展系统反映了蜀人创造自己的生活方式的历史轨迹，同中原华夏文化系统所称谓的由"取牺牲以供庖厨"的伏羲过渡到"耕而作陶"的神农的进程是一致的。古蜀五祖实际上是历史进程中五个重要的里程碑。

对于古蜀五祖的"三王二帝"，现在有不同的看法，影响我们对古蜀进入文明时代的认识甚剧。因此，需要重点研究古蜀历史上的这个"英雄时代"，而不应拘泥于文献对这五祖时间长短的分歧。蜀王五祖每祖不是一个人，而分别指的是一个较长的历史时代，各有自己的生活方式和特征。它们既不是五个王称，也不是五个部族的名号，这正如古代南部阿拉伯的示巴王国，从公元前15世纪起直到公元前5世纪，其首领均名"姆卡里布"，这只是权力拥有者的称号。蜀王五祖，其每祖名称也应是一个很长历史时期相继承袭的权力拥有者的称号，是历史相更迭的五个经济时代的代称。用这个观点来看宝墩、三星堆、金沙、十二桥等遗址，我们就能较容易地以遗址所体现的经济生活和生活方式来分辨出它属于蜀王五祖的哪个时代，而不至于认识上纠缠难断。至于常璩把蜀先称王放在周失纲纪以后，这是因为古人思维有局限。实际上，王的称呼来

[①] 《家庭、私有制和国家的起源》，[德]卡尔·马克思、[德]弗·恩格斯：《马克思恩格斯选集》第四卷，人民出版社1966年版，第16~144页。
[②] 谭继和：《成都城市历史概述》，郭付人、谭继和主编：《成都城市研究》，四川大学出版社1989年版，第510页。

源很古，士、王、皇都是同源于人形，寓意大人或戴大帽的堂皇大人之意[1]，故被边缘文化部族的酋长最先用作自己的称谓，如楚王、蜀王就是大酋长之意，其称谓之起应在很古的时候，并非产生在周失纲纪以后。

第三，在巴蜀文化从古及今的诸发展阶段中，以农业文明时期最长。"天府之国"的丰庶自然条件形成巴蜀农业文明独有的特征："士民之庶，物力之饶，甲乎天下"[2]和蜀人"俗不愁苦，人多工巧"[3]的生活方式。这种农业生产方式和生活方式的特征，因其历史之悠长而成为巴蜀文化性质及其展现面貌的决定性因素。直到近现代进入工业社会后，这一决定性因素对于蜀人的心理状态、思维方式、社会习俗和人情世态，还起着相当大的作用，究其历史文脉传承还得从这里去探寻。所以，我们简直可以说，巴蜀农业文明的特征，就是巴蜀文化的基本性质和特征。巴蜀历史遗产最闪光最瑰丽的部分，主要是优越秀冠的天庶农耕文明。巴蜀文化的基本性质与历时最长、直到现在还有主要影响的巴蜀农业社会有关。不认识这一特质，我们很难对巴蜀文化的基本性质作出判断。

我们可以这样认识：宝墩文化的六座古城代表了初期农业社会的古城文明的诞生。闻一多认为"鲧作城"即"龟作城"，成都称为龟城，应是中华大地城市最早诞生地之一。从此在巴蜀大地上古典小农文化和古典城市工商文化并存生息和综合发展，形成了这两种文化因素的对立统一和矛盾运动，其结果产生了亚洲形态的以自然经济为基础的城乡浑然一体的巴蜀农业文明，这就是巴蜀文化的基本性质。马克思曾经指出："亚洲的历史是城乡浑然一体的历史"，"古代的历史是城市的乡村化"，而"现代的历史是乡村城市化"。巴蜀农业文明的发展道路正属于这种亚洲形态，它是城乡浑然一体发展的历史，是小农文化的生活方式和古典工商文化的生活方式矛盾运动的历史。[4]小农生活方式是极度宁静的、田园诗式的、缺乏活力的、安土重迁充满野居闲趣的静态文化，这决定了巴蜀城乡的基本面貌。另一方面，城市毕竟像"伊壁鸠鲁的

---

[1] 徐中舒：《士王皇三字之探索》，《中央研究院历史语言研究所集刊》第4本4分册，1934年版，第417~446页。
[2] （清）彭遵泗：《蜀碧序》，陈力主编：《中国野史集萃》（二），巴蜀书社2000年版，第2页。
[3] （明）刘大谟等修，（明）杨慎等纂，（明）周复俊、崔廷槐重编：嘉靖《四川总志》卷三《成都府·风俗》，国家图书馆古籍珍本丛刊影印本，北京图书馆出版社2000年版。
[4] 谭继和：《成都城市文化的性质及其特征》，《四川大学学报》（哲学社会科学版）1988年第3期，第93~103页。

神存在于世界的空隙中"①一样，在众多的村社包围中生长了出来。城市是商品经济活跃的集中地。表现商品经济意识的城市文化，尽管没有从农业文化中独立出来，在内容和形式上都还是静态文化传统的附庸，但它是充满活力的、具有开放性和流通性的动态文化的生活方式。它必然冲破静态文化传统的束缚，形成某种程度向外争取开放和交流的活力。静态和动态两种生活方式的矛盾运动形成巴蜀人封闭性中有向外开放的活力，开放性中有封闭守旧的观念，由此形成巴蜀文化一系列的特征。

静态文化和动态文化的矛盾运动，使文化发展过程显示出阶段性，这是我们认识巴蜀文化分期的基本依据。

第四，从地域性特定人群发挥文化创造力和想象力的方式、视角、方法、焦点和概念的差异，研究巴蜀文化的基本特征。

前文已涉及巴蜀人特有的思维模式。这种思维模式所发挥的文化想象力，对比其他地域有不同的特点。中原文化重礼，以诗教为特征。荆楚重巫，以楚辞为圭臬。巴人"尚鬼信巫"②，"蛮蜑人与巴人事鬼"③，以巫教为特征。蜀人重仙，以司马相如的《大人赋》和道教的羽化为特征。三星堆遗址和金沙遗址出土的诡异金、石人面像、战国蜀地青铜器上的仙人羽化形象，直到汉画砖石上刻画的仙化形象，充分展示了蜀人对于仙化的想象力。《华阳国志》说：鱼凫仙化，随王化去，化民往往复出。这就是蜀人仙化想象力的真实记载。《诗·宾之初筵》"屡舞僊僊"，《庄子》"僊僊乎归矣"，《说苑》"辨哉士乎，僊僊者乎"，司马相如《大人赋》"僊僊有凌云之气"。清代黄生认为："此盖借僊轩音为先"，通仙人之仙。仙化就是僊化。僊就是迁，二字同源。迁徙变化被称为仙，后来道教就借用了这个"仙"字，构成了"神仙"一词，仍含有迁徙变化的含义，但被提升为升仙羽化。鱼凫民本生长在平原上，受杜宇氏的压迫被迁到了山上，这个迁的过程就被想象为仙。后来仙化之民又回到平原，故"化民往往复出"。这里的鱼凫"化民"就是文献记载的具有仙化想象力思维的第一代蜀民。这一思维特征在道教里得到传承。蜀地能够成为道教的起源地，同这一思维是有渊源的。

---

① ［德］马克思：《资本论》（第三卷），人民出版社2004年版，第369页。
② 朱之洪等修，向楚等纂：《巴县志·风俗》，民国28年刻本。
③ （宋）晏殊：《晏元献公类要》，《四库存目丛书》据西安文管会藏清抄本影印本。

总起来看，中原重礼化，楚重巫化，巴重鬼化，蜀重仙化，这是两种不同的文化想象力，由此而将巴蜀文化与其他地域文化相区别开来。仙化思维特征体现在技巧、技术和物质的因素上，也体现在价值、思想、艺术性和道德性等因素上，构成巴蜀文化的一个重要特征，就是"神"。神奇的自然世界、神秘的文化世界、神妙的心灵世界，这就是巴蜀文化两千年积累、变异和发展留下来的历史传统和历史遗产，构成了巴蜀文化的独特性。难怪西晋裴秀《九州图经》称巴蜀为"别一世界"；唐代杜甫称巴蜀为"异俗嗟可怪"；近代法国人古德尔孟游历四川，惊叹发现了一个可称为"东方的巴黎"的新世界；茅盾在抗战时期入蜀，赞其为"民族形式的大都会"①……这些感叹正表明中原人及其他地域人的文化心理，对于神秘巴蜀的特殊感受。直到今天，这种神秘性对于初入蜀的国内外人士还有着特殊的魅力，成为今天可以大大弘扬的文化心理旅游资源。

（二）如何探讨巴蜀文化发展史的序列

如果说文化是人类智慧在物质、精神成果和社会结构制度成果上的结晶，那么，我们可以确认巴蜀文化从古到今有其自身发展衍变的阶段性序列，这一进程是客观存在。但我们认知这一客体性进程并不容易。最早有学者把巴蜀文化界定为青铜时代的文化，后来比较多的学者认为是新石器时代晚期到青铜时代的文化，到西汉铁器时代以后，巴蜀文化就消融在汉文化之中，或者说融会入中原文化。也有学者认为新石器时代晚期还未能系统形成巴蜀文化。有的学者不同意上述看法，认为巴蜀文化虽在两汉时代发生了根本性的变化，但并非巴蜀文化特征的消融，只是由族群性的特征转变为地区性的特征，它的特征和传统从先秦一直贯穿到现代。这些看法，至今也还在争论中，一直没有统一。不过，越来越多的学者共识，以及公众层面的认同，都认为巴蜀文化是指从古及今的呈阶段性发展特征的文化。正如李学勤先生所说："蜀有其悠久而独立的始源"，"蜀国的古文化有其自身的特点和脉络"。②不仅古巴蜀文化有其始源、脉络和特点，而且发展到今天的巴蜀文化仍有其基本轨迹，需要对从古到今的巴蜀文化发展的脉络和轨迹，作出分阶段的描述。但20世纪80年代以来，只有少数几篇文章对巴蜀文化从古及今的特点和脉络加以勾勒和陈述，研

---

① 茅盾：《民族形式的大都会》，茅盾：《见闻杂记》，文光书店1943年版。
② 李学勤：《蜀文化神秘面纱的揭开》，《寻根》1997年第4期。

究的深度和广度都还远远不够。

如何建立巴蜀文化史的序列？静态文化和动态文化的矛盾运动使文化发展过程显示出阶段性，这是我们认识巴蜀文化分期的基本依据。其前提涉及我们是否认同巴蜀文化的一些基本概念：（1）从纵向看的时代文化概念。它将巴蜀文化按阶段性变化发展的本质特征建立为不同时期的发展序列，由古到今的发展序列。（2）从空间看的地域文化概念。它把巴蜀地域从古及今的变化，以及与巴蜀同俗的地域的盈缩变化作为研究对象建立起巴蜀文化区内的地域变革系列。（3）从民族看的众多民族文化积聚融会的概念。巴蜀地域内不同时期不同民族的交往和迁徙，情况极为复杂，存在着数条南北纵向的民族迁徙的走廊，从秦人迁蜀到湖广填四川再到抗战时期的内迁直到新中国成立后三线建设的内迁，移民和民族迁徙的发展变化五彩纷呈，而总的趋势是从悠久而独立的始源向中华民族的大文化靠紧和融会，建立巴蜀文化史的序列必须认清楚这一总趋势的发展和影响。（4）从动态看的巴蜀文化发展变化中的概念。巴蜀文化的概念并非固定不变，也非隔绝孤立，而是随着不同的历史阶段而表现出不同的内涵和外延。建立巴蜀文化史序列，必须考虑不同时期巴蜀文化的不同内涵。

依据上述观点，在本书中已将巴蜀文化的历史发展划分为三个时期。现在，仅从研究方法的视角，对这三个时期提出下列看法：

第一时期是古巴蜀文明时期。从巴蜀古文化到古城、古国和古方国的文明诞生、形成和发展阶段，大体包括从距今四千五百年前的宝墩文化时期直到三星堆文化一、二期。这一时期需要研究的主要问题：

一是关于巴蜀文明的起源和初期发展问题，是用"邦国文明"的理论，还是用"酋邦制"模式理论研究？这是两种不同的理论研究立场。"酋邦"结构类型是塞维斯提出来的理论，主张游团（地域性的狩猎采集集团）—部落（一般与农业经济相结合）—酋邦（具有初步不平等的分层社会）—国家（阶级社会）的文明发展序列，其中酋邦是部落文化向国家文明发展的过渡时期。认真地说，这个理论不完全符合中国文明发展的历史实际，它突出了国家的地域组合，但忽略了中国文化族邦和"协和万国"的特点。在世界上最古老的六大原生形态文明中，中国文明的形成是具有"邦国"（指地域）和"族邦"（指宗族）相结合的特点，所以古人习称为"邦国都邑"。中国文明是在众多小国小族即多重城邑基础上产生中心聚落即初始国家的。因此，更适用"邦国文明"或"族邦文明"的本土文化理论。苏秉琦先生将中国文明起源归纳为古文化—

古城—古国—古方国—古帝国的文明起源与发展历程。李学勤先生认为中国文明起源的模式是：初期农耕聚落形态—中心聚落形态—都邑国家形态。[①]其中的中心聚落时期是文明孕育和形成的过渡期。邦国都邑文明与协和万邦产生国家，这是中华文明的特点。从巴蜀文明起源的特征看，显然上述理论具有指导性意义，其重点是首先必须确定巴蜀文明的起源形成期即巴蜀的都邑与国家的初始形态的形成期。宝墩文化的六座古城和三星堆早期城邑说明，巴蜀文明的起源是同"自由贸易都市"的形成同步的。所谓"自由贸易都市"是指平原边缘上先发展出"随蚕丛所在致市焉"类型的自由贸易市场，被称为市亭，再向中心发展成长为自由贸易都市，这就是有巴蜀特色的都邑即中心聚落形成的过程。[②]"都"（成都、广都、新都、徙都、笮都、邛都）就是巴蜀都邑即中心聚落特有的名称，文明就从这些都的内部生长出来。

二是要研究巴蜀文明形成的标志。李学勤先生主张"以国家的出现作为进入文明社会的标志"，[③]以说明文明起源的多样性和区域性。[④]要找出巴蜀文明形成的特色和特有标志，必须以这个马克思主义的观点为基准。但这不是教条式的，更不是简单化的，而是要具体地历史地分析一定族群的国家性质发生的社会治理结构的特征和该族群的集体文化心理。一个文明实质上是一个最广泛的文化实体。它是容纳相似的文化特征和现象的一个集合，是一定人群的生活方式对理性和感情的体验、想象的丰富和族群信仰的深度。由此而使这个人群认定自己的生活方式才是特有的，是最大的"我们"[⑤]，而不是"各种他们"。巴蜀文明自古就被认为是"人情物态，别是一方"[⑥]，这就是巴蜀人"最大的我们"。这个"我们"物化标志物是什么？这可参考亨廷顿关于十字架、新月形甚至头盖均可成为一个民族文化认同的标志的说法，认定金沙遗址出土的"太阳神鸟"金箔和金、玉、石"蟾蜍"状物作为蜀人文化心理认同的物化标志。前者表现了对"日中有三足乌"的太阳神的崇拜，后者表现了对玉

---

① 李学勤主编：《中国古代文明与国家的形成研究》，云南人民出版社1997年版，第11～14页。
② 参阅徐中舒《成都是古代自由都市说》，郭付人、谭继和主编：《成都城市研究》，四川大学出版社1989年版，第526～529页。
③ 李学勤主编：《中国古代文明与国家的形成研究》，云南人民出版社1997年版，第6页。
④ 李学勤主编：《中国古代文明与国家的形成研究》，云南人民出版社1997年版，第3页。
⑤ ［美］塞缪尔·亨廷顿：《文明的冲突与世界秩序的重建》，新华出版社1998年版，第26～27页。
⑥ （宋）乐史：《太平寰宇记》，中华书局1985年版，卷七二。

兔蟾蜍的月神的崇拜。它们应是巴蜀文明形成时期的标志物，因为它体现了蜀人理性和感情体验的深刻和共同信仰的深度，这正是文明最重要的标志。如果再往深层次的研究说，近代科学范畴内的中国考古学兴起和发展起来以后，面临国际学者关于文明标准的各种认识的分歧和论争，中国学者必须对中国境内的古文化在全人类文化谱系树上的科学定位和准确评价问题做出鲜明的回答。中国考古类型学的奠基人苏秉琦先生生前长期致力于中国文化谱系和文化区系类型理论的研究，他以"古今一体"是人类社会的本质性能（俞伟超先生语）的广阔视角，深入考察人类文明生命之树的根系、树干、树冠和生长脉络，看出了"中国史在世界历史发展进程中是大头"的历史地位，得出了"中国历史的基本国情"的"四句话"："超百万年的文化根系，上万年的文明起步，五千年的古国，两千年的中华统一实体"的中华文明体系的结论。[①]这"四句话"是中华古文明发展的灵魂、核心和精神支柱，也是研究巴蜀文明生命常青树生长发展规律的指引研究方向的明灯，摆脱了西方话语权规定的文明标准的教条。

三是要研究巴蜀文明发展的高度。它包括从三星堆殷商遗址、金沙殷商周初遗址直到战国早期开明氏王族的（商业街）船棺葬遗址。中华文化的特殊性在石器时代和青铜时代之间，加了个玉器时代，玉器时代是中华文明的一个重要特征。玉器与青铜器并列辉煌，是中国古文明高度的标志，这是与其他国家不同的特点。三星堆和金沙恰恰体现了玉器时代和青铜器时代的发展高度和奇特特征。

第二时期是古代巴蜀文脉薪火传承，转型创新、持续发展时期。这个时期分为两大发展阶段：

一是秦汉唐宋天府农耕文明优越秀冠发展阶段。这一时期由汉代巴蜀获得"天府之国"的专称，直到唐宋的"扬一益二"，是巴蜀文化发展的两次繁盛时期。这其中的三国蜀汉与五代前后蜀时期，是这个繁盛时期的光辉结穴点。它最主要的特征是古巴蜀农业文明的发展历程很长，长达三千多年。这正是巴蜀文化特征所在，是其特征体现和展现形式最充分的时期。对这一时期的研究，重点在于要弄清楚巴蜀城市在中世纪世界城市发展上的历史地位和历史作用。正当黑暗的中世纪时期，世界城市普遍呈衰落趋势，而唯独中国一枝独秀，处于城市

[①] 苏秉琦：《中国文明起源新探》，生活·读书·新知三联书店1999年版，第171页。

兴旺期。其文化的突出标志是出现了"天下文宗"系列现象：司马相如、扬雄、陈子昂、李白、杜甫、苏轼、陆游。其原因和内涵值得深入研究。

二是元明清市民社会出现下层民众文化繁盛阶段。这一时期最值得注意的问题是巴蜀文化的由精英向平民下移现象。社会底层出现了不少新质因素，尤其是市民的世俗文化需求陡增，有川味特点的怡人文化和群众文化兴盛起来。而巴蜀精英文化却出现式微的总趋势，即使居于全国前列的文化精英，如元虞集、明杨升庵、清张问陶、李调元等，从整体看，其文化想象力和创新性思维，尽管也很有特色，但总体不如汉唐宋巴蜀文宗的秀冠华夏天下。

第三时期是近现代巴蜀文化创新性传承与发展时期，包括两大发展阶段：

一是1840年至1949年巴蜀文化的古典形态向现代形态转换的时期。戊戌维新、保路运动与抗战时期的巴蜀，是文化的古典衰落和现代开新并行的时期。这一时期最值得深入研究的是中西文化冲突的背景下，巴蜀文化走向何方和巴蜀文化价值观的取向问题。

二是新中国成立以来巴蜀文化创新性现代化世界发展阶段。此一时期最突出的问题是巴蜀城乡文化的未来走向问题，是在工业社会的弊端突显的背景下，中国城乡现代文化如何在裂变中走向一体化的问题。这一时期出现了许多新质文化因素。随着世界文化发展潮流，这些新质文化互争雄长，终于出现了向民族传统文化的复归和马克思主义中国化指导下中国特色社会主义文化建设的新途径的新发展。中华民族文化的复兴、中华核心价值观体系的理论创新和新实践探索以及中国梦的践行，成为中国特色社会主义新时期的时代文化的主题。

虽然现代已进入工业社会甚至信息社会时期，现当代巴蜀文化与前述以农业文明为主时期的文化面貌已有很大的不同，但因巴蜀农业社会的长期性，巴蜀农业文明的特征已深深嵌入巴蜀工业社会的发展时期，成为巴蜀的文化传统，影响及于城市文脉、城市建筑、乡村风貌、生态和文态环境等等方面，而成为巴蜀文化特有个性和神韵的组成部分。

以上阶段性的分析，只是提供一些研究方法，有助于我们探讨巴蜀文化发展的历程及其发展规律。下面本书有专章论述个人的见解。至于准确认定和科学结论，则尚需俟诸未来的努力。

（三）如何探讨巴蜀文化发展的各个门类

这是20世纪80年代以来研究工作者从事最多、用力最勤、思维最活跃的领域。从物质文化到精神文化，涉及哲学、蜀学、经学、农业、工艺、民俗、宗教、民族、文学、艺术诸多领域，有数百篇论文参与论述。其中，三星堆文化的发现和研究，成都平原六座古城的发现和研究，成都十二桥文化的发现和研究，嫘祖文化的兴起和研究，大禹文化西兴东渐的研究，巴蜀图语和文字的研究，巴蜀族属和族源的研究，是众多学者参与讨论、百家争鸣的热点。但我们仍可发现目前研究工作还存在不少薄弱环节。

例如，巴蜀文化的中国之最和世界之最。"汉代的蜀是当时世界漆工艺的中心，是世界天然气最早的开采地"，"唐代的蜀是世界雕版印刷术的发源地"，"宋代的蜀是世界纸币始源的故乡"等等。巴蜀人为祖国的文化发展作出了令人骄傲的居于领先地位的奉献。但这些问题均值得细致加以研究。汉宣帝时，不仅临邛有盐井（火井即从开凿盐井中发现），西河郡（陕西）鸿门县天封苑也有火井，并建有火井祠，孰先孰后，何地是世界第一，还有待于深入研究。印刷术同时起源于东南的扬州和西南的成都，为什么后来又轩轾出"扬一益二"之说？宋代蜀的交子固然是世界最早的纸币，但在唐代早就有"飞钱"，交子即从飞钱发展而来，我们又应当怎样看待交子和飞钱的关系？

再如巴蜀音乐歌舞，较多论文集中于巴渝舞与竹枝词的探讨，但对巴讴与蜀歌、蜀国弦与雷公琴、锦城丝管、清音蜀韵的起源等问题，对于蜀派古琴问题，巴蜀画派问题，着墨者尚不很多。笔者曾认为"锦城丝管"不是泛指一般的管弦乐，而是从河传调转变来的乐曲名，是清乐与龟乐的结合，是否正确不论，说明值得深入钻研，需要解决的疑窦仍然不少。

再如巴蜀书法艺术。从巴蜀图语的符箓式艺术，到司马相如的四时季候书，再到苏轼九帖，直到近代郭沫若的书法，其渊源有自，大可寻觅探求。

再如茶文化的起源。巴蜀是盖碗茶文化的发源地，同时是否能确切地肯定巴蜀也是世界饮茶习俗的发源地，巴蜀的酒文化与巴蜀文人的关系、巴蜀"辛香"传统与巴蜀饮食文化的关系，等等，都是需要细致研究的课题。

巴蜀文人与巴蜀文化的关系是近年来开始注意到的研究课题。目前已见到郭沫若与巴蜀文化、杜甫与巴蜀文化、司马相如与巴蜀文化、李白与巴蜀文化等论文的发表。但历史上众多的巴蜀文人包括现代著名作家巴金、李劼人、马识途、沙汀、艾芜、周克芹等与巴蜀文化的关系，还缺乏人加以专门的研究。而这一问题的研究，对我们深化对巴蜀人才成才规律的认识，无疑会奠定基础。

再如，巴文化与蜀文化的"亲缘现象"研究。巴文化与蜀文化有不同的地域、不同的习俗和不同的性格。巴人勇健、蜀人褊柔，是两种文化有不同特点的通俗说明。但两者又有共同的特征，有紧密不可分的长期亲缘关系。蜀文化的源头可以上溯到四千年以上的宝墩文化，还可上溯到五千年以前。巴文化的源头同样可上溯到三峡地区与蜀文化源头同期的文化。巴蜀文化的源头还可上溯到秦陇文化、陇蜀文化，直至八千年前的伏羲氏文化。巴与蜀两者之间存在着错综复杂的关系。对这种关系，目前存在着不同意见的争论。我们可以通过这些关系的梳理，构筑起巴文化与蜀文化是如何融会贯通为巴蜀文化的理论体系。

再如，巴蜀文化的开放与交流研究。过去提出过"盆地文化"的概念，有学者为文加以反驳。巴蜀文化究竟是开放的还是封闭的？这其实是一个问题的两个方面。一方面，巴蜀文化毕竟是农业社会时期的静谧文化，如同中华传统文化一样带有封闭性。另一方面，巴蜀文化因为水利的发达和古典城市工商业的发展，它又是充满活力的动态文化，有着强烈地冲出盆地、开放市场和探求知识的欲望。这动和静的结合，构成巴蜀文化封闭中的开放途径，如南方丝绸之路；开放下的封闭心态，如成都城址两千年不迁。这样奇特的景观，需要我们从理论基础上加以说明。

尤其需要注意的是，巴蜀文化与齐鲁文化的"同源现象"，已有部分论文涉及，但还缺乏理论性的探讨。它说明巴蜀文化与本土文化的交流。这种交流，可以远溯到日本。近年来，有日本学者古贺登先生研究岷山大禹石纽文化与日本磐余彦文化的联系，指出巴蜀文化通过东海黑潮流传到日本。还有学者指出康区文化是藏文化与巴蜀文化的交汇，这是巴蜀文化的向西流传。而我们的研究工作偏重于注意巴蜀文化向北与中原文化、秦陇文化的联系和向南与荆楚文化、滇黔文化的联系，而现在确实需要开辟巴蜀文化向东向西传播和交流的新的研究方向。

再如，巴蜀重今文、重文学的历史传统。有的文章说巴蜀在两汉时期是重古文经学。实际上，这是用两汉一般地区的情况来套巴蜀的结果，是与巴蜀的实际大相径庭的。东汉末，因成立郑学而古文经学在中原占了绝对优势。但在巴蜀则相反，"益部多贵今文而不崇章句"①，今文经学战胜了古文经学。今文经学的贵慕权势、经世致用、独观大略、不守章句的特征，"从司马相如、扬雄、谯周、秦宓到苏轼、杨升庵、廖平、郭沫若再到蒙文通，几近两千年的

---

① 《三国志·蜀书·尹默传》卷四二，中华书局1971年版，第1026页。

蜀学都时隐时显地传承着，并明显地占有优势"。①而重文学的传统则成就了蜀人从司马相如、扬雄到陈子昂、李白、苏轼、杨升庵、张问陶、李调元和郭沫若、巴金等百科全书式的文化巨人。这一重今文重文学的传统，需要我们用吕祖谦的"观其统体"的思维方式加以探索。

再如，古巴蜀文化的特色研究。应该说，巢居文化、蜀道文化、笮桥、栈道文化、仙乡人居文化、林盘文化是古巴蜀物质文化的成果。这些成果构成古巴蜀文化的特色，或为天下所无而巴蜀独有，或虽为天下所有而巴蜀独为精到。目前已有巴蜀交通古道的专著问世，尤其对所谓"南方丝绸之路"投入了较多的研究力量，但对于栈道的形制、特征及其应用范围和历史作用的研究还缺乏系统的专文。笮桥即绳桥是至今还有遗风的巴蜀特色，对其结构和建制也还缺乏专门的研究。在居住文化方面，巢居、林盘和仙乡人居是曾引起杜甫等中原人氏和法国人古德尔孟等外国人所惊叹的巴蜀独具的特色，但目前也还缺乏深入的研究。至于梯田文化，虽有不少论文提到，但并无专文分析。由此一例，我们可以看出对巴蜀文化特色的研究还有相当多的薄弱环节，尚需要我们耗日程工甚至是皓首穷经的研究，那种认为巴蜀文化研究不必多费时日，一蹴即就的看法，显然是不符合实际的。

再如巴蜀城市文明的起源和形成的特殊途径的研究。目前已有专文对古巴蜀城邦国家、古巴蜀城市文化的性质和特征、自然经济对巴蜀城市文明的影响、巴蜀城市文明的特征与历史文化名城的保护与发展等方面的问题加以探讨，取得了可喜的成果。但不足的是，城市的比较研究，尤其是"扬一益二"或是"益一扬二"的比较研究，近现代巴蜀城市与巴蜀以外的城市至国外城市的比较研究，不是尚为阙如，就是语焉薄弱。说到巴蜀城市文明的近代化和现代化进程的研究、巴蜀文化传统对现代城市规划和布局及建设的历史性影响、巴蜀文化在城市更新和改造中的潜在作用、巴蜀文化在城市资源配置和投资环境上的优劣作用、巴蜀文化与城市生态和城市文态的关系，等等方面，其研究弱势就更加明显。

再如，巴蜀禅学传统与巴蜀道教传统。对这些方面的研究，已有不少著作和论文问世。佛学界有"言蜀者不可不知禅，言禅者尤不可不知蜀"之说，因为巴蜀禅师中，如马祖道一、圭峰宗密、德山宣鉴、香林澄远、雪窦重显、

---

① 谭继和：《郭沫若与巴蜀文化》，《郭沫若学刊》1996年第4期，第7～14页，1997年第1期，第1～7页。

圆悟克勤、无准师范、破山海明、兰溪道隆等禅师，或为禅宗史上"里程碑人物"，或为对禅学僵化倾向的革新人物，或为远渡扶桑，对日本禅学发展做出过堪与鉴真和尚媲美的贡献的人物，可谓群星璀璨，格外引人注目。到现代，贾题韬居士、本光和尚、离欲上人诸禅师对理论禅学的发展都做出过特殊的贡献，至于实践修持禅学的大士更多，海外学者曾称赞经"文革"劫灰而道统不辍的禅学研究，首在巴蜀。可见我们应该重视巴蜀自身的禅学传统的历史渊源及其现代发展的研究，构筑起巴蜀禅学的理论体系。

学者多言道教起源于巴蜀。但如果我们注意到道教的地区性区别，则我们在肯定张陵正一明威天师道及其后裔五斗米道的同时，应当不能忽视青州太平道也是道教重要的来源。如果我们注意到道教来源的历史渊源，则陈寅恪言张道陵之道术渊源来自东而不来自西，来自青徐滨海地域而不是来自巴蜀，此论足可给道教源于巴蜀之说者以警示，需要我们对巴蜀天师道的来源及其与滨海地域神仙说、方士说的关系，作跳出成见、不囿于旧的思维方式的创新性研究。

以上仅就与建立巴蜀文化的理论体系有关的问题举出一些例证。它说明巴蜀文化理论体系的建立，特别是就巴蜀文化的基本性质和特征、巴蜀物质文化、制度文化和精神文化诸方面建立理论体系，确需要若干方面的精深的研究。然后在这些研究的基础上，作综合的研究，才可望循历史进程与逻辑联系一致的途径，构筑科学的特色鲜明的巴蜀气派、巴蜀风格、巴蜀学派。

第五节　中华广域文化共同体与地域文化研究的新趋势

以中华广域文化共同体的视野走向多区域文化的比较与联合研究是当前地方文化研究的新趋势，是时代的呼唤，是人民群众最深刻的需要。这个新趋势有下列三大特征和需求：

一是打破各地域文化学者孤立研究本地域文化的状态，把重点转向区域文化之间的交流、融会与互相影响的研究。中华文化是由各地域文化组成的，正如袁行霈先生所说，它具有"多元一体、多源一脉"的特性，也就是一统多样的特性。各地域文化的共同性与一统性大于差异性与个性。中国是以文化立国的，有最大的一统性，各个地域文化共同体则对"文化中国"有最大的认同。推动地域文化之间的交流与融汇，研究其历史发展与现实状态，就是做最大的文化认同、民族认同与国家认同的工作。例如岭南文化与巴蜀文化之间的交流、互助与融合，就源远流长，是彼此在交融互助中发展的。古巴蜀文化是长江上游古文明的中心，古岭南文化是珠江流域古文明的中心。两者自古就有交流与沟通。三星堆文化的海贝就来自南海，古蜀王子孙安阳王曾南迁两广交趾建立骆越国。西汉时，张骞就在番禺市场看到蜀枸酱。"好辛香，尚滋味"的川味饮食文化在两千年前就传到岭南，促进了南海商贸古道的开拓。唐代六祖慧能在岭南创立了中国化的禅宗（南宗），其师兄弟智诜则在蜀创立了巴蜀禅系。而什邡人八祖马祖道一则将这两者融会，由禅入净，使禅宗人间化、生活化，对禅宗中国化进一步做出了奠基性的贡献。北宋苏轼流放海南，将巴蜀文化带入岭南。在绘画艺术上，文同、苏轼创立了"派同湖州"的文人写意画派，影响及于岭南，反过来，近代岭南画派黄宾虹又影响巴蜀。清代李调元到岭南做官，带来了巴蜀百科函海文化。张之洞1875年在四川建尊经书院，1889年在广东建广雅书院，促进了今文经学和经世致用之学在两地的发展。蜀人廖平经学六变，影响了粤人康有为，丰富了他的大同思想和改制思想，促进了蜀粤今文经学的交流。近代岭南成为民主革命的策源地，其中有巴蜀人活动的身影。广东人孙中山就称赞四川四个将军"唯蜀有材，奇瑰磊落"，对巴蜀人才文化非常认同。改革开放时期，广东作为向现代化进军的排头兵，其中也少不了巴蜀民工的贡献。汶川特大地震灾后重建，广东把岭南文化融入了巴蜀援建。总之，岭南的海洋文化特性为巴蜀的内陆文化特性补充了开放革新的新质因素，而巴蜀文化则为岭南文化补充了浪漫热烈的传统质素。两地人民达三千年以上的文化交流，对增强中华统一的多民族国家的凝聚力和向心力做出了突出贡献。但这一问题至今研究非常薄弱，是一个值得开拓的新领域。

　　二是需要坚持本土文化的解读权和话语权，不能被西方强势文化的语境、话语和研究范式牵着鼻子走。当然，这同吸纳西方先进思潮并不矛盾，本土文化也需要国际视野和现代思维。同时，也不拘泥于古人，而是要立于新时代的辩证立场，坚持民族文化为体，如历史上融汇佛教文化一样，为我所用。例如"蜀之为国，肇于人皇"，巴蜀文化源于"人皇"时代，就是古巴蜀人一种特殊的文化解读。《越绝书》指出石器与铜器两个时代之间，有个"以玉为兵"的玉器时代，这是吴越、南蛮一种特殊的文化解读，考古证明了这个时代的真实性。对这样的文化解读，要以本土文化立场深挖其内涵，寻根其文化，找出中国化的话语权，建立中国化的学术体系，而不要被西方的神巫时代观念和神权政治的话语所左右。中国从来不存在西方的神权政治，因此，有学者把三星堆的金杖看成是西方的权杖，就失去了中国历史语境的依据。

三是加强各地域之间的共有精神家园的研究和地域文化神韵的研究，促进地域文化传承体系的建立，从而为中华核心价值观体系的建立做出地域化的贡献，使一统多样的中华文化更加绚烂美丽。

每个地域有每个地域的学术，它是地域精神文化的核心，体现着各自地域的精神、个性和神韵，是各地域精神家园秘藏的宝库。例如巴蜀有蜀学，岭南有岭南学（陈寅恪称之为南学）就各有其特点和神韵。蜀学渊源自古，形成于文翁兴学时期，汉代时"其学"即"比于齐鲁"。从此蜀学以今文经学为主流（不排斥古文经学）和思想范式发展下去，呈现出"文兼史，重在神髓"的特色，出现了"文宗在蜀"的特点。"西蜀自古出文宗"，赋圣司马相如"苞括宇宙，总揽人物，控引天地，错综古今"的浪漫主义思维范式，影响着古今蜀中文学泰斗。从扬雄、陈子昂、李白、苏轼、杨升庵、张问陶、李调元、刘沅、刘咸炘直到郭沫若、巴金，包括不是蜀人的杜甫和陆游，等等，都奉相如思维为圭臬，成为巴蜀文学和美学的神韵和文心。蜀学不鸣则已，一鸣则"文章火焰留千古"（宋韩绛语），"蜀学之盛，冠天下而垂无穷"，"非夸饰也，考实以议也"①。"垂千年而耀万邦"。蜀学的这些特色是蜀人精神家园宝库中取之不尽、用之不竭的思想资源和创意资源，是激发创意性文化活力的动力。

南学比较蜀学，发展要晚一些，明清时期才显出亮彩来。但它一旦成为"学"，即以汪洋不可止歇之势，成为那个时代的主流。从明代陈献卓、湛若水到清代林伯桐、陈澧、容闳、严复，直到近代康有为、梁启超、孙中山，都是时代精神的精英体现者，都具有"汉宋兼采"，"以自然为宗"，突破程朱理学桎梏的特点，能站在思想启蒙和思想解放的前列。把南学与蜀学对比，蜀学在历史上虽曾站居前列，近代以后却落伍于南学。南学虽然后起，却能鸣时代学术之先声，成为百年民族文化伟大复兴和向现代化转型的先锋。近代南学是粤人精神家园宝库中的宝贵启蒙思想资源，是今日改革开放时期革新和思想解放不竭的动力。研究和把握蜀学与南学的根柢与内涵、文心与神韵，就找到了今日城市文化现代化建设的神韵和灵魂，为地域文化的综合软实力找到了增强增大增实的根柢。

---

① （宋）吕陶：《经史阁记》，（宋）扈仲荣等辑，刘琳校点：《成都文类》卷三〇，成都时代出版社2007年版，第332页。

第三章

巴蜀地理文脉

巴蜀素称天府之国，其地理环境具有山川俊美的生态，雄险幽秀的地势，青峰竞艳，丹壑争流的四川盆地特色。在这里，自然、人文与社会风习多种景观相生相依，情景交融，造就了得天独厚、品位极高的天府之国。我们可以用"一盆"巴山蜀水，"万卷"天府之国来形容巴蜀的生态之美。这样的巴蜀，散发着永恒的魅力，饱含着浓醇的兴味，吸引着越来越多的海内外游客纷至沓来，流连忘返。

为什么巴蜀会让人感觉如此神奇神妙？为什么一入剑门雄关就会让人有"天路看殊俗"（杜甫诗）的感觉？为什么古生物活化石大熊猫能在四川遗传生存八百万年？换句话说，为什么巴蜀能为大熊猫的栖息地提供长达八百万年的生态家园？这是不是同巴蜀山川的奥秘有关？这其中的奥秘，借用堪舆家的话来说，就在巴蜀"龙脉"的特异性上。

"龙脉"，原为古代风水学中堪舆家望山水气势所用的术语，这就是古人就人居环境建设的大量经验教训而总结出的一套评价山水地形优劣的方法，虽被蒙上一层神秘外衣，但实质也有其科学价值的一面。在地脉上，推崇上风上水，避讳地气山势冲撞。在水脉上，推崇上善若水，利用自然之势，尊重自然，构建活水人居环境。在山川环境与当地的人文习性的关系上，揭示历史的信息，传承历史的记忆，尊重特殊地域、特殊人群习俗品性的传统，这些都有其内在合理因素。所以，在这一章里我们借用"龙脉"一词，来说一说巴蜀的生态特色和个性。

再进一步说，江山俊势与自然奇构，因人的主观世界的艺术想象而构成生态环境的"文化基因"，这是生态的"龙脉"。人文习俗与社会风气，因习久成自然而构成一定生活思维方式的"文化基因"，这是人文的"龙脉"。社会结构与经济活动，因代代相因而构成业态发展的历史脉络，可视为业态的"龙脉"。将上述三方面综合起来，就形成为特定区域的地理环境的"龙脉"，它主要包括该区域的地脉、水脉及其对人文环境的影响。地脉与水脉虽然是自然存在，但当人们用文化的眼光去观赏，并让人与自然发生了文化的联系，

"采江山之俊势，观天下之奇作"①，这"采"和"观"就成了人观察的文化脉络，就出现了江山水势的不同异质点和特征，这也就是自然山川的文脉了。《史记·天官书》说："中国山川东北流，其维首在陇蜀，尾没于勃碣。"就指的山川与文脉的关系。所以，归根到底，地脉和水脉也是文化脉络的组成部分。文化是民族生存之根，发展之魂。民族生存发展的行为、习性与思维与它的地理环境有一定密切的关系。它的生存发展以文化为魂，获得历史的延续性和连续的表现形式，就会形成一种传承不息的"选择性结构模式"，这就是历史环境文脉。历史环境文脉是历时性的，它因几千年的历史积淀而成为历史传统。它又是空间性的，它将历史印痕、历史信息与历史记忆浸染并刻画于城市与乡村、街道与村落、环境与人群方方面面，构成地理环境与人文发展的脉络并产生规律性的联系，就成为自然环境历史文脉。所以，历史文脉实际包含地理的文脉、水文的文脉和人文的文脉，我们可以用"龙脉"或更广义的"文脉"来概括它。对于巴蜀文化来说，要弄清巴蜀文明的生长史及其发展趋势，不能不研究巴蜀的自然与人文地理环境，也就是不能不研究巴蜀的地脉、水脉和文脉。归纳起来说，也就是研究巴蜀的"龙脉"，从更广义的角度说，研究"龙脉"也就是研究文脉。②

第一节　巴蜀地脉

一、巴蜀地域范围

巴蜀文化区位于中国西南部，是以四川盆地为中心，兼及周边地区而风俗略同的稳定的地域共同体。它的腹心地区大致与今日四川省和重庆市的区域相当。就其中心区域而言，它以龙门山——大凉山为界，东部是四川盆地，西部是川西山地和高原，地当东经97°21′至110°12′，北纬26°03′至34°19′之间，属于长江上游流域的内陆腹心地区，只有极西北的若尔盖草地一小部分属于黄河上源。它的西北与青海相接，北部与甘肃、陕西为邻，东连湖北、湖南，南临贵州、云南，西倚西藏，是中国西南、西北和华中三大地区的聚合

---

① （唐）王勃：《入蜀纪行诗序》，《全唐文》第一册，上海古籍出版社1990年版，第808页。
② 参见谭继和《巴蜀文脉》之"说说龙脉"，巴蜀书社2006年版，第3～5页。

点。合川渝言之，其面积达五十七万平方公里。

从世界地图上，我们可以看到一个有趣的现象：巴蜀位于东亚大陆腹地的"两河流域"——黄河与长江之间，而与巴蜀同纬度的西亚的美索不达米亚则位于西亚"两河流域"之间的肥沃新月地带。还有同纬度的北非尼罗河谷，它们都有相似的地理条件：土地肥沃，水源充足，物产丰富，都是人类古代文明的生长区。

二、巴蜀地貌环境

巴蜀地势呈西北高东南低的走向，其地形复杂多样，含盆地、平原、丘陵、山地、高原、高山诸种类型，大致可划分为东西两部分。东部为四川盆地，西部为川西山地和高原。

东部为盆地，地形为典型的发育完整、周延无缺的盆状，以浅丘和平原为主，四周为群山环拱，西连青藏大高原，海拔在四千米以上。北界秦岭和大巴山，海拔约在两千米以上。南界苗岭，高度稍低，海拔亦在一千米以上。中部盆底低下平坦，地质上乃古代一内陆湖盆，因沉积有巨厚的侏罗纪、白垩纪紫红色砂页岩，故又有"红色盆地"之称，盆底大致可以广元、雅安、叙永和奉节四地的连线为界，面积约十七万平方公里，形状像个菱形的大盆。

在盆地地貌图上，以华蓥山、龙泉山为界，我们可以用笔划出盆地内部西、中、东三个部分：

西为川西冲积平原，居于龙泉山以西，面积为九千平方公里，是四川全省仅有的大平原。其中，以岷江、沱江冲积成的成都平原为最大，为盆地中农产最盛、人口最密区域，古称"华阳之地"。因在华山之南，古人以山南水北为阳，故称为"华阳国"，是巴蜀古文明兴起的中心地域。

中为龙泉山与华蓥山之间的川中方山丘陵，已辟为梯田、台土，是全省最大的农业区。

东为华蓥山以东的川东平行岭谷，由百山（华蓥山）、中山（铜锣山）、东山（明月山）等大小二十余条条状山岭和丘陵台地相间排列而成。

盆地内地形：山地约占40%，丘陵占51.9%，平原占7.2%。因地形多样，物产丰盈，资源丰厚，自然条件十分优越而自古以来即为农业富庶之区。"天府之国"的美誉，主要就是指的四川盆地。

盆地周边地形：四周高山连绵，为盆地与邻接地区间的自然界线。盆地北缘为米仓山和大巴山，山外为汉水河谷盆地。盆地东缘为川鄂界上的巫山山脉，乃长江三峡地貌的展示处，其外为湖广盆地，古称云梦泽。盆地东南缘为武陵山脉，山间为施南盆地，属于湖北，以七曜山为川鄂分界线。正南缘为娄山山脉，横亘其外为云贵高原。西南缘为大小凉山，山外为宁南高原。西缘为龙门山、邛崃山、夹金山、大相岭，山外为青藏高原东麓和横断山脉南端。

　　盆地的特殊地理环境，对巴蜀文明的产生、发展和衍变带来强烈影响：一方面，盆地四周有高山屏障，自成一个地理单元，《史记》称它为"四塞之国"，使它的文化面貌具有显著的独特性，即古人所谓"人情物态，别是一方"。另一方面，巴蜀文化虽也不可避免地具有农业文明的封闭性和静态性，但它也具有对外努力开拓的开放性和对内充分凝聚的向心性。这一特点在相当程度上与地理环境有关，而且时代越古，这种关系越密切。尤其是环境的多样化和兼容性带来山林竹木，瓜果药材，北粟南稻，桑蚕漆蜡，应有尽有，比东亚大陆哪个区域都要富饶，从而促成了巴蜀人巧思勤作、不畏艰险、勇于开拓等传统的形成。要想跨出盆地，那么，东出三峡，便与楚文化的孕育地江汉平原山水相通；北越秦岭、大巴山，便与秦陇文化的中心关中之地岭谷相连；走近西北，则与横断山脉的"藏羌彝走廊"路途相接。所以，司马迁说"栈道千里，无所不通"，本来闭塞的盆地反而因地理条件的多样性和多变性而导致古代四方的交通和经济文化交流的便利，形成巴蜀文化善于兼容和开放的文脉特点。

　　西部为高原和山地，包括盆地西缘山地以西的高原和高山峡谷地区。西北为甘孜——阿坝高原，为"世界屋脊"青藏高原的东南一隅。在这里，发源于岷山高原上的岷江上游，古称"江源"。这里是黄河上游第一湾所在区域，属于"河源"的一部分。"江源"与"河源"交汇的这一区域，是氐羌高原文化较早发展起来的地方，也是蜀文化的来源地之一。西则为横断山脉，有沙鲁里山、大雪山、邛崃山和大凉山，是我国西南横断山脉的北翼，山脊海拔均在四五千米以上。其中大雪山之巅的贡嘎山高达7556米，是四川第一高峰，白雪皑皑，冰川峥嵘。这里，山大谷窄，峻岭深壑，巉崖峭壁，险阻异常，岭谷高差往往在两三千米以上，是全国地表起伏最悬殊的地区之一。这里从北到南，大雪山、邛崃山和大凉山等南北向山脉构成横断山脉，是四川东部和西部重要的地理分界线，是农业区域与游牧区域天然的界线，东部和西部不同特征的地貌、气候、植被、农业和民族，均在这里分界，表现出明显的差异。

三、巴蜀生态环境

良好的生态环境，是巴蜀文化生长、繁衍的温床，它不但造福于历史，而且造福于今天，还将继续造福于未来。

巴蜀境域以今四川省和重庆市而论，正好位于北纬三十度上下，与其他世界同纬度地区相比较，生态环境和气候差异性都很大。试观同纬度的阿拉伯、伊朗、非洲北部及北美南部，正当北半球回归高压气带，空气下沉，温热干燥，莫不为沙漠横亘区域。这些地方的古文明发生区域有如沙漠中星星点点的绿洲。而巴蜀境域则不同，这里没有同纬度的沙漠现象，而内部地形差异性极大，受不同季风环流的交替影响，表现为亚热带、暖温带、温带、寒温带等诸种气候和动植物的多种生长类型，大致可划分为东部中亚热带湿润气候和西部的西南山地亚热带半湿润气候，以及西北高原冬干夏雨高寒气候三大类型。

东部盆地四面环山，冬季寒潮不易入侵，夏季熏风现象显著，具有冬暖、夏热、春旱，无霜期长，雨量充沛，湿度大，云雾多，日照少，秋季多绵雨的特点。雅安一带是全省雨量最多的区域，有"雨城"之称，"西蜀天漏"就是形容盆地多雨的特征。重庆市则因云雾多而被称为"雾城"。成都平原，古称"都广之野"，适宜于亚热带常绿阔叶林生长，"爰有膏菽、膏稻、膏黍、膏稷，百谷自生，冬夏播琴（即'种'）。鸾鸟自歌，凤鸟自儛，灵寿实华，草木所聚。爰有百兽，相群爰处。此草也，冬夏不死"。[①]近年来在成都市区西北的金沙遗址发掘出殷周时期的象牙重达一吨，这说明当时的成都平原适宜于象群生长，属于亚热带气候。这里自古即是山清水秀，葱茏绿郁，夏无酷暑，冬无严寒，适于农耕，既适稻作，又适黍稷，鸾凤百兽，和谐爰处的美丽富饶之地，故有"天府之国"的美称。

巴蜀地域的生态环境具有"南稻北粟兼而有之"的特点。这里是东南半壁的稻作农业与西北高原地带粟作农业两大文化板块的交接线，因而给巴蜀农业文明刻上了南北作物交汇、南北耕作交融的烙印，很早即成为栽培农业优越秀冠的发达之区。成都平原西徼紧连岷山，高大乔木爰生之地，故被称为

---

① 袁珂校注：《山海经校注》，上海古籍出版社1980年版，第445页。

"昆仑"，又名"都广山"①，被古蜀人想象为神仙"众帝"上下的建木"天梯"②，仙者"翱翔云天"③的"天地之间"④所在地。

西部高原地形复杂，海拔悬殊，因而气候变化很大，有多种类型，具有干季雨季分明、日照充足、气温年差较小而日差较大的季风高原型特点。十分罕见的是高山垂直带谱气候。例如，雄伟壮丽的贡嘎山西接雅砻江，东临大渡河，山高谷深，水流湍急，气候温和，雨量充沛。山脚到山顶垂直气候差别很大，山下盛夏骄阳，青稞茁壮，山腰春光明媚，草绿花红，山顶白雪皑皑，冰川剔透，其中最大的海螺沟冰川绵延十五公里。"一山有四季，十里不同天"，"人间四月芳菲尽，山寺桃花始盛开"，是一山气候垂直方向急骤变化的真实写照。

高原南端的金沙江、安宁河谷地区纬度较低，海拔较高，加以北部群山阻隔，气候独具一格，既有干季雨季分明的季风高原型特征，又有冬暖夏凉、四季不鲜明的低纬度亚热带型特征。

巴蜀东部和西部不同的地形和气候，带来这里生物圈内容的兼容性和多样性，是珍稀动植物的宝库。植物约有四千多种，其中珍贵的有比大熊猫还古老的珙桐、连香树和水青树，有水杉、银杉、冷杉、云杉等高大乔木，有古老的铁树——苏铁。有各种杜鹃和花楸，不同时令开不同颜色的山花，烂漫幽香。还有箭竹、木竹、方竹、筇竹等四十多种竹类灌木层，是珍贵动物大熊猫食用的"粮仓"。

巴蜀动物资源十分丰富，有脊椎动物1246种，占全国总数的45%以上，兽类和鸟类约占全国总数的53%以上。列入国家保护的珍稀动物有55种。举世闻名的"国宝"大熊猫，主要生息在四川境内的保护区内。金丝猴是栖于树上的"金发女郎"，它的法国名称叫作"洛克塞尔·安娜猴"，是用一个俄国金发女郎的名字命名的。扭角羚是森林、灌丛和草甸之间的游民，角似羚羊但扭曲

---

① 《淮南子·地形训》"建木在都广"，高诱注："都广，南方山名也。"中华书局《诸子集成》（第七册）1986年版，第57页。
② 袁珂校注：《山海经校注》，上海古籍出版社1980年版，第448页。
③ 《淮南子·地形训》，中华书局《诸子集成》（第七册）1986年版，第57页；又见袁珂校注：《山海经校注》，上海古籍出版社1980年版，第444页。
④ 《淮南子·地形训》，中华书局《诸子集成》（第七册）1986年版，第57页；又见袁珂校注：《山海经校注》，上海古籍出版社1980年版，第444页。

似牛，头似马但嘴有羊胡须，肩似驼但尾似鹿，被美国著名动物学家夏勒命名为"六不像"。鬣羊是悬崖峭壁上的探险家。毛冠鹿是密林竹丛中以草类为食的青鹿。还有小熊猫则是大熊猫的亲密伙伴。从历史渊源上看，它们都是一百万年到几百万年以前的古老动物，曾共同经受过第四纪冰川的严峻考验。从若干考古发掘看，巴蜀化石动物群兼跨大熊猫——剑齿象动物区和北方区两大区系。现生种与之衔接，兼东洋界和古北界两大区系。《华阳国志》记载古代巴蜀贡献的珍稀动物有犀象、牦牛，还有山鸡、白雉，其毛皮羽绒很早已被开发。由于长期自然环境的变迁和人类活动半径的不断扩大，这些几百万年前古老动物"活化石"的栖息地逐渐缩小，借助于我国西南高山深谷的庇护才得以生存下来。

杜鹃鸟与杜鹃花与巴蜀文明形成时代的杜宇历史还有关系。巴蜀农祖"杜宇"之名，即指"杜鹃"。"望帝春心托杜鹃"（李商隐诗句），望帝升西山归隐，其魂魄化为啼血杜鹃，每到春耕时节即以其啼叫声来唤醒农夫快起来开始农作春耕了。因关注农作民生心切心急，甚至啼叫得嘴壳出血（因其嘴是自然红色而由蜀人生出想象），血滴在映山红花上，因而映山红被称为"杜鹃花"。这个故事历代流传，成为古典诗词中的重要题材和意境，历代"啼鹃诗"多达千首以上。这是因巴蜀动物而生出的"人类文化"的典型范例，也是巴蜀文化独有的文化意境和文化现象。

四、巴蜀地脉的文化特征

巴蜀地脉是巴蜀文化生长的天然摇篮，巴蜀文化的发育、巴蜀文化特征的形成，乃至巴蜀人的民性和文化性格特征，都与巴蜀地脉有极大的关系。就巴蜀地脉的文化特征而论，有下列六点。

（一）"一盆"巴山蜀水，"万卷"天府之国，是巴蜀农业文明的摇篮

优越独特的生态环境为巴蜀农业文明和城市文明的很早兴起，创造了十分有利的条件。晋人左思《蜀都赋》曾生动地描绘巴蜀古代生态："其封域之内，则有原隰沃衍，通望弥博，演以潜沫，浸以绵雒，沟洫脉散，疆里绮错，黍稷油油，粳稻莫莫"，"尔乃邑居隐赈，夹江傍山。栋宇相望，桑梓接连。家有盐泉之井，户有橘柚之园"，是理想的"农业国"。用今天的话来说，也可以形象地称为"一盆巴山蜀水，万卷天府之国"，是一本打开就引人入胜，使人手不释卷、"老夫白首欲忘归"（陆游诗句）的好书。在巴蜀封域内，平

原、丘陵主要为水稻土、冲积土、紫色土，是省内主要农耕土壤，是孕育巴蜀竹篱茅舍，春水潺潺绕屋的"林盘文化"的生长地。山地为红壤、黄壤、棕壤，是主要的森林土壤，也是巴蜀"梯田文化"特色的孕育地。高山、高原广泛分布的高山草甸土，适宜生长各种牧草和灌丛。最早的牧羊人——氐羌在远古时代就已选择岷山作为生息地，从河湟来到岷山，再下到川西平原，创造农作文化，这里也就成了巴蜀文化的重要源头之一。《华阳国志》记载巴地和蜀地不仅"土植五谷，牲具六畜"，而且是"桑蚕麻苎"等经济作物的优良产地，是鱼、盐、铜铁、丹漆、茶蜜、灵龟、巨犀、山鸡、白雉、黄润布、鲜粉、璧玉、金银、珠碧、铅锡、赭垩、锦绣、牦、犀、象、毡、毦、丹黄、空青等土特产品的优良产地，还是荔枝、芳蒻、香茗、给客橙等奇珍异果的生产地和巴戟、天椒等名贵药物的出产地。至今，巴蜀还受着这样优越的自然条件和生产条件的恩惠。

（二）"宇宙之绝观，优游之天府"，巴蜀山水景观具有天下第一流生态神品的质地

古人鉴赏书画，以最高境界为神品，赞其"气韵生动，出于天成，人莫窥其巧者"。用这句话来赞美巴蜀的山水是最恰当不过的了。很巧的是，古人很早就有这样的看法。这些看法还历代相传。"初唐四杰"之一的王勃就认为巴蜀是"宇宙之绝观，优游之天府"，是富贵悠闲、别有洞天的自然佳境。王勃于唐高宗总章二年（669）五月"自长安观景物于蜀"[1]，写下了"入蜀纪游诗三十首"[2]（已佚），这是目前我们所知的巴蜀旅游史上以旅游为目的、个人旅游的最早记录。他从剑阁一路行来，"采江山之俊势，观天下之奇作"[3]，俊秀的江山形势，壮丽的自然奇构，给了他游仙似的灵感和神游般的快感，他引吭歌颂巴蜀山川的特异："丹壑争流，青峰杂起。凌涛鼓怒以伏注，天壁嵯峨而横立，亦宇宙之绝观也！"[4]在他之后，诗圣杜甫入蜀，带着中原人的文化眼光，忽然感到蜀中是山川习俗迥异的"别一世界"。看到的山川是新的："我行山川异，忽在天一方"；看到的人是新的："但逢新人民，未卜见故乡"；看到的习俗是新的："出入异中原"，"天路看殊俗"，"异俗嗟可

---

[1] （唐）王勃：《入蜀纪行诗序》，《全唐文》第一册，上海古籍出版社1990年版，第808页。
[2] （唐）王勃：《入蜀纪行诗序》，《全唐文》第一册，上海古籍出版社1990年版，第808页。
[3] （唐）王勃：《入蜀纪行诗序》，《全唐文》第一册，上海古籍出版社1990年版，第808页。
[4] （唐）王勃：《入蜀纪行诗序》，《全唐文》第一册，上海古籍出版社1990年版，第808页。

怪"；看到的城市是新的："喧然名都会，吹箫间笙簧。"直到19世纪末，法国人古德尔孟入蜀，在《云南游记》中还写下了这样的观感："入四川更惊其人工生产：入其野，桑麻遍野，井井有条，其农之勤可知。入其市，人工制造的物品，陈列满场，且发运他省者相望于道。此等绝妙未经开辟的舞台，如加点缀，即可成为一东方的巴黎。"①近代白屋诗人吴芳吉据此写竹枝词，称颂"成都富庶小巴黎"。把成都称为"东方的巴黎"，就是从这里来的。成都还有个"小北京"的雅号，这是茅盾在抗战期间入蜀时给的。他认为成都如北京一样，是个"民族形式的大都会"。②上述这些看法表明，巴蜀历来是块神奇特异的地方，是与中原景观特色迥异的"绝域殊方"，是天府胜境，是宇宙绝观。这种历代人都能认同、形成共识的"优游天府，宇宙绝观"的观念，一经成为连续性的传统，就变成了今天一笔无与伦比的文化遗产，这是从实景实观的物质遗产中升华提炼出的非物质遗产或曰无形资产，值得我们珍视。

（三）巴蜀自然世界的两大神奇：与世界几大文明发源地同纬度现象及多"三峡"景观

"剑门天下雄，夔门天下险，青城天下幽，峨眉天下秀。"雄、险、幽、秀这四大特征是前人逐步总结出来的，用这四个字来形容巴山蜀水的神奇。这里有保存完好的原始自然生态、古老独特的地质现象、冰山与草原共生的高原风光、特殊的民族风情生态。近些年来，更有九寨仙境、黄龙瑶池、稻城亚丁丹巴风情"香格里拉"、海螺沟冰川、卧龙熊猫故乡，皆令世人惊叹巴蜀自然世界无边的神奇。

如果我们换一个文化学的视角来观察，那么，巴蜀地脉最大的特征就是"神奇的自然世界"。

一是与世界几大文明发源地的同纬度现象。巴蜀位于东亚大陆腹地的"两河流域"（黄河与长江）之间，而与巴蜀同纬度的西亚美索不达米亚则位于幼发拉底河和底格里斯河之间肥沃的新月地带，还有同纬度的尼罗河的埃及文明、印度的印度河与恒河文明。它们都有相似的地理条件，都是在北纬三十度左右，土地肥沃，水源充足，物质丰富，都是人类古代文明的诞生地，彼此相距都在两千公里左右。但它们之间也有很大不同。印度河流域文明兴盛于公元

---

① ［法］古德尔孟著，大悲译：《云南游记》，《云南杂志》1906年第3期。
② 茅盾：《民族形式的大都会》，茅盾：《见闻杂记》，文光书店1943年版。

前2350年至公元前1750年之间，但后来中断了。埃及文明和两河流域文明也是中断了的。它们先后受到草原民族连续的侵扰，后来又被马其顿的亚历山大征服，融入希腊文化、罗马文化、基督教文化、阿拉伯—伊斯兰文化中。而巴蜀文明连续四千五百年以上，与中华大文化一样从来没有中断。巴蜀文明是在一片平畴绿野和天府陆海的绝妙景观中诞生的，而后两者却是在大片沙漠中的绿洲诞生的。仅就此点而言，巴蜀文明更具魅力和价值。

二是盆地内诸河流的中下游与大地褶、大背裂和大裂谷地貌相接处，多成峡谷地带，形成巴蜀多"三峡"景观。西晋左思《蜀都赋》说"经三峡之峥嵘"，北魏郦道元《水经注》也称"三峡"，这是"三峡"最早的出处。"三峡"之名开始是长江三峡的特指，后来渐成巴蜀许多峡谷激流的共称。如岷江蜿蜒于龙泉褶曲的南端形成岷江小三峡；沱江中流横渡龙泉山而成金堂峡；嘉陵江下流截断沥鼻、温塘、观音诸山而成嘉陵小三峡；长江重庆以下，有铜锣、明月和剪刀三峡；奉节至宜昌，长江截断巫山有著名的长江三峡：雄伟险峻的瞿塘峡、幽深秀丽的巫峡、滩多水急的西陵峡。此外，巫山大宁河有小三峡和小小三峡，青衣江、涪江均有三峡之称。

巴蜀的众多三峡，构成天府的突出特色和奇观，这是大自然的恩赐，可见"三峡"一名历史积淀深厚，已被赋予特殊的文化意识。"三"在古汉语里本来就有言其多的含义，因此，多于三个峡的也竞相用"三峡"之名，如果用"大峡""二峡""四峡"名之，就会失去它的文化韵味，人们也不认同。四川自然景观还有许多神奇处，难怪王勃称之为"宇宙之绝观"了。

"宇宙之绝观，优游之天府"这样天下一流神品的巴蜀景观，具有特殊的文化观赏价值，并在激起人高度美感的同时，还激发人创造的灵感。

（四）"巴山夜雨"与"西蜀天漏"

巴蜀气候有一大特征：秋天多夜雨。小时候曾听母亲讲巴蜀民间的一个传说：行旅之人、果园种植人和拉纤的船夫三人同时向土地菩萨求愿。三人各有所愿：行旅之人希望不要下雨，才好走路。桃李果园希望有雨但不要有大风。船夫希望无雨但要有大风佐助拉纤。土地菩萨想了一想，用三句话解决了这个矛盾，同时满足了三个人的愿望。这三句话是："日晴夜落雨，风吹大河边，不吹李子园。"这就是巴蜀秋天物候的真实写照。巴蜀天气，不似吴头楚尾，往往白日皎皎，入晚犹星月粲然，至午夜梦回，忽檐头渐沥，西窗惊梦，夜雨灯昏，尤足使羁旅之人触绪牵情，不能自已，客听秋雨，往往引发"深夜拥衾高士梦，晚秋听雨读书堂"的感叹。最有名的诗是唐代李商隐的《夜雨寄北》："君问归期未有期，巴山夜雨涨秋池。何当共剪西窗烛，却话巴山夜雨时。"一首七绝寥寥二十八字中，两度复述"巴山夜雨"，可见诗人对"涨秋池"的物候印象之深，这首诗也成为巴文化景观的一大绝佳写照。还有一个唐玄宗创作"雨霖铃曲"的故事。《明皇杂录》说：天宝十五载八月，唐明皇逃蜀，越秦岭进入褒斜道，霖雨兼旬，于栈道中，听到铃声与雨声相应，明皇想念贵妃，遂采雨铃之声，作"雨霖铃曲"。白居易《长恨歌》曾动情地描绘当时夜雨闻铃情景："蜀江水碧蜀山青，圣主朝朝暮暮情。行宫见月伤心色，夜雨闻铃肠断声。"玄宗逃蜀的天宝十五载的八月，相当于公元756年的8月30日至9月28日，这正是典型的秋雨夜落的季节。陆游《老学庵笔记》说："今成都乃未尝有梅雨，惟秋半积阴，气令蒸溽，与吴中梅雨时相类耳。"这三则故事和记载都发生在巴蜀内的不同地域，但均为川中"朝云暮雨"、秋雨连绵之一证。"天漏"一名，来自雅州（今雅安）。雅安天全县县名，据《天全州志》记载。即源于夜雨多漏天，为"以漏补全"，故名"天全"。因川雨多在川西，而川西则以雅安为最多，故有"离人自呜咽，秋林近漏天"（唐李频《眉州别李使君》）的诗句。

多夜雨的天候，引发诗人多纪夜雨的诗，形成一种特殊的夜雨诗体，这种诗歌体裁数量当推蜀中为第一。如费昶诗："朝云触石起，暮雨润罗衣。"范云诗："霭霭朝云去，溟溟暮雨归。"刘方平诗："峡出朝云下，江来暮雨西。"郑世翼诗："霏霏暮雨合，霭霭朝云生。"卢象诗："晚见江山霁，宵闻风雨来。"张子容诗："朝云暮雨连天暗，神女知来第几峰？"赵孟𫖯诗："绝顶朝云散，寒江暮雨频。"李频过巫峡诗："暮雨晴日少，啼猿渴下难。"这些诗描绘的神女云雨之事，也是因夜雨而引起的。

再往前追溯，战国楚国鄢人宋玉曾写"高唐赋"，最先行吟巫山神女的故事。《水经注》说："所谓巫山之女，高唐之姬，旦为行云，暮为行雨。"这说明巫山朝云暮雨之说，从文献考察，当自战国始，它说明蜀中两千多年来的气候，一直维持着"秋夜多雨"的特征。

与此相应的还有"蜀犬吠日"的传说，是说蜀中阴雨天多，故蜀犬少见多怪，见到太阳就惊叫起来。这是蜀中物候又一个方面的特征。

（五）四川盆地犹如容纳百川的大水库，犹如熔冶多种地方文化与多元民族文化的大熔炉，特殊的地势形成包容与开拓的特点

四川盆地的文化特点，一是有中原文化、秦陇文化、氐羌文化、滇黔夜郎文化与巴蜀文化在这里交汇；二是历代有各种移民文化在这里汇集，融合为各个时期的巴蜀文化。这里引用抗战时期有名的《文史》杂志"四川专号"的社论来说明：

> 四川乃中国民族文化的大熔炉。这里可以消灭一切部族的区域的限界，使整个中华民族融合无间，而社会文化获得综合的向上发展。因为这里有全国共通了解的语言，与共通适应的生活，全国任何人到了这里都会自然融合，这对于新中国前途的发展实有莫大的裨益，值得我们庆幸。虽然我们有时也发现与这相反的事实，但那是违反自然趋势的，也就是说，是违反历史的演进的，因为不但新中国需要形成一个有机体，即四川过去的历史也是循着这个轨道发展的。从历史上看，现在的四川人可说完全是由别处迁来的。自秦惠文王"移秦民万家实之"，及"始皇克定六国，辄徙其豪杰于蜀"，其后代有迁徙，特别是明季张献忠乱后，各省移民入川的不可胜计。今日的四川人大半是那时候从各省迁来的，这里面可能包括了中国各地区各部族的人民，而形成了一个新生的有机体，为新中国前途奠定了基础。所以我们应当正确认识这一历史事实及其未来的发展。①

由此可见，巴蜀文化这种"大水库""大熔炉"效应，是与四川盆地这一特殊地势有关的。

（六）巴蜀地理环境的战略地位：历史上多为全国统一和民族复兴的根据地

早在两千多年前，司马错论伐蜀时就议论到了这一战略特点。他说："得蜀则得楚，得楚则天下并矣。"秦统一六国是因为先灭巴蜀，以天府之国的兵甲财赋作为根据地，浮江伐楚，才统一了全国。楚汉相争，刘邦依托汉中巴蜀为根据地取得战争的胜利，进而统一全国，连汉朝的得名也是因汉水而得名汉

---

① 中华书局《文史杂志》第三卷第五、六期合刊"四川专号"社论：《创造四川历史的新页》，1944年3月1日。

中，刘邦为汉中王而命名为"汉"。这个"汉"是指汉中平原与成都平原。三国时期刘备在巴蜀建"蜀汉"国，诸葛亮六出祁山，其意图也在以巴蜀为根据地，以便统一全国。后来魏晋统一全国，首先征服蜀国，最后灭吴而统一。北周、隋统一全国的战争，也是从占据天府之国作为战略统一的基础开始的。安史之乱中，中原残破之际，唐王朝主要依靠剑南西川的财力作为复兴统一、战胜分裂的支柱，因为当时益州的财赋收入已占中央收入的大半，远远超过了东南地区。赵宋统一全国，也是从灭后蜀国始，然后扩及南唐诸国。抗日战争时期，四川作为大后方，成为复兴中华民族的根据地，其原因就在于巴蜀自然环境的优越战略地位。巴蜀是"四塞之国"，又号称"天府之国"，有江山之险与物产之饶，进可以攻，退可以守，所以在统一中国的战争上，巴蜀实占无比的优越地位。五代末宋初的郭崇韬写了一本《蜀韬》，就是专门论述巴蜀战略地位的史书。抗战时期还有人论述说：历史上统一战争主要还是凭借"天庒之国"的粮食资源，四川含有丰富的矿产资源未被利用。因此主张凭借四川丰富的农业和矿业资源，作为完成抗日战争空前的民族复兴伟业的有力保证。这一战略共识在抗日战争时期并未完全实现，直到新中国成立后，实施三线建设战略才得以继续加以推行。蜀人早在汉代就已经有明确的文化中国大一统的文化共识和身份认同，在新疆和田地区尼雅遗址发现的汉代蜀锦肩膊上有"五星出东方利中国"八字，就是成都人历史上最早以文化中国身份认同的理念传播于丝路的明证。

（七）大熊猫以巴蜀为最后栖息地，这是巴蜀地脉传承的生态绿舟得天独厚的结果

巴蜀作为生存八百万年的动物活化石大熊猫的最后栖息地，而在其他地域早已绝迹，这是大自然的恩赐。大熊猫是大自然的产物，但它自被人类发现以后，就被赋予了重大的文化意义：

其一，大熊猫是和平友谊与和谐吉祥最古老的世界使者，代表着中华民族文化和谐吉祥精神的深厚的历史底蕴。

大熊猫是中国的国宝，是大自然留给人类的遗产，是世界人民的共同财富。它的历史比人类还要古老，是人类永恒的朋友。它那神奇、美丽而又慈祥的形象，引起古往今来世人的怜爱，自古即被作为和谐吉祥与和平友谊的象征，早在西周即被称为貔貅，又叫驺虞，其形象画之于旗，被作为部族之间停战议和的标志。它的食性淳善，以竹类为食，素有不杀生的美誉，长期与人类

共生共处，与人类生死相依，有着天然的友谊，被称为和平的"义兽"，故一直被视为和谐吉祥的象征。和谐，是中华民族的传统文化最基本的精神，吉祥是中华民族文化最古老的良好祝愿。和谐吉祥，代表了中华民族热爱和平、追求世界大同的理念和本土文化的特色。而大熊猫形态肥硕雍容，仪态万方，色彩组合，巧妙和谐。大熊猫体毛黑白两色，反差强烈，纹章布局巧妙，以大自然最简单的黑白两种元色，蕴含了宇宙最丰富的妙理和妙趣，如黑白相间的足球，黑白两子的围棋，因此，自古至今即受到人们的喜爱，是和谐吉祥精神最好的象征。

其二，大熊猫自古便有了和平使者的身份，是世界人民最大的文化认同的美好形象。

早在一千三百年前，武则天即赠予日本国神武天皇一对"驺虞"（大熊猫）。1869年四川宝兴穆坪教堂神甫戴维制作了大熊猫标本在巴黎展出，引起轰动。到20世纪30年代，美国服装设计师露丝·哈克纳斯从汶川把命名为"苏琳"的大熊猫带到美国芝加哥动物园展出。1944年英国史密斯带回英国的十二只熊猫中的"明"死后，《泰晤士报》特发讣告，称大熊猫为"精美的有生命的玩具熊，给千百万人带来欢乐"。新中国成立以来，大熊猫到苏联、朝鲜、美国、日本、法国、墨西哥、英国、德国、西班牙等国担任和合吉祥的亲善大使，传播友情，掀起了持续升温的熊猫热。在欧洲和日本，大熊猫去世曾引起万人凭吊。时任国际奥委会主席的萨马兰奇曾用1992年巴塞罗那奥运吉祥物"科比"的名字，来为大熊猫命名。可见，大熊猫是诸种动物形象中为世界人民文化认同度最高的美好形象，取得了最广泛的世界文化的认同。

其三，大熊猫与其活动环境、生存家园的关系，象征着自然世界神奇的生命之舟，象征着生物多样化、文化多元化的世界"和而不同"的精神家园，是和谐世界的象征。

大熊猫的家园在四川、陕西、甘肃等地的秦岭以南，主要在四川区域，多是云雾缭绕、浓荫葱郁、藤蔓缠绕、遮天蔽日、万壑奔流、重峦叠嶂的高山深谷，使人联想到北纬三十度左右的文态奇观和生命奇观。神奇的大自然是大熊猫的生命之舟。现已发现的数百万年前的始熊猫化石同现存的活着的大熊猫链接起来，说明大熊猫生存达八百万年之久，也说明巴蜀神奇的大自然环境为大熊猫生活的绿舟承载了八百万年。而它古老的历史、稀少的数量和重要的科学价值，以及在拯救濒危物种神圣工作中的首要地位，则昭示着繁育大熊猫的巴蜀文态环境的神秘。大熊猫数百万年的奋斗史，代表着生命的壮丽、珍贵和艰辛，是人生历程的教科书，促进人类对保护和热爱大自然的思索，对热爱人类家园、热爱大自然的高尚而文明的行动的思索。而人类这种重视生态保护的高尚文明行为正是未来时代的潮流和生活方式，是千百万人追求的目标。这是适应人类未来社会需求和生活方式追求的美好象征，是世界和合精神家园的象征。

其四，大熊猫的形象，其外貌的神奇和美丽，有着强烈的第一视觉冲击力。其内涵则蕴含着传统文化和合二仙的神韵。

和合二仙是民间传说中象征和谐吉祥的神，其形象蓬头笑面，起源甚古。早在宋代即被民间称为"万回哥哥"："祀之可使人在万里之外亦能回家，故曰万回。"到清雍正时，民间封寒山和尚为和圣，拾得和尚为合圣。二像蓬头笑面，一手持荷花，一手捧圆盒，取和谐好合之意。民间常于厅堂或喜庆时挂用。可见和合二仙形象在历史上也有个发展过程。

其五，对大熊猫的科学探索。

成都科学家在大熊猫胃内发现前毛属和内毛属两类纤毛虫，揭开了大熊猫消化竹子之谜，这在世界上尚属首次。大熊猫作为生存数百万年的活化石，还有许多未解之谜，有待科学探索和研究。特别是对大熊猫的消化生理学理论的探索会产生深刻的影响，这有助于揭开物种保存之谜。

第二节　巴蜀水脉

一、巴蜀水系

在四川省与重庆市境内共有河流一千三百多条，其流域面积在五百至一千公里范围内的河流有二百三十多条，主要有长江，又称"川江"，包括岷江（含大渡河、青衣江）、沱江、嘉陵江（含涪江、渠江）、金沙江（含雅砻江）、乌江、赤水河等，属于长江水系，只有极西北的白河和黑河（墨曲）注入黄河，在若尔盖红原区域形成黄河第一湾。

巴蜀的河流源远流长，河网纵横，流域面积广阔，径流量极为巨大，是长江径流的三大源之一。东部盆地河流多辐集于盆地南部呈向心状分布。西部山地高原区的河流多由西北流向东南，成平行状分布。

因地形多样化的影响，川西北结构多为乔木式树枝状水网，川西南则为羽毛状水网。东部盆地所有水系都由南北两方汇入长江，呈树枝状水网，流聚于盆底的最低部，全盆的水皆汇聚于长江，这也是巴蜀文化具有凝聚力、向心力的地理原因之一。

总起来看，巴蜀水系可分为蜀河流系和巴河流系。蜀河流系的主要形态特征是：水出山而来，水态的树状分流，扇形扩张，浸润着"大道泛兮，其可左右"的生气。蜀水的主要地理特征则是"川西扇形冲积平原，城市建立在千里沃野之中"。巴河流系的主要形态特征是："水穿山而过，层岩叠嶂，险滩礁石，显示出通道式的输出形态，催生码头文化、航运文化"，凸显"高江急峡雷霆斗"（杜甫《白帝》）的豪气。巴水的主要地理特征则是"峡江台地，城市建立在万里波涛之滨"。①蜀水文化的"生气"与巴水文化的"豪气"结合在一起，赋予巴蜀文明共同体的灵动智慧和坚韧雄浑相结合的博大内涵。

二、巴蜀水脉

从巴蜀水系的分布图，我们可以观察出巴蜀水脉的走向主要有五条：

一是岷江水系。岷江古称江源，是因为古蜀人最先开发出岷江，也最早认识岷江，文化也最早发生在岷江，故古人认为岷江是长江的源头。这是文化地理的概念，不是自然地理的概念。后来明代徐霞客通过实地考察，才知道从流量、径流及江程长短看，金沙江才是长江的正源。但金沙江开发很晚，蜀人认识它的文化也很晚，因而在蜀人的眼光里，金沙江并没有被认为是"江源"，还是认为岷江才是"江源"。岷江源于四川北岷山高台之羊膊岭，今名浪架岭，约在北纬三十四度，入黄腾关南流，经松潘、茂县、汶川以迄于今都江堰市，峡谷深幽，水众流乱。修都江堰方治其滥觞，归于灌口。出都江堰后始流入成都平原，进入盆地中，地形陡降，构成以都江堰为扇头的扇形水泵。河在平原衍为无数支流，东南流，又总合于彭山县而出成都平原。成都平原之上河流密布，沟渠四达，堰坝栉比，引水灌田，十分方便。岷江过成都平原后，经彭山、眉山、青神，而南入于小三峡（平羌、北峨、黎头三峡），峡道绵亘三十里，风景如画。出峡而至乐山，西岸汇合青衣江、大渡河两大支流，水量大增，过去是为长江轮航终点。再南下，经犍为折向东南，至宜宾，注大江。全长约计六百七十公里，灌域二万七千平方公里。

---

① 以上引文见刘冠美、王晓沛主编《蜀水文化概览》，黄河水利出版社2014年版，第2～3页。

都江堰、彭山间的岷江河道，在缓斜扇状地上，析为无数支流。岷江出山之口，在都江堰市西北上流处曰灌口，出山后由离堆分为内江、外江两大系统。内江系又可归为沱江系及锦江系。沱江系由灌口向正东歧出，析为蒲阳、柏条二河，东合于金堂县城赵家渡，而后称沱江。锦江系之主流为新开河、走马河及府河（由柏条河向南歧出者），三河绕行成都附近而汇于中兴场，东南至三江口（彭山对岸）合于岷江正流。沱江、锦江二系，以凤凰山为其分水岭。外江由灌口向南流，析为沙沟、黑石、羊马、金马四大支流，总合于新津，而汇锦江于三江口。外江与锦江系又以双流县南之牧马山为其分水岭。内外江两大系统，上皆出于灌口，而下则一总束于三江口，一总束于赵家渡。灌口、三江口、越家渡间，略成二等边三角形，是为扇状水系地的范围。

都江堰以上之岷江，长约三百二十公里，流域面积约为二万三千平方公里。主要支流如杂谷河、黑水及臌河等，皆在岷江的西岸，流行于丛山峻岭之间，河床倾陡，水流湍急，侵蚀岩石之力汲大，故河身甚窄且深，西岸山岭多成峭壁，随处皆具峡谷形势。其间平地极少，汶川、茂县、叠溪等重要城镇，皆生于沿岸的小洪涵原上。1933年叠溪镇因地震埋于叠溪海子之下。岷江由发源处至灌县总落差达二千三百米，平均坡度达百分之一，似此倾陡之巨流，四川水力实赖其利。金沙江、大渡河，都是巴蜀重要的水力水利资源。

大渡河上流为大金川，经康定泸定西折而东流，经峨眉山南，有越巂水自南来会。越巂以南即大宁河流域，为雅砻江之支流。青衣江全长一百四十八公里，自雅安而东南，汇岷江于乐山，流短水急。在上流雅安附近拓为一小平原。大渡河在汉源、峨边附近，构成一狭小盆地。二江皆蜿蜒于高岭山地之间，水急滩险，无航行之利，然皆为发展水电力的理想地带。

二是沱江水系。沱江之源甚多，可总为二大系：一为自九顶山发源的三条河，即德阳河、石亭江、鸭子河，古总称为雒水；二为由都江堰市自岷江分出的柏条河及蒲阳河。上述五河皆汇流于赵家渡，由此穿龙泉山为金堂峡，而出成都平原。赵家渡以上各源，古又总称湔江，是西汉景帝武帝时，蜀郡太守文翁开湔江而成。赵家渡以下水始大，始称沱江。东南行经简阳、资阳、资中、富顺横穿青山而于泸县注入大江。沱江水源不长，其水量全恃岷江之赐而得为交通灌溉之用，岷、沱二江实可称为四川之双生河流，全长五百公里。

三是嘉陵江水系。嘉陵江为四川境内注入长江的第一巨川。在巴蜀境内有嘉陵江、涪江、渠江三源。

嘉陵江主流，远源于盆地以外的陇东地方，有东西二源，东曰西汉水，西曰白龙江。西汉水之东源，出陕西凤县东北之嘉陵谷（其东北即属渭水流域）。西汉水之西源始于甘肃天水县南之蟠塚山（秦岭山脉）。至陕西略阳县北，二源相汇南流，入于峡谷。经阳平关、广元，至昭化汇合于白龙江。东与汉水谷只隔一小岭，因此得名为西汉水。白龙江源出甘川两省界上的岷江，东流经西固、文县、过碧口而后入川境，至昭化与西汉水汇。白龙江源远流长，较西汉水有过之无不及，故可视为嘉陵江的正源。唯河行丛山中，两岸多为绝壁，水流亦急，舟楫难通，不若西汉水便利。

嘉陵江自昭化以下水量渐宏，唯犹重山夹峙。自阆中（海拔七百五十米）以下，地势始渐低坦，经南部蓬安、南充、武胜至合川，而东与渠江汇合，再西收涪江，水量大增，直至巴县，数十年前常年通行小汽船。嘉陵江的地理特征是多曲流，故合川与巴县间，江流横截华蓥山脉向南延出的三支脉，造成小三峡，曰沥鼻、温塘、观音三峡，风景秀丽，有温泉涌出，为重庆市著名休养地带。

涪江为嘉陵江西侧的大支流，发源于西北松潘县东的丛山中，东南行经平武至江油，入于盆地。仍东南流，经江油、绵阳，至三台西侧纳入凯江，至射洪东侧纳入梓潼河。再向东南合嘉陵正流于合川。全长约五百八十三公里。江油以上水行万山中，直到过江油，进入四川盆地，始有灌溉航行之利。美丽神奇的九寨沟就是以涪江为源。

渠江为嘉陵江东侧的最大支流，正源为巴水，源出陕西西南，行至通江县汇清水、宕水，至江口与西侧之南江相汇，再南流至三汇，东侧纳通江，水势始大。巴水南江二源，分布于通南巴一带。通江上源分为前、中、后三江，为城口、万源山地外通之路。盆地东北隅山地之交通，都依赖于上述诸源，而诸源总聚于三汇，故三汇能蔚为川东大场镇。三汇而下，河谷沿华蓥山西麓而东南，经渠县、广安至合川与嘉陵江正流相汇。

四是黔江水系。黔江为巴蜀长江南岸第一大支流，发源于贵州西隅的威宁，东流集苗岭以北之水，横贯全黔而来，至沿河走于川黔界上，龚滩而下，完全入于重庆市，北流至涪陵入长江。在贵州这一段亦名乌江，在龚滩以下这一段，亦名龚滩河，全长约一千公里。

五是金沙江水系。除金沙江正流外，还应包括金沙江的最大支流雅砻江和雅砻江的支流安宁河，其他如松麦河、水落河、鲜水河、理塘河等重要支流也属金沙江流域区内。从文化板块看,金沙江文化分布区域主要包括以西昌为中心的邛海文化区、以攀枝花市为中心的笮海文化区、云南大理的洱海文化区和昭通的千顷池文化区,并影响辐射到滇池与玉溪三湖文化区。

三、巴蜀水脉的文化特征

(一)"东别为沱"与江源文明

《禹贡》说:"岷山导江,东别为沱。"这是兴于西羌的夏禹治理岷江的基本经验的一个总结,是大禹留给蜀人的宝贵的治水遗产。它是自古以来人们整理岷江扇形水系进行人工分流的一种特殊治水方法。成都平原古为一片湿洳浸沃的泽地,"四川之水至多","先秦常为民患"[①],是靠从大禹治岷江(主要是治理"外江"[②]),到鳖灵凿金堂峡,再到李冰治理开凿都江堰(主要是"创始"治理内江[③]),对成都平原水系采用连环套似的、内外江分流的办法,向东不断分沱以利排洪,农业耕种才发展起来,这就叫"东别为沱"。如都江堰北流为三,皆是"东别为沱":东引到金堂的沱江,东北引到九陇(彭州)、雒城(广汉)的青白江,这两条江皆称为湔水。德阳河、石亭江、鸭子河、柏条河、蒲阳河,总汇于赵家渡,古也称湔水。湔者,剪也,是剪开的水,以上诸水形似剪刀东向分沇,故被统称为"沱江",可断定为"东别为沱"的产物。另一条引东南流经郫县、成都和原华阳县的检江(又称"流江"),即锦江,亦是"东别为沱"。故蒙文通先生曾说:"二江就是郫江、流江,就是禹贡之江、沱。自汉至唐宋无异说。"再如涪江源出岷山弓杠岭,东流过龙安、潼川,至合州入嘉陵江,亦"东别为沱"之意。为什么称为"沱"?"沱者,漾回潴水之名,蜀民呼潭为沱"[④],四川话叫"回水沱"也。从正流分洪的水,形成一个回水沱,好似一个人工水库,用以储水分流,这就叫沱江。因为岷江来自西北山地,地势高于东南,因此,分出的沱江总是

---

① (清)刘沅:《槐轩杂著·四川考》卷二,咸丰十年刻本。
② (清)刘沅:《槐轩杂著·四川考》卷二言:"若外江之水亦以溉田,而其水自禹导江已然。",咸丰十年刻本。
③ (清)刘沅:《槐轩杂著·四川考》卷二言:"内江之自冰创始。"咸丰十年刻本。
④ (清)刘沅:《槐轩杂著·四川考》卷二言:"沱者,漾回潴水之名,蜀民呼潭为沱,而诗亦曰江有沱。盖江水之在山也,流急滩奔,至平壤而始多停蓄。江者,众水所共之名,环蜀皆山,山皆出水,汇而为江,凡坦夷之地,悉为深潭,《经》(指《书经》)故言江沱,以该诸水耳。"这是关于"江"和"沱"二名的来源最确当的解析。咸丰十年刻本。

往东南流,故被称为"东别为沱",即向东分洪,别流出为沱江之意。可以说,古人对岷江流域的治理,主要就是普遍运用了"东别为沱"的历史经验。

《成都通览》说:就成都城区的地势而论,清水河、磨底河和沙河,"古称沱江",这说明它们都是平原上分洪泄洪,"东别为沱"的产物。特别是沙河(古升仙水,又称凤凰水)自古即是城市的泄洪道,是蜀人独有的"岷山导江,东别为沱"的治水方法的产物。沙河的上源从北府河分出,下流又返回南府河。实际上,沙河是从都江堰水系接受柏条河、徐堰河、走马河、沱江河、府河轮流输水,从洞子口注入。它是府河向东分流的产物,这就是"东别为沱",是为府河分流和分洪而开凿的。洞子口因乾隆三十一年(1766)引扬泗堰水灌田,在堰水跨沙河处建立暗渡槽而得名。因洞子口分洪,其西遂形成集市,成为S状村落。洞子口暗渡槽就是沿古"东别为沱"人工河流的遗迹而建的,因此,沙河是府河"东别为沱"的产物,是用"东别为沱"的方法整治沙河原有自然河道的诸小水系而形成的。如果从龙爪堰观察,干河、浣花溪和清水河如龙爪之形分流,故名"龙爪堰",这也是"东别为沱"。成都平原的河道多经过了人工整理,多是在自然河流基础上穿凿出来的人工运河。这些人工运河使扇形水系之间的高地突显出来,发展出丰腴之地、天府之国、陆海之乡的优越农业,这才有古代浣花大游江的情景和今日浣花风景区的景致。

成都沙河在成都水文化史上有着重要的地位,对这一点,我们过去认识不够,甚至有所忽略。细检沙河历史,其地位值得注意:它是影响成都城市布局历史发展的重要因素。成都城池格局受着城市水系变异的制约。在古蜀国时期,成都城池因漫无涯际、变幻无常的岷江扇形水系的影响而在众扇形水系之间的高地上形成众多小城池,如星斗点缀蓝天。现在,考古发掘已经证明,如宝墩文化时期沿扇形水系分布的十来个古城遗址,如金沙遗址、黄忠遗址、十二桥遗址等,都是受水系制约而形成的众多平原高地上的聚落,这可谓成都平原上"满盆珠玉"的古城聚落时期。战国秦汉时期,李冰、文翁治水以后,成都的二江成为城市经济和文化发展的摇篮,沙河即古升仙水成为二江的重要辅道。受二江平行由西北向东南流和古升仙水由北向南流的制约,成都城池只有沿二江发展,这是成都城池"二江珥其市"的格局发展时期。而这一时期的古升仙水因傍龙泉山系而无法使成都城顺畅地向东发展,使它在城市经济与文化发展上难以起到大的作用,但在军事上却有着重要的北来防御的战略地位。到晚唐以后,府河改道,成都府河与南河形成一个大的"二江抱城"的城市格局,沙河又同改道后的府河形成附着于城池东边的又一个小的"二江抱城"的城市格局。大的"二江抱城"如龟形，于是龟城的传说由是而兴。小的"二江抱城"如蚕形，两头大中间细，这很可能与蚕丛之传说有关，驷马桥附近羊子山西周"灵台"遗址的发现，说明这个蚕形的地貌是古蜀国人颇为重视的城池形胜。前些年沙河的整治正好依赖这个大小"二江抱城"的历史文脉向东恢宏成都的城市文化个性。笔者曾主持沙河文化工程规划及沙河景点规划，观察到不少工程单位在概念规划中十分重视沙河两岸景观与相邻城市边缘的文化链接，重视城市中心的文化与人流向沙河的延伸，这就是城市格局的历史文脉在起着作用。

从文化的始源看，巴蜀文化最先发展起来的、历时性最长的是农业文明，其主要特征是通过以"岷山导江，东别为沱"的治水方法清理水患而发展农业的江源文明。江源文明，又叫泽地文明，是中国农业古文明的一个重要特征。如鲁有大野（钜野）泽，晋有大陆（广河）泽，秦有杨陓、具圃泽，宋有孟诸泽，楚有云泽和梦泽，吴越之间有震泽，齐有海隅，燕有昭余祁，郑有圃田，周有焦护泽。以上系《尔雅》所说的十薮，即十个大泽。《尔雅》未说到西南。其实西南的泽也不少，如滇有洱海、滇池、千顷池，秦陇有仇池，是大理文化、滇文化、朱提文化和氐羌文化的发源地。蜀有"陆海"之称（见《华阳国志》），还有个专门称呼，叫作"梦郭"。所谓开明王自"梦郭"移，乃都成都，指的就是把"梦郭"泽地整理出来。泽地是文明最先发展的区域，泽地文明是巴蜀区域一个最重要的特征。成都平原泽地文明的走向，正好构成了成都平原从北向南的古蜀文明发展的中轴线。这条中轴线是成都平原泽地文明产生和发展的生命线。

（二）都江堰的水脉与成都城市发展

都江堰水利工程的主要特征是无坝自流灌溉。它是历代蜀人勤劳治水的结果。早在鳖灵时代，就凿金堂峡，开离堆，开始了都江堰水系的治理。到战国时期秦国时，蜀守李冰开都江堰、穿成都二江，成都城市的经济和文化因此而发展起来。

都江堰作为世界首创的大规模无坝自流水利工程，是世界水利史的明珠，现已列入世界文化遗产名录。都江堰渠首工程由鱼嘴、飞沙堰和宝瓶口三大主体工程组成。鱼嘴主要起分水和引水作用，飞沙堰主要起翻水泄洪的作用，宝瓶口（离堆）则起壅水沉沙和环流作用，既可排洪排沙，又有利于农田灌溉。三者形成了科学的系统治水工程，以精练文字概括历代治水经验而总结出的

"八字格言"（"遇湾截角、逢正抽心"）、"六字诀"（"深淘滩，低作堰"）以及长达十六句的"三字经"，是都江堰科学治水方法的总结。都江堰的建成，使成都平原河渠纵横、密如蛛网、沃野千里，号为陆海。"故记曰：水旱从人，不知饥馑，时无荒年，天下谓之'天府'也。"① 到清代，都江堰灌区已发展到十四县，灌溉面积达到三百万亩。新中国成立后，都江堰灌区已由成都平原引向川中丘陵，南至仁寿、青神，北到绵阳、射洪，西到邛崃、蒲江，东通资中、资阳，跨越岷江、沱江和涪江三大流域，干渠、支渠总长达七千九百四十公里，总蓄水库容量达十四点三亿立方米，灌溉良田面积扩大到一千万亩。近些年已规划，拟建设又一个灌溉面积一千万亩的新灌区。

"水利殖养其国"，成都是因水而生、因水而兴的城市。成都城市文化的性质与都江堰息息相关。都江堰是成都城市经济和文化发展的摇篮。成都城市文化的基本性质是以都江堰为源头的以"水利殖养其国"的农业文化和静穆的农业生活方式，同以"市张列肆，货贿山积"为特征的古典城市工商文化和动态的、充满生机活力的工商生活方式的矛盾运动的结果。

成都平原的河道多经过了人工整理，多是在自然河流基础上穿整出来的人工运河。这些人工运河使扇形水系之间的高地突显出来，发展出丰腴之地、天府之国、陆海之乡的优越农业。这些西北高而东南低走向的鱼脊形高地就是成都城市经济文化的诞生地。它的诞生，是受都江堰渠首工程和平原扇形水系之惠和影响的结果。两水之间的高地形成为成都城市文化发展的根脉。

（三）锦江春色大文章

1. 锦江与都江堰

锦江在战国秦汉时代称为成都二江，包括郫江（内江）和检江（外江）。自汉代以来，二江开始有了一个诗意化的通称——"锦江"。三国蜀汉时大文人谯周著《益州志》，记载了江水濯锦，其纹理鲜明，胜于初成，而其他河水濯锦却不如江水的故事，这是锦江得名最早见于文献的记载。至于"锦江"作为非文献的口述称谓的产生，大概可追溯到西汉设锦官城之时。到唐代晚期高骈将二江改道，郫江就被称为府河（因环绕成都府治而得名），检江则被称为南河（因在府治之南得名。唐代前期成都为蜀郡，后来因唐玄宗幸蜀，故成都

---

① （晋）常璩著，刘琳校注：《华阳国志新校注》卷三《蜀志》，四川大学出版社2015年，第112页。

升格为府）。南河后来又可单称为锦江，是同府河相对应的称呼。不过在大多数诗文著作里，府河与南河往往通称锦江。

　　锦江的得名与都江堰相关。在古蜀时代，岷江进入成都平原后的水流是散漫浑浊的，平原一片沼泽，难以农耕。开明鳖灵治水，凿玉垒山导岷江诸水脉以归正流，疏金堂峡通沱水干渠以泄外洪，平原水患得到初步治理。到战国后期秦国成都太守李冰开都江堰，"穿二江成都之中"。"穿"二江的"穿"字怎么讲？是否人工开凿就叫"穿"？这样的解释，往往令人产生疑问。从成都平原地理条件考察，有此广大平原以来，不会没有水流。对这个问题的解释，蒙文通先生的说法最为合理。他说："李冰守蜀前，司马错已以六百万石米浮江伐楚，说明农业早已发达。如认为李冰始凿二江，就忽视了自然规律。但我们也不能反对人工河，人对自然的利用总是要加工的。李冰之为汉人所称道，也如江淮通流见于《禹贡》《墨子》《孟子》诸书，而吴通邗沟也是事实。李冰之功在于秦灭蜀后对水利更合理地调整，进行大规模的治理。章樵说李冰穿二江只是用二江引渠为灌溉，是很合理的。"穿二江成都之中，就是指古洗子河和古清水河得到治理，用二江引渠为灌溉，浊流变为清江，水害变为水利，这才有濯锦江波的条件，才有锦江的得名。没有都江堰的修建，就不会有洁净的锦江。都江堰是为了锦江的清流而修建的，锦江是为了成都城市的发展而治理出来的。都江堰是渠首工程，锦江是渠干工程，二者都是无坝自流灌溉水利工程的有机组成部分。没有都江堰，锦江难成水利。没有锦江，都江堰难以滋育成都。两者是紧密联系不可分割的。都江堰使成都平原成为沃野千里水旱从人的天府，锦江使成都城市成为繁荣富庶的名都。都江堰与锦江都是成都城市文明的摇篮。

　　古代世界城市文明多诞生于"两河流域"。巴比伦文明诞生于幼发拉底河与底格里斯河流域的美索不达米亚平原。成都城市文明就诞生于古府河与古南河之间的地带。正是李冰的治理，才使古府南两河之间的高垄台地面貌发生质的变化，使成都彻底脱离原始聚落时代而走向古代农业文明的高峰，使成都很快发展成为全蜀农业经济的中心。

　　2. 云帆龙舸下扬州

　　成都的锦江，对于促进成都经济、社会的发展和繁荣，在历史上起过不可忽视的巨大作用：

　　其一，形成成都对外联系的通道。航运在古代交通运输中占有十分重要的地位，所以江河是古代成都人冲出封闭的四川盆地走向外部世界的重要通道。在古代，成都与外部进行经济文化联系，最主要最方便的办法还是走水路。"窗含西岭千秋雪，门泊东吴万里船"，"濯锦清江万里流，云帆龙舸下扬州"，"蜀麻吴盐自古通"等记载，都说明自古成都与江浙及扬州之间依赖水道互通有无，难怪成都和扬州虽然相隔万里，但在唐宋时代却同时成为"天下名镇之冠"，都是全国数一数二的城市，因两个城市的经济文化实力的竞争，还引起了究竟是"扬一益二"，还是"益一扬二"的争论。

其二，赋予成都的工艺以独有的特色。成都的蜀锦，最早称为"锦绣缎"，是世界上最早的缎织品。蜀锦、蜀缎天下驰名，甚得益于锦江。古人说，蜀水有八异：一是蜀江濯锦；二是青城泉水分甜淡，在一天中分时辰交错涌出；三是峨眉水色黑白二分，被称为黑龙江和白龙江；四是夔门峡石，人呼之则流；五是羊角滩，人噪之则水沸；六是临邛化火，最早发现天然气井；七是犍为化油，即石油；八是巫峡煮茶。这八异，可说是蜀水"八绝"，显示蜀江独特的文化个性和八种水文化的奇观。这八异中，成都占了蜀江濯锦、青城泉和临邛火井三绝。这样的天然条件，对于成都相关的工艺，尤其是对成都四大工艺之一的蜀锦、蜀绣技艺的发展，有着重要的促进作用。

其三，促进成都商业的繁荣发展。在汉代，"两江珥其市"，商市就是沿两江发展起来的。"市张列肆，万商之渊"，"货贿山积，罗肆具千"，由此可见繁荣的盛况。到了唐宋时代，成都每个月都有专门的集市，正月灯市，二月花市，三月蚕市，四月锦市，五月扇市，六月香市，七月七宝市，八月桂市，九月药市，十月酒市，十一月梅市，十二月桃符市，万商云集，盛极一时。陆游词也说："看重阳药市，元夕灯山。"这些集市多集中在锦江两岸。最早的集市是西市、南市和新南市。晚唐以后在大慈寺解玉溪畔设东市和锦江夜市，城东经济才开始发展起来。

3. 锦江春色似江南

锦江为成都提供了深厚的文化底蕴和历史积淀，它对成都历史文化的发展有下面的一些贡献：

其一，锦江是平原蜀人古江源文化的诞生地。岷江上游是古江源之地，是西部文化最先发展起来的地方。历史上人们最早开发岷江，认识岷江，故把岷江误认为是长江的源头，称之为江源。岷江发源于岷山，岷山是高山羌人江源文化的发源地，而成都二江，则是平原蜀人江源文化的发源地。前者的文化特征是邛笼—石碉文化，后者的特征是干栏—楼居文化。这两种文化构成巴蜀巢居文化的基本内容，对巴蜀建筑样式和城市布局有重大影响。岷山羌人山地文明的发展，得益于岷江；成都平原城市文明的发展，得益于锦江。人们通过锦江认识到岷江造福于人的作用，难怪古人要把岷江看成是长江的源头。

其二，锦江赋予成都"水渌天青"的自然环境，并为发展优越秀冠的人文环境提供了条件。"九天开出一成都，万户千门入画图"，成都的自然美，成都的天生丽质，素来为人们所称道，但这种美离不开锦江"水渌天青不起尘，风光和暖胜三秦"的优越自然条件。成都城内看不见山，但推开临江的西窗可以依稀看到西岭雪山，给人以朦胧的美感。成都城内到处有水，水树云天的环境，容易炼造锦心绣口的人文环境，有利于培育骚人墨客乃至一代文豪。从司马相如、扬雄到陈子昂、李白、苏轼、杨升庵、张问陶、李调元、郭沫若、巴金等文化名人的成长，是与巴蜀山水的孕育分不开的。水为成都的文化发展提供了最有利的自然环境。优美的自然环境和浓郁的文化氛围，又使得成都成为历来著称于世的历史文化名城。晋代就把成都称为"一都之会"，唐代的成都被称为"喧然名都会"，宋代则被称为"西南大都会"，到17至18世纪，成都被称为"货贿山积"的"通都大邑"。

其三，锦江造就富有文化意蕴的游赏习俗。元人费著说："成都游赏之盛，甲于西蜀，盖地大物繁，而俗好娱乐。"古代成都游赏习俗的最大特色是艺术化，游赏常常同戏曲、杂耍技艺、吟诗作赋、文人雅集结合在一起。例如，因解玉溪而兴起的大慈寺玉溪院的宴集，"雅兴直须穷胜赏，东郊行乐冠西州"。太守和众官吏率队游乐吟诗，与民同乐。老百姓遨游时都带着坐具，在唐代这种坐具不叫凳子而叫"床"，因此就把带"床"遨游的习俗称作"遨床"，太守则叫作"遨头"。因锦江而兴起的西园、西楼，每年文人有定期的雅集与唱和，留下了歌颂成都的华丽诗文，著名的"西楼苏帖"石刻也诞生在西园。这些活动不仅娱乐了身心，对提高民众的文化素质也大有好处。由于游赏同艺术相结合，而这种艺术又趋向平民化、世俗化，高雅的文人和基层的民众结合在一起。因此自唐代以来，成都的文化显出了新的生机，出现了"蜀戏冠天下"，"天下所无蜀中有，天下所有蜀中精"的百花盛开局面。到清乾隆时期，在雅部戏改为花部戏的热潮中，川剧是出现最早、轰动京城、影响最大的地方剧种。

其四，从锦江曾有过的众多名称看锦江在成都人心目中的文化地位。锦江是府河和南河的合称。府河古称郫江，又称内江。"郫"是卑湿之意，源于卑字。因在卑湿的沼泽之地排水治水，建筑居邑成为聚落，故称为郫。因邑的特色而名江，故名郫江。杜宇又名蒲卑，"蒲"与"服"古音同，"服卑"即征服卑地之意。杜宇是最早征服卑湿郫地建立郫邑的蜀人。这些，都充分说明了古蜀文化的特色。府河又称市桥江，是因为市桥跨江而得名；晚唐改道清远河，故又称清远江；宋代开宝年间岷江涨大水，上下游皆受淹，唯有府河没有受淹，故又称之为永平江，希望永远平安之意。

南河也有许多名称。古名检江，又称外江。"检"是枕木之意，因江水有漂木之利的缘故。又称流江、大江、汶江，表明那时人们认为南河是岷江的正流。又称笮水或笮桥水，因江上多竹索桥而得名，笮桥、栈道和巢居是古蜀文化的三大特色，笮水之名亦体现了古蜀文化的特色。又称清江、清水河、粉河、粉江，是因为水的清澈美丽而得名。最有名的称呼要数锦江，因"濯锦江波"鲜于它水故也。锦江一名很容易使人产生美的感觉，所以到唐宋以后，人们不仅把南河，也把府河通称为锦江。

4. 都江堰、锦江与世界文化遗产

都江堰作为世界首创的大规模无坝自流水利工程，是世界水利史的明珠，它与青城山一起，现已列入世界文化遗产名录。其实，都江堰工程作为一个整体，它是包括了锦江在内的。锦江是都江堰的一部分，而且是都江堰水利的核心。因此，理所当然的，锦江也应当成为世界文化遗产的一部分。虽然近代以来，城市受到环境污染和物欲横流的侵袭，但经过今天锦江的成功整治，终于使城市中心滨河最衰败的棚户区域得到根本改观，成为城中心崇丽富瞻之区。这是解决世界性滨水城市难题的壮举，是成都人了不起的成就。如果按照世界文化遗产的标准，凭借"锦江腻滑峨眉秀"的灵性和活力，把"锦江春色"这篇大文章做好，复兴大禹治水的历史遗产——成都平原特有的扇形水系景观，让锦江春色重回天地，锦江完全可以成为世界文化遗产都江堰的延伸项目。这应该成为在历史上创造过几十项世界第一和中国第一的历史文化纪录的巴蜀人对祖国文化和世界文化的又一个新贡献。

第三节 巴蜀历代建置与"四川"得名的文化解读

一、巴蜀历代建置

(一)巴蜀究竟有多大

巴和蜀究竟有多大?这始终还是个聚讼未清的问题。

古蜀国四至有明确记载的,最早是杜宇时期。那时已形成古方国,其范围,据《华阳国志·蜀志》说:北到褒谷斜谷,是通关中与汉中的前门。南到熊耳山、灵关,这是通川南的后户。三垒山和峨眉山是它的城郭范围,岷江、潜江(或指涪江或指嘉陵江)、绵水、洛水是它的大泽(泽地:文明中心地),汶(岷)山是畜牧区域,南中是它狩猎的苑囿。这时的蜀国规模是够大的,腹心地是今川西区域,扩展到川北和川南的大部分。

古巴国由于流动迁徙性强,还很难划定其固定的范围,大致是从西汉水、峡东盆地、川东方山丘陵到黔江、武陵区域。

真正把巴蜀所含郡数说清楚了的是扬雄。他在《益州箴》里说:"拓开疆宇,恢梁之野,列为十二,光羡虞夏。"扬雄说的古梁州即巴蜀之地望范围,共有十二郡。这十二郡按章樵注《古文苑·益州箴》指的是:秦时有汉中郡、巴郡、蜀郡、陇西郡等四郡。汉高祖时置广汉郡。汉武帝通巴蜀,开羌夷地,又新置犍为、越嶲、益州(此为新开云南后所置的郡)、牂柯、武都、沈黎、汶山七郡,一共十二郡。扬雄说这十二郡范围"光羡虞夏",章樵注说,就是"比虞夏封域为光羡矣","按,羡,溢也。"按扬、章的理解,古巴蜀范围,包括与巴蜀同俗区域,大大超过了虞夏时代的范围,可见其大。我们现在的学者,以林向先生为首提出了"巴蜀文化圈"的概念。这个圈的范围,具体说来就是汉代时的十二郡。不过,巴蜀的地域范围并不是一成不变的。随着巴蜀文脉的衍变和地域的盈缩,其范围已有一个历史衍变过程。这个过程同历代行政区划的变动,虽然有适应之处,但也多有不适应处,不过其核心范围始终是指上列十二郡,其文脉的衍变和传承始终未离开这个范围。在这个区域内,巴蜀文脉向四方延伸,向南主要是同夜郎文化交叉。夜郎文化一直深入到今宜宾的古僰国和今荥经的严道古国。换句话说,巴蜀文化也渗透到夜郎文化区的滇黔地区,文化是双向交流的。向北则主要是同关中的秦陇文化交汇,陇右(今天水)与蜀相接,是通向关陇中原文化的桥梁,故司马迁说"维首在陇蜀"①，陇右西蜀在向南的文化发展中起着龙头的作用。向东则与楚文化交融，巴楚文化关系尤深。向西则是古羌夷地，汉西南夷地，这里是巴蜀人与少数民族文化在横断山脉交流的走廊。总之，巴蜀地域也是开放性的，从来未被四川盆地所封闭，而是与时偕行，在与周围地域文化的互鉴互学、互交互融中，地域也盈缩自然自如，没有明显的分界线。作为文化与习俗同风的区域并未被行政区划所割断，这是巴蜀文脉延伸和双向交流的一个主要特点。

（二）巴蜀区域历代建置

巴蜀区域的行政建置，古蜀国、古巴国时期，只知道曾经历过蜀王和巴王为一邦首领，统治该区域各部族的"方国共主"时期，其方国内的建置已无法知道。

战国后期，秦惠文王更元九年（前316），秦国派张仪、司马错灭蜀，设置蜀郡和巴郡，此为巴蜀地区设郡县之始，也是地方郡县行政制度的开端。

汉高祖六年（前201）时，从蜀郡和巴郡地域里各分出部分土地置广汉郡，汉武帝元鼎六年（前111）时又从中分置出犍为郡。蜀郡、广汉郡、犍为郡这三郡合称为"三蜀"。当时巴蜀地区，除上述三郡外，还设置有巴郡、南郡、沈黎、越巂、汶山等郡。汉武帝元封五年（前106）将全国划分为十三州刺史部，巴蜀区域统属益州刺史部，简称"益州"。今巴蜀地区通称益州之别名，乃从此起。总计西汉时期有六郡五十六县。

具体说到汉末三国时期巴郡的设置，一直分合不定，而且还有一段有趣的故事：

汉献帝初平元年（前190），益州牧刘璋将巴郡部分地区分出来设置永宁和涪陵两郡，只有垫江（今合川）为郡治的区域保留了"巴郡"名称，以致引起失去"巴"字郡名的其他两郡的不满，纷纷要求"巴郡"一名应该属于本郡，三郡争夺"巴"名很厉害，僵持不下。刘璋为调和二郡郡人的不满情绪，就把三郡皆改名，都冠以"巴"字，叫作巴郡、巴东郡和巴西郡，三郡人都如其愿，都没有失去"巴"字，这三郡合称为"三巴"。除此以外，汉中郡、南郡两郡中的部分县也被分别割与巴和蜀。这是巴蜀文化史上为守卫本土乡色和乡名文化地标而发生争抢的著名文化事件。今天看来，这也是巴蜀史上最早发生的表露乡情以及表现巴人以集体文化性格（即"集体无意识"）捍卫乡名历史

---

① 《史记·天官书》，中华书局1959年版。

文脉之根的群体性事件，刘璋也表现出了应民心乡情之待望的国家治理能力，史书上批其暗弱，似是有诬。

总之，一般称巴蜀地域为"三蜀"和"三巴"，就是这么来的。

东汉时，巴蜀地区先后建置的郡共十一个，属国一个（广汉属国），共七十三县。到三国蜀汉时期，除辖有今甘肃、贵州、云南部分区域外，巴蜀范围共有十六个郡、八十七个县。西晋时，共设十五个郡、四十七个县。由于当时战事频繁，北方士族和关陇流人大批入蜀，乃设置侨郡侨县，共设有八个侨郡、三十二个侨县。东晋时，仍设益州，但州郡划得越来越小，侨郡侨县越来越多，侨郡达二十四个，县近百数。到南北朝时期，巴蜀地区是南朝政权与北朝政权争夺之地，先后被南朝宋、齐、梁三代，北朝北魏、西魏和北周三代管辖过，其州郡县改动很多，曾达三十七州、一百郡、一百七十二县。到北周时开始整治，设益州总管府，代表中央管理巴蜀之地。隋代改革滥置州郡之弊，撤销益州总管府，改为郡县两级制，共有二十四郡、一百七十四县。

唐代因集权中央的需要，就山川形势之便，把全国划为十道。今巴蜀区域主要为剑南道地域，设置大都督府，为全国五大都督府之一，显示其地位的重要。另外，巴蜀还有部分区域属于山南道。到安史之乱后，巴蜀主体区域又被分为剑南西川和剑南东川两道，各置节度使。而属于巴蜀地域的四川盆地东部部分地区和汉中盆地则设置为山南道。巴之东南黔江下游则划属江南道。川西高原地区和戎州（今宜宾）、泸州，为都督府所属地域，则设置羁縻州，共有二百七十六个，这是全国羁縻州制度设置的开始，对后世影响甚大。

五代前后蜀时期，四川较为安定，基本遵循唐制，无大变更。两宋时期，四川行政区划，府、州、县、军、监几级变化较多，但其上直辖中央朝廷的川峡四路设置没有大的变化。

"四川"这个称呼，早在唐代就出现了。宋代在四川地域先是设西川路和峡西路。后来又把二路合并起来，再分为四路，包括成都府路（初名"益州路"）、梓州路（曾改名为"潼川府路"）、利州路和夔州路，总称"川峡四路"，路的职责是代表中央，"一路之事，无所不包"（《文献通考·职官考》），四路财赋统一管理，故又简称为"四川路"，这是"四川"一名用于行政区划代称的开始。到元代中央行政机构叫"中书省"，各地所设的地方行政机构为中央派出机构，执行中书省的行政命令，故叫作"行中书省"。又简称为"行省"，或径称为"省"。至元十八年（1281）正式建置"四川等处行中书省",简称四川行省,再简为"四川省",从此"四川"一名沿用下来,是为四川建省之始。省之下,分为路、府、州、县四级。元代以后,四川行政区划几经调整。

明代仍为省制,但改名为"四川承宣布政使司",共有十三府、六直隶州、十五州、一百一十县。清代顺治二年(1645)改四川承宣布政使司为"四川省"(又称"四川行省")。共辖七道、十五府、九直隶州、四直隶厅、十三府辖州、九府辖厅、一百一十九县。清代乾隆对川西高原和盆地边缘区域大力推行改土归流,在少数民族地区建立了直隶厅制。民国时代行政区划有一些调整,先是在民国初年废除道制,后又废府、州、厅,以后建置变化较多。

1939年曾将四川省分为四川和西康两省,1955年西康省撤销,除金沙江以西划归西藏自治区外,全部并入四川。1997年行政区划再调整,又将四川分为四川省和重庆市。行政区域虽几经变异,但"四川"一名一直保留下来,至今已有一千多年。

二、"四川"得名的文化解读

巴蜀历代建置已如上述,至于"四川"一名来源甚早,远可追溯到唐代,作为省名则始于元代,至今已有一千多年。从文化史视角追溯其得名渊源并探索巴蜀人的文化心理,我们不妨从以下三方面作一文化解读。

(一)"四川"作为文化地域称呼的来源

早在大周武则天时,陈子昂上疏表中已把这一地域称为"蜀川"。唐代四川地域内分别在剑南西川道和剑南东川道置节度使,故当时人习惯把两道合称,简化为"两川"。另有"西川""东川"之名,则是剑南东、西两川分别的简称。到南宋时正式出现了"四川"这个名称。据李心传《建炎以来朝野杂记》记载,早在绍兴五年(1135)"始试进士于南省,惟四川即试宣抚司,自七年(1137)后,又移制置司"。[①]绍兴二十四年(1154)正月,"诏太学及诸路并以中秋日引试,惟四川则悉用三月十五"。[②]这是"四川"一名出现得

[①] (宋)李心传:《建炎以来朝野杂记》甲集"类省试",中华书局2000年版,卷一三第262页。
[②] (宋)李心传:《建炎以来朝野杂记》甲集"诸路同日解试",中华书局2000年版,卷一三第265页。

较早的文献记载。当时"四川"之名指的是川峡四路。①川峡四路合起来作为一个"乡试"区域，举人考试的时间与其他区域不一样。其他诸路是八月中秋日"引试"，只有"四川"提前到三月十五。原因在于要照顾四川的举人，"行在地远，恐赴（朝廷）御试不及"，故把考试时间提前。后来又为了照顾四川进试的士子，有云："蜀士多贫，而使之经三峡，冒重湖，狼狈万里，可乎？"②到京师参加考试，长途路远，劳顿奔波不便。为了"革此弊"，特别允许蜀中士子就在本地省试，由中央派一"监试考官"，这些措施对于四川文人是非常优厚的。获得这种优厚待遇的原因，主要是由于巴蜀是一个特殊的文化区域，人才甚多，"声教攸暨，文学之士，彬彬辈出焉"。③行政区域上虽然是属于川峡四路各自管辖，但在文化地理上都属于巴蜀文化区，这四路的举子、秀才、士人均同属于巴蜀文化区，故"四路"的"乡试"（即省试）专门合并在一起。这里特别鲜明地表现出川峡地域文化的凝聚力。这种凝聚力是很强的，连行政管理也不得不服从区域文化，照顾区域特色。

由此可见，"四川"这个名称的出现，首先是因为文化（乡试）的需要，由一个文化区域的名称变来的。有趣的是，宋代朝廷的会试还要照顾四川人的情结而改变考试地点和考试方法："川峡四路"，"庠塾聚学者众，然怀土罕趋仕进"④。四川人喜欢学习，"声教攸暨"，但不喜欢做官，不愿为仕进而万里奔波去赶考，朝廷只好允许四川单独会考。所以，"四川"的得名与文化有极大的关系。

进一步追溯，"四川"的"四"来源于川峡四路的"四"，上已述明。那么，为什么简称"川"呢？其实，"川"是对四川的江河的一种特殊文化符号的称呼。汉代扬雄的《蜀都赋》说："凝水流津，漉集成川。"⑤按宋人章樵《古文苑》的解释，众水"凝注为大泽"，"渗漉潜行"，"会合众流"而成为大川，故称为"川"，江水也就称为"川江"。⑥《蜀都赋》又说："湍降

---

① （清）顾炎武：《日知录》卷三一，"四川"条："唐时剑南一道，止分东西两川而已。至宋则为益州路（原注：后改为成都府路）、梓州路（原注：后改为潼川府路）、利州路（原注：今保宁府广元县）、夔州路，谓之川峡四路，后遂省文，名为四川。"
② （宋）李心传：《建炎以来朝野杂记》甲集"类省试"，中华书局2000年版，卷一三第262页。
③ 《宋史·地理志》，中华书局2000年版，第262页。
④ 《宋史·地理志》，中华书局2000年版，第262页。
⑤ （汉）扬雄著，张震泽校注：《扬雄集校注》，上海古籍出版社1993年版，第9页。
⑥ （宋）章樵：《古文苑注》，《四库全书》文渊阁本，卷四。

疾流，分川并注，合乎江州。"①众水至此，分川并注而汇合成为江州（指古巴都，即今重庆），由这两个例证看，"川"是指众多小水汇合成为大江这种特征。这种特征被赋予一个"川"字，这就具有了一种隽永的文化意味。清代双流大学者刘沅作《四川说》《四川考》两文，认为"四川"一名，一般的说法是指"四境之川"；"或以江出于蜀，环蜀皆山，山皆穴水，派别纵横，溢于四境，故号之如斯"，但他认为"四川犹言四境之川，于义亦无大害；然而名称非雅，似可更为"。他不同意"川峡四路""江沱潜汉""白水黑水内江外江""四境之川"为四川得名来源的四种说法，认为这些解释非前人命名意图。他主张"四川"一名当从"川"的治水内涵加以解读："郡以川名，安可不析水之源哉。"②他认为"川"就是"水之源"的称呼，指从大禹导江到李冰治水这个人文源头，故称为"川"，这是人文内涵的称呼，不是一般"水源头"的俗称。由此可见"四川"一名，虽得名甚晚，但实是巴蜀人两千年文化心理逐步认同的一个产物。

（二）"四川"作为经济管理区域称呼的来源

宋政和元年（1111）五月的诏书中正式使用了"四川"一词："诏四川羡馀钱物归左藏库"③，这是"四川"作为经济管理的行政区划略称的起始处。宋代设"四川宣抚使""四川制置使"，就是中央派驻川峡四路的官员，简称为"四川"，"本路安抚、转运、四川提举茶马置司"，"以成都而得行四川民事，自张焘始"。④这是川峡四路民事（包括安抚、漕粮转运、茶马贸易等）统一管理的最早记载。统一管理的官名几经变异，后来统称为"四川总领"，也就是总领四川经济事务。由此可见，"四川"一名是因为经济管理的需要而出现的。《方舆胜览·成都府路》一卷中，特设"总论四川总领""总论蜀酒""总论蜀盐""总论四川茶马""总论四路监司""总论四路定差""总论蜀兵""总论四路解省试"等栏目，其中大部分皆是四川的经济管理问题。据《建炎以来朝野杂记》记载，古无"总领"官名。靖康末年宋高宗时始设"总领措置财用"，但这不是官名，直到建炎末年，才设"总领四川财

---

① （汉）扬雄著，张震泽校注：《扬雄集校注》，上海古籍出版社1993年版，第12页。
② （清）刘沅：《槐轩杂著·四川考》卷二，咸丰十年刻本。
③ 《宋史》卷二〇本纪第二十徽宗二，中华书局2000年版。
④ （宋）祝穆：《方舆胜览·成都府路》卷五一，中华书局2003年版，第900页。

赋","总领之官自此始"。①全国设"总领官"是从四川开始的。"四川总领官"的职责，主要是管理四川茶马贸易，每年达到百万缗；管理"四川酒课"达四百一十余万缗；管理盐法达四百余万缗，管理四路定差和辟差等等。从收入看，淮东、淮西、湖广三总领的支出，"仅当于四川一年之数"，是个肥缺。绍兴五年（1135），"四川收钱物总三千三百四十二万缗"②，可见收入之高。由这些记载看，"四川"这个名称是为了总管川峡四路经济事务的方便而约定俗成的简称。"四川"后来在元代作为行省省名，其渊源是从"四川"作为一个经济管理区域而来的。

（三）"四川"作为四条江的简称的来源

历来有种说法，认为"四川"一名是指四条水名。这有一定道理。早在《尚书·禹贡》中就有"江沱潜汉"的说法，说明还在远古时代今四川地域的祖先就已有了四条水的概念。《新唐书·地理志》载剑南道："其名山：岷、峨、青城、鹤鸣。其大川：江、涪、雒、西汉。"③这里，举了四座山名、四条"大川"名，说明在唐代人的心目中，剑南道的特征就是"四大川"，指岷江、涪江、沱江、西汉水（嘉陵江）。"四川"的得名与人们意识中的四条江确有一定的关系，由此而引申出"四川"这个概念来。但在唐代，这个称呼还未固定，还未得到人们的文化认同。前述已引用清人刘沅对此说的批判，此说缺乏文化内涵，难以引起四川人文化心理的认同。所以，"四川"究竟是指哪四条江，一直没有结论。民国时人郑励俭编著的《四川新地志》说："四川省除西北隅一小部属黄河流域外，殆全部属于长江流域。""长江重要支流十一，而在川境者昔日有五，即雅砻江、岷江、沱江、嘉陵江及黔江是了。雅砻江、黔江位于两端，居省内者皆其下流之一部。川省名中之四川者，究何所指？岷、沱、嘉陵而外，或谓雅砻，或谓黔江。昔日论者纷纷莫定。自宁雅两属划归西康后，问题自然解决。"④这里说的只是20世纪三四十年代四川与西康两省的情形。其实，问题并没有解决，"四川"一名，有的说是指岷、沱、涪、嘉陵，有的说是指岷、沱、嘉陵、金沙江。这些说法各有不同，除岷、沱、嘉陵三江为共识外，另一江或为黔、雅砻、涪、金沙，各执一词，显然是

---

① （宋）李心传：《建炎以来朝野杂记》甲集，中华书局2000年版，卷一一第225页。
② （宋）李心传：《建炎以来朝野杂记》甲集，中华书局2000年版，卷一七第391页。
③ 《新唐书·地理志》，中华书局1999年版，第709页。
④ 郑励俭：《四川新地志》，正中书局1946年版，第34页。

随着四川的行政区划的变动而生起了种种说法。这反而证明了"四川"不是因四条江而得名，而倒是因为先有"四川"之名而后再来寻找这四条江名的。"四川"作为行政区划的得名，应与四条江无关，而是同唐代将剑南道简称为"蜀川"，宋代将川峡四路简称为"四川""两川"有关。后来这些简称又被元明清文人加以文化内容的解读，"四川"一名遂为约定俗成，广为流传，到元代即举以为行政省的名称。

总之，"四川"一名经历了上述历史衍变的过程，有多种来源，是四川人多元化文化心理的表现。所有这些文化、经济、地理各种因素综合起来，复合兼容而形成和流传"四川"这个概念。

三、"天府之国"与"陆海之乡"的由来

大家熟知四川自古即有"天府"之称，但这项桂冠的得来是不容易的，是蜀人历代连续奋斗而争得来的。以"天府之国"专称四川，更是蜀人祖先经过累代经营和智慧积累与结晶的结果，是一个历史变迁的过程。

"天府"的原意，"天"指天帝，"府"指蓄聚，合起来指的是天帝的府库。根据《周官·春官》的记载，最早是西周时称中央掌握王室宗庙祭物礼器、宝物蓄积、图书典籍的礼仪重地为"天府"，意思是形容朝廷仓库"珍奇宝货，富于天府"。后来就用这个对上天府库满怀敬畏的称呼来形容肥沃险要、物产丰盈的地区。最早获得这一殊荣的是战国后期的秦国。而最早把秦国称为"天府""天下雄国"的则是战国时的大纵横家苏秦。他对秦惠文王说："大王之国，西有巴蜀汉中之利，北有胡貉代马之用，南有巫山黔中之限，东有崤函之固，田肥美，民殷富，战车万乘，奋击百万，沃野千里，蓄积饶多，地势形便，此所谓天府，天下之雄国也。"这句话里的"天府"主要指的是"沃野千里"的范围，包括当时秦国所辖的"八百里秦川"的关中平原、汉水流域的汉中平原和巴蜀的成都平原等三大区域在内，以京城关中为主，汉中与蜀中只处于辅助地位，"天府"之名还没有专门用来作为蜀的代称。

直到西汉以后，由于沃野富饶的益州越来越居显著地位，"天府"一名便逐渐成为专指当时成都平原扩而至于整个四川盆地的专用名词。到东汉时，本来应是"天府"首善区域的关中，反而失掉了"天府"这项桂冠，而益州倒独享了"天府"之名。关中地位下降，只能号为"近蜀"（左思《蜀都赋》），换句话说，关中不如蜀中，只是大体接近于"蜀"的天府水平而

已。到三国蜀汉时，诸葛亮在《隆中对》中，才第一次以"天府"之称专用于蜀地："益州险塞，沃野千里，天府之土。"后来，晋人常璩著《华阳国志》即沿用其说："地称天府，原曰华阳"，"时无荒年，天下谓之天府也"。从此，"天府之国"即成为巴蜀专用桂冠，直到现在我们四川还独享这笔历史财富的恩宠和赐予。

除了"天府"一名以外，巴蜀还有个"陆海"的称呼，甚鲜为人知。晋人常璩《华阳国志》记载了古人对巴蜀的评价，戴了两顶桂冠：一是"水旱从人，不知饥馑，时无荒年，天下谓之天府也"。另一是"于是蜀沃野千里，号为陆海"。"天府"象征天帝的府库，形容巴蜀山川俊秀，乃宇宙之奇观。"陆海"是形容四川盆地沃野千里，"高陆而饶物产，如海之无所不出"（《汉书·地理志》颜师古注），宛然陆上财富的海洋。用"陆海"这个名号作为蜀的专称，比用"天府"名号单独称蜀还早。宋人刘光祖《万里桥记》云："李冰通二渠（按：指成都二江），为蜀万世利。今万里桥之水，盖秦渠也。是时蜀号陆海，（汉）萧何借之以基汉。"[1]可见"陆海"之名"是时"专称"蜀"，这个"是时"指的是李冰治理都江堰之时，而"天府"一名由专指"关中"到专指"蜀"已经是东汉时期了。而"陆海"在战国时也有个先专指关中，后来到秦国李冰治蜀时才专指蜀的过程，但确实要比蜀专称"天府"要早。不过，可以看出："陆海"与"天府"作为指称蜀的桂冠，得名虽有早晚，但均是巴蜀优越秀冠的农耕文明的标志性符号。

巴蜀是天府之国，也是陆海之乡，有着优美的生态环境，丰富多彩的自然资源，可尽观览之妙。更兼具有人文情怀与大自然进一步交融契合的特征，能使游人视通天庭，心与物游，万趣融于神思，物我趋于一体，乃至物我两忘，心灵获得净化和升华，甚至获得高度的美感和突发的灵感，容易达到神游与逍遥游的境界。

---

[1] （宋）刘光祖：《万里桥记》，（宋）扈仲荣等辑、刘琳校点：《成都文类》卷二五，成都时代出版社2007年版，第294页。

第四章 巴蜀文明的起源及其初期发展

第一节　古巴蜀文明的生成与初期演进

巴蜀地域文化何时开端？文明又是何时形成？这是我们叙述先秦时期古巴蜀地域文化状况时首先需要回答的问题。

人类的形成和旧石器文化的出现，是巴蜀地域文化发展历程中第一件划时代的大事。它是巴蜀文化生长之根，为以后新石器时代早期万年文明起步奠定了坚实的基础。其根系的开端可以追溯到二百零四万年前"巫山人"人猿揖别时代创造原始文化的先史时期。"巫山人"是在重庆市龙坪村龙骨坡发现的，属于旧石器时代早期的直立人，是中国原始社会开端的标志。属于同一时期的直立人还有云南"元谋人"和"北京人"化石，但都晚于"巫山人"，"巫山人"是我国人类童年时代直立人最早的代表。

"巫山人"也是中国原始社会开端的标志。自此以后，中国社会组织由原始群向原始氏族社会过渡到四万年前的"资阳人"头骨化石及石器遗物的发现，一两万年前汉源等地旧石器遗址的发现，说明巴蜀地域人类史进入智人阶段，出现了原始思维能力的演进。整个旧石器时代，巴蜀地域都有不同年代的原始人类遗迹和石制工具遗址的发现，说明巴蜀也是人类多元起源和进化的地区之一。

必须说明的是，这里所说巴蜀文化的生长根系超两百万年，文明起步超万年，再到五千年至四千五百年前的氏族到国家的"古文化、古城、古国"的发展，这是就文化发展的传承基因和发展规律而言的，不是说"巫山人""资阳人"的"人种"传承了下来。这个传承，我们至今也不清楚、不知道"巫山人""资阳人"的去向与来程。其中经过了祖先无数次的组合与重组，还值得深入研究，这里仅就"文化根系""文明起步""文明形成"的文化观来立论。

万年前开始的新石器时代早期是人类文化史的文明起步和萌芽。到新石器时代晚期，四川大地上的先祖由食物采集者转变为食物生产者，由简单的植物栽培和动物饲养转变为田野农业，标志着巴蜀文明的正式形成。所谓"文明"是指在人类文化史所积累的基础上出现了更高程度的文明因素，特别是出现了能体现人类知识、信息、经验和智慧结晶的文明要素，从而转变为文明。这种转变一般是在新石器时代晚期，它的首要标志是农业的出现。

根据考古发现，我们确知，巴蜀地域文明形成和成熟的标志是在成都平原宝墩文化时期，相当于四千五百年前至三千八百年前。"处在这个时期的先民，大约已经叩响了文明的大门"①，其文明标志是定居古城和田野农业的出现，换句话来说，是已经出现社会等级分化的大型农业中心聚落，也就是原始田园城市雏形的出现。

进一步说，古巴蜀还是中国古代三大农业起源地之一。蒙文通先生认为："中国农业在古代是从三个地区独立发展起来的，一个是关中，一个是黄河下游，在长江流域则是从蜀开始的。"②这个观点是文通先生1959年时写下的。今天考古发现，如长江下游良渚文化稻作农业遗址，已突破了这个旧说，证明古中国农业起源地不止三处，是多地多源的。长江上、下游都有农业的起源地。因此，文通先生说"蜀"是"独立发展"的农业起源地仍然正确。宝墩考古文化证明"都广之野"是古蜀最早出现田野农业的区域。"都广之野"指的是成都平原、临邛谷地和青衣江下游的三角形地带，是古蜀农业经济最繁荣的地区。就整个巴蜀地域看，农业文明发生时期就出现了粟作物与稻作物，具有稻作粟作农业兼容的特色。

巴蜀农业文明的起源和形成，同水有密切关系。"水润天府"是巴蜀农业文明最大的特色。最早的治水活动是从"兴于西羌"的大禹开始的。他创造的"岷山导江，东别为沱"的治水方法，即利用"回水沱"作为天然分流水库，像连环套似的不断向东南分流泄洪，以利发展灌溉农业的方法，是大禹留给蜀人的宝贵的治水经验。后来开明氏丛帝鳖灵开金堂峡，战国时李冰兴建都江堰，就是传承大禹经验的产物。特别是都江堰无坝自流引水灌溉工程，成为天府农业发展的命脉，是世界水利史的明珠。"水利殖养其国"，水是天府文明之母，天府文明伴水而生。巴蜀天府农业文明是水润泽出来的。丰腴之地、天府之国、陆海之乡的优越秀冠的农业以及如凌霄步虚的九天云之上开辟出的"千门万户入画图"的仙乡人居成都城市，都是水孕育和润泽出来的。都江堰水利文化是天府农业文明之母。它使四川红色盆地成为中国最引人注意和富饶

---

① 成都市文物考古研究所等：《宝墩遗址》序，第2页。
② 蒙文通：《巴蜀史的问题》，《蒙文通全集》第四册，巴蜀书社2015年版，第157页。

的地区之一。

与农业文明社会的产生相适应,在古蜀先民中出现了有关农业与定居的各种传说故事,表达了农耕社会的各种理想和价值观,从意识形态角度反映了这个时代的社会轮廓。有趣的是蚕丛、柏灌、鱼凫、杜宇、开明等三王二帝的名称和排列顺序,刚好展现了古蜀文明由蚕丛氏野蚕采集、鱼凫氏捕鱼畋猎、农祖杜宇发明田野农业、开明氏治水开启新文明的发展演进序列,其中包含着古人对古蜀文明由采集渔猎生活进入农业定居生活的历史记忆的内核,包含着历代巴蜀人对祖先部族流传的口述史的历史记忆。[①]至于巴人的传说,主要是巴人廪君蛮五姓争雄,与盐水女神斗争的故事,巴人板楯蛮七姓与白虎斗争的故事,多反映巴人部族迁徙流转的过程,特别是游牧渔猎生活,似乎还没出现田野农业。

在田野农业的广袤土地上,更容易生成静态闲适的生活方式与行云流水般逍遥自在的生活态度,发展出羽化飞仙,直至飞奔日月的浪漫幻想,成为一种浪漫仙化思维。蚕丛、柏灌、鱼凫"皆得仙道",望帝春心魂化啼血杜鹃,开明上天成为开明兽,都是仙化传说。蜀文化重仙,巴文化重鬼,是重想象力、富于幻想的文化。蜀是仙源故乡,是神仙说的起源地。古蜀重仙的文明是诞生于农耕社会基础上的古蜀人的精神家园。它对后世的影响深远,对巴蜀精英阶层则形成"文宗自古出西蜀"的浪漫主义文学传统;对巴蜀百姓阶层则形成追求逍遥自在似神仙的生活方式,成为源远流长的休闲文化。

三星堆和金沙遗址显示的殷周时期巴蜀的辉煌青铜文明,则代表着初期巴蜀文明的最高成就。三星堆遗址是相当于殷墟中期古蜀人建立的规模最大的古蜀王都。三星堆文化衰落后,古蜀人迁移到成都平原中心,转变发展为十二桥文化,建立了"金沙"王国,成为古蜀国的新的王都。从这时起,至今三千多年,成都城址再没迁徙。成都是具有"城不改址三千载,址不改名二千五"的世界历史都市。

---

① 谭继和:《蜀族的演进与成都聚落的形成》,《成都志通讯》1984年第1期。

第二节　巴蜀二百万年文化根系与万年文明起步

一、"巫山人"与二百万年巴蜀文化根系

由类人猿向人类衍化，经历了上千万年。关于人类起源于何时何地，有多种学说。最早学者比较认同的是起源于非洲，非洲东部"老祖母"是人类的祖先。后来因考古发掘古人类化石增多，又兴起了人类起源于亚洲南部说。近些年来越来越多的学者赞同人类多地起源说。根据考古化石材料，不可否认的是，中国应是人类重要的发源地之一。巴蜀滇区域也是东方人类的发源地之一。[①]属于距今一千二百万至八百万年腊玛古猿种系的云南"禄丰人"是人类起源文化地标中一个重要的标志。到距今四百万至五百万年南方古猿时期，在鄂西建始巨猿洞和巫山县庙宇镇龙坪村龙骨坡均发现"巨猿"化石[②]，这两地邻近，仅一山之隔，同属巫山山脉的"山原期"夷平面。[③]这说明三峡区域是猿、人相揖别的重要地区。

距今二三百万年至二十万年左右是早期人类由猿人变成直立人的时期，这是人类历史最早的阶段——旧石器时代早期，是人类的童年时代。1985年10月13日黄万坡先生率领的长江三峡考古队在重庆巫山县庙宇镇龙坪村龙骨坡发现"巫山人"臼齿化石；10月24日又发现一颗儿童上内侧门齿。由这两件化石可断定已是人类，与北京猿人女性相近，距今二百零四万年，已进化到直立行走，手足分工，制造工具，成群巢居，大脑出现了初步思维能力，这是我国境内已知的最早的人类的标志，被戏称为"在龙骨坡地下度过漫长岁月的'巫山老母'"和"待字闺中的'巫山少女'"[④]，被命名为"直立人巫山亚种"，她俩的出现代表着人类的童年，是人类"黎明时期的曙光"。[⑤]同属直立人时代的"元谋人"与"北京人"化石都晚于"巫山人"，巫山人是我国境内发现

[①] 童恩正：《人类可能的发源地——中国西南地区》一文认为："包括中国西南地区在内的亚洲南部，有可能就是人类起源的摇篮。"见《童恩正文集·学术系列·南方文明》，重庆出版社1998年版，第6页。
[②] 黄中模、管维良主编：《中国三峡文化史》，西南师范大学出版社2003年版，第26页。
[③] 黄万坡等著：《200万年前的山寨》，中华书局2006年版，第64页。
[④] 黄万坡等著：《200万年前的山寨》，中华书局2006年版，第68、71页。
[⑤] 黄万坡等著：《200万年前的山寨》，中华书局2006年版，第68页。

的人类童年时代直立人最早的代表，也是中国原始社会旧石器时代开端的标志。

与"巫山人"一起出土的还有大量的打制石器及各种动物的伴生物，这正是人类旧石器时代早期的特点。"巫山人"的发现有着重大意义，它标志着三峡区域是中国，也是亚洲乃至世界最古老的人类诞生地，也标志着这里是中华远古文明的摇篮。远寻中华远古文明的踪迹，从"巫山人"已可以触摸到巴蜀远古文化的萌生和律动，说明巴蜀大地上发生发展着的文化之树至少有两百万年以上的根系。

到距今二十万至五万年，人类进入旧石器时代中期的早期智人发展进化阶段，以大荔人、丁村人化石为代表这一时期的化石及其遗迹、遗存在巴蜀地区亦陆续有所发现。特别是近年来的三峡工程考古，已发现有五十多处旧石器时代人类活动的遗址和遗迹。在重庆丰都县旧石器时代中期遗址的发掘中，发现了极为罕见的露天石器手工加工场，以鹅卵石为打制石器的原料，以石片和砍砸石器数量最多，与中国南方发现的大型石器传统有迥然区别，表明三峡地区旧石器时代特殊的文化价值："三峡旧石器汇集了我国华南、华北的特点，这是三峡自古以来就是我国南方文化和北方文化交流通道的有力证据，也是我国旧石器中期文化向晚期文化过渡的重要证明。"[1]

二、"资阳人"（"现代人"）大脑雏形的起点与巴蜀"人皇一囿"万年的文明起步

（一）"资阳人"的发现及其价值

距今五万至一万年旧石器时代晚期，这是晚期智人即现代人种出现的时期。这一时期的人类化石和文化遗存在全国许多地方都有发现，巴蜀地区包括三峡地区也发现了不少。最有代表性的是四川资阳市发掘出的距今四万年的"资阳人"头骨化石。

1951年张圣奘先生率领考古工作组在资阳县九曲河成渝铁路大桥基坑内发现距今三万五千年至四万年的"资阳人"头盖骨化石。[2]同时出土的还有许多

---

[1] 王川平：《人文三峡》，该文为白九江著《巴人寻根》一书的《代绪论》，重庆出版社2007年版。

[2] 关于"资阳人"发现地点，过去一直认定是资阳黄鳝溪，后经发现人张圣奘先生纠正为"九曲河"。见刘胜俊、李治判编撰：《中华资阳人》，人民日报出版社2013年版，第30页。

哺乳动物，如剑齿象以及卵生动物鱼的化石。后来在相距九曲河不远的鲤鱼桥发现同一时期的旧石器时代晚期遗址，出土了大量石器。①其相邻地区也发现与"资阳人"同时的一些旧石器时代遗址，如：沱江西侧支流黄鳝溪两岸遗址，沱江东侧支流蒙溪河岸石虾子遗址、沙嘴遗址，均出土有锤击法打制的石器，包括刮削器、砍砸器、尖状器、石片、石核等器类，其特点是具有粗大厚重的石片石器传统。②与"资阳人"遗址类似的还有汉源富林镇遗址的细石器传统的富林文化，它们同属于巴蜀旧石器时代晚期文化的江河台地类型。除此类型外，还存在着洞穴遗址类型，如攀枝花市回龙湾遗址、北川县烟云洞遗址。③这些遗址说明古巴蜀地区从旧石器时代开始就已具有文化形成和发展多元性与多途径，这是巴蜀旧石器和新石器时代文化面貌最重要的特点。"资阳人"头骨化石，是五十岁以上女性头骨，是早期的真人类型，是继北京猿人之后重要的头盖骨发现，"比欧洲的克罗马农人和中国的山顶洞人更原始，是中国至今已发现的最早的新人化石。"④

"资阳人"为中国旧石器时代人类分布提供了新资料。正如吴汝康先生所说："资阳人头骨化石是在解放后七年多来发现的比较完整的人类头骨化石，更重要的是过去在中国发现的人类化石如中国猿人、河套人和山顶洞人等都在北方，而资阳人则发现于南方的四川，然而资阳人头骨与山顶洞人和中国猿人都有某些相似的性质，三者可能具有一定的关系。因此，资阳人头骨化石的发现与研究对于中国人类的起源和中国旧石器时代人类的分布都提供了新的资料。"⑤除"资阳人"遗址外，巴蜀也有旧石器时代中晚期的不少遗址和遗存发现，其中重要的有成都羊子山土台遗址下层发现的打制石器，汉源富林镇遗址的大量打制石器、石片、石核等。

"资阳人"与北京"山顶洞人"、台湾的"左镇人"是中国旧石器时代晚期四万年前至一万年前晚期智人即新人遗存的典型代表。"资阳人"的发

---

① 中国科学院古脊椎动物研究所甲种专刊第1号：《中华资阳人》，1957年。
② 国家文物局主编：《中国文物地图集·四川分册》（上、中），文物出版社2009年版，第4、477页。
③ 国家文物局主编：《中国文物地图集·四川分册》（上、中），文物出版社2009年版，第4、477页。
④ 吴汝康：《四川资阳人类头骨化石的研究》，科学出版社1957年版。
⑤ 中国科学院古脊椎动物研究所甲种专刊第1号：《中华资阳人》，1957年。

现和研究，有助于重新认识、探索和界定中华文明起步发生和发展的历史。对于中华文明探源和巴蜀地方文化的根脉及民族活态文化基因的传承，有着重要的作用。

旧石器时代晚期，人类已有两大进步：一是人类自身的"基因进化"，即人类的生物机体继续进化，晚期智人体质形态已与现代人无甚区别。"资阳人"属于旧石器时代晚期早段，距今四万年左右。再向前进化即到一两万年左右的人类。在北方，距今一万八千年的"山顶洞人"是典型代表。在巴蜀区域则有重庆铜梁文化遗址出土距今二万年左右的真人肱骨化石。在巫山河梁文化遗址则发掘出人类头顶骨化石，距今一万五千年左右。①其他如富林遗址等旧石器时代遗址的发现，表明旧石器时代晚期晚段距今两万年的人类与早段距今四五万年的人类在体质基因上的历史延续和进化。二是人类的"文化进化"，即人类出现了复杂的社会特征，如制造工具、渔猎活动、居住设施等，并且初步形成"社会"②，旧石器时代晚期的石器文化已有更大进步。与"资阳人"伴生的距今三万年至五千年的资阳鲤鱼桥文化，进一步证实了"资阳人"的文化已"始创熟食、妆饰、集体狩猎、采集诸文化"，"干栏式房屋雏形萌现"。③特别是"资阳人"已创制和使用骨锥与圆孔石珠，虽仍是打制技术，但已会磨光和钻孔，出现了缝制和佩戴装饰，表明审美艺术的萌芽，已是旧石器时代晚期出现新石器曙光的征兆了。④在社会组织上，"资阳人"则是体现原始群状态向氏族社会过渡的开端。在生产方式上，"资阳人"则体现由采集渔猎经济向原始农业革命过渡的前夜，预示着在"资阳人"三万年之后新石器时代的到来。

以上"资阳人"所代表的人类的基因进化与文化进化，为我们重新解读中华文明的起源带来了新的契机。宫长为先生提出用恩格斯两种生产理论（物质的生产和人类自身的生产）来探索人的进化与文明进化的关系，"重新界定人类文明的发生和发展的历史"。他认为："距今一万年前后，伴随着农业革命的出现，人类自身生产由族内婚向族外婚过渡，标志着人类文明的形成，而国

---

① 黄中模、管维良主编：《中国三峡文化史》，西南师范大学出版社2003年版，第30~37页。
② 参阅宫长为："'资阳人'是人类文化基因根脉、始祖，资阳是中华远古文明、源泉"，刘胜俊、李治判编撰：《中华资阳人》，人民日报出版社2013年版，第34页。
③ 吴汝康：《中华资阳人》，《考古学报》1983年第3期。
④ 刘胜俊、李治判编撰：《中华资阳人》，人民日报出版社2013年版，第23~24页。

家只是人类文明进程中的一定阶段的产物。"①从文明进程的萌动和发生看,"资阳人"提出了由采集经济发展到原始种植和家畜饲养,过渡到原始农业革命,又由"前农业革命晚期过渡到农业革命早期的历史问题",这是"一个全新的课题,它已经超越中国早期文化和文明的探源范围。相反,正在走进或者说接近真正意义上的中国早期文明的探源工作,这是一个浩大的工程,是一个繁重的工作"。②

关于文明起源的时期和标准,历史学界一直有着争论。人类创造文化从旧石器时代人区别于猿的时候就开始了。文化因素积累到一定程度就产生文明。很多学者主张文明是从新石器时代早、中、晚的某个时期开始的。我们国内学者多数人主张文明起源于新石器时代晚期。前面曾引到英国历史学家阿诺德·汤因比的意见,主张文明是从旧石器时代晚期开始的:"文明的降生,从文化以及编年上来看,都是通过一系列文化的过渡,在旧石器时代晚期结束时脱颖而出的。"用恩格斯两种生产的理论来观察,考古遗物所表现的物质生产的进化,同人自身基因的进化、特别是大脑和智力的进化是一致的。由灵长类变成智人新人是个长过程,同时也是个文化进化的长过程。智人运用新工具、发展抽象思维、践行新的社会生活,由此形成一定的社会关系,这就产生了文化。文化又使人由自然选择进入基因突变,由经验和技能生出对客观事物的概念和想象,仰观天时,俯察地理,中看万象万物,由此生发出抽象思维和原始想象,智识和智慧就在此时产生了。这个过程证明猿变成人,人自身基因的变化,不是取决于蛮力,而是取决于智力的发展。文化元素和文明因素就是在智力适应环境的变化中积累起来的。原始人肉体和精神的演化过程,就是物质文化与文明生产进步的过程,二者是紧密不可分割的。它说明人的进化同文明起源的关系的长期性、复杂性和不便明晰、不易划分的性质。"资阳人"所昭示的晚期智人过渡到现代人时代所展现出的原色自然、原色生活和原色文明等因素是如何萌芽的,留下了许多复杂的值得研究的问题。"资阳人"处于旧石器时代晚期早段,正是人类文明的前夜,是人类文化和文明因素的孕育期。从这个意义上说,"资阳人"应是巴蜀有四万年至一万年以上文明起步的标志。

---

① 官长为:《序:跨越时空的对话》,刘胜俊、李治划编撰:《中华资阳人》第25页,人民日报出版社2013年版。
② 官长为:《序:跨越时空的对话》,刘胜俊、李治划编撰:《中华资阳人》第25页,人民日报出版社2013年版。

（二）"资阳人"与现代人大脑雏形的起点

"资阳人"的出现，是巴蜀大地上人类知识、技能、经验和智慧生长的起点，是直立人具有现代人类大脑雏形的起点。人的进化有三阶段，即从猿人、古人进化到新人。"资阳人"作为新人时期的代表，是我们现代人的知识、经验、智慧、信息等获取方式与思维方式的孵化处。对于"资阳人"的研究越深入，则对于我们今天人类智力的进一步发展的帮助也就越大。举例来说，如果我们就"资阳人"在旧石器时代的食谱进行研究，会发现他们善于不断地利用食物来使人的基因得到改造，以便适应大自然的环境。人是大自然的产物，因此人必须适应大自然的环境，利用大自然的优越秀冠的条件，服务于并感恩于大自然。由此自然产生出原始人类最初的天人合一意识，这是中华文明天人合一思想最早的源泉。这些原始人是当时体质和思维最有活力的人。而我们当今的现代人的体质确实是大大的弱化。我们设想，如果能研究出"资阳人"的食谱，那么，我们也就可以按史前人类增强体质与活化智力的方法来增添我们生活的活力，有利于促进我们今天人类的健康和人类的养生，这是十分有益的。总之，现代人类的智慧虽然大大超过了原始时代，但我们也失去了很多人类最初的本真的东西，失去了原色自然（上善若水的自然原真环境），失去了原色生活（新人智人生活原真的活力），失去了原色文明（原史时代文明的原生态）。现在的工作是要努力保留和保护好如"资阳人"这样的历史遗产。老实说，我们今天对于"资阳人"究竟保存了当时原始人多少的历史信息、历史记忆和原始思维，还认识不透。对"资阳人"留给我们的历史信息索解的奥秘，甚至是我们这一代人都难于认识完全的，有些研究与认识工作还得留给我们后代来做，这就需要我们做好石器时代遗产的保护工作，对这些遗物的文化解读，是后代取之不竭、用之不尽的创意智慧资源。

（三）"资阳人"与巴蜀远古人皇传说

克罗齐说过："一切历史都是当代史。"历史事实既已发生，它就是不可改变的客观存在。但那个历史事实时期一过，后来各代人的解读总会是不一样的，因为对"同一历史"的理解和解读，当代人必然会加进当代的思维和情感。汉唐以来对巴蜀进行特殊文化解读的人越来越多。这些文化解读，都是解读人自己那个当代的解读，它构成一部巴蜀历史的文化解读史。今天的今人解读，不过是这部巴蜀解读史的"当代解读"的进一步发展。今天比古人好的优势是能够把考古文化与历史文化两种解读逐步合拢在一起，尽管这是很困难的工作，但确是古人无法具备的优势。古巴蜀历史，我们可以从两条线看到对它的历史面目的当代解读：一条线是巴蜀考古文化，现在对古蜀新石器时代晚期文明的起源及其早期形成和发展，由于考古发现众多，我们已经能够比较清晰地构筑起古蜀考古文化发展的系列。但说到巴蜀旧石器时代，由于考古发现的限制和阙环很多，我们至今还不能完整构筑起它的发展系列。从"巫山人"到"资阳人"上百万年距离的历史，还无法清晰地铸成一个合理的发展链条。另一条线是历史文献记载的巴蜀历史文化。对于巴蜀古史，巴蜀有关文献记载很少，又很迷茫不清，这种情况显然给历史文化研究带来不利，但也为历代巴蜀人对巴蜀自身历史的解读留下了解谜的机遇，留下了巨大的文化空间、历史空间和想象空间。对古蜀上古的"原史"，《蜀王本纪》的作者扬雄首先作出了他那个时代关于巴蜀所谓"开国"的文化解读，继此之后，《华阳国志》根据汉晋八家《蜀王本纪》的记载，总结出当时那个时代蜀人对蜀史的特殊文化解读，是"蜀之为国，肇于人皇，与巴同囿"的口述传说。人皇分九囿，巴蜀是其中一囿。这样解读"人皇"时代，就把"人皇"同旧石器文化向新石器文化转型的时代联系起来了。所谓"人皇之一囿"，这是巴蜀地区的远古口述传说，通过古文献记录下来的对巴蜀文明起步的特殊解读。虽然这不一定是真实的历史，但它确是古人对古巴蜀文化基因的一种认识。巴蜀人秦宓、谯周关于三皇、五帝，有自己特殊的不同于中原文化的解读。在中原文化中，"五帝"之前的"三皇"是指燧人氏、伏羲氏、神农氏，相当于旧石器时代巢居、用火、采集渔猎、原始农业种植，到新石器时代耒耜农业出现的时代，其后则为"五帝"文明产生的时代。在巴蜀文化中，五帝之前的"三皇"则是指天皇、地皇和人皇。天皇、地皇已经被推到天地开辟的时代。唯独"人皇"有九囿九兄弟的传说，这应该说已是万年以上旧石器时代到新石器时代众多邦族、邦国等部族联盟状况的反映和体现，是巴蜀人对"人皇"作为巴蜀文明起源和起步标志的特殊解读、特殊历史记忆。"人皇"时代就是巴蜀人眼中的巴蜀文明的源头。李学勤先生说，从宝墩文化上溯到巴蜀文明的起源五千年前，"蜀之为国，肇于人皇，也殊未可知"[①]，这指的正是万年前旧石器时代过渡到新石器时代文明起步的时期。"资阳人"出现在这个时期的前夜，它对巴蜀文化基因的积累和传承所做的贡献，换句话说，就是对巴蜀"人皇"文明的渊源和起

---

① 李学勤：《蜀文化神秘面纱的揭开》，《寻根》1997年第4期。

步，应有不可忽视的作用。

如果用文化学的观点看，"资阳人"代表了旧石器时代晚期巴蜀大地上活动着创造着文化的人群，它在巴蜀文化史上应该占有特殊重要的地位。苏秉琦先生曾经说过，中华文化这棵常青树有百万年以上的文化根系，有万年以上文明的起步，有五千年文明古国的起源和发展，有两千年中华帝国一统实体的发展。仿照苏秉琦先生的说法，我们也可以说：巴蜀文化这棵常青树，至少也有两百万年以上的"巫山人"至四万年以上的"资阳人"的文化根系，有远至"人皇一甶"的万年以上的文明起步，有四五千年巴蜀古城古国古方国的文明起源和发展，同中华大文化一样，也有着五千年以上从不间断的文明起源和发展史。放在这个历史链条上来看，"资阳人"确实占有巴蜀地区古人创造文化和积累文明基因的关键地位。这个时期是原始人已经开始出现思维、思想和初级智慧的新人时期，是我们现代人知识智慧和经验产生的源泉，也就是说"资阳人"是活动在巴蜀区域的几万年前人类文化先驱的代表。如果再考虑到中国龙文化的信仰，发生在七千年前红山文化的"玉猪龙"和卵石摆龙时期，龙文化作为信仰的因素早在七八千年前已经成为中国文化信仰的精神基因，那么，四万年前的"资阳人"的初起的精神信仰（是智人、真人肯定就会发生信仰）和原始人野蛮时期的思维和知识，就是十分有趣的值得探索的问题。

总之，"资阳人"作为人产生的原始状态，应该放在人类思维产生史、人类文化形成史和人类文明根系史的广阔世界历史背景下，来衡量它的人类价值和历史作用。它是人类形成史突变的必经的阶梯，是人之所以成为"人"的质变性的结穴处，是人类思维与智慧灵性雏形发端的标志。没有"资阳人"向大自然初步谋取"生存与生活"手段的粗浅生存思维，便不会有现代人类向大自然不断索取"文化与文明"的精致发展思维。

第三节　巴蜀新石器时代、青铜时代考古文明

一、新石器时代晚期宝墩文化与古蜀文明的形成

在人类的童年时期，巴蜀大地上的旧石器时代文化与文明因素的积累、过渡与酝酿转型情况，已如上述。人类由兹向前发展到旧石器时代末期，随着氏族社会的社会组织开始出现，生产方式也由攫取性质的采集渔猎经济逐步转

型为生产性质的原始种植与家畜饲养经济，其间聚落形态、社会形态和意识形态也开始出现大变革，人类迎来了新石器时代的全新时期。新石器时代早期开始于距今一万年以前。这一时期，华夏部族文化的特征已经开始显现出来，华夏部族邦国文化是中国文明的起源和发端。"中国文化具有多个发源地"①，到新石器时代晚期，距今四五千年，中国不少地域普遍出现文明形成的繁盛状况，学术界把这种状况形容为"中华文明满天星斗在起源"。②这期间有三件大变革事件，是文明时代到来的起点和标志：一是距今一万多年前农业的起源。浙江余姚河姆渡遗址发现新石器时代早期窖穴，可储存二十万斤稻谷，可以想见当时农业的规模。二是由洞穴、巢居走向定居，到距今六千年仰韶文化时期出现姜寨、半坡等早期农耕聚落社会。直到距今五六千年大汶口文化时期出现等级式的中心聚落与普通聚落相结合的结构，这是古文化普遍发展到古城的时期。再向前发展到距今四五千年龙山文化时期，聚落由古城进一步发展到古国阶段，出现了"邦国"为特征的初期城邑国家形态，所以，仰韶时期和龙山时期被称为"早期文明时代"。古国阶段的"邦国"形态再向前发展，这就是三四千年前青铜文化兴起的"古方国"阶段。以上是中华初期文明发展和演进的基本轨迹。三是祭祀礼仪信仰中心的出现。辽西与内蒙古东部地区的红山文化所发现的大型女神庙、积石冢、原始天坛社坛等遗迹以及女神像和众多精美玉器，代表着已是部落群、部族或族邦性质的神圣祭祀地的形成，是族邦社会已产生凝聚向心力的中心区域的标志，也是城市文明的信仰凝聚和精神聚合的精神家园形成的起点。中国早期文明的完整生动图景便是以这三方面为中心和特征而显示出来的。

在中华大地五千年满天星斗的诸地域文明火花中，巴蜀文化区系是独放异彩的一朵奇葩。以成都平原的宝墩文化为代表的蜀文化也经历了中国早期文明

---

① 袁行霈：《中国地域文化通览》总绪论，袁行霈、陈进玉主编：《中国地域文化通览》，中华书局2014年版，第2页。
② 苏秉琦：《中国文明起源新探》，生活·读书·新知三联书店2001年版。他最先提出"满天星斗"说，其观点如下："中华大地文明火花，真如'满天星斗'，星星之火已成燎原之势。""中国大地上各地的文明起源史"，"在960万平方公里的中华大地上，不知有多少这样的文化区系确确实实地存在过"，"从中原到北方再折返到中原这样一条文化连结带，它在中国文化史上曾是一个最活跃的民族大熔炉。六千年到四五千年间中华大地如满天星斗的诸文明火花，这里是升起最早也是最光亮的地带，所以，它也是中国文化总根系中一个最重要的直根系。"

从古文化发展到古城,到古国,直到古方国的起源、形成和发展历程。巴蜀文明发生在新石器时代晚期,其遗址广泛分布于今重庆市和四川地域,东至三峡地区,西至成都平原,西北至甘孜州和阿坝州境内,西南至安宁河、雅砻江流域,均有发现。其中,以成都为中心,西北向的理县建山寨、汶川姜维城、茂县营盘山的遗址发现彩陶,与西北地区的马家窑文化、齐家文化相似,其源头可上溯到陇右秦安大地湾遗址与青海河湟地区的考古发现,这条西北考古文化线索与历史文献记载的河湟—秦陇—巴蜀文化发展线索相一致,为探索蜀文化的上源(包括宝墩文化上源)[①]提供了有力依据,证明川西北与黄河中上游地区自古即有紧密的联系。西南向的安宁河流域,近年有大量关于新石器时代、铜器时代、至秦汉时代的考古发现,证明西南夷文化与蜀人汉人有紧密的融会。向东的巫山大溪遗址最为著名,与中原的仰韶、龙山文化、江汉屈家岭文化有关系。这里先叙述成都平原宝墩文化。

1995年以来,考古工作者在四川成都境内先后发现并发掘了新津宝墩遗址[②]、温江鱼凫城遗址[③]、郫县古城遗址[④]、都江堰芒城遗址[⑤]、崇州双河遗址[⑥]、崇州紫竹村遗址[⑦]、大邑盐店遗址[⑧]、大邑高山遗址[⑨]等八处约新石器时

[①] 蒋成、陈剑、陈学志:《四川茂县营盘山遗址试掘报告》,《2000成都考古发现》,科学出版社2002年版。

[②] 成都市文物考古研究所、四川大学历史系考古教研室、早稻田大学长江流域文化研究所:《宝墩遗址——新津宝墩遗址发掘和研究》,(日本)有限会社阿普(ARP)2000年版。

[③] 李明斌、陈云洪执笔:《温江县鱼凫村遗址1999年度发掘》,成都市文物考古研究所:《1999成都考古发现》,科学出版社2001年版。成都市文物考古工作队、四川联合大学历史系考古教研室:《温江县鱼凫村遗址调查与试掘》,《文物》1998年第12期。

[④] 颜劲松等发掘:《四川省郫县古城遗址1998—1999年度发掘收获》,成都市文物考古研究所:《1999成都考古发现》,科学出版社2001年版。

[⑤] 中日联合考古调查队:《都江堰市芒城遗址1993年度发掘工作简报》、《都江堰市芒城遗址1999年度发掘工作简报》,成都市文物考古研究所:《1999成都考古发现》,科学出版社2001年版。

[⑥] 成都文物考古研究所:《成都史前城址发掘又有重要收获》,《中国文物报》1997年1月19日。

[⑦] 成都文物考古研究所:《成都史前城址发掘又有重要收获》,《中国文物报》1997年1月19日。

[⑧] 王毅、江章华、蒋成、卢丁:《中国长江文明起源研究的新成果——成都平原史前城址群发现记》,《成都文物》1997年第2期。

[⑨] 王毅、江章华、蒋成、卢丁:《中国长江文明起源研究的新成果——成都平原史前城址群发现记》,《成都文物》1997年第2期。

代晚期至夏代的古城遗址，碳十四年代距今约四千五百至三千八百年。宝墩遗址第一次发掘的内城达六十六万平方米，鱼凫城、郫县古城、盐店等遗址达三十余万至四十余万平方米，芒城、双河、紫竹诸城面积均达十万平方米以上，这是迄今所知中国西南地区发现的年代最早、规模最大、分布最密集的史前城址群。后宝墩古城遗址考古又有新突破，在现有的方形城垣之外，又发现一周外城城垣，呈圆角长方形，面积达二百七十六万平方米，为目前国内所发现的面积最大的史前古城之一。同一时期的古城，有陕北石峁古城，面积为四百万平方米；浙江良渚古城，面积为二百九十万平方米；襄汾陶寺遗址面积为二百八十万平方米，均比宝墩古城略大。次于宝墩古城的有湖北天门市石家河古城，面积为一百二十万平方米。总之，除黄河流域石峁为石砌古城外，其他长江流域上、中、下游均出现了大规模夯土筑城址，这些城址的年代几乎与中原龙山时代并行，这是长江流域的"古城时代"。

重要遗迹有城墙、房址、灰坑、墓葬和卵石堆积，出土的陶器和石器，如喇叭口高领罐、绳纹花边罐、圈足尊、宽折沿平底尊、壶、盆等，八级三足器，而不见圆底器，这正是古蜀文化的特色。在筑城技术上均采用堆筑方式，房屋多为挖沟槽埋柱的木骨泥墙式建筑。这批古城的年代早晚虽略有差异，但其考古学文化的总体面貌基本一致。它们拥有一组贯穿始终而又区别于其他考古学文化的陶器群，应属同一考古学文化遗存，目前学术界多数意见赞同将其命名为"宝墩文化"，初步推定其绝对年代在距今四千五百至三千七百年，相当于龙山时代晚期。根据出土陶器的衍变，宝墩文化被分为四期六段。第一期为宝墩遗址的早期遗存的早、晚两段；第二期为芒城遗址和宝墩遗址晚期遗存；第三期的早段是指郫县古城遗址的早期、双河古城遗址和鱼凫城遗址早期遗存，它的晚段则以郫县古城遗址的中期遗存为代表。第四期则以鱼凫城遗址晚期和郫县古城遗址晚期遗存为代表。由这四期构筑起成都平原宝墩文化发展不间断的序列，具有重大价值。

宝墩文化古城遗址和陶石文化遗存，证明巴蜀文明经过长期衍变，到这时已经形成。上述三大特征在这时都有了突出的闪光点：

（一）稻作农业已经出现

宝墩文化源于茂县营盘山遗址五千五百至五千年左右的粟作农业，受到马家窑文化和齐家文化的影响。自四千五百年前进入成都平原后，即向稻作农业转化，成为自成一系的考古文化系列。考古工作者通过对宝墩遗址植物浮选，提取了1430粒炭化植物种子，其中稻谷种子为643粒，占全部种子的45%，而粟种只有23粒，占1.6%，可见已是稻作为主，粟作为辅。同时还发现水稻植硅体，证明水田种稻已成生业形态。

（二）聚落形态已成围绕大城中心的五公里大小聚落成卫星状的聚邑网络体系

成都平原上的宝墩文化是古巴蜀大地上由古文化进化到古城时代的标志。这一时期，成都平原上的古蜀人已由岷山穴居走向平原的原始农业定居，出现了许多大大小小的聚落。一般说来，已发现的八座古城，均有十万以上平方米的规模，应该是大小不同的中心聚落。围绕这些中心聚落的遗址、遗存、墓葬地，应是小聚落、小村落的所在地。这些聚落均是夯土筑就城墙，普遍是内外双城墙。这些聚落，不论规模大小，都是在一片种植地上建立起来的，聚落周围多是林带和初耕地。这是最早的田园城市的雏形，成都平原上最早的林盘和田园就是这样生长起来的，几千年农耕社会中的城镇也是在这个基础上发展起来的。这些聚落，大的已成为中心聚落，我们现在把它们叫"古城"，表明已进入初步出现贫富等级分化的城市结构状态。其结构如新津宝墩遗址已是内外城相套，是新石器时代末期为数不多的大城之一。有趣的是城形为不规则的圆角长方形，内城和外城方向一致，均北偏东四十五度。在这点上史前城址与历史时期成都城有相似性。成都城历来不是正南北，而是北偏东三十度，这与地势及季候风走向有关，四千年前的蜀人的方向感，已注意及此。后世成都城呈不规则的圆角长方形，其形如龟。其格局为大城（罗城）与少城相套，加上城周围大小村落，形成以成都大城为中心的五里一集、十里一场的城市中心辐射网络体系，这种结构可以说是直接渊源于宝墩古城。史前宝墩古城是历史时期成都城市网络体系的雏形，是成都城市文明前夜秉烛夜行的一缕耀眼的光芒。

从宝墩文化的原始聚落开始，成都的各种历史城址都是选择在两水之间的高地上兴筑，是在平原扇形水系和纺锤形水系之间的鱼脊形高地上发展起来的。三四千年前的成都平原水网密布、森林茂密、植被丰郁、一片沼泽。从西北岷山流下的众多河流呈西北—东南走向，冲击着成都平原。在西北—东南走向的众多河流中，两水之间的高地，经古蜀人排水泄洪发展为定居场所和文明诞生地，成都城市格局和文脉发展的走向就是这样形成的。所以，成都平原最早的城市文脉发展过程有这样一些特点：

一是今市区内的古城垣的龙脉（包含地脉、水脉和文脉）的发展趋势，呈现由平原西北和西南边缘逐步向平原中心发展的态势。成都平原西北至西南边缘都江堰、崇州、大邑等地的古城聚落最先出现，后来逐步发展到平原中心的温江、新津、郫县以及今之成都市区一带，形成西北—东南走向的城市发展中心轴和街市优良人居建筑的基准线。因此之故，古城垣是在两江之内，以这条建筑基准线为中心修筑起来的，形似大龟，故古成都又被称为"龟城"。这条基准中轴线，是今天应该珍视保护和传承的成都市区历史文脉的宝贵遗产。

二是最早的成都平原诸城市的经济文化发展轴与河流的流向和两水之间的鱼脊形高地地势相一致，不少古城古镇最早是在岷江、文井江、石亭江等流域发展起来的，这成了以后成都平原城镇分布的基本格局。颇为奇怪的是，沿岷江发展起来的古城镇多在岷江西岸，这可能与"东别为沱"有关，向东泄洪，西边就成为城池定居点。由于都江堰扇形水系的影响，成都平原诸城镇的经济和文化最先从平原西北沿若干个两江之间的扇形鱼脊台地上产生，然后向东南发展和传播。所以，成都城的西边和北边发展最早，而成都城的东边和南边发展要滞后得多。到中唐以后，韦皋在大慈寺前穿解玉溪，开辟东市，成都城市才开始了它的经济和文化向东向南开发和发展的历程。但这个历史进程到现在也未能完成。所以，今天才提出了建立城东副中心和城南副中心，整个城市向东与向南发展的战略，其历史依据就在这里。

三是成都城市文明的性质，从其始源到后来的发展流向，都带着泽地农业文明的典型性质。泽地是文明最先发展起来的区域，泽地文明是中国农业古文明的一个重要特征。成都平原泽地文明的走向，正好同今日的考古发现相一致。如将广汉三星堆遗址、月亮湾遗址、彭州濛阳镇竹瓦街以殷代二觯为代表的青铜器窖藏遗址、新繁水观音遗址、新都马家古蜀王大墓遗址、金牛区黄忠遗址、青羊区金沙遗址、十二桥遗址和商业街船棺葬遗址直到指挥街遗址连接起来，正好构成了成都平原从北向南发展的文化发展轴线，刚好也是殷商以来的古蜀文明发展的中轴线。这条中轴线是最典型的泽地城市文明产生和发展的生命线。这条中轴线的北头是三星堆，它的上源串联起成都平原西北和西南边缘的现已发掘出六座古城为代表的宝墩文化。南头是金沙遗址，它的下源则串联起商业街战国早期开明王族的船棺葬遗址。这条中轴线的两翼分布着从新石器时代晚期，直到殷商西周的众多遗址。这条中轴线往北还串联起羊子山西周时期的古蜀国祭台遗址和凤凰山与沙河（古称升仙水、凤凰水）的凤鸟羽人飞升成仙的仙文化地标。这条南北纵贯的泽地城市文明线，也是今天成都平原城市群（包含大小中心城市和卫星城）形成和发展的中轴线，还是今天建立和发展成（都）、德（阳）、绵（阳）、广（广元）城市经济带的历史依据，大大值得我们重视。

（三）古城祭祀礼仪信仰中心出现

宝墩文化遗址中发现了两座大型房屋遗迹，一在新津宝墩遗址，一在郫县古城遗址。这两座大房子传递了不同寻常的文明信息。

在宝墩遗址的中心位置鼓墩子发现一座三百多平方米的大型公共建筑遗迹，坐西朝东，大房子两侧有厢房，整个遗址呈现出品字形结构，其立柱以鹅卵石即砾石承基础重量。大房子位置在内域中心，坐落在明显高于四周的台子上。这种格局与陶寺遗址大房子和石峁古域的"皇城台"一样，均在城内中心位置。石峁的"皇城台"规模更大，形似宫殿。考古学界多认定石峁、陶寺大房子为祭祀、议事的部族公共事务场所。依此例之，宝墩古城大房子也应是部族集体信仰的祭祀礼仪场所。

另一大房子遗迹在郫县古城遗址，也是位于郫县古城遗址的中心部位，为五百五十平方米的大型长方形房址，内砌筑有横向并列五个卵石垒成的长方形台子遗迹。围绕大房子，周围还分布有若干小型木骨泥墙房子，城址西北部还发现干栏式建筑，其房门均朝向大房子，这说明当时已有等级性的社会结构出现。这个遗址有两重重要价值：其一，它是巴蜀城市起源和形成的最早实证。这个大房子据"推测可能是大型的礼仪型建筑，是举行重要仪式活动的场所"[1]，应是当时蜀人祭祀和集会使用的神圣信仰礼仪性中心。美国城市史学家刘易斯·芒福德曾论证有一定地域聚集人群并具有"人类最早的""精神的或超自然的威力，一些比普通生活过程更高超、更恒久、更有普遍意义的威力"的"礼仪性汇聚地点，即各方人口朝觐的目标"，有这种共同信仰的礼仪中心出现，"能把许多家族或氏族团体的人群在不同季节里吸引回来"，这就是"城市发展最初的胚盘"，这就是人类城市最早的起源。[2]应该说，宝墩文化时期已具备这些条件，正是成都平原原始城市的起源期。其二，它是"家国

---

[1] 成都市文物考古研究所、四川大学历史系考古教研室、早稻田大学长江流域文化研究所：《宝墩遗址——新津宝墩遗址发掘的研究》，〔日本〕有限会社阿普（ARP）2000年版，第119页。

[2] ［美］刘易斯·芒福德著，倪文彦、宋俊岭译：《城市发展史——起源、衍变和前景》，中国建筑工业出版社1989年版，第6页。

同构"的中国国家治理与社会治理基层管理模式的又一个考古实证。"家国同构"的社会制度与思想意识起源于唐虞夏商周的家长制家族公社宗法制度。它最初的社会细胞即基层管理组织，就是由众小家围绕公共权力和祭祀信仰中心组成的家族公社，这是后来宗族祠堂的来源。后来国家文明出现后，这种组织形式就成为一定统治家族、宗族，直至邦国和族群的国家与社会治理机构。家是最小国，国是千万家，国要造福于千万家的共同体认同，就是这样形成的，其文脉一直传承、延续、衍变、发展下来。宝墩文化诸遗址正是巴蜀地区"家园同构"的基层社会治理组织结构最初起源的实迹展现。

二、新石器时代三峡文化与古巴文明的形成

古巴人文化活动区域范围很广，又常和蜀人区域交错在一起。它的主要活动区域则是四川盆地东部，包括川中丘陵和川东平行陵谷，属于广义的"大三峡"，即从宜宾到宜昌一千零四十四公里长的长江及其支流所经的川江流域。长江进入重庆后，由西向东横切北东—南西向的平行山脉：巫山、七曜山、方斗山、黄草山岭谷间的大中小河流，呈向心状汇入长江，形成以长江为主干的叶脉状峡江区域，这是巴人活动的中心地区。因二百零四万年前"巫山人"的发现，这里成为人类的发源地之一。在峡江区域内，陆续都有旧石器时代和新石器时代的遗址和遗存发现，但很难系统地构筑起文化发展的序列和谱系。直到20世纪90年代三峡库区考古开展以来，才掀起了峡江考古发现和研究的高潮。但峡江的旧石器时代文化面貌因考古发现零星仍然无法成系列清晰地描述。到新石器时代考古发现越来越多，全国不少高校和川渝考古单位参加了库区发掘，对巴人新石器时代文化的发现和研究才得到广泛的重视和研究。孙华、江章华、赵殿增、邹后曦、袁东山、陈德安、白九江等学者提出了不少分期见解。以重庆市考古研究所、重庆市文化遗产研究院为代表的一批学者尤其致力于峡江地区古巴文化谱系的建立和研究工作，取得了一批可喜的成果。不过，这些研究和发现还只能说是初步的，比较起成都平原古蜀文化谱系研究的成熟性来看，还有所不够，这主要是因为考古材料不足，也因为巴人由文化向文明进化的特征与蜀人不同，我们还认识不清楚，勾勒出的序列还有阙环，期待着更多的考古发现。这里根据重庆市考古所的成果做一些初步的描述。

峡江旧石器时代遗址主要有丰都高家镇和井水湾遗址，多在旷野中发现，

从距今十万年直到新旧石器时代之交，打制石器已出现由砾石核为主向石片石器为主的转变。遗址点星罗棋布。

新石器时代古巴文化的考古发现，大体可分为早、中、晚三期，有学者又特别从晚期中分出末期，这里放在"晚期"内一起阐述。

新石器时代早期，峡江区域主要以三沱遗址、横路遗存为旧石器时代末期向新石器时代早期过渡的代表。鱼腹浦遗存、藕塘遗存为新石器时代早期的代表。"这类遗存与鄂西和洞庭湖西北缘的考古文化有极为紧密的关系"。新石器时代中期巴文化主要以三峡西部的玉溪下层文化的诸遗址为代表。它与三峡东部的鄂西的城背溪文化、楠木园遗存、沅西的皂市下层文化，以及秦巴山区的川北广元中子铺遗址、陕南李家村遗址，大体同时或接近。

新石器时代晚期巴文化遍布长江两岸谷地，遗址数量较多，特征也很明显，是新石器时代巴文化发展的高峰。以瞿塘峡为界，东部为大溪文化，西部为玉溪上层文化。这一时期的早、晚两段被分别命名为玉溪上层文化和玉溪坪文化，主要遗存有丰都县玉溪遗址、玉溪坪遗址，忠县哨棚嘴遗址，江津鼎锅浩遗址，合川河嘴屋基遗址，涪陵陈家嘴遗址，万州溶溪口遗址、云阳大地坪遗址、巫山魏家梁子遗址等。紧接玉溪坪文化的是新石器时代末期的中坝文化，主要遗址是忠县中坝遗址、瓦渣地遗址，奉节老关庙遗址、武隆盐店嘴遗址等。玉溪上层文化与玉溪坪文化以及中坝文化是以泥质灰陶、夹砂褐陶为重要特征的新石器文化。这个特征同成都平原的宝墩文化是类似的。这是分别以川东重庆峡江区域和川西成都平原为中心的并行发展又互相影响的两支考古学文化。换句话说，是巴文化与蜀文化两支并行发展互相交错的考古学文化。与上述川东峡江流域大致相当的新石器晚期的巴文化也在川北嘉陵江、渠江的秦巴区域普遍分布，主要有通江擂鼓寨，宣汉罗家坝，广元张家坡、邓家坪和鲁家坟，巴中月亮岩，阆中蓝家坝，南充淄伊寺等遗址。[①]

总之，在整个巴地区域，从峡江到秦巴山区，新石器时代的文化性质并不单一，而是比较复杂。其中影响最强大的是以巫山大溪遗址命名的大溪文化，它与屈家岭文化结合，主要是向东发展，对鄂西影响更大，甚至影响到江汉平原兴起的古城城址。它向西则与玉溪上层文化和玉溪坪文化相遇交错，又各有所长。我

---

① 参见白九江《重庆地区的新石器文化》，巴蜀书社2010年版，第45、47~53、62、71、243页。

们可以发现上述旧石器时代到新石器时代的巴文化,与成都平原的蜀文化是不相同的,其由文化衍变到文明的进程也是不同的,但学者们一时还很难理清这些复杂的关系,也一直难于清晰把握古巴文化进到文明的基本轨迹和走向。这里仍然从生业形态、聚落特征和礼仪信仰三方面来观察古巴文明发展达到的程度:

(一)生业形态

古巴文化始终以渔猎采集经济为主,与蜀文化比较,要产生农业文明自然就困难得多。

三峡新石器时代的巫山大溪遗址文化层包含大量鱼骨和兽骨堆积[1],出土渔猎工具占出土所有工具总数的百分之五十[2],还发现为数众多的鱼骨坑和部分以鱼随葬的习俗,"可见大溪人对于鱼的依赖程度是很深的","说明当时捕鱼业十分发达,渔业在渔猎采集活动中所占分量较重"[3],而农业得不到发展的机遇,这是巴文化一个重要的特征。到新石器时代晚期,巴文化区的台地旱作农业虽然开始占到主要地位,但巴地一般台地面积小,农业发展规模不大,主要生计还是靠渔猎采集和家畜饲养,原始种植和旱作农业要向耒耜锄耕农业转变就很不容易。锄耕农业是较晚才出现的。新石器晚期,云阳大地坪遗址才发现栽培水稻。因此,锄耕农业在巴生业经济中始终处于弱势,我们也就很难看出像蜀一样的农业文明出现的特征。从中坝遗址看,主要盛行旱作黍粟栽培,这里位处盐泉,制盐业在新石器时代晚期兴盛起来,这是巴文化的一个重要特征。制盐与渔猎的兴盛,颇便于东与江汉平原、西与成都平原的农产品发生商品交换,所以,农业很难成为推动巴文明产生的力量。总起来看,巴文明的起源,主要不在农业,或者较晚才出现农业,而主要是在渔猎采集,直到巴人也在杜宇影响下以务农为主时,文明才得以农业为生业形态展现出来。

(二)聚落特征

以聚落形态和城镇发展来看,古巴文化区域也是滞后的。

这里至今没有发现像成都平原宝墩文化那样大规模的中心聚落。只是在忠

---

[1] 重庆市考古所、巫山县文管所:《巫山大溪遗址勘探发掘简报》,重庆市文化局、移民局编:《重庆库区考古报告集·1999卷》,科学出版社2006年版。
[2] 四川省博物馆:《巫山大溪遗址第三次发掘》,《考古学报》1981年第4期。
[3] 参见白九江《重庆地区的新石器文化》,巴蜀书社2010年版,第45、47~53、62、71、243页。

县澄井沟、丰都高家镇、万州武陵等地发现的河湾、曲流或河边二级台地上发现了一些相互间密切联系,但又相对独立的遗址群。甚至武陵镇遗址群交叉分布,沿江集中,自成体系,长达八公里。我们可以把这些遗址群视作若干小单位组成的"聚落群",但却没发现中心聚落,单个聚落则比较多。因此,聚落之间没有出现大的等级分化,也缺乏聚合活动与凝聚向心力的大中心,聚落之间的层级关系和分工情况不明晰,很可能只是因渔猎流动而发生的不断迁徙游走往来的村落游居遗址,所以,这些遗址一般没有发现城墙,很难说已经形成城镇网络体系,这也是古巴人文化与古蜀人文化不同之处,因此,巴地也较难产生以中心聚落为基础的邦国文明。它的聚落文明采取了与蜀文化不一样的发生模式,至今我们还说不清楚,掌握不住它的内在规模。

(三)礼仪信仰

从精神信仰和礼仪中心看,在巴地也还没发现数百平方米大小的公共建筑遗存。巴地精神信仰的表达方式和祭拜礼仪场所,很可能采取了不同的形态,例如廪君蛮对白虎的崇拜,板楯蛮对白虎的畏惧,二者皆出于一个"敬"字。但至今没发现对白虎表示敬意(或敬仰或敬畏)的祭坛或祭祀场所,这就很难从文明信仰的角度来对古巴文明作出评判。

从上述三方面看,古巴文明的起源及其模式还说不清楚,有待于深入探析。不过,随着历史的进程,由石器时代过渡到青铜时代,巴文明也终于形成和发展起来。

以上我们重点从种植农业与定居文化的发生与发展、古城时代中心聚落"邦国"文明的产生与发展、城镇精神信仰与聚合崇拜中心的起源与标志等三个方面论述了巴与蜀文明起源与形成的情况。这里,牵涉文明起源和形成的标准问题,国内外学者一直争论不休。为了说明我们选择上述农业、聚落和信仰三方面标准的理由,特别在此说一说我们的理论思考和理论依据。

文明形成的标准一般公认有城市、文字、青铜冶金术,等等,但应该说这是西方文明概念定的文明成熟时期的标准,而不是文明起源时期的标准,现在已引起不少争论。根据我们中国人自己关于文明的理解,笔者想用《易经》的观念来作说明。在《易经》里面,"文化"和"文明"这两个概念是分得很清楚的。《易经》讲文化，认为是"观乎人文，以化成天下"①的意思，这是"文化"一词的最早来源。讲到"文明"概念的标准则认为是："见（现）龙在田，天下文明。"②按唐代李鼎祚的看法："百草萌牙孚甲，故曰'文明'。"文明是指春耕季节到来，百草萌芽、百虫孵甲的形态，也就是农业种植成功的标志。这里"人文化成"就是文化，这是第一个层面。"人文化成"与"天文时变"会通，就是"文明"，这是第二个层面。③《易经》将文明形象地比喻为"龙"，认为越过了隐而不见的"潜龙勿用"和水润渊潜的"龙潜于渊"这两个阶段，到了"萌芽孵甲"种植收获的"见龙在田"阶段，就是"天下文明"到来了。换句话，用今天的文化语境说："农业为文明之源"，"农业的发达，实在是人类划时代的进步。"④人类由发现食物、采集食物阶段，发展到"见龙在田"，学会耕耨种植的高级农业阶段，文明就出现于天下了。这符合农业文明起源的观念。种植农业和锄耕农业是世界上一切农业民族通向文明的共同起点。

　　从文明起点到文明形成，经过了长时期的多方面文化因素积累与文明元素萌生的过程，一般这是指人类一万年前开始的新石器时代。人类懂得农业发明，定居耕作，就是进入文明时代。文明就是这样起源的。再往下发展，到了"飞龙在天"阶段，那就是文明繁盛耀眼夺目的阶段了，一般这是指青铜文明阶段。这是我们中华祖先作为农业民族对从文化发生到文明形成的认识，这种认识又以耕作者作为龙的形象，由潜于渊锻炼操作本领到掌握耕植农田技术的位置变换来作为文化与文明行进的地标。中华龙的观念应该起源很早，最早

---

① （唐）李鼎祚著，陈德述整理：《周易集解》卷第五"贲"卦《彖》辞："刚柔交错，天文也。文明以止，人文也。观乎天文，以察时变。观乎人文，以化成天下。"此句下李鼎祚《集解》引虞翔曰："离为文明，日月星辰，高丽于上，故称天之文也。""日月星辰为天文也。""历象在天成变，故以察时变矣。"又引干宝曰："四时之变，县（悬）乎日月。圣人之化，成乎文章。观日月而要其会通，观文明而化成天下。"巴蜀书社1991年版，第101页。

② （唐）李鼎祚著，陈德述整理：《周易集解》卷第一"乾"卦《文言》："见龙在田，天下文明。"此句下李鼎祚《集解》为："阳气上达于地，故曰见龙在田。百草萌牙孚甲，故曰文明。"又引孔颖达疏曰："于时地之萌牙物有生者，即是阳气发见之义也。"巴蜀书社1991年版，第14页。

③ （唐）李鼎祚著，陈德述整理：《周易集解》，巴蜀书社1991年版，第14、101页。

④ 吕思勉：《中国文化史》，天津人民出版社2016年版，第200页。

的土堆塑龙与卵石摆龙、玉猪龙等龙形象出现在七八千年前。①人类是从自然选择到智力进化的产物，中华"龙"的观念的发展衍变就是智力进化的标志，这是我们中国文化特殊的地方，是中国人祖先对世界各民族不同文明形象符号和标志的多样化文明图景贡献的中国图案。所以我们中国人自古以来就是龙的传人。用这个标准来看从"资阳人"到宝墩人，再到三星堆人，应该就是古蜀人从蚕丛鱼凫"渔猎采集"的"潜龙于渊"到鱼凫杜宇"见（现）龙在田"耕种，再到三星堆高度发达的青铜器文明"飞龙在天"的过程，这就是龙形象出现在三星堆神树上，欲成为"飞龙"同神树飞鸟上天的文化解读。总之，龙的"萌芽孵甲"（这是"文明"一词的最早的含义）积累文明营养材料的过程，就是我们农业民族随着农耕进步而产生精神飞跃的过程，农业文明是在渔猎和农耕文化的很多物质和精神因素积累起来以后而突变为天下文明的。著名城市史学家刘易斯·芒福德认为"人类最早的礼仪""具有一些'精神的'或超自然的威力，一种比普通生活过程更高超、更恒久、更有普遍意义的威力。"②中华龙的形象就是华夏人最早的超自然的精神威力，作为神祇家园的标志，是中华文明最高信仰的文化符号，是永恒的文明价值体现。三星堆的中原龙形象和巴蜀氐羌人的羊头龙形象在三星堆祭祀亢汇聚，是古蜀人心向中原文化龙凝聚，又加上蜀人自身对龙形象创新的标志，所以，它成了古蜀人各方人口朝觐的目标，是代表文明永恒价值和显示神力的祭祀礼仪中心。由此可见《易经》提出的文明标准是用龙的信仰和形象变化作为标志，是中国各地域族群共遵的文化认同。"见龙在田，天下文明"就是我们中国古人所理解的文明的起源，是中国人有关"文明"概念的思维趋势发生的起点。

三、古蜀青铜时代文明的繁盛发展

紧接新石器时代晚期农业与城市文明形成和出现以后，迎来了中国邦畿千里内多地域的各具特色风貌的青铜文明和玉器文明。夏商周时代是中国的青铜时代。从考古发现看，现在能确知的中原青铜时代开始于夏朝中晚期的王都

---

① 辽宁葫芦岛连山区塔山乡杨家洼子林出土距今八千年前两条土堆塑龙，呈现鸭嘴飞龙形象。辽宁阜新市查海古人类遗址出土卵石摆龙，距今八千年至七千年前，其形象有龙头、龙尾、龙爪，长二十米。
② ［美］刘易斯·芒福德著，倪文彦、宋俊岭译：《城市发展史——起源、衍变和前景》，中国建筑工业出版社1989年版，第6页。

河南偃师二里头遗址，被称为"二里头文化"。其第一期至第三期年代为公元前1750至前1600年，正是夏朝中晚期。第四期为前1500年，已进入商代早期。二里头文化应该是新石器时代晚期和龙山文化的末期。从历史进程看，整个夏文化可分为前、后两段。前段是"先夏时代"，是夏后氏部族发祥和发展的时期，其时间应在距今四千多年前，甚至更早，属于龙山文化时代，其起源和活动的地域则应在陇蜀岷山区域，故《史记》说大禹"兴于西羌"。西羌是夏后氏部族形成和活动的发祥地。以后夏文化逐步西兴东渐，走向中原，在中原河洛地区建都，是夏文化后段的"夏朝时代"，即前2070年大禹传启建立夏朝的四百年间。至前1600年，商朝建立。商代青铜文明得到光辉灿烂的发展，璀璨夺目，震惊世界。

巴蜀青铜时代便是在这样的中华青铜文明历史大背景下发生和发展并达到高峰的。其典型标志是三星堆遗址和金沙遗址，前者在考古学上被称为"三星堆文化"，后者被称为"十二桥文化"，这些命名皆是按照考古学的惯例，以首先发现、发掘地作为同类型考古文化的代表性名称。

（一）三星堆文化

三星堆文化是因广汉三星堆遗址群的发现和发掘而命名。以三星堆和金沙两个古蜀国王都为文化地标的殷周时代巴蜀辉煌青铜文明，代表着初期古蜀文明最光辉、"其风土神话，亦殊玮瑰绝丽"[①]的最高成就。三星堆青铜时代遗址相当于殷墟中期时代古蜀人建立的规模最大的古蜀方国王都。三星堆文化衰落后，古蜀人迁移到成都平原中心，创造性转化发展为十二桥文化，建立了"金沙遗址"为标识的古蜀方国新的王都。从那时起至今三千多年，成都城址再没有迁徙，是使成都成就为世界历史都市中具有"城不改址三千载，址不改名二千五"唯一特征的文脉发展的基因。

就中华广域文明的全局看，紧接新石器时代晚期中华古文明以中原文化为凝聚向心力的核心，以距今五千三百年前河南巩义"河洛古国"遗址为代表性文化标识的古农业与城邑文明形成和出现以后，迎来了中国邦畿千里内多地域产生和形成的各具特色风貌的青铜文明和玉器文明。其后的夏商周时代就是中国的青铜时代，"创立了垂范华夏两三千年、影响远播域外的中华礼乐文

[①] 钱穆《中国民族之文字与文学》云："今观《蜀王本纪》《华阳国志》所载，其风土神话，亦殊玮瑰绝丽。"钱穆：《中国文学论丛》，生活·读书·新知三联书店2002年版，第13页。

明"。①它开始于"二里头文化"。该遗址除发现大型宫殿建筑群和宫城外，还出土种类齐全的青铜器，包括鼎、爵、斝、盉等礼器和钺、戈、镞等兵器，还有各种玉钺、玉璋等玉礼器。其中出土的各种镶嵌绿松石的铜牌饰和铜铃，直接影响于蜀中三星堆，三星堆的铜牌饰即源于二里头。夏朝青铜器已显示出中原礼乐文明的民族风格和价值取向，其向四方辐射的过程，也就是同其他地域特色风貌互相影响和融会形成中华礼乐文明的过程。在这个过程中逐步形成各地域文化心向中原，以中原文化为凝聚力向心力核心聚合的广域文化共同体。同时，不少地域又显示出自身独特的青铜文化的神韵。总之，中国的青铜时代同样也显示出中华青铜文化的多元一体性、广域一脉性和多源一系性。三星堆青铜器和玉器，其礼乐文明风格和冶炼技术就是在这样广阔的社会背景下，在二里头和殷墟中原文化的影响和润泽下发展起来的，再加上独特的巴蜀神奇浪漫的祖源记忆中体现人类探索宇宙未知的梦想和自身终极价值的形象认知的祖先崇拜信仰，而形成震惊世界的神秘文化。三星堆卓越的青铜地方艺术文化作为古巴蜀地域文化和长江上游古文明江源文化的结晶，又反过来为殷商时代中华青铜冶铸技术和造型艺术达到巅峰，做出了卓越贡献。

巴蜀整个地域先后分别发生的青铜时代便是在这样的中华青铜文明历史大背景下发生和发展并达到高峰的。三星堆遗址群由三大要素构成：一是三星堆、月亮湾、三星村、西泉坎、真武宫、仁胜、烟堆子、石佛、大堰、毗卢、金谷堆等十多个文化遗址；二是三星堆一号与二号祭祀坑以及仓包包祭祀坑，还有最近新发现的紧邻一、二号祭祀坑的三至八号祭祀坑的重大发现；三是数段环绕古城墙四周排列的高大夯土城墙遗址。整个三星堆遗址群就是由这三大要素的众多遗址构成的，统称"三星堆遗址文化区"，总面积达十二平方公里，其文化年代从新石器时代晚期一直延续到西周时期。

三星堆文化从地层关系分析，共分为四期：

1. 三星堆遗址第一期

最下层是三星堆遗址的第一期，出土磨制石器和以灰褐夹砂陶为主的陶器，特别是高柄豆、小平底罐、镂空圈足豆、喇叭口高领罐、花边口绳纹深腹罐等陶器乃蜀文化典型器物，与成都平原宝墩文化诸遗址的特色和内涵相同，

---

① 中国社会科学院历史研究所编写组：《简明中国历史读本》，中国社会科学出版社2012年版，第49页。

因此，把它划入宝墩文化范围，年代在距今四千五百年左右。它证明神奇的三星堆青铜文化是在成都平原宝墩文化基础上土生土长发展起来的，是成都平原土生土长的、由新石器时代晚期一直延续到青铜器和玉器时代的文化，不是外来的文化，更不是犹太人或苏美尔人从西方带来的两河流域的巴比伦文化。三星堆文化"西来说"是完全脱离考古文化与历史文化证据的谬说。

2. 三星堆遗址第二期和第三期

三星堆遗址的第二期和第三期是古蜀青铜文化出现时期，主要遗存物是独具特色的青铜器和玉器。这一时期出土的神奇的青铜立人像、纵目人头像、大耳阔嘴人面具、人身鸟足像、人面鸟身像以及青铜面具群像、各种青铜鸟群像、青铜神坛、神树、金杖、金虎、金面罩以及鱼形玉璋、牙璋、石磬等遗存，数量众多，内容丰富，令人叹为观止，可谓天下绝观，其神奇神秘神妙的面貌及其特异魅力引起世人恒久不衰的关注和热忱。在第二期还出土有兽面纹铜牌饰和镶嵌绿松石的铜虎，这是夏代二里头文化遗址中的典型器物，表明三星堆与二里头有亲密的渊源关系。三星堆文化的青铜时代，就是指的三星堆的二、三期，距今四千年至三千二百年左右。我们平时所称的"三星堆文化"，也就是就它的二、三期这个阶段而言，即青铜时代阶段。实际上，这两期出土的陶器也有巴蜀文化的共同特色。如陶系是以夹砂褐陶和泥质灰陶为主，具有明显的灰陶体系特色。小平底罐、高柄豆、陶盉、鸟头形器把（包括鹰头和鹅头）以及三袋足鬲，都是蜀文化特征的典型器物。

三星堆青铜时代最光彩夺目的经济、技术、艺术和文化成就，主要是在三星堆一、二号祭祀坑中发现。这两个坑的年代也是在这个二、三期范围内，距今三千四百五十年左右，属于商代晚期。二号坑比一号坑的年代略晚。一号坑埋藏各种金杖、玉器、铜器和陶器四百余件，海贝一百二十四枚。二号坑埋藏金面罩、青铜立人像、神树、大型面具、玉璋等一千四百余件，象牙、海贝六百余枚。①

最近，三至八号坑初步发掘，出现了更加令世人震惊、全世界瞩目的青铜文明成果。经过碳十四测定，其年代区间在距今三千二百年左右，与一、二号

---

① 四川省文物考古研究所编：《三星堆祭祀坑》"肆：一号祭祀坑"，"伍，二号祭祀坑"，文物出版社1999年版，第16~423页。

祭祀坑均属殷墟中晚期。①其出土文物主要是青铜人像、金箔、玉器、象牙和丝绸灰烬五类，都与一、二号祭祀坑有紧密联系。其中，三号坑出土青铜人像和青铜面具十六件，特异的有青铜跪坐顶尊人像，双手合握，头顶有龙形装饰的大口尊。这个形象，很明显是同二号坑青铜跪坐顶尊人像同类，不过，二号坑的人像是突出乳房的女神像，三号坑是男力士形象。其上半部尊和下半部人的"产地很可能是不同的"，上半部尊作为礼器，源自中原殷墟。下半部铜人可能是三星堆本土制造的。"它代表了三星堆文明吸收借鉴了源自中原地区的青铜文明，并在它的基础上又进行了改造"②。三号坑还出土了体积超过一、二号坑面具的最大青铜面具，戴冠编发人头像、头戴尖帽拱手胸前的人像、立发青铜人像，以及各种青铜小立人像，是出土青铜器最多的一个坑。

三号坑还出土青铜神树，与二号坑神树类似。四号坑出土了青铜扭头跪坐人像，头冲大长辫，似"敬而远之"神态，很是奇特，此前从未见过。八号坑出土了青铜神坛（此前二号坑也曾出土）、青铜神兽，其出土青铜面具的眼睫毛是彩绘的，很可能三星堆各坑出土青铜人头像都有彩绘。这次出土的金面具金箔类也多，其中三号坑的金面具是首次发现最完整的一件。金箔制成的神鸟，头顶凤冠，尾展长翅，前双足各有三爪，是迄今为止最大的最完整的金箔神鸟，与金沙太阳神鸟形象相类，可以让人充分联想它是华夏太阳神信仰的"三足金乌"的雏形。玉器类，这几个新坑也发掘特别多，也很完整，没有如青铜器一样被砸烧的现象，这是很值得注意的文化现象。其中，三号坑的玉琮刻有神树纹，表明神树信仰已成三星堆人的泛神化风习。这次发掘的象牙类也很多，三、七、八号坑埋完整象牙达四百五十余根之多。四、五号坑还有象牙碎片。这次最新的最令人振奋的出土遗物是丝绸灰烬的首次发现。三、四、六、八号坑都发现丝绸残留蛋白灰烬，包括原一、二号坑用于包装青铜人头像、青铜蛇和青铜尊包装的丝绸灰烬残留勿，均被查明是平纹斜编组织结构的丝绸。③它们是古蜀文明作为中华丝绸文明的摇篮和繁盛发展的文明传承的明证。以上各类文物遗存丰富，面貌奇特，其文化内涵和使用这些遗存的三星堆蜀人面貌还留有许多谜，有待索解和解读。

---

① 《南方周末》2021年9月14日记者王华辰报道三星堆新发掘一文中徐斐宏先生评语。
② 《南方周末》2021年9月14日记者王华辰报道三星堆新发掘一文中徐斐宏、黎海超二先生意见。
③ 《中国文物报》2021年7月30日第3版报道。

规模宏大的三星堆古城建筑，也是三星堆青铜时代的伟大成就。这个古城建筑于二期，一直使用到四期，即夏商之交到西周早期。整个城址呈北窄南宽的梯形布局，东西宽一千六百至两千米，南北宽两千米左右，面积达三点六平方公里，比宝墩文化时期的城址大得多。城墙也很宏伟，用分段夯筑法筑成梯形，有的地方还用土坯砖砌筑。墙基宽四十米左右，墙顶宽二十米左右，分别向墙的内外两侧斜行呈斜坡状。城墙外侧挖有护城河壕沟。城门还发现有从水道进出的水门，表明舟行已成为三星堆人交通方式。城内房屋建筑，早期为干栏式建筑，有方形和圆形两种，其面积约七至十二平方米。这是从远古巴蜀巢居文化发展而来。后期主要衍变为木骨泥墙建筑，其面积在十五至二十平方米之间。这两种建筑成组，应是民居建筑群，其中出现的两百余平方米大小面积大房子，应是部族礼仪祭祀公共活动的中心。总之，三星堆时期的城墙和房屋建筑，明显地承袭于宝墩文化，其布局和规模更大，建筑技术水平更高，已与中原郑州商城大小相当，应是巴蜀方国文明的"王都"都邑。

3. 三星堆遗址第四期

在三星堆遗址二、三期地层之上的文化遗存，是第四期，其文化性质与面貌同成都十二桥文化相同，已进入商代晚期和西周初期，与金沙遗址的文化面貌有相互承袭的关系。这些情况说明三星堆文化发展到第四期以后，已因某种不明原因，突然衰落。作为王都被废弃，迁到了成都平原的腹心，在金沙遗址地建立了新的王都。

按苏秉琦先生主张的古文明发生发展"三部曲"规律，第一步是由原始文化发展到"古城"，即中心聚落，开始出现不平等的、有统治服从关系的大小聚落和尊卑贵贱的社会等级结构，国家文明的初始形态就发生在这个阶段。第二步是由"古城"进步到"古国"，即协和万邦时期的族邦都邑文明，也就是部族联盟时期。这个阶段在巴蜀地区相当于历史文献中所说巴人蜀人及其所属冉駹邛笮徙榆与六夷七羌九氐等部族联盟阶段的族邦，在考古学文化中则相当于商代青铜文化时期巴蜀区域的中心聚落大遗址。第三步是由"古国"发展到"方国"，即族邦和邦国已经产生共相认同的"共主"关系的一方之方国的王都。三星堆和金沙，就是统治巴蜀区域的方国"共主"王都。①

---

① 以上三星堆考古文明，参见谭继和《三星堆与古蜀文明探源》，《巴蜀史志》2021年第5期"聚焦三星堆专刊"。

（二）十二桥文化

在四川盆地西部、成都平原北缘的三星堆文化走向衰落之时，其文化轨迹和文化中心遂向西南转移，在成都平原腹心区域即今成都中心市区范围崛起了十二桥文化。其代表性遗存，除三星堆遗址第四期外，主要是成都十二桥遗址、金沙遗址、羊子山土台、新繁水观音遗址和彭州竹瓦街窖藏等五处。其他尚有指挥街、方池街、抚琴小区、新一村、岷江小区、雅安沙溪等诸遗址及博雅庭韵、芙蓉国、金牛交通局诸发掘点以及黄忠村、兰苑陶窑址，说明其分布范围甚广。因最先发现于十二桥，其主体文化又是继三星堆文化之后发展起来的，既有承袭关系又有区别和新发展的一种蜀文化类型，故被命名为"十二桥文化"。

其中最重要的是殷商晚期至西周和春秋早期的成都十二桥遗址、金沙遗址和羊子山土台遗址三处。其时代相当于殷商晚期至西周和春秋早期。需要说明的是，这里均指的是十二桥文化的第二期和第三期，即它已在成都平原腹心遍地开花，中心聚落繁盛起来的时期。事实上，十二桥文化发生的第一期甚早，从其石器和陶器性质和特色看，属于宝墩文化三、四期，同三星堆玉石器技术与风格有渊源关系。换句话说，在宝墩文化在成都平原周边兴起诸古城中心聚落期间，成都平原腹心区域已出现众多中小聚落，不过，分布零散，规模甚小，它们是在宝墩文化诸中心聚落的强大影响下生存和发展起来的，是宝墩文化中心聚落的附属，是晚于宝墩中心聚落发展起来的，故十二桥文化第一期只相当于宝墩文化的三、四期。在三星堆文化作为蜀王国都邑鼎盛之际，十二桥文化又是三星堆文化的附属，仍在发展，但特色不突出。直到三星堆文化衰落以后，十二桥文化以金沙遗址为中心，才作为具有独立特色的都邑文化兴盛起来，成为继三星堆之后的又一个古蜀国都邑。

十二桥文化最具代表性的一是成都十二桥遗址。其文化层厚四米以上，从上往下数，它的第一至第八层堆积着从近现代到春秋战国的遗物，第九层发现竹骨泥墙建筑遗迹。第十到十三层是商周文化层。所谓十二桥文化就指的这四个地层。其中最具代表性的发现是第十三层商代大型干栏式木结构建筑遗存。发掘出大面积的茅茨盖的屋顶，墙壁是竹骨泥墙。其桩是圆木柱础，用以竖插地里作房基，上铺木板，再在地板上建房。发现大量竹木建筑构件，是作为建干栏房屋使用的。同时发现平行排列残长七米以上的大型建筑地梁基础，说明其干栏建筑已具有相当规模。①由地下发掘出商代干栏建筑遗存结构，构架和房形都相当完整，故在商周建筑文明史上具有非常重要的地位和价值②，它清晰地表明成都是古老的巴蜀巢居氏族的起源地，从巢居文化到干栏—楼居文化，在巴蜀有长远的历史，是不同于黄河流域穴居文化的另一种特色文化。该遗址发现大型木地梁建筑以及一些小型建筑群落，表明王都宫殿式建筑与民居建筑群已经出现。③出土石器、骨器、兽骨、卜骨以及青铜器，既有较多三星堆文化常见的器物，又有新出现的尖底陶器和圆底陶器。这是十二桥文化有代表性的特色器物，"说明十二桥文化是继承了三星堆文化并有所发展"。④

另一处标志性遗存是金沙遗址，位于成都城西苏坡乡金沙村，与其东的十二桥遗址仅相距五公里，是联系很紧密的一个文化区域。其遗址范围有五平方公里，分布于古磨底河两岸，异于殷墟晚期至春秋初期，遗存异常丰富多彩，是迄今所知继三星堆之后，规模仅次于三星堆都邑的古蜀国又一处王都遗址。

金沙遗址在古巴蜀文化史上占有重要的地位。它的文化价值和特异之处，主要有下列几点：

其一，金沙遗址时期已进入稻作粟作兼容，耒耜锄耕高级农业种植发展阶段，已有周围林盘和田地围绕的中心聚落，具有"王都"规模，且已有明确的功能分区。目前虽未发现城墙，但其城市文明内涵已相当深厚，其农耕文明已是成熟的耒耜锄耕阶段，其青铜文明也发展到璀璨夺目的新高度，是古巴蜀青铜时代继三星堆之后又一处光辉的文化地标。

该遗址已发掘一万六千六百平方米面积，包括大、中、小型房址区（有研究认为当时已有大型建筑宫殿区和中小型民居聚落），陶窑群、灰坑、成吨象牙堆积，石礼器未成品分布区，猪牙、各种动物獠牙、鹿角与美石分布区，表明各种不同区域应已有不同的生活和礼仪功能。特别是出现了专用的祭祀区和

---

① 四川省文物考古研究院、成都文物考古研究所编著：《成都十二桥》，文物出版社2009年版。江章华：《十二桥文化早期遗存初论》，《考古学报》2019年第2期。
② 国家文物局主编：《中国文物地图集·四川分册》，文物出版社2009年版。
③ 谭继和：《论古蜀巢居文化渊源及其历史发展》，谭继和：《巴蜀文化辨思集》，四川人民出版社2004年版，第117~155页。
④ 江章华、李明斌：《古国寻踪》，巴蜀书社2002年版；成都市考古所有关金沙遗址发掘简报两篇，《2001成都考古发现》，科学出版社2003年版；另关于金沙遗址的四篇发掘简报，见《2002成都考古发现》，科学出版社2003年版。

墓葬区，这是城市礼仪文明发展到新高度的标志。祭祀区和墓葬区都分布在王都聚落的西边，表明已出现古人祭祀尚西的礼仪观念，这应是后来陵寝制度的萌动。

在芙蓉园金沙遗址发掘点的灰坑里出土完整的木耜，这是稀有遗存之物，因木器很难完整保存下来。它是三千年前，古蜀稻作和粟作并耕，已发展到农业高级阶段——耒耜锄耕农业阶段的物证。

其二，金沙文物遗存继承三星堆文化，把青铜文化推向了新阶段，是中华青铜文明地域文化中一枝难得的奇葩。特别是陶器、玉器、青铜器和金器，明显地承袭三星堆文化而来，连有些形象，如青铜立人像、铜立鸟像以及玉璋、玉圭等物的形象，都是三星堆文物的直接翻版，只是大小不同。但它对三星堆文化有新的发展：一是总体风格不同，三星堆文物特大型的多，偏于雄浑和大气。金沙文物以小型饰件见长，偏于精细和智巧。二是精神信仰和理性智慧方面，金沙文物体现出新的高度。

金沙遗址是"十二桥文化的中心和典型遗址"，其中金器四十余件，陶器七百余件，玉器九百余件，石器近三百件，象牙骨器四十余件，陶片出土万件以上。①陶器继承三星堆文化，如：小平底罐、高柄豆、陶器、陶瓶等三星堆典型器物，而又有所发展，出现了尖底杯、尖底盏、高领罐、圈足罐、圈足杯等。十二桥文化的典型器物，金器、玉石器和青铜器的总体风格与三星堆一、二号祭祀坑出土器物相近，只是总体上形体偏于小巧，玉器更加精细，表明金沙人承袭了三星堆人的祭祀观念和仪轨，但其艺术审美观有更新的高度，出现了更新的精神内涵。

玉石器磨制比三星堆时期更加精细，小型多样，礼器和饰件形象多样化，表现出更为丰富、精彩和多元化的精神世界。石器有石锛、石斧、石矛、石凿、石璋、石龟、石蛇、石虎、石跪坐人像。其中，石蛇如蟒，身则椭圆盘曲两圈，扁嘴大张，舌芯上卷，口内与眼球涂朱砂，脊线流畅，极富动感和神圣意味。石虎则为卧虎形，直劲昂首，犬牙外露，虎须大张，双耳内卷，作大声嘶状，为圆雕杰作。这两种形象体现蜀人的精神信仰是什么，颇费猜测。巴人有"巴蛇吞象"和廪君蛮"白虎为魂"崇拜的传说，结合十二桥文化中"新出现的陶器器类来自东方湖北省西部的巴文化和北方陕西汉中地区的宝山文

---

① 国家文物局主编：《中国文物地图集·四川分册》，文物出版社2009年版。

化"①的考古文化现象，说明巴人和蜀人的生产与生活方式早有交融在一起的现象。巴人石蛇石虎崇拜出现在蜀人十二桥文化中，似乎说明巴人的精神信仰与蜀人的文化习俗也已逐步合二为一了。石跪坐人像也很特异，双膝屈跪，双手反缚，裸体赤足，长辫垂后，四角高翘，可猜想其属于人偶，祭祀时用于代替活的人殉。这在西周时期中原文化和秦文化的历史文献，如《诗经》中已记载了废人殉用人偶的习俗，这是文明历史的进步，也是周与殷的重要区别，殷商时期人殉还比较普遍，西周时就已被废除了。金沙人使用石跪坐人像用于祭祀，表明其文明程度是跟随进步潮流的。这是说的古蜀文化的进步现象。至于古巴文化，直到战国时期还保留有殉人和人牲的落后习俗。云阳李家坝战国墓地及其他同期墓地，均发现有殉人和被砍头的人牲殉葬，反映其文化习俗的滞后现象。

金沙玉器与三星堆文化有共通之处，但也有历史的进步。玉琮、玉璧、玉璋、玉圭、玉钺、玉戈、玉戚、玉凿、玉镯、玉环、玉贝饰、玉牌形器等种类繁多，与三星堆文化相同，但也有新的发展。玉琮来源稍复杂一些，放在后面分析。本通史《艺术卷》作者之一幸晓峰研究三星堆与十二桥文化中的玉石璧和玉石磬属于古乐器，其礼乐文化已发展到相当高度。玉海贝的出现，表明商贸文化的进一步发展。三星堆顶尊跪坐人像的尊中已有海贝出现，这是蜀人同殷墟或南海交换的产物。到金沙遗址时期发展为用玉仿制海贝，说明货币交换出现了新的意识，这同周代中原各国普遍使用青铜布币的潮流是一致的。

三星堆和金沙遗址都以玉器见长，出现了玉神人面像，玉璋则带有"中华牙璋"（林向先生语）的特点，巴蜀玉器也是巴蜀青铜时代的一个重要闪光点。"以石为兵，以玉为兵，以铜为兵"是中国石器时代和青铜时代三大特征，也有学者主张中国石器时代中有个玉器为特征的时代。巴蜀青铜时代生动地体现了中国青铜时代玉器为礼的重要特色。

金沙遗址的青铜器和金器也是独放异彩，比三星堆时期有了更新的发展。青铜器中包括铜鸟，特别突出羽翅，与三星堆鸟相同，是蜀人羽化登仙信仰的体现。还有铜牛首形饰，表明牛饲养已经出现并受到重视。有铜瑗、铜壁、铜眼形饰，这些东西均系沿袭三星堆文化而来。还有青铜人像、人头像和青铜面

---

① 国家文物局主编：《中国文物地图集·四川分册》（上），文物出版社2009年版，第6～7页。

具，特别是铜立人像，通高一百九十六毫米，比三星堆二米六通高的青铜立人像大小不可同日而语，但其座上站姿、双手握式、大鼻方耳方颔的面相，二者均酷似，只是其头饰和发辫略有不同，可以认定为三星堆立人的翻版，是神人崇拜信仰的产物。出土金器也可与三星堆文物媲美，并有新发展。主要有金面具，锤揲而成，双眼与大嘴均镂空，高鼻梭眼，圆脸圆颐，是独立的人面罩，与三星堆铜面具上附着金面不同，是古蜀某种特殊祭祀文化的体现。另有金王冠带、鸟鱼纹金带、金喇叭形器、小型金箔饰、蛙形金饰、太阳神鸟金箔饰等器饰，从其多种样式看，应有特别复杂和尊贵的信仰内容，有待研究者解密。其中太阳神鸟和蟾蜍两种金箔，应与华夏传统的日月神崇拜"日中有金乌""月中有蟾蜍"的信仰有关。

其三，精神境界有新提升，出现仰望星空向往日月的浪漫幻想和崇拜飞鸟，羽化登仙的创新想象，体现了古蜀人精神家园的丰富性和神秘性。

三星堆遗存中已有各种青铜鸟形饰、羽形饰，有青铜鹰头杜鹃鸟形象，有双足踏双鸟的青铜人身鸟足像，还有栖息在青铜神树上的人面鸟身形象，青铜神殿下层飞翅张羽的怪兽和上层盝顶四隅的四只飞鸟形象，清楚地说明蜀人对仙鸟的崇拜和骑鸟飞天、人变飞鸟，甚至羽化变仙的幻化想象力的产生，这同《华阳国志》记载的古蜀王"重仙道"，杜宇魂化杜鹃的历史资料也是一致的。古蜀仙道是道教产生的基础，羽化登仙的观念是道教的核心，这些观念和文化想象力均萌动于三千年前三星堆文化时期。到十二桥文化金沙时期有了新的发展，其标志是太阳神鸟金箔、蛙形金箔和线刻羽人的十节玉琮。

太阳神鸟金箔重20克，圆形镂空图案，器身薄达0.02厘米，外径周长仅12.5厘米，内径5.29厘米，内层等距分布十二条旋转齿状光芒，顺时针方向环绕。外层内为四只金鸟逆时针方向飞行，刚好与太阳光芒十二条方向相反。鸟头大，颈、腿长，翅短小，爪有三趾，极富飞行动感，表明神鸟在日中飞行，是蜀人对太阳神形象的非凡文化想象力的体现。联系到三星堆遗址出土不少青铜太阳形日轮的形象，说古蜀人已有羽化轻身、飞向太阳、追求光明的浪漫想象，应该是没有疑问的，这与华夏民族关于太阳神的传说："日中有三足乌"的想象是完全一致的。同时出土的蛙形金箔四个，而在三星堆遗址则出土的是石塑青蛙，表明出现了对蟾蜍的崇拜，联系古华夏"月中有蟾蜍"的传说，很可能是对月亮神的信仰。

十节长玉琮则体现了古蜀人对羽人的崇拜和信仰。该玉琮通高22.26厘米，重1385克，透闪石青色软玉，长方柱体，外方，内为圆孔，以九格横槽将其分成十节，形似十节玉琮组合而成。这是三星堆和金沙遗址中出土最大最长的玉琮，较多的玉琮是单层或三四层，从来没发现过十层玉琮组合为一。玉琮是四千至五千年前龙山文化时期良渚文化的特征。此器或从远古良渚遗址传承、发生交换而来，或有其他来源，还值得探讨和研究。值得注意的是器上有阴刻戴羽冠的神人面纹和长翅膀的羽人形象。全器由竖槽和转角穴处分割而成为八十个凸面，两个凸面一组，组成四十个神面纹。每个神面纹均有平行线纹刻画的羽冠、大眼睛和小眼珠以及形似卷云纹的嘴，流丽传神，颇似今日"印象派"技法。另外，玉琮上有一线刻纹、长着翅膀的全身羽人形象，羽人身体肥胖，双脚叉开，头戴羽毛冠饰，两臂长袖平举，每臂上刻着一上卷羽毛的翅膀。这是目前考古发现最早的"羽人"形象，到后来的四川出土的汉代画像砖里这种羽人形象就多起来了，甚至唐宋时期成都还有这种羽人神仙的壁画，表明这种羽人信仰的传承关系。总起来看，古蜀人对羽化成仙的信仰起源很早。幻想像飞鸟一样羽化登仙，是古蜀仙道的特点，也是道教教旨的核心。三星堆文化和十二桥文化出土一系列飞鸟形象，从鹰头杜鹃、人乘飞鸟到人变成飞鸟，直到变成长翅膀的羽人的各种飞翔形象，体现了蜀人关于羽化轻身、翱翔天空、逍遥自在、飞近日月的一系列梦幻想象力，这是直到现在中国传统文化中还在传承的神仙为特征的仙化浪漫和文化创造想象力。仙化思维，是道教的根柢，从文化想象力形成的视角看，也是中国文化的根柢。它的源头就在三星堆和金沙时期的蜀人这里。

体现蜀人精神信仰和祭祀礼仪的场所是羊子山土台遗址。大小羊子山遗址墓葬从新石器时代直到殷商西周战国、汉晋时代均有发现。其中最重要的是西周时期大羊子山土台遗址，人工修筑，三级四方形大型土台，台高十米，每层土台边樯墙均为土砖垒砌而成，四边中部斜坡土筑上下阶道。这是典型的古蜀国祭天地敬祖宗，举行集会、祀典和观礼的中心场地。兴筑观礼祭祀台是西周王朝中原文化的礼制之风，成都在这时出现如此高大礼台，可见中原文化熏染渐习蜀地的深度。

（三）战国时期成都古蜀船棺合葬墓

进入战国时期，巴蜀发现的文化遗址较少而墓葬较多。"在成都平原、蜀国腹地大量出现船棺葬，又往往不是独自构成墓地而与其他土坑木椁墓并存"。①金沙国际花园遗址发现的西周晚期春秋早期的船棺葬,是目前发现的川西平原最早的船棺葬。蒲江和什邡均发现有船棺葬墓群。在广元宝轮院、荥经县南罗坝和同心村、巴县冬笋坝(今重庆市九龙坡区),也发掘出船棺葬墓群。船棺葬是巴蜀一种特色葬式,分布较广,时代从西周晚期直到战国秦国统一六国之前。代表性船棺墓葬是战国成都古蜀船棺合葬墓。②

该墓位于成都市区商业街,船棺有九具,大型棺木四具,小型棺木五具。独木棺有八具,均为小型棺具。墓早从汉代以来即被严重破坏,原来当不止此数,推测葬棺应在三十五具以上。最大的船棺长18.8米,直径1.5米,高1.12米。小船棺也有四至五米长。棺木均放在枕木上,枕木共十五排,均为一次性有序放置于墓坑内,应是整个家族内死者的仰身直肢二次葬,即都是第二次统一搬迁于此。棺具下铺横木,亦属战国时期首见葬式。船棺、独木棺均为整木凿成,数量之多,体量之大,规模之宏,当为全国之最。

最奇特的是在墓坑之上,四周开挖基槽,铺设墙基地伏,设置中空木质柱础和垫板,显示出墓上的寝庙建筑。《华阳国志》说,蜀开明王"始立宗庙",此船棺陵寝正是其证明,而且使我们进一步体会到开明王始立宗庙是用来祭祖敬宗的,是西蜀陵庙制度的起源处。

墓葬中出土陶器一百零三件、铜兵器二十件、巴蜀符号印章、竹木器等。其中漆器一百五十三件,有耳杯、盒、盘、簋、案、器座、梳子、瑟、编钟或编磬的漆木乐器座以及大量木胎漆器构件,色彩亮丽,纹饰斑斓,从器形到纹饰都有自身蜀文化特色,既不同于楚国漆器,又不同于秦国漆器,自成一体,乃战国漆器精品。特别是其中两具大型船棺内出土了大型钟和编磬漆架座,其漆器纹饰仿自中原青铜器纹饰风格,表明此乃蜀王族享用之物,也展示了蜀中音乐艺术发展的高度。

由此看来,该墓葬极有可能就是战国早期古蜀国开明王时期蜀王级人物或其王族的宗族墓地,且有特殊的船棺信仰和陵寝礼仪制度。它代表着古蜀王国青铜文明的发展程度。

---

① 林向:《四川盆地巴文化的探索》,《巴蜀文化暨三峡考古学术研讨会文集》,西南师范大学出版社2006年版,第29页。
② 成都文物考古研究所编著:《成都商业街船棺葬》,文物出版社2009年版。

四、古巴青铜时代文明的发展

（一）古巴青铜时代文明的性质

前已述及，古巴人与古蜀人在经济生活、社会组织和文化习性上，既有共同点，又有不同点，相辅相成。二者相比较，古巴人多在方山丘陵区活动，游团迁徙性强，未能形成以中心聚落为凝聚核心的农耕定居社会生活共同体，晚于蜀人地区之后才出现大规模的中心聚落。渔猎经济，尤其是捕鱼生活与逐盐泉而迁居的方式，是古巴人生活方式的特点。而蜀人在从岷山下迁成都平原的迁徙过程中不断寻找和建立定居点，这些定居点往往变成大规模的中心聚落，即"古城"。古城是古国的前期阶段，是农耕文明出现的起点。蜀人的农耕定居社会共同体出现很早，四千多年前就已经形成了。农业定居和农耕经济生活是蜀人的主要特点。

在新石器时代和夏商西周时代，巴人还没有进入四川盆地，其迁徙活动的地域主要集中于汉水流域（江汉平原）地带和峡江地带两大区域。这一时期巴部族活动的中心应是在峡东丹山丹阳境内。丹阳，一说在秭归县丹阳城，另一说在巫山县之南的巫山下，要之，均未出峡江以东大巫山直至江汉平原的范围。①《山海经·海内南经》和《今本竹书纪年》卷三都有大禹儿子夏后启派其臣孟涂"司神于巴"和"入巴苾讼"的记载，这说明早在夏代初始，夏后启作为夏朝宗主，已将其中原国家司法诉讼和祭祀社神仪轨制度推行于其四裔夷邦。当时的巴还没有发展到古国阶段，甚至连古城阶段也还没达到，只不过是流徙性很强的众多小部族，它们以"巴人"的通称，臣服于夏国家的治理，初步纳入了夏朝国家治理体系。直到西周时，周王朝才用"封宗姬于巴"的宗法统治办法把众多分散的巴人小部族统一管理起来。当时的巴国只不过是西周分封制下，封藩建卫的七十一国之一，是周的"南土"之一。不过，相比于其他属国，巴国的性质颇为特殊。《左传·昭公二十八年》记载周武王时，第一次分封"其兄弟之国者十有五人，姬姓之国者四十人"，发展到周公摄政时分封国增加到"兼制天下立七十一国"，其中姬姓之国达到五十三个（《荀子·儒效》）。巴国是宗周下嫁其宗姬于巴部族首领，它既不是周王室的王族"兄弟之国"，又不是周王室同姓系统的"姬姓之国"，而只是"武王克殷，

---

① 黄中模、管维良主编：《中国三峡文化史》。西南师范大学出版社2003年版，第45页。

以其宗姬封于巴",通过王室婚姻关系分封"宗姬",将西周宗法分封制楔入巴部族酋长体系,把异姓巴王纳入西周王室家族系统,以亲缘关系为纽带使巴与周联结起来。巴是在这种意义上被认同为"姬姓之国"的,这是西周"封建亲戚,以藩屏周"的统治格局中的一种特殊方式。这种宗法国家关系是西周王室外加给巴部族的,巴部族本身仍然保留着其社会组织而与西周王室保持着宗姬盟要的关系,其社会状况显然还没有发展到古国阶段的国家文明程度。直到战国中后期"秦惠王并巴中,以巴氏为蛮夷君长",仍然实行"世尚秦女,其民爵比不更"的制度,秦与巴是妻以秦女、盟以要约的关系,是秦王君主与夷邦附属的关系,这仍然是西周王室以血缘为纽带,用婚姻关系联合异姓蛮夷君长政策的继续,是秦传承西周文化将巴"染秦化"的具体方式的体现。至于秦对蜀国的"染秦化"则有所不同,是直接"封王置守"。秦统治巴与蜀的治理方法迥然有别,是巴人与蜀人社会组织发展阶段不同的反映。中舒先生曾据涪陵小田溪出土钲上的二"王"字考证,这里的巴王"仅是一个小部族的王","这样的小部族王不在少数"(《后汉书·巴郡南郡蛮传》),就是秦统一巴蜀后"巴部族内称王的人数"仍然很多。因为"王"作为蛮夷君长的通称,早于中原王朝,其含义也与中原王朝的"王"不同,只不过是首领的称呼,故巴人的众多小部族多王称,且多刻印于巴铜钲或巴印章上,数量颇多。直到秦汉时代,"当时的巴族大姓和部族酋长都不止一人"。三国时代魏武王曹操还把巴部族的三个部落首领"巴夷王"分别封为三个巴郡的太守。[①]可见巴人巴部族的国家治理文明始终没有发展起来,始终带有分散游团性质,这是巴地没有发现大规模中心聚落的一个重要原因。考古遗址的发现情况也说明了这一点。例如,小三峡中的巫山县双堰塘西周遗址,是巴人较进步的以农业定居为主的遗址,但这种遗址发现甚少,只分布于河岸间小平坝区域。巴的绝大多数遗址是水居渔猎经济类型,多分布于山谷河畔旷野中。它说明古巴人在西周及西周以前居于峡东山地时期还没有发展到成规模的"古国"即中心聚落阶段。他们是在春秋战国时期才进入四川盆地,才迎来了古巴人自己的青铜时代的,故林向先生有一个著名论点:"四川盆地在夏商周时代'有蜀无巴'。"他认为:"四川盆地在夏商、西周时代只有蜀国而无巴国,所以,"三峡西部考古至今

---

① 徐中舒:《四川涪陵小田溪出土的虎纽錞于》,《徐中舒历史论文选辑》(下),中华书局1996年版,第1209~1212页。

没有发现大家期望的夏商西周时期的'巴文化'和'巴墟'","'巴文化'至今没有找到如三星堆遗址群这样高级别的中心遗存,没有找到巨大的文化辐射中心"。他认为四川盆地的巴国文化,是巴人西进蜀地而后与土著结合形成的产物:"夏商周时期的四川盆地和邻近地区是以'蜀人'为核心的'古蜀文明'的范围。东周时在江汉平原的'巴人'受楚逼迫,向西进入四川盆地东部,与原是蜀地的一些土著民族结合形成巴文化。"[①]

(二)古巴青铜文化的两大区域

古巴青铜文明遗存主要发现于春秋战国时期盆东平行岭谷区与盆中丘陵区这两大区域。盆东平行岭谷区,主要遗址有涪陵小田溪战国墓群、武隆土坎遗址、忠县㽏井沟遗址群、云阳李家坝遗址、巫山双堰塘遗址等古巴青铜时代遗存。盆中丘陵区,主要遗址有阆中坪上遗址、渠县城厢遗址、广元宝轮院船棺葬墓群、巴县冬笋坝(今重庆九龙坡区)船棺葬墓群、荥经县南罗坝和同心村墓地、犍为战国墓群和宣汉后河罗家坝遗址等。[②]

需要说明的是,这两大区域的文化遗址地层遗存时代不少是连续相接的,从新石器时代起,直到商、西周、春秋、战国时期,有的地区遗物地层还到了秦汉时代。要认定和厘清这些遗址都属于"古巴文化",现在还有很多困难,但大体可以看出一些脉络和特点,特别是东周时期与巴文化有关,或已可明显看到巴文化从东向西传播并已立足发展的问题。

下面就这两大区域的古巴文化加以分析。

1. 盆东平行岭谷区的古巴青铜文化

盆东平行岭谷区即今渝东区域,包括从渝东北至渝东南两大地块。属于渝东北峡江区域的遗址有涪陵小田溪和云阳李家坝战国墓地,忠县㽏井沟遗址群(含哨棚嘴、中坝、瓦渣地遗址),万县中坝子遗址等。属于渝东南乌江水系和酉水水系流域的遗址,三峡考古发现了一大批。其中"东周时期遗存主要集中在乌江下游,文化面貌主要是以晚期巴文化墓葬为主",其重点遗址有武隆土坎战国至汉代墓葬群,酉阳清源商周遗址和邹家坝西周至战国遗址。这些遗址"代表了该地区商周时期的文化面貌"。渝东(包括渝东北和渝东南)的青

[①] 以上引文见林向:《四川盆地巴文化的探索》,第29、27、31、33页。
[②] 参见林向:《四川盆地巴文化的探索》一文,黎小龙主编《巴蜀文化暨三峡考古学术研讨会文集》,西南师范大学出版社2006年版。

铜文化，特别是春秋战国时期的青铜文化。主要是在当地峡西新石器时代大溪文化—玉溪坪文化—中坝文化基础上发展起来的。但是，总的看来，今渝东这些遗址"普遍具有文化堆积较薄，遗迹现象简单，遗物不甚丰富等特点"[①]，这说明活动在江汉平原和清江流域的古巴人在东周时期通过峡江向渝东区域发展时候的社会文化生活状况。这些遗存多属于成都平原十二桥文化类型，更说明这一区域蜀文化影响还大于巴文化影响，是以蜀青铜文化为主。不过从其复杂的文化内涵看，其中巴文化的特点，特别是兵器、錞于、编钟的巴特色已经显露出来。其中还有些特色显出巴文化与楚文化混交的情况，说明渝东南巴、蜀、楚三支文化是复杂交汇的。

这里以代表性的遗存涪陵小田溪墓群为例。其出土的代表性遗物有错金编钟十四件（套）、错银铜壶、虎纽錞于、铜钲、"二十六年蜀守武造"铜戈、带王字徽记的铜器、各种巴式剑矛、玉具剑、龙形玉佩等珍稀文物。从这些遗物可以看出它们是以青铜礼器、兵器和生活用具为主，同时出土有玉器、金银器，但数量较少。这个遗址"代表了该地区战国晚期巴文化的文化面貌"，但又确实深深受到成都平原十二桥文化的影响，"属于四川盆地十二桥文化的峡江地方类型——石地坝文化的分布范围"。与涪陵小田溪战国墓地类似的，还有云阳李家坝战国墓地和忠县㽏井沟遗址群。它们的文化面貌既有十二桥文化的特点，又在兵器和錞于上显出巴文化独到的特色。这一文化现象说明，巴人由江汉平原向西迁入四川盆地东部时就已与蜀人的三星堆文化——十二桥文化相遇，并彼此融会的情况。同时它自身在兼容蜀青铜文化基础上，又创造出了古巴青铜时代的以巴式剑、虎纽錞于为主导面貌的巴文化特色。

2. 盆中丘陵区的古巴青铜文化

盆中丘陵区，即今重庆以西至四川省以东，以嘉陵江、渠江、涪江为中心的区域，大体可分为渝西和川东两大地块。一是在今渝西地块，通过三峡考古主要有下列一些重要发现，如重庆江津区花圃村王爷庙遗址、重庆合川沙梁子遗址，其文化遗存从新石器时代晚期起就有，但主要是商周时期的，属于十二桥文化石地坝文化类型。重庆江津荔枝下坝遗址则有东周遗存，属于麻柳沱文

[①] 以上引文见李大地、白九江、袁东山、方刚《渝东南地区先秦时期的考古发现》，重庆市文物考古研究所、重庆文化遗产保护中心编《"旦期中国的文化交流与互动——以长江三峡库区为中心"学术研讨会文集》，科学出版社2012年版。

化忠县中坝遗址的东周遗存，这是渝西地区首次发现。其他如合川的猴清庙遗址、唐家坝遗址、菜疏排遗址，这三处遗址均发现在新石器时代地层上有商周直至战国的文化层，属于十二桥文化石地坝类型。但总的来看，这些文化层，主要还属于三星堆文化和十二桥文化，林向先生将其命名为"十二桥文化峡江类型"，说明这个地区主要是成都平原古蜀文化影响和传播的区域，而古巴人西进发展的影响在这一地域还不鲜明。直到战国时期这一区域才逐渐显出巴人西进文化的特色来。[①]

二是在今川东地块，包括川东北和川东南，则主要有阆中坪上遗址、渠县城厢遗址、广元宝轮院船棺葬墓群、巴县（今重庆市九龙坡区）冬笋坝船棺葬墓群、荥经县南罗坝和同心村墓地、犍为战国墓群、宣汉后河罗家坝遗址、渠县城坝遗址等，主要分布在嘉陵江和渠江流域。这一区域在春秋战国时期已属于巴人和蜀人犬牙交错地带，再加上楚文化的影响，故其文化面貌已显示出巴文化为主体，楚蜀文化交汇的特色，也反映出巴与蜀紧密结合为文化共同体的统一进程的快速化。所以，四川省内发现的巴文化遗存主要是在战国时期，而战国以前的巴文化遗存则主要发现于湖北省西部和重庆市。[②]

川东区域巴文化发掘最有代表性的遗址是宣汉县罗家坝遗址。从地层堆积情况看，早期遗址是新石器时代晚期遗存，但主要是战国墓葬，共发掘出三十九座墓葬，排列有序，也有互相打破关系，均为竖穴坑墓，反映了战国古巴青铜文化面貌。[③]

罗家坝遗址位于大巴山南麓渠江流域，其文化堆积从新石器时代晚期直至商周、春秋战国和西汉，地层关系明确，堆积得最多的遗存是战国时期，总面积约五十万平方米，包括罗家坝内、外坝和张家坝。其规模和范围虽较大，但是属聚落遗址还是村落遗址，目前还难以下结论。该遗址共清理墓葬三十九座，灰坑五十个，柱洞三十一个，房屋遗址一处，灶炕三处，出土铜、陶、玉、石、骨、铁器近七百件，残器一千多件，同时还勘明了两万多平方米的遗址和墓葬区。出土文物大致分为四期：一期为新石器时代晚期，出土陶、石、

---

① 参见白九江、邹后曦《渝西地区先秦考古发现与考古学文化》，重庆市文物考古研究所、重庆文化遗产保护中心编《"早期中国的文化交流与互动——以长江三峡库区为中心"学术研讨会文集》，科学出版社2012年版，第1、2、5、12、14页。
② 国家文物局主编：《中国文物地图集·四川分册》（上），文物出版社2009年版，第7页。
③ 国家文物局主编：《中国文物地图集·四川分册》（上），文物出版社2009年版，第7页。

骨器。二期为商周时期，出土以生活用陶器为主，典型器物有卷沿罐、釜、尖底盏、圜底豆。三期为春秋战国时期，主要为巴人墓葬区，出土铜器、陶器、玉石骨器以及铁器，其中以铜器和陶器为主。陶器以夹细砂和泥质陶为主，陶色以灰陶为主，红褐陶次之；典型器形以侈口圜底罐、矮圈足豆为主，甑、盘、钵、盆、釜、纺轮、网坠也较多。铜器主要出自墓葬，包括兵器、生产工具、生活用具等，其中以兵器为主。兵器主要有钺、剑、削、矛、镞等，生产工具主要有锯、凿等，生活用具有鍪、釜甑等，杂器中有印章等。

三十九座墓葬中，以三十三号大型墓最有价值，可能属于侯王级的墓葬，出土铜器达一百八十多件，有兵器和礼器。兵器有戈、矛、剑、钺、镞，还发现木柲戈成捆放置。礼器有鼎、壶、罍、敦、甗、缶、簠、甑、鍪、釜等，可组成一套楚文化的青铜礼器，镶嵌水陆攻战图的盖头则为中原风格。① 由此可见，此墓器物有中原和楚式风格，又有巴蜀文化器物，既反映战国巴人与楚人密切交往的影响，又反映巴人与蜀人亲缘交往融会的关系。此期墓葬多为竖穴土坑墓，仰身直肢葬，人骨有被青铜兵器砍伤现象。四期为汉代及汉代以后的遗存。出土器物主要为汉代筒瓦、板瓦花纹砖等。②

该遗址出土如此高规格的青铜器，在年代与其相近的涪陵小田溪巴王墓、成都羊子山172号蜀侯墓、新都马家蜀王大墓等王侯级贵族墓葬出土的青铜器组合类似③，证明渝东峡江区域、渝西和川东渠江和嘉陵江流域直至成都平原岷江流域，同属一个文化区域。它充分说明战国时期这个区域已显示出巴文化为主导，又已与蜀文化为亲缘关系的文化，同时又与相邻的东楚、北秦互相影响。这种复杂的关系，正好说明巴文化是以巴人为主体，以巴蜀结为亲缘，形态立体多样，巴蜀秦楚多种文化在这里交汇的特色，它是整体巴蜀文化具有兼容性开放性特色的系统体系的重要组成部分。

（三）古巴青铜时代文明的总特征

上述两个巴文化区域，即盆东平行岭谷区和盆中方山丘陵区有关遗址和墓葬的发现与发掘，使我们可以大致勾勒出古巴青铜时代这一大片区域的巴、

---

① 林向：《四川盆地巴文化的探索》，黎小龙主编《巴蜀文化暨三峡考古学术研讨会文集》，西南师范大学出版社2006年版，第34页。
② 国家文物局主编《中国文物地图集·四川分册》（下），文物出版社2009年版，第861页。
③ 林向：《四川盆地巴文化的探索》，黎小龙主编《巴蜀文化暨三峡考古学术研讨会文集》，西南师范大学出版社2006年版，第34页。

蜀、秦、楚多种地域文化元素立体交叉和形态多样化的完整图景。巴文化的个性特点及其与蜀文化的亲缘共同体关系，就是在巴人东兴西进的复杂流迁过程中和地域文化多元复合的背景下形成和发展起来的。早在新石器时代晚期，这一大片区域内即已如满天星斗一样出现了具有巴特点的文化遗存，但比较分散、单薄不成体系。直到夏、商、西周时期，巴人的活动主要还不在四川盆地东部这块区域，而是在陕南汉水到鄂西江汉平原再到湘西清江流域、武落钟离山五溪蛮这条沿盆地东缘的弧形地带上，这是巴人部族的起源区。其部族的主系是廪君蛮，"廪君之先，故出巫诞"，"皆出于武落钟离山"，"从夷水至盐阳"，"君乎夷城"。[①]这些地方正是廪君蛮起源和活动的区域，即清江流域、武陵山区域，古称"黔中"，最早叫"巴黔中"，即巴人活动的腹心地带称"中"。后来受楚逼迫，逐步西迁向四川盆地东部，此地被楚统治，就叫"楚黔中"。以白虎为魂，崇拜白虎是这个部族的主要特征，这个信仰在巴人后裔土家族里变成"坐堂白虎"的习俗。大约在春秋时代廪君已分为巴、樊、瞫、相、郑五姓，即巴人已集合为五个大部族，而以巴姓作为统治部族。也许"巴人"的称呼即来源于此。这支主系从清江流域逐步发展到四川盆地东部，曾在春秋时期公元前611年与秦楚联合灭掉今渝东的庸部，即峡江区域的巴人，"直到战国晚期秦汉初期还强大"。[②]另一支板楯蛮，在其发展初期为次于廪君蛮的支系，以射白虎为业，这个习俗在巴人后裔土家族里衍变为"过堂白虎"之风，被称为"白虎复夷"或"弩头虎子"，曾参加汉高祖伐项羽之战，保留着随武王伐纣前歌后舞的巴渝舞习俗，受到汉的优待，被称为"賨人"。賨人在秦汉之际崛起，逐步占据今川东区域，其势力强过廪君蛮，占到巴地的主导地位[③]，所以今川东北区域又被称为賨人文化区域。巴人先后在这一区域内建有"五都"：江州（今重庆）、垫江（今合川）、平都（今丰都）、阆中（今阆中）、枳（今涪陵），枳又是巴王祖先陵寝区。这是巴文化进入中心聚落阶段即古城阶段的标志。但巴人跟蜀人不一样，始终没有发展为统一的成体系的文明，没有形成文明凝聚和辐射的中心，没有形成统一的"古国"。

---

① （汉）宋衷注，（清）秦嘉谟等辑：《世本八种》，商务印书馆1957年版，第16页。
② 徐中舒：《四川涪陵小田溪出土的虎纽錞于》，《徐中舒历史论文选辑》（下），中华书局1998年版第1209页。
③ 徐中舒：《四川涪陵小田溪出土的虎纽錞于》，《徐中舒历史论文选辑》（下），中华书局1998年版第1209页。

所以，直到战国时代巴人活动的区域内还有四个"巴国"：廪君之巴、宗姬之巴、巴夷赛和枳巴，实际上就是四个大部落"族邦"。①战国后期，秦国灭蜀颇费了一番战略策划，而灭巴只是灭蜀后顺道动作而已，没费大的军事行动，这与巴人始终没有形成统一的国家实力有关，而蜀国不仅是统一的，并且已形成大方国。

总起来看，古巴青铜时代的文明有下列特征：

其一，青铜时代的巴人始终处于分散部族时代，没有形成统一的稳固的部族联盟。分散的众多部族酋长各自称王，巴氏作为"蛮夷君长"是竞比出来的，也是周秦外封的。换句话说，从国家文明形成的三部曲看，巴人比蜀人滞后，长时期处于"古文化"到"古城"阶段，战国时期进入四川盆地后才进入"古国"阶段，但没能达到统一的"大方国"阶段。从巴部族的社会生产方式看，直到秦汉时代，也"还停留在水居射猎阶段，农业并不发达"。②川东山区丘陵的农业发展原本就比川西成都平原滞后，蜀王杜宇先教蜀人农耕，然后才教巴人农耕，巴人的锄耕农业是晚于蜀人的。正因为社会生活长于渔猎，部族为适应环境而随处迁徙于险峭山区峡谷之间，故其民性尚武，刚直勇悍、重鬼尚巫是巴人的集体文化性格特征。

其二，巴人是逐盐泉迁徙水居的部族，这是巴文化独到的特色。有廪君射盐神的传说。说的是廪君乘土船从夷水迁到盐阳。盐水边的女神（盐神）对廪君说："此地广大，鱼盐所出，愿留共居。"廪君不愿意，盐神就晚上来与廪君共眠，天亮后即化为飞虫，与诸虫群飞，掩蔽日光，天地为之晦暗，长达十几天之久。廪君即用计将挽好的青丝一束使人送给盐神，答应执此物共生子就留在这里。盐神果然中计接受青丝束，廪君站在露天的阳石上，看清青丝束所在即箭射中盐神，盐神死，"天乃开明"，廪君于是在夷城即位为君长。将这个故事同巴地的盐泉考古遗址结合起来，正可看出巴人不习惯长居于一地而是逐盐开采迁居的习性，又是喜水居的部族，故巴地多鱼复、盐阳之称。③

其三，居干栏、吊脚楼，是巴人巢居文化的产物。直到唐代杜甫看到巴人巢居建筑还称赞其"殊俗状巢居"（《成都府》）。由此可见，巢居文化是巴

---

① 蒙默：《试论古代巴蜀民族及其与西南民族的关系》，《贵州民族研究》1988年第4期。
② 徐中舒：《四川涪陵小田溪出土的虎纽錞于》，《徐中舒历史论文逻辑》（下），中华书局1998年版，第1211页。
③ （汉）宋衷注，（清）秦嘉谟等辑：《世本八种》，商务印书馆1957年版，第16页。

人特殊的建筑习俗。

其四，巴人青铜器遗存中以兵器为最多，柳叶形剑和戈、矛、戟、镞、弩机，是巴人墓葬中常见之物，体现巴人尚武习性。这种习性与蜀人的重文习性正相反对，正好组成为相辅相成的巴蜀文化的集体性格（即"集体无意识"）。

其五，以虎为祖先信仰物，因虎崇拜而多虎纽錞于和兵器上的虎纹形象，巴印章上的虎形纹和"王"字纹也是来自于虎崇拜。錞于本是中原乐器，巴人的青铜錞于是从中原传入的，但中原錞于无虎纽，唯巴人的錞于才有虎纽。涪陵小田溪、开县（今重庆市开州区）、万州直到湖北西部以及湘西地区均有虎纽錞于出土。虎纽錞于应是巴文化尚虎特性的象征，文献上又称为"虎錞"，更为形象和明确。

其六，鱼崇拜。从云阳李家坝遗址的墓葬中，发现墓主人遗骨旁有鱼陪同，这是巴人尚鱼的象征。巴地多"鱼"为名，如鱼复、鱼妇等，蜀人有祖先名鱼凫，看来巴、蜀都曾有个渔猎时代，故留下了对鱼和渔的尊崇习俗。其实，从巴蜀文脉看，是蜀鱼凫部落以白水边白水郎养鸬鹚捕鱼，以渔猎经济生活为特色，故称为"鱼凫"。鱼凫文化通过岷江向长江三峡巴人区域传播，又通过东海黑潮向日本鹿儿岛阿多隼人传播，故在传播路径中多留下了鱼涪、鱼符、鱼浮、鱼复、鱼妇、鱼涪津等地名。还有巴复、巴涪巴符等地名，这是巴人传习蜀鱼凫文化而得的名称。日本松浦郡值嘉之乡则有"白水郎"的名称。①

其七，从考古发现看，制漆与巴乡清酒工艺，是巴人非物质文化遗产的特点。

五、古巴蜀青铜时代向铁器时代的过渡

以上叙述了古巴、古蜀青铜时代文明发展的历程。青铜时代再向前发展，即进入铁制生产工具为主的铁器时代。这是一个渐进过渡和发展的长期过程。长江流域铁器的出现，主要是在长江中游春秋时期的楚地。有关巴蜀地域的铁器的发现，要晚于长江中游楚地，最早可追溯到春秋中期，主要发现在瞿塘峡

---

① ［日］古贺登：《古代长江流域文化与日本》，《四川岷江上游历史文化研究》四川大学出版社1996年版，第7页。

以东的峡东地区。"从出土的这些春秋战国时期铁器看,主要以生产工具为主,器形主要有凹口锸、锛刀、削刀、铁斧、铁锄。"铁锄和铁锸用作种植农业生产工具,代表着向高级农业发展,是田野农业跨时代的巨大进步。如宜昌的前坪战国墓葬,以及朱家沱、朱家台、上磨堖和前坪(王家沟)等遗址和墓葬均发现战国时代铁器或铁矿渣冶炼遗迹。在秭归的柳林溪、白水河、张家坪、台山等遗址发现了春秋晚期与战国时期的铁器。特别是张家坪遗址出土有铁凹口锄和铜柄铁剑。铁锄是锄耕工具,铁剑是作战兵器,体现了巴人的耕战特色。在峡东巫山县龙溪遗址则发现铁矿渣,属于春秋时期。巫山已近峡西区域,说明峡东区域铁器已逐步传播和影响到峡西地区直至四川盆地内。不过,峡东区域的铁器的使用者,看来主要是楚人,楚农田沮洳原湿区域的开垦,应该是楚人开始掌握铁器生产工具的结果。瞿塘峡以东,"尤其是在西陵峡地区发现有相当数量的春秋中期铁器,暗示着这里(楚国)曾有可能是古代中国最早冶炼钢铁和使用铁器的诸侯国之一"。[①]

峡西巴人区域铁器的使用时代比峡东地区晚,一般均在战国时期,最早也仅在春秋晚期。从峡西考古发现看,由东向西在奉节新浦、云阳李家坝、涪陵小田溪、万州麻柳沱、巴县(今重庆)冬笋坝均发现有战国中期以后的铁器。峡西地区铁器出土数量开始增多。这说明"峡西地区在春秋至战国早期时,冶铁业还没有大规模地进行"[②]。

峡西地区已是巴人区域,"巴人冶铁业技术当是从峡东地区楚人那里学来的(或是楚人传播)"[③]。

成都平原蜀人区域在战国中晚期也陆续发现铁器。如:成都金牛区、大邑县五龙乡、什邡县城头遗址、荥经同心村等遗址中,也发现铁斧、铁镰、铁削刀等生产工具,但不能说明战国早期及其以前时期,巴蜀地域已进入铁锄为主要生产工具的铁器时代。巴蜀由青铜时代进入铁器时代,应该是在战国中晚期李冰开通都江堰的时期,巴蜀才真正进入铁锄农业时代。这一时期

[①] 以上引文参见杨华《三峡地区春秋战国时期冶铁业的考古发现与研究》,黎小龙主编《巴蜀文化暨三峡考古学术研讨会文集》,西南师范大学出版社2006年版。

[②] 杨华:《三峡地区春秋战国时期冶铁业的考古发现与研究》,黎小龙主编《巴蜀文化暨三峡考古学术研讨会文集》,西南师范大学出版社2006年版。

[③] 杨华:《三峡地区春秋战国时期冶铁业的考古发现与研究》,黎小龙主编《巴蜀文化暨三峡考古学术研讨会文集》,西南师范大学出版社2006年版。

是否到了铁犁牛耕阶段，没有考古发掘证明。但到秦汉时代，汉画像砖已出现牛耕铁犁图像，证明已进入铁犁牛耕时代。至于设"盐铁五官"加以官营管理，则证明巴蜀大地不仅普遍出现铁器耕作，而且已与其他区域交易，成为巴蜀有特色的贸易商品。铁器是巴蜀成为"天府之国"农耕文明高度发展的重要支撑和基本生产力。

六、巴蜀地区其他类型的考古文化

巴蜀地区是多元地域文化立体交叉荟萃的地方。在新石器时代和青铜时代，除了巴文化遗存和蜀文化遗存之外，还存在着其他类型的文化遗存，或者说是巴、蜀文化遗址中存在着浓厚的其他地域文化遗存的因素。这些其他地域文化遗存与巴蜀文化遗存，或多元混交，或多样并存，体现了巴蜀文化兼容开放的特色。这些多样性类型的地域文化共存于巴蜀大地，百花齐放，构成巴蜀青铜时代多姿多彩、璀璨的特色。直到秦汉进入巴蜀地区铁器时代，这种百花璀璨的青铜文化格局才结束。这些其他地域文化主要有下列诸方面。

（一）细石器文化遗存

旧石器时代晚期的汉源县富林文化遗存中已发现细石器技术，新石器时代晚期的广元中子铺发现了上万件黑色燧石细石器的制作工场，汉源狮子山遗址、绵阳边堆山遗址均发现细石核、细石叶、细石片。从新石器时代晚期到商周时期，石棉县三星遗址和雅安沙溪遗址，亦发现包含燧石细石器遗存。这一时期"渝东南地区的酉水，乌江流域均发现大量细石器制品，其延续时间长，时间跨度大，也是本地区文化的一大特点"。在茂县营盘山新石器时代遗存中也发现了细石器因素。学术界有学者认为"川西北至渝东南可能同为一个具有使用细石器技术传统的文化圈"[①]，俞伟超等先生则认为成都平原宝墩文化的上源可能与岷山区域的细石器文化有关。[②]这些意见因证据链还不充分，还不能准确认定。不过，有一点可以肯定：巴蜀地区存在着细石器技术传统，使用这一生产工具的主人是巴蜀大地上活动着的人群，他们也

[①] 以上有关细石器文化遗存材料，均来自李大地、白九江、袁东山、方刚：《渝东南地区先秦时期的考古发现》一文，见重庆市文物考古所、重庆文化遗产保护中心编《"早期中国的文化交流与互动——以长江三峡库区为中心"学术研讨会论文集》，科学出版社2012年版。

[②] 俞伟超先生2000年告诉笔者。

是创造巴蜀文化的有机组成部分。

（二）川西高原的石棺葬和川西南的大石墓文化

川西高原的"石棺葬分布在岷江上游，大渡河中上游，雅砻江流域和金沙江流域，而以岷江上游最为集中，石棺葬上限可到春秋战国时期，繁荣区在西汉，衰落于东汉。其墓葬形制系在长方形土坑中，依四壁立砌石板，以石板盖顶，一般不用石板铺底。随葬器物以双大耳陶罐最有特征，兵器有各种短剑"。"多数学者认为属羌人的遗存。从出土器物看，受巴蜀文化影响较大，出土有巴蜀式青铜器，也受汉文化的影响，出土汉式陶罐和半两钱、五铢钱等，同时也受北方草原文化的影响，如出土的泡形铜饰、三叉格铜柄铁剑以及矛叶为菱形的铁矛等，说明西南和西北地区交往历史悠久。"[①] 以上概述大体勾勒了石棺葬遗存分布面貌。其中，"汉文化"因素，准确地说应是"汉代中原文化"。"石棺葬文化"应是春秋战国至秦汉时期西南夷的文化，故有学者认为是巴蜀地区邛人、笮人的文化。

川西南的大石墓群主要分布在今凉山州安宁河流域，在这里发现从战国直到西汉、东汉时期的墓葬二百三十余座，属二次葬或多次葬。同大石墓群并生的遗址有西昌市栖木沟遗址的晚期遗存、赵山碑器物坑、德昌县王家田遗址。这些遗址出土陶器与大石墓相近，"应为大石墓的主人们生前生活所遗留"。大石墓往往成群组合，或数座墓为一群，最多的有十四座一群，一群可能就是"一个家庭或家族的墓地"，"一般认为属邛都夷的墓葬"。川西南大石墓应与滇文化、汉代中原文化和石棺墓文化有关。[②]

大石墓的特色是"以巨大石块构筑"，"多数墓葬是在地面先挖沟槽，大石壁立沟槽之中，少数为不挖沟槽平地起建，均以巨石盖顶"。出土特色陶器有"带流壶、双耳罐、单耳罐"，底部饰叶脉纹。铜饰品以发钗最有特征。总之，石棺葬和大石墓应是川西横断山脉走廊和六江流域少数民族（在汉代被称为西南夷和南夷）的文化习俗。

（三）秦人墓与秦人文化

战国时期，秦国灭巴蜀，"移秦民万家实之"，上万户秦人分布于巴

---

① 国家文物局主编：《中国文物地图集·四川分册》（上），文物出版社2009年版，第9页。罗二虎《岷江流域石棺葬》一书有系统总结。
② 国家文物局主编：《中国文物地图集·四川分册》（上），文物出版社2009年版，第9页。刘弘亦多有论述。

蜀，这就是秦人墓的来源。青川县郝家坪墓群、成都市龙泉驿北干道墓群、荥经县曾家沟墓群、成都市大邑县五龙乡秦代墓葬均为秦移民墓地。这类墓地均为竖穴土坑墓，棺椁多为楠木，用白膏泥田土。出土器物以漆器最多，其器形、纹饰与湖北云梦秦人墓漆器风格相同。陶器组合亦为秦人文化特色。青川县郝家坪战国秦人墓群最为典型。该墓群发现有一百五十余座墓。该墓群实应为巴人墓，融汇了秦楚文化元素特色。出土有秦半两，以漆器最有特色：发现漆鹰壶、漆鸥鸦壶和带有"成亭"字样的漆器，"成亭"是成都"都亭"的简称，说明秦人入蜀已使用了成都漆器，是秦文化与巴蜀文化融合的象征。该墓最大亮点是出土了写有"秦武王二年更修为田律"的木牍一件，共一百二十一字。它与湖北云梦睡虎地秦竹简性质相同，表明秦国灭巴蜀仅七年时间即已在巴蜀境内推行和改修秦田律，实质是根据巴蜀田亩沟洫实际状况改革、更修秦国继承的西周以来适用于中原田亩耕作和水利灌溉的制度，有利于在巴蜀推行秦国"好耕战"的政策。[1]涪陵小田溪出土铜戈铭文有"武二十六年蜀月武造，东工师宦，丞业·工篾"，类似秦篆字体，似为秦昭王二十六年之戈，说明秦人对巴蜀文化的影响。[2]秦人墓在巴蜀主要出现在战国时代，到东汉时代就再没有发现了，这说明民族融合与地域融合已逐步泯灭了文化的界限。

（四）楚人文化遗存

楚文化与巴文化有不解之缘。楚巴相邻，长期在互相交流、交战和交融三种社会交际方式中纠结在一起，所以在四川盆地，特别是峡江区域，巴楚文化很难分别，往往你中有我，我中有你，巴蜀墓葬中出现楚文化因素，楚人西进中又往往被视为巴文化的东兴西渐，巴文化的西进又被看作楚文化。所以，林向先生认为："真正的'巴文化'可能就隐藏在外来的'楚文化'之中"，"很有可能我们把从楚地西进的'巴文化'看作是'楚文化'西进了，或者说我们把'巴文化'与'楚文化'混在一起了。"[3]

尽管巴、楚、蜀三种文化有复杂的关系，但仍可看出楚文化特色元素在巴蜀地区的重大影响。

---

[1] 国家文物局主编：《中国文物地图集·四川分册》，文物出版社2009年版。
[2] 徐中舒、唐嘉弘：《古代楚蜀的关系》，《文物》1981年第6期。
[3] 林向：《四川盆地巴文化的探索》，黎小龙主编《巴蜀文化暨三峡考古学术研究会文集》，西南师范大学出版社2006年版。

在巴地区域，如楚巴地域交界的宜昌朱家台遗址发现春秋早中期"鬲、盆等典型的楚文化遗物"。巴地的巫山双堰塘遗址发现"鬲、豆等楚文化遗物"。万州麻柳沱和忠县中坝等春秋末期至战国中期遗址出现"具有楚文化特征的鬲、甗、豆等遗物"。云阳平扎营墓地和秭归庙坪等不同规格的楚墓，出土了楚文化类型的铜铃。涪陵小田溪出土编钟，与楚器相似，为楚文化因素影响之物。值得注意的是，三峡区域楚文化遗存往往同卜骨、铜铃和磬形饰三类楚文化的卜筮遗物并出，反映了楚文化重巫的特点。①

在蜀地，出土了许多包含浓厚楚文化因素的遗存。如成都市区指挥街早期遗址出土八片卜甲其钻凿形式与殷周相承，与楚文化接近。成都城郊羊子山172号墓出土有楚式剑。同时，随葬器物既有巴蜀常见器物，也有不少楚式器物。青川墓群"形制和器物上均有相当成分的楚文化"②，其中部分漆器烙印"成市草（造）""成市饱""成亭"字样，与楚国漆器类似，但这是蜀地造的漆器，证明楚国漆器是从蜀国传播来的。成都龙泉驿区北干道也发现楚文化因素浓厚的遗存。最典型的是新都马家镇战国墓。沈仲常先生认定"是一座较为典型的楚文化的墓葬"。③该墓葬器物放置有规律，多五件一组，或两件一组。出土铜器有鼎、敦、壶、盘等一百八十八件，均为楚墓样式。该墓出土五件铜鼎，其中一件盖闪有"邵之飤鼎"铭文，其风格与湖北楚墓、安徽寿县葬侯墓等十分相似。④"邵"与江陵望山和寿县等楚墓的"昭"字相同，证明是楚国贵族昭氏的遗物。飤鼎即食鼎，用为盛食之器。以"五"为数，是卿大夫一级享用的礼仪。该器属五列鼎，说明是楚王臣属卿大夫昭氏的礼器。这件楚器以及楚文化墓在蜀国中心地区出现，说明楚文化对蜀人的深刻影响。除此以外，荥经县古城坪墓葬具有楚文化特点，出土漆器上朱书"王邦"二字，"墓主人可能是楚国的移民"。⑤联系战国时期楚派岷山庄王驻严道（荥经）、克夜郎、入滇池的文献记载，荥经出现楚人墓

---

① 周昊、付珺、刘继东：《三峡地区楚文化遗存中发现的卜筮遗物》，重庆市文物考古所、重庆文化遗产保护中心编：《"早期中国的文化交流与互动——以长江三峡库区为中心"学术研讨会论文集》，科学出版社2012年版。
② 徐中舒、唐家弘：《古代楚蜀的关系》，《文物》1981年第6期。
③ 沈仲常：《新都战国木椁与楚文化》，《文物》1981年第6期。
④ 徐中舒、唐家弘：《古代楚蜀的关系》，《文物》1981年第6期。
⑤ 沈仲常：《新都战国木椁与楚文化》，《文物》1981年第6期。

应是楚人庄蹻一系的产物。荥经县志曾记荥经有"夜郎国",这也是楚庄蹻一系远征带来的结果。必须说明的是上述墓葬,如:巴地涪陵小田溪遗址和蜀地青川墓群等地,以及邻近蜀的巴地宣汉罗家坝遗址和邻近巴的蜀地广元昭化(葭萌)遗址等地,既有很深的楚文化因素,也还有很浓烈的秦文化因素,反映了战国至秦朝时期巴、蜀、楚、秦四种文化在这些地区复杂交汇的情况。

(五)巴蜀地区的夜郎文化

"夜郎自大"的典故作为贬义广为流传。其实,"问汉孰大"的不止夜郎国王,还有滇王。甚至蜀王也有同样心理。例如,当秦惠文王以石牛便金的神话来忽悠蜀王时,蜀人就嘲笑秦人是"东方牧犊儿",显然,蜀人也有点自大,不知道当时的秦国已是战国七雄之一。

夜郎文化是什么文化?它是以古夜郎国为中心,兼及受其影响的二十二小国即被通称为"南夷"的文化,因为《汉书·西南夷传》说:"南夷君长以什数,夜郎最大。"由此看来,整个南夷区域都受夜郎的影响,都属于夜郎文化,其中又确数"夜郎最大",故发出"夜郎与汉孰大"的疑问并不奇怪。它的疆域范围有多大?国都中心在哪里?至今还是争论不休的问题。不过,以大文化的视野看,"夜郎是在蜀郡徼外","即夜郎的境域当在今成都以南"(劳榦:《象郡牂牁和夜郎的关系》一文断语),包括汉代犍为郡、牂牁郡,约当今四川宜宾及其以南、广西百色以北、贵州黄平以西、云南楚雄以东的范围内。就四川境内而言,据文献记载,连南安(今乐山)、武阳(今彭山县至新津县地域)和严道(今荥经县)均属"故大夜郎国",可见夜郎古国虽小,其大夜郎文化圈却相当大。

《史记》讲的"西南夷"是包括西夷和南夷在内的。"蜀郡徼外"的西夷指冉、駹、邛、筰、徙、榆,南夷则主要是指属于夜郎文化圈的僰人。在古蜀国时期,以古僰侯国为中心的今川南区域的南夷僰文化,是与巴文化、蜀文化鼎足而立的有自己特色的三支文化之一。

中华区域文明,按苏秉琦先生的理论,一般经历了古文化—古城—古方国—古帝国的发展历程。当蜀王杜宇称帝时代,已经发展到"古方国"阶段,"以南中为园苑",大约夜郎国与僰侯国都已被纳入蜀国势力范围。而这时在今黔西南的夜郎,其社会发展不过才达到"古国"阶段罢了,至于川南的僰侯国,则应该还处在更原始的"古城"阶段,即中心聚落的阶段。我们从下面两则神话故事可以看出夜郎人与古蜀人有很深的渊源：

一则是说杜宇从天降到朱提（今云南昭通），娶从江源（今崇州市）井中出的女子梁利为妻。徐中舒先生认为梁利代表畜牧部族，这说明古杜宇国是夜郎人与古蜀人共同创造的。

另一则是说古蜀国开明帝名鳖令（一说为鳖灵，其地在今贵州遵义），是荆人，其尸沿江而上至汶山，治水患，使蜀人得以陆处，故能代替望帝杜宇为蜀王，而望帝则升西山化为杜鹃归隐。鳖令来自荆，当为濮人，正是受黔地夜郎文化的熏陶，可见古蜀国两代蜀王均与夜郎有很深的渊源。

川南古僰文化与夜郎文化有很多的共同点，同时，它又有自身的特点。主要有：

其一，川南古僰区域是古蜀文化与夜郎文化交流的通道和交融的走廊。一是秦国灭巴蜀后命常頞开辟僰道（今宜宾）至郎州（云南曲靖）、滇池（云南昆明）的五尺道。二是汉武帝时命唐蒙、司马相如开西南夷道，这两次事件都大大促进了巴蜀与夜郎的经济文化交流。当时蜀贾通过这两条路，贩卖夜郎的僰僮，又把蜀郡铁器卖到夜郎。有名的蜀枸酱就是通过夜郎牂牁江运到番禺的。当时的临邛城是汉代第一冶铁工业之都，临邛蜀卓氏、程郑氏就是奴役僰僮冶铁致富的，成为天下的首富。当时的成都是全国号为"五均"的五大商业都市之一，史载唐蒙斩僰道县令时，县令叹息说："恨不见成都市。"唐蒙就为他在僰道仿造了一个成都市，然后再杀他，可见成都这个商业都市在人们心目中的威望和地位。

其二，铜鼓文化是夜郎区域的特征，它传播及于东南亚。宜宾地区是川黔型的铜鼓产地，有宜宾式与麻江式两种，宜宾出土有二十余面。珙县悬棺岩画中有各种铜鼓形象，今宜宾地名里有许多以铜鼓命名的乡、里、山、村、洞、包等。

其三，独特的僰人悬棺葬文化。主要集中在宜宾市的珙县，其悬棺时代从汉代一直延续到明代中叶，达一千六百多年。其葬法独特，分布密集，尤以木桩式悬棺为多。汉代僰人的悬棺葬，一直延续到明代，都掌蛮踵继其后。其渊源和葬法至今是谜，体现了大夜郎文化的神秘性。

其四，"有邑聚"，居干栏，是夜郎文化的一大特点。僰道区域至今有僰人的珙县石寨古堡、兴文县凌霄城、筠连县滕达陈家寨、兴文县博望山黑帽顶寨等遗迹，均传为僰人所筑，僰王所居。干栏、古堡多是源于巢居文化。巢居干栏文化是古巴蜀文化的一个重要特征，这与夜郎文化、僰文化和西南其他少数民族文化的交融有直接的关系。

其五，"耕田、椎髻左衽"，是夜郎生产与生活方式的特征。川南的僰人椎髻形象大量地见于悬棺岩画中。左衽则可溯源于三星堆文化中的青铜立人像服饰，是蜀人的特征。僰人是西南夷中最先进的稻作农业部族。中华古农业是从泄洪排涝的泽地农业开始的，后来发展到灌溉农业，故《尔雅》记载有云梦泽、钜野泽等十个薮泽，皆为农业肥沃区域。在夜郎区域有滇池（昆明池）和千顷池。千顷池在朱提（昭通）和僰道（宜宾）之间，"僰名千顷池，又有龙池，以灌溉种稻，与僰道接"（《太平御览》引"永昌郡传"）。宜宾市山谷祠出土有东汉岩墓陶田模型，有放水自流稻田养鱼的形象，说明夜郎耕田文化确已相当高超。尤其值得称道的是"犍为、僰道、南广、荔枝熟时百鸟肥，率生稻田间"（贾思勰《齐民要术》）。宜宾被称为荔枝国，"古所谓僰僮之富，多以荔枝为业，园植万株，树收一千五百斛"（《太平御览》引"郡国志"）。蜀中荔枝以戎泸之品为上，唐代宫廷荔枝即为戎州僰道所贡，正所谓"一骑红尘妃子笑，无人知是荔枝来"，这种情景可以说是僰人农耕文化的遗韵流播，是大夜郎文化的影响。

其六，竹王传说与竹文化，是夜郎文化又一特征，在川南僰文化中体现尤其鲜明。夜郎人的竹王始祖传说形成为崇竹情结和理念。今宜宾地区不仅有竹王的同样传说，在今长宁县竹海博物馆藏有一明代正德年间石雕的"竹公神像"就是明证，而且更有一片青翠的竹海，继承了夜郎文化崇竹拜竹的传统。今长宁与江安之间的蜀南竹海，据传说就是诸葛亮七擒孟获时留下的竹鞭，生根发芽长出竹笋，成为竹海。崇竹文化是中华文化的一大特征，《诗经》之竹苞、晋之竹林七贤、唐之竹溪六逸，苏轼"胸有成竹"，文同之写意竹，"宁可食无肉，不可居无竹"，这些君子爱竹的佳习，与夜郎崇竹文化是有渊源关系的。

夜郎文化也有不足之处，这就是它的内适封闭性。至今黔西北、川东南至滇东北这个三角区域，还是一个相对封闭、发展滞后的区域。如何挖掘和传承大夜郎文化区的优势，避免其弱势，使这个古文化区域真正复兴起来，而不是无根游谈，热衷于炒作和争夺"夜郎"之名，这个问题至今还是摆在我们面前的难题。

第四节　历史文献记载的古巴蜀文明

一、古史记述与古巴蜀文明

上述考古学上的古巴蜀文化，有着两百万年以上人类史的文化根系，经过旧石器时代、新石器时代、青铜时代到铁器时代系列发展进程，成长为中华地域文明中一株辉煌灿烂、神奇瑰丽、震惊世界、不同凡响、充满青春活力的地域常青树。它是古巴蜀人创造文化、创新文明展现于巴蜀大地的物质文明成果。紧接着要阐述的是历史文献中创造这些成果背后的主人的历史活动、历史事件。在远古时代没有文字，人们是以口耳相传的口述史方式保存和流传古人的祖源记忆和精神根脉，往往多为传说，甚至神话。悠远的"三皇五帝"时代，则更多表现为神话。这些神话和传说里包含着真实的历史内核，是后人加以解读的历史财富。到夏商周三代，中原已用甲骨文、金文详细记述历史事件、历史活动，这种历史记述方式影响此后中原文化的祖源史观向着现实的实录方向发展。但巴蜀人对自己祖先活动的历史事件记载方式则与中原不同，祖先信仰崇拜的神话多，历史具象事件很缺乏，以致史迹留存太少，零简断篇，史事亡失，现有文献无法讲清巴蜀祖先"开国"的历史和故事，连李白都感叹"蚕丛及鱼凫，开国何茫然"。这种情况与古巴蜀文化的祖源史观是向着浪漫想象的祖源记忆方向发展有关。现代史学家已经注意到古蜀人历史记述的这种特殊文化想象力方式。抗战时期顾颉刚先生来四川考察研究古巴蜀史迹后很感慨地说，连他自己"对于古代的蜀国也浮动了重重的幻想"。[①]由此可见，历史记述范式是受地域文化性格和思维特征影响的。中原文化因为重礼制重礼器，故历史观就重历史事件的实录，人、地、时、事、活动的具体轨迹都写得翔实清楚，如殷商甲骨文每日必记占卜应验后的历史事件。南方文化则与中原文化不同，多重想象力思维。如楚文化重巫，以天问迎神曲为元典。巴文化重鬼尚巫，"鬼"字是大脑壳，表示装的智慧多的大头人形象，就把"鬼方"作为祖先智慧头脑的标志加以崇拜。蜀文化重仙重神人神器，三星堆飞鸟崇拜、金沙太阳神鸟崇拜就是蜀祖羽化飞仙梦想的文化符号。汉代相如赋，如《大人赋》讲"列仙之儒"云游天地四

---

① 顾颉刚：《论巴蜀与中原的关系》，四川人民出版社1981年版，第2页。

方,飘飘然有凌云之意,就是对古蜀祖先仙鸟崇拜与神仙信仰的传承。这些特点影响南方地域的史学家因思维定式不同而与中原史学家有各自不同的记述重心。蜀人记载古蜀五祖"蚕丛、柏灌、鱼凫、杜宇、开明"的由来,就用的浪漫神话的梦幻迷离和诗意想象的文字,而少有中原那样的直笔实书。古巴人也是这样,记述的是祖先盐神的神话,廪君蛮、板楯蛮对白虎不同敬畏信仰的神话,巴王务相与七姓部族用土船竞赛争胜的故事,等等,也是有关祖源记忆的神话传说多,而祖先具象真实历史事件的记载少。古巴蜀以后的历史学家已经分不清这种地域叙史范式的差别了。

中国方志的鼻祖、第一部巴蜀史志《华阳国志》的作者晋人常璩接受的是中原实录祖源观的教育,他遵从司马迁《史记》实录的治史范式,坚守"子不语怪力乱神"的儒规,采用"凡文不雅驯,缙绅先生难言之"的史料多加以漉汰的办法,不认同古巴蜀祖辈代代传承下来的神话传说。对巴蜀祖源记忆的口述史遗产,如对司马相如等八家《蜀本纪》记述的史料均横加批判和删削。他讲:"世俗间横有为蜀传者,言蜀王蚕丛之间周回三千岁。又云荆人鳖灵死,尸化西上,后为蜀帝。周苌弘之血变成碧珠。杜宇之魂化为子鹃。"他置疑这些离奇神话"安得三千岁?""自古以来,未闻死者能更生当世。或遇有之,则为怪异,子所不言,况能为帝王乎?碧珠不出一处,地之相距动辄数千里,一人之血,岂能致此?子鹃鸟四海有之,何必在蜀?"这些有关巴蜀"仙自上世,见称在昔",乃"大人之乡,方大之国"①的以神仙化特征见称的蜀人文化想象力记载,常璩看出来了,但也被他轻易否定、删削了。这给今天重构巴蜀古史,将文献历史与考古历史框架完整、系列对接,带来困难。正如吕振羽先生所说:"不但古代史籍缺失之时,即至后世,史籍号称完备,然我们所要知道的事仍很缺乏而多伪误。把现代新史学的眼光看起来,现在人类对于过去的知识实在是很贫乏的。"②

有鉴于此,本节采用以三皇五帝夏商周时代为经,以对巴蜀文化有重大影响的历史名人为纬的记述方式,展开叙述,以清眉目,构建巴蜀古史必要的体系。

---

① (晋)常璩著,刘琳校注:《华阳国志新校注》卷一二《序志》,巴蜀书社2015年版,第521~522页。
② 吕振羽:《中国通史》,三秦出版社2018年版,第227页。

这里需要说明古巴蜀文明历史进程的一个重要特征，那就是作为区域文化，它是在中华广域文化共同体内起始和成长起来的。无论是观念发展史，还是考古发展史，都证明它是凝聚和向心于中原，在华夏——中华文化共同体的引领作用下发展起来的。

"在传统史学中，中国的历史自三皇五帝开始。"① "三皇五帝"多被视为传说时代，实质上是中华文化发生与中华文明形成的万年文化史时代，其中包含中华祖先代代口述流传着的中原华夏与四方蛮、夷、戎、狄，与各个地域、邦国、族邦的各种世系关系的记载以及祖源传说的神话，但应该明白的是，内有真实历史具象内核作底色。有关巴蜀古史祖源的历史文献记载正是如此，它是同中原"三皇五帝"紧密联系在一起的。"蜀之为国，肇于人皇，与巴同囿"，"囿中之国则巴蜀矣"②，可见早在天、地、人三皇的"人皇"神话时代，巴蜀就是人皇"九囿"地域中的"一囿"。③所谓"囿"，实际上就是"从前每一个部落都有一个猎场，猎场四周都有界限。后来猎场称为'囿'，囿字甲骨文形，从田从木，或从草"，即"囿"字。④可见"人皇九囿"应是指新石器时代早期采集狩猎时代，那时巴蜀为猎场部落中的一囿地域。到了五帝历史时代，不仅以黄帝之子孙青阳、帝喾为标志的中原高辛氏集团降居蜀中江水区域，而且以黄帝嫘祖之子昌意、孙儿颛顼为代表的中原高阳氏集团也降居到岷蒙若水，与蜀山氏集团世代联姻，成为族源相融的联盟部族，形成炎黄文化北兴南渐的发展趋势；颛顼的孙子夏禹生于蜀中石纽，兴于夏后氏部族发祥之地的西羌，又入主中原，建立夏朝，形成华夏文化西兴东渐的发展趋势。其七代后裔帝杼还从中原回汶川先人故地巡视，会省祭祖，"术禹石纽，汶川之会"，直到末代君主夏桀还娶岷山二女琬、琰并刻岷山玉作纪念。这些故事都证明古巴蜀邦国部族集团的形成和发展，是与中原高阳氏部族集团长期紧密联盟分不开的，说明早在五帝时期，巴蜀地

---

① 中国社会科学院历史研究所简明中国历史读本编写组编写：《简明中国历史读本》，中国社会科学出版社2012年版，第34页。
② （晋）常璩著，刘琳校注：《华阳国志》卷三《蜀志》，巴蜀书社2015年版，第97页，又见卷一《巴志》第2页。
③ 三皇有多种说法，见陈登原：《国史旧闻》第一分册卷之第二"〔21〕三皇说"，中华书局2000年版，第45~47页。
④ 《徐中舒先秦史讲义》"（二）高辛与高阳"，天津古籍出版社2008年版，第205页。

域就已传承着中原文化的文脉和基因，同时又以自己地域的梦想浪漫、控引天地的文化个性影响和丰富着中原现实人伦的礼治文化，二者文化血脉长期互汇，族源世系紧密相连，故《史记·三代世表》中，司马迁很认同褚少孙的说法："蜀王，黄帝后世也。"① 到了商、周、春秋战国时代，古巴蜀与中原的关系，同其他地域与中原的关系相比，更加特殊，或武王伐纣，以牧誓八国参与中原共主组织的征伐；或友好相处进贡"文翰"鸾鸟于中原王朝，或作为邦国巴方蜀方而被讨伐，这些复杂关系，不仅可以从新石器时代到青铜时代的考古学文化特别是三星堆文化得到证实，而且有关历史文献记载也更加不绝如缕。由此可以总括一句：早从万年文化史开端时代，直到后来的历史时代，古巴蜀文明都是心向中原，对中原文明共同体认同和凝聚密切、命运与共的长过程中成长起来的。

二、高阳氏与蜀山氏部族联盟文化

（一）高阳氏与蜀山氏文化融合的内涵

五帝时期，巴蜀与中原黄帝嫘祖部族发生最密切关系的是高阳氏部族集团，由高阳氏与蜀山氏联盟，形成巴蜀地域源远流长的高阳氏与蜀山氏文化。这是最早的巴蜀地域文化。

高阳氏与高辛氏是五帝时代形成的东、西两大文化部族集团。中舒先生认为："中国文化应当是二源"，"主要是两个系统，即高辛、高阳"，这两个"分别属于东、西两个文化系统"，"唐尧、商、周都是出自高辛氏"，"虞（即虞舜）、夏则属于西方的高阳氏"，"在四千年前文化的发展在地域上就分成高辛、高阳这样两个"。两个部族集团有不同文化来源："高辛氏之辛，就是薪，古代树木曰薪"，"高辛就是树木多的森林地带"，"适宜于开沟打猎"，指的是"在四五千年以前黄河下游一带的地区还未开垦出来，多为阴暗的森林地带"，故"高辛就是薪、森、阴"。而高阳氏的"阳"，不是山南水北为阳的"阳"，而是指农田为阳光普照的"阳"，"把黄河中上游地区开发出来，树木都砍光了，农业已开辟出来，成为阳光普照的地方，这就是高阳氏"。总起来说，高辛氏文化是从森林狩

---

① 《史记·三代世表》司马贞"索隐"："系本蜀无姓，相承云黄帝后。"张守节正义："谱记普云：蜀称王者蚕丛，国破，子孙居姚嶲等处。"中华书局1983年版，第506、507页。

猎部族发展而来的，高阳氏文化是从农耕织作部族发展来的。按照《史记》整理过的五帝世系来看，高辛氏帝喾是黄帝曾孙，曾祖为黄帝，祖为玄嚣，即青阳氏"降居江水，就是从高地垂直地迁徙到低地"。①高辛氏降居的区域是黄河与长江的中下游区域，这是高辛氏部族集团活动地带，到帝喾时方得名"高辛氏"，证明高辛氏文化应该是帝喾时代开始的。高阳氏得名于颛顼时代。颛顼的祖父是黄帝，祖母是嫘祖，父是昌意，母是蜀山氏昌仆。昌意时代就降居到"若水"（今雅砻江流域）和蜀山区域，世代与蜀山氏结合。一说昌意娶蜀山氏女昌仆生子颛顼。②另一说是黄帝族昌意与蜀山氏昌仆之子名韩流（即乾荒），韩流又娶蜀山氏淖子生帝颛顼。③两说世系稍有差异，可并存异说。他们的后代就是鲧，鲧之子即大禹。鲧娶有莘氏，据《龙安府志·杂志》考证"鲧娶有莘氏之女，名曰嬉，嬉于岷山得薏苡吞之，因而廷孕，剖胁而生高密（禹）"，说明有莘氏嬉也是岷山部族，而与高阳颛顼系鲧联姻。总之，黄帝族与蜀山氏族是世为婚姻，一直传到夏代，这是确定不移的事实。

"颛顼生自若水。"④若水，据《史记》和《水经注》，整个若水区域指雅砻江、青衣江，包括今冕宁、米易、喜德、荥经等地在内，是高阳氏集团的发祥地，是颛顼初期活动的颛顼故里。

"若水"这个名称有一个由抽象所指到具象所指，由水名虚指到水名实指的过程。大体说来，远古时代，"若水""黑水""蒙山""岷山""昆仑"等山水名都是虚指。⑤随着族群向这些山水迁入和开发的范围扩大，人们对这些山水生态认识深化，这些山水名称或者有了新的含义，或者逐步被指实了，或者地名发生迁徙。

---

① 以上引文见《徐中舒先秦史讲义》"（二）高辛与高阳"，天津古籍出版社2008年，第201、207、208页。
② 此说为《世本》《大戴礼帝系篇》《帝王世纪》的主张。
③ 袁珂校注：《山海经校注》《海内经》，上海古籍出版社1980年版，第442~443页。
④ 《吕览·古乐篇》曰："帝颛顼生自若水，实处空桑，乃登为帝。"
⑤ 这些名字的本义：若者，若即若离、若明若灭也。黑者，阁黑不明也。蒙者，朦胧秘罩也。岷者，瞀之际也。昆仑就是混沌，本为一词双声叠韵的清浊对转。这些词的本义都与迷蒙、混沌、阴郁、不清不明有关，是远古原始人群或族群还只能对这些山麓水畔近看远观，还无法进入其中开发、定居和创造文化，还只能凭远景渺观加以想象而得到这样一些类似名称的体现。

《山海经》最早说："若水"在"南海之内，黑水之间"，这还是大范围虚指。到汉代的地理志则开始实指，已把"若水"范围缩小到"蜀郡牦牛徼外"的地界，这个地界就是今天的雅砻江安宁河谷。到6世纪初的《水经注》则进一步肯定这里就是黄帝长子昌意娶蜀山氏女而生颛顼的"若水之野"。今冕宁县，古为牦牛县、台登县，郦道元就是把"若水"一名落实到今之冕宁县的，这里确是若水上游。到宋代，《太平御览》《太平寰宇记》等文献根据《九州要记》指实台登县（今冕宁）就是"黑水之间，若水出其下，即黄帝子昌意降居若水，即是此邑"。到明清《县志》则进一步明确冕宁就是"颛顼故里"。咸丰元年（1851）冕宁知县洪瞻陛在县城南关门上石刻"高阳氏降生之墟"七个字，这就把若水高阳降生的历史信息和历史记忆转化为冕宁的文化符号和地理标志，是冕宁一笔重要的历史品牌和地标遗产。

颛顼文化是从治水开始的文化，是大禹治水文化的前身。《史记·律书》曰："颛顼有共工之陈［阵］，以平水害。"①这里隐藏着颛顼与共工两个部族因争水而起的纷争历史故事。共工本是水官，却不治水，反而乘洪水之机作乱祸害，颛顼不得不即谋对付共工之阵法。这个阵法就是"以平（共工）水害"。共工用"振滔洪水"，淹没民居的办法祸害天下，颛顼就用整治洪水，以安民居的办法以利天下。这就是颛顼与共工之争的实质。②共工控制水脉，善于以水为害，欺压其他部族。高阳氏就是在同共工氏的斗争中发展成为以治水为特征的部族，颛顼文化也就是因治水而兴起的文化。③颛顼

---

① 据《史记》文颖集解：共工本是主水官，却"秉政作虐"。据《史记会注考证》日人泷川资言考证："共工之作乱，振滔洪水，以祸天下，故云水害。"由此可以明白，"颛顼有共工之陈［阵］"。
② 吕思勉《先秦史》认为"自颛顼以至于禹，皆与共工剧争"。《淮南子·兵略训》曰："颛顼尝与共工争为帝矣"，这是说高阳氏颛顼因水与共工氏集团争斗。颛顼之后，唐尧曾伐共工（《周书》），虞舜曾"流共工于幽州"（《尚书·尧典》），夏禹则"辟除民害逐共工"（《荀子·成相篇》），可见五帝因治水问题都与共工氏作过斗争。共工大概是个水居习水的部族，故《管子·揆度篇》说："共工之王，水处十之七，陆处十之三，乘天势以臨天下。"
③ 根据《山海经·海内经》的叙述，共工生后土，后土生噎鸣。噎鸣也是乘洪水滔天作乱，此时的鲧窃上帝息壤，用筑堤办法来防水，结果不能治理，被舜处死。"帝令祝融杀鲧于羽郊，鲧复生禹。帝乃令禹卒布土以定九州"，直到大禹时代才把共工氏赶走，把天下洪水治理好，九州方得陆处。

治水的成效是"狡虫死，颛民生"（《淮南子·览冥训》）。"颛民"这个称呼在这里首次出现，指的是颛顼部族的部众。高阳颛顼文化是从治水开始的，是"颛民"创造的。"颛民"是颛顼高阳文化的第一代创造者。颛顼与共工水治与水害之争，后来就衍变为女娲补天的神话。①高阳颛顼文化就是蜀山氏文化，"颛民"是第一代治理蜀水的蜀民。

（二）高阳颛顼的历史地位与第一个巴蜀文化标识

关于颛顼的历史地位，《史记·五帝本纪》是这样说的："静渊以有谋，疏通而知事，养材以任地，载时以象天，依鬼神以制义，治气以教化，絜诚以祭祀。"这段话大体说的是颛顼有智谋、善疏导、任农地、善农事、懂历法、重鬼神、重教化、有信仰、重祭祀，颛顼的贡献属于偏文偏智慧的方面多一些。

钩稽诸史迹，颛顼的历史性贡献可概述为下列诸方面：

其一，继承黄帝典章制度人文传统的奠基性人物。

黄帝为中华文明之始祖，中华民族的缔造开拓者。颛顼继承黄帝人文传统，是沿袭黄帝法则治理天下，进一步奠定中华文明根基的关键人物。《国语·鲁语》记展禽之言："黄帝能成命百物以明民共财，颛顼能修之。"颛顼继位后能承修黄帝之法，在巴山蜀水区域，创建弘扬高阳文化，为炎黄文化进一步发展做了夯实基础的工作。

其二，治水兴农的先驱者之一。

治水是兴农的头等大事。颛顼是黄帝之后、大禹之前有据可查的"以平水害"为师为德的中华治水工程的开拓者，是蜀水治理的第一位功臣，故被尊为"水帝"。

其三，颛顼是明天象、制历法之学的创始人之一。

颛顼历创于颛顼，直到战国时代的秦国、秦朝以及汉初（武帝之前）均使用颛顼历。以十月为岁首。到汉武帝宣修历法时，始改为唐都和落下闳（阆中人）制定的太初历，以正月为岁首，阴阳合历，沿用至今。太初历传承夏历正月建子的文脉，故又习称"夏历"或"农历"，还是承袭颛顼历加

---

① "共工触不周之山，天柱折，地维绝。天倾西北，故日月星辰移焉。"（《淮南子·天文训》）据此段神话，中国天倾西北，地不满东南的地理之势，是共工造成的，而颛顼则请"女娲炼五色石以补苍天，断鳌足以立四极"，使共工造成的"水浩洋而不息，猛兽食颛民"的灾害得到治理。

以革新而来，颛顼乃历学之先师。

颛顼还是一位精通天象，确立北斗信仰礼仪的天文学家："以月、日、星、辰之皆在北方，故曰星与日、辰位皆在北维。此北维者，颛顼之所建也。"

其四，改变"民神杂糅"的家家祭祀习俗为"绝地天通"的国家祭司专有行为，颛顼是中国历史上第一位社会治理与信仰习俗的变革家。

《尚书·吕刑》《国语·楚语下》记有颛顼"乃命南正重司天以属神，命火正黎司地以属民"，"是为绝地天通"。这是说颛顼部族原来还保留着原始社会"家为巫史"习俗，每家每户都各自祭祀，各有信仰，各祭各的神，各家自通天地，这不利于建立邦国统一共同体的神灵信仰，故颛顼决定实施祭祀改革，禁止家为巫史的家家祭祀，而改为只有邦国祭司才享有专权沟通天地，祭祀神灵。他任命南正重管天上神的祭祀，火正黎管地上民间治理的事，在国家事务上把神与民分开治理，通过"绝地天通"举措，培育国家意识，推动社会治理进步。颛顼是推动社会治理改革的第一人。

其五，中华龙文化发展史上一个瑰丽的文化路标。

从考古文化看，中华龙文化从蚌塑龙、卵石摆龙到玉猪龙这些原始龙形象，出现在红山文化、河姆渡文化、良渚文化中，已有六七千年历史。它表明龙文化信仰渊源自古，源远流长，中国人皆认同为龙的传人。太皞氏以龙名官，是最早的龙文化的创造者。黄帝有在荆山铸鼎乘龙升天，随从上天的有七十余人的传说。黄帝是龙文化的重要奠基者，是中华龙文化发展史上的最闪耀的一个路标。颛顼"乘龙而至四海"，"小大之神""莫不砥属"，这说明颛顼进一步把龙文化扩大到四海范围。颛顼是开拓中华龙文化发展道路上最闪亮的文化路标。

其六，五帝时期中华民族形成、融合与凝聚过程中起着最大作用的一人。

"黄帝二十五子，其得姓者十四人"（《史记·五帝本纪》）。这实质是说明以黄帝族为核心的二十五个部落，发展分衍出了十四个姓氏[①]部落集

[①] 吕思勉云："姓的起源，是氏族的称号"，"氏是所以表一姓之中的支派的。"见吕思勉《中国文化史》，天津人民出版社2016年版，第41页。

团①，遍布于四方。中华民族就是通过中国大地上生活着的各个原始部族以姓氏认同的方式而凝聚起来的。中华民族内部的各个兄弟民族不是因种族和血缘差别而形成的，主要是因为文化的差异而形成的。中华民族是文化民族，它的牢固精神纽带是文化认同，是国家认同，是大中华民族认同，不是内部多民族的小认同。这是自古以来大一统中国的特点。

五帝时期的姓氏认同，是五帝对中华民族文化认同的始源的一大贡献。颛顼是继黄帝姓氏认同之后最大的姓氏认同创造者。

据帝系、世本诸多史籍，虞、夏、楚、秦四国皆颛顼之后，有妘、姒、嬴、芈四姓。祝融为楚国高阳颛顼之后的先祖，更推衍发展为祝融八姓。据《山海经·大荒经》记载，还有大荒六国皆为颛顼所产。南有越，北有胡，东有淮夷，西有三苗，分布如此之广，可见以颛顼集团为核心的辐射力和发展影响力之巨大："盖囊括万汇以为一家"（顾颉刚先生语）。《大荒北经》记载"有叔歜国，颛顼子"。这个叔歜国就是古蜀蚕丛之碑所记"歜"国，证明古蜀国，确属颛顼一系。

其七，培养"八恺"才子八人的宗师。

《左传·文公十八年》说：颛顼培养出高阳氏才子"八恺"。其中有"梼杌"这个史官，故后人用"楚梼杌""蜀梼杌"来命名楚、蜀的历史著作。伟大的爱国主义诗人屈原，就是帝高阳之苗裔，也是高阳氏文化熏陶出来的。

总起来看，颛顼是五帝时代继黄帝之后中华文明起源的标志性人物，是黄帝为标杆的中华文明起源时代的一个闪亮路标。颛顼是黄帝嫘祖与蜀山氏的子孙。换句话说，是高阳氏部族文化——中原黄帝部族与江源蜀山氏部族的联盟——的第一个巴蜀文化符号和巴蜀文化标志。

三、兴于西羌的大禹文化及其西兴东渐

（一）大禹的历史地位与大禹家国同构的国家文明

五帝时代之后进入大禹治水的时代和以大禹为文化标志的夏王朝国家文

---

① "部落"一词最早见于《辽史》"营卫志"："部落回部，氏族回族"，"古者，巡守于方岳，五服之君各述其帜，辽之氏族实似之。"可见辽的"部落制"是承袭古之方岳五服部落氏族制度而来。这里的"部族集团"是今人对"部落氏族联盟"的概念，是古人概念的扩大。见（元）脱脱等撰：《辽史·营卫志》"部族"条，第二册中华书局1974年版，第376、383页。

明开端时代，也是华夏第一个大一统王朝开始的时代。

大禹属高阳氏部族集团，岷山是大禹的祖源地，整个夏代均与岷山的蜀山氏有紧密的联系。禹生于西羌，娶于涂山，"夏代是羌人建立的国家"①，禹所率领的夏后氏部族也属高阳氏，汶山汶水乃其"发迹之地"，夏后氏是高阳氏与蜀山氏联盟部族衍生发展下来，而大禹则是由高阳氏文化熏育出来的。夏部族后来发展到晋南豫西，夏朝第七代君主帝杼回汶川石纽祭祖，仍同蜀山氏部族有联盟关系。夏朝末代君主桀就娶的是岷山二女琬和琰，即《山海经》所说"女和月母之国"的琬和琰。夏禹学于"西王国"（《荀子·大略》），即西王母之国，其地在昆仑，据蒙文通先生考证，亦指岷山。大禹娶于涂山氏，最初的涂山在西羌汶川，是夏后氏第一个祖源"发迹之地"的文化地标，后来东迁到江州涂山、安徽涂山，出现第二个、第三个祖源文化地标，这说明高阳氏集团从颛顼一直到夏禹至夏桀这一系在若水与岷江流域长期与岷山的蜀山氏部族保持着联盟关系，逐步融合为蜀夏同源的文化共同体。

五帝最后两代尧和舜时期已由部族联盟、部族融合向邦族联盟、邦国联盟过渡。帝尧是高辛氏部族集团的陶唐氏邦主，他的先祖高辛氏帝喾，在历史文献记载里没有什么大的作为，比不上高阳氏颛顼，在文化上没什么突出贡献。到尧时，始由陶唐氏邦主，升为邦族、邦国联盟的共主。继承他的帝舜则属高阳氏部族集团有虞氏的邦主，因其突出贡献而上升为邦国联盟的共主。他们都是由禅让制推举出来的邦国联盟的"天下共主"。尧和舜是高阳氏和高辛氏部族集团融合的最高文化标志性象征。

大禹是高阳氏部族集团姒姓夏后氏的邦主。他是由尧舜禅让推举出来的部族联盟的"共主"。但到他的时代已逐步改变了这种原始民主推举制度。他"协和万邦"，正式成为邦国联盟的"共主"。他逐步掌握了决定会盟生杀予夺的专制权力，他身后即衍变为父传子的"家天下"王位世袭制度。家族私有制和阶级、等级分化，家国同构的国家文明雏形就出现在这一时期。大禹时代，是社会发生剧变、私有化与阶级对立鲜明，国家形态发生剧变的时代。以大禹为标志符号的大禹文化，也进一步扩散、转型和升华为由中原辐射四方的华夏广域文明共同体。大禹这个人也因其功业，特别是治水伟业

---

① 《徐中舒先秦史讲义》，天津古籍出版社2008年版，第208页。

而留下了四千年中华治水文明的文脉基因与历史记忆，由人变成了"神"，出现有关各种传说与神话，至今成为宝贵的祖源记忆的口述遗产。正如明代王舜卿所云："圣而不可知之谓神，人而至于神，不可以复加矣。圣人以神者，惟炎帝与禹耳。炎帝以医药永民命，万世享其泰，故称神农。禹以治水拯民生，万世享其利，故称神禹。"[①]"神农"与"神禹"确是极其独特的尊称。五帝时代只有"神农"，历代王朝君主只有"神禹"有这个头衔，可见神农文化与大禹文化影响之深远。

大禹创始国家文明与大禹的历史作用，在下述五个方面：

其一，大禹第一件伟业是顺天道之自然，应民心之待望，遵水上善之性，治理水害，在岷山首创"岷山导江，东别为沱"的治水模式，可称之为"江沱文化"。然后把它扩展到中原和东部江河，披九山，通九泽，决九河，定九州，民得陆处，从而形成四渎朝宗于海，"地平天成，任土作贡"的大山水格局。所以，大禹是华夏治水兴农的先师，是华夏山水综合治理的第一人。

其二，大禹祖述黄帝，肇继尧舜，正德厚生，礼仪兴邦，"协和万邦"（《尚书·尧典》），铸九鼎，会诸侯，首次形成华夏国家一统为体与多元差异相结合的国家文明模式，开创了多元一体、多源一脉的民族国家几千年的文脉。所以，大禹是继中华人文始祖黄帝之后，创立华夏国家文明的初祖。

其三，大禹是华夏民族大团结、大融合、大一统的奠基者，是华夏民族命运共同体的文化标志。中华民族形成和发展经历了七八千年文脉发展的历程。早在新石器时代早期遗址就出现了卵石摆龙、玉猪龙与九个陶罐摆成的北维七星、九星礼仪布局的信仰标志。中华民族命运共同体是由各民族共同创造的、以中原文化为凝聚核心的、广域大一统同时又包含多元区域差异的特色民族国家发展模式。新石器时代早期的龙文化信仰，为这个模式的形成和发展厚植了精神生长之根。如果说，五千年前炎黄二帝是中华民族共同体的开源者，大禹就是奠基者。炎黄文化的贡献集中在"中华"二字上，"中"字是甲骨文"中"字的旗帜标杆号令形象，"华"字是仰韶彩陶的玫瑰花印纹作为华山的"华（即花）"的文化标志，这二者是"中华"二字的来源。大禹文化的贡献集中在"华夏"二字上。"华"字由"花"的华丽，

[①] （清）李锡书：《汶志纪略》卷四，第318页，汶川县史志办2008年内部印制本。

延伸衍变为华服衮裳与礼仪之邦的含义，"夏"字则是描绘大头大面的大人文雅知礼仪的形象。夏者，雅也。《诗经》的大小雅就是大小夏，皆是礼乐文明的含义。"华夏"结合为一词，遂成为中华夷夏各族共同构建的"礼仪之邦"的文化标志。中华民族内部各子民族不存在血缘种族的隔阂，只有文化的差异。中华民族命运共同体，就是在这个民族大融合、大交流的历程中形成的。诸如"龙的传人""炎黄子孙""华夏儿女"这些文化认同符号，就是这样种植在历代中国人的祖源记忆里，成为几千年绵绵瓜瓞、从不间断的文脉基因。

其四，大禹还是华夏家国同构，家是最小国、国是千万家的中国独特的国家治理和社会治理模式的奠基者。大禹首次鲜明提出"民惟邦本，本固邦宁"的祖训，被称为"大禹之戒"这是华夏第一家训，也是国训。它渊源于高阳文化发展而来的"家族公社"制度。由小家集聚为家族，由家族集聚为宗族，衍变为夏、商、周三代逐步完善的地缘与血缘相结合的宗法制度和国野分封制度，这就是家国同构的治理模式的起源。大禹"民惟邦本，本固邦宁"的祖训就是在这个制度环境下传给儿子启的。传到太康时，他不遵大禹祖训，骄侈淫逸而失国，为后羿家族所取代。太康的五弟兄在河汭创作"五子之歌"，专门讲这段不遵祖训的历史。后来，少康遵循祖训，又重新复兴夏朝。从兹以后，大禹重民生、重国本的祖训，就由家训变成了国训，传承至今，成为四千年国家治理、社会治理的家国同构文脉，衍变为祖源记忆代代相传的宗祠文化、族谱文化和乡愁、乡贤文化。

其五，大禹文化铸就大禹公忠体国、坚韧不拔的民族奋斗精神。大禹治水公而忘私，劳身焦思，三过家门而不入的高尚情怀和冰雪操守，成为中华民族美德的表率，民族精神的象征，具有万世楷模、千秋仪型的价值和意义。它的高贵精神和品德，四千年来还影响和浸润在普通民众的生活习俗方式和精神美学享受里。他因长年治水得痛风疾而跛足，后来道教就模仿这个形象，创作了踏罡步斗的"禹步"，至今羌族锅庄踢踏舞里还保存和传承着"禹步"与"云云鞋"习俗。

（二）大禹生于石纽，兴于西羌与大禹降生文化

历史文献有"禹生石纽"和"禹兴于西羌"两说：

"禹生石纽"说指实了具体地点，最早是扬雄《蜀王本纪》提出来的：

"禹本汶山郡广柔县人，生于石纽，其地名痢儿畔。"①此后，从扬说者甚众。②但具体地点有分歧，今归纳为四处：一为今汶川县绵虒镇飞沙关石纽山。二为今北川县（原石泉县）禹里乡南一里之禹穴与石纽。三为今理县通化汶山寨石纽山。四为今都江堰市之北龙池山。③

"兴于西羌"说指的是西羌大地域，禹是"西夷之人"，生于"石夷之野"，"兴于西羌"。④按这个说法，禹是属于"西夷"崇拜石的"石夷"族群，西羌石夷之野是他生长和活动的区域。以上两说看起来有矛盾，但连起来看，有它的逻辑与历史进程。它至少说明西羌区域内有石纽特征的地方，就是大禹诞生的地理文化坐标。正如李学勤先生所说："禹生于今四川的传说起源很早"，"有着相当深远的历史背景"。⑤

所谓"兴于西羌"，指的是大禹"夏后氏发迹之地"在西羌，黄帝高阳氏部族集团与土著蜀山氏部族集团交流、结盟、融通在西羌，先夏文化发源于西蜀羌乡，蜀与夏文化同源融合发展在西羌。"蜀夏同源"文化融合的历程很复杂，先还有夏后氏与蜀山氏两个部族复杂的矛盾和冲突，今羌族流传的"羌戈大战"故事，就是"禹为代表的横目羌人与戈为代表的纵目蜀人之争的历史影子"。⑥后来才走向两个部族的融通与融合。林向先生首先注意于此，提出了"蜀夏同源问题，既于文献有征，又得地下出土物的印证"，"是无须怀疑的了"。⑦

所谓禹为"石夷"，指的是大禹崇石信仰来源于夏的"石夷"以石为社的"祏社"祭。今天羌族的白石崇拜，就是石夷衍变来的。这与周人不同。周人用"稷"祭后稷，称为"稷祠"。祏社与稷祠合起来，就叫作"社稷"。⑧

---

① （清）严可均校辑：《全上古三代秦汉三国六朝文》"扬雄"，中华书局1985年版，第415页。"痢儿畔"，即"刳儿坪"。
② 见陈寿《三国志·秦宓传》、谯周《蜀本纪》、郦道元《水经注·沫水》、常璩《华阳国志·蜀志》、赵晔《吴越春秋·无余外传》。又见《帝王世纪》《青城纪》《益州记》《元和郡县图志》《括地志》《路史》《太平寰宇纪》。
③ 谭继和：《禹文化西兴东渐简论》，《四川文物》1998年第8期。
④ （汉）陆贾《新语·术事篇》及《史记·六国年表》《后汉书·戴良传》《华阳国志·蜀志》《吴越春秋》。
⑤ 李学勤：《禹生石纽说的历史背景》，《大禹及夏文化研究》，巴蜀书社1993年版。
⑥ 谭继和：《禹文化西兴东渐简论》，《四川文物》1998年第8期。
⑦ 林向：《从考古新发现看蜀与夏的关系》，李绍明、谭继和、王纯五主编：《夏禹文化研究》，巴蜀书社2000年版。
⑧ 谭继和：《禹文化西兴东渐简论》，《四川文物》1998年第8期。

在古汶山郡广大区域内，今汶川、茂县、理县、北川、都江堰市龙池等地都出现了与石崇拜有关的众多禹石、禹穴、望崇山、涂禹山、禹母祠、刳儿坪、血石、洗儿池、禹床等大禹降生的历史遗迹，"这是西羌特有的以石为标志的文化现象"①，是大禹石纽降生文化演进的轨迹。文献记载："石纽"由羌人聚邑守护，叫作"石纽邑"。②又记载羌人在神禹石纽周围，划出方圆一百里地界作为禁地，不准居住和放牧。如果有人犯罪，逃入其野中，人们也不敢追逃，因为敬畏神禹。犯者只要在其中能躲藏三年，众人皆会原谅，认为有"禹神"灵佑着他。这个祭祀禁地被称为"天赦山"，一直很神圣，到唐代此地还有"至今犹不敢六畜"的记载。③此山至今仍在，在今汶川县草坡乡与耿达乡之间，只是山名已改为"天成山"。④据今人实地走访考察，该山林木葱郁，生态极好，现仍无人居牧。上山之路有栅栏阻隔，不让牛羊进入，牛羊均止于栅栏前。由前山翻越到后山，整山仍无牛羊，亦无茅舍居室。直走到后山下的耿达乡，始有人烟。⑤这段历史不是传说，它证明了羌人自古就有强烈的牧场生态保护意识与行动。方圆百里的祭祀禁地，既是大禹降生文化的精神地标，又是游牧民族"羌人"代代薪火相传的牧场生态保护与力戒过度游牧摧残自然的古生态文明理念的践行地。今多处石纽遗存谁真谁假争论不休，其实用游牧民族习性可以得到解释。"羌"字为"牧羊人"之意，古羌人是游牧民族，是"随水草就畋渔，岁以为常"的游牧经济生活方式。羌人的大禹祖先石纽禁

---

① 谭继和：《禹文化西兴东渐简论》，《四川文物》1998年第8期。
② 《帝王世纪》曰："禹生石纽，（绵虒）县有石纽邑。"见（清）王先谦撰《后汉书集解·地理志》"绵虒县"条下刘昭补注，中华书局1984年影印本，第1275页。（唐）李吉甫《元和郡县图志》："剑南道有石纽邑，禹所生处，今其地名刳儿坪。"《蜀王本纪》《路史》作"石纽村"。今取"石纽邑"说。
③ 王先谦撰《后汉书集解》卷二三（上）"郡国志""绵虒"条下李贤等注引；《帝王世纪》曰："禹生石纽，县有石纽邑。"《华阳国志》曰："夷人营其地，方百里不敢居牧。有过，逃其野中，不敢追，云畏禹神。能藏三年，为人所得，则共原之，云禹神灵佑之。"中华书局1984年影印本，第1275页。今本《华阳国志》已佚此段文字。（唐）李泰等著《括地志辑校》"茂州汶川县"条亦有此段文字，比《后汉书》所引多了一句"至今犹不敢放六畜"，中华书局1980年版，第207页。
④ （清）李锡书：《汶志纪略》："上下各十五里曰天成山"，"其实则天赦山也"。这两个山名是从不同侧面立论的：从禹神"原过"视角看则名"天赦"，从禹神保护山林生态视角看则叫"天成山"。这两个山名实质上是一致的。汶川史志办2008年印制本，第310页。
⑤ 笔者曾在2010年请珠海市援助绵虒镇的灾后重建工作组刘洋、张彤两位同志翻越天成山（天赦山）并采访村民，这里的叙述就来自于他们的口述史记录。

地，往往随族群迁徙扩散，传播到他们游牧的各个地方。只要有石纽的地方，就是大禹降生的祭祀地，多处"石纽"就是这样形成的，因此都有历史真实内核，它证明西羌区域确是大禹夏后氏部落游徙的"发迹之地"，是大禹石纽降生文化迁徙扩散之地。古人还把这种石纽纪念地的扩散，分出了发展次第。早在宋代，祝穆的《方舆胜览》就把先兴起的汶川石纽称为"古石纽"，把后兴起的石泉（今北川）石纽称为"今石纽"①，认为古今石纽都是大禹降生地标，都是同等级的政府先后祭祀地。总之，大禹是蜀人，江汉为蜀地望。"张俞《上蜀帅书》曰：大江出蜀之西徼，禹乃生于西羌，石纽其地也，故神禹为蜀人，江汉为蜀望，而明公之治蜀，滔滔江汉，尽在土宇。"②今天看来，有趣的是，西蜀羌乡几个石纽，从汶川、理县、茂县到今都江堰，正好可连接为西羌大禹降生文化旅游环线，它正好同今天九寨沟、黄龙的"九黄"旅游环线相重叠，是今天历史文化融入旅游的重要资源。

（三）大禹文化的西兴东渐

王闿运说："夏，中国也。始自西夷，及于内地。"（《尚书笺·康诰篇》）夏禹文化经历了"始自西夷，及于内地"，由西向东发展的历程。夏禹部族及其文化由西向东迁徙发展扩散，形成三大区域三大中心：早期为西蜀岷江和江汉流域，是夏文化的初始期。"岷山导江，东别为沱"，岷山沿江刊木导水用于灌溉，利用四川的回水沱天然湖泊，向东南分洪为沱江，这是"禹以汶人而先岷事"（清李锡书《汶志纪略》序言），大禹最先治水，形成"江沱文化"的初始地。随着夏部族由西蜀向东迁江汉和中原，遂成为中国古水利工程的基本方法。其治水次第是：第一步岷江，第二步汉水，第三步河济，第四步江淮，由此成就为全国治九水、定九州的伟业。

中期为夏禹文化鼎盛期，在今晋南、豫西、豫中区域。其中河汭、洛汭乃"有夏之居"，是建王都的腹心地带。这是夏禹文化在中原"河洛古国"基础上鼎盛发展，建都于中原，建立华夏第一个王朝"夏朝"的鼎盛发展时期。以崇山（即嵩山）为中心的伊洛河三川地带是华夏文化的中心区域。

---

① （宋）祝穆：《方舆胜览》（中册）茂州"祠庙"条云："古石纽在茂州，故有庙。今石纽隶石泉军。"汶川县属茂州，故为"古石纽"所在地，石泉军，即今北川县，为"今石纽"所在地。见《方舆胜览》（中），中华书局1988年版，第983页。
② （宋）王象之：《四川风俗形胜考》，（明）杨慎编、刘琳校点：《全蜀艺文志》（下册），四川大学出版社2022年版，第741页。

晚期是夏朝的衰亡期。夏桀逃亡于夏的同盟部族"南巢氏"，以今安徽巢湖市为中心的安徽、江西一带的"巢湖"为其活动范围。它同时也是"夏禹令诸侯江南"，大禹文化向东南传播的区域。春秋越国是夏少康庶子无馀的后裔，申、许、曾、杞等东方国家皆姒姓，为夏禹之后，都是大禹后裔由西迁到今山东一带去的，这就是夏禹文化西兴东渐的结果。再如，夏的同盟部族斟灌（斟戈）氏，即蜀王柏灌部族，在西蜀为戈人，后随夏部族东迁洛汭的五观（灌）地和商丘，夏亡后迁于山东寿光县。①禹文化"西兴东渐"进一步发展，还向东传播到日本。日本奈良三轮山顶大神社盘余的二圣石盘座，就是大禹的石纽盘座，是在神武天皇部族前身"阿多集人"时期传播过去的大禹信仰。②

总之，夏禹兴于西羌，夏朝盛于河洛，夏桀亡于东夷，这个过程就是夏禹文化西兴东渐的传播过程。③

巴蜀位于黄河流域与长江流域"两江河"上游，地处黄河上游的河源文化与长江流域的江源文化源头地带的结穴处。大禹文化和夏文化诞生在河源、江源所在的西羌区域，作为江河上游源头文化的一个重要摇篮，对中华文明的形成和发展做出了杰出的贡献。④

四、古蜀五祖传说与古巴蜀历史文化的演进

（一）古蜀五祖传说时代的文化演进

文献记载的古蜀王历史，多为传说与神话。先是"蜀山氏"，是古蜀人最早的氏族或部族。接着是五代蜀王：蚕丛、柏灌、鱼凫、杜宇、开明。这五个王号，如蒙文通先生所说："都是一代之名，而非一人之名。"⑤一个王号就代表着一代部族或者一代地方邦国联盟先后相继的各个头领共用的称号。有关这些称号，都有不同的神话或传说，代表着不同的文化内涵和时代特征。如果用社会形态演进的观点来分析这些王号的语源和有关传说，可以清楚地看出，它代表的是蜀人经历过的从原始采集、渔猎经济、定居农耕、田蚕织作，到高

---

① 谭继和：《桀都与鸣条地望新考》，《西南民族学院学报》1986年第3期。
② ［日］古贺登：《古代长江流域文化和日本》，《四川岷江上游历史文化研究》，四川大学出版社1996年版，第3~5页。
③ 谭继和：《禹文化西兴东渐简论》，《四川文物》1998年第8期。
④ 谭继和、王纯五：《夏禹文化的新探索》，《夏禹文化研究》，巴蜀书社2000年版，第8页。
⑤ 蒙文通：《巴蜀史的问题》，《蒙文通全集》第四册，巴蜀书社2015年版，第121页。

级农桑文明等几个时代演进的顺序，正好同古巴蜀的旧石器时代、新石器时代、青铜时代的考古发展系列相一致，符合原史时代文化演进的规律。前已分析这些王号的内涵，这里就其特征总括如下：

（1）蜀山氏。"蜀"字乃野蚕形象，即小昆虫蛞蝓，可以食用，故《说文解字》释为"葵中蚕"，《管子·水地》释为"藿中蚕"，是以野蚕为食的原始食虫部族采集经济生活的象征。以后逐步衍变为家蚕饲养，成为发明栽桑养蚕技艺的"蜀山氏"部族。它与昌意、颛顼为代表的中原高阳氏部族带来的嫘祖缫丝织绸技艺相结合，遂产生了第一代蜀王"蚕丛"为文化标志的"田蚕织作"部族，这是巴蜀成为中华丝绸发源地的重要摇篮之一的源头。①

（2）蚕丛，为丛聚饲养家蚕之义。甲骨文中的"蜀"字有两种形象：一是大头纵目的单体蚕形象，另一种是三蚕、四蚕聚在一个大头纵目下的形象，这就是由单体食用野蚕变为丛聚饲养家蚕缫丝的代表性象征。蚕丛王就是该部族栽桑养蚕技术最高的首领，故"蚕丛"成为蜀山氏部族"田蚕织作"初级农桑文化起始的代称。该部族"居于岷山石室"中，是在岷山区域的石室巢居文化中发展起来的部族。②

（3）柏灌，或作"柏濩""柏雍""柏观"，其字义和事迹都很模糊。据考其称号应是"雍堤濩水以救民"之义，是善于治水的部族。今都江堰市有地名"观坂"，或许是柏灌氏的最初活动区域。或许是夏的同盟部族斟灌（斟戈）氏，随夏迁入中原河汭"五观之地"，故在蜀中文献中找不到它来去的踪影。③

（4）鱼凫即鸬鹚（即四川土话称的"鱼老鸹"），是以养鸬鹚、驾扁舟捕鱼为特征的部族。用鸬鹚捕鱼，多在白水水域，故捕鱼人被称为"白水郎"，其王被称为"鱼凫"王，并以鱼和鸟为标志。三星堆青铜文明遗址中有不少鱼凫文化符号因素，如鸟头勺把、鸟头玉璋、以箭贯鱼、鸟为纹饰的金冠带等，表明古蜀文明，既已进入"鱼凫世"辉煌的高级"田蚕织作"农桑文化时代，同时又传承着渔猎时代"鱼凫"祖源记忆符号的文化，故我们能大体认定三星

---

① 谭继和：《蜀族的演进与成都聚落的形成》，撰于1981年，载《成都研究》第二辑，四川人民出版社2020年版，第1页。
② 谭继和：《天府四川：丝绸文明的重要摇篮》，《光明日报》2017年5月10日第16版《光明论坛》。
③ 谭继和：《禹文化西兴东渐简论》，《夏禹文化研究》，巴蜀书社2000年版，第154页。

堆文化是鱼凫与杜宇时期蜀部族融合与联盟的时代。①

（5）杜宇，以魂化杜鹃仙鸟为文化标志。三星堆文化中的鹰头杜鹃青铜鸟以及各种飞鸟崇拜文物，数量特别多，表明杜宇部族已进入超凡的蜀人"羽化飞仙"神化想象力生长时代。南朝刘宋时鲍照《行路难》诗："中有一鸟名杜鹃，云是古时蜀帝魂。"杜甫《杜鹃》诗："我见常再拜，重是古帝魂。"杜甫《杜鹃行》诗："古时杜宇称望帝，魂作杜鹃何微细"，"蜀人闻之皆起立"。这些诗句说明古蜀时代已将杜宇王号升为帝号，"号曰望帝"，故蚕丛、柏灌、鱼凫三代称王，杜宇、开明二代称帝。蜀人见杜鹃有跪拜的民间风俗兴起，乃"重是古帝魂"的蜀人信仰所致。②这个风俗流传后世，历代兴起"啼鹃"诗风，直到近代，蜀中爱国主义诗人雷铁崖办《鹃声》杂志，专写鹃魂诗，还获得"啼鹃诗人"的专门称号。由此可见，古蜀人创立的杜宇啼鹃文化对中华文学影响之深远。杜宇"教民务农，一号杜主"，"至今蜀人将农者，必先祀杜主"。杜者，土也。杜主，即土主、田主。土主是兴农的主神，以祭土地为祀，今少数民族多有供奉土主者，与先周族田祖后稷同义，是重农的象征。杜宇不仅教蜀人务农，也教巴人务农，其统治疆域甚宽，既有农耕发达区域，又有南中等狩猎苑囿区域，故杜宇时代已由蜀古国发展为巴与蜀在内的邦国多部族联盟的古方国时代。③

（6）开明。"开"，启也，始也。"明"，与民、氓、萌同音同义，春秋战国时代多"宾萌""宾氓"，指迁徙客居而非土著。开明氏鳖灵，荆人，举族逆江而上，与杜宇土著部族相融合，这就是神话传说鳖灵尸逆江而上至郫复活的真实历史背景。开明氏各代已有各自的帝号，如丛帝、卢帝、保子帝、开明尚等，共传了十二世，始为战国时代秦国所灭。开明时代已祀五色帝，"立宗庙，以酒曰醴，乐曰荆，人尚赤。"有编钟编磬等中原乐器以及漆器出现，是在中原礼制文明共同体影响下产生的巴蜀特色礼乐文明时代。从考古遗址看，三星堆、金沙遗址大量青铜器与玉器中的尊、簋、盉、觯、璧、琮、圭、

---

① 谭继和：《蜀族的演进与成都聚落的形成》，撰于1981年，《成都研究》第二辑，四川人民出版社2020年版，第1页。
② 见（清）仇兆鳌注：《杜诗详注》第二册，中华书局1958年版，第753页。又，杜甫《杜鹃行》诗仇注："蜀人起立将敬，至今传为风俗，谓望帝之魂，变化不可穷诘也。"
③ 谭继和：《蜀族的演进与成都聚落的形成》，撰于1981年，《成都研究》第二辑，四川人民出版社2020年版，第1页。

璋等仿中原礼器出现，表明商周至战国时期杜宇、开明时代已开始学习与效仿中原礼制，而成都商业街战国时期船棺葬及其宗庙遗址，则是开明时代巴蜀宗庙陵寝礼制文化最集中的代表。①蜀特有的石笋、石担等大石文化崇拜与金牛崇拜文化，均集中在这一时期。

（二）古巴蜀时代祖源记忆的文化地标

古蜀部族与古巴部族都一同经历了秦陇古羌迁徙的长过程。古羌人于六七千年前从秦陇向巴蜀迁徙，距今六千年的天水秦州大地湾遗址，就是他们始迁地的中心文化地标。其中，向东移的一支，迁向秦岭、汉水、秦巴山地、三峡，直至湖湘、武陵山五溪蛮，为巴人。他们就以天水的伏羲氏祖源地为巴人的祖源文化地标，沿途留下了各种巴国文化地标，见于《山海经》有关巴国的记载。向西移的一支，从秦陇、河湟至岷山，直到都广之野，是为蜀人迁徙路线。今茂县营盘山遗址、什邡桂圆桥遗址、成都平原宝墩文化遗址、三星堆文化遗址、十二桥文化金沙遗址、新都马家大墓、彭州竹瓦街青铜窖藏、羊子山土台遗址、商业街战国船棺葬遗址、岷山饭店遗址是蜀人从岷山迁入成都平原路径的中轴线，沿途留下了不少祖源文化地标。

"陇蜀"名称就是巴蜀文脉源头留下来的地标名称。最早"陇蜀"连称，见于《史记·天官书》："中国山川东北流，其维，首在陇蜀，尾没于勃碣。"这句话就是说从陇到蜀的秦陇巴蜀文脉居于中国山川文化龙脉的龙头地位。蜀人就是在这样优越的地理环境中逐步创造出高级农业文明来的，也是在这个发展途径中，由古文化发展到古城，又发展到古国，最终形成古蜀方国。

五代蜀王，从陇蜀、岷山直到岷山之阳即"都广之野"（今成都平原），都是他们的活动范围，因而在这个地理范围内都留下了本部族活动的祖源文化地标。

第一代蜀王蚕丛先是活动于岷山区域。故蚕丛氏以岷山的蚕陵（后设蚕陵县，在蚕陵镇，1933年地震陷为湖）与始居石室为第一个祖源文化地标。②蚕丛氏部族进入"都广之野"（成都平原）之后，就以今双流区牧马山九倒拐为祖源记忆地标，今有蚕丛祠。

---

① 谭继和：《蜀族的演进与成都聚落的形成》，撰于1981年，《成都研究》第二辑，四川人民出版社2020年版，第1页。
② 《古文苑》章樵注引《先蜀纪》："蚕丛始居岷山石室中。"

第二代蜀王柏灌氏的第一祖源地标是灌口（今都江堰市）的观坂。第二祖源地标是今温江区万春镇的柏灌王墓，迁入中原的祖源地标则是斟寻、斟灌。

第三代蜀王鱼凫氏，已进步到渔猎农耕并用时代，活跃于岷江、嘉陵江，直到长江畔。它留下的祖源地标最多，沿江多有"鱼凫""鱼复津""渔涪""鱼符""鱼妇"等地名，都是鱼凫文化传播的地标符号。至于鱼凫氏的文化，通过岷江、长江和东海黑潮，传播到日本，在日本盘余彦留下了鱼凫地标（日本学者古贺登考证）。

第四代蜀王杜宇氏，已与周部族耒耜农业紧密结合，故都广之野有西周农祖后稷葬地地标。杜宇王是巴蜀稻作粟作农耕文化融汇部族的始祖，在巴、蜀两地都有他的祖源记忆地标。在蜀是今郫都区古迹"杜鹃城"，这是杜宇祖源文化地标。在巴则有夔州"子规"地标，夔子国所在地，即杜宇活动区域。在云南昭通，即"朱提"郡，是杜宇传说从天堕之地，为杜宇文化初始区域，故在朱提留下了杜宇祖源文化活动地标。在崇州，杜宇农耕部族与朱利氏（藏语Drok）部族的牧场文化相融通，留下了崇州杜宇文化地标符号。

第五代蜀王开明氏第一个祖源地标是鳖邑（今遵义），首领即叫鳖灵（或写为"令"字）。开明部族代替杜宇部族成为统治者后，它的祖源记忆地标就移到大郫（"岷山下，邑曰郫"），包括今彭州市九陇山区域。九陇山也是古蜀多个部族由陇而蜀迁来的多个祖源地之一。开明氏则以九陇山区域白鹿山、白鹿顶、鹿仙洞为祖源地标符号，有天彭门、天彭阙，是古蜀人乡魂出入皈依的记忆地标，白鹿山又被古开明蜀人塑建为蜀人随白鹿成仙的仙道信仰的"桃源"仙国理想地标。

古巴蜀这些文化地标是巴蜀文化长期发展、衍变、转型、创新历程上的心灯，对于历代保存祖源记忆，牢记老祖宗来程，传承文明薪火，不间断开拓文化新路，起了重要的点亮航标的作用，至今还活在大地上，记忆在心坎里，是今天值得珍惜的重要历史文化资源。

杜宇与开明时代，巴蜀还是西南横断山脉各族群的交流、融汇之地。巴人中的廪君蛮、板楯蛮、賨人、彭人、庸人、濮人，蜀人中的冉、駹、邛、笮、徙、榆人以及六夷七羌九氐等族群长期交往迁徙、融汇居住在一起，融入华夏族群大家庭，各兄弟民族共同创造古巴蜀族群文化共同体，为开拓河西走廊、西南出海道、高原草原交流通道等各条丝绸之路，做出了自己特殊的贡献。

五、古巴蜀文明的三大特征

（一）古巴蜀农耕文明："都广之野"是中国三大农业起源地之一，是中国高级农业起源发展的一个重要中心

蒙文通先生认为："中国农业在古代是从三个地区独立发展起来的，一个是关中，一个是黄河下游，在长江流域则是从蜀开始的。"[①]它的初曙是成都平原宝墩文化六座古城遗址所展示的"古城"中心聚落开始的时代。这些遗址所创造的农业文化都是在森林和林盘围绕的农业聚落中发展起来的。今天的天府人享受的小桥流水、竹林茅舍的"林盘仙居"的人居方式和"逍遥自在似神仙，行云流水随自然"的生活方式，就是宝墩聚落文化奠定的基础。紧接三星堆文化之后，成都平原腹心的金沙遗址，发现了稻作耕种的稻田遗址，说明三千年前古蜀已是南方稻作农业与北方粟作农业兼容的高级稻粟农业发展地。

这一阶段的辉煌时代是以三星堆与金沙为标志性符号的古蜀青铜文明时期。三星堆是神奇生态、神秘文态、神妙心态的古蜀文明的结晶，尤其是从20世纪80年代的一号、二号祭祀坑的发掘，到2019年开始的三号至八号祭祀坑的发掘，展现出的光芒震惊世界，不同凡响。它一方面既有仿中原文化或中原传来的礼器：圆头方尊、顶尊跪坐人像、顶尊跪坐女神像、簋、簠等青铜礼器，神树上的中原龙形象，和璧、琮、圭、璋等玉器，表明它是在中华礼乐文明共同体中原礼制礼治文化影响下发展起来的，是以"河洛古国"为根的中华广域文化共同体的一部分。它为巴蜀地方文化的发展和转型，留下了"心向中原"的根脉。另一方面，它又有自己独特的地域神韵。高大的青铜神像、青铜面具、青铜神树、各型青铜鸟、黄金面罩、黄金杖，直到人面鸟身以及金沙遗址的线刻羽人与太阳神鸟，尤其是三星堆发掘的金箔展翅的凤鸟形象，又展现出巴蜀祖源崇拜中独有的飞鸟崇拜即羽化飞仙的神仙信仰的浪漫梦想特征。三星堆为代表的古蜀文明的重仙、重神器的浪漫主义特征与中原文明的重礼、重礼器的现实主义特征，在三星堆人那里得到完美会通和融合，为巴蜀文化留下了梦想、理想精神与现实奋斗精神相结合的三千年以上的文脉。

总之，宝墩文化、三星堆文明与十二桥文化金沙遗址为代表的古蜀文明，早在文明启蒙时代就已是长江文明的生长点，是长江上游古文明起源和形成的

---

① 蒙文通：《巴蜀史的问题》，《蒙文通全集》第四册，巴蜀书社2015年版，第157页。

中心，是以岷山岷江为文化地标的"江源文明"和黄河上游第一湾的"河源文明"诞生的摇篮之一，是孕育锦江文明的源头，是培育巴蜀的天府文化的根和魂的肥壤沃土。

（二）古巴蜀丝绸文明：天府丝绸成为培育中华丝绸文明的一个重要摇篮

中华丝绸文明是世界四大古文明中唯一独有的特征。中华以农桑文明的起源和发展傲称于世。农桑文明是指优越秀冠的农耕和最早的独一无二的丝绸两种文明。在世界四大古文明中，只有中华文明才独有这两种"衣"与"食"起源的双文明，其他世界古文明从来没有发明过"蚕桑丝绸"。丝绸的起源在中华大地上是满天星斗，多地域多源头而又同皈于黄帝嫘祖一脉，具有"多源一脉"的特征。巴蜀是其中重要的培育丝绸文明的一个摇篮。

早在《山海经·海外北经》就有"欧丝之野"的记载，说跪踞桑树上的女子发现野蚕具有噉桑呕丝，可以丛养缫丝的功能。"欧丝之野"指的就是"都广之野"，就是成都平原，这是天府养蚕缫丝最早的文献记载。巴蜀丝绸最先是蚕丛氏的栽桑养蚕技术与嫘祖族的缫丝织绸技术两者完美结合产生的，广泛分布于都广"欧丝之野"，这就是从岷山到成都平原地域中华丝绸文明培育和出现的历程。[①]三星堆三号祭祀坑发掘出在灰烬泥土中的丝绸蛋白痕迹，又有三星堆青铜立人像飘逸垂裳的丝衣形象，这就是从五帝时代到夏商时代巴蜀丝绸发明和传承的实证；也是早在黄帝时代，巴蜀就已是接受黄帝尧舜"垂衣裳而治"的中原礼治文明熏陶的地域。汉代出现了闻名全国的专有品牌"蜀锦蜀绣"，进一步传承发展了五帝夏商周时期巴蜀丝绸出现的根脉与基因。

（三）古巴蜀茶文明：最早的茶文化也是发生在巴蜀。中华种茶、饮茶文明也是中华祖先创造的最早最独特的古文明。巴蜀人对此做出了自己开源性和发展性的贡献[②]

人类文明首先是从衣食住行的生活文化开始的。人类对生活的追求，到了发现美、创造美的程度，就叫作文明了。中华茶文明起源于生活的健康美，是古老的饮食调味文化发展到生活健康美追求的产物。

[①] 谭继和：《天府四川：丝绸文明的重要摇篮》，《光明日报》2017年5月10日第16版《光明论坛》。

[②] 此节参阅谭继和：《从全球化的国际视野看川茶文化的十大特征》《川茶振兴与茶健康美学》两篇论文。

据唐代陆羽《茶经》言："茶之为饮，发乎神农氏。"茶文明产生于炎帝神农时代，四川是茶文化的起源地，是茶文明的摇篮。茶的发现，始于原始巢居时代的蜀人，他们摘茶树叶来嚼食，发现其能调节腥膻野生动物食品之味，可以代替盐的功用。所以，最初不叫"茶"，而叫"荼、檟、蔎、茗、荈"①，都是指茶叶苦涩之味。四川方言至今还用荼（tú）、檟（jiǎ）、蔎（shè）这些字声来表达苦涩味道。司马相如《凡将篇》残句有"荈"字②，扬雄曾云"蜀西南人谓茶为蔎"③，均证明茶的这些名称都是在四川最早出现的。由嚼茶到煮茶，再发展到饮茶，这些习惯也是在四川这个摇篮形成的。至于"茗"字，就不是嚼茶的味道了，而是发展到煮茶，有香甜味，蜀人方言形容其味mīn mīn甜，遂命名为"茗"字。苏轼有诗："周诗记茶苦，茗饮出近世。"说的就是最先嚼茶有苦荼味，后世变成煮茶，才有茗香味，故后来就用"茗饮"连称。对于饮茶文明的起源发展历程，陆羽是这样叙述的："发乎神农氏，闻于鲁周公（指《尔雅》记载了茶），齐有晏婴，汉有扬雄、司马相如。"他们都是倡导和推进茶文化发展的标志性人物。到唐代发展成为"两都并荆渝间，以为比屋之饮"，成为家家户户必备的饮品，并逐步形成每家每户生活离不开的开门七件事（柴米油盐酱醋茶）之一的习俗。汉代《神农食经》："茶茗久服，令人有力悦志。"这就是把茶提升到饮茗健康美的体验上来了，茶文明就是这样起源、形成和发展的。

茶与人类生活的关系包括三个层次：

第一是生理健康层次。饮茶有保健养生的功用。

第二是心理健康层次。茶是调节心理，妙能养性的生活艺术，是注重情趣和人际关系和谐的社会环境艺术。

第三是心灵享受层次。"茶之为用，最宜精行俭德之人。"（唐陆羽《茶经》卷上"一之源"），只有"其人之泊澹玄素者"，品德高尚的人，才会觉得"茶乃好"，才能体味茶生活的美学享受（明王寅《茶经序》），才会有"清风隐隐起四座"（明陈文烛《茶经序》）的心灵享受的体验，由此生出禅

---

① （唐）陆羽：《茶经》卷上"一之源"，中州古籍出版社2010年版，第15页。
② （汉）司马相如：《凡将篇》（仅存残句）"䓘廉藿菌□荈诧"，金国永校注：《司马相如集校注》，上海古籍出版社1993年版，第224页。
③ （唐）陆羽：《茶经》卷上"一之源"引"扬执戟（即扬雄）云"，中州古籍出版社2010年版，第15页。

茶、仙茶、道茶等艺术茶道。"一生为墨客,几世作茶仙"(唐耿沛),"洗尽古今人岂倦,将知醉后岂堪夸"(唐元稹《一字至七字诗·茶》),就是茶心灵美学享受层次的体验。

这三个层次的体验,说得最形象最全面的是唐代卢仝的《茶歌》:"一碗喉吻润,二碗破孤闷;三碗搜枯肠,惟有文字五千卷;四碗发轻汗,平生不平事,尽向毛孔散;五碗肌骨清;六碗通仙灵,七碗吃不得也,惟觉两腋习习清风生。"①这七碗茶,包含人类健康美学的三个层次:"一碗"和"二碗"有润喉、解倦、除懑、祛乏、解热渴、破孤闷、止烦燥等功用,属于生理健康层次;三、四、五碗有如醍醐甘露,清骨疗肌,调神和内,看破人生,放下人生不平事,可以专注于文章,千卷文章寸心知,这属于心理健康层次;"六碗""七碗"使人获得开悟通灵、浪漫梦想的感受,如两腋清风,如羽人生羽翼,如仙人得仙灵,得到人生般若大智慧开悟快感的美学艺术享受,这是心灵享受的最高层次,也是现代文化产业创意的灵魂。心灵享受,恰恰是茶文化发展到茶文明最核心的最本质的功用。

上述茶文明的三大功能,巴蜀人都有首创或创新性的贡献。

一是茶用于生理健康的药用和饮用两种功能是蜀人首先发现和应用的。明代杨升庵《丹铅总录》曾论述茶由苦荼药用变为清茶饮用的过程。"茶",西周以来皆称为"苦荼",是因最早发现茶性苦寒,可作药用而命名的。到唐代,"茶"字才由陆羽正式固定下来,成为全国通语总称。《唐韵》:"荼字,自中唐始变作茶。"正是唐代,茶才成为世界通用名称。

汉代,司马相如是记载茶的药用功能的第一人。他的《凡将篇》是把茶作为药用"荈诧"(即"苦荼")记载下来的。这种苦荼,可与乌头、桔梗、芫花、款冬花、贝母、黄柏、芍药、肉桂、花椒、茱萸、芒硝等药物合用。这是茶的药性作用的第一次记载。后来陆羽根据相如这个论述,总结为"茶性俭","采得其茶,可瀹百病。"(明谢肇淛《五杂俎》)。

两汉三国西晋时期,人们普遍认为"苦荼"出自巴蜀,是蜀人命名的。其史料证据是汉代郭璞《尔雅注》:"荈,蜀人名之苦荼。"魏晋孙楚作《出歌》肯定"姜、桂、茶荈出巴蜀"。《本草·菜部》记"荼"即"苦菜""游冬","生益州川谷、山陵、道旁,凌冬不死",它的功用是"令人

---

① (清)陆延灿:《续茶经》"六、茶之饮",中州古籍出版社2010年版,第226页。

不眠"。①

二是茶的优良饮用和有益于心理健康的功能，也是蜀人第一次发现和运用的。西晋张载《登成都白菟楼》诗："芳茶冠六清，溢味播九区。"当时川茶已被誉为香播九州、优于古"六清"（水、浆、醴、醫、醇、酏）（《周礼·天官·膳夫》）的天下第一饮料。它发挥的社会效用是"人生苟安乐，兹土聊可娱"，茶在这时已是成都休闲安乐怡人的生活方式的必备之物，这在全国是最早形成的民风。

最早的茶饼也是魏晋时巴人制作的。《广雅》："荆巴间采叶作饼"，"其饮醒酒，令人不眠。"茶饼配合葱、姜、橘子调为茶羹，烹煮饮用。

三是茶有益于修身养性的心灵享受的功能。不过，这一功能的明确记载，要到唐宋时期采叶焙制、煎烹饮啜，成为家喻户晓的习俗时，才有了更多的记载。这放到唐宋时代再阐述。

西蜀是世界茶源标志性文化符号和文化地标的诞生地，巴蜀则更是茶文明数千年发展脉络从未间断且不断提升的故乡。

西汉吴理真是在蒙山顶（今雅安蒙顶山）上清峰开创世界茶树种植的第一人，被后世尊为"茶祖"，供奉至今。他在上清峰种植的茶，从唐代开始，被历代皇室敕封为"贡茶"，因此上清峰茶园被命名为"皇茶园"。薪火传承至今，该园尚有七株古皇茶树遗存，这是"人间第一茶"的象征。吴理真首种茶树是在西汉宣帝甘露元年(前53)，故其茶品被命名为"甘露"，成为公认的茶文化第一品牌。"蜀土茶称圣，蒙山味独珍。"蜀土是茶文化的圣地，蒙山是世界茶源的文化地标，这已成为天下人的共识。茶的烹煮与泡饮习俗在唐代有较大的变化，是一个转折期，更讲究色、香、味、形的最佳结合，遂在宋代出现了"扬子江心水，蒙山顶上茶"的民谚，即谓蒙顶山茶只有用镇江金山寺清泉水浸泡，才会成为极品。

西蜀还是世界茶商业贸易的诞生地。西汉大辞宗之一王褒在成都戏作《僮约》，记载有"烹茶尽具，已而盖藏"，"牵犬贩鹅，武都（一作武阳）买

---

① （宋）朱熹：《诗集传》卷二"邶一之三""谷风"："谁谓茶苦。"朱素集注云："茶，苦菜，蓼属也。"中华书局1958年版，第21页；（清）陆延灿：《续茶经》引《诗经》"疏"："蜀人作茶。"中州古籍出版社2010年版，第78页。

茶"。①这是西蜀最早出现的茶市买卖记录，是中国也是世界最早的茶商贸易。

总之，巴蜀对中华独特的茶文明历史形态的发展脉络和历代创新性转型均做出了开源性和奠基性的贡献。今天，新时代成渝地区双城经济圈建设的飞速发展，必将为中华茶文明现代形态的新发展写出巴蜀新篇章，"世界茶源地"放出新光彩。

---

① （清）严可均校辑：《全上古三代秦汉三国六朝文》"王褒"，中华书局1958年版，第359页。各书引用《僮约》较多，但多用字不准，故此处以严可均校辑版本为准。其中"茶""荼"二字并用，在汉代普遍存在。

第五章 古代巴蜀文脉的薪火传承与转化发展

第一节　秦汉至唐宋元时期巴蜀文脉的传承与发展

一、秦汉至唐宋元巴蜀物质文明的创新性发展

秦汉至宋元时期，巴蜀地域的物质文化和精神文化都达到了新的高度。农桑文化获得创新性的转型升级，成为传统的"城乡一体"——美丽乡村生态与"既丽且崇"的城镇文态相结合的标本，巴蜀优越秀冠的农桑文明独享"天府之国"的桂冠，进一步突显了巴蜀"水利蓄殖其国"的农耕文明特征。其历史遗产的结晶是都江堰渠首及其在成都平原上生发出来的扇形水系。成都平原、邛崃河谷、乐山三江交汇地带是中国稻作农业的重要起源地。

巴蜀古典城镇群落形成并发展，成都成为古代东方世界的第一流城市。汉代成都是仅次于京师长安的全国第二大城市，"备列五都"，是汉代设"五均"大市场的"五都"之一。到东汉时，广都、新都两城也发展起来，与成都并称"三都"，号为"名城"（《华阳国志·蜀志》）。临邛是全国第一流冶铁城市。到唐宋时期，巴蜀城镇更进入时称"扬一益二"，"号为天下繁侈"（《资治通鉴·唐纪》）的先进城市行列，扬州与成都占有天下城市第一、第二的地位。放在当时世界自东罗马崩溃后处于黑暗的中世纪城市衰落时期来看，唯独汉唐中国一枝独秀，城市发展正在旺盛期，成都被推为"名镇为天下第一"（唐卢求《成都记序》），是古代东方世界财富聚集与交流的国际性前列城市。究竟是"扬一益二"，还是"益一扬二"，唐宋成都人甚不服气，还有争论。唐人卢求认为扬州争第一，"盖声势也"（唐卢求《成都记序》），意即是宣传的"声势"大，实际还应是成都为第一。现在看来扬与益皆在伯仲之间，但确实二者有不同的特点和优势。扬州"富庶甲天下"（《资治通鉴·唐纪》），但它是单纯的工商业城市，"江吴大都会，俗喜商贾，不事农"（《新唐书·李袭誉传》），有商业优势，无农业优势。成都则具有农业富庶与工商业繁盛兼而有之的优势。既是沃野千里，物产丰饶，"天府之国"的农业优势；又是"市张列肆，货贿山积"（晋左思《蜀都赋》），"成都

城中繁盛如花锦"(《资治通鉴·唐纪》)的"西南一大都会"(陈子昂上表)。唐剑南西川道、东川道,宋川峡四路已是全国诸道、诸路、诸州中最富庶的地区,是唐宋政府的重要财源地。城市商业已突破了传统坊市制度,兴起了破墙开店、临街设店的新的商业风习。成都作为西部土特产集散中心和通向长安的丝绸之路"蜀道网"的兴起,发展出"十二月市"为标志符号的自由集市和专业性的手工作坊街道。货币史上也出现划时代变革,唐代发明交易信用券"飞钱",宋初发明世界上最早印制的纸币"交子",这是世界金融史上至今还活着的金融创举。

以成都为中心的大小城镇古典工商业网络体系的初步形成与发展,其最大特征是城乡自古融为一体,城市就是有城垣的农村,城乡自古有天然紧密的联系。城市居民就是"耕读传家""负耒横经"的乡民,有着务农业儒的生活方式。它说明城乡一体化是从古蜀文明开始的文明演进路径,是马克思称赞过的东方"城市乡村化"的"田园共和国"路径,这同日耳曼城乡严酷对立的"乡村城市化"的路径是相反的。这个特征从古蜀农业文明起源时代传承至今,成为今天乡村振兴、城乡现代化一体发展,构建新型城乡形态的宝贵历史文化遗产和可以凭借的历史财富优势。

在巴蜀从古至今各发展阶段,以农业文明时期最长。"天府之国"丰庶的自然条件形成巴蜀农业文明独有的"士民之庶,物力之饶,甲于天下"的特征和蜀人"俗不愁苦,人多工巧"的生活方式。这种农业生产方式和生活方式的特性,因其历史的优势,而成为巴蜀文脉特质及其展现面貌的决定性因素。

巴蜀是中华丝绸文明形成和发展的重要摇篮之一。汉唐宋元时期巴蜀丝绸有"敢为人先"的创新性发展,出现了"蜀锦蜀绣"的品牌专称。成都成为与临淄、襄邑比肩齐名的全国三大丝绸中心之一。"锦江""锦里""锦官城""锦城"这些美名,或因专门管理锦绣作坊的官府机构而来,或因江水洗濯蜀锦缎特别鲜明好看而来,其地标符号一直留存至今。成都老官山汉墓出土四座高楼双综织锦机与十四个纺织工匠木俑,这是世界上发现最早的提花织机,沿用至今。新疆和田地区尼雅遗址出土的织有"五星出东方利中国"字样的蜀锦肩膊,也是首次发现,体现了汉代成都人善于以丝绸为宣传手段,向丝绸之路奉献的首次宣传中华大一统理念的"文化创意智慧"。总之,蜀锦蜀绣在汉唐时代已成为成都城市财富走向丝绸之路的国际交流的代表性标识。与此同时,具有巴蜀地方特色的独特的"蜀郡"铁器农具、扣丝漆器、世界最早的天然气使用于盐井制盐的工艺等等，均有长足的进展，获得了不少中国乃至世界第一的历史文化纪录。

二、秦汉至唐宋元巴蜀精神文明的创新性发展

汉唐宋元时期，随着巴蜀物质文明创新型成就的不断发展，巴蜀精神文明也出现了新的飞跃，其主要成就：

一是"文翁倡其教，相如为之师"，文翁兴教化蜀，创石室与周公礼殿，是地方公学与"文庙官学"的创始人。他又开"温故"与"时习"二讲堂，是传承孔子私学传统，开启尚师儒、传薪火、自由讲学之风，直到发展衍变为唐宋元书院之学的创始人。文翁教化的结晶是巴蜀学术之风大变，中原儒风进一步流布，精神文化凸显飞跃，将巴蜀土著之学创新性转型升级为心向中原国学的国家主流意识形态的重要组成部分，成为传统蜀学以儒为本，以"儒化中国"为主旨，以今文经学为统体，会通道释二学，贯穿诸子百家的形而上之学问，直达百科六艺、琴棋书画的形而下之学问的滥觞，与齐鲁之学比肩发展，"至今巴蜀好文雅，文翁之化也"（《汉书·循吏传·文翁》）。

二是引领蜀学开创以古文经学训诂实学为根柢，以今文经学通经致用、兼容通识与独创的球形思维为重的学风。司马相如和扬雄皆是融会诸经的百科全书式的通儒。司马相如继承中华文明礼教、诗教和乐教传统，成为巴蜀的第一个"天下文宗"。扬雄则成为汉代儒学的领军人物，被誉为"西道孔子"，世称"扬马"，二人是蜀学重文史和重今文经学传统的开拓者。[①]宋代苏轼则开创宋代儒学中的"蜀学"学派，与新学、关学、洛学比肩。南宋魏了翁继承蜀学传统，发展出"鹤山书院"之学。元代虞集是元代儒学之宗，对元代多民族崇尚儒学做出了杰出的贡献。在石经方面，巴蜀传承长安石刻儒经薪火，在府学文庙石刻儒经标本，从孟蜀开始，直到宋代续刊，终于使儒家十三经成为石刻完璧。同时，还创造性地在经文中加上了注疏，这是中华第一个"十三经注疏"石刻标本，大大推进了儒家经典的法典化和汉代开始的蜀中"好文雅""文章冠天下"特色传统在唐宋的继续发展。

三是开启重构巴蜀古史之风，相如、扬雄等八家"各集传记以作《本纪》"，追溯蜀王祖先的浪漫史；魏晋南北朝时期，今文经学受到更进一步的

---

① 邓郁章：《天下文宗司马相如》，谭继和撰《序》，四川人民出版社2013年版，第1页。

重视，诸葛亮是蜀中今文经学的倡导者。蜀学重在文史的特点在这一时期有长足的进展。其代表作是蜀人陈寿所撰《三国志》和常璩所著《华阳国志》，为蜀学重史志之风开了先河。宋代"史学莫隆于蜀"，范祖禹参与司马光《资治通鉴》编撰，专治"唐纪"三百年历史，独撰《唐鉴》。眉山李焘撰《续资治通鉴长编》，"于是长编之法自范氏而至李氏，绪衍蜀中"。①

除上述儒学发展外，巴蜀仙道、佛禅亦有创新性的发展。在仙学道学方面，古蜀是创立神仙道的源头，道教是在古蜀仙道基础上，由天师正一教（五斗米道）于东汉末年创立起来的，并一直为道教主流。直到元代"成吉思皇帝"尊丘处机为"神仙"，独尊全真道派，全真道才在全国成为道教主流（元代白话碑：《周至重阳宫累朝崇道碑》），但巴蜀仍有天师道宫观传承至今。由此可见，巴蜀是仙源和道源的故乡。佛学传入中国在汉代，魏晋时期佛教石刻已兴起于巴蜀。佛学中国化的进程中，唐宋蜀中禅学自成"巴蜀禅系"一派，由慧能、神秀的师兄弟智诜在禅宗南北二宗之外，独创兼容南北的净众保唐禅系，开巴蜀禅系之先河。其再传弟子八祖马祖道一创"平常心是道"的宗旨，又为六祖慧能创立的主流禅宗的人间化、生活化做出了奠基性的贡献。其后，无相禅师、圭峰宗密、德山宣鉴均是巴蜀禅系在唐代集大成的人物。唐宋是巴蜀禅宗由祖师禅转变为分灯禅的时期，唐宋"一花五叶"的禅宗各派，在宋代巴蜀唯有临济宗杨歧派独盛，成为主流禅系。上述汉唐儒释道三学在巴蜀的发展，形成了"蜀学"会通儒释道三学，融汇儒释道三教的历史优势。

唐宋时期巴蜀文学和艺术有独特的发展成就。陈子昂、李白、杜甫、苏轼、陆游等"秀冠华夏"的文化巨人的出现，进一步强化了"文宗在蜀""表仪百代"的传统。继承汉代卓文君、王昭君才女文脉的唐代武则天、薛涛，五代前后蜀黄崇嘏、花蕊夫人等大才女的出现，则是汉唐"才女在蜀"文化薪火传承、根脉代继路程上闪着异样光辉的文化路标。"文宗在蜀"与"才女在蜀"的规律性出现与发展，是巴蜀山川秀气与诗意书香灵气孕育明珠的产物。后蜀时期的《花间集》是我国第一部词集，宋词的"词"体就是从这里起源的。

巴蜀艺术在唐宋占有特殊重要的地位。"锦城丝管日纷纷"，唐代成都府"江山之秀，罗锦之丽，管弦歌舞之多，伎巧百工之富"，"扬不足以侔其

---

① 蒙文通：《中国史学史》，《蒙文通全集》第二册，巴蜀书社2015年版，第405页。

半"。①锦城丝管之繁多，超过了扬州，是古代东方世界音乐之都。"此曲只应天上有，人间能得几回闻"，唐玄宗与僖宗两次入蜀，使宫廷音乐走向民间，是中国音乐史上由"天上"宫廷雅乐衍变为"人间""宴乐"（燕乐）的最大一次转化转型、提升创新。"蜀戏冠天下"，参军戏、傀儡（木偶）戏、猴戏，都是在巴蜀舞台上最先创造的。特别是"唐杂剧"一词最早出现于唐代成都文献。戏班子"贴衙俳儿"最早出现于西蜀，是后世戏剧班子形成的鼻祖。前蜀永陵王建石棺床所刻二十四伎乐的瞬间演奏场面，为我们留下了坐部伎宫廷乐队演奏《蜀国弦》乐曲与乐队这一中国音乐转型时期燕乐乐舞的物化形象。

唐宋时期大慈寺壁画"精妙冠世"，在唐宋为"天下之最"。五代后蜀至宋初时期的画家黄筌及其子黄居寀、黄居宝既是文人写意淡墨画的神手，又是雄视一代的工笔花鸟画派的开拓者，与南唐徐熙的泼墨画齐名，《国画见闻志》有"黄筌富贵，徐熙野逸"的评语。宋代文同、苏轼则是文人写意画的开派者，"胸有成竹"的成语就是苏轼赞文同画派的独到特色时首次使用的。

这一时期成都城市群落兴起的观景游乐的特征是游赏习俗的人文化与艺术化，如浣花大游江、小游江，锦江"遨头""遨床"的遨游与夜游习俗，锦江畔梨园乐坊选乐伎状元的活动，是天府旅游发展史上第一次文化融入旅游习俗的开端。

在工艺艺术方面，唐宋蜀刻本、龙爪本、薛涛笺与十色笺、蜀锦蜀绣以及成都工匠专为文人考举夜读设计的十方堂邛窑省油灯等艺术瑰宝，是巴蜀人创造的独特傲立于世的世界第一文化史纪录，是巴蜀书香诗意生活方式已经普及化而留下的天然自在、绮丽浓媚神韵的精神结晶。

第二节　秦时李冰治理都江堰与蜀水润天府

都江堰水利工程是世界上首创的无坝自流引水灌溉，且至今还在使用的活着的科学水利工程。它由鱼嘴、飞沙堰和宝瓶口三大主体工程组成。鱼嘴主要起分水和引水作用。飞沙堰主要起翻水泄洪的作用。宝瓶口离堆则起壅水沉沙和环流作用，既可以泄洪排沙，又利于农田灌溉，三者形成为科学的系统的治水工程。以历代治水经验总结出的"八字格言"（"遇湾截角，逢正

---

① （唐）卢求：《成都记序》。

抽心"），与"六字诀"（"深淘滩，低作堰"）以及长达十六句的"三字经"，都是都江堰科学方法的总结。它的二千三百年以上的文化水脉孕育了蜀水文明，润泽了天府之国。到清代，都江堰灌区已发展到十四县，灌溉面积达三百万亩。新中国成立后，灌区由成都平原延伸到川中丘陵，跨越岷江、沱江、涪江，干渠、支渠总长近八千公里，总蓄水库容量达十四多亿立方米，灌溉良田扩大到一千万亩左右，总之一句话，它是蜀水文明的结晶，是世界水利史的明珠。蜀水文明体系的起源和形成，有三个贡献最大的人：一是开创者大禹，二是光大者开明丛帝，三是集大成者李冰。清人张灼说："夫禹，大圣人也，智极于水"，"功配天地，德被万世，自水始也。"开明丛帝"能迹大禹之功"，"以开明比夏后"，"复兴焉矣"。秦守李冰"又能绍禹、丛之烈，以兴利除害"，"厚利三蜀，大惠浃于黎献"，"汇冰之功，于蜀为大。"[①]清人刘沅更进一步认为："蜀西水利，甲于天下"，"中国言水利者，蜀最先。大禹，蜀人也"，"泽在天下"；"开明，蜀帝也，李冰，蜀守也"，"功在全蜀"。战国时秦国的蜀郡太守李冰是都江堰水利工程的创立者。他继承了蜀中大禹治水的传统，不仅在水利科学技术上做出了创造性的贡献，而且在蜀水文明发展史上有创新性生态理念贡献。

一、李冰首提"珍水万世"，是中华老祖宗最可贵的生态文明理念

都江堰内江中曾出土一座东汉灵帝建宁元年（168）雕成的李冰石像，上刻铭文最关键的是五个字："珍水万世焉"。这是汉代蜀人记录下来的李冰治水的话，是李冰留给人类最该珍视、最可宝贵的生态文明精神遗产。

"珍水万世"表明水对人类生存和人类文明发展的重要性。水是文明之母，文明伴水而生，水应受万代珍重，这同希腊哲学家毕达哥拉斯讲的"水是万物的原则"思想一样，都是人类对水的共同认识。李冰治水，重在珍敬水的神圣信仰，珍爱水的亲仁性，珍惜水的纯净性，珍视水的上善性，珍重水的下谦性，这"五珍"理念正是都江堰造福人类的秘诀所在。可惜人类经常忘记"珍水"，为了拼命索取而利用水的不言不语，不断贱蹋水、贱用水、贱视水、贱费水、贱绝水，不是珍重水处下而不争、水利人而无私的本性，不是既

[①] （清）张灼：《汇辑二王实录》，载《灌汇备考》，冯广宏等主编：《都江堰文献集成·历史文献卷》，巴蜀书社1999年版，第734~736页。

珍重上善若水，亦当珍爱下谦若水的高品，不是顺水之性而是逆水之性，结果往往适得其反，造成水能载舟亦能覆舟的灾难。所以，李冰治理都江堰"珍水万世"的治水思想，绝不只是水利科技史上建都江堰的贡献，更应该是对蜀水文明形成和发展的历史，对以治水兴农为特征的中华文明起源和发展的历史，甚至是对世界文明发展历史的重要贡献，是对人类命运共同体永续生存和发展需要的重要贡献。

如果说都江堰是利泽天府两千年，润福蜀水利万代的现在还活着的长城，那么，李冰"珍水万世"的理念与践行的遗训，则是活的长城的活的蜀魂。

二、江沱文化：继承大禹"岷山导江，东别为沱"的历史经验

前已述及，今亦须更陈论："岷山导江，东别为沱"，即以江（岷江）导灌，以沱（沱江）泄洪。这种灌溉与泄洪分流功用并兼的"江沱文化"是兴于西羌的夏禹治理岷江基本经验的总结，它是指古人整理岷江扇形水系进行人工分流的一种特殊治水方法。

"沱"的原意是四川方言里的"回水沱"。"蜀有回复水"（《水经注》）就是指的蜀中多水流回漩的天然蓄水沱的特点。"别"是指"水之支流"（清高升之）。"岷山导江，东别为沱"是说从岷山开始，刊木导引，利用蜀中多回流沱水的特点，向东南地势低处分流，把岷江分为引水灌溉道（正流）和泄洪分流道（支流），后者就叫作沱江。这是大禹整治岷江水系的一种因势利导，顺水之性的特殊方法。开明氏丛帝承袭这一方法，在金堂峡凿离堆，"作东别之标"。李冰继丛帝之后，集大禹"东别为沱"之大成，广开沱江。除今天的沱江外，其他如沱江河、青白江、沙河、磨底河、府河，古都曾有过"沱江"之称。"沱水自灌口东分为三渠"，说明都江堰的兴建就是"东别为沱"的产物。李冰凿离堆、穿二江，都是"东别为沱"的应用，故四川有三个离堆，有众多古沱江、沱河。这些分洪河流与无坝自流引水灌溉的正流一起，组合为成都平原特有的扇形水系景观，一分为二，二分为四，"飞渠走浍，无尺土无水至"（明王士性《广志绎》），每一寸土地都受到水的润泽，这是从大禹到李冰"东别为沱"，累代经营的结果，是顺水之性，"珍水万世"思想指导贯彻的结果。

岷江上游古称为"江源"，是江源文化的生发地。其中岷山山区是高山羌人江源文化的发源地。成都二江则是成都平原蜀人江源文化的开拓地。李冰

穿二江，把山地江源文化引向平原江源文化，发展出秦汉灿烂的锦江文明，使岷江成为古代蜀人冲出四川盆地，走向外部世界的重要通道，这是"李冰通二渠，为蜀万世利"（宋刘光祖《万里桥记》）的功劳。

三、对天府优越秀冠农耕文明的奠基性贡献

前已述及，"天府"这个称呼，是秦时李冰"创浸灌之利""蜀人大获其利"（唐人语）的结果。还有个"陆海"的称呼，也有相同的情形。先是"秦开郑国，汉作白渠，而关中号为陆海。"（东汉崔寔《政论》），到汉代以后普遍认为蜀"沃野千里，号为陆海"（《通典》），"由冰之功也"，"因其治蜀治水，益州始为天府，故世称曰'川主'。"（清刘沅《李公父子治水记》），从此以后巴蜀农业与水利长期优越秀冠发展，位居全国第一。

从天地人命运共同体的关系看，历史地理学者蓝勇认为因天文、地球、生物与人类相互错综的关系，特别是气候冷暖周期性变化的背景，整个中国历史文明是东移流向的，到近代中国更出现文明向东面海的趋势。这诚为卓见。从这个文明东移趋势看，成都平原占有一个有趣的地位。从地理位置看，它在西部，是汉代关东、关西、成都平原三大农业经济区之一。秦汉时显然全国农业中心区主要在西部，而成都平原则是当时西部的重心。从海拔高度的大格局看，成都平原属低纬度区域，处于黄河与长江之间，这是又一个"两河流域"文明区域。但如从岷山岷水流域的小格局看，它又属于黄河上游和长江上游，处于九曲黄河第一湾"河源文明"区域和长江上游的"江源文明"区域。在长江中下游农业还多属火耕水耨的区域时，它已是农业水利文明发达的区域了。直到唐宋时成都平原农业进一步发展起来，加上古典工商都市的优势，逐渐成为领先发展的"扬一益二"区域。明清以后，虽然文明重心东移面海，但成都平原仍保有天府财富的历史优势。从上述天、地、人关系的变化趋势看，成都自汉代以来能保持西部优越秀冠农业中心的位置，其关键在于李冰之绩，以"水利富殖其国"，"故生生不穷"（北宋张俞）。特别是李冰创建的"八字格言"和"六字诀"，以顺水之性、崇尚自然、天地人和谐为理念，"以为天下万世治水者法"（清张灼语），起了协调人与自然关系的核心作用。

四、对巴蜀因水而生的城市自然生长模式的创新性贡献

城市因水而生，因水而兴，因水而荣，又因水而困，这是成都作为农业

历史文明城市的显著特点。因此,顺水之性,上善若水,循自然之势,因势利导,滨水生长出城市,这是蜀中城市的生长模式。成都平原诸城市的生长和培毓,与李冰治水密不可分。

一是促使都江堰与二江成为成都平原诸城市文明的摇篮。正是李冰治水,才使成都彻底脱离中心聚落时代,成为布局严整的古代农业文明城市。都江堰使成都平原成为沃野千里、水旱从人的"天府",二江则使成都城市成为繁荣富庶、家给人足的名都。两者把防洪工程和引水工程天然结合在一起,使天府获得万世之利,这是至今有用的历史经验。

二是为成都城市布局的形成奠定了基础。从秦汉到隋唐,由于成都二江并行流经成都城南,因而形成"二江珥其市,九桥带其流"的布局特色。成都城市的"龟城走向,两城相亚、三城相套"的特色,都与水脉的流向有关。濯锦江的得名,更是李冰开流江(笮桥水)得清流可以濯锦的直接结果。

三是成都特殊城脉的发展,也有李冰奠基之功。唐代人说李冰通天文识水脉,是他总束岷江上游散漫水流,开创"管钥成都"的都江堰,突出了成都城市文明发展轴与河流流向和两水之间的鱼脊形高地地势相一致的特点,形都江堰至金沙遗址直到浣花溪这一由西向东的成都优良人居建筑的基准线。这条基准中轴线是至今应该珍视和保护的历史文脉。

五、川主信仰是巴蜀珍水万世的文化标志

"蜀人独神冰之庙祀"(南宋祝穆《方舆胜览》),这是蜀人对李冰治水的感恩文化心理的体现。"民思其德,故神其功"(明人语),这是李冰信仰由人化到神化的思想根源。围绕李冰的神话和川主信仰,有三种类型的故事流向:

一是战国秦汉时期的神话化流向,如李冰斗犀、斗江神、锁孽龙等故事流传甚广。东汉制作李冰三神人石像,五石犀像。这些艺术圆雕都附着了巴蜀有关李冰的神话,往往来源于巴蜀原生态神话传说。今在成都天府广场附近挖出的巨大石犀,应是这五石犀之一,后来立在前后蜀宣华宫苑门前作为镇兽物用的。这类神话传说故事,渊源于古蜀"原史时代"原真态传说,体现了李冰珍水之利而避水之害的理念。

二是唐宋川主信仰的兴起。四川川主庙达一百八十余处,遍及全川。除少数谓"川主"为杜宇外,多数是祭祀李冰及其子二郎,"民德之,在血食,号曰川主"(明人语)。"百姓享其利,立庙祠之,岁祭羊以数万计"(宋人

语），规模是很盛大的。川主信仰兴起的原因，是因为李冰"殚力民生"（清朱介圭），"从此蜀人不复为水所病"。"二郎神"的产生，也是因蜀人有羡慕李冰勇毅，故生子壮健者，就命名为"冰儿"①的风气而想象出来的。川主乃"崇仁之神"（明人语），唐代称李冰庙为"崇德庙"。这类故事体现了李冰亲仁性的理念，是以儒家仁礼思想为主导产生的。

三是道教将李冰神仙化的发展趋向，这也多在唐宋以来，明清为盛。这类故事中，最后代表性的是说"巴东李冰，得其先祖遗术，能驱驰云龙，从容宇宙，吐纳风云"（清张灼语），故被上皇召为郡守。这是最早产生的道教故事。北宋时还出现了祭祀李冰的神仙道观，"爰建福地，韦崇仙观"，连离堆伏龙观也"俗传为李公诛邪厌怪之所"，李冰被道教化，这与西蜀是古蜀仙道的起源地，是神仙说最早发生的地方，道教道源皆产生于蜀有关。

总之，以李冰为中心的神话、传说和信仰，充分反映了蜀水文明的丰富性和地域性，也反映了李冰珍惜水、珍爱水、利万世的神圣观念。

第三节 汉唐宋元时期巴蜀丝绸文明的繁盛

一、汉代、三国蜀汉时期"蜀锦"品牌专称的确立与蜀锦文明的发展

秦汉三国蜀汉时期，巴蜀丝绸业和丝绸文化在古蜀丝绸文明摇篮的根基上得到突飞猛进的发展。"蜀锦"名称，也就是品牌专称，在汉代出现并得到广泛社会认同，这个过程恰好是同"天府"桂冠落实为巴蜀独享的进程相一致的。它渊源于古蜀的天府农桑文化"田桑织作"、男耕女织的生产方式与生活方式。从汉代起，蜀锦成为天府农桑文明中一个"成都独称妙"的秀冠标本和优越范式。②这个标本和范式传承至今，形成文脉悠长，文源深厚、文韵悠然的天府丝绸文明发展体系，是今天可贵的巴蜀非物质文化遗产。"蜀锦、蜀绣"从此成为巴蜀丝绸文明的最高标志。

一是蜀锦代表着汉代平纹"经锦"织造技术的创新和提花织机改革的最高

---

① （汉）应劭撰，王利器校注：《风俗通义校注》"佚文·新泰"，中华书局1981年版，第583页。
② （南朝·宋）山谦之《丹阳记》云："江东历代尚未有锦，而成都独称妙。"可见蜀锦到三国时代已成为独步全国卓绝独妙的标本和范式（《太平御览·布帛部·锦》引）。

水平。汉代普遍流行经线起花的平纹"经锦"织造技法，蜀锦对此技法加以改进和提升，创新出"五重平纹经锦"技法，即五种不同彩色经线同时起花，这是其他地方所没有的。①1995年，在新疆和田地区的尼雅遗址中，出土有"五星出东方利中国"的蜀锦肩膊，织有星纹、云气纹以及孔雀、仙鹤、辟邪、瑞虎等瑞禽瑞兽纹，色泽鲜艳，结构繁缛，织样诡奇，是汉代"经锦"织造最高技术水平的上等佳品。

汉代提花织机的创新，蜀锦是最高水平的代表。2012年，成都天回镇老官山一座西汉景帝、武帝时墓地中出土四部竹木质地的织机。这是我国首次发现，也是世界首创的西汉时期蜀锦高楼双杼提花织机。这种技艺一直传承到现代的丁桥花楼织机，是天府丝绸文明的典型标志物。与四部织机同时出土的，还有十四具纺织工匠漆木彩绘人俑，有各种提着经线、纬线、执梭形象，说明已有明确分工。今成都博物馆已复制出两部织机并请蜀锦传承人实地操作，以供大众观瞻。扬雄《蜀都赋》中专门写蜀锦工人："尔乃其人，自造奇锦"，"发文扬彩，传代无穷"。②他歌颂蜀锦工匠善于制作"发文扬彩"的优美"奇锦"，必将世世代代，承传无穷。

二是蜀锦具有重要的经济价值，可作国家财政资费。诸葛亮《教》云："今民贫国虚，决敌之资，惟仰锦耳。"③说明诸葛亮治蜀，已经把养蚕织锦视作富国强兵，支撑北伐中原的经济支柱。

三是蜀锦作为家庭手工业已经非常普遍，形成成都满城栽桑养蚕，家家机杼相和，锦江濯锦，贩运簋金的锦绣城市景象。正如左思《蜀都赋》描绘的锦城市廛，万商之渊的盛况："栋宇相望，桑梓相连"，"阛阓之里，伎巧之家。百室离房，机杼相和。贝锦斐文，濯色江波。黄润比筒，簋金所过。"④

四是"锦江""锦里""锦官城""锦城"等蜀锦文明地理标志出现，皆因织锦濯锦而得名，正如元代费著《蜀锦谱》所云："蜀以锦擅名天下，故城

---

① 王晨：《丝绸之路上的唐代织锦研究》，《天府丝绸与丝绸之路学术研讨会》论文稿，2017年。
② 扬雄：《蜀都赋》，严可均校辑《全上古三代秦汉六朝文》"扬雄"，中华书局1958年版，第402页。
③ 李昉等：《太平御览·布帛部·锦》，中华书局2000年版，第10页。
④ 左思：《蜀都赋》，高步瀛：《文选李注义疏》第二册，中华书局1985年版，第983页。

名以锦官,江名以濯锦。"①《华阳国志·蜀志》亦载:"锦江织锦,濯其江中则鲜明,濯他江则不好,故命曰锦里也"②,表明蜀锦已由人们眼中的生业经济升华为美学享受的文明概念。

五是织锦技艺深入人心,成为文人创作锦绣文章的心灵享受。如司马相如作大赋,讲究"赋家之心"(指构思)与"作赋之迹"(指方法):"合綦组以成文,列锦绣而为质,一经一纬,一宫一商,此赋之迹也"③,就是受到蜀锦工匠超精技艺和高妙工艺巧思的启迪,讲作家作赋要像蜀锦工匠织作一样,把"一经一纬"的操劳,当作蜀琴操缦"一宫一商"的欣赏一样,锦匠劳作过程同时也是音乐美学的享受过程。相如由工匠处得到灵感,提升为创作理论,化作锦心绣口的盛世大赋。其夫人卓文君"春日濯锦"④,也善于向工匠学习。由此可见,当时"巴蜀好文雅"(《汉书·地理志》)的社会环境已兴起文人与工匠无间然,互相学习,心灵沟通之风,这是汉代从精英到民众的蜀中社会习俗诗意化、书香化的象征。

六是利用"蜀锦"作为丝绸之路上蜀人文创智慧的宣传和表达手段。蜀锦"五星出东方利中国"是体现蜀人对大一统中国文化自信与中国身份认同的标志。一般而言,汉代许多地方丝织品所织多是隶书的吉祥语,如"延年益寿大宜子孙""万事如意""登高明望四海""长乐明光""万年益寿""万岁宜子孙""王侯合昏千秋万岁宜子孙"等祈家、祈年、祈子孙的家庭吉祥用语,唯有蜀锦用语特异。该蜀锦肩膊在两横行之间彩色图案两端织有隶书"五星出东方利中国"八个字,其内涵超过了一般家庭祈福用语,是用的《史记·天官书》的话:"五星分天之中,积于东方,中国利。"汉代人认为,日月五星的天象方位,是与地上物象人事相对应的,特别是同国之大事"祀与戎"有关,这叫作"天人之符"。"五星"有两指:一指"天之五宫坐位",包括"紫宫(中宫)、房心(东宫)、权衡(南宫)、咸池(西宫)、虚危(北宫)"。另一指佐天行德的"天之五佐",包括水、火、金、木、土五星。前五星为

---

① (元)费著:《蜀锦谱》,《巴蜀丛书》第一辑,巴蜀书社1988年版,第187页。
② (晋)常璩著,刘琳校注:《华阳国志新校注》卷三,四川大学出版社2015年版,第128~129页。
③ (汉)刘歆等撰,王根林校点:《西京杂记》卷二"百日成赋"条,上海古籍出版社2012年版,第19页。
④ (唐)张何:《蜀江春日文君濯锦赋》,《文苑英华》卷一一九。

经，后五星为纬，经纬相织，分天之中。天官的责任是"为天数者，必通三五"，善于观察三辰五星经纬交织的中道运行情况，以便"终始古今，深观时变，察其精粗"。"天有五星，地有五行"，观察天的五星与地的五行的位置变化，可以决定国家大事或军事征伐。如果"五星皆从而聚于一舍"，"积于东方"则利于出兵讨伐分裂叛乱势力，"其赤，中国胜"，"可以礼致天下"。两汉三国时期，南羌土豪常有分裂叛乱，因此要选五星聚于东方一舍之天象时机加以讨伐，这是有利于中国大一统的时机。故蜀锦也有"讨南羌"这句话。今天来看，我们应该把它作为体现当时蜀人对于文化中国共同体理念与凝心聚力于大一统的追求，对"中国"身份的文化认同来解读，并且善于把这种理念，活化为认知能力、形象载体和宣传手段，传播于丝绸之路。

七是蜀锦对中华诸条丝绸之路，包括河西走廊西北丝绸之路、北方草原丝绸之路、海上丝绸之路、南方及西南出海丝绸之路，都有自己特殊的历史贡献和特殊的历史作用。蜀锦、蜀丝、蜀布类、漆器类、铁器工具类等等商品与土特产，通过丝绸之路行销于西域、中亚、西亚、南亚、东南亚。成都则是西南经济文化的中心，是汉代全国丝绸生产与贸易的三大中心之一，与临淄（今山东济南）、襄邑（今河南睢县）比肩发展，各有特色：齐鲁临淄特色产品是"齐纨鲁素"，河南襄邑是"织成锦"，蜀中成都是"锦绣缎"和"贝锦"。而成都锦质量之精美，领先于中国织造，领先于世界水平，对唐宋蜀锦文明的飞跃发展起了引领作用，有着重大影响。

二、唐宋元丝绸业的繁盛与蜀锦文明的发展

唐宋元时期，继秦汉之后，巴蜀织锦刺绣产业相当繁盛，蜀锦品质居于全国的领先地位，与南京云锦、苏州宋锦、广西壮锦，并称为"中国四大名锦"。杜甫《白丝行》专写越罗与蜀锦："缲丝须长不须白，越罗蜀锦金粟尺。"[①]杜甫描绘越罗、蜀锦华丽，有"五色之章"的花纹，乃"天下之奇纹也"，专作舞衣，边幅尺度用"金粟"线为饰，须长不须白，便于织出彩色，只有富贵家才有此物，说明蜀锦的高贵。刘禹锡《浪淘沙》云："濯锦江边两岸花，春风吹浪正淘沙。女郎剪下鸳鸯锦，将向中流匹晚霞。"[②]写蜀中女郎

---

① 《九家集注杜诗》卷一，上海古籍出版社1983年版第12页。
② 刘禹锡《刘宾客集》卷二七。

在春风里，濯锦江边洗涤鸳鸯锦，堪比中流晚霞的美景。《隋书·地理志》云：益州"人多工巧，绫锦雕缕之妙，殆侔于上国"，蜀绫蜀锦已与中原媲美。特别在花式纹样上别出心裁、巧夺天工，计有"单丝碧罗笼裙""四川十样锦""蜀锦裙""蜀江锦""落花流水锦"等各色名称花样。唐代陆龟蒙《记锦裙》①一文记述唐代侍御史李君收藏有"古锦裙"，应为南北朝时蜀锦，上绣织飞禽，"左有鹤二十，状若飞起"，"右有鹦鹉二十，耸肩舒尾"。在鹤与鹦鹉之间则有各种复杂花卉图案，"五色间杂"，色彩变幻莫测，显示出蜀锦束综提花机的高超技术，不过，这还是汉以来的"经锦"织法。到了唐代，织造技术已由汉代的平纹"经锦"技法，发展为"斜纹纬锦"技艺，由经线起花衍变为多重纬线起花。其中以唐初陵阳公工官窦师纶所制的"陵阳公样"蜀锦②，为唐代丝绸文明标志的最高水平代表。该锦由窦师纶设计的对雉、斗羊、翔凤、游麟等纹样，被称作祥瑞之锦。其动物图样采用对称格式，多为联珠团窠对鸟、对鸡的斜纹纬锦技术，同时还吸收了西域外来的花瓣团窠技术的优点，章彩奇丽，大大丰富了蜀锦蜀绣的制作技艺，是唐代纬锦技术的创新，故被称为"陵阳公样"，成为全国独有卓越的蜀锦品牌。

农业经济繁荣的结果，也促使成都织锦业的发展达到了新的高度。宋太祖平蜀，曾将成都锦工数百人迁到京师（今开封），设京师织锦院织所，蜀锦技术因此在北方得到飞跃发展。宋神宗时，四川制置使吕大防在成都设立官办锦院，建锦官楼，安置织造进贡锦绣的织锦军匠和民间织工，专门供给皇室，"绨锦之精丽者千五百端"③。到南宋，成都锦场发展到三处，并设锦文局管理，规模甚宏，产量益丰，花色繁多，极一时之盛。除官营织锦业外，私营织锦也很发达，据陆游《入蜀记》记载：成都有九壁村，是出美锦的专业街道，称为"九壁锦街"。向官府上贡的丝织品中，绫出于成都、华阳、新都、新繁、郫县，罗出于广都、双流、温江，丝出于郫县，柘蚕丝出于犀浦，衫缎和

---

① 陆龟蒙《记锦裙》，见杨慎著，刘琳点校：《全蜀艺文志》卷五六，线装书局2003年版。
② （唐）张彦远《历代名画记》卷一〇"唐朝下""窦师纶"条，京华出版社2000年版，第77页。该条云："窦师纶，字希言，纳言陈国公抗之子"，"封陵阳公，性巧绝"，"凡创瑞锦、宫绫，章彩奇丽，蜀人至今谓之陵阳公样。高祖太宗时，内库瑞锦、对雉、斗羊、翔凤、游麟之状，创自师纶，至今传之。"
③ （宋）吕大防：《锦官楼记》，《成都文类》卷二六，成都出版社2007年版，第302页；（元）费著：《蜀锦谱》，《巴蜀丛书》第一辑，巴蜀书社1988年版，第191页。又见（宋）赵抃：《赵清献公全集》卷一，《奏状乞减省益州路民间科买》。

高枰布出于新都，至于丝锦绢布麻则成都府县县皆出，"蚕丝织文纤丽者穷于天下"①，可见宋代丝织业之盛。

宋元时代四川锦绣的记载，留存至今者甚多。不仅蜀地官府的丝织产品"罗纨锦绮等物甲天下"②，而且民间产品因"蜀土富饶"，"民织作纨绮绣等物号为冠天下"③，可见宋代蜀锦蜀绣仍保持着天下第一的地位。这里仅选宋代诗人苏泂《濯锦江》诗一首来说一说："机丝波影借光华，巴女临流住几家。争向芳菲偷锦样，织成平白溅江花。"此诗的背景是：到了宋代，不仅蜀地丝绸发展起来，而且巴地，如南充、绵州、盐亭等地也蓬勃发展起来。故诗中写几家巴女临流织锦，只见机丝与波影互借光华，原来那是巴女偷学蜀人锦样，织成"平"纹的"锦"与"白"素的"绮"，溅起江花，与蜀人争比技艺，看谁更芳菲。这首诗，虽是小诗小生活细节，却内含巴蜀文化共同体的大道理，描摹了巴与蜀互比互学、互鉴互敬的兄弟姊妹情谊。到了元代，费著专门用《蜀锦谱》记述蜀锦历史及其发展系列，表明宋元时代蜀锦蜀绣文明遗产已受到精英和民众的广泛高度重视。

第四节　汉唐宋元巴蜀古典城市群经济、文化的繁盛发展

一、秦汉时期巴蜀工商文化与城镇群的闪亮发展

秦汉和唐宋是巴蜀古典城市长足发展的两个鼎盛时期。巴蜀大小古典工商城镇群组成的经济与文化网络体系，也在这个时期发展起来。巴蜀工商城镇网络体系，在汉唐时期是以成都为中心。到宋代及宋代以后，重庆才逐步发展成为巴蜀又一个城市中心。这个发展次第早在古蜀方国时期已见端倪。杜宇教民"务农"，先是教蜀，后才教巴，这个先后次第说明古典成都作为区域中心城市的作用，先是促进蜀地农业和工商业以及其文化的发展，然后才是促进和推动巴地的发展。重庆，古称江州，是古巴国后期的王都之一，很早也是巴地城镇的中心。但它作为中心城市对巴地大小城镇群系列发展的影响和带动作用

---

① 《宋史·地理志》，中华书局1977年版，第2230页。
② 《宋史》卷二七六"樊知古传"。
③ （南宋）杨仲良《皇朝通鉴长编纪事本末》卷一三"淳化四年"条。

起步很晚，不如成都。直到宋代，重庆作为巴蜀中心城市的影响和引领作用才突显出来，主要是促进和引领巴地大小城镇群的发展，当然对蜀地也有引领性影响。从古到今，成渝互相引领和影响，终于形成双城一线的双子星座，一在东，一在西，成为引领成渝双城经济圈、文化圈和城市网络体系的耀眼星辰。

历史成都，在古代东方城市中，是以自然经济结构为城市地产，古典农业与家庭手工业、商业紧密结合的城市典型。秦汉唐宋时期，在自然经济结构基础上，成都工商业有突飞猛进的发展，工商文化也发展到古典的极致，变成以天府乡村农桑文化为本、以"市张列肆、货贿山积"的城市工商文化为活力的古代中心财富城市和文化城市，它冲出四川盆地，通向四海，在全球有一定影响力。

两汉与三国蜀汉时代，巴蜀地域的冶铁、制盐、漆器等工商业商品化程度大大提高，与蜀锦一样，也都享有全国盛名。

秦迁赵人卓氏、山东人程郑氏于临邛，"用铁冶富"，到汉代成为全国首富巨商大贾世家，临邛成为全国冶铁工业第一城。成都城市郊，还有北郊羊子山和郫都区均出土有盐井画像砖，广都有盐井数十所，说明煮盐的普遍化。西汉成都人罗裒以深达五十丈的西州盐井致富，说明深井技术的高超。临邛一带盐井的开凿，通常是气（天然气）、油同时并出，有的就利用它来煮盐，称为"火井"，并因此设火井县治，这是世界上关于天然气利用和开发的最早记载。

纺织商品市场也有新发展，前有专节述及，汉代，成都是全国三个纺织业发达的地区之一，蜀地"女工之业，覆衣天下"，"蜀汉之布，亦民间之所为耳"。当时全国市场对蜀锦需求量很大，三国时魏吴皆"市于蜀"，诸葛亮靠蜀锦才开拓了魏吴市场。刘备入蜀，一次即赐诸葛亮、张飞、法正、关羽锦缎各千匹。这比前述汉武帝赐司马相如锦四匹就很珍贵的情景，就气派多了，可见市场需求量之大。曹操经常"遣人到蜀买锦"，甚至蜀中的下等纺织品叫"蜀薄"的，也能在当时中原地区行销。在当时成都的市场上，除成都的锦外，著名的西南夷土特产"檀华（木棉）布""黄润布"（即白纱布）和"织成锦"（可制轻盈的禅衣），还有西夷氏人的殊缕布（今之条纹布）、哀牢夷的阑干（纻）、帛叠（棉布）、罽毲（毛织品）、蜀穗（细布）、广汉七緵布等土特纺织品，均为人们普遍喜爱。到南朝刘宋时，进一步在丹阳创设锦署，把蜀中工匠百人迁到丹阳，这才使江汉和东南丝织业发展起来。

在漆器制造方面，早在战国早期，成都就开始制造漆器，成都商业街战国早期船棺葬有精美漆编钟架出土。到汉代，成都漆器有著名的"金错蜀杯""蜀汉扣器"等，这是带有金银丝镶嵌的漆器，主要产地是蜀郡和广汉郡，其流通范围则遍及国内外市场。从考古发掘中，已知四川青川县、荥经县、湖南长沙马王堆、湖北江陵凤凰山八号墓，均出土有"成市""成亭""成市草（造）"烙印的漆器，是汉代成都官府管理的手工作坊的产品。在贵州省的清远镇、朝鲜乐浪郡（平壤）发掘的王盱墓、蒙古国的诺因·乌拉等地均发现印有汉代"蜀郡西工""成都郡工官""广汉郡（今梓潼）工官"等铭文的错金银扣漆器。这说明汉代成都的漆器制造业已相当兴盛，其产品远销国内外市场，其精美程度享誉世界。与此同时，蜀郡、广汉郡、雒县（今广汉县）三地工官还制造精美的"金银器"，即镀金银的铜器，也知名于国内外。

成都从出现市邑到发展为巴蜀乃至西南最大的城市经济中心，曾经历漫长过程。直到汉代，农业、手工业的发展和水路运输的便利，才极大地推动蜀中城镇商品经济的发展，成都不少坐贾改为"周流天下"的行商，推动成都建立和完善全国性商业网络体系，成都方成为西南地区最大的商品经济活动中心，全国著名的商业都市。这时的成都市场达到前所未有的"赇货山积，纤丽星繁"，"喧哗鼎沸，嚣尘张天"的繁华程度。为管理市场，汉代特选洛阳、临淄、邯郸、宛和成都设立"五均"，成都因之成为汉代著名"五都"之一。据《史记·货殖列传》记载，蜀地饶产卮、姜、丹砂、石、铜、铁、竹木之器，包括蜀地西南邛筰边陲的土特产，就是以成都为集散中心，通过商品流通而远销全国东西南北各地的。向北，通过褒斜道等蜀道与长安相连接，成为以长安为中心的全国商业网络体系的重要组成部分。向南，张骞曾在大夏（今阿富汗境）看到蜀布和邛竹杖，这是蜀商人同身毒（印度）交换的产品，身毒又转销大夏。番阳（今江西）今唐蒙曾在牂牁江吃到从番禺来的蜀枸酱，这是蜀同夜郎国通过牂牁道交换的产品。这些事例说明当时成都商人已开辟了远逾昆明、永昌、八莫（缅甸）、阿萨密和印度以及直抵番禺的几条商路。这是除北方西域丝绸之路外的另一条南方"丝绸之路"，而成都正是这条商路的起点。

二、唐宋元时期巴蜀商品经济与特色文化的鼎盛发展

在唐代，剑南西川是全国诸州中最富庶的地区，商品经济发达，是唐朝的重要财源地，在全国经济中占有相当重要的地位。安史之乱中及安史之乱后，唐朝廷收入主要靠成都地区，当时益州的财赋收入已占中央收入的大半，远远

超过东南地区。在中原残破的时候，唐王朝主要靠剑南西川的财力，将其作为统一全国的支柱。

李白有诗专吟唐玄宗从长安避难蜀中，给成都城市经济与文化带来的巨大影响："万国烟花随玉辇，西来添作锦江春"，"地转锦江成渭水，天回玉垒作长安"①，正是玄宗入蜀，带来"万国烟花"，促进西蜀经济与文化的繁荣，使成都变成了第二个京城"长安"，并被称为"南京"。后来，唐僖宗又再度避难入蜀，更加刺激和促进了巴蜀城镇网络体系商品经济的繁荣和特色文化的发展。

五代十国前后蜀时期，巴蜀相较中原和其他地区仍较安定。前蜀王建立国前，曾随僖宗入蜀护驾，僖宗封王建等五个将领"号随驾五都"，王建因有护驾之功，遂作为节度使顺利地平定东、西川，使巴蜀社会总体上安定。后蜀时期动乱也小，故经济与文化仍得到高度发展。到宋代，巴蜀经济与文化在唐代和五代前后蜀繁荣发展的基础上进一步走向繁华。据北宋人的记载，宋代全国"财利贡赋"有三分之一是西蜀供给的。②西蜀土地人均面积虽小，但土地肥沃，集约化程度很高。据《宋史·地理志》："地狭而腴，民勤耕作，无寸土之旷，岁三四收。"③农业耕作集约化程度的历史优势至今还保持和发展着。宋代人曾深情描绘唐宋当时巴蜀一幅幅丰饶繁荣景象："风物繁雄古奥区"（宋祁《成都》），"风物尚饶，旷古称最"（薛田《成都书事百韵诗》），"蜀国富且庶"（张咏《悼蜀诗》），"物象熙熙被一川"（北宋薛田《成都书事百韵诗》），"此时全盛超西汉"（北宋宋祁《成都》）。由此观之，唐宋成都已经成为世界中世纪黑暗时代位居世界一、二的财富聚集名都。一直到明代，巴蜀仍是"天下府库莫盛于川"（明王士性《广志绎·方舆崖略》）的全国贡赋最多的富庶之区。

唐宋元时期巴蜀文化可谓鼎盛发展时期，主要体现在巴蜀特色地方文化取得了前所未有的发展。特别是唐宋巴蜀人以创新创造的"非常之人"的气魄，敢为人先，创造了好些世界第一或中国第一的历史文化纪录。其中如：巴蜀作

---

① 李白：《上皇西巡南京十首》，（宋）扈仲荣等辑，刘琳校点：《成都文类》，成都时代出版社2007年版，第12、13页。
② （宋）吕陶：《新建备武堂记》："夫蜀之四隅，绵亘数千里，土腴物衍，资货以蕃，财利贡赋，率四海三之一。"《成都文类》卷二七，成都时代出版社2007年版，第305页。
③ 《宋史·地理志》，中华书局1977年版，第2230页。

为中华独特的丝绸文明的一个重要摇篮，到汉、唐、宋时代即发展为海内外知名的品牌"蜀锦""蜀绣"，成为全国四六织锦中心的一个特色区域（这在前面已经阐明，此不再叙述）。成都的瓷器也在此时有新的发展。今青羊宫地区隋唐窑址曾出土大量瓷器，邛崃十方堂、双流牧马山、郫都横山子、都江堰玉堂镇、彭州磁峰镇均发现唐宋青瓷和白瓷的窑址。《景德镇陶录》说蜀窑瓷"体薄而坚致，色白声清，为当时所重"。杜甫诗盛赞大邑瓷碗"轻且坚"，"白胜霜雪"。唐代以邛窑十方堂为代表的唐宋青瓷白瓷体系，与景德窑、邢窑、定窑、越窑、潮州窑齐名，有着独特的地位。除此以外，尚有：巴蜀作为世界茶源和中国茶文明形成的文化地标，到唐宋时期发展成为闻名于海内外的盖碗茶文化和茶馆文化；世界印刷术的起源，以雕版印制为标志，起源于唐代成都，中国佛教道教经藏集大成，也始于成都；世界金融发展史上第一次大变革"纸币"的发明是中国的"交子"，始源于宋代成都，可以说巴蜀是世界纸币金融交易史的故乡。下面分别加以论述。

（一）唐宋盖碗茶文化与茶馆文化

四川是世界盖碗茶文化和茶馆文化的发源地，至今犹是四川独到的特色。

所谓"盖碗茶"，包括茶盖、茶碗和茶船三部分，是唐德宗建中年间由西川节度使崔宁之女在成都发明的。她怕父亲喝茶时杯易倾倒而被热茶烫着手，故巧思设计出盖碗茶三件套，可以说盖碗茶本是孝道感恩的发明。到后世盖碗越做越精美新奇，形态百出，一种独特的茶船文化——盖碗茶文化，就在西蜀诞生了。由于盖碗茶的出现，聚会喝茶也就更为方便自由，茶馆也就应运而生了。

茶馆茶舍，最初起源于僧寮、道舍，由僧人、道士为进寺庙的信众在素宴前饮茶而设，后来即普及到城乡街道场镇。

水边茶肆是四川茶文化的重要特点。四川多水域，历来就多茶馆，曲水流觞的雅事也不少。水边品茶，不可或缺的须具好水。景观之水与泡茶之水，皆须上乘，才有可品。茶馆里张贴名人字画，文化韵味很浓，这个习俗也始于宋代四川，主要为了饮茶人消遣坐饮欣赏。在苏轼的诗里，茶水又叫"茶汤""茶食"。"茶汤"源于药汤。茶有醒脾清胃功用，又香爽润齿，故叫作"茶汤"。宴席饮酒吃饭前，要先品茗，进茶一盏，这种习惯叫作"茶食""茶筵"，饭后又以"茶汤"漱口。这种习惯向文化方面发展，形成用茶之茶道。

四川盖碗茶为川人"安乐可娱"的休闲生活方式及逍遥自在似神仙的闲

云野鹤生活态度，增添了巴蜀文化方式的独特内涵。茶馆的发明和普及，又是巴蜀茶文化魅力和茶生活真谛的承载地，是既雅且俗的"诗意"与"随意"相结合的蜀人生活美学的体验地。来四川不坐茶馆，等于没有来过四川。来四川不喝盖碗茶，等于不知道川茶魅力的"茶盲"。来四川不欣赏茶道表演艺术，等于对巴蜀艺术没摸到脉。只有在茶馆里才能真正体味川人的仙乡人居生活方式，只有盖碗茶才是四川人生活方式的独特内涵。只有承载巴蜀怡人文化的大地，才能成就独特的巴蜀茶道文化。

茶道自赵州和尚从谂在唐代倡导以来，到苏轼成为宋代茶道的创造者和最先诠释者，四川是世界茶道的一个重要诞生地和传播地，是儒释道三教兼容的茶道的奠基地。在巴蜀，茶道融会三教，形成包容随缘的特色。今天要传习的正应是巴蜀包容茶道。

茶道有广狭两义：广义是指喝茶的生活方式，狭义则是指喝茶的礼仪，即茶仪和茶艺。就广义而言，茶道形成最早是在唐代。到唐宋时期，茶道即变成日常生活方式，四川对"茶道"生活的独特贡献，是由唐代什邡人马祖道一提倡的"平常心是道"的理念，成为川人随缘自在的茶生活的精髓。四川人的茶生活，跟四川火锅一样，既是随意的，讲究"缘分"，大家相聚，不管认识与否，皆随缘自在为本。这是在巴蜀禅宗特色的影响下形成的。马祖道一的"平常心是道"，正是巴蜀禅系这一最高理念的最佳概括。这个理念走入四川人的生活方式中，在茶道上形成了普通百姓随缘自在的"平常心"生活茶道。就狭义而言，则是指在茶道理念指导下的茶仪和茶艺。其实最早的茶仪是在僧寮形成的，是和尚宴请善人居士前的饮茶程序和仪轨样式。这个仪式受到川人诗意生活的浸染，就被注入了诗意内涵。再进一步艺术化，就形成茶艺。茶艺分为文茶道体系和武茶道体系。文茶道由茶艺师主持；武茶道由掺茶的茶倌表演，如今天蒙顶山茶艺的"龙形十八式"，从唐宋至今，道式独特，文化内涵丰富。

中华茶道在传统文化儒释道三教中都有各自的传承特色。唐宋以后，儒释道三大传统文化主干，各有其茶道。儒家倡导的诗礼茶道，首先在文庙和书院中形成，"儒茶"主张"茶有十德"。道家则倡导"仙茶"，是在青城山首先形成的，这与神仙道和道教皆起源于四川有关，"道茶"主张"仙鹤化茶"。佛教则提倡"禅茶一味"，禅宗在唐代有赵州和尚"吃茶去"公案典故，说明饮茶亦在禅寺中普及化。"一味"来源于"如来说法，一相一味"，"相"是指"三千""大千大世界"的"色相"层面，即事物表面的物质现象。"味"

是指"法"的主旨品位的灵悟，即精神世界"品味"专一的最高境界，求得解脱就是"一味"(见《华严经》《涅槃经》)。实质上，"禅茶一味"的概念，说的是儒释道会通的修身养性方法，它来源于唐代成都无相禅师（人称"金和尚"）的"无忆、无念、莫妄"六字修持法。宋代的道隆禅师到日本提倡"禅茶一味"，成都昭觉寺圆悟克勤大力倡导"禅茶一味"，遂成为四川茶文化的一个重要特色。

唐代无相、宋代道隆的"禅茶一味"在日本生根流传是川茶第一次走向海外。

（二）雕版印刷源于成都

印刷术的发明和使用，对巴蜀商品经济与工商文化的发展，有着精神与文化的引领作用。扬一益二，一东一西，成都和扬州是世界印刷术的起源地，是全国，也是当时世界最早发明和使用雕版印刷术的地区。唐代成都印刷品已有了"西川印子"的专称，当时就流传日本。现存唐代成都印刷品有剑南西川樊赏家历残页、西川过姓《金刚经》残页、成都府成都县龙池坊卞家印《陀罗尼经咒》一页，这是现存世界上最早的一批印刷品，而卞家、过家等书坊，则可算是中国最早的一批民营出版社。

雕版印刷术进一步发展，成都、眉山成为宋元全国雕版印刷术的中心。北宋时期，成都进行了中国出版史上首次规模宏大的官府出版《开宝藏》《太平御览》《册府元龟》《太平广记》等大型丛书、类书汇集工作。宋太祖开宝四年（971），朝廷命高品内侍太监张从信在成都监刻《大藏经》，历时十二年，于太平兴国八年（983）雕成，共雕版十三万块，四百八十帙，五千零四十八卷，世称"开宝藏"，现北京图书馆有残卷，已成稀世奇珍。《宋开宝刊蜀本大藏经》有三大文化价值：其一，宋"蜀刻"是今宋楷印刷体的首创本。"开宝藏"为蜀刻颜体字，圆润墨黑，字如点漆。其版式栏线、传疏笺注，均为其后历代线装书标本。其二，它是中国，也是世界第一部官刻佛教经典总集，对推动佛教中国化进程和推动佛经文化的对外交流起了重大作用。它是"赵城经藏"和"高丽经藏"的蓝本。其三，它是成都作为唐代世界雕版印刷术的重要起源地和宋代全国雕版印刷术的中心的最大文化成就光辉的路标。

除官府刻书外，私人刻书也很发达，成都人彭乘是北宋有名的藏书、刻书家，"蜀中所传书多出于乘"。成都费氏家族所刻书，世称龙爪本，为时人称羡。蜀刻本字体肥劲朴厚，版式疏朗悦目，纸张洁白，字如点漆，校勘精审，颇具特色，蜀刻在宋代始终居于全国中心地位，对中华文化的发展做出了特殊的贡献，使成都印刷文化具有世界性领先意义，为蜀学的繁盛奠定了丰厚的物质基础。造纸业的发达是印刷业发展的物质基础。唐代广都（今双流）的麻纸素享盛名，为官府文书所采用。薛涛制笺达十色之多，为文人雅士乐用。到宋代，成都出现了"此纸冠天下"的"川纸布头笺"[①]，"竹纸在蜀"的"川笺"以及"出于广都"的"双流纸"（元费著《笺纸谱》）。

（三）唐宋"坊市制"的突破，新市场的出现与交子的发明

随着农业和手工业的发展，商业进一步繁荣起来。据《茅亭客话》等书记载，唐代后期和两宋时期，成都已突破了历史上传统的坊市制的束缚，而较多地兴起了临街设店和前店后坊（手工作坊）的格局，发展出一些自由集市。城内有东市、南市、新南市、西市和北市，城外有草市，附近各县还有小集市。每月还有各种专业性的临时市场，如：正月灯市、二月花市、三月蚕市、四月锦市、五月扇市、六月香市、七月七宝市、八月桂市、九月药市、十月酒市、十一月梅市、十二月桃符市。大慈寺、石犀寺、市桥等地就是当时这些临时集市的所在地。在城内还兴起了繁华的夜市，甚或有通宵达旦者，夜市一直流传到清代直至当今。成都旧城区几次扩大，在大慈寺以东还开辟出了新的东市商业区。成都还是西南边陲和岷山的冉駹、吐蕃等少数民族地区皮毛、竹木等土特产的集散地。特别是茶马贸易，以川茶、蜀锦向西北易马，朝廷非常重视，在成都设专司管理。直到明清，这种以内地茶盐同边陲少数民族土特产相交换的贸易，还相当盛行。这既促进了少数民族地区经济的发展，也刺激了成都工商业的繁荣。

由于市场经济发展的需要和黑、红双色套印印刷术的出现，宋代成都的富商开始使用纸印的"交子"，以代替铁钱，并设"益州交子务"的官司加以管理。后"交子"又改称"钱引"，设"钱引务"管理（元费著《楮币谱》）。到宋元之际，因管理不善，奸商作弊，故到元代，又改称"会子"。总之，交子的出现是唐代交易信用券"飞钱"的发展，是中国也是世界最早出现的纸币。

三、"蜀国弦"与永陵二十四伎乐

成都永陵王建的石棺床侧三面浮雕为二十四乐伎，棺的南面是两个正在

[①] 苏轼《东坡志林》卷一一记载："川纸，取布头机余经不受纬者治作之，故名布头笺，此纸冠天下。"

举手踏足的舞伎，其余东西两面是二十二个乐伎形象。舞伎是立着且歌且舞，而乐伎手中使用着各种乐器，是坐着演奏的。在唐代和五代时期，乐伎班子可以组成不少类型的乐队，例如十部乐、九部乐、七部乐，是根据大曲和法曲演奏乐队规模大小确定的。还有缅甸乐（骠国乐队）、西域乐（龟兹乐队），是外来而融入中原的音乐。最重要的区别是分为坐部伎和立部伎。坐部伎坐着在室内演奏笙歌类型的乐器，难度大，技巧水平高，地位相对高。立部伎是堂下立着演奏鼓笛类型的乐器，技巧单纯一些，难度小，因而地位低，故白居易有诗说："太常部伎有等级，堂上者坐堂下立。堂上坐部笙歌清，堂下立部鼓笛鸣。笙歌一声众侧耳，鼓笛万曲无人听。立部贱，坐部贵，坐部退为立部伎，击鼓吹笙和杂戏。"王建墓棺床石刻乐伎全部为坐姿，属坐部伎。它说明这是前蜀君主使用的宫廷室内乐队，故规模较小。按唐代室内燕乐的规矩，一个乐队只需十多人，舞女只需两三人，因此，棺床南面只刻了两个舞伎。舞伎之右还刻有弹琵琶伎，弹奏曲项琵琶（天竺乐器，魏晋时从凉州传入，唐代盛行），其在乐伎中地位最高。根据记载，王建与王衍父子俩都深通音律。王建很喜欢这组坐部伎，故王衍将其刻在石棺上，冀望把这组宫廷燕乐随着王建亡灵带到天国。

乐伎使用的乐器分弹拨、吹奏、打击三类，这些乐器分别刻在棺床东西两面。东面十人所持乐器以打击和吹奏乐器为主，包括：正鼓、齐鼓、和鼓、羯鼓（西域乐）、鸡娄鼓兼鼗鼓、答腊鼓（龟兹乐）、毛员鼓（天竺、龟兹乐）、横笛、筚篥（龟兹乐），这组乐器主要属于西域龟兹乐系统，以鼓舞乐曲为主。西面也有十人，所持乐器以弹拨乐器为主，包括：篪（清商乐）、排箫、筝（秦筝）、筚篥（龟兹乐）、竖箜篌（西域胡乐）、吹叶（巴蜀少数民族吹树叶）、笙、贝（清商乐、高丽乐、天竺乐、龟兹乐）、铜鼓（天竺乐）、羯鼓（西域乐），这组乐器主要属于清商乐大曲系统，是周秦传统音乐。除上述使用这些乐器的坐部伎外，还有两个手执拍板的领唱乐伎，是这个乐队的指挥。从两个拍板乐伎统一指挥龟兹乐和清商乐两个系统这一形象画面看，这是表演的宫廷燕乐。燕乐是宫廷或贵豪之家宴会时演奏的音乐。在唐玄宗以后，燕乐吸纳了龟兹乐、西凉乐和骠国乐，还吸收了天竺（印度）、扶南（柬埔寨）、高丽（朝鲜）等国音乐，以龟兹乐为主。而原雅乐使用的钟磬等乐器因表现力不丰富，已退居次要地位。从上述两类乐器统一的指挥情形看，燕乐已是龟兹乐和清商乐并存兼容，加上其他外来音乐，因而表现力极为丰富，受到人们的喜爱，而刻板的庙堂雅乐则越来越衰微。①

由唐到宋，正是雅乐衰微、燕乐兴盛，由雅乐过渡到燕乐的转折时期。五代时期的蜀国正处在唐宋之交，王建墓石刻二十四乐伎的瞬间演奏场面，为我们留下了这一中国音乐巨变时期燕乐乐舞的物化形象，供我们实体观察玩味。成都作为唐代音乐之都的形象，与唐代君主两次逃难入蜀有关。一次是唐玄宗在安史之乱中逃难入蜀，带来了张野狐等宫廷音乐家，加上燕乐的推广，把宫廷音乐迅速传到了民间。杜甫诗"此曲只应天上（指宫廷）有，人间（指民间）能得几回闻"，说的就是宫廷音乐普及民间这回事。正因如此，才有"锦城丝管日纷纷，半入江风半入云"的盛况，成都才会成为"喧然名都会，吹箫间笙簧"的音乐之都。唐末僖宗避乱入蜀，带来金五云等宫廷歌手，形成前后蜀时期"蜀王殿上华筵开，五云歌从天上来"的成都乐舞之盛殆侔于上国的景象。王建的儿子王衍就是个大音乐家和表演艺术家。他曾亲自化装成灌口二郎神，自己执板演唱《霓裳羽衣》《后庭花》《思越人》《柳枝词》等乐曲，均属于燕乐。他还自制新曲，如《醉妆词》《一段圣琉璃》等乐曲，供伶官演唱，宫人李玉箫就是演奏王衍"宫词"的名家。当时，欧阳炯、韦庄等一批宫词作家和花间集酬唱的词客，以一代新声开启了两宋乐府。在四川省华蓥市双河镇昭勋村发掘的南宋熙宗至宁宗时重臣安丙夫妇墓及其孙女墓的石壁上，石刻彩绘浮雕了十八个乐伎，就是两宋乐府承袭前后蜀燕乐的明证。其乐器几乎全是王建墓石刻乐伎的承袭，只是增加了阮和竹琴等软舞乐器成分，减少了健舞乐器的几种乐鼓，宋代韵律风习本就不如唐代勇健。

由此言之，说永陵就是唐宋成都城市走在中国乃至世界古代城市发展史前列辉煌历史的见证，是成都作为古代东方音乐之都的历史见证，并不为过。

王建墓棺床侧这组石刻伎乐表演的是什么乐曲，曾引起研究者探索的兴味。有的学者认为是霓裳羽衣曲散曲第一拍开始的场面。据笔者的观察和研究，她们表演的应该是流行于蜀中的"蜀国弦"乐曲。

"蜀国弦"是南北朝时期就已产生的一种曲调。现存最早的一首萧梁时期简文帝的"蜀国弦"乐府诗，说蜀国弦"妙舞自巴渝"，是源于武王伐纣时巴人歌舞凌敌的"巴渝舞"。后来，隋代的卢思道、唐代的李贺和清代的盛大器

---

① 刘再生：《中国古代音乐史简述》，人民音乐出版社1989年版，第283~288页；杨荫浏：《中国古代音乐史》（上册），人民音乐出版社1981年版，第214、256页.

均依"蜀国弦"曲调创作过歌词。"蜀国弦"又叫"蜀国四弦",是相和歌辞"四弦曲"的一种,位居平调、清调和瑟调三调之首。"蜀国弦"是一种独具蜀风特点的歌舞乐曲。它既有蜀派软舞的特点,如李贺诗说:"拂袖风吹蜀国弦",写梁、王两姓女伎拂袖临风而吹"蜀国弦"于筵间的情况。"蜀国弦中双凤语",状其声之和缓,似凤之雌雄和鸣,都是软舞特色。同时,它又有蜀派"躁急,若激浪奔雷"的勇毅健舞的特点。软舞加健舞的融合,这就是"蜀国弦"的"蜀风"。从王建墓石刻伎乐中,既可看到软舞的乐器,又可看到打击乐占多数的健舞乐器,这正是软语和鸣与震谷惊雷相结合的"蜀国弦"的排场和气势的表现。

"蜀国弦"又是蜀地乐器的代称。这个说法已经失传,现仅存于清人王琦对李贺《蜀国弦》诗的注中:"蜀国弦,琴也。唐时琴材以蜀地为贵,故谓之蜀国弦,与乐府所传蜀国弦之曲不同。"西蜀是蜀国弦,特别是雷琴制作的故乡。唐代成都雷氏世代制琴,创始人雷威之琴名为"大雷",其弟所制琴名为"小雷",统称为"雷琴",又名"春雷琴",流布海内外,非常珍贵,历代得到它的人都要加以吟咏。直到新中国成立前,成都裴铁侠还保存有雌雄双雷琴并为之献出毕生心血。现存于故宫的雷琴"九霄环佩",已成稀世奇珍。"蜀国弦"乐曲和乐琴就是在这种背景下发展起来的。王建墓石刻二十四乐伎的乐器类型,正与"蜀国弦"相合,正可作为"蜀国弦"乐器的物证。[①]

四、唐五代宋元巴蜀绘画艺术"包旧延新",开派蜀风

在唐宋美术史上,巴蜀是后来居上,具有继承传统、包旧延新、勇于开派的特点。在唐代绘画艺术高峰中,巴蜀美术的发展较晚,直到唐玄宗入蜀带来一批画家,西蜀的绘画,才有了初步发展。到晚唐时期,因唐僖宗入蜀带来大批艺术人才,促进西蜀逐渐成为全国绘画和雕塑的中心。

到五代前后蜀与宋代时,西蜀绘画艺术,得到空前的繁荣,竟成为勇为人先,敢于开派的典范。在五代十国中,西蜀和南唐最重视画家的培养和画艺的提高,后蜀孟昶最先设置专门的宫廷"翰林图画院",供画家作为艺术创作园地。到宋代太祖赵匡胤遂将蜀国画家黄筌、黄居寀父子等带入京师汴京,成立

[①] 参见谭继和:《萧瑟陵阙与蜀国幽弦》,章玉钧、谭继和主编:《天府神游·五色版》丛书,天地出版社2007年版。

了全国性的"图画院"。这两地绘画艺术的高度发展，为宋代美术的繁荣提供了社会条件。

唐代西蜀绘画艺术以成都大慈寺壁画为中心。唐代大慈寺是当时闻名全国的讲寺，号称"震旦第一丛林"，建于唐玄宗来蜀时期，并由玄宗钦赐"大圣慈寺"匾额，占地千亩，总共有九十六院八千五百二十四间房，规模很大。因玄宗敕题的缘故，唐武宗会昌法难，天下寺院多被毁，而大慈寺得以逃过此劫，因此，其壁画在唐宋时期能得到连续发展。唐宋大慈寺壁画为"天下之最"，有各种佛像、帝王宗室肖像和雀竹花鸟名山大川民俗画，布满九十六院，被称为"举天下之言唐画者，莫如成都之多，就成都较之，莫如大圣慈寺之盛"（李之纯《大圣慈寺画记》），其壁画虽经兵火所毁，但为成都留下"古代东方壁画艺术之都"的遗产美名。

最早为大慈寺壁作佛画的是随着玄宗入蜀的一批画家，包括唐朝一代画家宗师吴道子。吴道子，中原河南人，少年时至四川双流"于蜀道写貌山水"，"因写蜀道山水，始创山水之体"，后在长安奉唐玄宗诏入蜀在蓬州画嘉陵江水。他回京在大同殿壁画上凭记忆画嘉陵江山水三百里，不打草稿，一气呵成，自称"臣无粉本，重记在心"。他的弟子中最为著名的有卢楞伽，工人物山水，尤擅长佛像、经变，吴道子曾亲自授他"手诀"。他学习吴道子独创的"吴带当风"，佛教图像，服装线纹运动立体感强，被称为"吴家样"。卢楞伽随唐玄宗入蜀，乾元初（785）在大慈寺东西廊下作"行道高僧"三堵六身画，其中有马鸣一堵，提婆像一堵，系颜真卿题额，时称双绝，后人称其铁线描"非李公麟（在卢楞伽之后的宋代名画家）所能及"。到乾宁元年（894），前蜀王建在寺东廊起"三学院"，不敢毁损这些名画，一堵移至院门南，又一堵移至院门北，另一堵移至观音殿后。这些名画直到南宋犹存。大慈寺门前还画有玄奘西游图。今日本京都正法寺藏有北宋成都人石恪在大慈寺所画《二祖调心图》，画禅宗二师入定形象。美国密歇根大学美术馆藏有石恪画的《西域民乐图》，写西域民俗群像。苏轼与苏辙曾到大慈寺观赏，誉其壁画"精妙冠世"。至今在北京故宫博物院收藏的"六尊者像册"，传为卢楞伽所作。

晚唐时期，唐僖宗第二次逃入蜀中，随行有大量音乐与绘画的艺术家。据宋人黄休复《益州名画录》和范成大《成都古寺名笔记》两书统计，唐代参与大慈寺壁画并留有画迹的著名画家达七十五人之多。其中很多画家是唐僖宗以来入蜀的。活跃在晚唐大圣慈寺的画家阵容中，最有名的一批人是范琼、赵公祐、左全。这三人以画天王、佛像、高僧，经变及诸变相为特色。范琼十多年间为大慈寺作佛像壁画，"自太中至乾符，笔无暂释，图画二百余间墙壁"，"形状无一同者"，可见其技艺之高。赵公祐画佛像，其特点是"慈悲威重，有巍巍天人师之容。笔迹劲细，用色精密，缣素暗腐，而丹青不渝，真可宝也"。左全为大慈寺创作维摩变、降魔变和菩萨变等净土宗题材。这三人开启了工致技巧、用笔纤细、设色精密的西蜀画风，对西蜀绘画传统的形成有相当作用。

唐末来西蜀避难的画家很多，其中著名的有孙位、张南本、常粲、腾昌祐、赵德玄、刁光胤等。刁光胤主要作品在五代前后蜀时期。唐末西蜀的代表性作家张南本为大慈寺创作的壁画达到了新的高度。他专攻画火，与专攻画水的孙位齐名。他在大慈寺所绘的八明王像，属于密教题材，其形如"火周其身"，身披火焰，好似火神形象。图中"烟飞电掣"，而"佛以定慧力坐其间，安然不动"。这种以火红氛围烘托、夸张变形的明王像造型艺术，直接影响到五代西蜀密教绘画的发展。到前后蜀时期，这种技法又扩展到水、火、云等自然景象题材，形成西蜀"笔气炎锐"的另一种风格。宋代寺院壁画最著名的还有"应天三绝"，是在成都应天寺（今双流牧马山应天寺），由唐代孙位画左壁天王，宋代景焕画右壁天王，"二艺争锋，一时壮观"，又由宋欧阳炯写长歌诗以美之，故号应天三绝。①

前后蜀至宋初时的黄筌，工笔花鸟，自开一派，确实不错。但黄筌绝不只是工笔画派，这是由于只见到他现存《写生珍禽图》带来的误会，其实此图只是个练笔用的粉本。黄筌是兼墨竹写意与设色花鸟两种技法并以写意见长的全能画家。他十七岁即为前蜀"翰林待诏"，后蜀时又主持"图画院"，"权院事"。后蜀主孟昶称赞他是"当代奇笔"，宋人刘道醇把他列入"神品"，评其"老于丹青之学，命笔皆妙，诚西川之能士"，"犹为蜀中之最"，主要指的是他墨竹画的气运。他的师承来自两方面：一方面是师从逸品第一人孙位学墨竹、松石、龙水，这是士大夫文人泼墨写意画一派的翘首。另一方面，师从刁光胤和李昇，向他们学习画龙、山水竹石、花卉、猫兔、鸟雀翎毛，这是"凡所操笔，皆近于真"的工笔彩绘设色一派。黄筌两派兼精，故黄休复《益州名画录》把他列入妙格："兼宗孙李"，"皆曲尽其妙"，"学力因是博瞻，损益刁格，遂超师之艺"。黄筌可说是既有刁李传授的工笔根柢，"笔墨

---

① （宋）郭若虚：《图画见闻志》卷六"应天三绝"条。

精妙"，"曲尽玄微"，"尤能写花竹翎毛"，又有孙位传授的写意画的神笔，"笔简形具，得之自然"，虽中规中矩，但不讲究规矩于方圆。可见黄筌是以写意神品为上的。古人画有六法，"六法之内，惟形似、气运二者为先。有气运而无形似，则质胜于文，有形似而无气运，则华而不实。筌之所作，可谓兼之"（黄休复《益州名画录》）。神在气运为先，妙在形似为基，这就是黄筌画的本质。其实，就是他的工笔画师李昇也首先是讲究气韵的。李昇画的《青城山图》《峨眉山图》《雾中山图》《二十四化山图》皆以仙道为画魂，"每含毫就景，必有新奇，俱尽山水之妙"，人称"小李将军"。可见李昇也绝不只是一种技法。黄筌的老师孙位，虽属墨竹一派，"情高格逸"，"千状万态，势欲飞动"，很讲究气韵。但他也有"笔墨精妙"的一面。总之，黄筌的三位老师都有根柢，但首先重视的是"气韵"。画之六法，第一是"气韵生动"，第二才是"骨法用笔"，黄筌兼而得之，但以气韵生动先于骨法用笔，这正是巴蜀画派的特点，黄筌是开其端的。这个特点也是巴蜀文化兼容并包总特色的体现。

需要特别说明的是，现存的《写生珍禽图》，不是黄筌的代表作，墨竹才是他的风格的代表。宋代尚存的黄筌《墨竹图》，太宗时参知政事苏易简得之，奉为国宝。大文人李宗谔专门作《黄筌竹赞》。他认为黄筌画竹，与众不同，别人是五色备而后画，黄独不然，不施彩绘，"以墨染竹，独得意于寂寞之间"，"清姿瘦节，洒然为真"。以竹意竹情为先，用水墨手法，故李宗谔赞"猗欤黄生，画竹有名，能状竹意，是得竹情"（刘道醇《五代名画补遗》）。其他如黄筌的《寒龟曝背图》，把龟放在"独为水墨枯林之下"（李廌《德隅斋画品》），也体现了黄筌以水墨为重的特点。这里为黄筌工笔画派翻案，是要证明黄筌实开巴蜀画派以水墨气运为主的先河。

正因为以气运与气韵为主，充满活泼生机，故他在六鹤殿画鹤六态"唳天、警露、啄苔、舞风、梳翎、顾主"，"精彩态度更愈于生，往往致宫养生鹰鹘立于画侧"。他画的花竹野雉（野鸡），真的白鹰见之也"连连掣臂不住，再三误认为生类"。他画的竹石，意境深远，具有中和美，竹我两融，竹我两忘，充满诗样的智慧。这是气韵感人，不是技法感人。如果说黄筌开蜀派之心源，苏轼、文同则是奠蜀派之意基。如果说黄筌、黄居寀是"得意而传形"，那么文同、苏轼就是"得意而忘形"，其共同点是"神与物交，合于天造"。其不同点是"竹石风流各一时"。他们都应该是巴蜀画派形成时期的代表人物。其实，唐五代到宋代的巴蜀画派不只是上述三个代表，而是一个群体。《唐名画记》《益州名画录》等文献记录的蜀中画家上百人之多。"盖益都多名画，富视他郡"（黄休复《益州名画录》），再加上中唐以来，玄宗、僖宗两次入蜀，"是时画艺之杰者游从而来"，蜀中几乎集中了全国多半的知名画家，成就了大慈寺壁画为天下之最等因素，从而形成了巴蜀以水墨为标志，兼容工笔彩绘；以气运为要素，兼容玄微的绘画传统，并以这个传统的传衍，形成巴蜀画派群体集团。这个集团当时就起到了全社会的表率和标杆作用："标格楷模无处不有。"（黄休复《益州名画录》）这一派群体共同推崇的是挥洒自如，崇尚自然，写实与写意相融。在粗放纵横、拓境通变的风格中求骨法笔力，在纤细工巧的画迹中求恣肆奇特，在平淡画面中求自然妙合，讲究诗书画同体，天工清新，画者与观者都能突破表现对象与时空限制而达到心灵的交流与天机的契合，达到竹墨趣味与诗情画意的统一，以意象虚灵为最高之境。所以，无论是文同、苏轼，还是黄筌，都具有巴蜀画家共同特点的集体文化性格，共同创造了巴蜀文人写意画的传统，特别是墨竹传统，结晶出蜀风工笔花鸟画派与墨竹写意画派之祖的黄筌父子。

由此可见，唐代巴蜀画风大慈寺第一，结出天下第一的寺院壁画创新之果。在唐代玄宗、僖宗两次入蜀带来大批画家、画匠、画工的基础上，黄筌应是巴蜀画派的奠基者，开创出当时东有徐熙、西有黄筌，"徐熙野逸""黄筌富贵"，一东一西平分秋色的蜀风画派。黄筌父子为翰林待诏，专供宫廷用画，故称"富贵"。徐熙为江南处士，放达不羁，故称"野逸"，"二者犹春兰秋菊，各擅重名，下笔成珍，挥毫可范"（郭若虚《图画见闻志》）。

"蜀风画派"，也可称为巴蜀画派，黄筌是奠基者，宋代文同与苏轼是开派者。一个地方或一个区域能否形成一派，关键是看形成画派的标志和要素是否具备。在巴蜀文化史上，画有"派"是客观存在的历史产物。苏轼说"派同湖州"（指文同，他曾任浙江湖州太守，故称"湖州"。但未到任）"竹石风流各一时"，有两层含义是清楚的。一层是说文湖州自成一派，另一层是说他自己也是文同这一派的。文同给苏轼写信，也认为自己是一个流派的代表："近语士大夫，吾墨竹一派近在彭城，可往求之。"不但自称墨竹为一派，而且还远绍他乡，影响及于外地，不止在蜀中矣。但文同、苏轼没有给"派"字下定义，我们不知道文同、苏轼关于"派"的内涵的确解。现在看来，这"派同"二字恐含下列概念：一是说这个"派"是"流派"，有"流"才有

"派",指的是流长源远,画脉流动,一代传一代的活态传衍。二是说"别具一格"的"别派",有"别"才有地方特色,指的是别出心裁,自创奇格,有巴蜀自己的风格。苏轼主张"怪怪奇奇",就是"派同湖州"的巴蜀画派自创的奇格。这个画派在历史上是存在的,并且不只是在巴蜀流传。郭沫若说:"抱石入蜀画风改,自创奇格师天然。"如果不是抗战时期傅抱石入蜀受到"自创奇格"的蜀风"派同"的感染,引起风格大变,郭沫若会这样说吗?

画派形成有三大标志(或称"要素"):有气韵,指的是该地区画家共同的文化内涵;有特色,指的是该区域的本土特点;有传人,指的是有形的师徒传承。这三大要素合起来,可以称为"画脉",这就是形成画派最重要的标志。

(一)气韵

"规矩可得,气韵不可得",技巧易学,气韵难学,"斯可得之于内,不可得而传"(司马相如语),主要靠心灵的领悟和直指本心的感受。艺术家往往是超越自我的,因为他的气韵是超越他的技法的,这就叫"超越自我"。佛祖拈花,迦叶含笑,师徒都是超越自我的,共同的是有"会心",不同的是各有理解,各有意境。所以,同一个地域的画派,在同一个山水环境里,受山川钟灵的影响,虽然作画时每个人各有意境,但他们的文心气韵往往是相通的,有共同的特点。用时下学科术语,这就叫作共同地域的集体文化性格(或称为"集体无意识")。这是形成地域画派最关紧要的标志。"外师造化,中得心源",最重要的是"心源"共一源,有共同的文心内涵。"文心"的最高境界是真善美,艺术的最高境界也是真善美。我们试用这样的境界和观点来观察一下巴蜀画派内的两派即五代前后蜀以来黄筌的"院派"与宋以来文同、苏轼的文人画派,是否超越了技法的不同,而形成了巴蜀共同的文心和气韵呢?这是可以肯定的。他们的共同之处在于讲究"意象虚灵"的气韵,都有"各当其处,神与物交,合于天造"的共同的文心。尤其是在竹石画上表现出技巧不同而气韵相似的巴蜀个性,体现了巴蜀怪怪奇奇、纵横驰骋的浪漫主义传统。这个传统最大的体现是竹石文人写意画的开创,是诗书画一体,天工清新的中国画历史传统祖源薪火的最好传承——它讲究"书画异名而同体","书以形传意,画因图见形","工画者多善书"。从黄筌到文同、苏轼的墨竹,就是蜀风画派继承书画同源又创新的典范。

文同、苏轼之所以能共同成为一派,是基于对"胸有成竹"的认同。苏轼说："画竹必先得成竹于胸中，执笔熟视。"追思胸中意象，急起振笔从之，否则，"少纵即逝"。这与只知一节节一叶叶呆板的摹竹，而毫无意象、气韵可言，是不一样的。画竹有着色和水墨两派。水墨竹画是着色竹画的进步和创新。它倡于唐玄宗，兴起于盛唐，中唐后出现了名家萧悦。白居易称赞他"萧郎下笔独逼真，丹青以来唯一人。不根而生从意生，不笋而成由笔成"。这种由意象而生，不强调画实根实笋，反而强调不根不笋、意象传神，是文人竹石画的特点。萧悦开创以写字之法画竹，为文人墨竹画做出了开源性的贡献，继之做出奠基性贡献的是黄筌，而为文人墨竹画开派奠基的则是文同与苏轼。

其特点：一是"成竹在胸"，意象在先为心源。二是书法入竹。文同以行草绘月下竹影，淡雅飘逸，疑风可动，不笋而成，富潇洒之姿，逼檀栾之秀，得仙禅之气。文同以所画《筼筜谷偃竹》赠送苏轼，说："此竹数尺耳，而有万尺之势。"讲究的还是以数尺之法，体现万丈的气韵。苏轼《枯木竹石图卷》以怪怪奇奇书法描绘"山石竹木水波烟云"，抒写"胸中磊落不平之气"。所作墨竹，不循旧轨，从地一直起至顶，人问何不逐节分画，答曰："竹生时何当逐节生？"藐似人为，直师造化，诗书画一体，直写性灵，形成为可顶天可立地的画竹观。"天工清新"是其主要特点。顺便说一句，苏轼提倡"竹境"具有佛学禅境的内涵。竹林竹境是文殊净土的代名词。佛的成道处叫作"竹林精舍"。文殊菩萨以竹林为净土，踞狮子座说法。文殊是以智慧开悟众生的菩萨。文殊、竹境、智慧三结合，是泼墨画竹的神髓。这里是把竹心、禅心和道心合一的，这就是文同与苏轼所开蜀派墨竹的文心和气韵。

墨竹为什么这样重要，这是因为竹之形与神，同中华传统文化有不解之缘。自《诗经》"绿竹猗猗"以来，竹心、竹韵、竹色、竹实、竹韵、竹境，即成为中国人文化根柢中一种特殊的心结，故画竹成为历代文人追求心灵解放和精神家园的一种象征。画竹，无论是设色水墨，还是泼墨写意，都是追求心灵中"诗样的智慧"（意大利维柯语），借助于意象，求得主观艺术的自由放大。"一片青青竹，阶前总绝尘"，禅心化仙境，水月了无痕。肉食者鄙，竹居者香，"宁可食无肉，不可居无竹"，这是蜀派墨竹画的最高境界，是蜀人文化心理的灵感视觉和性灵感应的最高境界。这是文人写意为灵魂、骨法笔力为基础共同创造的画境。所以，从中华绘画文化的根柢来说，墨竹可以作为形成古代巴蜀画派文心气韵的要素的代表。

（二）特色

古代巴蜀画派代表人物体现了蜀人崇尚自然、追求想象、不计工拙、唯求自我的乐观浪漫主义的传统，形成历史上巴蜀画派的本土特色。"巴蜀自古出文宗"，赋圣司马相如"苞括宇宙，总览人物，控引天地，错综古今"，开启了巴蜀文心，为后代所效法。李白"欲上九天揽日月"，苏轼"人生如梦"，郭沫若"地球边上放号"，形成了历代蜀人以仙道为特征的幻想力和仙化思维的传统。这一传统也是巴蜀画派的画脉。据此画脉，称黄筌、文同、苏轼为巴蜀画派的开创者，不亦宜乎？

（三）传人

巴蜀画派的特点是：有形的师徒传承不多，不过历史上却也不绝如缕。但无形的气韵相传，却是巴蜀本土的特色。继文同、苏轼之后，著名的有清代性灵诗人张问陶，其画如其诗，重性灵，重直觉，重诗书画一体，其技法也颇能兼容黄筌与苏轼、文同的特点，是巴蜀画派画脉气韵的承传。近代以来，最值得重视的是抗战时期，南方与北方画家会聚四川，巴蜀画派这一重意象、重兼容的传统画脉得到进一步的发展。当时在四川历史上第一次成立了四川美术协会，设在成都祠堂街，是全国一流画家集聚研讨的平台。张大千第一次在这里将临摹的敦煌壁画展出，引起轰动。徐悲鸿在这里展出过飞马画。其他如潘天寿、张善孖、傅抱石、张采芹等画家多生活在这里，为四川画界做出了巨大贡献。成都被誉为"中国文艺复兴的根据地"，就是因为这次轰动大后方的画展而得名的。版画在这时也得到特别的发展。张大千自称以"青城山为魂"，可见他是认同历史上的巴蜀画派的，而且认为巴蜀画魂就是仙化梦幻的青城山，他对巴蜀仙道浪漫的画脉是高度认同的。他本人既是古代巴蜀画派的传承者，也是巴蜀画脉的认同者，同时也是近代巴蜀画派的开派者。正因为有巴蜀画派的化育，有无形的巴蜀气韵传承，他才可能在成都开启"中国的文艺复兴"，从而走向世界。张大千是五百年来巴蜀画派的第一人，也是巴蜀画派走向新世界的开拓者。

由此可见，巴蜀画派是历史的存在，在巴蜀文化史上占有光辉重要的地位。在中华文化史上，巴蜀画派也占有开拓文人画派、创立花鸟工笔画派，包旧延新、创造新意的奠基性地位。巴蜀画派是有特色文心、特色风格、特色传人的地方特色画派。它事实上是文心永存，画脉永在，蜀韵永传，这就是我们今天要深挖古代巴蜀画派，推出今天的"巴蜀画派"最坚实的依据和理由。

新中国成立以来，巴蜀画派是不是不存在了？说今天巴蜀画还未成派，这是因为我们对历史上形成巴蜀画派的三要素重视和挖掘不够，对今天形成巴蜀画派的标志和要素又没有形成共识。今天如果我们只重一种技法，一花独放，而不从巴蜀画派的文心内涵等三要素三标志进行研究，不从要素整合角度进行研究，新中国成立后似乎确未成派。但既然历史上的巴蜀画派不分工笔、青绿、水墨，只要有巴蜀气韵就可视为传承巴蜀文心和画脉的同一派，那么，今天更不应以技法不同来否定巴蜀画派，而应该对现有各派技法加以整合，以巴蜀画脉画魂为整合中心，以地域特色、文心蜀韵内涵、巴蜀气韵传人三大要素为标志。这样看来，无论是"中国的凡·高"陈子庄，还是三峡画派的岑学恭，或者工笔绝手赵蕴玉，都应该是继张大千之后现代巴蜀画派的领军人物。他们最大的共同特征就是"怪怪奇奇"，开放兼容。他们的眼光和境界都是承袭司马相如，"苞括宇宙，总览人物，控引天地，错综古今"。他们的精神家园都共有巴与蜀的特征：巴文化的刚毅与豪放同蜀文化的柔智与精微是糅合在一起的。阳刚与阴柔是结合在一起的，与时俱新的时代精神同重气韵形似的传统画脉是结合在一起的。奇思怪想的画论同工整严密的笔力是结合在一起的。这些特征是司马相如、李白、黄筌、文同、苏轼的画论、精神和气韵传承的再现，是建设今日巴蜀画派的依据。司马相如是历史上第一个有书法理论著作的书法家。他创作的"季候四时书"，仿鸟兽四肢在四季飞翔曲屈活动的不同体态为书法，怪怪奇奇，"以非常之人做非常之事"（《喻巴蜀父老檄》）就是他的特点，也是李白、苏轼的特点。看今天的巴蜀画派，就是看他们是否传承和发展了这种"非常之人"怪怪奇奇，开放兼容，错综古今，拥抱世界的巴蜀作风、巴蜀气派、巴蜀风格，而不管它是哪种技法和个人特色。甚至除国画之外，是否可以兼容油画和版画？扩而大之，兼容巴蜀源远流长的从三星堆青铜立人、面具、神树到汉代说唱俑的地方特色艺术雕塑，也不是不可以研究的。

第五节　明清时期巴蜀文脉由精英社会文化向市民社会文化的转型

元明清是巴蜀地域文化稳定性发展趋势被宋末元初和明末清初两次政治动乱所打断，从而巴蜀社会发生转折的发展时期。宋末元初和明末清初战乱对巴蜀地区，尤其是四川大小城市群的毁灭性破坏，两次中断了巴蜀文教发展的进程。"文教之备，不及前代"（明杨升庵《与周子頔》），再没有恢复到唐宋

时"扬一益二",居于鼎堂伯仲的地位。这种社会境况,促使巴蜀地域文化的发展方向和发展趋势向新的社会形态转化:

一是城市工商业为寻出路向东部物流和商贸转向,以便获得进一步开放和发展。虽然当时四川社会经济仍以封建自然经济结构为主,但因为城镇工商经济获得了与"下江货物"交换的新市场,从而增添了新的开放活力,出现了巴蜀城镇商贸网络体系新的转型、完善和繁荣。据明王士性撰的《广志绎》载,当时四川市场上最有亮色的响当当的工艺商品是"蜀锦、蜀扇、蜀杉,古今已为奇产",这时又成为与东部商品交换的奇货。"蜀锦"市场价格奇涨,"一缣五十金,织作工致",已不用来做衣服,而是织作茵褥,不用于民间,而专用于皇室宫廷和官府。"蜀扇"由唐宋时的团扇,换为明清时的"折扇"新工艺,这是明代才从东南亚传来的技术,而四川工匠已经能熟练掌握和改善,所制折扇精美程度,其他地域望尘莫及,"扇则为朝廷、官府取用多",明政府列为贡品。清初钱谦益因蜀扇珍贵而赠送清豫亲王多铎,足证蜀扇为当时所宝。直到清初后,蜀扇才普及于民间。"蜀杉木""板出建昌",产有"抬山板""双连板"等名贵木材,乃岷山"多千百年古木",用来进贡京师修建明故宫的名贵木材,享有盛名,沿岷江水运出川,"此非放水不可出,而水路反出云南,道东川、乌蒙而下马湖"。因水运木材而刺激了出川水道交通新的繁荣发展。蜀地商人还用"山珍海错"土特产与东部苏杭"新织种种文绮"等珍贵货物相交换,双方均各得"先机"之利,苏杭吴越的"贵介"之家还"未披"新绸衣时,蜀中,尤其是重庆已先得"下江绸绮",而同样东部市场尚未普遍得到蜀中山珍奇瑰货物时,苏杭上海已"山珍海错,咸获先尝"。这一时期,东西部商品交换的大幅增长与快速贸易,刺激了双方商人阶层与商品市场、商品文化的发展。"钱神所聚,无胫而至,穷荒成市,大商缘以忘年(奔波在外),小贩因之度日(可谋生计)",明清巴蜀城镇和工商业及其文化因此而转型成功走向开放。

二是经过元明之际与明清之际两次动乱,致使原来唐宋以精英文化为特点的巴蜀社会急剧衰落,掌握地域文化文献的世家大族和一批文人学者"伤残转徙,千百无一二"(宋虞集《道园学古录·题晋阳罗氏族谱图》),元气恢复甚难。最难的是学术精神迷失,"学犹未有定方,文犹未有定体"(明杨升庵《与周子籍》),蜀学一度失去主导方向和学衡体范。此种状况,促使巴蜀以精英文化为主的社会向城乡平民文化为主的社会转型。直到清代道光以后,随着地域文化走向早期现代化才改观，出现了士绅社会和基层民众崛起的一股蓬勃汹涌的新的近代文化潮流。四川是这一潮流中"敢为天下先"的典型地域文化的代表之一。

整个明清时期，四川地域文化大体分为两大发展阶段：

第一阶段从明洪武到清同治年间（1368～1874），这是四川地域文化由精英文化向平民文化转型的蜕变期。这一时期最大的文化特点是承袭市民化、平民化的转型趋势，出现移民文化和"川味"特色的基层群众文化。清代"湖广填四川"的大规模移民运动使四川成为移民会聚地区，形成新特色的移民文化，四川城乡社会也变成多元地域文化兼容和谐的新型移民社会。另一文化特点是有"川味"特色的基层社会文化的兴盛。川剧、川茶、川菜和川蔬及川酒等各种带"川"字味特色的文化即产生于这一时期。上层精英文化承袭"文宗自古出西蜀"的传统，出现了三位划时代的文坛宗主代表人物：明代记诵之博、著述之富、为当世冠的杨升庵，清代性灵南宗的代表人物张问陶，百科函海名家李调元。但他们的文化格调，也已向市民文化靠近，向民间社会靠拢。

第二阶段从清光绪元年（1875）开始，直到1911年辛亥革命为止。这是四川地域文化走向早期现代化，开启新局面的阶段。这一时期最大的特点是在中西文化激荡冲突的背景下，从洋务运动到戊戌变法，再到辛亥革命和四川保路运动，"开创了中国文化的新阶段，即新的思想意识时代"。以古老的农业文明为特征的传统巴蜀文化在"新的思想意识"的新阶段，步履蹒跚地发生了性质的裂变。特别是辛亥革命和四川保路运动时期，不仅引起四川城乡的大变动，更引起区域文化和社会习俗的亘古未有的大震动和古典传统的巴蜀文化的大裂变和向早期现代化的转换。

第六节　明清巴蜀城镇体系地位的提升与财富文化观念的转型

明末清初，从崇祯七年（1634）到康熙二十年（1681）共四十七年间，由于频仍的战乱，四川城市遭到毁灭性的打击，"颓垣废堑，虎迹纵横"，整个城池成为一片废墟，户口凋残，人口多向秦陇和荆湘外流，政府只好采取各省向四川移民的政策。

从康熙到乾隆，对四川实行移民实边，即俗称"湖广填四川"。清康熙乾隆时代的大规模移民，给四川带来了江南数省和部分北方移民。"土著稀少，今之成都人，原籍皆外省人。"①其特点是垦荒和经商："通都大邑，商贾经营者多系秦越豫之人。"②当时清代鼓励垦荒占田的特殊政策，吸引了关陇和湖广地区的大量移民，土著劳动力也得到稳定。加上川西平原得天独厚的自然条件，强化了农业劳动者和农业生产条件的紧密结合，使川西平原的农业经济和四川的城镇经济再度得到回升。到乾隆时期，仅成都地区经济和人口又达到了新的高峰，城市人口为十一万八千户，五十九万人。到宣统年间，成华两县人口达到八十五万人，城市人口占了城郊总人口的百分之五十八，这是历史上成都城市人口第三次集聚的高峰。其他四川中小城镇也有类似发展。

从此，四川的城镇建设烙上了深刻的移民地域文化印迹，巴山蜀水成了新移民文化交流融合的大舞台，尽显东西南北四方文化在四川的包容、兼容与血脉相通相融的新发展景象，因此，也有学者称四川为"移民文化"。其实，"移民文化"只是巴蜀文化的兼容开放一面，还有巴蜀土著本根文化的另一面，从而形成巴蜀文化新的明清特色：本根守正与包容开新。例如，就建筑艺术而言，巴蜀就成了全国建筑技艺的大展场。有人形象地表示，四川古镇就是中国东西南北建筑文化上的大观园，江南的小桥流水、曲径通幽、借窗显景与北国的宫廷庄严、官商大院、中轴对称，结合四川本身的小天井大出檐、四合院三合头、连排店居、竹林茅舍，都可以在四川找到它们的根与魂。

移民文化与土著地域文化的融会，给巴蜀古老的城镇体系带来了新质因素，出现了新的开放于全国的巴蜀城镇网络体系，在全国性商品市场网络体系中的地位也得到新的提升。它带来了并刺激了精神世界里巴蜀人财富文化观念的新变化。

先看全国性商品市场城镇体系：

明代张瀚所著的《松窗梦语》卷四曾描绘以北京为中心的全国性商品市场网络体系情况：首先是京师"蓄积为天下饶"，蓄积的财富"珍玩盈箱，贵极昆玉、珍珠、滇金、越翠"。接着是各省"河以西为古雍地，今为陕西"，"自昔多贾"，"河以北为山西"，"多玩好事末"，"商贾争趋"。就是远在西南边陲的云南，在其"会城（昆明）之中"，也"不待贾而贾恒集"。由他的描绘可知，从京师北京到陕西、山西、河南、山东、湖北、湖南、江苏、

---

① （清）佟世雍修：《康熙成都府志》卷一一，康熙二十五年刻本。
② （清）佟世雍修：《康熙成都府志》卷一一，康熙二十五年刻本。

浙江、江西、广东、云南等省，都以本省省会为商业中心，形成了"天下南北商贾争赴"，"估客往来，人获其利"的全国性商品网络市场。

再看四川商业城镇网络体系：

明清时代的四川，既具有秦汉以来物产丰饶、"陇蜀多贾"，"以所多易所鲜"的传统商业交易模式的历史优势，又具有明清时期以成都为工商业"会府"，东出三峡，西连松茂特产，"利在东南"，"夫贾人趋厚利者，不西入川则南走粤"的新的现实交易优势，是全国重要的东西部商品交换的集散中心地。而"燕、赵、秦、晋、齐、梁、江淮之货，日夜商贩而南"，"蛮海、闽广、豫章、南楚、瓯越、新安之货，日夜商贩而北"，这种南北向的交换贸易，也以四川为枢纽（李鼎《李长卿集》卷一九）。由此可见，在南北与东西的全国性商品市场网络中，四川已处于腹心枢纽位置。

明清之际，全国商品性市场网络体系的形成和发展以及商业城镇的大量出现，对于中国传统的封建自然经济结构具有强大冲击力和解构力，也刺激人们的财富文化观念向以白银化支配为主的物欲观和消费观转化。其中，"一条鞭法"实施过程带来的明代赋役货币化、白银化制度与以山西钱庄票号为特征的突破传统的金融制度的出现，对许多省地方经济的影响、渗透和侵袭尤为关键。在这种历史背景下，宋代以来开始出现的市民社会因素不断增长的发展趋势，在明清时代又发生了深刻的变化。具体地说，由宋元交子、会子的发明到后来的滥用，明代宝钞纸币制度的兴起与崩溃，使得当时有可能成为世界性纸币通货制度与普及体系的中国发明（首先是四川发明）中断了。纸币不但得不到推广，反而因噎废食，使原来的银钱、铜钱制度得到了复辟的机会，明代后期支撑赋税缴纳、商品流通与市场交易的不是纸币，而是赋税折银与白银交易。例如，钱庄纳钞、商税厘税、民田商屯，皆使用白银为货币；"一条鞭法"下四川使用金银缴纳的"金花银两"，到清代更强化为用银锭铜钱缴纳的"川省京饷"；明代的赋折银（只用白银）到清代衍变为银锭与铜钱并行，等等。[①]

作为世界上发明和使用纸币的最早地区，这一巨变给四川带来了颠覆性影响。其中，金、银、钞、钱、粮五者比价的高低涨落，海外白银的涌入，全国货币白银化的金融制度、征税制度和钱庄票号制度的落地生根以及变化发展，都值得深入研究。在当时，以收藏银锭、金银宝玩为炫富与藏富标志的社会习俗风

---

① 本节请参阅谭继和主编：《江口沉银历史文献汇编》总序，巴蜀书社2020年版，第6~8页。

靡全国，而此风在四川尤盛。成都是当时四川地方银锭流通和收藏的最大财富凝聚之都，其他大小城镇也纷纷效仿，成为当地财富与商品集散中心。这些变化更能吸引在乡地主进城，衍变为城居地主；他们财富的聚集与交易方式，也由乡村粮谷的实物地租，衍变为城乡银锭的货币地租。这就更助长了四川城乡从官府到民间家藏财产以窖藏银锭、搜刮金银为贵的风气，甚至出现富民乡绅在乱世疯狂埋藏金银财宝的势头，这已为考古发现的家用窖藏所证实。概括起来说，明清之际四川城乡商品经济的发展与实物变金钱的财富积累方式等新变化是明清时期经济走向商品化、社会化的时代反映，是明清商品经济的城乡变迁带来的结果。四川成为大小城市商品财富聚集发展的生长地，过去处于社会底层的一些平民小人物，其社会地位被重视和提升。尤其是经营有道的商人阶层，乃至诚实守信的小商贩受到社会青睐和重视。反映在明清白话小说上，则出现了由歌颂传统社会"公子落难中状元，小姐花园订终身"的才子佳人模式，衍变为歌颂"卖油郎独占花魁"的小市民、小商人抱得佳人归的模式。

不仅经济有如此重大的变化，在思想道德与社会风气方面，刺激了以银锭为家财的社会时代观念的盛行，也产生了一切向金银看齐的"人趋市利""志于富侈""唯利是图"的不良思想倾向，污染传统道德领域，败坏"匡正励俗"的乡风民俗，甚至市棍土豪、奸商势绅利己损人、鱼肉善良之风甚嚣尘上，把道德与诚信抛诸脑后，颠倒了传统的道德义利价值观。

明末清初时期是巴蜀文化传统形态出现挫折、发生转折的前夜。我们知道，道光二十年（1840）以后，中国历史进入近代史时期，巴蜀文化比东部区域文化稍晚二三十年，也开始出现急遽的亘古未有的近现代化形态的质变。但实际上，早在明末清初社会文化转型的前夜，巴蜀地区已经积累了深厚的经济上的资本主义萌芽因素和传统文化上的创造性转化因素，出现了在传统的自然经济结构中新型商品经济因素积累和增长的现象，为巴蜀文化在清代后期近代史上的创新性转化奠定了基础，准备了条件。它的主要表现是四川地区以自然经济结构为主的封闭的传统乡村社会，开始向新型城镇商品经济活跃的市民社会转化。与此同时，四川传统的乡贤文化、乡绅文化与乡愁文化的渐次变迁与逐步衍化，开始成为突出现象。四川人的经济生活与文化生活、生活方式与行为方式、宗族传袭与社区交往、信仰方式与思维定式等方面都出现了传统文化中新增质变因素的现象。这种新旧交织的变化特别体现在各种"非物质文化遗产"方面，包括民间文学、歌谣、谚语、竹枝词、长篇说唱评话、花部戏传奇与乾隆时期出现的川剧艺术等等。因此，明清时期巴蜀文化主要由精英型社会文化转型为平民市民型社会文化，巴蜀历来的"书香社会""诗意生活"的精英文化的根基，到明清时期就浸润到一般市民和乡民的生活方式中，成为百姓也能体味的"川味"生活美学享受方式。

必须说明的是，明清时期，城市商品经济并没有发展到完全能够从封建自然经济结构中独立出来的程度，无论在内容还是形式上，前者都还是后者的附庸。但商品经济的流通性、开放性的本性，毕竟在某种程度上冲破了自然经济封闭性、迟滞性的束缚，形成了动态的工商文化与活跃自由的充满生机的生活方式，同自然经济的静态的农桑文化与田园诗似的、充满隐居野趣的宁静生活方式的矛盾运动。前者的特点是好利好功，追求物质享受。正如马克思所说的"伊壁鸠鲁的神存在于世界的空隙中"一样，商品经济在迟滞刻板的生活方式的空隙中，努力争取自己向外开放和交流发展的空间。因此商品经济是城市文化与生活方式衍变与发展的活力与创新力所在。

以上说的是明清社会财富观念变化带来的积极的开放性影响，但也有它的金钱唯上拜金主义的消极一面。特别是明清之际战乱时期，带来四川基层社会治理体系与乡村邻里和谐文化失衡、失序、失范问题。

马克思曾经指出："古代的历史是城市的乡村化"，而"现代的历史是乡村城市化"，"亚洲的历史是城乡浑然一体的历史"。四川古代农业文明的发展道路正是这种亚洲形态的典型。它具有奠基于"城市乡村化"道路而形成的城乡混交、浑然一体、融合发展的历史传统，城市宛如有城垣的农村，城市环境布局带有强烈的田园风味，城市或乡村居民多有"务农业儒""士农不分"（《温江县志》）、耕读传家的生活方式特色。[①]社会生活的乡村化，贯穿于城市生产、生活和家庭之中，强化了以乡村与城市自然联系纽带为基础的基层城乡社会邻里自治和谐结构，天然地形成了城乡基层村社邻里之间"肯与邻翁相对饮，隔篱呼取尽余杯"，"农家农家乐复乐，不与市朝争夺恶"的和谐文化传统。但这种数千年形成的优秀基层社会治理文化习俗，实际上自明代嘉靖以来，随着商品经济的发展与金钱观念的变化，已逐步失衡失序，到明清易代之际，国家治理与社会治理秩序更受到严重战乱的破坏，盛世乐土变成

---

① 参见谭继和：《论成都城市文化的基本性质及其特征》，谭继和：《巴蜀文化辨思集》，四川人民出版社2004版，第83~84页。

了人间地狱。地方乡绅富民中"学霸势绅，市棍土豪"，"猫鼠固结，鱼肉善良"①的歪风邪气滋长，亲仁睦邻、脉脉温情的和谐大道文化与乡村伦理秩序被践踏，人性被污染，心灵被腐蚀，这是明清之际四川战乱祸烈倍于他处、家亡村绝倍于他省的内因。明末清初欧阳直所著《蜀警录》专门分析了这个问题。他认为蜀乱的内因在于世道人心的失衡、失序。"天下未乱蜀先乱，天下既治蜀后治"的"先民之言"②就是欧阳直首先在这本书提出的。之所以说这是"先民之言"，是因为其更早的渊源可追溯到《北周书》上蜀人"贪乱乐祸"的说法。③他认为这句话"验之今日（指明末清初时），语诚不诬"。他分析蜀之祸乱首先源于蜀人心乱，蜀之后治亦源于人心之难治。他细致分析了明清之际蜀人罹祸于水火刀兵、饥荒瘟疫的内在原因，认为这些"皆由人心不善，孽从自作"。他叙述自己在童年时代，看到的万历时期的四川是一片邻里和谐的社会景象："童时，见里中人烟颇殷庶，风俗颇淳厚，尚气节，敦信义，崇礼让，励勤苦，亲亲长长，称诗说礼，任恤睦姻，比闾相助。士大夫饬廉隅而修俭德，群弟子尽孝友而笃公忠，屏去华膴珍奇，独推布帛菽粟，心无机械，目无干戈，人不知兵，家惟弦诵，陶然于和风甘雨之中，真不啻极乐世界。"但到了崇祯年间，市民社会的商品经济发展起来，阶级矛盾日益尖锐。他看到的社会风气是"人心日险"的迥异局面：穿衣讲究"竞侈罗绮"；饮食讲究"宴集丰厚，淡泊是鄙"；住房讲究"华堂绣户"；田土则"富连阡陌，贫无立锥"；交易则"利己损人"；营求则"重息撒债（放高利贷）"。"甚至贪官污吏、学霸势绅、市棍土豪、衙蠹宦仆，猫鼠固结，鱼肉善良，倾人之家，破人之产，鬻人之子，骗人之财，坏人之功名，害人之性命。"这样的社会风气横行，岂不把"乐土转为恶域"？美好的古典传统基层社会管理体系和治理结构被从文化之根和精神源头上破坏与瓦解，必然造成"锦水巴山满目魑魅魍魉"，"竟成劫难"的后果。欧阳直由此得出结论："是知劫难之作，皆由人心不善致之；而蜀中之乱独甚而祸独惨者，又蜀人大不善之心有以自致之

---

① 欧阳直：《蜀警录·欧阳氏遗书》，陈力主编《中国野史集粹》第二集，巴蜀书社2000年版，第63页。
② 欧阳直：《蜀警录·欧阳氏遗书》，陈力主编《中国野史集粹》第二集，巴蜀书社2000年版，第67页。
③ 刘茂才、谭继和：《巴蜀文化的历史特征与四川特色文化的构建》，谭继和：《巴蜀文化辨思集》，四川人民出版社2004年版，第92页。

也。"①人心不善，指的是最根本最深层次的心灵文化支撑力量不是向善，而是向恶，"蜀人大不善之心"是由竞侈奢靡、见利忘义的社会风气习染而成，由此必然造成明清之际基层社会治理秩序和乡土伦理亲情文化的大破坏。欧阳直感叹，这是明代前期自洪武以来一百多年乡村社会治理的"乐土"，转化为明代后期自嘉靖以来一百多年社会冲突日剧的"恶域"的根本原因。用今天的观念来解读，得出的教训应该是：历史上的社会治理经验证明，应当首重社会心理的向善教化与伦理秩序的培育和教育。总之，历史上关于金钱观念、财富观念的各种层次的衍变，会给社会管理结构体系和治理方式带来积极的或消极的影响，需要今天认真总结祖先前人的社会治理与乡村治理的经验和智慧。②

第七节 明清"川味"特征的巴蜀基层社会群众文化的兴盛

这一时期城市文化市民化的特点是有"川味"特点的下层群众文化的兴盛。如川剧和小吃，其特色就兴盛于这一时期。明末曹学佺的《蜀中广记》、清道光时钱庸威的"廛间之艺"，均是蜀中市民文化结晶的杰作。宣统时斑傅崇榘的《成都通览》尤其能代表下层民众的文化心理。下层民众一些新的娱乐活动，如打连箫、耍坛子、拉洋片（看西湖景）、巫婆观花、猴戏、被单戏（又称背担戏，一人就是一个戏班，手中舞傀儡，两足击乐器，口中唱词，五体并用，锣鼓喧天，称为"一人班"）、说书（旧时成都茶馆几乎家家有说书人，渊源自古，成都有东汉说书俑出土）、打连三、电光戏、烟火架、木肘肘、耍龙灯、耍狮子灯、车车灯、胖胡琴、划龙船等等，名目繁多，说明成都游玩杂技之盛，也说明随着城市经济的发展和市民阶层的活跃，群众文化亦达到了普遍化的兴盛时期。

一、市民社会生活美学化的文化标志：川剧

明清时期蜀文化的最高成就是川剧艺术。川剧源于成都唐杂剧、元北曲和明南曲，由清代"雅部戏"转型为地方剧种"花部戏"，形成于清代乾隆时

---

① 欧阳直：《蜀警录·欧阳氏遗书》，陈力主编：《中国野史集粹》第二集，巴蜀书社2000年版，第63页。
② 参见谭继和主编：《江口沉银历史文献汇编》总序，巴蜀书社2020年版，第6~8页。

期。它的五种声腔艺术：高腔、弹戏、胡琴、昆曲、灯戏，主要是通过两个途径形成的：一是著名艺人继承南北曲交汇的传统，熔昆腔、梆子皮黄和秦腔与巴蜀竹枝融汇而成的高腔三大声腔系统于一炉，而在剧目、曲牌和表演艺术方面形成了本身所专有的、浓郁的四川地方特色。其中乾隆时期的金堂人魏长生，艺名"魏三"，在四川、北京和扬州演唱"四川秦腔"，改革表演艺术，首创梳水头和踩高跷，独掌花部霸权，所饰花旦，名倾全国，被誉为"一世之雌"，成为花部戏代替雅部戏时期开辟地方戏新纪元的天才。魏长生所创"四川秦腔"直接衍变为今之川剧的弹腔。川剧的形成和得以从其他剧种中分化出来，实赖魏三儿、刘朗玉师徒一辈蜀伶，奠定了表演艺术的基础。

二是著名文人对川剧剧本加以文学性、诗意性的创作和改造。早在乾隆年间，杨潮观在邛州卓文君妆楼旧址建吟风阁，创作《吟风阁杂剧》三十二折，与优人乐工互相切磋，开创了清代成都地区文人与地方戏剧结合的风气。后来有文人黄吉安继承这一传统，直接创作和改制川剧"五袍、四柱和江湖十八本"等剧本，成为历代艺人沿用的标准剧本"黄本"，使川剧由粗糙的市民艺术变为声腔宏富、文辞典雅、俚俗并兼、雅俗共赏、亦庄亦谐的精致艺术，进一步推动了巴蜀市民社会习俗的文雅化、书香化与诗意化。

二、追求社会生活美的"川味"特色休闲方式

明清时期"川味"特色休闲生活方式普及于民间社会，主要有两大范畴。

一是唐宋时期"四方咸传，蜀人好游娱无时"（北宋田况），谓"太守为遨头"（元费著）的遨游习俗在明清时转化提升为"人日游草堂"的雅俗。由唐杜甫与高适人日和诗为源头，以明代成都杨升庵诸友人在草堂人日雅集，和诗、画像忆远在云南的升庵情景为范式，特别是和诗与画像寄到云南途中升庵已去世的动人故事，感动着成都人的心灵，从此形成民间每年"人日游草堂"的高雅习俗。此俗今已成为四川省非物质文化遗产。

二是明清时期茶馆已遍及全巴蜀城乡地域，并形成独特的茶馆讲书场文化。成都老茶馆在全国数量最多，茶馆文化与市民社会生活紧密联系，当时有"半城茶客半城茶馆"记载，是市民追求休闲生活美学享受的体现。据《成都通览》记载：清末成都街巷计五百一十六条，而茶馆即有四百五十四家，几乎每条街巷都有茶馆。

一些中国风格尤其是四川特有的表演艺术，如书场说书、清音口技、扬琴清唱、川剧戏曲、茶舞茶艺、武术杂技等，多以茶馆为表演场地，茶馆艺员登记书普遍采用。成都市档案馆珍藏整理的《成都老茶馆系列档案》（1903—1961），拥有一千八百六十五卷、七千四百五十四件文献，已进入《中国档案文献遗产名录》，是研究以成都为代表的中国近现代城市经济社会文化历史发展的珍贵史料，据其记载，1903年群仙茶园就已有文艺演出。此外，各行业的集会、各种义演及募捐集资、市民的信息交流等，都会在茶馆进行。著名老字号就有鹤鸣茶社、瓯香馆、广春阁、天禄阁、文泉阁、香泉阁，最大的华华茶厅可容千人座位。在这里，各类人不分等级，不分内外，不论贵贱，和谐共融于同一茶馆内，其共同的身份就是茶客。

需要特别指出的是，这种茶馆文化直接延至清末民国时期，并有新的演变。茶馆从集会、演艺、信息交流的场所发展成为具有对外国际交流功能的场所，这是川茶等中国茶在明代第二次走出去影响英国红茶系列创制之后，四川茶馆文化又走上了国际交流舞台。据成都档案记载，英国和法国的领事馆、商务访华团等就曾在成都的茶馆举行茶会等活动，如英法领事馆申请在茶馆开"茶聚会"以庆祝第一次世界大战欧洲战场的胜利。这充分说明当时茶馆既是市民公共活动的场所，也是信息交流集散中心，还发挥着对外传播中华文化的功能。此时的茶馆还吸收当时世界人类文明先进成果出台了相关管理规则，特别是对女性权益的保护尤为突出，如"保护女茶房工作权益"，"保护女子经济独立"。这说明这一时期的茶馆文化，与世界历史发展紧密相连。

三、明清书院教育与蜀学复苏

明清教育事业的发展在巴蜀主要是书院的兴起。明代成都有子云书院、大益书院、浣花书院，清代成都有锦江书院、墨池书院、芙蓉书院、潜溪书院、尊经书院等，这些书院均驰名全国，对培养人才、复兴巴蜀人文学术有着积极的影响。锦江书院六杰就是清代前期书院人才培养的典型。锦江书院六杰是指清代锦江书院培养出来的以百科函海李调元为首的包括何明礼、张翯、孟邵、张邦伸和姜锡嘏六位著名院生的概称。作为乾嘉间四川科第、仕宦与学术界的标志性人物，他们主动承担起延续千年蜀学文脉的重任，广搜博采历代蜀人著述补缀蜀中掌故旧闻，或抄或购各类珍本旧籍丰富蜀中文献典籍，致力于丰富蜀中典藏，厚培乡邦文风士气等举措行为，既是巴蜀学人不甘落后，积极追赶时代学术步伐的客观要求；也是屡遭摧残、沉寂数百年之久的千年蜀学不断自主调节，积蓄力量，再次复苏振兴的历史必然。他们在复兴蜀学过程中所体现出来的对乡邦人文学术的高度自信和精神"学脉"的高度认同，奋力追赶时代学术潮流的文化自强意识，再现了千年蜀学绵延不绝、历久弥新、不断兼容开新的历史风貌，是推动晚清蜀学勃兴发达的重要精神力量。

第六章 近代与现当代巴蜀文化的创新性传承与发展

第一节　近代与现当代巴蜀文化形态的创新性传承与转化发展

一、近代时期巴蜀文化古典形态向近代化（即早期现代化）的转型

1840年以后，以农桑文明为特征的巴蜀古典地域文化，在外国资本主义、帝国主义侵入的影响下，受到近代文明的冲击，在阵痛中迈着蹒跚的步伐缓慢地向近代化形态转换。特别是19世纪末期和20世纪初期，新旧文化激荡冲突，巴蜀地域文化围绕着对传统文化的破与立、对中西文化的体与用激烈论争的主题，开创了近代百年史（1840～1949）波谲云诡、风云变幻、律动觉醒的向探索近代化转化、转型和发展的艰难历程，也是冲击近代中国风雨如磐的百年黑夜，迎接新中国曙光的艰难历程。其中最重要的六大文化事件：

一是19世纪末的戊戌维新运动，"是一阵思想的巨浪"，开创了地域文化"新的思想意识时代"。1875年四川省城尊经书院的创建，开启"绍先哲，起蜀学"的新风，以湘学巨子王闿运为山长，兼容中学经史与西学时尚，会通湘学与蜀学，先后培育出一大批以廖平、吴之英、宋育仁、张森楷、刘光第、杨锐，以及传承尊经书院文脉的郭沫若、蒙文通、周太玄等为代表的通经致用、新旧会通而又重今文经学传统的新蜀学人才，在四川开启了近代启蒙思想意识发展的新阶段。

二是20世纪初的四川保路运动，不仅是政治、经济运动，也是文化变革的运动，是由从旧绅士阶层走出来的城市化精英组成立宪派与下层民众哥老会组织相结合，"引起中华革命先"（朱德评价语），出现了天府四川三千年未有的大变局、古老文化生活习俗与文化心理亘古未有的大震动和古典形态的巴蜀文化的大裂变，开启了四川人对西方民主意识的吐纳与民族革命精神新觉醒的汪洋恣肆历程。

三是五四新文化运动在四川，出现了对"科学与民主"新思潮的追求，出现了对西方文化，特别是法国启蒙运动加以深入了解和探索的渴望与追求。当时，留法勤工俭学形成高潮，四川留法学生占了全国留法人数的三分之一以

上。吴玉章等人还是留法勤工俭学的组织者和倡导者。其中新的先进知识分子则开始了对马克思主义的新的探索。1920年四川人陈豹隐在北大首讲"马克思主义经济学概论",郭沫若在1926年写《马克思进文庙》一文,提出了马克思的共产主义思想与孔子的大同思想相结合,"引为同志"的马克思主义中国化的路径设想,这是把马克思主义与中国优秀传统文化相结合的先驱著作之一。1929年他写作《中国古代社会研究》,其宗旨就是阐明该书的性质,"可以说就是恩格斯的《家庭、私有制和国家的起源》的续篇","研究的方法便是以他为向导","提供出他未曾提及一字的中国的古代。"①郭沫若开创中国马克思主义史学道路就是从这本书开始的。1922年王右木在成都最早建立党组织。1924年杨闇公、吴玉章在成都成立"中国青年共产党",开展革命活动。总之,在党的百年红色征程历史上,四川人以敢为人先的精神做出了自己杰出的贡献。

四是中国工农红军创建川陕、湘鄂、川黔革命根据地,传播红色革命文化火种,成为全国第二大苏区。红军长征过四川,铸就伟大的长征精神。四川是红军长征历程中活动范围最广、历时最长、行程最远、战斗最密集、翻雪山过草地境遇最恶劣的省份,同时也是第一个建立少数民族苏维埃政权——"格勒德沙共和国""博巴苏维埃政府"的地方。中国共产党在根据地建立苏维埃,是新中国建立"共和国"的雏形,留下了宝贵的革命精神和红色政权建设经验。

五是抗日战争时期抗日救亡运动在四川兴起,成立了各界救国联合会。抗日战争开始,川军即组织出川抗战,四川人民对抗战做出了巨大的人力、物力和财力贡献。沦陷区大量高校内迁四川和云南。特别是西南联合大学在昆明落地,为巴蜀文化注入了新的活力,四川成为大后方民族复兴的根据地和中华文艺复兴的基地。

六是解放战争时期,四川地下党在极其严酷的形势下,组织广大爱国学生和人民群众开展各种斗争,迎接四川解放,掀开了四川历史的新篇章。

---

① 郭沫若:《中国古代社会研究》自序,《郭沫若全集·历史编》第一卷,人民出版社1982年版,第9页。

二、新中国巴蜀文化的社会主义现代化新面貌与新格局发展

新中国七十年是社会主义在中国建立、奠基，到开创和发展中国特色社会主义的宏伟史诗进程七十年，是中华民族从站起来、富起来到强起来的伟大历史飞跃七十年。1949年是新中国成立为社会主义奠基的标志。1978年党的十一届三中全会开启了改革开放宏伟历程，进入开创和发展中国特色社会主义的历史新时期。2012年党的十八大以来，以习近平同志为核心的党中央统揽伟大斗争、伟大工程、伟大事业、伟大梦想，中国特色社会主义进入伟大的历史新时代。在这个新时代的历史方位上，在中国特色社会主义基本架构和四梁八柱已经铸就的基础上，在习近平中国特色社会主义思想指导下，中国人民正进一步完善和发展中国特色社会主义，百年大党，世纪伟业，迎来了实现"两个一百年"奋斗目标，全面建设社会主义现代化国家，实现中华民族伟大复兴中国梦的光明前景。

新中国七十年来，传统的巴蜀文化，伴随着共和国不同时期成长的步伐，在创新性转型为中国特色社会主义文化的过程中，不断书写出新的篇章。新中国成立，解放后的新四川，人民当家作主，社会革故鼎新，巴蜀文化获得创新性转化与创造性发展的机遇，开始了艰辛探索社会主义现代化路径的曲折前行。其中，党中央三线建设英明战略决策，不仅奠定了四川现代工业化的经济基础，而且为巴蜀文化优良传统的创新和发展，注入了三线建设者不畏艰险、勇毅前行、创新创造、强国后盾的"三线精神"的新质内涵。进入改革开放新时期，天府四川更开拓出"改革之乡""富民兴川"的社会主义现代化建设的全新局面。在中国特色社会主义新时期，巴蜀文化也随着改革、开放、建设不断前进跨越的步伐，传承巴蜀老祖宗"非常之人"（司马相如语）"敢为天下先"的精神，助推治蜀兴川，迈上由文化资源大省向文化产业强省跨越的新台阶。党的十八大以来，中国特色社会主义进入新时代，巴蜀人人深入学习和贯彻习近平新时代中国特色社会主义文化思想和习近平总书记对四川工作系列重要指示精神，认真践行"公园城市"，"构建长江上游生态屏障"，保护发展"从巴山蜀水到江南水乡的千年文脉"等新发展理念，紧扣中央统筹推进"五位一体"的总体布局，协调推进"四个全面"的战略部署，积极投身实现"两个一百年"奋斗目标的伟大实践，坚持党的领导，准确把握新时代巴蜀文化的历史与未来定位，向其他兄弟情谊的地域文化互学互鉴，广泛凝聚人心和力

量，凝聚和增强中华广域文化共同体和中华民族命运共同体意识，推进人类命运共同体共识，开拓新时代巴蜀文化新局面，建构巴蜀文化新学派、新风格、新特点，同心共筑中国梦，阔步走进新时代。

随着中央"成渝地区双城经济圈"战略部署的贯彻，正掀起对成渝巴蜀文化共同体、成渝城市群文化圈和成渝文化融入旅游走廊研究、推动和构筑的热潮。

总起来看，巴蜀文化四千五百年以上起源、形成、发展和创新的文脉与基因，它的文化之根与文化之魂，贯穿着历史、当下与未来。巴蜀文脉几千年，历史文化与现代文明错综发展的结果是每个历史时代或历史阶段，都有创新性转化和创造性发展的硕果。每个历史时代的巴蜀人都把传承祖宗文脉薪火，开拓巴蜀文化新路，培育和维护这棵巴蜀文化常青树，结出神奇生态、神秘文态和神妙心态的创新性硕果，创造世界与中国第一的历史文化纪录，作为造福当代、泽被后人的历史责任与贡献自我、敢为人先的历史担当。当今新时代赋予巴蜀文化新的历史方位和新的历史特征，是巴蜀人难得的开创社会主义巴蜀新文化新文明的新时代新机遇。今天的四川人当传承两千年前司马相如提出来的"非常"创新、控引天地、错综古今、探索宇宙的"非常之人"精神，汲取历代巴蜀人历史智慧与历史经验的结晶，这是当今时代最深刻的需要，也是当代巴蜀人传承和创新现代巴蜀文明努力的方向。

第二节　蜀学向近代化转型的开端：新心学与今文经学的崛起

一、近代开端时期以新心学为标志的蜀学向近代化方向的转换

近代蜀学"新心学"的代表人物是近代开端时期西部启蒙思想家刘沅。

刘沅（1768~1855），字止唐，一字讷如，号清阳居士，四川双流县人，后居成都纯化街传学授道，因居处有三槐树，故号曰"槐轩"，其著作结集则称为《槐轩全书》。他是清代四川著名的思想家和教育家，其哲理思想以"天理良心"为标志，是宋、明陆、王新心学在巴蜀进入近代启蒙开端时代的新发展，故被称为"槐轩学"。从其曾祖刘嘉珍起，即世研易理之学，其子孙一直传承儒家十三经解析与研究，是四川著名的学术家族，至今代有传人。

刘沅生活在清代乾、嘉、道、咸时期。以道光二十年（1840）为标志，

这正是中国走向近代史的开端，是中华传统文化由古典形态转化为近代化形态的转换之交的时代。刘沅是这个转换之交时代启蒙思潮的一个先驱，是新儒家由程朱理学而陆王心学而新心学不断转化时代，承前（宋明陆、王）启后（晚清、民国新儒家），构建自己新心学槐轩体系的通儒，是近代蜀学以今文经学为特征发展到新阶段的代表性人物，是以儒家"天理良心"的新解读为标志，毕生从事以"和合思想"的中庸、中正、中和为旨归的文化中国共同体意识培育的思想家，是传承春秋时期孔子开创中国私学文脉而开近代师儒新格局的教育家。如果说，中国近代化开端前后，浙江的龚自珍是东部传统文化启蒙思想的代表，发出令神州震荡的"我劝天公重抖擞""九州生气恃风雷"的民族文化觉醒的呐喊，那么，四川的刘沅就是西部传统文化启蒙思想的代表，发出既是令中外耳目一新，又是传统儒家主张的"天下为一家，中国为一人"的民族文化自信的呼声。两人各有自己的体系和特点，但"东龚西刘"应该等量齐观。①不过，刘沅在当今历史研究视野中被埋汰得太久了，尽管他入过《清史列传》，但至今许多人不知道他。在今天新时代新的历史方位下，应该对他给予重新评价，作为传统文化中可宝贵的历史学术资源加以新的发掘。

（一）槐轩学的基本体系和基本特征

刘沅的学术思想有体系、有内核、有鲜明特征并有自己鲜明个性的学术话语，因而被人们称为"槐轩学"。"槐轩学"著作以《槐轩全书》为代表，其中的儒经元典的"恒解"是他的思想核心。②其体系，简要地说，是以"中"字（中庸、中和、中正）为准则，以"天地良心"四字为纲，以"一心两翼"来展开，会通天、地、人，以儒为本，融道释，对儒经加以刘氏特点"恒解"的体系。其中，"一心"指"人者，天地之心"。"两翼"指：既抓理论层面的"穷理尽性""传心之学"的新解读新研究，同时又抓实践层面的"民生民用""社会人伦"的践行创新，最终以重民生、重民用、重民彝为根本落脚点，实现"圣人之心"与"天地之心"的合一，因而也是"圣人之心"与"平常之心"的合一。刘沅这个学术体系比前人进步又有所发展，有三个新解读重点：

---

① 谭继和：《刘沅：近代中国开端时期的启蒙思想家》，《文史杂志》2018年第5期。
② （清）刘沅著，谭继和、祁和晖笺解：《十三经恒解笺解本》，巴蜀书社2016年版，共十卷。刘沅本人没有提"十三经恒解"这个名称，只说了他自己对"四书六经""四子五经三礼"作了"恒解"，这个名称是笺解者取的，请参见该书"总叙"第2~3页。

一是把"天理良心"视为一个整体："善夫天之理，即心之良，心之良始为天之理也。"人与天是相互依存的，人心与天理也是相互依存、互为条件的。天地养育人类，故"天地之性人为贵"。人类感恩回报自然界，故"人为万物之灵……其性即天地之理"。他认为"人天合一观"就是"天之道利而不害，人之道为而不争"，天地自然厚德载物，人类感恩天地自然，两者和谐共处。这里刘沅体现出了"人类与大自然生命共同体"的意识，这对当前生态环境建设与生态文明建设是有借鉴价值的宝贵历史思想资源。

二是他主张"传心之学""心性之学""格物致知之学"关键在践行"实践"，落实到重民用、重民生、重民彝的宗旨上。他认为"安民居利民生"是心学实践的根本出发点。民生和民用是"人心之公理"，是"自然当然之理"，是老百姓平常生活之理。这些概念的提出，特别是"实践"观念的提出，是他在传统农业文明时代具有文化自觉性的表现。他讲的"实践"，不是今天的实践理念，指的是"重人伦"的践行，不过，仍然是十分可贵的。

三是主张把道落实在"心"字上，也就是心灵上。他强调"养浩然之气，渐臻于天理，浑然不动心而性定"。他把"存心养性"四字解释为"存有觉之心，养虚明之性"，换句话说，就是事业担当的自觉之心与独善其身的虚明之性相结合，净化心灵，净化精神境界，锤炼浑然不动的定力和初心。这些论述体现了文化是灵魂，是精神家园的根柢和基因的精神，对我们深刻认识中华文化的文脉、基因及其创新性发展，有相当的助益。

从上述三个重点可以看出刘沅槐轩学超越前人、启迪后人的所在。他着眼于民族终极价值观的视角，把传统的心学提升到心源学，重视人心的提升和净化，这是刘沅对传统陆王心学加以升华的贡献，是独放异彩的新心学。就蜀学而论，他也是上承明代内江赵贞吉"与天地万物同其良，与百姓日用同其能"的新心学，又下启20世纪"儒化西学"的新儒家、现代新心学家成都金堂人贺麟，开拓了现代蜀学的新路。

（二）刘沅对文化中国共同体意识培育的贡献

刘沅生长的时代正是中国近代史大变局开端之际。他的学术思想面对西方文化的冲击表现出两面：一方面虽然被禁锢在儒学传统体系范式的圈子里，但另一方面他已具有粗浅的西方知识。他既不能不受到近代启蒙思想的感染，又不能不表现出对中华传统文化"圣学罕传"的危机感和"人遂多沦落于异族"的忧患意识。在风雨如磐、山雨欲来的时代，他提出了"圣人以天下为一家，中国为一人，岂曰兼爱乎！"的救时救弊的药方。①这里不对这个药方的渊源和复杂内涵来加以分析，只是指出他在这里表现出了强烈的爱国主义精神和坚守"圣学"（即"国学"）国粹，坚守本土文化自信热力的立场。"天下为一家"体现出对世界人类和合的认识和理念。"中国为一人"是传统儒家的理念，是指中华民族大一统的凝聚力和向心力，几千年如一人；是指对文化中国大一统意识的高度凝练，是对文化中国命运共同体"一个中国"的身份认同。这是刘沅具有重要学术价值和现实价值的重要论断，值得深入研究。

（三）刘沅对民族价值观新质因素的解读与奉献

一是他提倡"天心"即"人人之心"，主张"心圣人之心，行圣人之行"，把圣人的价值观浸润到凡人生活中云，开启了实践必求服务于大众人伦的儒学新风，超越了宋明理学格物致知理念局限于个人封闭悬想的狭隘性和封闭性。

二是他从民族终极价值的角度，倡导"为乾坤之肖子""宇宙之完人"的民族价值观理念。

三是他以易经乾卦的君子乾乾，由潜龙勿用发展到见龙在田、飞龙在天的民族奋斗精神，来解释《论语》"学而"首章的学与习二字，对作为中华民族象征的龙的精神，做了新的文化解读。

四是他对蜀学的今文经学重统体、重时势、重翻案创新的思维传统进一步提升，主张以"吾心自然之公理"为标准融汇儒释道，统一到为重民生而实践的价值观上去。

五是他对巴蜀地方文化的保护和坚守，为今天留下了重要的地方历史文化遗存、重要的文化地标和重要的景观遗存。如他对武侯祠重建和老君山复兴所做的无私奉献。他对江沱文化（岷山导江，东别为沱）的新解读，对四川得名等文化资源做了深入的剖析，颇能启迪后人。

六是他为刘氏家族留下的《豫诚堂家训》《蒙训》，成为今天巴蜀文化的家训家风教材；他们祖孙数代几十年从事教育，培养了上千人才。他们家族数代为师的书塾教育持续上百年，开创了从幼学班、少学班到研究班的私学教

---

① 刘沅此语源自《礼记·礼运》："故圣人耐（即能）以天下为一家，以中国为一人者，非意之也。"载《礼记正义》卷二二"礼运第九"，见（清）阮元《十三经注疏》（下册），中华书局1980年版，第194页。

学体系,积累了丰富的教育实践成果,推动教学和研究互长互进,推动人才精英教育与儒学普及教育相结合,从而为如何形成、发展和转化从近代至今的国学教学格局、课程体系设置、教材分层次编纂、授课答疑方式方法等在今天国学热中还争论不休、莫衷一是的问题,留下了宝贵的可供借鉴的建设经验。特别是刘氏家族学术承传不辍,祖孙两代既创槐轩学,又创推十学,形成以"槐轩推十学"为核心,精于琴棋书画百科六艺的学术家族,培养了数代名人,如刘沅、刘梖文、刘咸炘、刘东父、刘锋晋、刘奇晋等,又如父子两代进省文史馆,这些事例为巴蜀乡贤文化和乡愁文化做出了卓越贡献,为今日乡村振兴首在文化,留下了宝贵创意资源。①

二、锦江书院、尊经书院与以今文经学为主流的蜀学转型崛起

锦江书院与尊经书院是清代前后期巴蜀两大代表性书院。这两大书院在传承蜀学薪火,培育学术与经世人才,推进巴蜀文化创新性转型方面,各自起了不同的作用,在蜀学发展史上均占有重要地位。

锦江书院创办于清代初期康熙四十三年(1704),由"按察使刘德芳建"(嘉庆《四川通志》卷七九《学校志》)。当时人评论"锦江书院乃全川书院之首"(杨彦青《重修锦江书院三公堂东西斋并后院碑记》),在清代前中期蜀学复兴发展史上起了核心地位与人才引领的作用。该书院所立宗旨"追前贤遗轨","以继石室流风于无穷,俾后学之周览"(刘德芳《锦江书院碑记》),特别重视书院教育对文翁兴学,振兴蜀学传统的继承和复兴。这是该书院的特色。它因此而选址在成都文庙街文翁石室故址上建立,就含着不忘蜀中老祖宗,继承文翁兴学传统的深意。在书院建筑上,也特别注意"文翁石室"传统。从康熙到乾隆,书院建筑几经增修,仿制起"文翁石室"的建筑规制来。它既仿汉代"文翁石室"建设周公礼殿的传统,建起"魁星阁",又仿"文翁讲堂"增建了"书院讲堂"与"学舍",重修"三公堂"与东西斋并后院。这两类规制的建筑,正是文翁兴学官学与私学两大传统的体现。

文翁兴学在巴蜀首创了两大传统:

一是首创"郡国之学",在中央朝廷"国学"之外,兴起了地方官学。所

---

① 参见(清)刘沅著,谭继和、祁和晖笺解《十三经恒解笺解本》总叙,巴蜀书社2016年版"卷之一"第1~22页;又见《礼记恒解分笺》,第77~81页。

建周公礼殿，则是"孔庙""文庙"的前身。文庙是官学体系的标志，从文翁开始，府学、州学、县学等文庙官学教育体系历代才传承下来。锦江书院有别于文庙官学系统，成都府另有府学、县学等官学体系。但该书院特别注意仿文翁石室"周公礼殿"建"魁星阁"，是期望对文翁地方官学系统直接传承的象征。

二是继承了孔子私学的传统。孔子创私学，启自由讲学之风。文翁继承孔子私学师儒传统，在石室之外，专修了两个讲堂：一名"温故"讲堂，承袭孔子"温故而知新"之意；另一名为"时习"讲堂，承袭孔子"学而时习之"之意，作为延请名师名儒自由讲学的场所。唐宋以来兴起的书院教育，主要是传承从孔子私学到文翁讲堂的自由讲学传统，有别于官学专为科举而设的体系，名师学者可以凭个性在此自由讲述个人学术见解，发挥"根柢原于学问，兴会发于性情"的学术个性，展现"藻思绮合，不名一格"，"自成一体，大放厥词"的个人才华。这是书院教育优于文庙官学的地方。锦江书院继承了书院私学这个传统，坚持厚培学术根基的方向："以蹈文翁之德"，"以儒为宗"，"先经义而后时文，先行谊而后进取"，把经义实学"蹈德咏仁"育人放在第一位，把"时文""八股"求科举"进取"放在第二位，这是锦江书院前期成功的经验所在，当然，它也同时具有为科举而时文的"官学"教育的另一面，越到后期这一面越突出，同治以后，走上了利重功名、专讲八股时文"试卷经策空疏"之路，违背了锦江书院初立时的《训士条约》："厚重明伦，学先正志。学须有识，学有原本，学贵厘正文体"（嘉庆《金堂县志》卷七"学校"）的初衷。

锦江书院繁盛时，延请名师彭端淑（清代"蜀中三才"之一）、杨锡麟、顾汝修（清代三大经学家之一）等为院长，特别是延请毕业于锦江书院的优秀人才、人称"锦江之魁"又返回书院作院长的李调元，培养了大批蜀中人才，"蜀中人才多出锦江书院"（李调元《雨村诗话》），其中"锦江六杰"是以李调元为首的锦江书院学人群体，是锦江学子中的优秀代表，是清代前中期蜀学界的代表人物。

在清代前期和中期蜀学复兴潮流初盛阶段，涌现了新繁"三费""潜书"唐甄及"蜀中三才""丹棱三彭""罗江四李""锦江六杰"等一批烁古切今，轩翥奋飞的英杰才俊。这些外号，有似魏晋清议品评，是蜀学复兴、人才辈出的象征。

以"锦江六杰"为代表的清代巴蜀学人对巴蜀文脉和"文宗在蜀"特点的

传承，显示出清代也有"文宗在蜀"的特色。李调元是清代文宗特殊的亮点。李调元自己曾分析历代蜀学"文宗在蜀"的特点，他认为蜀中文人"洵古今来文雅之渊薮"（李调元《蜀雅·序》），以文章"雄视百代""沉博绝丽"为学范（李调元《蜀雅·序》），以知识的"百科全书"和球形思维为范式，出了不少"文章魁首"："最著者如汉司马相如、扬雄，唐李白、陈子昂，宋苏洵父子，元虞集，明杨慎"（李调元《蜀雅·序》）。如果再往下数就该是李调元自己了。当时人的评判，曾谓李调元与性灵诗人袁枚"恰如华、岳二峰，遥遥相峙"，居于西部华山和东部泰山的顶峰地位。由此可见，这二人是清代前期东部和西部两个"文宗"代表人物。李调元贯通百科的特点，还体现在他的经学研究上，突显历代蜀学重文史、重今文经学的特点。他是蜀学发展史上擅长会通今古文的学者之一，既有文才而兼治朴学，在经学的"义理""训诂""考据"三个环节中，他着重"训诂"这个中间环节，这正是清代蜀学家张鹏翮、张问陶，到李调元，再传到刘沅的特点。李调元认为："训诂之文，非辞章之学。而深于训诂者，词章亦不外是。"换句话说，只要抓住"训诂"这一环，下可达辞章考据注疏，上可通义理研判解绎。他认为汉唐学者虽然多把一生精力悉耗于注疏中，固然可惜，但其注疏中也多有"标新领异"的诂训义理，只要通过训诂就可以把汉唐人"注疏"中有创见的义理发掘出来。他用这个方法把汉唐经学注疏中的义理章句摘了出来，单独编了一本书："因摘其标新领异之句，另为一书，名曰《诸疏锦字》。"这个寻找理论概念体系术语的方法是汉唐以来蜀学家的研究范式，它在清代得到特别发展，经过李调元的践行倡导，成为一种探索蜀学"领异标新"的概念体系和话语体系的文化自觉学风。研经方法重视"训诂"，这是历代蜀中经学家的特点，也是今文经学家研究方法的特点。在李调元之后的刘沅不但继承了这种研究范式，而且更进一步作了理论阐释，在李调元文化自觉的基础上，更上到文化入魂的层次。

到近代时期，鉴于"省城旧有锦江书院，造就不广"，以时文帖括，研习八股文为务，"岁科两试"八股文，"试卷经策空疏"，"不能补益"，甚至发现"考场作弊""未有川省今日之盛者"，更不能应对中西文化对撞冲突的时运危机，亟须革故鼎新，创办新书院。当时丁忧回籍的洋务派官员工部侍郎薛焕与通省荐绅先生十五人于同治十三年（1874）上书要求创办"讲求实学，造就真才"的新式书院，"以通经学古课蜀士"，命名为"尊经书院"。薛焕等人把这个请求投牒四川总督吴棠和学政张之洞（清吴棠《奏为四川绅民公请捐建尊经书院并刊刻经史事》同治十三年七月八日），后得清廷批准，于第二年即光绪元年（1875）在成都文庙街西侧石犀寺旧址由绅民捐资建立。张之洞是尊经书院的实际创办者，他为尊经书院制定了章程，写出了《四川省城尊经书院记》，确定"建置书院之本义与学术教条之大端"，拟出了十八条章程，规定书院"本义"是为"读书，成人才"，"定志"当"为学问也，非为膏火也"，学科"择术"当博与专，"非博不通，非专不精"，"务本"则重在求"学之根柢"，学书重在"知要""定课""用心""笃信""息争"，反对"蒙昧钞撮"，"搜索枵腹"，主张"大要读书宗汉学，制行宗宋学"，"汉学师法止于实事求是，宋学准行止于严辨义利"，"惟汉、宋两家不偏废"，其余"尊经""慎习""善诱""程功""惜力""恤私""约束""惜节""释疑"等行为规则均作出了规定。尊经书院三十年就是在张之洞"中学为体，西学为用"的思想指导下走过来的。①薛焕是尊经书院第一任山长。第二任山长是聘请湖南湘学大师王闿运于光绪四年（1878）担任，第三任山长是宋育仁，宋是尊经书院毕业的优秀生，曾出使英法意比四国，为公使馆二等参赞，是戊戌维新派学者，于光绪二十四年（1898）担任山长。他又聘请尊经书院毕业的著名学者廖平、吴之英担任"都讲"（教师）。宋育仁先在北京，回乡后又在尊经书院组织"蜀学会"，出版《蜀学报》，编印"蜀学丛书"，同时翻译出版西方读物，让学生既受益于西学，又能立足于本土文化通经致用，维新图强。

锦江书院与尊经书院代表着清代前期蜀学的复兴与后期蜀学的转型两个时代课题与时代方向：锦江书院重在蜀学本土文化自信力的传承和复兴，尊经书院重在本土文化适应近代化转型的热力培育和着眼于旧蜀学向新蜀学的创新性转化。这一变革发生在19世纪80年代。

1898年戊戌变法期间，全国改书院为学校，各地书院正式改制，"将各省府厅州县现有之大小书院，一律改为兼习中学、西学之学校"。②四川将尊经书院、锦江书院和四川中西学堂三所合并，改制创办为"四川大学堂"，光绪二十八年（1902）改制为"四川高等学堂"，又称为"四川省城高等学堂"。

---

① 以上参见胡昭曦《四川书院史》，巴蜀书社2000版，第273~315页。
② 光绪二十四年（1898）《改书院为学校上谕》，朱寿朋《光绪朝东华录》（四），中华书局1958年版。

该高等学堂以尊经书院为主体，锦江书院部分则同时又改为"成都府中学"。直到1911年辛亥革命推翻清王朝后，传统书院制度才正式结束。但"书院"传统在四川仍继续下来，不过已脱离官学，成为著名学者创办的讲习传统文化的优秀私学讲堂，如抗战时期的灵岩书院、复性书院、龟山书院、勉仁书院、东方文理研究院等书院，皆著名学者马一浮、梁漱溟、王恩洋等创办的，主要传承和弘扬孔子的师儒私学传统，适应时代变革的需要，保存与保护了蜀学精神道脉，有的还直接在1952年院系调整时并入了四川大学。

四川省城高等学堂几经衍变，于1931年改组为"国立四川大学"。根据上述文翁石室开创的地方官学与私学传统的历史衍变，我们有理由认定，四川大学的历史源头，其远源可以上溯到汉文翁石室与讲堂留下来的蜀学文脉与文化基因。其近源则是尊经书院为主体，锦江书院与四川中西学堂为两翼，兼容抗战以来东方文理研究院等各种书院的学脉成分，而成就今天的四川大学。

这里需要着重分析尊经书院传承蜀学道脉与巴蜀教育血脉的历史作用。其中，尊经书院传统"国学"的底蕴与蜀学的血脉，它培养出来的能站在时代潮流前沿的奇瑰磊落人才，其向近代化即早期现代化转型的历史经验教训，已成为今天巴蜀文化弘扬"重文史""重今文经学"的历史特征，重显其地域文化光辉的历史优势与历史财富。尊经书院的办学理念与办学方略皆有特色，既能传承祖宗薪火，又能不墨守祖宗成法，适应时代需要，能与时俱进的及时变革。推动这场变革的灵魂人物则是王闿运。他作为湘学的代表人物，作为会通近代蜀学与湘学的文化巨匠，在任尊经书院山长近八年时间中起了关键作用。

王闿运（1839~1916），字壬秋，号湘绮，人称"湘绮先生"，湖南湘潭人。光绪四年（1878），他受当时四川总督丁宝桢邀请，担任尊经书院山长近八年时间，直到光绪十二年（1886）回到湖南。他身体力行遵循践行张之洞"建置书院之本义与学术教条之大端"确定的办学原则，在办学理念、办学定位、办学特色和办学方略方面确立和完善了一套制度规则，用以凝聚师生共识，汇聚院内外上下合力，在理念和实践两方面都作了勇毅的创新和探索。

其书院办学宗旨，以"绍先贤，起蜀学"，培养"通博之士，致用之材"为目标，以"通经致用"，"中学为体、西学为用"为指导思想。书院中堂设置"石室重开"匾，这是"绍先贤"。书院大门楹联为"考四海而为隽，纬群龙之所经"，汇聚四海群龙隽才，这是"起蜀学"。为达到"中学为体，西学为用"的办学理念，规定课程设置"不试时文及试帖诗"，"所评为经、史、小学、辞章，尤重通经"，也就是说，仅是本土"实学"学问，而不是空疏八股试卷，仅以树国学根柢为"务本之举"，"本立而道生"，"本"就是"圣贤通天下之事理，言之谓之本，学人因谓之根柢。凡学之根柢必在经史，读群书之根柢在通经，读史之根柢亦在通经。道经之根柢在通小学，此万古不废之理也"。故"凡为士必知经学、小学"，此为"务本"（张之洞《四川省城尊经书院记》）。

在教学方式上，王闿运实施书院闭门上课，禁止出入，以保证读经时间。更重要的是"闭门"可以避开"官师同课制"，"使官课不得夺主讲之权"，以保障书院山长、都讲师长们能充分发挥学者自由思想、独立精神的"主讲之权"。①

王闿运是今文经学家，其教学主张为重宏观、重统体、重时势、重民生人伦实用、重微言大义，一句话，就是重真经元典之于现实有用的传疏解诂，严格贯彻今文经学的要旨。王闿运以"古今学术三途"即古今学术入门的三大门径教育学生。他在《文九·读书之要》中说："古今学术有三途：一曰儒林，经师之传习也；二曰文苑，学士之极思也；三曰道学，儒士之推致也。文苑之中复分三等：长记述者谓之良史，精论述者谓之诸子，工词赋者谓之才人。史以识为先，源出《尚书》；子以理为骨，源出《论语》；词赋似小，其源在《诗》。"他提倡"以抄助读"的方法，让学生抄书并把学生在经、史、词章方面的优秀论文，集结为"蜀秀集"成册刊印。他也重视校勘，成立了尊经书局，招了一些最善刻书的岳池刻工，将一些基本书重新校勘，书院的一些精英学生也参与校勘，此亦是培养实学人才，提高巴蜀学术水平的有效途径。总之，王闿运入蜀，促进了湘学"经世致用，惟楚有才"与蜀学"通经致用，惟蜀有才"的融通，为蜀湘同风，为蜀学复兴做出了自己特殊的贡献。他"力挽颓风，以实学教诸生，以德感人，且以议论贬当世"（龙晦《论薛焕、王闿运创办尊经书院》），在尊经书院以实学教化培育和影响了一批奇瑰磊落的蜀才。如杨锐、廖平、张祥龄、毛瀚丰和彭毓嵩被称为"蜀中五少年"。宋育仁受教育于尊经书院，又回到书院任山长。

廖平在范文澜先生《经学史讲义》中被称为"清代最后一位经学大师"，是传承蜀学今文经学的大师。现代经学、史学大师蒙文通先生就是廖平的学

---

① 王闿运：《湘绮楼日记》第2册，岳麓书社1996年版。

生。郭沫若的小学老师帅平均是廖平的学生。所以，廖平传承的蜀学今文经学文脉一直传承到民国时期和新中国时期，影响了蜀中数代学人。廖平的学说还影响了康有为。康有为在广州见到廖平后，极为佩服，他的《大同书》就受到廖平的影响，"托古改制，改良维新是他们共识的主张"。

廖平（1852～1932），字季平，初号四益，因其经学有五变、六变，故又号五译，晚号六译，四川井研县青阳乡盐井湾人。他参加科举，张之洞督学四川，从废纸篓中拣出廖平答卷，为廖平才思所感，方破格拔为府学第一，进入尊经书院。他的学问重在务求"经史根柢"，专注于音韵训诂之学，其师王闿运精于治《礼》，廖平青出于蓝，专治"春秋公羊学"。他治经优点是综贯百家，不囿成说，常有领异标新之论，擅长翻案文章，其实，这是廖平继承的历代蜀学家百科发散性思维传统。他受人诟病的是观点善变，常自我否定。其实"善变"即适应当时时代转化和创新的需要，而通经致用，也是蜀学家从扬雄到郭沫若的传统。他自述其一生经学见解凡"六变"。"前三变"重在分古今，一变"平分今古"，认为《王制》为今学之主，《周礼》为古学之主。二变"尊今抑古"，认为古文经乃刘歆所伪作，并驳自己前说之"平分今古"。三变"古大今小"，又否定自己的第二变。其后三变则专注于"天人之学"，拟在体系建构与思想阐释方面下功夫，但言多怪诞，或不可意会，或不可言说，晦涩难懂，故多诟病，被目为"绝诙怪者"之说。其实今天看来，他的前三变重在解决经学史上最大的今古学悬案，这还在人间学、伦理学范围内。他的后三变，则把儒学向"天人之学"推衍，这是指儒学应有方向性的转变，在儒学重在"通古今之变"，即重社会人伦现实衍变轨迹探索之后，应该转向"究天人之际"的学问，即世界观、宇宙观、哲理观的探究。而这恰恰是重现实人伦的儒学思维范式缺乏的地方。廖平的经学六变实质是想用"其命维新"的思想来解读中华文化元典来源发生的次第：即易—仙—道—儒—释的中华元典源头发生的顺序，最后向天地人共同体宇宙观推演，甚至向公元前五六世纪的世界轴心时代的中西思想家的共识和异同点推衍，从而发现儒家孔子在世界轴心时代的伟大贡献。可惜廖平的研究思维局限于旧经学范式内，达不到今天"天人"共同体意识的高度，以至被目为怪诞奇谈。其实，需要对廖平思想重新加以研究。他是个立足旧学营垒，受限于旧学思维，想走向现代而又还未能科学面对现代化的悲剧人物。

第三节 保路运动与巴蜀文化的近代化

一、保路运动：巴蜀文化近代化的标志

20世纪是中国社会性质发生根本变化的百年，也是传统文化由古典形态向现代形态转型、裂变、变异和急遽转换的百年。随着西学东渐和民族文化形态的转型，中学与西学、新学与旧学之间互相碰撞、矛盾、冲突和互相融合、吸收、消化两方面日益剧烈化、复杂化和曲折化。因此，所谓传统文化"由古典形态向现代形态的转型"问题，就成为20世纪新旧文化激荡冲突和争论的主题。这里说的"由古典形态向现代形态的转型"，实质上指的是对民族文化的革新和创造问题。它大体上包括对传统文化的批判继承、对世界文化的审视吐纳和对民族新文化的建设、对世界文化史的民族贡献这样"破"和"立"的两个方面。在20世纪初，它集中表现在对传统文化破与立、对中西文化体与用的不同看法和激烈论争上。

准确地说，20世纪初民族文化早期现代化转换的历程，是从19世纪末戊戌变法发端的。作为启蒙运动，戊戌变法"从一开始，它的下面便是一阵思想的巨浪"，"这一思想变化开创了中国文化的新阶段，即新的思想意识时代。"到20世纪初，作为觉醒运动，辛亥革命使这一新的思想意识时代增添了向政治现代化和经济现代化急遽转换的色彩，成为"变化加速而不可逆转的转折期。"到五四时期，作为民族精神自觉运动，五四新文化运动具有以科学与民主为中心的文化现代化转型性质，是中国文化新阶段开创时期的结穴处，是新的思想意识时代的时代精神的结晶。上述三个阶段前后不过二十年，但却是中国新文化开创阶段波谲云诡、变异风捷的时代，其转换和觉醒之快，律动和嬗变之速，"十年之间，风云变幻，殆如百岁"。四川保路运动就是在这样一个中国新文化开创阶段即新的思想意识时代的背景下发生的。它是戊戌变法以来民族文化新变化的催生物，同时，它又反过来影响民族新文化的催生和转换。四川保路运动，固然是以经济为目的的运动，因为是从铁路国有和租股利权引起的；也是政治的运动，因为接过了光绪皇帝"庶政公诸舆论"的宪政口号。但是，它更是一个文化的运动，意识的运动，是"城市化精英人士"领导的运动。《剑桥中国晚清史》曾评论说："辛亥革命作为一次城市起义，被视为鸦片战争之后社会发生空前变化的产物，被看作是那些背弃古老的农业帝国而转

向西方以寻求建立政治组织和发展经济的新技术的城市化精英人士脑力劳动的成果。"所谓"城市化精英人士",指的就是文化现代转型的中坚力量,其"脑力劳动",指的就是具有早期现代化意识的、对新文化起着催生和转型作用的精神动力。这一特征,在"引起中华革命先"的四川保路运动中,更为明显。保路运动不仅引起四川城乡的大变动,更值得注意的是,引起了区域文化和社会习俗的亘古未有的大震动和古老而悠久的传统巴蜀文化的大裂变。而这个大裂变,是由蒲殿俊、罗伦、颜楷、雷铁崖这样一批四川最早城市化的"精英人士"牵动的,这就很值得研究了。

古老的以农业文明为特征的巴蜀文化在进入近代社会以后,确实蹒跚地发生了性质的裂变。特别是保路运动时期,随着四川政治和经济的早期现代化运动的进程,巴蜀文化开始了由古典形态向现代形态的转换。这突出地表现在城市化意识的加速与市民意识的转换、巴蜀文化对西方民主意识的吐纳与民族革命精神的突起、巴蜀生活习俗的巨变与文化心理的转型等三个方面。保路运动所开启的上述三大方面的裂变与转换,是20世纪四川现代化历程的开端。它以不可逆转的生产方式和生活方式开辟了四川现代化运动的汪洋恣肆的发展历程。再说远一点,今日以改革开放为特征的现代化历程,也是从辛亥革命和保路运动开启的巴蜀文化现代化转型的历史文脉、思想文脉和习俗文脉奠定的初步基础。它对我们今天构建以四川特色文化为中心内容的现代巴蜀文化还有相当的值得开掘的人文历史价值;对百年来中华民族文化复兴和新时代的文化崛起,也提供了丰富的历史经验和历史智慧。

二、精英意识向市民意识的转换

川民在辛亥革命争路风潮中,"波澜起伏,愈激愈厉,不畏专制淫威,坚持几至半年之久,卒将四川政权夺归民众手里",其基础依靠两种社会潜力:上层是"士绅社会",下层是"哥老社会"。这是保路运动的一个亲历者李璜二十年后的回忆和分析。从文化史角度看,它恰好说明保路运动也是一个"士绅社会"为领导骨干、"哥老社会"为市民基础的具有四川特色的文化运动。

"士绅社会"在巴蜀是古已有之的阶层。这个阶层是官与民的中间桥梁,上秉承官府,下领导着百姓,直接接触民众生活,支配民众舆论。同时常常秉承官府意志,替官府正当的治道转圜;而当官府倒行逆施时,他们又可操持清议,站出来替老百姓向政府说话。士绅阶层就是这样一种特殊地位的阶层。从巴蜀文化的发展历史看，"四川的士绅喜欢干涉政治，似乎也有很长远的历史"。汉武帝通西南夷，四川士绅即耆老大夫缙绅先生就有二十七人出来反对官府劳民伤财，司马相如才为皇帝写了《喻巴蜀檄》和《难蜀父老》两篇大文来警告和感动这个士绅阶层。

四川的士绅阶层具有今文经学学派好论时政，好持清议，"贵慕权势，好文刺讥""以文辞显于世"的传统，这是巴蜀文化的一个突出特征。需要着重指出的是，这个"好议时政"的传统，在保路运动中，在四川的这批"城市化精英分子"头脑里，既有传承，又有裂变，折射出巴蜀文化现代化转型的特殊性。

首先是四川士绅的生活方式由静穆的农业社会和功名科举中裂变出来，成为城市化生活方式的带头人。正如当时人所分析：四川的士绅，"都是有功名的，不是科举出身，就是在外做过官回成都来休养的，能诗、能文、能写字；做官还没有何种大污点，在乡也自然有些清誉。精力还相当有剩余的，还各管理着教育事业或慈善事业"。例如，八十七岁的伍肇龄是翰林院编修出身，回成都任锦江书院山长，赵尔丰抓捕的蒲殿俊、罗伦、张澜等人都是伍的学生。伍主动跑到督署，要求赵尔丰如处死他的学生，他一人愿代学生而死。这个行动影响很大，对到督署请愿的民众的激愤情绪，无疑是淬火积薪，火上浇油。这里也可看出城市化士绅操纵清议和舆论的巨大作用。其他如谘议局议长蒲殿俊是进士，副议长罗伦是举人；四川省高等学堂监督颜楷是翰林院庶吉士；成都绅班法政学堂监督邵从恩是刑部主事；成都慈善堂主持人张澜是举人；邓孝可曾办盐政，为主事出身；周凤翔为进士，任省高等学堂监督；叶秉诚、蒙裁成、王铭新等人当时皆以绅士资格在成都办教育教书。这些人是当时保路运动的首要领导人，他们的门生故吏遍四川，在民众中有一言九鼎的信用。而在督署官府的高压下，他们又能气节如山，誓不可侮，所以，又能成为民众是瞻的马首。有些论者把这批人统称为"立宪派"，又称为"改良派"。其实，这个称呼不很恰当，至少从文化学分析不是如此。他们是四川从封建营垒最先裂变出来而投入城市化生活的时尚潮流并导引这个潮流的第一代人，是传统的巴蜀文化向早期现代形态转型的第一批代表。如果说，他们在清政府"新政"时期是幻想依靠新政实施立宪的立宪派，那么，在革命大势已成、帝国主义瓜分危机危及四川存亡之时，他们又是喊出"铁路国有即外国人所有""决不当亡国奴"的民族革命口号的坚定革命派。

其次是四川士绅的现代文明意识在革命高潮中的突现，推动了一系列文化改革。大汉四川军政府和成渝合并后的四川军政府，存在时间很短。但在短时间内，即由这个士绅阶层领导、实施了一系列文化上的改革。如为保障言论、出版和结社三大自由，专门颁布了《四川军政府集会结社律》《四川军政府报律》和《四川军政府严禁殴辱报馆告示》。这在当时是明显的与封建专制决裂的文化举措，是用西方民主社会的文化理论来指导巴蜀文化向现代化转型的重要举措。其中，公布的《四川军政府推荐人才章程》特别有趣。它表现了军政府"求通才，同襄新政，以补延访之不足"的文化心理。它规定被推荐人如被录用后，发现贪赃枉法情事，推荐人将"照被推荐人应受之处分减二等或三等"的标准，受到直接处分。推荐人如收受贿赂，军政府将一律严办。这些可操作性措施，充分说明当时四川的士绅阶层同传统的农业社会意识分裂，同城市化和现代化的文明生活努力接轨的现代文化意识，所以才会有尊重人才、人才为本的思想出现。军政府在教育上的举措，体现了这个士绅阶层重视新政府首要在人才、人才首要在育才和灌输文明知识的现代化思想。因路事发难、祸变无虚日，旧有学堂多数停办，军政府学务部即发令通饬开学并保证经费。这些举措基于对教育为基础的认识："政治修明，以育才为要义"，"虽当戎马倥偬之际，而教育不可一日或废"。基于与世界文化接轨的认识："世界无无学之国，即世界无不学之人"，"凡在国民，均系组织国家之主体，若不亟亟灌输以文明之智识，内何足以参议政治？外何足与世界竞争？"基于军事、经济建设当与教育文化建设并重的认识："然昍昍莘莘者，非泽以诗书，灌以知识，一洗从前鄙信固陋之习，则致革之精神终未达于圆满"，那种急军事、先经济而教育遑论的意见，实为"皮相之警言，非探源之正论"。上述这些议论已经是现代市民的思想意识的体现，能达到如上的高度，现在看来也是令人惊叹的，直至如今，我们还在为类似的问题呼吁和争论，就可明白当时士绅阶层在文化上的先进性了。

再次，士绅阶层与民众相结合的一个重要表征是重视和尊重民众习俗的现代化，倡导正风厉俗，厉行社会生活的现代化。在戎马倥偬之际，军政府在习俗改革方面亦未疏略，发布了废除大清顶戴袍服、一律剪辫、禁种鸦片和开烟馆等告示。剪辫子是当时文化习俗新旧分野的标志。军政府的告示说："照得编结毛辫，向非汉官威仪。自从满清入主，强迫人民为之。现值光复伊始，污俗痛扫无遗。"其实，在20世纪头几年，四川留学生已带头剪辫，当时视为剪掉耻辱和落后的标志。到1911年保路运动时期，已是由士绅阶层来倡导而民众如风响应了，这特别能说明城市市民阶层与士绅阶层相结合，追求生活习俗的现代转型的意义。虽然在今天看来，上述举措已算不上什么现代化，但在当时陋习如磐的封建故园中，不能不算是追求泰西的早期现代化勇敢的举动。在习俗的转变上，士绅阶层是从众的，而不是急功事利，这表现在他们对"仍服旧装"的通情达理上。他们既不主张全盘西化，"衣服暂可仍旧，并非必仿泰西"；又不主张全盘照旧，顶戴袍服是要废除的，除此外"均可仍照旧装"。这种态度与当时一些留洋归来的革命派"见辫就剪"的激进事功态度是不一样的，而前者显然更符合文化生活习俗渐变的发展规律，效果也更好一些。当时的巡防队兵丁普遍"把头发梳成新式的顶髻"。据当时英驻重庆总领事务谨顺的看法："他们采用这种头发式样是为了反对剪辫子运动。基本想法是：虽然蓄发者不再是满族人的奴隶，但他们不想通过剪发而模仿外国人。"最突出的是妇女保路同志会和小学生保路同志会的成立。这是四川保路运动各阶层发动起来的主要表征。妇女同志会是由当时著名报人朱山之妻李毓发动和组织的，成都女同胞为争路权而一仆百作的精神特别令人感动："女中同志尽人豪，还是罗家热度高。排得两行红粉队，声声不怕去挨刀。"参加同志会的还有日本妇女乃至优伶伎女，"死生祸福，誓与川路共之"。小学生的发动尤其有声有色：有小学生多人手捧光绪牌位痛哭声讨盛宣怀夺路劫款的，有小学生多人沿街演说的，有十三岁幼女李问渠愿入京请愿拼死的，有九岁女生黄花朝捐所积零用钱三百文的。当时，连三轮车夫也宁愿饿饭而不给官僚和外国人拉车："东洋车子齐停位，抵死不推亡国奴。"

市民社会参加阶层之广泛，说明市民社会是保路运动的基础力量。没有市民社会的参与和支持，辛亥保路风潮就不可能演出如此威武雄壮的活剧。保路运动历程充分显示了市民社会的力量，这是巴蜀文化的新质因素。在上千年巴蜀文化史上，重要的文化事件和重大变革，几乎只是士绅社会的活动，很少见到市民的身影，尤其是市民社会的集体力量。而在江南，早在明代以来，市民社会已在吴越文化史上显示出其作为独立力量的存在，《五人墓碑记》就是市民社会反抗明朝官府的明证。而在四川，明清以来，市民社会的力量甚为薄弱，所以，四川在明清时期的文化建树甚少，远不如汉唐时期巴蜀文化诸多方面在全国执牛耳的地位。这是近古以来巴蜀文化与吴越文化最大的不同。

到辛亥保路时期，市民社会作为独立力量出现于历史舞台，抗强权，抗高压，前仆后继，效死不畏缩，在文化思想上也表现出以民族主义为中心的爱国主义特征，这就为巴蜀文化增添了新的质素，从而成为近代巴蜀文化向现代化转换的基础动力，成为文化现代化早期表现的光辉闪光点。市民社会与士绅社会有着复杂的关系，需要指出的是，士绅社会没有市民社会即下层民众作激昂情绪的基础，它很难为巴蜀文化贡献民族和民主的新因素，很可能游离在市民社会的文化之外，堕入不少"假洋鬼子"留学生游谈无根的悲剧。而市民社会阶层要作为独立的历史力量显现，也离不开首先城市化的士绅社会精英的"脑力劳动"的导引。这就是保路运动给予我们的一个历史经验。

三、对西方民主意识的吐纳与民族革命精神的突起

前述市民社会和士绅社会的发动，这是从表面层次看市民意识的觉醒。如果从文化内涵的深层次看，民族意识和民主意识从城市化的士绅精英深入和渗透到市民社会，这是近代巴蜀文化的一个本质特征。

（一）市民社会的民族意识的普遍觉醒

一是民族主义成为当时巴蜀文化的新质因素。早在1903年雷铁崖就说："壬寅癸卯间，激荡于新潮流，民族思想愈勃发不可遏。"出版于1911年7月的《西顾报》社论说："中国自中世以来，即以专制为其政体，民人讲服从，所谓民族主义、立宪政体，即士大夫亦不知为何物，何况人民。今旬月之间，遂有三种同志会之成立，均以民族为主义，立宪为目的，将数千年来号称最腐败、最愚弱之四川，一变而为将来之最文明、最武健之四川。""四川的政治思想虽然较东西洋各国发生最迟，而范围却广，是吾川将来政治之前途，不难驾西东各国而上之，不可不谓为吾川之大幸。"①这些话充分表达出四川市民社会对用民族主义拯救四川前途的渴望和对四川现代文明建设的期盼。

二是"不当亡国奴"的民族意识深入市民意识之中。当时连妇孺都晓得争路权是为了"不当亡国奴"的道理，直观地由经济斗争意识进入政治斗争层面。保路同志会的《四国借款合同歌》就是以"不当亡国奴"作为宣传的基点："说到亡国谁心甘。说亡国，真可叹，且把埃及事儿略略言。"下面列举埃及、波兰、印度和朝鲜借款亡国的事例，说明"他们亡国为的是哪件？只为失去了财政路政权"。号召民众"那时节到了亡国的一天，当他的奴隶谁都不

---

① 戴执礼编：《四川保路运动史料汇纂》（中），台北《"中央研究院"近代史研究所史料丛刊》（1994年），第716页。

愿",只有"团体结得坚,废合同才是生死关","一齐努力气莫软"。因为歌词里提到英国灭亡印度的事例,还曾引起英国领事的抗议,军政府还特地加以解释。军政府作为士绅社会的代表,显然不如市民社会的激进。在另一首同志会的歌词里,还痛斥卖国奴"挖我们的肉来补他的疮",(《四川保路同志会报告》第5号,宣统三年六月初五日)这也可以看出在反抗外国侵略和压迫上,市民社会的民族意识是最直觉也最深入的。

(二)民主革命意识的深入

除一般的政治民主要求外,已逐步形成孙中山是民主的旗帜的思想,这种思想已深入民间。当时的历史记载说:"四川同盟会首领,四川军政府总理董修武召开南较场万人大会,高悬一牌,'大书'同盟会会长孙文,副会长董修武代。"此举"立刻震动成都省会,孙文之名传至家喻户晓","辛亥革命前后,全国各地以中山先生作为鲜明的旗帜,号召革命,当以成都为首例。"在辛亥革命发生前,在群众大会场合公开以孙中山为旗帜,这可作为民主革命意识高涨的标志。而这一标志首创于成都,说明巴蜀文化现代化转换的一个重要特征,就是"狂放与急进",这是不同于其他地域文化的一个显著特征。保路运动的参加者李璜曾从巴蜀文化的特性的角度,分析辛亥保路时期四川民众狂放与急进思潮的渊源,恰好可以用来说明革命精神的突起与巴蜀文化现代化转换的联系。李璜认为:"四川民性(或应称省性,因为中华民族本在文化熏陶上已融为一种,只是地域广大而在省性上有些差别罢了),属于狂放且急进的一派。"这既渊源于"四川人文传统的特性","无论扬雄,司马相如,李白,苏东坡",还是"明之杨慎,清之张问陶,近之经学家廖平,文学家赵熙,版本学家傅增湘","都有一种奔放雄魄的格调","他们的言行大抵狂放而急进","具有一种名士的超脱气"。《后汉书》说:成都俗尚文辩,好相持长短,足见这种好发议论的省性,其源甚远也。"①同时,它又渊源于四川自然的特性:"以四川山形之崔巍,水流之湍急,有时幽深到逦迤入云,有时奔放得一泻千里,气象绝不平凡。人在其中,大有鹰隼凌霄、蛟龙赴海的感想,于是狂放之气以生,急进之性以启。"从当时人的这些分析里,我们可以

---

① 李璜:《辛亥革命在成都——对当时社会民情的分析说明》,《四川文献》第168期。载戴执礼编:《四川保路运动史料汇纂》(上),台北《"中央研究院"近代史研究所史料丛刊》(1994年),第186~188页。

嗅到古老的巴蜀文化是如何与现代革命精神接轨的气息。保路运动之所以能使当时的巴蜀在文化上努力向西方的民主意识靠近，是因为巴蜀文化素有干涉时政、狂放急进的传统。这种传统在吐纳西方文化的背景下得到传承，用民族民主的现代意识对它的内涵加以改造，遂成为支撑保路运动思想支柱的革命精神。由此可见，革命精神，包括民族民主意识，是巴蜀文化现代化转型的核心内容。这个转型是从四川保路运动时期起始的。明代欧阳直曾说："天下未乱蜀先乱，天下已治蜀后治。"这是这句话最早的出处，后来流传很广。保路运动时期，也有人拿这句话来叹息"四川人好乱成性，不服王化"。而李璜对此作了新的分析。他认为这是从旧的正统观来看治乱。

至于对保路运动的治或乱，"在今天来论史，我们必得重行审定一下它所指出的意义"。如果用革命的观点看，其治乱观是与正统观相颠倒的。这些论调，说明已进入对革命精神作价值观评估的层次，从而使巴蜀文化的价值观出现了现代评估的面貌。到五四时期，蜀人郭沫若把这两句话解释为："蜀先乱"是指革命精神的首创，"蜀后治"是建设精神的彻底，"能够先乱是说革命性丰富，必须后治是说建设性彻底"，"这先乱后治的精神，正是范仲淹所说的'先天下之忧而忧，后天下之乐而乐'"，"在历史已成定例的先乱后治的四川，自辛亥革命以来可说是又得到一个近例"。应该说这一思想是保路运动开启的现代化革命精神的进一步发展。这些解释与明清以来蜀人的旧治乱观是完全相反的，这正说明巴蜀文化在近代遭遇到精神的裂变。这个裂变是巴蜀文化现代化的开端。没有这一精神裂变，巴蜀文化很难实现现代化的转换。而今天这个裂变，已变成"思想解放"，发展到更高层次的文化转换境界了。

四、对巴蜀古史的新解读与四川人救亡图存文化心理的认同

随着保路运动所引起的巴蜀生活习俗的巨变，四川人的文化心理也经历着一种早期现代化转型。

一是四川的危亡系于四川的每个人，"天下兴亡，匹夫有责"成为普遍认同的文化心理。在争路风潮时期，川人从欧美留学生处获悉法国人得酿得勒的《吞灭四川策》，主张吞灭四川为"灭亡支那国中第一注意之地"。此策公布，群情激愤。不少人著文指斥其"以活人术，行灭国策"，有文说："其著此书之目的，在扩张越南殖民地，进云南而吞灭四川，其野心更欲吞并扬子江

流域，吞并中国领土。"①难能可贵的是，通过争路风潮使四川人达到了最广泛的文化认同。时论认为"列强于世界竞争的中心在中国，于中国竞争的中心在四川"，已成为四川各阶层的共识，这也是保路运动能做到最广泛的社会阶层发动面的思想保证。

二是从世界观的层面，使四川人趋向于文化群体性的现代化转型。当时雷铁崖的《警告全蜀》及《四川》杂志的《四川人的世界观》等文，深入到文化层面对蜀人个性的积弊加以解析。典型的事例是自贡人雷铁崖对蜀人个性的认识在保路运动前后判若两人。1908年1月雷铁崖写了《警告全蜀》，痛斥蜀人病根有四：自私病、自解病、依赖病、推诿病。这四病妨碍四川人的进取精神的发挥，"然则人特患不为耳，苟其为之，即人人皆拿破仑、华盛顿，虽蹴踏全欧洲，开创新大陆，亦意中事，而何虑乎外人之侵侮欺凌，而生命财产之不可保也乎？"甚至直斥"滑头成都老""素以滑头著，在四川中民气独硗薄，一似绝不足有为者"，俨然有恨铁不成钢之意。但一到保路风潮发生，川人前仆后继，效死牺牲，震动全国。远在海外的雷铁崖闻讯，认识和态度为之一变，大大地歌颂起川人来："以今日之变局观之则大异，……罢市罢课，热潮愈高，众心愈奋，竟一举而诛锄清吏，与领全城，独立之旗飞扬锦里，自由之花开满蓉城。前之滑头者，今日竟断头而不顾。果何故耶？令我索解不得矣！""记者别成都人八年，雄飞进步，自当别具眼光。而今犹以'滑头'目之，毋乃为成都人笑哉！"其实，这个索解是有的，它就在成都人文化心理的转型上。保路运动促使成都人文化心理趋向于现代化的文化认同，因而才会出现前后截然相反的文化心理的变化。这个变化的基因是在亡国危机面前，四川人救国意识的觉醒和普遍认同："为达此救国之目的，余将化身为百千万亿兮，招国魂其来归。"分析这些言论，可以看出，几乎都集中表现为某种现代化意识的渴求和觉醒，而不断地于批判巴蜀文化作为静穆、保守、封闭、闲适的农业文明的性质之中，追求向早期现代化的某种文化转型。固然这一时期还说不上什么定型化的早期现代化，但这毕竟是提供了雏形。

三是对巴蜀古史作了现代化的阐释，使巴蜀文化史增添了以救国主义为特征的新的一页。保路运动时期，对四川的古史以救国为基调加以重释，是当

---

① ［法］得酿得勒：《吞灭四川策》，戴执礼编：《四川保路运动史料汇纂》（上），台北《"中央研究院"近代史研究所史料丛刊》（1994年），第219页。

时报刊的一个重要内容。涉及的古史题材非常广泛，从蚕丛、鱼凫到杜宇、开明的故事，普遍作了新的解释，还有借回忆"天府之国"的丰盈和金马碧鸡的神迹而指斥帝国主义亡我四川的野心、封建专制王朝出卖我河山的，也有借五丁力士开山、金牛道开辟和绿毛龟等故事借古讽今，指斥卖国奴的。这一重释古史活动，可说是为巴蜀文化的早期现代化转型准备的序幕，它的演出遂发展到五四时期四川的狂飙突进。最值得注意的是，当时不少文人对杜宇西山归隐，魂化杜鹃，啼血至死的故事普遍加以引用，并认定"救国图亡"是杜鹃啼血故事的主题。这同历史上的看法是有所不同的。在历史上，杜鹃啼血的故事多寓意春心爱情，唤醒春耕农人，并没有强烈的亡国之痛的色彩，但到保路运动时期，文人一提到杜宇即普遍赋予亡国之痛的新释。雷铁崖等人早在1905年创办《鹃声》，"化杜鹃而朝夕哀啼者"，即四川人思念亡国之痛，这无疑是最有影响和最有号召力的。家国之恋，是爱国主义思潮兴起的基础。面对"瓜分之祸不免，豆剖之局已成"的国家危亡形势，他们当时最恰当地拿起了杜宇魂化杜鹃的故事作为批判的武器。其中，雷铁崖是运用杜鹃啼血故事的典型。他的文章中，曾有二十多处提到杜鹃啼血，被人称为"啼鹃诗人"。如他说："家山危殆，愿效杜宇之啼"，以此作为创办《鹃声》的宗旨。"杜鹃夜半声凄绝，不是愁人也泪流"，"五夜悲然游子梦，三更啼月蜀王魂"（《忆蜀》），"鹃因口瘁啼衔赤，烛为心多泪坠红"（《这一时》），"漫道春鹃啼不了，蜀王鹃魂归山河"（《槟榔屿赠杜鹃》），"鹃声血化红潮涨，雁翼书飞赤子啼"（《入门里》），"九原龙种将军泪，万古鹃声帝子魂"。[①]这些诗句读来句句血泪，使人神为之王，气为之壮，国魂为之振奋。它们的中心在于宣传挽救民族危亡的救国主义精神。当这种救国主义精神被赋予深刻的历史内涵后，历史感和时代感的结合，丰富了杜鹃啼血文化的传统，并使古典的啼鹃文化成为新的反帝反封建的啼鹃文化，使之成为当时最能打动人心的普遍的文化心理认同，这正是文化现代化转型的需要。

总之，辛亥四川保路运动，既是一个追求早期现代化的政治革命，也是一个追求早期现代化的文化运动。它代表着巴蜀文化由古典形态向现代形态转型的开端。这一转型，现在也没有完成，不过，已成方兴未艾之势，曲折演进之潮。在这民族复兴的大势大潮中，四川辛亥革命为我们今天巴蜀文化的社会主

---

① 雷铁崖：《雷铁崖集》，华中师范大学出版社1986年版，第441、455、468、479、482页。

义现代性转换提供了宝贵的历史经验。①

第四节　巴蜀红潮：从革命文化到红军长征文化

"巴蜀红潮"是指近代辛亥革命和保路运动开始的巴蜀群众革命文化，川陕根据地和红军长征过四川的红色文化。

一、鹃声血化红潮涨的革命文化

近代百年（1840~1949）巴蜀革命潮流，由保路运动肇其端。蜀中先烈自邹（容）迄彭（家珍），一仆百作，以杜鹃啼血的蜀人精神，"鹃声血化红潮涨""万古鹃声帝子魂"（雷铁崖），开辛亥革命之序幕，"引起中华革命先"（朱德）。孙中山特别欣赏蜀人"我老彭收工弹丸"的特殊文化性格，赞誉"奇瑰磊落，唯蜀有才"。抗战伊始，川军出川亢战，再以鹃血奇魂，磊落豪气，备尝艰辛，奉献牺牲。民族抗战复兴基地在蜀，四川人民做出了卓越而特殊的贡献。

二、具有人民共和国雏形的苏区根据地

红色巴山，全国第二大苏区川陕革命根据地，遗存至今有通江红军城，全国最大的红军烈士陵园和将帅碑林，最大最多的红军崖石刻标语。"赤化全四川""拥护抗日救国的苏维埃人民共和国"（金川县石刻）、"争取苏维埃中国"（通江县石刻）、"争取苏维埃在四川首先胜利"（川陕省委宣传部发布的口号）……这些红色文化遗存体现了当年"人民共和国"的梦想，是今天人民共和国的雏形，是新中国成立前党和人民的执政试验。特别是"男女平等"（广元石刻）、"反对打骂女子"（广元石刻）、"川陕省苏维埃政府优待专门人才暂行条例"等等有关尊重妇女、尊重人才的文化措施以及其他社会、经济和政权制度的颁布和实践，是对我党国家治理能力的最初考验和锻炼，还深刻影响着今天人民共和国的方方面面。当年红军在藏区建立的"博巴苏维埃共和国"，提出的"实行民族自治，番、回族有自己管理自己的自由！""信教自由，准许人

---

① 以上参见谭继和《四川保路运动与巴蜀文化的现代化》，四川省政协文史委员会、四川省历史学会合编：《辛亥革命与中国现代化》，四川教育出版社2002年版，第52~53页；又见谭继和：《四川保路运动：巴蜀文化由古典形态向现代化形态转型的标志》，《西华大学学报》（哲学社会科学版）第31卷第1期（2012年2月）。

民信奉菩萨，不愿当喇嘛的准许还俗！"（川陕省委宣传部口号），"成立番人学校"（阿坝石刻）等政策口号，可说是民族区域自治制度最早的试验。

三、长征蜀道红色魂的红军文化

最为宏伟壮丽的画卷，当数红军长征路。三大主力经过四川，足迹遍及七十余县（含今重庆），行程万余里，历时一年零七个月。与红军长征经过的其他省区相比，数转战巴山蜀水路程最长，历时最久，所经区域最宽。四渡赤水，巧渡金沙江，飞夺泸定桥，攻克娄山关，彝海结盟，强渡嘉陵江，西进岷江峡谷，血战百丈关，翻越夹金雪山，跋涉松潘草地，转战川康边，会师甘孜城……其间的英雄故事，壮丽诗篇，精神永存，万古流传。

四、最佳的精神馈赠

从改革开放的总设计师邓小平，"永远的红司令"朱德，诗人外交家元帅陈毅，革命老人吴玉章、张澜、王维舟到文化巨人郭沫若、巴金……巴蜀大地涌现出一大批伟人与英杰，他们的故居故地可供瞻仰怀念，真可谓"唯蜀有才"。

请在这里用您的脚步，再走长征路，重温苏维埃，瞻仰英杰故里，体验巴蜀红潮的壮丽行程。从大巴山到岷山，往西可在红色长征路上，体验雪山、草地、急流、险滩等嵯峨奇景造就的红军铁流的动人传奇。往东则可体验川陕苏区雾霭、奇光、红叶、苍松的神奇大自然，陪伴过十几万英勇转战的战士，孕育了数百名共和国的将军，谱写了藏、彝、羌、回、汉民族团结、民族融合的壮丽劲歌。总之"宇宙绝观"的绿色天府生态文化，奇光异彩的优秀传统巴蜀历史文化和多元多彩的少数民族风情文化，以及红色文化（革命文化、红军文化）等四种文化基因元素水乳交融而成的四合一的美，可以给今天的我们最佳的精神馈赠，让我们来到大巴山、岷山和江源，来到长江上游和黄河第一湾的四川民族区域，欣赏人间的美景——锦绣四川、诗意四川、安逸四川、红色四川，聆听历史的回声吧！

第五节 全面的全民族的抗日三大战场与四川人民的文化精神贡献

中国的抗日战争是我国近代反侵略战争史上中华民族反抗日本军国主义的全面侵略并最后取得胜利的民族自卫和民族解放战争。同时，也是世界反法西斯战争中东方反法西斯的唯一战场（太平洋战争以前）和主要战场（太平洋战争以后）。中国人民及其武装力量抵抗日本侵略军的军事战略作战和战役作战贯穿于整个战争的全过程。它主要是由正面战场的抗日作战与敌后战场的抗日游击作战两方面构成的。但不可忘记的是，除了军事战场外，还有全民族反抗日本帝国主义的野蛮的邪恶的灭绝人性的侵略，包括政治、经济、文化和精神等各方面的掠夺、侵略和殖民统治，也贯穿于整个战争的全过程。从这个意义上说，抗日大后方同正面战场与敌后战场一样，也是一个重要的不可或缺的大战场。

刘大年先生在《民族的胜利，人民的胜利》一文中曾经深刻地分析道："日本力量由强变弱，由军事胜利变为失败，国民党与共产党的力量朝相反方向行走，人民力量壮大，这两个过程，两种演变，最后集中到一点，就是抗日战争胜利准备了新中国与旧中国的决战。"正面战场、敌后战场和大后方战场是这"两个过程，两种演变"的生动展现，这三个战场是不可分割的一个整体。在抗日战争整个战略防御、战略相持和战略反攻三阶段进程中，随着日本侵略军的力量由强变弱、由军事胜利推进到最后彻底失败的发展历程，正面战场和敌后游击战场以及大后方战场这三个战场的力量和规模，地位和作用也发生了不同的发展和变化，三者呈现出复杂的关系。在全民族抗战的威武雄壮的舞台上表演出波澜壮阔、起伏变幻的壮美活剧，最后是以中国共产党为核心的中国人民力量的空前壮大，中华民族的空前觉醒而告结束。从第二次世界大战中国同反法西斯同盟国以及其他各国关系的全局看，只有中国抗战是完整鲜明地体现了三个战场紧密相连、向心聚力的特点，形成古今战争史上的奇观，支撑了中国人民抗日战争和世界反法西斯战争的最后胜利。

"三大战场"是中国人民抗日战争的主要特点①，它体现了以中国共产党

---

① 关于"三个战场"的提法，是笔者2014年采访抗战老兵的代表一百零三岁的马老士弘时，由士弘先生首先提出来的。他经历了正面战场几次大战役的战斗，英勇奋战、不怕牺牲，穿行于正面战场和大后方战场之间，对抗日战争不仅有亲身践行，而且还有深刻的思考。他提出"三个战场"的理论命题，认为仅提正面战场和敌后战场是不够的，还应该把大后方也视为一个特殊形式的战场，这才全面。这"三个战场"是穿插在一起的，不仅仅是前方和后方、支持和被支持的关系。"三个战场"联为一个整体，体现了全民族的抗战、全人民的抗战的特点。"三个战场"是历史事实，只有辩证地、历史地看待这三个战场，才能更深刻地理解只有以中国共产党为核心的中国人民的抗日力量和中华民族的抗日统一战线才是抗战取得胜利的根本原因。

为中流砥柱和抗战文化的灵魂，以国共合作为基础，以抗日民族统一战线为中坚的全面的全民族大抗战的性质。三个战场各有其基本轨迹和基本特征，存在着错综复杂的互相联系、互相融通的关系。国共双方在三个战场上又团结又斗争，又联合又斗智，在共同抗日这个民族大义和民族担当的大问题面前表现出不同的胆识和作为，反映了中国共产党倡导和领导的抗日民族统一战线的形成和成长是个曲折艰难复杂的过程。把大后方视为一个特殊形式的战场，这是当时全民抗战，保卫每一寸国土，寸寸山河寸寸金，每寸山河都是神圣领土不容侵犯的"全民大战场意识"的反映。它从民族最终命运价值观上，体现了国共两党及一切抗战力量同是一个民族命运共同体。

在全民族抗战进程中，川人同其他的当时有血性的中国儿女一样，以自己的热血和壮志，在大后方战场、正面战场和敌后战场，付出了巨大的牺牲，做出了巨大的贡献。川人抗战的惊天地泣鬼神的民族精神、傲立苍穹如松柏的爱国情怀和特有的疾恶如仇、同仇敌忾的气势，不仅对中华民族抗战，而且对世界反法西斯战争，争取人类和平、光明和进步，也有自己的贡献和作用。川人抗战精神至今还鼓舞着后继者和后代，振奋国魂，振奋民族复兴精神。

一、正面战场的主要特征与川人的文化贡献

由于正面战场是国民党和国民政府领导和指挥的，其战场主要力量又是由国民党军队组成的，因此，国民党及其军队的本质就决定了正面战场的主要特征。国民党由于其组织的复杂性和多样性，因而在抗日战争中具有两重性：一面是参加抗日民族解放战争，具有民族性，特别是它的广大官兵，包括不少爱国将领，是爱国的、进步的；另一面却也要看到它的少数将领，特别是少数决策人物以及少数地方实力派、大绅士地主，也有软弱性、腐败性、反民主性和反人民性。这两方面的特性，造成整个抗日战争期间努力抗战、顽强御敌与节节败退、丧师失地两种矛盾交织并存，相互影响、制约和转化的情况，这是正面战场的主要特征，也是当时普遍存在于国民党正面战场的客观事实。不过，这种矛盾交织的情况，在抗日战争各个阶段又有不同的衍变。

抗战初期即敌之战略进攻、我之战略防御阶段，国民党及其军队努力抗战、顽强御敌是其主流，积极对日军事作战是其军事战略和政策的重心，正面战场是中华民族抗击日本侵略军的主阵地、主战场。因此，这一时期国民党广大将士在军事上积极迎战，努力抵抗日本侵略军的进攻，出现了像保卫平津、台儿庄大捷、忻口会战、徐州会战、武汉会战这样比较积极、努力抵抗后在敌强我弱的背景下才撤退的激烈战役，这是这一时期正面战场值得肯定的主流。但同时，也存在着丧师失地、节节溃退的问题，这就需要细致分析。一方面，中日战争的持久战性质、敌强我弱的军事力量对比，使得中国不可能速胜。在战争的第一阶段，在正面战场上不能阻止日军占领大批城市和交通线，这是不可避免的结局，无可厚非。国民党正面战场经过激烈抗战而后撤退，不保守于一城一池之得失，这是可以理解的，有其符合于战争发展规律的一面，是当时敌强我弱的形势决定的。但另一方面，国民党军队除部分具有实力，坚决抵抗、激烈死守、一决雌雄，英勇牺牲，死守阵地到最后一人的以外，也多溃败，缺乏有组织的撤退，其溃败速度超出想象，暴露了国民党的本质弱点，如长沙大火和花园口决堤，虽是出于战略需要，但这是反人民、不顾人民死活的战略，是置人民安危于度外的战法。从这点暴露出国民党军队与人民隔了一层、心不相通的虚弱本性，使它无法做到坚决的指挥和有计划的战略撤退，更无法依靠人民开展游击战和运动战，只知固守阵地战，而当固守不住时又惨痛溃散，这确是应该指责的消极一面。像广州会战那样的接战即逃、闻风溃退的可耻局面；像南京保卫战那样的指挥者唐生智时而请战死守，时而举止失措，五心不定，进退失据，只顾自己逃命，最终使得来不及撤退的大批有生力量（其中不少川军）被堵死在江边的可耻局面，则是应该受到指责的。

总起来看，在抗战初期，据陈诚的《八年抗战经过概要》统计，正面战场先后进行的较大规模"会战"有二十二次，大小战斗约四万余次。其中，抗战初期一年的时间里，在淞沪会战到武汉会战期间共有四次，每次参战的国民党军队在三十三个军以上，说明国民政府军的力量还是比较强的，士气和意志是上升的，昂扬向上的。

到了抗日战争第二阶段即中日双方战略相持阶段，据统计，在1939年1月到1943年12月五年期间，先后会战仅十二次，平均每年仅二点四次，参战的军事力量也在十九个军以下。两相比较，会战次数和规模均在下降。随着双方力量对比的衍变，日本军国主义把初期对国民党蒋介石"以击溃为根本方针"的政策改为以政治诱降为主、军事进攻为辅的政策，国民党的两面性也随之发生了变化。虽然仍坚持抗战，这是主要的，但另一股暗流却也日益增加了消极抗战和意志消减的趋势，增加了对日谈判妥协的幻想成分，表现在军事行动上则是抗战规模和会战次数呈下降趋势。国民党内的投降派汪精卫甚至公开投敌叛变，也确有国民党部分实力派及上层决策人物的反共积极性呈恶性上升趋势，皖南事变是反共摩擦恶性发展的顶点，遭到包括国民党广大官兵在内的全国人民的声讨和谴责。这一时期正面战场的主要特征是由积极迎战向被迫应战和消极避战转化。不过也应该看到，这一时期国民党广大官兵仍有对日英勇作战的积极性。如南昌战役、南宁战役、宜昌战役和武汉冬季攻势，国民党的官兵仍是打得不错的。三次长沙会战，广大官兵都顽强战斗、英勇拼搏。尤其值得称道的是，第三次会战是以日军的失败和国民党军队的胜利而告终的。这些战役，消耗了日军有生力量，收到了一定的遏制日本侵略军的嚣张气焰的效果。以上两方面加以比较，国民党的积极抗战一面已由初期的主导地位下降到被迫应战，甚至消极避战为主导的程度，其反人民一面则越来越上升，甚至恶性发展，这就使正面战场的力量包括军事力量也越来越弱，越来越走下坡路。这一时期正面战场在全面抗战进程中已逐渐居于次要地位而逐步让位于共产党领导的敌后游击战场，后者如雨后春笋，牵制了正面战场日军力量，逐步成为抗击日军的主战场和主力军。

在抗日战争的最后阶段即我之战略反攻阶段，国民党军队对日消极避战的这一面有所上升，甚而恶性发展为不战逃战。如1944年4月至12月期间的豫湘桂战役，日军的兵力仅五六万人，就打败了拥有七十万人的国民党军队，攻占了河南、湖南、广西、广东、福建等省和贵州的一部分，大小城市共一百四十六座，空军基地九个，侵占中国国土二十余万平方公里，结果大大削弱了国民党正面战场在最后阶段对日总反攻的有利形势。这一时期国民党的消极避战向望风溃退的转化，是正面战场的主流，暴露了国民党军队企图保存实力准备进行战后的反共战争的政治野心，也暴露了国民党与人民为敌，力量越来越虚弱的本质。但仍要看到随着1945年团结抗战与国际反法西斯力量结盟抗战局面的出现，也鼓舞了正面战场士气的增强和力量的增长。国共合作的命运共同体意识，也通过战争的洗礼和军事摩擦的教训而成为先觉者的共识、广大官兵与民众的企盼和抗战时代的主流。

在正面战场，国民党军队内牺牲阵亡的将领以军、师、旅三级干部最多。据《抗日战争时期国民党正面战场重要战役介绍》一书统计，牺牲的军长有李家钰、佟麟阁等共七人，牺牲的师长有张自忠、饶国华等共二十九人，牺牲的旅长共十八人、团长共四人、飞行员三人、其他三人。这说明正面战场军事行动的实际指挥者以爱国者居多，其中也有不少四川人，这是正面战场的主要指挥力量。而广大爱国的国民党官兵，尤其是爱国的下层军官和基层士兵，包括出川抗战的川军，则是正面战场的主力。国民党的积极抗战一面，主要是他们带来的。对于国民党上层部分人士积极反共的倾向，他们是有抵制的。不少人又是同中国共产党积极合作的。中国共产党领导的八路军在正面战场上，在华北的长城抗战、绥远抗战、平型关战役、冯玉祥组织察哈尔抗日同盟军等战役，均对国民党军队以有力配合和支援。在东南，共产党先后与十九路军、福建人民政府建立了军事抗战的统一战线。在西北，共产党与东北军、西北军建立了西北统一战线，和平解决了西安事变。这些合作的形成和发展，都主要是由于中国共产党的倡导和推动，是共产党在其中起着主导和引领的作用。正是国共两党为主导的抗日军事统一战线的形成，构成正面战场和敌后游击战场相互支持和配合的基础。这是正面战场，不管有多大的软弱性而始终能够存在发展的根本原因。

四川为正面战场增强军事力量做出了直接的贡献，是正面战场的重要兵源基地。四川参加作战的壮丁达三百余万名，占全国壮丁总数百分之二十七，川军将领刘湘亲自带军出川作战，每次出兵均在少城公园保路运动碑前誓师出征，川兵装备极差，甚至穿着草鞋出征，却在台儿庄等战役中发挥了主力作用。特别是在南京保卫战中，川军坚持到最后，死难的也多是川军。川军出川抗战牺牲在前线的著名将领，有陆军少将、四十一军一二三师师长王铭章（新都人），为保障台儿庄大捷而死守滕县壮烈牺牲。三十六集团军总司令李家钰（蒲江人）在豫中战役中牺牲。川军一四五师师长饶国华（资阳人）为南京保卫战死于广德战役。仅四川成建制部队就有四十万人开赴前线作战，以至于当时有"无川不成军"的谚语出现。八年抗战①中，四川人民出人、出钱、出力、纳粮，为抗战做出了巨大的牺牲，当时《新华日报》社论说，"四川人民对于正面战场是尽了最大最重要的责任的，直到抗战终止，四川的征兵额达到三百零二万五千多人"，"四川人民对于正面战场送出了多少血肉，多少血汗，多少血泪！"

二、敌后战场的主要特征与川人的文化贡献

敌后游击战场的形成与发展，敌后抗日根据地的开辟与壮大，是与敌后游

---

① 实为十四年抗战。

击战场由弱到强、由次要地位上升到主要地位的客观历史进程相契合的。

敌后游击战场，由于是中国共产党领导，其敌后根据地成为民主革命的试验地，与正面战场的国民党区域不同，它除了具有彻底的民族革命性外，还具有民主革命性的深刻内涵。例如，二五减租、三三制政权等，都是根据地政权所创造的民主形式。抗日战争是民族解放战争与人民民主革命进程相结合的特殊战争。共产党以高超的领导艺术使民族革命要求和民主革命要求，首先在敌后抗日根据地里结合起来。这是形式特殊的民主革命，是服从于民族独立、民族解放这一主要矛盾的民主革命。它为战后的新中国准备了雏形。同时，也正是由于民族革命性的鲜明，而使敌后游击战场具有不同凡响的坚定性和斗争性。

随着正面战场的消长起伏，敌后游击战场的作用由开辟到壮大、由弱到强、由次要地位上升为主要地位。抗战初期是敌后游击战场、敌后抗日根据地的开辟阶段。早在抗日战争全面爆发初期的1937年9月，毛泽东同志即发出了华北工作应以游击战争为唯一方向的指示，确定了独立自主的山地游击战原则。在这一方针指引下，我党创立了晋察冀、晋绥、胶东、冀鲁边、泰西、鲁西北、鲁中、晋冀鲁豫等敌后抗日根据地。新四军则初步开辟了苏南抗日根据地。东北抗日联军则在九一八事变后即开始开辟南满、东满、北满、绥宁等游击区和根据地。但在抗战的第一阶段，敌后抗日根据地还不是当时抗战的主战场，尚属于草创时期，孤立的小块居多，连成大片的尚少，具有不稳固性。抗战中期的战略相持阶段，敌后抗日根据地在日军的"扫荡""清乡""治安强化运动"等极端困难的环境下逐步成长壮大起来。在这个阶段，正面战场逐步降到抗敌的次要地位，而敌后战场则上升到主要地位，成为日本侵略军进攻的重点。八路军和新四军则担负着抗击日本侵略军的大多数力量的任务。通过战略相持阶段的考验和发展，华北敌后战场如晋察冀、晋绥、山东、晋冀鲁豫等根据地，华中各师的根据地，新四军所开辟的苏中、苏北、淮北、豫皖苏、皖东、鄂豫皖湘赣等十几个敌后根据地，浙东抗日根据地，华南的东江、珠江、琼崖等抗日游击区和根据地，都得到长足的、成片的发展。而百团大战则显示了敌后抗日根据地作为抗战主力军取得同正面战场一样的主要地位而崛起的重要作用。到战略反攻阶段到来时，与正面战场日见溃败，大后方区域日见缩小的情况相反，敌后解放区已发展到拥有一亿人口、一百万军队和两百万民兵的规模，成为中日军事交锋的主战场，并最终成为抗战的军事主力。敌后战场，特别是东北战场也已成长为主要战场，甚至成为正面战场。这正是敌后游击战场的主要特征。

最值得强调的是敌后游击战场在军事谋略和战略战术上的"持久战"与"游击战"指导思想的出现和新发展，这是抗日战争军事战略文化的根和魂。"持久战"是补正面战场失败带来的"亡国悲观论"的失望情绪一剂"强心针"，"游击战"则是以其机动灵活的战略战术而补阵地正规战的战略战术之不足的一剂良药。敌后游击战场对正面战场的这一作用，是带根本性的战略指导作用和树魂立魄的精神核心战略的作用。

关于"持久战"的战略思想的形成，有一个从自发到自觉的过程。九一八以后，一般国民中已出现持久抗战的自发意识。1935年前后，蒋介石的日记、何应钦的军事报告以及陈诚的讲话，都提到了"严密警戒，俾随时抗战为要"，以及"持续战争之必要"，提出了"以最大之规模，从事更持久之战斗"的问题，并开始选择大后方基地，做着迁徙工业以及各种战略军需和战略后备的准备。但他们这些言论还是处于自发性的意识阶段，缺乏理论的深度和自觉性。全面抗战开始以后，这一持久抗战意识，正如毛泽东的《论持久战》开篇所说，"很多人都说持久战"，已经成为当时中国有识之士的共识。但总的说来，这一"共识"还只是自发自在性的意识，还没有上升到军事理论的高度，更没有上升到系统的军事战略发展规律探索的自觉性高度。这个高度的上升和结晶是毛泽东的《论持久战》在1938年5月发表后完成的。它科学地揭示了抗日战争阶段的发展规律，预见了抗日战争三个战场的发展进程，揭示了民族战争与人民战争相关联的本质关系，指出"战争的伟力之最浑厚的根源，存在于民众之中"。《论持久战》为抗日战争的全面胜利提供了科学的依据和行动的指南。周恩来把该著作推荐给白崇禧，蒋介石和白崇禧将其基本思想采纳为最高战略指导思想，由军事委员会通令全国，可见毛泽东的持久战战略理论已成为三个战场的指导思想，起了对三个战场抗战的灵魂支撑和军事指导作用。毛泽东的《论持久战》是在敌后游击战场的指挥中心延安写出来的。它的出版成了正面战场和敌后战场以及大后方战场的指导方针。

四川对敌后战场也做出了特殊的贡献。一是心向延安，心向共产党中央。四川不少大学生、中学生和青年先后分批到延安或到皖南新四军阵地，参加八路军新四军抗日。二是长征到四川，已有不少人跟着参加红军，加入抗日队伍。三是南方局领导地下党向八路军、新四军运送医药、军用物资和粮食，有力支援了敌后战场。

三、大后方战场的主要特征与川人的文化贡献

大后方成为一个特殊形式的大战场，当时其根本原因在于中国面临着亡国灭种，民族生死存亡的最后关头，这是当时每一个有血性的中国人都看得到和意识得到的。地无分南北，人无分老幼，全中国每一寸国土都是抗日的战场。匹夫有责的大战场意识更加明晰和坚定起来，大后方也自然成为一个大战场：

第一，大后方是日本轰炸和中国反轰炸斗争的直接战场。日本直接把大后方，特别是四川，作为军事目标，多次策划和频繁实施轰炸，直接把四川、云南、贵州平民作为威慑和杀害的战争目标，造成大量无辜平民的伤亡。四川等大后方广大军民则用智用力展开了大规模的反轰炸斗争。轰炸和反轰炸，成为大后方战场的主要特点。

第二，大后方是其他两个战场供给兵源的基地。大后方战场同其他两个战场一样，也是由中国人的血肉、血汗和血泪筑成的战场。

第三，大规模修建抗战军事基地。如新津、邛崃、彭山、广汉四个供轰炸机使用的机场，成都、温江、双流、大邑、德阳和三台六个供战斗机使用的机场。体现中国人智慧的是，1938年三台县刘营镇军用飞机场与藏机洞的修筑，在大石丫山脚下凿洞藏飞机，洞前修跑道，直通机场起飞，很隐蔽，可快速拦截敌机，敌机挨了打，还不知是谁打了它。十一个石洞可藏十一架战斗机。整个工程仅用二十一天，这是四川人民在抗日热情鼓舞下创造的奇迹。到太平洋战争爆发以后，大后方的机场还被作为直接轰炸日本本土和日占区的飞机起飞地。这些起飞地是美苏援华空军使用的，也是同盟军第一次从中国大后方四川基地出发去轰炸日本本土。当时四川民间就把"油炸锅巴肉片"这道菜称为"轰炸东京"，把"榨菜鸡蛋汤"叫作"炸弹汤"，不失川味幽默。

第四，大后方曾是滇缅作战的战场。与日本作战的滇缅远征军主要由四川等大后方青年学生构成，滇缅区域成为太平洋战争爆发后中日双方争夺的战场。

第五，大后方反日特反间谍的斗争，也是非常激烈的，是非常特殊的战斗方式之一。

第六，最耀眼、最闪光的文化亮点是大后方成为保存、保护和发展中华民

族文化火种的基地和复兴地。除敌占区大量工厂企业内迁外，最重要的是组织高校内迁西南，特别是内迁四川。全国一流的中央大学、燕京大学、复旦大学、金陵大学、齐鲁大学、武汉大学等高校陆续迁入四川。中央研究院历史语言研究所、同济大学营造学社迁入南溪县李庄，保护了殷墟发掘资料、居延汉简资料和明清内阁大库档案，保障营造学社从事中国传统建筑田野调查和研究，李庄成为中华优秀传统文化薪火复兴的标志性基地。三台县县长郑献征为主动迎接内迁的东北大学腾出祠堂庙宇作为教学设施。内迁北大、清华等校组成的西南联合大学迁到昆明，成为传统文化复兴的根据地和抗战文化学术中心。

总之，大后方成为特殊的世界反侵略反法西斯的文化战场。

三个战场是统一的整体，是构成世界反法西斯战争中国战场的重要组成部分。这三个战场都各自包含广阔的面积，又交叉在一起。据1945年10月当时解放区的统计，全国总面积为一千一百一十七万平方公里，其中沦陷区占二百七十五万平方公里，敌后解放区达八十五万平方公里，国民党统治区为四百一十六万平方公里。

从军事战略文化学的视角观察，世界反法西斯战争，正面战场是常态，敌后和后方两个是特殊形态战场。各国政府正规军作战的战场是常态性战场。有广大的大后方作为备战战场的，主要是中国和苏联。有大范围大规模的敌后游击战场和大后方备战战场两大特征的，则只有中国。敌后和大后方这两大战场，由"非常态性"变成"常态性"，这也是其他国家所没有的。抗战时期中国在战争和战场方面，为世界反法西斯战争做出了特殊的贡献。

中国共产党倡导的抗日民族统一战线形成、发展和壮大的过程，是包括三个战场在内的中华民族命运共同体构成和组成的过程。它既是三个战场军事命运共同体形成的过程，也是三个战场政治与文化命运共同体形成的过程。它体现了有血有肉、多元一体的抗日民族统一战线的深刻性和广泛性，有助于我们从深度和广度上认识中国共产党对抗日民族统一战线的领导、引领和中流砥柱的作用。

设在重庆的中共南方局对大后方战场的各种抗战活动、群众文化活动和统一战线工作起了灵魂和精神支柱的作用。南方局是在长江局的基础上，于1938年9月至11月成立的，它在重庆以八路军办事处的公开身份活动，对大后方全民族的抗日统一战线，既起了组织和领导的作用，还起了民族精神家园的支柱作用。在南方局的领导下，国共合作，共产党人主持第三厅和敌后抗敌协会，对国民党做了又团结又斗争、又联合又斗智的多方面的复杂工作，同时还对其他各个阶层、民主党派和知识分子做了许多团结抗日的工作，对地方实力派和民族资本家也做了很多联合及引导工作。这些工作浸润于各个方面，使正面战场、敌后战场和大后方战场成为一个整体，不少共产党员和爱国人士在这三个战场之间穿插活动。敌后的抗日组织与大后方的重庆救国会、成都民先队等各种抗日救国组织互相联系、紧密结合、不分彼此，成为一个统一的抗日战场。直到抗战胜利后，南方局迁到南京成为南京局，虽然它一直是秘密工作，但它一直是大后方战场的灵魂和精神领袖，不少民主人士把南方局当作自己的家。

大后方作为三大战场之一，还有其特殊价值和功能。大后方，特别是抗战以来的四川是民族解放战争的特殊战场，是抗日持久战胜利的战略基地，是复兴中华民族的根据地，也是中华民族文化的大熔炉和民族经济与文化现代化的新起点。陪都重庆主要是正面战场的政治与军事指挥中心，成都则主要是大后方民族文化复兴的中心。大后方翻开了抗战历史新的一页，它书写着以四川等省为根据地的中华民族解放复兴的辉煌史迹。以四川为前哨的大后方展示了动员全川人力、物力和财力以完成民族复兴大业的光荣使命和巨大成就。

整个抗战期间，四川公路交通、川江航运、农业经济、工矿企业和社会文化事业，经过战争的洗礼得到长足的发展。依赖川滇、汉渝等四大公路和川江航运轮船业，形成四川黄金水道和四大运输动脉，使整个社会文化获得综合的向上发展，为战后新中国的出现和经济、文化现代化的新起点起了奠基石的作用。例如，抗战时期沱江整治工程，就取得很大的成绩。其中，抗战时期三台县爱国县长、清白廉吏郑献征领头修筑的"抗战第一堰"——郑泽堰，扩大了沱江灌溉面积，解决了三台历年旱灾的历史问题，至今还发挥着作用，当地民众至今还受其惠。又如抗战时期，张大千临摹敦煌壁画，在成都由四川美协举行画展，引起轰动。成都被当时文艺人士誉为中华文艺复兴的根据地，可见中华文化精神和民族精神的复兴以及民族意识的觉醒，也是大后方战场的主要精神标志。

由此观之，大后方战场有它自身的特点。它同正面战场、敌后战场一起，构成中华民族独立与解放战争的雄伟画面，书写了中国抗日战争史上辉煌的一页。

总之，三个战场的关系是互相支持、互相融通的关系，中国全民就是一个大战场。这个"全民大战场"的观念，是日本野蛮侵略战争的血腥洗礼造成的，同时也是中华几千年大一统历史观念的存续和发展。"全民一体，全民族一体"这个民族命运共同体观念的共识,在最长的第二阶段即战略相持阶段凝聚最快、最鲜明,因为这是抗日战争最困难、最艰辛的阶段,日军令人发指的暴行从反面促进了中华同文同种民族意识的觉醒。其中,国共两党有识之士都为以"全民大战场"为特征的民族命运共同体的凝心聚力做出了不朽的贡献。中华民族的凝聚力和向心力是任何外来侵略者拆散不开的。

四、川人对抗日战争的贡献与四川抗战文化

四川人的救亡图存与抗敌作战活动贯穿于十四年抗日战争全过程,活跃在大后方战场、正面战场和敌后战场三个战场。在这三个战场上都有杰出的川人做出了杰出的贡献。除了上述三个战场四川人分别人做出的贡献外,下面集中阐述一下四川对抗战文化的杰出贡献。

早在九一八事变前后,四川就开始了反对日本侵略的抗争活动。除了在东北抗联战场上的女英雄、宜宾人赵一曼领导的抗敌活动外,还包含红军长征过四川的抗日宣传,成都人民反对设立日本领事馆的"大川饭店事件",以及为了预筹大后方复兴基地建设和打通抗战国际通道而进行的西康建省筹备和成立活动,还包括四川大小城市救亡图存的各种宣传活动等有巨大影响的重要事件。七七事变爆发,全面性的抗日战争开始以后,四川的抗战活动达到新的高潮,抒写出新的悲壮画面。川人各个阶层一致奋起,组成同仇敌忾的命运共同体,从青年到老年,从妇女到儿童,各界救国联合会、抗敌后援会等抗日群众组织蜂起,《民声报》《星芒报》《大声周刊》《国难三日刊》等新闻出版活动以及声势浩大的各种抗战文艺宣传活动和各个大学的抗日民主活动等如潮奔涌。送军粮,大捐献,出壮丁,出川杀敌,更显示出川人视死如归的民族英勇精神。

在历史记忆的深处,至今还可感受到四川人的民族抗战时代精神的震撼。例如1940年邛崃人、泥工牟春廷在县政府外照壁处泥塑汉奸汪精卫和陈璧君夫妇跪像,跪于孙中山先生石像下面,犹如西湖岳坟前跪坐的秦桧夫妇一样,每天遭到许多人唾骂,这是何其普通的老百姓,又是何等崇高的忠奸分明的民族气节。再如,有一幅抗战时留下来的以代写书信为职业的老学究照片,其书案背后粉墙上竟然是他手书的"(日本鬼子)是二(次世界大)战祸首","铁血(男儿)""(一)致团结,(抵御)外侮"的口号。看看这一张照片,我们怎能不为我们川人前辈这种"铁血男儿要团结御侮"的高度民族自觉精神所感动,连街头巷尾的普通百姓也认识到日寇是二战祸首,他们居然能如此自觉

地在自己的日常生活中紧紧地把自己的命运同民族的抗战和世界反法西斯战争联系在一起，这证明四川人是何等有历史担当的铁血捍卫民族尊严的历史精神，是如何具有反法西斯以拯救人类文明的世界眼光。这些保存下来的川人历史记忆和历史信息，显示出抗战文化的精神教化力量，是提神醒脑、居安思危、铭记历史、珍爱和平的有益教材。

十四年的抗战历程中，川人的抗战斗争并不是一帆风顺的。川人的抗战民主活动和救亡图存运动是在同各种投降、分裂和倒退势力作斗争中进行的。其中，中国共产党的中流砥柱作用是川人抗战胜利，战胜各种困难和分裂倒退阴谋的关键。四川作为大后方开展的各种抗日活动，几乎全部都是在共产党人的领导、参与或影响下进行的。国民党右翼势力阻挠全民觉醒抗战的分裂倒退政策，使中共四川地下党组织遭到严重破坏，罗世文、车耀先等四川党的领导人遭到迫害、逮捕和屠杀。此情此景下，四川人是"侧着身子抗战"，前御倭寇，后防暗算。尽管后方形势如此险恶，共产党人仍以民族大义为重，以中流砥柱精神，团结各阶层一切愿意抗日的力量，忍辱负重地为民族命运共同体的发展而努力工作。

十四年川人抗战，为中华民族留下了宝贵的精神财富。其中，川人抗战精神，作为民族魂的一部分，具有下列内涵：一是忠贞报国，为国家生存和民族解放而战，具有松柏气节和历史担当的爱国主义精神；二是川军出川抗战，父亲为儿子大书"死"字旗，嘱咐"失土不复，誓不还川"，"伤时拭血，死后裹身"，历史关头显露出川人前仆后继的英雄主义精神；三是一切为了抗战，不畏艰难困苦、不怕饥荒，忍饥挨饿也要为抗战捐献所有；舍生忘死，支援前线，筚路蓝缕，修筑机场，修筑公路；川军穿着草鞋出征；四川人节衣缩食，甚至一日一餐，也要供战时需求的血性吃苦精神；四是四川青年踊跃参加远征军远征，为打通太平洋国际交通线，"滇西缅北之役，更把四川男儿的大量头颅抛掷到国境之外"的为世界反法西斯战争牺牲奉献的国际主义精神。五是当年抗战时第三厅厅长郭沫若所总结的川人革命性坚决和建设性彻底相结合、创业性和守成性相结合的刚柔相济、与时俱进的时代精神。

正因为有这样丰富内涵和崇高英勇的川人抗战精神，作为抗战大后方和民族复兴根据地的四川，才能为抗战做出六个"最多"的贡献：出兵最多，出钱最多，出粮最多，出物最多，出力最多，安置内迁工厂和高校最多。用血书写的四川抗战史证明，四川之所以能成为民族解放战争的特殊战场，中华民族文化的大熔炉和民族经济与文化复兴的新起点，是与川人的抗战精神的浸润和教化，"多少血肉，多少血汗，多少血泪"的奉献精神分不开的。四川英雄儿女的典型事迹和故事，显示出几千年的巴蜀文化浸润和教化结晶出的川人抗战的时代精神，这笔宝贵的精神遗产定会得到炎黄子孙、华夏儿女的铭记和承传，在为中华民族伟大复兴的中国梦而奋进的进程中，定能起到它的巨大作用。

总之，波澜壮阔、浴血奋斗的全面抗战的四川，是全民抗战的英雄史诗的重要组成部分，是中华民族抗战文化和民族抗战精神凝聚的大熔炉，是民族解放和民族复兴历程一个不可或缺的光辉路标。①

第六节 巴蜀文化社会主义现代化创造性发展的四大特征

一、巴蜀文化事业与产业体制改革与发展

文化资源利用和发展的关键就是把资源整合成好的创意。现在面临文化产业化与产业文化化双轨开发阶段，文化资源的利用已经由单项开发走向集团化。因此，当前工作中心应该是产业的文化化，产业集团的文化化，这种"化"是整合性的"化"，是转化为规模更大、内涵更深的文化化和产业化。

文化产业，从实质上来说，就是以文化产品的产业链经营为特点的大大小小的产业集群。因此，集团化、规模化就是它发展的必然趋势。集团化、规模化依赖两个基本要素：一是文化资源有效地不断地整合、互补和提高；二是形成产业价值链，从横向到纵向不断整合、延伸和提升，从而达到规模效益和价值效益。由此看来，加快文化资源整合，是做强做大文化产业集团的必由之路。

（一）神奇神秘神妙的巴蜀文化是整合四川文化资源的"金线"

四川是文化资源富集的省份。四川文化资源的特点是魅力独特，点多面广，类型多样，有如满盆金珠。但缺点是分布零散，缺乏"金线"穿珠，这是

---

① 以上材料参见谭继和、徐学初、周永章《抗战时期国民党战场的抗战与败退问题探析》，《近代史研究》1987年第3期；谭继和：《简论中国抗日战争的"三个战场"》，《西华大学学报》2015年第2期；谭继和：《论全面的全民族抗日大战场——兼评〈四川抗战全史〉》，《中华文化论坛》2016年第1期；四川省档案局编：《抗日时期的四川——档案史料汇编》谭继和撰《序》。

整合四川资源遇到的最大的问题。

这根"金线"是什么？是巴蜀文化。四川是巴蜀文化永恒的故乡。巴蜀文化上下五千年，从古到今，有其始源和连续不断的发展历程。它包括三大方面资源：一是以古蜀文明为代表的传统文化资源，二是以时尚追新为代表的现代巴蜀文化资源，三是有巴蜀特色的现代科技和现代信息资源。这三大资源交叉和融合，构成巴蜀文化多姿多彩的面貌，是将四川其他文化资源整合起来的内在动力。它有五大特色，适宜于整合需要：

从横向空间布局脉络发展看，巴蜀文化形成以盆底汉族为主体的文化，同盆周（包括西部横断山脉民族走廊）少数民族为主体的民族风情两者相结合的分布格局，显示了丰富多彩、民族花灿的旅游文化特色。

从纵向空间发展脉络看，巴蜀文化是伴水而生的文化。它以江源文明为主线，以岷江、金沙江、沱江、涪江、嘉陵江等水系为文化走廊，形成扇形辐射状文化通道。

从地域文化的内涵差异看，蜀文化的内涵是重仙的文化。蜀王仙化的传说很早，蚕丛、柏灌、鱼凫"皆得仙道"，望帝春心化为啼血杜鹃，开明上天成为天门奇兽，三星堆与金沙遗址体现的如仙如幻的文化，显示出四川是蜀人最早羽化成仙的文化想象力的起源处。用今天的术语讲，就叫作蜀人多浪漫主义，想象力和联想丰富，便于海内外旅游者体味四川作为"仙源故乡"的特殊人居环境的境界。

从地域文化形态看，巴蜀文化有悠久的始源，属于中华广域文明共同体和中华民族命运共同体的重要组成部分。巴蜀以扬雄"太玄学"为代表的天地人共同体和谐文化，是四川旅游业，特别是创意产业发展取之不竭、用之不尽的宝贵资源。

四川是"秀冠华夏"的"天下文宗"之乡。巴蜀人才辈出，灿若星辰，具有"文宗自古出巴蜀"的特点。四川是中国文坛英豪的孕育地。汉代出现了"文章冠天下"的赋圣司马相如与"西道孔子"扬雄。之后，从唐陈子昂、李白、杜甫，宋苏轼、陆游，明杨升庵，清李调元、张问陶，到现代文豪郭沫若、巴金等文学大家，这些巴蜀文宗是四川最可宝贵的精神财富。

把上述五方面总合起来说，四川具有自然生态资源与历史文化资源相融的综合性，呈现自然与文化结合的"三神"特色：

自然世界无边的神奇，这是塑造"锦绣四川"品牌的最大文化资源；

文化世界无尽的神秘，这是塑造"安逸四川"品牌的最大文化资源；

心灵与民俗世界无穷的神妙，这是塑造"逍遥四川"品牌的最大文化资源。

以上三方面是四川文化资源的历史优势。这种历史优势转化为产业优势，需要一个中介环节，就是创意。如杨丽萍月创意文化发掘云南丽江的原生态，打造为"印象丽江"，用西藏独特文化的原生态打造"藏秘"，这两台剧都成为重要的文化创意产业。根据这些经验，我们四川需要用"巴蜀文化"作为创意的灵魂，发掘四川的原生态，善于抓住四川不同于云南的个性特色。就四川资源的比较优势而言，讲多民族风情，四川不如云南的"彩云之南"，但有横断山系藏彝羌走廊的独特文化。讲古都文化，四川不如陕西的黄河文明，但位于黄河上游与长江上游之间，具有长江上游文明起源中心和黄河上游第一湾的优势，有北纬三十度地球文明诞生线的独特优势。所以，四川的特色是中华多元文化的兼容地和聚集地。巴蜀文化就是多元文化兼容互长的结果。因此，川渝只有用独特的巴蜀文化做统率，才能起到文化整合的作用。但四川文化产业长期以来把"巴蜀文化"同"民族风情"分割开来，本来是一块品牌，被人为地割裂为两个品牌，全川在文化资源品牌宣传上缺乏整体性和统一性，没有突出地把神奇、神秘、神妙的巴蜀文化，作为统一的最大品牌，而是一会儿宣传巴蜀文化，一会儿宣传民族文化，两者分离，产生不了整体性的第一视觉冲击力的效果。这样分离宣传的结果，我们的地方历史特色不如古都长安，我们的民族文化特色又不如云南，两方面特色都被弱化。如果把这两方面有机地结合起来，统称为"神奇、神秘、神妙的巴蜀文化"，其对外的第一视觉冲击力就会强烈得多。

丹麦未来学家罗夫·钱森说："人类即将进入一个以故事为主导的年代，我们将从重视信息过渡到追求想象。"这是世界趋势。神奇神秘神妙的巴蜀文化是四川文化产业和创意产业无尽的源泉，是我省各种文化产业集团整合和发展成为强大的文化产业链的基础。

（二）以创意产业为龙头，以"三大领域"为重点，以"四大模式"为途径

从文化产业的三个圈层看，"核心层"（包括新闻出版发行和版权服务、广电服务、文化艺术服务）、"外围层"（网络文化服务、旅游娱乐休闲服务、广告会展、商务代理等文化服务）和"相关层"（文化用品、产品、设备

的生产销售），在我省都已分别出现了各种公司、集团公司或大集团。近年来我省文化产业法人单位数已达一万五千个以上，在西部居于首位。特别是"核心层"在20世纪90年代就已由行政组合成为带有垄断性的大集团，并正处在向市场化的转制中。集团化、规模化的发展趋势以"核心层"最为突出，"外围层"次之，"相关层"最弱。对于这些大大小小的文化产业集团的出路、体制改革途径、市场化运作、投融资政策等问题，许多学者都有论述。这里不再对这些问题加以重复和赘述。需要特别强调的是，学者们谈论较少的问题，就是以创意产业为龙头、在上述三个圈层分别选准我省文化产业领域的突破点，加快整合资源、做强做大产业集团的问题。

自英国政府于1998年第一个成立"创意产业特别工作组"并由布莱尔首相担任主席，发展英国创意产业以来，将近十年间，创意产业的发展已经成为普及于欧、美、亚、大洋洲国家的世界性潮流。简单地说来，创意产业是着重于头脑的市场开发的产业，是心灵和智力开发的产业，是有利于广大文化工作者勇于创新，使全社会的文化创造力和想象力充分释放，全社会成员文化心灵容易得到幸福满足感的产业，因此，也被称为"幸福产业"。要实现推动文化发展大繁荣，更好地保障人民群众的文化权益，大力推进文化创新，全面推进文化体系改革的任务，那么，大力推动和发展创意产业就是关键举措，是实现党中央加强社会主义文化建设的重大战略新思路。

近年来，我省虽然在文化产业、旅游产业、环境设计、传媒动漫数字信息等创意产业以及公共文化服务体系等硬件建设方面已有一定成效，但从总体看，我省创意产业还相当滞后，尤其是在软件建设上，城市的组织和管理还因循传统，培养"创意"的意识薄弱。特别是用传统的蜀人作为"非常之人"的精神来激发全社会创造性的想象力，培育创意人才，提升"头脑的市场开发"的素质，满足"心灵开发"的需求，促进整体生活环境的提升和社会的和谐感与幸福感等方面，还没有得到应有的重视，因而在我省尚未形成世界影响力的以巴蜀文化为特色与品牌、属性与核心的创意产业。这是我省文化建设发展方面最大的软肋。对此需要加以特别重视，把发展创意产业作为四川实现由文化资源大省向文化产业强省跨越诸举措中的重中之重。

（三）创意产业是头脑的市场开发产业，是心灵开发的产业，是一切投入智慧的地方都可以发生的产业

创意产业不仅可以成为独立的部类，而且具有可以融入其他产业的特点，

适应面和应用面很广。根据四川的情况，创意产业应以城乡形态建设、旅游产业和文化产业三大领域为重点，实现城乡、旅游、文化三者有机融合，共美其美，又各美其美，组建或壮大以"创意"为主的大集团。

目前，川渝两地在旅游产业方面已开始组建文旅融合大集团，但主要还滞留在行政层面的联合或联盟，产业经济、创意经济层面的自然融合与合作还较薄弱，因而产生种种问题。现在，四川很多地方倾国资全力组建了文旅集团，并以打造巴蜀文化为创意第一品牌，进行了景区联盟的试验，正显示出旺盛的生命力。这种以巴蜀文化十二体系为创意主题，整合旅游文化资源成为大集团的经验，值得在全省推广。

在文化产业方面，全省以"创意"为龙头的集团还缺乏大型大规模的，主要分散在各种小型文化策划广告公司之中。虽然有传媒、期刊、广电等大集团，但这些大集团还没有完全转变到以"创意产业"为龙头的轨道上来，更没有重视以神奇的巴蜀文化为龙头的问题。

至于在城乡环境的形态风貌方面的建设，这在我省随着城乡统筹和城市化的发展，正日益兴旺起来，不少具有创意产业性质的文化策划、广告策划、艺术设计的集团或公司应运而生。它们对旧城风貌改造、街道立面的整治，公园景观，文化主题空间节点以及城乡诸多环境的建设做了许多工作。但问题、困境和弱点是：在进行这方面规划的时候普遍缺乏文化创意和文化内涵，城市设计粗糙，往往差强人意。究竟一个城市该有什么样的个性？该传承什么样的文脉？该保护和发展哪个时期的特色？什么样的新风貌，既能符合当地历史传统，又能体现与时俱进的时代精神？这些问题的解决，有赖于对城市形态建设的创意研究，有赖于文化创意和文化设计。成都市政府《成都城市特色塑造研究报告》就是这种文化创意的一个典型例子。这个课题集中了历史文化、建筑、规划、环保等行业专家和实际工作者，对城市特色定位、城市生态、文态与旅游特色定位及其特色载体的塑造等进行深入研究，一边提出创意设想，一边把创意化为城市设计和施工工程，取得了好的效果。如果这种"头脑开发"的方式能成为产业，那就是创意产业。

上述三大方面是我省文化产业集团最为活跃的领域，也是最有前途的领域。因此以上述三方面领域为重点，扶持文化创意产业的发展是未来发展的方向。尤其应以巴蜀文化本体创新为主线，以弘传巴蜀文化为主题，以体制创新和科技创新为两翼，优先发展特色文化和优势文化，建立新型的支柱性的文化产业集群孵化园区。

（四）根据我省文化产业的实践经验，应采取的四种发展模式

文化板块创意发展模式。未来文化竞争主要是文化板块的竞争，是创意的竞争。深挖文化板块的文化内涵，做足"板块"创意文章，是未来竞争的需要。西安曲江新区三大板块的建设是好经验。依照其经验，成都正当以东区和天府新区为板块，深挖东区板块的文化底蕴，做好"东区新城大文化板块"这篇"创意"大文章。

传统文化与都市时尚文化对接的发展模式。传统蜀文化与现代时尚都市文化对接，是创意产业园区需要探索的模式。

传统文化内涵持续提升、外延持续扩大的可持续发展的"创意"商业化模式。例如成都通过天府广场景观文化创意研究，提出蜀文化十二大体系，并以此作为未来成都文化产业的发展战略构架。这都是好的做法。我省现在需要把传统产业架构通过新区建设，改造整合为成规模的智力开发的商业化文化产业链条，盘活传统产业存量，使传统文化直接商业化，由传统文化"搭台"的配角地位，直接转变为传统文化"唱戏"、经济搭台的主角地位，从而发展新型的创意产业。

本土文化资源与外来文化资源对接的发展模式。巴蜀文化本身就具有开放兼容的性质。因此，创意产业也可采取本土资源与外来资源兼容发展的模式。本土资源可自主开发，外来资源亦可在与巴蜀文化风貌协调兼容原则下引进（包括知识产权），均可为我所用。

发展我省创意产业，做强做大文化产业集团的十条举措：

第一，我省在传媒、广告、城市规划、数字信息、动漫游戏等部门已经出现一些小型的创意企业和产品，但缺乏大中型创意企业，处于条块分割、创意与实践脱节的状态，无法形成完整的产业链，也缺乏以文化创意为先导的观念。全省二十多个市州各自为政、行政分割的文化产业规划也大不利于四川文化产业的整体发展，同质化、雷同化很严重。因此，建议发展四川的创意产业应该以巴蜀文化的内涵为核心，以巴蜀人的文化创造力和聪明智慧为动力，用"神奇的巴蜀文化"概念连接传统与现代，把巴蜀文化创意通过现代科技支撑和市场化运作使之大规模产业化。建议全省重新制定以巴蜀文化为灵魂和统率的创意产业统一发展规划和行动方案，要把巴蜀文化作为四川最独到的品牌打造出来。

第二，建议我省像英国政府的做法那样，建立"巴蜀文化创意产业特别工作组"和"巴蜀文化创意产业发展专家组"，统筹研究和实施四川城乡创意产业的可持续发展。

第三，把成都、绵阳、乐山等市率先建成四川第一批全国和国际知名的城市创意中心。在全省设立"创意城市"名片制，按照一定的评估制度和标准，达到要求的就授予"创意城市"称号。

第四，为适应新农村建设需要，建议把以农家乐休闲为特色的体验休闲产业，纳入创意产业发展范围，加以大力扶持和提升。"农家乐"不仅现代发源于成都，早在南宋陆游写西蜀的诗里就称赞"农家农家乐复乐，不与市朝争夺恶"。"农家乐"在四川有上千年的悠久历史，可研究其文化底蕴，作为农家乐创意产业的源泉。

第五，创意产业应以创意人才为本，既要有恰当的体制和环境氛围留得住创意人才，也要有能够吸引有想象力的人不断前来的机制，从而为四川形成创意人才阶层创造条件。目前，创意人才在总工作人口中的比重，纽约占百分之十二，伦敦占百分之十四，东京占百分之十五，四川连万分之一都还未达到（我省至少应在最近五年内达到百分之五的比例），这是严重的差距。根据笔者的调查，目前我省创意从业人员主要还是较低的技术阶层，缺乏高层次的创意学者和文化学者专家参与。创意产业至今也没有被承认为相应的正式学科地位。从事创意设计的学者和艺术人才包括传统工艺（例如被誉为成都工艺"四大名旦"的蜀锦、蜀绣、瓷胎竹编和金银扣漆器）人才，他们的才干和社会地位得不到国家科研教育正规评估体系和职称评定体系的承认。建议我省自主设置我省的创意人才评估体系，特别是工艺师和艺术师的评估体系。可设置产业作坊并评定工艺师、艺术师等级，让他们有创意产业的相应职衔，让他们有地位和资格进入作坊，面对市场，可以有高等级资质和高等级价格快速进入市场。

第六，抓好我省创意产业的主攻方向。目前重点可放在熊猫生态文化创意产业和巴蜀文明创意产业两方面，以这两方面作为创意产业的主攻方向，突出亮点和热点。

第七，扶植具有四川"非物遗产"特色的民营创意文化企业的发展，改变对民营文化企业口头上重视而实际上轻视、规划上悬置化、政策操作层面忽视化的倾向。

第八，针对现在各地纷纷建立文化创意产业园或"非遗"产业园积极性很高，但很分散，又缺乏特点的现状，建议加以整顿，通盘规划，优势互补，避免功能雷同，特色互相抵消。一个地区以一个为宜，有独特的地方文化特色的可以建，无特色甚至利用神话传说虚构的就不要建，如我省不少地区抢建嫘祖故里、观音故里、颛顼故里、伏羲故里、女娲故里等名目繁多的产业园建设，实无必要。这些品牌可以做虚功，不可耗费民资做政绩工程，这种竞相攀比似是而非的以神话传说为建设本位的风气，是种危险倾向，需要加以遏止，以免劳民伤财，热闹于一时而后患无穷。

第九，我省各级历史文化名城数量较多，但普遍缺乏标志。建议在我省各个名城推广成都历史名城标志识别体系的做法，对各个名城已消失的古街名、古桥名、古河名、名人故居、传统民居和传统园林，建立有巴蜀文化个性的艺术性的标志，以展示名城神韵，延续名城文脉，唤醒名城记忆，给海内外游客以历史名城风貌的鲜明印象。

第十，旅游产业要以创意为龙头，发展创意旅游。当前亟须做的是策划有四川特色的仙游、禅游、诗游和三国智慧游等四大专题文化旅游。四川是仙源故乡，应策划以道观为基础的仙游。四川是禅宗禅学发展的重要中心，宜策划以寺院为基础的禅游。四川是自古出文宗的地方，宜依托司马相如、扬雄、陈子昂、李白、三苏、杨升庵、张问陶、李调元、郭沫若、巴金等故居故里以及杜甫、陆游故居，发展专题旅游，这是我省旅游文化创意产业兴旺的必要途径。

二、巴蜀自然遗产、文化遗产与非物质文化遗产的保护、传承与创造性发展

（一）四川自然、文化旅游资源

在我国列入联合国《世界遗产名录》的三十二处景观中，四川占有五处六地。其中，九寨沟与黄龙、大熊猫栖息地两处为世界自然遗产，青城山—都江堰两地共为一处世界文化遗产，峨眉山—乐山大佛两地共为一处世界文化和自然双遗产。四川有中国历史文化名城七座，有省级历史文化名城二十七座，有省级历史文化名镇三十九座。有全国重点文物保护单位六十二个，省级文保单位三百三十九个。省级各类博物馆、纪念馆、陈列馆六十三座，其中社会科学类四十八座，自然科学类六座，综合类四座，高等院校五座。有省级爱国主义教育基地五十五处。县级以上的文保单位有三千四百余处。另有一百一十七处省保单位正在申报全国重点文保单位。我省的国家级4A旅游区十三处，其中文化资源的旅游区有七个。四川七家3A级旅游区中,有六家属于文化资源旅游区。"中国旅游胜地四十佳"中,四川共有五处,属于文化资源的有三处。国家级风景名胜区四川有十一处,其中有三处属于文化资源。省级风景名胜区七十三处,属于文化资源的有十五处。总计各种各级文化旅游资源多达四千余处,天府之国,珍珠满盆,是全国文化旅游资源最多的省份之一。

(二)四川非物质文化遗产资源

四川非物质文化资源主要是指有川味特色的"非遗"。如果从特色角度看,它的主要特色是源远流长,土生土长,"川味"形成历史悠久。如:巴渝舞从武王伐纣巴人歌舞发展为汉高祖时宾人的巴渝舞。到魏晋以后,它衍变为两系:一系进入朝廷成为庙堂音乐,生命力也就不强。另一系流传于民间,至今不衰。到唐代,巴渝舞衍变为民间巴舞与巴象鼓,传承为今天土家族的摆手舞。巴渝曲则衍变为唐宋以来的竹枝词,受到文人和百姓的喜爱,甚至成为宋词的渊源之一。而它清新自由的"四绝句"形式一直流传到现代。[①]明清的川剧高腔和清音明显就渊源于竹枝词。[②]可见巴渝舞、巴渝曲、竹枝词是有三千年以上历史并在民间流传的古老川味艺术的活态基因。另一特色是四川少数民族的非物遗产从汉代白狼歌发展到现代的民族史诗说唱,多分布在四川盆地的盆周和横断山系。第三个特色是工艺独特,如从世界最早的天然气井"火井",到明清时世界最深的盐井"卓筒井""燊海井",以及蜀锦、蜀绣等工艺品,一直受着人们喜爱。石刻与壁画艺术也很独特,四川是汉阙之乡。明代寺院壁画在四川至今还保留有四处。

四川非物遗产大体可分为六种重要类型:

一是戏曲与曲艺系列。最著名的有川剧,这是中国戏曲百花园中的一朵奇葩,在海内外享有盛誉。此外,还有四川清音、扬琴、竹琴,川北花灯,南充大木偶,王文坤皮影,芦山灯戏,广安背篼戏(手掌木偶戏),四川金钱板、荷叶、相书、飞刀花鼓,资阳九莲灯,广元的射箭提阳戏与南充的川傩戏,芦山庆坛,等等。

二是文昌文化与德孝文化信仰。梓潼七曲大庙是文昌帝君的故乡、文昌文

---

① 以上参见谭继和、祁和晖《蜀乡音乐歌舞新论》,谭继和:《巴蜀文化辨思集》,四川人民出版社2004年版,第279~316页。

② 谭继和:《开篇:竹枝成都》,谭继和主编:《竹枝成都——本土文化的经典记忆》,四川人民出版社2008年版,第1~8页。

化及洞经音乐的衍生地；德阳孝泉镇是姜诗德孝文化的发祥地；眉山市的彭祖长寿文化和李密故里的孝文化均有独到的特色。

三是民族民间音乐舞蹈，重要的有：康定情歌（具有世界影响），嘉绒藏族锅庄舞，川江、沱江与金沙江号子，羌族的卡斯达温（铠甲）舞、沙朗舞、羊皮鼓舞，白马藏族的十二相（百兽舞），松潘笛萨，巴山背二哥，苯教羌姆，若尔盖求吉"金冠舞"，羌族释比史诗说唱，巴塘弦子，巴中与南充的巴渝舞和巴象鼓，川北薅草锣鼓，藏羌多声部民歌，攀枝花迤莎萨村悝濮谈经古乐，等等，精彩纷呈。

四是民间口头文学系列。四川各地皆有丰富的民间口头文学资源，最具特色的是阿坝与甘孜的格萨尔王传长篇叙事史诗。甘孜是格萨尔王的故乡，其史诗说唱具有康巴文化特色。

五是民间美术与手工艺。重要的有：绵竹木版年画，阿坝的黑帐篷与藏靴工艺，北川等地的羌族挑花刺绣工艺，白马藏族的面具工艺，蒙古族的唐卡，阿坝的伸臂苏瓦桥工艺，桃坪羌寨民居工艺，汶川布瓦黄土碉工艺，遂宁大英县卓筒井工艺，广安竹丝画帘，青神竹编，自贡龚扇和扎染，成都糖画、蜀锦、蜀绣、漆艺，泸州老窖酿造技艺，荥经砂器工艺，自贡井盐深钻汲制技艺，德格印经院藏族雕版印刷技艺等。

六是各种民间信仰与习俗。主要有：都江堰放水节，羌族瓦尔俄足节，嘉绒若木纽节，泸沽湖摩梭人走婚习俗，原生态彝族火把节，木雅与尔苏藏族还山鸡节，雅安上九节，若尔盖雅敦节，草地木朗青波节，壤塘壤巴拉节，等等。

上述四川绚丽多姿、丰富厚重的非物质文化遗产资源，是巴蜀人生命记忆的根，是巴蜀文化之根，也是"中国记忆"的重要组成部分。与物质文化遗产相比较，它更具有活态流变、口传心授的特色。它体现了巴蜀人特有的精神世界和心灵活动，集中表现为巴蜀人浪漫奇特、梦幻迷离、不循故辙的思维特征。从三星堆、金沙古蜀人的诡异，到司马相如大赋自由的驰骋；从说唱艺术之祖——东汉成都平原出土的说唱俑的诙谐，到李白奔放的想象；从古蜀仙道和道教的仙化思维，到郭沫若的泛神与浪漫；从川剧的昆高胡弹灯，到多民族歌舞的和谐，无不展示出四川人神奇、神秘、神妙、多姿多彩的心灵世界，这是大千世界中最丰富、最细腻、最不同凡响的领域，故杜甫称赞这里的人民是"新人民"，这里文明状况"信美无与适"，其美妙无比。它展现在四川民族、民俗、民风的方方面面，成为四川人心灵的泉水、精神创造的内在动力，构建和谐四川的精神家园。这是四川人最值得珍视的遗产，需要全力加以保护和传承。

（三）对非物质文化遗产保护的多种模式

由于非物质文化遗产的适态性与记忆性，需要全新的多元的保护模式，需要用创新性保护方式激活它的活态，唤醒它的记忆。创新性保护可以有传承性保护、生产性保护和原真性封闭保护三种类型的保护手段，都是探索非物质文化遗产传承与合理利用的有效途径，也是最具文化延续性和创造力的保护。我们可以从唤醒民族的记忆，激活民族文化创造的活力的高度，在实践中探索适当的不同的保护方式，而不必千篇一律，千种一面，这是我们尤其要注意避免产生的弊病。

三、巴蜀历史文化名城、古镇、名村的保护、利用与发展

四川现有全国历史文化名城成都、乐山、自贡、宜宾、泸州、都江堰和阆中等七座。有省级历史文化名城二十七座，包括山水与风水城市型、工业城市型、商业城市型、水陆码头驿站城市型、历史悠久城市型等多种类型。但从全省省级以上历史文化名城的保护和开发现状看，其名城龙脉（地脉、水脉和文脉）资源完整保存的几乎没有。仅阆中市古城现存零点八平方公里，其他名城一般保留的只是少数几片历史文化街区和地段。四川名镇古村资源十分丰富，类型多样，除已列入省级名镇的成都市城厢镇、黄龙溪镇、安仁镇、洛带镇，宜宾李庄，雅安市上里镇、望鱼石镇，洪雅县高庙镇、柳江镇等三十九个以外，还有大量有旅游价值的古镇或未申报，或未开发，或未发现。古道是四川文化旅游资源的重要特色。南方丝绸之路（五尺道和牦牛道）、金牛道、米仓道、茶马古道，至今有不少遗迹，是重要的旅游资源。

（一）山水：古镇古村落是散落在巴山蜀水间的璀璨明珠

早在初唐时期，诗人王勃就用"悠游之天府，宇宙之绝观"来形容巴山蜀水的巧夺天工。古镇古村落是散落在山川之中的璀璨明珠，凝聚着巴山蜀水的独特魅力。越是到近代，巴蜀文化中的和谐生态之美越是集中体现在古镇古村落之间。"九天开出一成都，万户千门入画图。"成都过去也是坐落在山水之中，没有高楼没有大道，每家每户都是一幅画，而这样的美如今只存在于古镇古村落。乡村里的所有美是与大自然和谐共生的，是自由而鲜活的，不似城市里的建筑，机械呆板，缺少温度。古镇古村落具有"神奇生态之美""神秘文化之美""神妙生活之美"，古镇古村落是山水之间散落的明珠，汲取神奇生态之精华，在历史的长河中沉淀。乡村振兴将目光对准古镇古村落，也是对巴山蜀水的一次重新发现。作为传统的农业大省，四川的发展离不开农耕文化的浸润。"桑林蚕丛，男耕女织"的生产方式孕育出"耕读传家"文化形态，祠堂、会馆、乡场等这些保留在古镇古村落的历史建筑延续着四川的乡风乡俗。

（二）文化：多种形态造就古镇古村落的文脉留香

无论是广汉三星堆这样的历史古迹，还是蒲江明月村这样的文创新村，每一处历史遗留下的印记都是一段巴蜀文脉的留香。山水相依的自然环境、源远流长的历史文化，是多数古镇古村落与生俱来的天赋。去黄龙溪和柳江镇，会感叹大自然的美好；跟随青莲镇、李庄镇的脚步，可以触及从古至今的文化脉络。成都闲适安逸的生活状态，可以用"仙市人居"来形容。从城市过渡到小镇乡村，古镇古村落的人居环境是由"仙乡人居""仙市人居"两部分构成。农耕时期的人居文化是林盘文化，"小桥流水、竹林茅屋"是川西林盘最显著的特点，也是"仙乡人居"的典范。现在是工业文明时期，大家住在城市里，不需要耕作，林盘文化存在的价值让这种"仙乡人居""仙市人居"的理念得以传承，同时也承载着农业文明、乡村文化的智慧。

（三）生活：让古镇古村落寄托乡恋、留住乡愁

一方水土养一方人，一方人孕育一方乡俗。古代"农商一起、耕织一体"的生产方式和巴蜀浓厚的文化氛围，孕育出"耕读传家"的乡风传统。耕田可以事稼穑，丰五谷，养家糊口，以立性命。读书可以知诗书，达礼义，修身养性，以立高德。如今，祠堂、会馆、私塾、乡场……这些保留在古镇古村落的历史建筑，延续着四川的乡风乡俗。逍遥自在、书香传统，是广为人知的巴蜀人生活态度。"好旅游"同样是四川人生活方式的一大特色。乡村旅游已成为今天古镇古村落的发展亮点，在过去的巴蜀文化中，旅游同样不可缺少。四川自古以来都有游江的传统，岷江、沱江、嘉陵江边历来有旅游的船舶，且古镇古村落多沿河畔而建。今天的乡村振兴，应该设法恢复大小江河游，既要留住乡村文脉，也要留住乡恋的寄托地、体验场。

（四）规划：文化先行是古镇古村落的发展原则

如今，越来越多的古镇古村落被发现，但如何打造，成了摆在面前的难题。古镇古村落的保护发展规划，一定要文化先行。现阶段有一种病态的模式

是先进行建筑设计，然后将当地文化搬进崭新的建筑里，这样的打造方式不值得推广，应该坚持文化先行，让文化贯穿工程规划的始终。古镇古村落是有生命的个体，文化是灵魂，特色是神韵，最大的特性是文化性。蓬安相如古城将相如文化浸润在古城的每一个角落，而不是生硬地嫁接到景区里。除此之外，宜宾南溪古镇、泸州尧坝古镇也做得不错。

对古镇的保护应当回到"三好"和"三个模式"的思路上来——原真性、完整性和远瞻性保护好，远瞻性原汁原味保护发展模式、可持续传承发展模式和前瞻性发展模式，要根据各自古镇古村落的个性选择最佳适当发展范式。平落古镇的"竹麻号子"以及平落现有的各种非遗手工作坊就是一个古镇个性保护的范本。

四个方面的经验：首先是建筑文化的保护，重点保护川西林盘的仙乡人居环境与传统三合头四合院的建筑风格。其次是乡风文化的复兴，构建乡村文化地标的展示与识别体系，重点保护宗族祠堂，乡贤大院等历史文化遗产。三是重视乡贤文化的延续，要将乡贤秀才与非物质文化遗产传承人作为乡村规划的"主人"。四是旅游文化的创新也是古镇古村落发展的途径，从"物我相悦"的观光游向"物我相融"的休闲度假游与"物我两忘"的体验游发展。总之，文化是乡村振兴之根，文明是乡村振兴之魂。我们要将这个观念贯穿至古镇古村落发展的始终。

四、传习华夏家风四千年文脉，创新当代巴蜀家风

习近平总书记强调："家风家教是一个家庭最宝贵的财富，是留给子孙后代最好的遗产。要推动全社会注重家庭家教家风建设，激励子孙后代增强家国情怀，努力成长为对国家、对社会有用之才。党员、干部，特别是领导干部要清白做人，勤俭持家，干净做事，廉洁从政，管好自己和家人，培养新时代共产党人的良好家风。"从大禹算起，华夏家训、家教、家风，有四千年薪火相传的历史文脉，是子孙后代最宝贵的历史遗产。它把中华民族传统核心价值观浸润、落实和体现在每个时代的精神中和每个家庭的细胞上，是今天新时代传承、培育和涵养社会主义核心价值观和中国特色良好家风的最佳思想养料。今天，社会主义核心机价值观建设，同样需要体现和落实在每个家庭、社区和个人的思想行为中，既需要继承历代祖先传统薪火相承的文脉，学习、研究古人和前人家教、家训、家风的历史经验和历史智慧，代代感染熏陶，世世传承不

息,又需要突出时代特色,随时代创新性转型和创造性发展,铸造以社会主义核心价值观为核心的新家风,开拓新时代的新路。

(一)"大禹之戒"是华夏第一家训,是中华民族最早的家教家训。它诞生在巴蜀西羌之地,是巴蜀家教家风的源头

历史上最早的家训是大禹创立的,见于《尚书·夏书·五子之歌》:"太康尸位,以逸豫灭厥德,黎民咸贰,乃盘游无度,畋于有洛之表,十旬弗反。有穷后羿因民弗忍,距于河,厥弟五人御其母以从,徯于洛之汭。五子咸怨,述《大禹之戒》以作歌。"这就是历史上著名的"太康失国,五子作歌"的故事。夏禹的孙子太康荒淫逸游无度,田猎不恤民事,因而失国,夏政权被有穷氏后羿、寒浞夺去。太康的五个昆弟流落在洛汭岸边,遂记述《大禹之戒》,作《五子之歌》。《大禹之戒》共五条,第一条就是:"皇祖有训:民可近,不可下。民为邦本,本固邦宁。"在大禹看来,人民应该亲近,而不可轻视低下。人民是国家的根本。根本牢固,国家就安宁。太康把皇祖大禹这条"家训"抛诸脑后,祸害百姓,遂被推翻。直到后来少康又牢记祖训,励精图治,终于复国。由此可见,我们的老祖宗自古就认为家教、家训、家风关乎家国的兴衰荣辱,需要代代传袭,不可忘记这个"根本"。

到西周时,成王的叔叔周公用《五子之歌》传承的大禹精神,作《诏太子发》,教导年幼的周成王行冠礼,学习"敬民以保社稷"的祖训。春秋时,《国语·周语》又引用《夏书·五子之歌》。孟子"民为贵,社稷次之,君为轻"的思想就是来自大禹的祖训。唐太宗"水能载舟,亦能覆舟"的论述,阐释君主与民众的关系,也是大禹这一思想的转型发展。宋代理学家提出的整套"修、齐、治、平"的理念,都继承了大禹的"祖训"精神。闻一多1925年在纽约作《七子之歌》,痛惜澳门、香港、台湾、威海卫、广州湾、九龙、旅大七地如祖国"七子"被帝国主义列强侵占分割。总之,由夏朝《五子之歌》到现代《七子之歌》,可以看出大禹"家训"衍变为"国训"的传承和发展过程,有四千年不间断的历史文脉。这悠久的家训家教家风文脉,同时也是历代华夏祖宗对家国同构的文化认同和精神追求的过程。因此,它是"华夏第一家训",是中华民族最早的家教家训。

大禹兴于西羌,生于汶山郡石纽,他是蜀人。大禹率领的"夏后氏"以汶、岷为发迹之地,到中原建都,会诸侯万邦于会稽,并葬于会稽。这是夏禹文化西兴东渐的历史进程。大禹的"家训"萌生于蜀,到中原正式形成,衍变

为"国训"。因此，大禹继黄帝之后作为国家文明的始祖，他的家训不仅是华夏第一，也是巴蜀第一家训，其文脉在巴蜀传承发展，不绝如缕，这是巴蜀文化对华夏家教家风文脉的一大源头贡献。

（二）华夏家教的根本精神是"教之以义方，弗纳于邪"

华夏四千年家教文脉传承的根本精神是"爱子，教之以义方，弗纳于邪"。这是春秋时期卫庄公的大夫石碏总结祖宗家教经验提出来的。这就是说，爱孩子就必须教育孩子走正道，走义道，而不能走邪道，这叫作"义方"教育。

这个故事说的是卫庄公的儿子公子州吁好武斗，不学好，而庄公不但不阻止，还宠爱他，准备立他为太子。大夫石碏因此进谏，说："臣闻爱子，教之以义方，弗纳于邪。骄、奢、淫、泆（逸），所自邪也。四者之来，宠禄过也。"（《左传·隐公三年》）其人骄奢淫逸是卫庄公宠幸太过带来的，而骄奢淫逸的个性一旦养成，则"无事不邪"，作恶坏事。如果立为储君，必将"阶之为祸"，留作祸乱的阶梯。石碏进一步解释，"义方"的内涵就是指"六顺"："君义，臣行，父慈，子孝，兄爱，弟敬。"如果违背这"六顺"就必然是"六逆"，"去顺效逆，所以速祸也"。可惜卫庄公没有采纳这个意见，引起卫国内乱。在整个春秋时期，这"六顺"加上母族，又衍变为"五教"，指"父义，母慈，兄友，弟共，子孝，内外平成"（其中的"内"指家，"外"指乡党）。鲁国大夫太史克将这"五教"观念兴起的时代推到五帝时的高阳氏颛顼和高辛氏帝喾时代，"举八元，使布五教于四方"（《左传·文公十八年》），可见中国"义方"家教的源头可以追溯到五帝时代。春秋时随国大夫季梁又把这个"五教"思想由家庭推广到乡族，叫作"修其五教，亲其九族"（《左传·桓公十六年》）。

到两晋时代，美男子潘岳（潘安仁）在历史上第一个以"家风"为题，写出了历史上第一首《家风诗》，云："义方既训，家道颖颖。岂敢荒宁，一日三省。"在这首诗中，他肯定"义方"教育就是家训。"义方"家训才能使家庭"家道"颖颖闪亮，放射光芒，流芳百世。作为家长，当勤恳思虑践行，不敢稍有懈怠荒宁，应有孔子一日三省吾身的精神。日夜反省是否做到了"义方"，对家庭成员有好的影响。可以说，潘岳的《家风诗》是对春秋时代"义方"教育的传承和推广，进一步肯定了家教、家风的文化内涵必须是代代遵循的"义方正道"，它是家教文化的"根"，是家风文化的"魂"。这首诗在传承和弘扬家风文化中的地位和历史价值不可低估。

家有教，祖有训，从家族到民族共同价值观的文化认同、思想认同越来越根深蒂固。四千年家教家风文化的历史文脉是历代炎黄子孙、华夏儿女留给世界的历史文化宝库，是现在还活态传承的独特、珍贵的精神遗产。

总之，五帝时代到夏商周时代萌生和形成的"六顺""五教"和"九族"的亲和家教观念，源远流长，是"家国同构"的家族宗法制度为基础形成的国家治理社会结构在古代国家主流意识形态上的反映。家是最小国，国是千万家，这个观念源自五帝夏商周家长制家族公社和农村公社的宗法制度。从部族邦国联盟时代起，酋长首领在中心祭祀台高举部族旌旗成为凝聚众家众户的中心，这是甲骨文"中"字的来源，众家围绕中心而成中国，中国由最初指国君的京师而扩大为指四裔在内的"普天之下，莫非王土"的全中国。中国又凝聚万家而守护和造福于每个小家。这就是历代祖宗传承下来的对于文化大一统中国共同体的价值共识，传承、发展、转型、衍变至今。老子云："治大国如烹小鲜。"家"小鲜"治理得好，家和万事兴，社会才能和谐，国家才会长足发展，民族才会持续兴旺。因此，治家与治国是辩证统一的关系。家教家风是整个家庭立世做人的风范，也是民风和社会风气形成的根基。

巴蜀考古发现证实，四千五百年前郫都区宝墩文化的古城遗址，其中心聚落建筑布局由中央包括五个卵石叠成的祭祀台构成的五百平方米的大房子，周围环绕十四间家庭小房子组成。这种众小家围绕共同信仰的神圣祭祀中心，就是"家国同构"的雏形。这是古巴蜀文明对中华家国同构文化的一个重要实证贡献。

从传统到现代，怎样的家风才算是好家风？古人的"义方"教育给出了最好的回答。家教家风一定是正义健康的内容。华夏家教家风就是用"义方"教育为宗旨传承和发展起来的。虽然每个家庭情况千差万别，家教家规也会有千差万别的个性特色，但家教家风一定是正义、健康的内容，而且会紧随时代变迁而不断分阶段创新性转型和转化，适应当时时代最深刻的需要而创新性发展。"义方"家教一定要"弗纳于邪"，对子女突出个人主义、走邪门歪道、强势凌人的教育，进入不了华夏家教家风的范畴。从五帝和大禹时代起，"义方"为宗旨的华夏家教，经过千百年来光阴的长河，从未变更底线，而是浸润在家庭、家族和社会各个层面。从待人接物、为人处世到赤子之心、人格境界，从孝悌家庭、亲仁睦邻到造福社会、热爱祖国、公忠体国等等层面都贯穿着中华传统礼乐文明讲求正道正义、合礼制讲文明的教育精神，成为根植内心的行为准则。

当代中国家风教育，有当代中国的特色。它既是几千年华夏家教文脉的薪火传承，又要在新时代以社会主义核心价值观的培育和铸造为核心，开拓中国特色社会主义家教文化，走出新路。

当代家教家风的文化内涵是多元化多样化的，但主要有三方面：

第一，传承和发展祖宗"国事重于家事"的浩然正气教育，弘扬优秀传统家教文化、革命文化和红色文化。

第二，清白文化教育：清清白白做人，干干净净做事。清正廉洁，正道做人，勤劳节俭，"以奢靡为耻，以俭素为美"（宋司马光语）。

第三，继承中华传统礼教、诗教和乐教，"人之能为人，由腹有诗书"，"知书识礼，为做人之根本工夫"，传承耕读传家的书香家庭、书香城乡的"书香教育""诗意教育"。从传统的"修齐治平"理念转型为修身、治家、报国、和谐天下的理念。"修身"是指个人的自我修养，"治家"则是家庭的良好家教家风，"报国"是时刻牢记的家国精神，"和谐天下"是人类命运共同体的眼光。这就是崇尚做人正道，行事正义，勤劳节俭，直至公忠体国，诚实正直的"义方教育"几千年文脉的主要内涵。

习近平总书记说："家庭是社会的基本细胞，是人生的第一所学校"，"是国家发展、民族进步、社会和谐的重要基点。""千家万户都好，国家才能好，民族才能好。""要重视家庭建设，注重家庭，注重家教，注重家风。"习总书记还说，"国风之本在家风。"这些重要思想是对孟子所说"人由恒言，皆曰天下国家。天下之本在国，国之本在家，家之本在身"的传统思想的继承和发展，是对中华优秀传统的"家国同构"和"家国情怀"精神在新时代的创新性转化和创造性发展。

（三）巴蜀对华夏家教文脉的贡献

巴蜀文化对于华夏家教家风四千年薪火相传的文脉发展做出了巨大贡献。可从六个时期来体现：

一是华夏家训形成的源头时期。巴蜀作为以大禹为"华夏第一家训"的文化符号和文化源头的诞生地，对华夏家教家训历史发展文脉，做出了源生性的重要贡献。

二是秦汉魏晋时期。巴蜀文化对华夏家教文化的贡献，主要体现在把华夏家训教育植根于家庭、家族和宗族，努力成为每个家庭成员心中的行为准则。

西汉文宗通儒扬雄教育其九岁儿子扬乌，就是从娃娃抓起，植根于心灵的典型范例。他的蒙学读本《训纂篇》是为儿子扬乌识字启蒙而著的，让儿子从中懂得尊师重道，站立听讲的规矩。凡扬雄讲课，扬乌必定避席肃立，仔细笔记，不敢或忘。他教会扬乌吾日三省吾身，辨别忠奸善恶，行好事，乐吃亏，豁达人生，这会是一辈子的财富。好的家风是精神的富足，比物质享受更重要。

诸葛亮是廉洁自律的典范，也是公忠体国，鞠躬尽瘁，死而后已的典范。他的《诫子书》仅用八十六字写出了"静以修身、俭以养德，非淡泊无以明志，非宁静无以致远。夫学须静也，才须学也。非学无以广才，非志无以成学"的高尚励志语，认为这才是典范的"君子之行"，告诫儿子要好好学习。他身体力行教育儿子，"两表（前后《出师表》）淡泊明素志，一篇（《隆中对》）珠玉是生涯"，正是他以浩然正气"修身养德，成学广才"为生涯来教育子女的写照。

三是唐宋时期。巴蜀文化对华夏家教文化的贡献，主要体现在重清白文化。优秀家教如明月当空，优良家风如清风徐来，"浩然媚幽独，泠然洗我心"（苏轼《和李太白并叙》）。

此仅举两例：

其一，赵抃祖父赵湘的家教，使赵抃沿着祖父赵湘的人生轨迹炼成"铁面御史"，清白廉吏。

北宋"铁面御史"赵抃四次入蜀，两次做成都知府，是提倡清白文化的典范。他一琴一鹤入蜀，经过湔江时发誓"吾志如此江清白，虽万类混淆其中，不少浊也"，这段湔江改名为"清白江"，就是因他江中发誓"清白"而得名。他能成为宋代清白廉吏的典范，与其祖父赵湘的人生轨迹作为身体力行的家教有关。

赵湘为资政殿大学士，最后任庐江尉。赵抃生平四入蜀地而不辞，当与赵湘人生轨迹勇于赴难，纾解民困的身教、言教有关。其著作《南阳集》独撰己见，"不傍古，不缘今，独行太虚，探出新意"（宋成都知府宋祁语）。这种独行太虚的探索奥秘精神和独创新见、必得新意而后快的思维方式，同巴蜀文宗扬马、李杜、三苏、杨慎、沫若相继传承发展出来的颇喜翻案，不囿陈说的创新思维和遨游太虚，控引天地的仙化浪漫主义精神的熏陶有关，赵抃诗文与奏议的理想高尚、义薄云天的梦想精神与返璞归真、扶正祛邪的思维范式，可说是既继承乃祖赵湘，又"比肩"扬马到同时代的三苏。特别是乃祖赵湘"其文拔邪扶正，蔚有鲠议"（北宋吴俦评语），是传统家庭"义方"教育的优良教科书，对赵抃秉持扶正祛邪的清白精神的形成有直接的影响，故为赵抃手抄珍藏，奉为家传至宝。

赵湘的代表作《正性赋》《扬子三辨》是影响赵抃一生、指导赵抃人生的教科书，赵抃奉为座右铭。赵抃《清献集》首篇《奏疏论邪正君子小人》，就是直接承传赵湘"拔邪扶正"的"义方"家教理论而运用于实践。赵抃正是沿着赵湘言教和身教的教诲指引而成长为"铁面御史""清白廉吏"。铁面清白，"家国重如山，其胸襟、气度、节操皆坚持守正黜邪而力行，勇立时代潮头，有如江河春水向东流，不可阻挡，不可改变。他的人格见识，坦荡忠直，无私故无畏，在同期臣僚中自具一种巍然血性与正义形成的压力。而群小则惊恐自藏，以避其锋。赵抃'铁面清白'文化是历史留给后人的一笔宝贵廉政遗产，是华夏家教家训发展史上闪光的一页"。①

其二，苏轼自幼受其母程氏夫人有关古今成败的历史文脉教育和自励坚贞的气节教育，且牢记终身。

三苏家庭是优良传统家教家风建设的典范。苏轼能成长为"千年第一文人"，一生守正无私，公忠体国，不畏艰险挫折，才、学、识、德的高尚兼于一身，是与其家庭家教的"义方"教育的熏陶和培育分不开的。苏轼一生才德绝世，光耀中华文化史、文学史、思想史，有赖其母程氏夫人自幼之母教，方立德成才。

程氏夫人通经史，有气节。苏轼十岁时，"父洵游学四方，母程氏亲授以书，闻古今成败，辄能语其要"（《宋史·苏轼传》）。古今成败的历史文脉教育，正是家教的最佳教材，程氏均能言其精要。有这样的母亲，是苏轼一生的幸运。一次程氏读《后汉书·范滂传》慨然叹息。苏轼请教母亲说："轼若为滂，母许之否乎？"程氏曰："汝能为滂，吾顾不能为滂母乎？"这里，程氏是用东汉范滂母教子的故事来激励苏轼。

范滂是东汉桓帝、灵帝时人，其人受母教，少年即"历清节，为州里所服，举孝廉、举光禄四行"，即被举荐为"敦厚、质朴、逊让、节俭"四行卓

---

① 见祁和晖、谭继和《赵抃沿着祖父赵湘的人生轨迹炼成铁面御史》一文。

越的乡贤。因他为官清廉，反对宦官专政，被阉宦视为清流党人，欲加以大诛。当时汉灵帝宠信宦官，下诏急捕范滂等清流。诏书下到县督邮吴导手上，吴导"抱诏书、闭传舍、伏床而泣"，不想奉诏。范滂听说此事，知道督邮是在为他打掩护，蒙冤而泣，范滂即挺身而出，"即自诣狱"，请逮捕自己。县令郭揖见到范滂亲身赴狱而"大惊"，愿意自解县官印绶，与范滂同蹲监狱，"引与俱亡"。这些清流朋友均愿与范滂共生死。范滂却说："滂死则祸塞，何敢以罪累君，又令老母流离乎！"范滂与母亲诀别时，滂母叮嘱范滂："汝今得与李杜齐名，死亦何惧。"李膺、杜密是范滂前辈。李膺为青州刺史、正直清廉。当地贪官守令听说他来上任，"畏其威明，多望风弃官"，乘其上任之前逃跑了。他纠罚奸幸，被"宦官擅权收捕钩党"。时李膺年已六十，乡人劝其躲避，李膺则浩然凛然地回答："事不避难"，自行赴"诣诏狱"被杀。当时李膺的弟子门生景顾不在下狱名单内，也在其父蜀郡御史景毅鼓励之下自请入狱，不愿意因漏夺名籍而苟安，保持名节很重要。范滂母就用当时清官李膺等人的这些持正守节、勇赴国难的故事来教育范滂，生死不重，气节为重。"滂跪受教，再拜而辞。"

范滂之母教育范滂要以李膺为做人做事楷模的故事，被程氏作为教育苏轼的家教教材。故苏轼发问，他若效法范滂，母亲能允准否。母亲程氏即回答："你能效法范滂，我何尝不可做范母？"鼓励儿子持正立节，为国捐躯。苏轼一生谨遵母训，践行母教，以范滂君子之行为榜样，在重大政治事件和坎坷挫折面前，从来坚守家教准则，保持操守，虽累经挫折打击而从不失其节操。

由这些感人的故事，我们可以看出历代家教家风的历史文脉，传承弥久，事迹弥多。每个"君子之行"皆历历可数，不绝如缕，其楷模对代代历史名人——中华民族脊梁，熏陶弥厚，影响弥深。苏轼因其父母家教而总结出他对家教文化的独特认识。他所归纳出来的"不羡千金买歌舞，一篇珠玉是生涯"（苏轼《无题》）的人生格言和奉献精神，就是他父母以"义方"为主旨的家风家教的结晶。苏轼是在家教似明月婵娟，家风如清风隽永的儒家礼教、诗教和乐教的家庭氛围中成长起来的，一生秉持初心，抱持家国情怀，是"回薄万古心，泠然洗我心"（苏轼《和李白诗并叙》）的优良家风传承人典范。他在《赤壁赋》中表明其清白志向："夫天地之间，物各有主，苟非吾之所有，虽一毫而莫取。惟江上之清风，与山间之明月，耳得之而为声，目遇之而成色，取之不禁，用之不竭，是造物者之无尽藏也，而吾与子之所共食。"樽酒嘉肴不是享受，非吾之所有，一毫一厘莫取莫伸手。只有大自然给予我们清风明月，才是我与朋友可以共食共享的最高尚的生活美学的心灵盛宴，可以"泠然洗我心"。"清风明月"的含义，用今天文化解读的眼光看，就是指人类与大自然命运共同体。苏轼讲的"清风明月"理念，正是华夏历代祖宗主张的人类对报恩天地大自然的美学境界的追求。因此，华夏祖先这一理念是最高尚的乡贤家教文化润泽心灵的丰富思想养料。苏轼作为巴蜀文化发展史光辉的里程标杆和巴蜀北斗星辰的文化符号，对中华家教家风文化理论体系和话语体系的升华，做出了杰出的贡献。

四是明清时期。巴蜀文化对华夏家教文化的贡献，主要体现在重视耕读传家的学术家族、书香家族文化世代传习和将宗族祠堂作为家教最佳信仰地的建设。

这里举杨廷和、杨升庵、杨有仁学术家族为例。杨升庵是有明一代天下文宗，他的一生坎坷被贬，漂泊流离，仍坚持初心，无私奉献于文化学术和兄弟民族文化提升，其高尚人格和高贵情操是优良家教家规家风熏陶培育出来的。升庵曾祖母熊氏夫人留下了"四重"祖训："家人重执业，家产重量出。家礼重敦伦，家法重教育。"升庵不仅自己一生奉行，还在临终遗训里教育后代："临利不敢先人，见义不敢后身。"这些人生格言，杨氏家族代代传承，成为世代清白，正直无私家风习习的典范，记载在杨氏《族谱》中，传承至今，杨氏宗祠如今已成为四川家风建设重要基地。

五是近代时期。巴蜀文化对华夏家教文化的贡献，主要体现在重家庭的人伦教化与"天下为一家，中国如一人"的国家认同、民族认同的教育。

以近代开端时期西部启蒙思想家、成都双流刘沅的《豫诚堂家训》和《蒙训》为楷模性代表。他把他的"天理即良心"，重民本重人伦的新心学学术思想通俗化、蒙童化，用少儿语言写出"家训"与"蒙训"，深入浅出地讲述"唐虞夏商周"以来大一统中国的历史，灌输"天下为一家，中国如一人"的儒家理念；讲述"民命系天心，时时要儆惕""五伦果然敦，天地一气接"，贯穿"天理良心，人之所以为人"的大道理，会通"正心乃修身，齐家而治国"的家庭教育与社会治理的大道理。他的意图是用自己的家训蒙训"以训儿曹"，代替《三字经》。他在历史上最先批判宋代编成的《三字经》："惟导以求名，殊非圣人养正之道。"（刘沅《蒙训·序》）这里，"养正之道"指的就是优良传统华夏家庭"义方"教育之道，他要"儿童初识字"即明白中华祖宗的正统家教，而不能再受以引导求功名为鹄的《三字经》误导。

刘沅在近代启蒙时期所展示的对历史家教又继承又批判、又转化又发展的新心学启蒙思想，是巴蜀文化对中华家教文化的近代化做出的杰出贡献。

六是新中国时期。巴蜀文化对华夏家教文化的贡献，主要体现在红色革命文化、中国特色社会主义文化和社会主义核心价值观的建设。

朱德、邓小平、陈毅、王右木、张澜、吴玉章、车耀先、赵一曼、李硕勋、江竹筠等革命先辈先烈留下的重视家教、注重家风的历史遗产、历史财富和激励人心的示范，正在新时代新征程中发挥着越来越大的影响和作用。特别是巴蜀特色、巴蜀风格、巴蜀气派的新家规、新家风正在涌现，以家风建设推动文明家庭、社会公德、职业道德和个人品德建设，以培育和树立良好家风作为人生必修课，正蔚然成风。

其中一个好家训、好家规、好家风范例是金堂五凤溪贺麟家族。"锄经种德"四个字是贺氏家族的家教，蕴含耕读传家，书香家族的"义方"教育精神，体现了巴蜀好文雅、好书香、诗意栖居生活美的传统特色，培育出学贯中西，儒化西学的大思想家、大学术家贺麟，养育出学术乡贤家族。诙宗祠已成为四川又一个好家训、好家规、好家风教育基地。

另一个典型范例是宜宾南溪区裴石镇月亮湾将家风传承与廉洁文化基地建设融入乡村振兴示范区建设，三位一体，传承宜宾家教和乡贤文化老祖宗薪火，以华夏家教四千年文脉的开阔视野，建设了占地三千亩，包括中华家风馆、巴蜀家谱馆、宜宾名人馆与家风讲堂在内的乡村振兴基地。风光优美的"初心广场"与"明月楼"作为"明月泠然洗我心"的体验地，尤其吸人眼球。如今该地已成为四川省首批二十四个省级廉洁文化基地、独特的四川省家风传承示范基地和四川省十大孝廉文化地标，走出了家风与廉洁文化同文化旅游融合的新路。

其他如遂宁金华山陈子昂读书台遗迹的廉洁文化基地建设，青白江区清白文化公园教育基地建设，达州市、巴中市等地结合秦巴文化与乡村振兴的家教家训基地建设，正在写出新篇章，构建新格局。

在巴蜀大地上，优良家教如明月，优良家风如清风，世代传习，沁人心田，照亮着我们的精神家园。

第七章 巴蜀文化的基本性质及其特征

第一节　中华广域文化共同体中的巴蜀区域文化

一、长江上游与黄河上游文化哺育下的巴蜀文明

巴蜀文化是长江上游古文明诞生的腹地和发展中心。长江文化与黄河文化是多元一体的中华民族命运共同体中两支始源悠久、彼此交错生长、交流发展、交互融汇的主干文化。长江文化作为源远流长、绵延不绝的文化体系，主要由上游的巴蜀文化、中游的楚湘文化和下游的吴越文化三大主要文化区构成。由于近年来长江流域从下游的良渚文化到上游的三星堆文化一系列新的重大考古发现，以新的史料和新的视角大大拓宽了长江文化研究的视野。特别是蜀文化区域，由于宝墩古城文明的发现以及三星堆遗址、金沙遗址、商业街戋国开明王族船棺葬遗址等蜀文化的重大发现，巴文化区域罗家坝遗址、城坝遗址及三峡考古等巴文化的重大发现，以新的面貌大大刷新了有关巴蜀文献的记载，需要对古巴蜀文明的起源、形成的发展路向和演进格局、地域特色形态和精神价值体系以及对巴蜀文明在长江和黄河文明体系中的历史定位开展新的研究和探索。

巴蜀文化也是黄河上游文化的重要组成部分。阿坝州阿坝、红原和若尔盖草原拥有黄河上游第一湾流域。"蜀汉之土，与秦同域"，巴人、蜀人正是古羌由秦陇、河湟而"右陇蜀"[①]迁徙发展来的，陇蜀文脉正是长江上游"江源"和黄河上游"河源"的文化源头，是黄河文化与长江文化多元化交汇发展中的一个重要摇篮。

巴蜀文化以巴蜀地区为腹心，北及天水、汉中区域，南涉滇东、黔西，生存和发展于长江上游与黄河上游，其集体文化性格具有从古及今的历史延续性和连续表现形式。早在人类起源时代，就有巫山人和资阳人先后出现，由旧石器时代过渡到新石器时代，这是传说的"巴蜀同囿，肇于人皇"的时代，由此

---

① （晋）张华撰，范宁校证：《博物志校证》卷一，中华书局1980年版，第8页。

可见其始源就具有悠久性和独特性。到新石器时代晚期由文化积累到文明形成的时代，距今四千五百年前宝墩等六座古城遗址为代表的宝墩文化诞生，昭示着成都平原中心聚落为标志的古城文明出现。在这个基础上发展衍变起来的广汉三星堆和成都金沙遗址为代表的殷商西周时期古蜀国文化，展示了玉器文明的独放异彩和青铜文明的不同凡响。成都商业街战国早期船棺葬和新都马家大墓的发现，证实了古蜀开明王国的存在不再是子虚乌有。古蜀国传说五祖从蚕丛、柏灌、鱼凫到杜宇、开明，这些不同时代的蜀部族的生息和发展，就植根在考古发现的这一深厚的文化土壤之上。成都平原是当时长江上游江源古文明发展的中心，是长江文明的结穴处和生长点，也是黄河上游"河源"文化的摇篮之一。古巴文化也经历了同样的发展历程，并与古蜀融为同一地域共同体。

二、区域文化学视野下的巴蜀特色文化

（一）巴蜀文化的历史延续性和思维模式的连续表现形式

从区域文化学视野来观察，巴蜀文化所具有的从古及今的历史延续性和连续表现形式，就是历代巴蜀人以自己的方式文明化，并用巴蜀人历代赋予了头等重要性的思维模式来同中华整体大文化达到"最广泛的文化认同"的历史。正如法国文化学家费尔南·布罗代尔所说的："文明的连续性"，"文明所揭示的是它们自身的长期性、恒久的特征以及它们的结构——文明的近乎抽象的但却是不可或缺的图形"。[①]这里，所谓文明自身的"连续性""长期性、恒久的特征"，就是本书所指文明的"历史延续性"。所谓文明的"结构"和它们"近乎抽象的图形"，就是本书所指文明思维模式的"连续表现形式"。要真正了解和认识文明的这种连续性文脉和多元性结构基因，就必须"对现存文明所遵循的道路，所继承的价值观，以及所拥有的经验"有所研究，"因此，一种文明的历史，就是对古代材料中，那些对今天仍然行之有效的东西的探索"，与"最准确、最简洁的思想表达方式"的运用。[②]这是研究世界文明史一般的规则，所以，我们探究巴蜀文明五千年历史的延续性及其结构表现形式，特别要从它"所继承的价值观""所遵循的道路"以及所拥有的头等重

---

① ［法］费尔南·布罗代尔：《文明史——人类五千年文明的传承与交流》，常绍民等译，中信出版社2014年版，第68页。
② ［法］费尔南·布罗代尔：《文明史——人类五千年文明的传承与交流》，常绍民等译，中信出版社2014年版，第57、10页。

要性的思维模式出发，作为我们研究巴蜀文明发展史的起点。这可从下列三方面来阐释：

一是巴蜀文化的始源，就是同中华整体文化"实现最广泛认同"的历史进程的源泉。

它的始源之根柢，可追溯到旧、新石器时代，乃至人类起源时代。从神话传说文献看，它的始源可追溯到巴蜀的"三皇说"。巴蜀的"三皇说"指"天皇、地皇、人皇"，"蜀之为国，降于人皇也殊未可知"。[①]巴蜀这个"三皇说"与中原"三皇说"所指对象不一样。中原"三皇说"指"燧人氏、伏羲氏、神农氏"。虽然说法不同，但中原说先起，巴蜀说后起，巴蜀的"三皇说"是对中原"三皇说"的最早文化认同。到新石器时代，也就是以"早期巴蜀文化"[②]命名的巴蜀地域特色文明因素积累和文明形成的时期，营盘山文化、宝墩文化、三星堆文化、十二桥文化组成的古蜀文明考古系列和罗家坝文化、城坝文化为标志的古巴文明考古系列，其中都出现中原文化影响，如二里头夏文化因素、余杭良渚文化因素、二里岗早商文化与安阳殷墟重礼器重礼制文化因素，特别是三星堆二号祭祀坑的青铜顶尊跪坐人像、三号坑的特大的跪坐青铜人像，头顶铜板、铜板上放置有中原龙形装饰的大口尊青铜礼器，八号坑发掘出的青铜鸟是曲身顶尊神像，这些中原因素充分说明巴蜀人对中原文化的凝聚力、向心力是倾慕的，尤其是对中原作为礼治中心的引领性作用是信服的、向往的。同时巴蜀超凡想象力的浪漫梦幻的自然崇拜、祖先崇拜精神也感染了中原文化。巴蜀与中原相互认同的这个历史长过程，就是精神上"最广泛的文化认同"。

以上考古发现所体现的巴蜀与中原"最广泛的文化认同"内涵，得到了历史文献记载的证实，文献史料与考古遗物是完全一致的。这里举出最突出的两点：

第一点，历史文献记载关于"天下之中"的信念，有一个由不同地域不同中心的观念，逐步共同归于中原观念的认同过程。这个过程体现了中华民族的共同文化心理。古代中国由于各小区域农业文明的封闭性，"农业使人们定居下来，'以我为中心'的思想也就逐渐产生，三个独立发展的农业区产生了三

---

① 李学勤：《蜀文化神秘面纱的揭开》，《寻根》1997年第4期。
② 赵殿增：《四川原始文化类型初探》，《中国考古学会第三次年会论文集》，文物出版社1984年版。

个'天下之中'"①。根据《山海经》记述,"都广之野"即成都平原,是古蜀农业区最初认定的"天下之中"。②在与中原文化交往融会过程中,逐步改变了"都广之野"为"天下之中"的狭隘地方认识,而认同于中原的中华广域观念,以中岳嵩高为"天下之中"。③

第二点,殷周时代形成各地域族群,包括巴蜀族群向中央朝廷献宝的典礼制度,其实质是彰显不同地域多元文化的多元特色,归于中央的大一统共同体。《逸周书·王会解》记载周成王的"成周之会",四方四夷戎狄争相向中央王朝"因其地势所有献"其地区独特的宝物。其中,"巴人以比翼鸟","蜀人以文翰(即有文彩似凫的皋鸡)","氐羌以鸾鸟"。巴蜀向中央朝廷献本地方独产的特异怪鸟,献的正是古巴国古蜀国以及西南夷氐羌以羽化仙鸟崇拜为最高独特信仰的代表性象征和文化地标,表示对中央朝廷的衷心爱戴。这个心向中央、心向中原的典礼制度不只是周朝才出现,而是早在商初就由"汤问伊尹"④时建立起来的,甚至可以认定大禹所定的"禹贡"制度就是它的源头。由上述考古和文献互证,应该说,古巴蜀族群同黄帝高阳氏族群交融联盟的长期融合过程,就是中原文化与地方文化"最广泛的文化认同",并把中华广域文明因子深深植入各族群心田的过程。因此,蜀山氏与高阳氏这两个族群的故事是当时历史的真实,不是秦汉以后大一统思想指导下才编撰出来的。恰恰相反,它是中华民族促进大一统共同体意识"文化认同"的动力源的产物。而心向中原的最广泛的文化认同,正是中华民族国家大一统的根和魂。它成为几千年传承发展的历史文脉的主线,一直到今天。

二是巴蜀文化具有从古及今的历史延续性,从未中断,更不是如有些学者所主张的,巴蜀地域文化到秦汉时方接受和融入中原文化,以后就消失了。

前已论证早在先秦时期巴蜀文化就已认同和融入华夏文化共同体,同时又保有巴蜀自身的土著学问和特色魅力的本土文化。蒙文通先生曾指出:"辞赋、黄老、律历、灾祥是巴蜀固有的文化","巴蜀古文化的代表人物,都有

---

① 蒙文通:《巴蜀史的问题》,《蒙文通全集》第四册,巴蜀书社2005年版,第157页。
② 袁珂校注:《山海经校注》第十八"海内经",上海古籍出版社1985年版,第445页。其文中,王逸注引"天下之中"作"天地之中"。
③ 蒙文通:《巴蜀史的问题》,《蒙文通全集》第四册,巴蜀书社2005年版,第57页。
④ 《逸周书》卷七"王会解"第五十九,抱经堂校定本卷七,第8页。

学术可寻","蜀人之书""最古的书""最神怪"①,这三大特点正是早在巴蜀本土形成的传统,三星堆考古新发现与《山海经》神怪文献互相印证,更证明古蜀文化"最神怪"的特点。这些特点是由古巴蜀人创造的,司马相如把他们称为"非常之人"。其"非常"神怪浪漫、奇思异想的精神传统,即今天解读的非常创新创造的梦想精神和理想精神,不仅在秦汉以后,而且一直到今天,也仍然传承着,从未消失,成为浪漫主义为主调的巴蜀文学传统与重今文经学为思维范式的蜀学传统。其三千年文脉,从三星堆文化古蜀人起始,祖宗为范,薪火相传,紧随时代而不断出现与时俱进的创新性转化与创造性发展,具有几千年从不间断的"历史延续性"。

三是它还具有连续表现形式,有历代巴蜀人认可传承并被赋予了特殊重要性的巴蜀思维模式。

蜀人的浪漫性、发散性、球形百科发展的思维特征,从三星堆诡异的人面艺术到成汉墓相似的巨耳阔嘴怪异陶俑艺术,从汉朝司马相如"铺张扬厉"的大赋,到"比肩相如"的扬雄、陈子昂、李白、杜甫、苏轼等浪漫文学家与球形百科巨人,一直传承到另类思维特征的杨升庵、郭沫若。②从而形成蜀"尚侈好文"(李膺《益州记》)的文化性格和"以文辞显于世,文章冠天下"的文化创造力,这就是蜀文化的思维模式所决定的连续表现形式。至于巴人"刚悍生其方,风谣尚其武"(左思《蜀都赋》)的性格也是由其特有的思维模式形成的。巴人和蜀人虽然文化性格有所不同,但因它们亲缘相近,衍变的动力机制相近,在历史发展的长河中,二者能将迥然不同的价值取向和审美情趣整合在一起,形成共同具有的生活结构体系、内隐的心态价值系统以及巴蜀特征的思维模式。

(二)巴蜀祖源神话与巴蜀文明的"英雄时代"

从文明初曙到迈进文明时代的门槛是一个很长的从起源、形成到发展,从量变到质变的历史过程。

---

① 蒙文通:《巴蜀史的问题》,《蒙文通全集》第四册,巴蜀书社2005年版,第157页。
② 谭继和:《成都城市文化的性质及其特征》,郭付人、谭继和主编:《成都城市研究》,四川大学出版社1989年版。又见谭继和:《郭沫若与巴蜀文化》,《郭沫若学刊》1996年第4期。

恩格斯称之为"一切文化民族"应该经历的"自己的英雄时代"①,巴蜀史也有自己的"英雄时代",这就是蜀王先世五祖传说所透视出的历史信息。蚕丛、柏灌、鱼凫、杜宇、开明,五世相及,被蜀人赋予这些祖先以美丽的传说,每世的时期长短,也有不同的说法。其实,这五祖的名称内涵是指蜀人生活方式由渔猎、畜牧、蚕织田作、治水宜农到农桑文明等五个生产经济时代。②它系统反映了蜀人创造自己的生活方式的历史轨迹,是很长的从文明因素积累到文明之光突显的历史过程。蜀人却把这个过程浪漫化想象化,把每个时代的"创始者"英雄化,神话化,构筑起蜀人自己的"英雄时代""神话时代",体现了巴蜀人对本土文化历史进程的文明创造者的自豪感和英雄感,实在应该把古蜀神话传说作为"世界一切文化民族自己的英雄时代"贡献的巴蜀方案来解读。

(三)巴蜀人文化想象力、创造力的特征

巴蜀文化的基本特征与不同地域特定族群发挥文化创造力和想象力的方式、视角、方法、焦点和概念的差异有关。巴蜀人特有的思维模式所发挥的文化想象力,对比其他地域有不同的特点。中原文化重礼化,以诗经为元典,以礼治为特征。荆楚重巫化,以楚辞为圭臬。巴人"尚鬼信巫"(《大明一统志》卷六九),以巫鬼为特征。蜀人重仙化,以三星堆的仙鸟崇拜为文化形象标志,以司马相如描绘仙道、仙意、仙游的《大人赋》为巴蜀仙游文化元典的符号,写"列仙之传居山泽间","遍览八纮而观四方","飘飘有凌云之气,似游天地之间意"。以道教的羽化飞仙"长生若此而不死"的理念为信仰特征。这三者都体现了蜀人重仙化重神器的特征,三星堆遗址和金沙遗址则充分展示了蜀人以仙化为特征的超凡的文化想象力。③

正因为各地域文化想象力特征不同,由此而将巴蜀文化与其他地域文化相区别开来。巴蜀"最神怪"的仙化思维特征体现在物质载体和实体艺术因素上,也体现在价值、思想、艺术性和道德性等因素上,发展为今天的历史传统与历史遗产。

---

① 恩格斯:《家庭、私有制和国家的起源》,《马克思恩格斯选集》第四卷,人民出版社1995年版,第159页。
② 谭继和:《成都城市文化的性质及其特征》,郭付人、谭继和主编:《成都城市研究》,四川大学出版社1989年版。
③ 参见谭继和《道源:古蜀仙道》,台湾义守大学《人文与社会学报》2006年第一卷第9期。

第二节 巴蜀文化的基本性质

毛泽东同志说:"马克思主义的哲学认为,对立统一规律是宇宙的根本规律"①,"事物的性质,主要地是由取得支配地位的矛盾的主要方面所规定的"②。巴蜀文化作为中华文明多元一体、多源一脉的广域文化格局的重要区域组成部分,它的基本性质是由它内部的矛盾性决定的。巴蜀文化有悠久的城乡融合浑然一体发展的历史,乡村社会与城市社会的基本矛盾运动,就成为巴蜀文明变化和发展的根本原因。它决定了巴蜀文化的基本性质,呈现出人类文明社会中一个有着强烈鲜明地域特色的物化形态。

一、巴蜀乡村社会的静态农桑文化与巴蜀城市社会的动态工商文化的矛盾运动

巴蜀农桑乡村社会的静态生产生活方式与巴蜀工商城市社会的动态生产生活方式的矛盾运动,决定巴蜀文化的基本性质。它构成巴蜀的城市社会文明和乡村社会文明各有特色发展,又共融一体化发展的传统,从而具有生产、生活方式的静穆与灵动、封闭与开放、进取与保守相结合的两重特征:

一方面是以古江源文明为龙头,以"水利殖养其国"为特征的乡村农业文化和静态的充满田园诗趣的农业生活方式,具有农耕文明与生俱来的一定的静态性和封闭性;另一方面古典城市工商业,尽管它是在农业和家庭手工业相结合的自然经济结构基础上产生出来的,必然带有一定封闭性,但因为巴蜀水利的发达,河网的密布,四大水系与外界呈南北向和东西向纵轴与横轴交叉形联系,推动它的新生与外向,因而它又是充满活力的动态文化,有着强烈的突破盆地封闭、向外开放市场和探求盆地外部知识的渴望。这就形成了以长江冲出盆地为动力,以"吴盐蜀麻自古通"的对外交通之利为龙头,以"市张列肆,货贿山积"为特征的城市工商文化和充满生机活力的动态工商生活方式。

这两种文明基因与生活方式——古典小农文化和古典城市工商文化在巴蜀大地上并存生息、综合发展,形成了这两种文化因素的对立统一和矛盾运动,其结果产生了亚洲形态的以自然经济为基础的城乡浑然一体的巴蜀农桑文

---

① 毛泽东:《关于正确处理人民内部矛盾的问题》,人民出版社1957年版,第9~10页。
② 毛泽东:《矛盾论》,《毛泽东选集》第一卷,人民出版社1991年版,第301页。

明，这就是巴蜀文化的基本性质，也是古代东方社会的基本形态。马克思曾经指出："亚洲的历史是城乡浑然一体的历史"，"古代的历史是城市的乡村化"，而"现代的历史是乡村城市化"。巴蜀农业文明的发展道路正属于这种亚洲形态，是"城市的乡村化"发展路径，而不是现代工业社会"乡村的城市化"发展路径。[①]它以城乡浑然一体为特征，城就是乡，乡就是城，城市就是有城垣的农村。极度宁静、安土重迁、田园诗式的、充满野居闲趣的小农生活方式，决定了巴蜀城乡文化的基本面貌。另一方面，城市毕竟像"伊壁鸠鲁的神存在于世界的空隙中"[②]一样，在众多的村社包围中生长了出来。城市是商品经济活跃的集中地，城市文化是商品经济意识的成长地。尽管它还没有从自然经济结构中独立出来，在内容和形式上都还是静态文化传统的附庸，但它是充满活力的、具有开放性和流通性的动态文化。它的本性要求它冲破静态文化传统的束缚，发展某种程度向外争取开放和交流的活力。

正是上述静态和动态两种生产、生活方式的矛盾运动，构成巴蜀文化两大发展趋势特征：一是文化的静态和动态相结合发展的历史优势，便于城市财富和城市地产增长，城乡融合发展，容纳更多移民人口，吸引更多人力资源，容易成为社会安全和稳定的基础。二是静态与动态的矛盾运动又带来两重性：封闭性中有向外开放的活力（例如丝绸之路与栈道向外的拓展和交流），而开放性中又有封闭守旧的心态（如成都"城址不迁三千载，城名不变二千五"的自然经济守旧结构"）。保守滞后习惯势力中有进取创新精神，而开拓进取中又容易瞻前顾后，受安于现状的保守生活状态的牵连，甚至裹足不前。因此，在改革开放的新时代，需要克服故步自封的思想状态，切实掌握历史矛盾运动的辩证法，把握文化为根、为魂、为内涵动力的本质特征，以便勇毅前行。

进一步看，乡村农桑文化与城市工商文化，作为矛盾对立面的双方，又各有其作用和功能而形成互补结构：

（一）天府优越秀冠的农桑文化是巴蜀文化植根和稳定发展的深厚基础

农业社会与小农生活方式，虽然本质上是静态的、封闭的、保守的，这是自然经济结构带来的必然特征。但由于"天府之国"的自然条件，物产丰饶，沃野千里，"都广之野"又是中华农业起源地之一，因而具有优越秀冠的特

---

① 谭继和：《巴蜀文脉》。巴蜀书社2006年版，第11页。
② 马克思：《资本论》第3卷，人民出版社2004年版，第369页。

征,"其物产富力,实已为中国之冠"。①这一鲜明特点,凸显出四川盆地是生命盆地,是天府农业文明超稳定的生存和发展的物质基础,是巴蜀城乡文化以及巴蜀大小城镇群植根和稳定增长发展的深厚基础。

由于巴蜀农耕时代特别悠长,兼之农桑文明的个性特色又格外鲜明,这就使天府农桑文明成为农业文明时代巴蜀文脉基本性质及其展现面貌的决定性因素。直到近现代进入工业社会后,农桑文明这一决定性因素还对巴蜀城乡生态与文态,乃至巴蜀人心理状态、生存方式、思维方式和社会习俗,起着根深蒂固的作用。例如,巴蜀老祖宗几千年培育、维护、发展的生态文明,带来巴蜀悠久的城乡生态的春天。今天要传承和发展生态文明,我们还不得不回归巴蜀农业城乡的生态春天里去寻根,继承其优秀个性传统。

(二)"肆张列市"的工商文化是巴蜀大小城镇群网络体系形成、发展和增长的强劲动力

在巴蜀古典城市工商经济基础上形成和发展起来的巴蜀古典工商文化,具有开拓、开放性因素,其性质是流通的、跳跃的,充满生机和创造性,是城市向前发展的活力和动力。它与天府农业文化根基互为条件,相辅相成,是城市生存发展的活力,是城市思想、智慧得以进步和创新的策源地。

以成都和重庆(古江州)为巴蜀文化中心城市地标的巴蜀大小城镇网络体系的文脉,就是以天府农桑文化为基础,以工商文化为动力源而形成和发展起来的。四川各地方志均普遍有"农桑"连称,如"野洽农桑","民力农桑","民学农桑","民重农桑","民务农桑","农重耕耘","治丝衣布","男耕女织"②,等等,表明以农桑为特色,城乡一体化为文脉,确已成为普及化的天府城乡体系文化现象。在此丰润沃土上活跃起来的古典工商城市,确如宋范成大所言,"锦城以乐都名国闻天下"(《桂海虞衡志》),是天下难得的怡人生活文化方式的标志地。

正是上述静态的农业社会的小农生活方式与动态的工商社会的古典城市生活方式的矛盾运动,构成了巴蜀文化既善于交流和开放,又善于长期保持稳定和安定的特性。它引起和带动巴蜀人思想领域和思维方式"与时俱进"的一系列相应变化,成为今天需要传承和弘扬的历史文脉和历史遗产。

---

① 郑德坤:《四川古代文化史》,巴蜀书社2004年版,第172页。
② 胡朴安编:《中华全国风俗志》上篇卷七,上海书店影印1986年版。

二、从大历史观看巴蜀文化的发展特性

（一）巴蜀文化的开放性、整体性与创造性

巴蜀位于内陆纵深腹地的核心，位于东亚大陆最大的江河流域——长江上游与黄河上游的"江源"与"河源"的双流域连片的重要节点上，既面向东部海洋文化，又面向西部欧亚大陆桥文化，是陆海通道连点成线的西部桥头堡。这样特殊的发展地位，带来巴蜀文化开放性与整体性的一系列特点，成为西部起引领作用的核心区域。它具有如下三大特点：

一是巴蜀文化的开放性。早在巴蜀文明的初生时期，它就是一个善于容纳和集结的开放性体系。巴蜀虽为盆地，"内陆大省"，但它很早就拥有充满向外扩张活力的蜀水文化。四川盆地境内长江五大水系水网密布，全境乔木树枝状或扇形羽毛状的水道结构，千舟可过万重山的三峡水道。外流型的四川盆地特征，是巴蜀古典工商业城市生长、繁华与兴盛的动力和血脉，蜀水给巴蜀文明带来了努力冲破盆地的束缚，尝试突破传统、变异自我，超越自我的活力。同时，四川盆地所有水系都由南北两方汇入长江，流聚于盆地最底部，宛如大水库，有容乃大，又给巴蜀文明带来凝聚积淀、向心包容、汇聚移民文化的向心力。

再看巴蜀的山也有开放的活力。盆地四周的高山峻岭，造成蜀道难，本是巴蜀对外交通的阻力，但由于山林竹木、瓜果药材、桑蚕漆蜡，物产丰盈，应有尽有，是东亚大陆条件最优越的富饶之地，反而促成巴蜀人巧思勤作，筚路蓝缕，不畏艰险，激励出兴建栈道笮桥，冲出盆地的建设性，结果"四塞之国，无所不通"，很早就培养出开拓对外市场的意识和探求盆地外知识的追求。开拓与开放，兼蓄与兼容，反而成为巴蜀人的集体文化性格。要想跨出盆地，那么，东出三峡，走出夔门，便与楚文化的江汉平原山水相通；北越秦岭、大巴山，便与秦陇文化的关中之地乃至河洛中原岭谷相连；走近西南，则与横断山脉的"藏羌彝走廊"嵯峨相接。司马迁说"栈道千里，无所不通"，本来闭塞的盆地反而因地理条件的多样性、多变性而导致古代四方交通的便捷和交流的便利，使巴蜀文化具有突出的开放性和兼容性。

巴蜀文化的开放性正体现在它与中原文化及其他地域文化的开放交融上。夏禹文化兴于西蜀而流播于中原及至东部吴越，这是夏禹文化西兴东渐的开放性。三星堆和金沙遗址的玉琮、牙璋与东方的良渚文化相似，表明东西部不同

区域文化的特征交流和集结兼容开放很早。良渚文化与三星堆文化彼此以精美玉器交流，表明长江文化的开放性。从历史的功能布局看，巴蜀文化北与中原文化相融汇，西与秦陇文化交融，南与楚文化相遇，并影响及于滇黔文化。正如四川的地形一样，崇山峻岭屏蔽的盆地，犹如聚宝盆，使巴蜀文化易于成为南北文化特征交汇和集结的多层次、多维度的文化复合体。

二是巴蜀文化的整体性。在巴蜀文化体系内部，巴文化和蜀文化本是两支各具个性特色的文化。谚语说："巴人出将，蜀人出相。"四川所出四大元帅，三个是巴人。而四川的著名文人则多数出于西蜀。这表明巴人和蜀人的文化性格是不同的。蜀人柔弱多智，而巴人则历来强悍劲勇，朴直率真。但在历史发展的进程中，巴人和蜀人都能将迥不相同的价值观念和文化品位整合、熔铸在一起，相反而又相成，形成巴蜀文化的价值取向和审美情趣的整体性，整合为有别于其他区域性文化的巴蜀文明的整体性。而同时又在一定程度上保持着各自地方特色的价值体系和行为模式。我们仍然可以细致区分出，重庆人开拓进取性强，成都人思维细腻、追求完美。重庆人善于创业，成都人善于守业，二者又常常在生产、生活各方面能融洽地加以整合，显出四川人共同的个性来。这种整体性特征产生的社会根基在于巴文化和蜀文化是亲缘相近、发展动力机制相近、具有共同性结构体系的文化。其文化心理结构，包括内隐的心态和价值系统具有巴蜀共同的个性。这种整体性文化内涵说明巴蜀人善于兼容并包地加以整合不同因素，恰当地将相互矛盾的因素融汇整合，成为突破传统、锲而不舍、奋发进取的积极力量。

三是巴蜀文化的开创性与完美性的结合。在开创性上，巴蜀文化善于顺应社会结构的时代转型和文脉发展更新，具有超前性和开拓性。在完美性上，巴蜀文化又有顺应时代变革，社会治理更新，追求事业成功的彻底性。这两者结合而成的巴蜀人的集体文化性格，往往在国家兴衰治乱的时期特别鲜明。历史动乱时期，巴蜀人往往站在时代前列，有冒险开拓进取的革命性和敢为天下之先的创新性。而在需要社会稳定、治理有序的历史时期，巴蜀人又善于把有地方特征的新文化创造出来，使社会治理达到高质量水平，臻于更高文明的领域，表现出追求完美的彻底性建设精神。总之，关注国家兴衰治乱，勇立时代潮头,"不断与国家和人民共命运,与民族和社会同进步"①,变乱为治,先乱后治,这是巴蜀文化蕴含的根本精神。

(二)认识巴蜀文化发展特性的时代价值

认识巴蜀文化历史上形成的发展特性,对于今天构建巴蜀文化特色,特别是建设成渝地区双城引领的经济圈、文化圈,有着重要意义。认识巴蜀文化的开放性,就可充分理解"封闭中有开放的活力,开放中有封闭的观念"的历史特点,发掘、发扬其极具开拓创新、敢为人先的开放性因素,抑制其阻滞社会结构转型和更新的封闭性习惯势力的糟粕一面,准确把握现代巴蜀人的文化个性和文化心理,解放思想,勇于和善于改革开放,构建既有巴蜀文脉传承,又有现代化国际风貌的现代巴蜀文化。认识巴蜀文化历史上形成的整体性与开创性以作今天开创新时代局面史鉴,也很重要。巴蜀文化的整体性是立足于"民生为重"(清刘沅),以人为本、以人为中心的人本主义思想立场上讲的。用以人为本的思想统筹城乡一体化建设,努力构建天地人命运共同体,都需要从大局着眼的整体性统筹布局思维。巴蜀人的创新创造精神还特别体现在历史上创造的世界第一、中国第一的文化纪录多。但其缺点是单个超前多,整体超前少,持续持久性不强,整体性滞后。这些历史上长期积累形成的消极原因,需要用整体性思想和大局观念来加以整合和消除,而对巴蜀的"非常之人"的创新创造的历史精神则需要今天继承和发扬。

总之,用大历史观来观察,巴蜀文化的开放性与整体性,开创性与完美性,合起来就是多元兼容、兼收并蓄的特性,其中最可贵的是巴蜀人的民族文化大熔炉的文化精神。

这里引用抗战时期中华书局在重庆出版的《文史杂志》的社论来说明:"四川乃中国民族文化的大熔炉,这里可以融会一切部族的区域的限界,使整个中华民族融合无间,而社会经济文化获得综合的向上发展。因为这里有全国共通了解的语言,与共通适应的生活,全国任何地方人到了这里都会自然融合,这对于新中国前途的发展实有莫大的裨益,值得我们庆幸。虽然我们有时也发现与这相反的事实,但那是违反自然趋势的。也就是说,是违反历史的演进的,因为不但新中国需要形成一个有机体,即四川过去的历史也是循着这

---

① 刘茂才、谭继和:《巴蜀文化的历史特征与四川特色文化的构建》,谭继和:《巴蜀文化辨思集》,四川人民出版社2004年版,第86页。

轨道发展的。从历史上看，现在的四川人可说完全是由别处迁来的。自秦惠文王'移秦民万家实之'及'始皇克定六国，辄徙其豪杰于蜀'，其后代有迁徙，特别是明季张献忠乱后，各省移民入川的不可胜计。今日的四川人大半是那时候从各省迁来的，这里面可能包括了中国各地区各部族的人民，而形成了一个新生的有机体，为新中国前途奠定了基础。所以我们应当正确的认识这一历史事实及其未来的发展。"①

在古代巴蜀有中原文化、秦陇文化、氐羌文化、荆楚文化、湖湘文化、湖广文化、滇黔夜郎文化以及盆地四周少数民族文化在这里交汇，到近现代则有多种移民文化在这里汇集，融合为各个时期灿烂辉煌的巴蜀文化。其中贯穿着的精神凝聚力，既能海纳百川，熔冶多元，开放兼容；又能引领风尚，追求完美，勇立潮头，不失为创新创造为魂、适应未来发展的"一个新生的有机体"。

第三节　巴蜀文脉的总谱系特征

巴山蜀水是巴蜀文脉永恒的故乡。在巴山蜀水大地上，巴蜀文脉流贯了五千年，从它的童年时代起，经历了自己的社会与文化发展的诸历史阶段，一直浸润、贯穿到今天。它是大中华广域文化共同体内，属于"以环洞庭湖和四川盆地为中心的西南部"文化区系②的一支具有巴蜀自身独特的地理与地域特色的地方文化。它既有自己独立起源、形成和发展的文化谱系，距今五千年前至三千年前就已经形成"自成一系的古蜀文化区系"③，对中国社会历史与民族文化诸特征的形成和发展做出了自己独特的贡献；它又同其他地域文化特别是中原文化互相交流、互相作用、互相影响，相生相依，古今错综，经历了交流融合、开放包容、发展变异的全衍变过程，在自己独特的自然环境与时空构架里，形成了自身起源、形成、发展和衍变总谱系的特征。正如苏秉琦先生所论，从文化与文明起源开始。"五六千年间是社会发展出现'个性化'突出的

---

① 中华书局《文史杂志》第三卷第五、六期合刊"四川专号"社论：《创造四川历史的新页》，1944年3月1日。
② 苏秉琦：《中国文明起源新探》，生活·读书·新知三联书店1999年版，第78页。
③ 苏秉琦：《中国文明起源新探》，生活·读书·新知三联书店1999年版，第83页。

历史阶段，又是各区系间交流最重要时期。"①巴蜀文化从起源阶段开始，就出现了突出的"个性化"特征，一直贯穿到各历史阶段发展的总谱系中，成为巴蜀特有的生态绿舟文明之脉、根深脉长的历史人文之脉和巴蜀人心灵与精神发展基因之脉。

对巴蜀文化这个"个性化特征"我们用六个字形容它："神奇、神秘、神妙"。它指的是：巴蜀生态世界无边的神奇、巴蜀文化世界无尽的神秘、巴蜀心灵世界无穷的神妙。这里的三"神"，就是巴蜀文明的神韵和精髓体现出来的特征。

一、巴蜀自然生态世界无边的神奇

巴蜀山川秀美，生态奇特，大自然在这块土地上聚集了全部的神奇和灵秀，是我国自然保护区最密集、地质地貌景观和地质遗迹分布的富集地区。地质遗产和地质景观丰富多样，新发现有两亿年前海洋古生物化石、大陆冰川漂砾群、侏罗纪恐龙遗迹、山岳高寒岩溶、岩屋式洞穴、钙华彩池、雪山湿地与水草络接的草甸草地、天坑溶洞、现代冰川等具有独特性和典型性的不可再生的观赏性强的地质自然遗产。我国大熊猫的主要栖息地在这里，集中了全国大熊猫数量的百分之四十六，比例最高。前人用"雄、险、幽、秀"四字形容四川自然的特异风貌。现时代的巴蜀发现了更多的自然奇观和仙境神景。如大熊猫栖息地和自贡恐龙之乡的"奇"，九寨沟与黄龙仙境瑶池的"仙"，"蜀山王后"四姑娘山和亚洲海拔最低的冰川遗迹海螺沟风情万千的"砺"，最奇特的是以"香格里拉"为代表的青藏高原与横断山脉的雪域高原如仙如幻、纯净唯美的绝世风光。"香格里拉"位于川、滇两省和西藏自治区三交界的大三角区，四川的稻城、乡城是其核心地带。"香格里拉"是原名，是"香格拉"藏语地名的英译，它为当今英语词汇贡献了一个"新词"。它源于英国作家詹姆斯·希尔顿《消失的地平线》一书，用"香格里拉"形容与世隔绝、冰清玉洁的世外桃源，人生活在其中永远不会衰老。如果走出"香格里拉"，美女也会立刻变成老太婆，自这个词出现以后，就在世界掀起了寻找"消失的地平

---

① 苏秉琦：《中国文明起源新探》，生活·读书·新知三联书店1999年版，第116页。

线"——最后的香格里拉的热潮。①

所以,我们用"神奇"二字来归纳巴蜀生态的特征。不过,这个特征是从文化内涵立意才得出来的,是靠自然美景载体与人的主观美学感受二者相结合,才能把握得住。自然载体包括绿水青山、园林山水、风景名胜、奇石怪兽,只有注入文化内涵,才具有美感和灵性。单纯的自然美景,只有被人赋予了某种诗意的想象,才能成为文化。纯粹的自然景观要靠文化提升其品位,靠岁月和历史积淀来形成它的个性。更靠名人题咏,有了美文佳句而使山水风光具有了历史底蕴,飘逸着文化的灵秀之气,增添人的雅兴,浅酌低唱,忍把浮名放在一边而徜徉山水间流连忘返,用新的文化想象力形成生态新的奇观,从而把回归自然与回归文化两个世界潮流有机地结合在一起。换句话说,这决定于人的文化想象力与生态奇观的结合程度。

巴蜀如锦如绣的山水自然,是实现这两者结合,培育生态观赏的文化眼光的肥壤沃土。"初唐四杰"之一的王勃是用绝佳文化眼光和文化内涵修养来评价巴山蜀水的"神奇"特征的先驱者。他在唐总章二年(669)五月以"余自长安观景物于蜀"的旅游目的来巴蜀旅游,写下《入蜀纪行诗序》②,这是目前我们发现的巴蜀旅行史上最早以旅游为目的的个人旅游记录。他由长安走陇右,出褒斜隘道,抵岷峨绝径,整整一个月时间方到剑南益州。他写下他的观感:"若乃采江山之俊势,观天下之奇作,丹壑争流,青峰杂起,陵涛鼓怒以伏注,天壁嵯峨而横立,亦宇宙之绝观者也。"巴山蜀水,不只是中国的"绝观",而是宇宙之间绝佳的景观。他用"宇宙绝观,优游天府",来形容巴蜀生态世界的神奇。杜甫踵随其后,也由陇右入蜀,赞叹一路上看到的是"巴乡神仙宅","地平蜀江阔",如登"天路看殊俗",感到蜀中是山川迥异的"别一世界"。由此可见,巴蜀自然生态的"神奇",是海内外入蜀者的共同感受。巴蜀良好的生态环境是巴蜀文化诞生、生长、孕育、繁衍的温床。

二、巴蜀文化世界无尽的神秘

巴蜀文化是中华文化总谱系内一颗独放异彩、璀璨光辉的明珠,具有悠

---

① 谭继和:《沧桑变幻的生态奇观》导引,章玉钧、谭继和主编:《天府神游·五色版》丛书,天地出版社2007年版,第10、12页。
② 王勃:《入蜀纪行诗序》,(清)董诰等编:《全唐文》第一册,卷一八〇"王勃",上海古籍出版社1990年版,第808页。

远深邃的、独特的地域文化之美，展现出文化世界无尽的神秘。从震惊世界、不同凡响的三星堆和金沙为文化标识的古蜀文明，上溯到古蜀国"兆基上古"的"开国"之谜需要索解，整个距今四千五百年以上的巴蜀文明史，无不显示出巴蜀文化神秘的特性。再加上那些雪域高原、羌原古堡、千年古刹、洞天福地、三峡神女、盐女文化的神秘，处处显示出历代巴蜀人非凡的文化创始力和文化想象力，显示出巴蜀文化在地理环境、空间布局和时间轴线三方面的发展脉络上的特殊性和唯一性。这就使巴蜀文化显示出神秘的特征。

这个巴蜀地域文化的总特点是从世界整体文明史的视角着眼的。我们知道，文明史不同于社会史，也不同于经济史，它具有超越于经济史、社会史的长期性、恒久性和独特性的特征。费尔南·布罗代尔认为："一个文明既不是某种特定的经济，也不是某种特定的社会，而是持续存在于一系列经济或社会之中，不易发生渐变的某种东西。""文明史就是'历史的全部'"，是"长波的历史"，是"远距离的历史"，"要告诉人们在西欧或现代中国以前的时代与今天仍旧相关的东西"。①因此，从整体文明史的视角来看，巴蜀文化的起源与演进的发展道路，所继承的价值观，所发挥的独特的、隽永的文化创始力、想象力和谐趣力，所继承弘传的巴蜀文脉与文化基因，都有它独特的神秘奇绝特征，也有许多需要进一步观察、研究的未解的神奇之谜。特别是在巴蜀地域文化的空间布局、巴蜀文明时间轴线上的发展特色体现出巴蜀人在中华文明创始力精神上的贡献等三方面，需要特别加以总结：

第一，从横向地理空间布局脉络发展看，因四川盆地的特殊地势和历史发展的积淀，巴蜀地域文化是以四川盆地的盆底汉族为主体的巴蜀文化，与盆周（包括横断山脉）少数民族为主体的巴蜀文化紧密结合交融的空间布局。

盆底与盆周，各有特色。从华夏族群中的巴人蜀人开始，到汉族为主体的巴蜀文化主要集中在四川盆地的盆底区域，并以盆底为腹，经历了数千年从文化到文明的绵延衍变，辐射盆底四周连接横断山脉、青藏高原和云贵高原区域的少数民族文化，形成主体突出、包容和谐的共生相依性文化。盆周区域主要是少数民族聚居区域形成的巴蜀少数民族文化。盆周的西部横断山脉直下川南大裂谷，是民族文化迁徙和交流的走廊。巴蜀有十四个世居少数民族，主要聚居在盆周区域。这里是全国最大的彝族聚居区和土家族聚居区，第二大藏

---

① ［法］费尔南·布罗代尔：《文明史》，常绍民等译，中信出版社2014年版，第69页。

族聚居区和唯一的羌族自治县所在地，奇异独特的民族风情、绚丽多彩的民族服饰、各式各样的民族建筑，各具特色的民族节气和节日，无不充满了民族文化的独特内涵，具有突出的审美价值。大凉山彝族火把节、甘孜州康巴文化、阿坝州大禹石纽文化和嘉绒藏文化、泸沽湖摩梭人的纳西族母系文化、"最后的香格里拉"生态绿舟文化等等，诸种高品位民族文化资源富集，具有特殊神奇、神秘魅力，这是数千年巴蜀文化传承发展结晶的空间布局的特色。[①]

再从水脉空间布局看，它以江源文明与河源文明为主线，以岷江水系的三蜀文化区、嘉陵江水系的三巴文化区、涪江水系蜀人巴人文化的交汇区、金沙江水系的民族走廊文化区等水系流域为文化轴，形成扇形辐射状文化通道，将盆底文明与盆周文明紧密联系为不同空间尺度的文化坐标，古今错综，共同演绎成为巴蜀文明天然共同体[②]，组成既有主体核心又能兼容四方，面向东联系海洋文化，面向西联系欧亚大陆桥文化，开放互鉴、和谐共融的独特神秘的空间格局。

第二，从竖向时间轴看，巴蜀众多从古到今的物质文化遗产和非物质文化遗产，是历代蜀人智慧、知识和经验的结晶，是巴蜀人物质遗产和精神遗产的精华，也是瑰丽神奇的自然和人文景观的瑰宝。四川是我国列入世界遗产名录最多的一个省份。属于文化遗产的有都江堰、青城山，属于文化与自然遗产的有峨眉山—乐山大佛。国家大遗址文化公园、黄河上游文化公园等国家级的文化遗址、遗产、遗存地标更是不少。以三星堆、金沙为标识的古蜀文化大遗址区，都是世界级的景观，够得上世界级文化遗产水平，特别彰显出神奇、神秘、神妙的景观特色。金沙太阳神鸟金箔，已成为中国文化遗产标志，这是蜀人独特智慧在今日复兴昭苏的明证。

巴蜀文化的精神内核是人文学术。从学术发展的时间轴看，它最大的人文特色，是众多的人文遗产多有儒释道三学三教圆融的特征。蜀学与仙禅兼容，"三教圆融互尊"。以三学互尊、互学、互鉴为文化内涵和根基，发展出巴蜀人"心灵超越，文化重在神髓。文冠天下，蜀学重在文史"的历史人文传

---

① 参见谭继和《巴蜀文化的历史发展》，《中国地域文化通览·四川卷》，中华书局2014年版，第17、18页；又见谭继和《巴蜀文化》，杜江主编：《全景中国·四川：天府之国》，外文出版社2006年版，第10~13页。
② 参见谭继和《巴蜀文化的历史发展》，《中国地域文化通览·四川卷》，中华书局2014年版，第17、18页。

统。①林山腴先生认为"成都自扬马以来,文章学问跨越两京,人无异识",这就是巴蜀文章学问冠天下的特色。谢无量先生认为:"国人数千年崇戴为教宗者,惟儒惟道,其实皆蜀人所创。""若夫其学不自蜀出,得蜀人始大,及蜀人治之独胜者。""粲然殊奇,蜀所独有。"②谢无量先生所说蜀学的"所创""始大""独胜""独有"这几种情况,正是巴蜀的历史财富和历史优势。凭借儒释道三学在巴蜀最先起源或最早奠基的历史优势,凝练出巴蜀文化的精神内涵,走上心灵超越,内在超越,回归精神家园之路。③

从城乡网络体系的时间轴看,源远流长的巴蜀城乡一体化文化,在历史文化变迁的时光长河中,形成为成渝双子星座为标识的城市城镇体系,名城古镇古村不同时代不同尺度文化坐标交错演绎,经过上千年的发展和衍变,留传到今天,成为巴蜀工商城镇网络体系中的明珠,他们是巴蜀人文明智慧的结晶和巴蜀文明的光辉载体和珍贵遗产。④

从近现代巴蜀文化发展史的时光轴看,最大的亮色是巴蜀红潮,百年红色征程。它是五千年中华文明,也是五千年巴蜀文化传承老祖宗薪火,开拓革命文化新路的结晶。巴蜀从来富于革命传统,虽然巴蜀生活文化方式多顺应自然,天性若水,有习惯于在漫长历史时光长河中随缘自得、缓慢流淌、享受生活美的一面,但在平静中也蕴含着汹涌澎湃的巨大能量,遇险阻则激流飞溅,特别是历史转折处会掀起惊涛拍岸,推动巴蜀红潮勇立潮头。在党的百年征程的每个历史潮头关键时刻上,都有四川人勇立潮头、争做时代先锋的身影。今天回看革命文化、红色文化的历史遗产,革命文化如常青树,红色文化遗址如红花,绿色天府生态景观如绿叶,厚重深远的巴蜀历史文化如沃土根基,加上姹紫嫣红的民族风情和民间民俗文化的多彩亮色,四位一体,水乳交融,绘制出蓝天下红花绿叶紫干常青树的美丽图景,引人入胜,引人入画,净化心灵,

---

① 谭继和:《聚宝盆里的人类遗产》导引,章玉钧、谭继和主编:《天府神游·五色版》丛书,天地出版社2007年版。
② 谢无量:《蜀学源始论》,中央文史研究馆馆员文选《崇文集》,中华书局1999年版,第230页。
③ 谭继和:《心灵超越的儒道禅游》导引,章玉钧、谭继和主编:《天府神游·五色版》丛书,天地出版社2007年版。
④ 谭继和:《九天开出的仙市人居》导引,章玉钧、谭继和主编:《天府神游·五色版》丛书,天地出版社2007年版。

洗出初心，得到最高尚的美的享受，成为至今仍独放异彩的巴蜀红潮文化。①

巴蜀非物质文化遗产是巴蜀文化时间长轴凝聚的产物和结晶，是巴蜀非遗绚丽多姿的丰厚资源，是巴蜀人生命记忆的根，是巴蜀祖源文化之根，也是"中国祖源记忆"的重要组成部分。它体现了巴蜀人特有的精神世界和心灵活动。巴蜀非遗的记忆性文化生态在巴蜀文化时间轴上，愈久愈显光系，愈益显现出唤醒地方记忆，唤醒民族的记忆的历史活态价值。②

第三，巴蜀文化在塑造和凝聚中华文化创始力精神上的贡献。

人类文明是人类文化与社会发展的高级阶段，是人类文化创造力、想象力和好奇心的产物。由于地域不同和自然条件的差异、各民族集体文化性格的差异，在从文化演进为文明的进程中，也就形成了世界各地区各民族的价值观、梦想理想与文化信仰的不同特质，形成不同的理念、概念和独特的文化话语。中华文明是中华民族的文化创始力的产物和结晶，有不同于世界其他民族和文明不同的特征，不同的文化性格、不同的民族终极价值观、不同的文化理念和文化信仰。中华万年文明起步、五千年文明形成和定型，其悠久丰厚的文脉基因具有从未断裂、连续发展的传统，这是炎黄子孙、华夏儿女、龙的传人一代又一代以自身民族独特的文化创始力——民族的创造精神、奋斗精神和理想精神、梦想精神两方面紧密结合——创新创造出来的，它以自己民族丰硕的创新性成果和中国特色的历史道路直至今天中国特色社会主义道路而挺立于世界民族之林。巴蜀文化作为中华一支地域文化，从开源起始，就对中华民族文化创造力和华夏精神家园的形成和发展做出了自身地域特色的独特贡献。以三星堆、金沙为标识性文化符号的古蜀文明，雄辩地证明古巴蜀是中华古文明创始力多地源中一个重要中心。

巴蜀是仙源故乡，巴蜀人是神仙文化和道教文化信仰、梦想和理想最先发生的一个族群，用飞奔日月成仙的仙鸟信仰来解释三星堆文物的"飞鸟崇拜"与金沙遗址的玉琮线刻羽人与金箔太阳神鸟，再对证"古蜀仙迹"的历史文献和巫鬼信仰的民族史料，就可以充分领会到古蜀文明是富于奇肆的文化想象力和富于隽永的文化谐趣力的产物，仙文化是它的最高结晶。有着独到特有的地

---

① 谭继和：《寰宇震撼的红色征程》导引，章玉钧、谭继和主编：《天府神游·五色版》丛书，天地出版社2007年版。
② 谭继和：《聚宝盆里的人类遗产》导引，章玉钧、谭继和主编：《天府神游·五色版》丛书，天地出版社2007年版。

域文化创始力、想象力，全世界罕见。它以"仙化"为蜀人智慧与理想的祖源文化符号特征，神奇、神秘、神妙，充满浪漫主义色彩。而古蜀王鱼凫、杜宇及跟着他们"仙化"的"化民"，则是古蜀具有地域文化原创力、想象力的第一代蜀民。把这样独特的地域文化放到世界古文明各个地域文化中去比较，这也是独一无二，具有唯一性、独特性和神秘性。用今天的术语来解读，就可以说它体现了蜀人以浪漫主义、梦想主义为主的历史文化传统。它世代流传，在知识精英群体形成巴蜀"天下文宗"以神奇梦幻浪漫主义为主的文学传统。从三星堆蜀人的奇特想象，到阆中巴人的"华胥梦"，再到司马相如的"控引天地，错综古今"，再到李白、苏轼的豪放与梦幻，再到郭沫若、巴金的泛神与浪漫、青春与梦想，均体现了巴蜀文化悠远深邃的神奇、神秘、神妙之美。而在社会百姓基层，这种传统则成为逍遥自在似神仙、行云流水随自然的休闲生活方式，形成巴蜀人发挥梦想精神、理想精神的"仙源"创始力思维，一直传承发展到今天。循着这一巴蜀特色思维方式和研究途径，我们可以建构起巴蜀特色、巴蜀风格、巴蜀魅力的概念体系与话语阐释体系，找到神奇、神秘、神妙的巴蜀文化融入当今文化创意和旅游产业的新概念和新表达的最佳巴蜀故事，找到解读蜀人精神家园的钥匙，建立起本土文化特色的理论体系、概念体系和话语体系，走出当前用西方巫司文化、祭司阶级和神权政治话语框架控制和束缚三星堆古蜀文明本土解读的困境。

坚守本土文化话语权，关键是切实研究和把握从古巴蜀人开始的文化创始力的基因和传统。古蜀文明所显示的特质，本来为我们提供了用民族性和国际性相结合的本土概念和话语框架来做巴蜀文化新表达和新故事的基础。我们完全可以把本土文化原创力的研究与世界史研究前沿的新观点结合起来，用巴勒克拉夫和斯塔夫里阿诺斯提出的与西欧中心论对立的"全球史观"视野，用本民族术语和标识性概念来建立中华广域文化共同体，包括巴蜀本土的地域文化的阐释体系，构建本土文化的国际话语权。斯塔夫里阿诺斯在《全球通史》中曾专门阐述"中国文明""具有独特的现世主义"，"在任何时候都未产生过祭司阶级"，也从来不存在"教会即国家"的政教合一的神权政治，更不存在神权政治结构，这个观点自20世纪50年代提出以来，已成为世界文明史研究的通识。但遗憾的是，我们在三星堆文化的研究中却未注意全球史这些先进观点，出现了把西方先进学者已经否定了的中国神权政治论、神权国家论和西亚中亚"西来说"的解释框架来阐释三星堆文化的错误倾向，甚至出现个别人鼓吹三星堆人种和文化来自于犹太人的谬见。这是当今文明起源史研究中，未能走出西方文化范式，受西方话语体系束缚而患上本土文化"失语症"的一个实例。当然，这里也要说明，不是否定三星堆不存在神权文化。政权、君权（即古王权）、神权、族权、夫权等五权在历史朝代统治机构中往往是结合在一起的，是统治阶级利用来作为阶级统治的工具。但"神权"在华夏从来没成为过第一位的国家政治结构，从来没产生过印度婆罗门那样的第一位"祭司阶级"，这是应该肯定的结论。至于三星堆文化是否神权为主或起源于神权的国家文明结构？神权与王权的主次关系如何？这是不同见解争论的学术问题。其中"神权"部分，究竟其性质如何？内部结构如何？在王权与神权中，"神权"所占比例多少？在国家文明起源中占何等地位？在国家政治结构中起什么样的作用？其内容所含价值观如何？是否能把三星堆青铜大立人作为"祭司阶级"占统治地位的标志？这些都还是值得探究的问题。因此，不能轻易地把西方"神权国家"和"神权信仰"公式化、简单化地套用到三星堆文化研究上来。其实，转换一下西方中心历史观的视角，回归到东方来，回归到本土来，用中华文化自身特色的民族价值观来研究中华古礼乐文明共同体内的古蜀地方文明，是寻找巴蜀本土特有的文化术语，摆脱西方话语权束缚的全新方向和途径。

三、巴蜀心灵世界无穷的神妙

巴蜀人的心灵世界是指巴蜀人的精神境界、思维定式、文化心理、集体文化性格和对追求人民幸福的生活美学观、心灵审美观等等方面，除了具有中华民族心灵美学的共性外，还具有巴蜀地域的特殊性。把巴蜀与其他地域文化相比较，其心灵美学世界自有其神妙之处。

从地域集体文化性格看巴蜀人，既有浪漫主义的"苞括宇宙，总揽人物，控引天地，错综古今"的梦想精神、理想精神，又有践行实地的"非常之人，非常之事"的奋斗精神、创造精神，这两种精神会通交融，成为巴蜀人心灵美学的特征，是对中华民族共有精神家园和广域文明共同体五千年文脉的重要地域贡献。这些精神既体现在巴蜀精英人才敢为人先、创新创造、破旧立新的境界里，也体现为普通老百姓日常生活追求生活美学的休闲生活方式和诗意审美享受的生活态度。

司马相如提出的"苞括宇宙，总揽人物，控引天地，错综古今"的赋家之心是对巴蜀文脉浪漫主义梦想精神与理想精神的最佳总结。三星堆的仙鸟崇拜信仰，金沙的太阳神鸟崇拜，体现了华夏民族"三足金乌"的太阳神崇拜信仰，是中华人探索宇宙奥秘的梦想精神文脉发展的源头文化的传承。它源起于六千年前红山文化"双鸟抱日"的陶纹图案，发展到三千年前才第一次出现金沙太阳神鸟，不仅仅是抱着太阳，而且是把自身融进火热光明的太阳之中，这是对中华民族追求星空宇宙奥秘梦想精神形象的大提升，是司马相如总结的巴蜀祖先梦想精神内涵的源头。其浪漫思维一直在蜀中传承，形成古蜀仙道和中华道教文化信仰的核心。在文学与书香文化方面则形成从扬、马到郭沫若、巴金的浪漫理想主义传统，成为巴蜀文学传承至今的鲜明特色。

在巴蜀心灵世界，最可宝贵的思想遗产是司马相如总结的巴蜀"非常之人"的精神。

司马相如在"难蜀父老文"中赞曰："盖世必有非常之人，然后有非常之事；有非常之事，然后有非常之功。非常者，固常人之所异也。"这种不同于常人的"非常之人"精神，包含两方面内涵：一方面是"非常"创新创造的奋斗精神和实干精神。司马相如首举夏后氏大禹治水是非常实干奋斗精神的典范。"昔者，洪水沸出，民人升降移徙，崎岖而不安。夏后氏……乃堙洪塞源，决江疏河，灑沉澹菑，东归之於大海，而天下永宁。"他要蜀中父老学习大禹治水，形劳天下的勤奋创新精神。历代巴蜀人以实干苦干，勇立潮头，敢为人先的奋发创新精神，创造了数十个世界第一和中国第一的历史文化纪录，就是巴蜀文化富于非常之人的非常之功精神的生动写照。

另一方面则是巴蜀"非常之人"的浪漫梦想精神和奇瑰理想精神的传统。从瑰奇神妙《山海经》到三星堆蜀人仰望星空，善于幻想的"仙化世界"，从相如的《大人赋》仙游到李白《梦游天姥吟留别》的仙诗，从苏轼的豪放与"明月泠然洗我心"的瑰奇理想，杨升庵"古今多少事，都付笑谈中"的豁达浪漫、张问陶"热肠涌出性情诗"的性灵抒写，直到郭沫若的泛神与浪漫，形成了历代巴蜀人浪漫奇瑰、不思故辙，自擅妙才、迷离神妙的发散性球形思维传统。而蜀人"领异标新"、敢为人先的文化心理又形成蜀人"好做翻案文章"的逆向思维定式和百科全书式的思维传统。元人张翥《谒文昌阁》云："天地有大文，吾蜀擅宗匠"，吾蜀宗匠擅长天地大文，抒写出巴蜀人心灵世界的神妙，这是巴蜀文化特有的精神特质和文化心理。

第四节　巴蜀物质文化家园的五大特征

一、巢居文化

巴蜀巢居文化有两个发展系统：一个系统是古羌人从河湟入蜀，沿岷山南下，在古冉駹地六夷、七羌、九氐创造的石碉邛笼文化；另一个系统是岷江河谷直至古成都平原的蜀人创造的干栏楼居文化。这前一种文化样式是羌，后一种文化样式就是"氐"。①有这种建造"氐"的特殊技艺的民族则被称为氐族。《说文》云："氐，至也，本也。从氏下箸一，一地也。"因在地上建"氐"这种巢居样式，故称氐。这种"氐"多建在山陵峻阪，溪谷回曲之地，故"氐"又被引申为陇阪低地的代称。这正合秦人"谓陵阪曰阺"和"天水有大坂，名曰陇坻"之义。马长寿先生认为，"汉人之称氐人为氐，我想和氐人所居住的地形有很大关系。"②这个看法源于段注《说文》，有相当的见地，但似乎还未说得透彻。其实，氐人称为氐，不仅是因为其所居住的地形，更深一层是因其所居住的样式。《诗·小戎》"毛传"："西戎板屋。"此所谓西戎，主要即指氐人。板屋，《汉书·地理志》释为"天水、陇西，山多林木，民以板为室屋"。其实板字为陇阪之阪，阪屋就是干栏。人进屋止息，故氐有至义。氐为归宿之处，故有"根本"之义。邸为室屋，故"氐"又训义为"舍"。邸就是一种干栏式建筑。巴蜀秦陇之间，特别是剑阁栈道之区，多建有邸阁，这就是一种干栏式建筑，乃储军粮之所。如邓芝曾为郫邸阁督，说明成都附近的郫县就有干栏式的邸阁。张澍云："水上架木为路亦名邸阁。"可见邸阁确为干栏类型。"底"，《说文解字》认为"至也"。《说雅》："底，山居也。"其义亦从氐即氐的居住样式引申而来，因此，"氏"字又与"氐"同义，段玉裁云：氏依傍于山胁就像氐附于姓一样。他认为这是因为"姓者统于上者也，氏者别于下者也，是者分别之词也。""姓氏之字，本当作是，段借氏字为之"，"汉碑尚有云姓某是者，今乃专为姓氏字"。③这个看法是很精当的。姓是按种族分的，指六种大部族。如炎帝姜姓，夏姒姓，

---

① 谭继和：《论古巴蜀巢居文化渊源及其历史发展》，《巴蜀文化辨思集》，四川人民出版社2004年版，第117～155页。
② 马长寿：《氐与羌》，上海人民出版社1984年版，第15、16页。
③ （清）段玉裁：《说文解字注》卷一二"氏"，上海古籍出版社1988年版。

周姬姓，皆为种号。姜人之东女国"以父名母姓为种号"。初民只知有母，不知有父，故不知父姓只知母姓，母姓最原始，它可以作为种号的代表。而氏即"是"，只是小家族的住室，故氏只能"别于下"，在部族之下有家族的分别。故大言之，姓乃种族之别。小言之，氏乃家族之谓。所以，氏这种干栏形式依傍于阪阺山胁之旁，就像氏族依附于统姓一样。《汉书·五行志》引易云："复，朋来无咎。"复指穴居之形（徐中舒语），峁则为巢居之形。在复穴和峁巢之间往来有无休咎，是初民最重视的事，故须占卜。"氏峁"能避风雷雨电猛兽潮湿诸役之苦，故有神奇作用。因此，以氏为祭，称为阺。氏就被作为地上至神而变成了阺。这正如原始人崇拜火塘、崇拜房顶一样，崇拜"氏"，也是一种对自然的崇拜。①

为什么"氏峁（崩）"能声闻数百里呢？这只要看看侗族村寨中的公共鼓楼就可明白。鼓楼建筑精巧，有高至十三层者，是侗族各村寨聚会、祭祀和各种仪式的中心，地位神圣，好像最大的"氏峁"，其声能闻于数百里应不奇怪。据《九州记》云："沈黎县即武侯征羌之路也。每十里作一石楼，令鼓声相应。今夷人效之。"②这种十里一石楼，令鼓声相应的形式，其声能回响反复于数百里范围内，应是可以理解的。杨树达先生云："峁而声闻数百里，初民所视为神圣者也。"③正是这个道理。

扬雄《解嘲》云："夫萧规曹随，留侯画策，陈平出奇，功若泰山，响若氏聩。"④这意思是说功绩如泰山，名声如阺聩，聩又作溃。如果阺聩是指山崩地裂，又怎么能用来形容氏、曹、张、陈的功勋呢？可见"阺聩"只能作神圣义理解，不能作崩溃义理解。《诗·甫田》："曾孙之庾，如坻如京，乃求千斯仓，乃求万斯箱。黍稷稻粱，农夫我庆。"郭沫若释"坻"为海岛，"京"为山岭。这是文学夸张之词，非确解。若用巢居文化现象解释，"坻"为低，"京"为高，"京"和"坻"皆为干栏系统的高低粮仓形象。其下为仓，上为屋。故形容粮食在坻仓（低处的干栏样式）和京仓（高层的干栏）里装得满满

---

① 谭继和：《论古巴蜀巢居文化渊源及其历史发展》，谭继和：《巴蜀文化辨思集》，四川人民出版社2004年版。
② 《太平寰宇记》卷七五"邛州·火井县"条引《九州志》，《四库全书》文渊阁本。
③ 杨树达：《积微居小学金石论丛·释神祇》，《中国现代学术经典·余嘉锡杨树达卷》，河北教育出版社1996年版，第589页。
④ （汉）扬雄：《解嘲》，《文选》卷四五，《四库全书》文渊阁本。

的，有千箱万箱之多，这正是农夫的喜庆呵。这首诗可说是西周时代对农业巢居生活的一种颂歌。坻同阺，又同氐，又同氏，是巴蜀秦陇之间的特殊方言。在这些方言字里，隐藏着巴蜀巢居文化的秘密。[1]

我国古代居住文化历来有两个独立发展的系统：一为穴居，另一为巢居。这两种文化具有不同性质，并有各自不同的文化体系和发展路径，对古代文明和社会发展均有深刻影响。从巢居的发明者"有巢氏"传说发生的地域看，有三大巢居发祥地：东夷邾娄巢居文化发祥地、荆楚南巢氏巢居文化发祥地、古江源及巴蜀巢居文化发祥地。传说从西蜀直到云南的西洱河流域是"有巢氏"的故乡。《路史》云："有巢氏居于埊。"注云："埊属益部。"清人张澍认为"罗泌所言，埊即昆弥也，否则即弥牟镇也"（《蜀典》卷三）。弥牟镇在今新都县；昆弥即昆明族，分布于今云南西洱河流域，两地均属古益部。这个传说反映出古益部即巴蜀滇云地区巢居文化习俗的古老。古江源和巴蜀地域的巢居文化最有特色：一是源远流长，绵亘长达数千年之久。二是发展序列清晰，既有干栏—楼居系统，又有邛笼—石碉系统。它以古江源流域为中心，从西蜀扩及于三巴，进而影响于滇黔，传播于越南、缅甸和东南亚。

（一）干栏—楼居系统

巢居的原始形式——树上居。自汉中达于邛笮，川洞之间的僚人"依树积木，以居其上，名曰干栏"。这种"依树积木"的"树上居"，是干栏的原始形式，到唐宋时期，衍变为"楼居干栏"，"人并楼居，登梯而上"[2]，这是它的发展形式。这种"树上居"习俗分布的范围很广，"自汉中以达于邛笮"，以岷江流域为中心，西含邛笮、建南高原，北及汉中、甘南，东达夔峡，南及牂牁（今贵州境）、永昌（今云南境）。[3] "树上居"干栏还影响传播及于从云南文山州和红河州南部到今越南北部红河约千里区域（贾耽《从边州入四夷途径》）。

巢居的发展形式——楼居。楼居干栏的基本特征是"悬虚构屋"（《太

---

[1] 谭继和：《论古巴蜀巢居文化渊源及其历史发展》，《巴蜀文化辨思集》，四川人民出版社2004年版，第117~135页。
[2] 《旧唐书·南平僚传》云："（南平僚者）部落四千余户，土气多瘴疠，山有毒草及沙虱、蝮蛇，人并楼居，登梯而上，号为干栏。"《通典》卷一八七与此同。
[3] 谭继和：《论古巴蜀巢居文化渊源及其历史发展》，《巴蜀文化辨思集》，四川人民出版社2004年版，第126页。

平寰宇记》卷八六）。这种楼居比较树上居而言，使人类脱离了对天然树木的现存依赖，衍变为今日楼房的滥觞。"箐"是蜀人方言，"蜀人谓篁竹之间为箐"①，把阁栏建在篁竹林箐之间，是蜀人的特色。"平地才应一顷余，阁栏都大似巢居"②，以"山坡架木为居"，叫作"阁栏头"或"竹棚头"③，这是巴人的特色。以川东土家族的吊脚楼和会东、南宁的布依族的"半边楼"最为典型。

僚人的"僚"（即"干栏"）实因巢居而得名。《广雅》云："嶚，巢高也。"《玉篇》云："嶚，嶚巢山高也"，"嶚，嶚巑。越嶲郡（今四川西昌），南齐时设僚郡，另一名称就叫作"獠郡"。（《太平寰宇记》卷七四），可见僚与巢为同义语，巴蜀巢居实在是僚人发展起来的一种特殊风俗。唐代杜甫从剑阁到成都府再到夔州，给他印象最深刻的是巴蜀的僚人的巢居。他一再写道："仰凌栈道细，野人半巢居"，"殊俗状巢居，层台俯风渚"。"峡人鸟兽居，其室附层巅。"这一习俗对杜甫影响是那样深，以至他离蜀到了湖南潭州，还回忆起巴蜀巢居："可怜处处巢居室，何异飘飘诧此身。"（杜甫《燕子来舟中作》）而蜀人李白和东严子则专门要选择巢居环境——"岷山之阳"来学道："巢居数年，不迹城市。"（李白《上安州裴长史书》）显然，岷山地区即古江源地区，确实广泛存在着巢居生活。在古代中原人的观念里，庸（即巴）蜀简直是巢居的同义语。晋人左思《魏都赋》云："榷惟庸蜀与鸧鹊同巢，勾吴与鼋鼍同穴。一自以为禽鸟，一自以为鱼鳖。"庸蜀的巢居，勾吴的穴居，都是有地方特色的文化现象。栅居和寨居是由干栏建筑群连接形成起来的聚落。直到今天，在岷江上游地区松潘、汶川一带还可看到这种用木栅围起来的村落或寨子，其建筑皆为竹木干栏。唐代李昊《创筑羊马城记》云："管钥成都，而犹树木栅于西州。"古代的成都城就是栅居城，它是通过干栏发展起来的。因为干栏的特征是楼居，所以，成都在古代一直保留着带有楼居特征的"层城""重城"的称呼。江州（今重庆）巴人的"重屋累居"就是吊脚楼栅居城。因其滨江，还出现了"结舫水居者五百余家"（《水经注》卷三三《江水》）的水栅和水簰形式。

---

① 《资治通鉴》卷二五五唐纪七十一僖宗中和二年引薛能诗："管排蛮户远，出箐鸟巢孤。"自注云："蜀人谓税户为排户，谓竹为丛箐。"胡三省注："蜀人谓篁竹之间为箐。"
② 《元氏长庆集》卷二一元稹《酬乐天得微之诗知通州事因成》四首。
③ 《张籍诗集》卷六"蛮州"云："漳水蛮中入洞流，人家多住竹棚头。"

（二）邛笼—石碉系统

巢居文化的另一种发展类型是邛笼—石碉系统，这主要是古江源地区的氐羌部族利用岷山多石的条件创造的。邛笼—石碉分布的中心区域是今四川松潘、茂汶、黑水、汶川、理县，即岷江上游、大渡河中游和雅砻江中下游地带。这一带古为冉地，也就是蜀郡西北的汉山夷，包含有六夷、七羌、九氐族部落。在金沙江畔干热河谷地带，石碉则衍变为土碉。从近现代民族调查材料看，今茂汶羌族邛笼大体可分为住房和碉堡两种。一种是石砌住房。另一种为高碉石楼。在茂汶羌族地区，高碉形似碉堡，有四角、六角、八角诸形，高六七层，最高者达十三四层，上细下粗。石碉文化在古江源地区绵亘千年之久，实渊源于古蜀石室之民。《蜀王本纪》说："蚕丛始居岷山石室中。"石碉就是从蚕丛时代岷山石室文化发展起来的。从蚕丛石室到古羌石碉，是古蜀人在居住文化上的创造。蜀人生居石室，死葬石椁，立巨石为墓表，都是同这种石碉习俗有关联的文化现象。岷山，实应是古石碉文化的发源地。

把石碉称为邛笼，这是古羌人的语言。"邛笼"一词实是羌自称的汉语译音。"邛笼文化主要是目前操羌语支语言的诸种民族的先民，即氐羌系所创造的。邛笼，有时也单称为笼或弄。最初指碉房，后来发展到具有碉砦特征的村寨、城，也称为"笼"或"弄"。

古蜀人从古江源进入成都平原后，广泛采用了干栏建筑。如成都方池街、青羊宫、岷山饭店、雅安沙溪坝、荥经同心村等新石器时代遗址，虽然很少发现干栏构建的实物，但从这些遗址"多分布在濒临河流的高台地、低阶地乃至河滩上，有的依水筑房。房屋经常被洪水冲毁，又反复修建"的情况看[①]，这是最适宜于干栏建筑生长的地方。这些遗址集中分布于川西平原及其以西地带，证明这一带是巴蜀巢居文化的生长地。而成都十二桥商代干栏木结构建筑遗址的发现和发掘，更证明成都确曾成为古巴蜀巢居氏族居住的中心。蜀人就是最古的巢居氏族，它的来源应有使用干栏的僚系蜀人和使用邛笼、板屋的氐羌系冉、駹、邛、笮、徙、榆六种蜀人。蜀人是一个以巢居为特征的复合民族共同体。

从干栏文化的源和流看，成都十二桥干栏遗址，上溯可追源于大溪文化系统的房屋遗存，下及可同今日四川的茅屋草屋、吊脚楼相联系，具有巴蜀的地域特色。成都十二桥干栏遗址，应该说正处于棚居向楼居过渡的阶段。一个

---

① 孙宏开：《试论邛笼文化与羌语支语言》，《民族研究》1986年第2期。

部族或若干部族的楼居干栏聚集在一起，形成最早的城市聚落，这便是栅居城阶段。成都、郫邑和邛城，据《华阳国志·蜀志》记载，这是秦人灭蜀后新建的三座仿咸阳建制的正规城池。其实这种城池虽土垒新建，亦不过利用了原有聚邑栅垣之便。秦人灭蜀前的成都就是一座如唐人李昊所说的"树木栅于西州"的栅居城。郫邑则原是蜀人杜宇氏在低湿之地带经过治水而建立起来的栅居城。杜宇又名蒲卑，即治服卑湿之地之意。"郫"乃在卑湿低地筑邑栅居之意，以这个郫字作为县邑名，一直保留到现代。邛城则是邛人所建的栅居城。这种城的内部是干栏楼居组成的街道和院落，而城垣则用木栅土垒。这种木栅城垣仍是干栏楼居式的一种。栅居城的进一步发展则是高楼层城，将城池加高加大，垒叠成层楼。如唐代西羌所建立的东女国即为层城。杜甫形容成都"层城填华屋"，李白说"九天开出一成都"，左思说"既丽且崇，实号成都"。这种高峻层城，又叫重城，实即楼居城，它是巢居文化发展在古代的最高技艺的物质成果，今日的高楼大厦与此也多少有渊源关系。从远古到汉唐时代成都地区确曾广泛流行着干栏建筑及其各种衍变形式。就是到清代，"省城房屋多用草苫盖，即街市瓦房亦系竹壁编成"（清同治《成都县志》"舆地·山川"），还可见到这种巢居习俗影响之深远。

成都十二桥建筑遗存正相当于中原商代晚期和西周初期。在中原地区，夏代的王城岗宫殿遗址、偃师二里头建筑城址，商代郑州商城和安阳殷墟的宫殿遗址，以及黄河流域大量的穴居、半穴居遗址，都属于穴居文化发展的系统。而在广大长江流域和南方地区则广泛流行着巢居文化及其各种发展形式。成都十二桥建筑遗存则证实了在商代中原地区盛行穴居文化的时候，成都地区还顽强地保存着巢居文化。秦惠文王灭蜀，蜀人被迫南迁，蜀王子安阳王在交趾骆越之地建国，其后裔世代居此。原来秦余徙民，就是这些蜀人，"巢栖树宿"就是这些蜀人带去的夷俗。

二、蜀道文化

四川境内，向北有川陕金牛道，向东有川鄂三峡路，向南有川滇五尺道，向西南有邛筰道。如果细分，每个方向还有若干条文化性的线路。西南方向的线路还通向缅甸、印度，直到大夏（阿富汗），这条秦汉时期的国际线路，在20世纪80年代被李绍明、童恩正、林向等学者取名为南方（或西南）丝绸之路。这多是指巴蜀南北纵向的通道。到唐宋时期以后，巴蜀与西向的少数民族贸易发展起来，西向横贯线路的重要性突显出来，被称为茶马古道或盐茶古道。从先秦以来，巴蜀不少地区留下了数量不小的线路遗迹遗存、线路肌理和线路分布脉络，留下了因线路交通而形成的名城古镇网络体系串串明珠，留下了不少自然人文胜迹，这就是我们今天保护和研究的线路文化遗产的主要内容。

（一）关于"蜀道"概念的内涵和外延

今天"蜀道"遗产一名，有它的狭义和广义两种内涵。从狭义讲指的是成都为起点，北向为通向汉中和关中的金牛道、褒斜道、子午道、故道、傥骆道、米仓道等线路，南向则指的南方丝绸之路。从广义讲，则指四川通向四面八方的各种水道和陆道。"蜀道"的主要特征是：众多线路遗产代表性很强，地标性很突出，历史根脉传承遗存遗迹丰富，巴蜀特色个性特别鲜明。今以金牛道（或称石牛道）为例，它起于成都，是以川陕金牛道为主体的陇蜀道。它的山川灵脉的亮点是剑门和秦岭，它的古域古镇的结晶是利州、昭化、巴中、剑南、雍邑（凤翔）、汉中、城固，直到关中长安，它包括剑门道、石牛道，翻越秦岭的褒斜道、陈仓道、傥骆道、子午道等等众多线路。它的特色是"栈道千里"。

蜀道的得名有它的历史渊源。历史上，最早的称谓是"蜀道难"三字。早在汉代乐府古相和曲中就有《蜀道难》一由，证明"蜀道"一名出现在汉代，最初是同剑门关地理的险峻艰难联系在一起的。从南朝梁简文帝到唐代李白，其间有十余首《蜀道难》诗作问世，"蜀道"一名遂广为人知。

先秦古蜀国时期，蜀王开明氏与秦惠文王相会于雍，开辟了石牛道，翻秦岭，过剑门，留下了优美的秦蜀互相嘲笑、金牛金屎开道、五丁力士开山拔蛇、五妇望夫石等优美的神话故事。这些故事表明开辟这条路是非常艰辛的，曾经过"地崩山摧壮士死"的大地震，创造出"天梯（木栈）石栈相钩连"的栈道奇迹。这条道路在历史上起了极重要的甚至是唯一的中原秦陇与巴蜀通道的作用。所以，《史记·货殖列传》云：这条线路的特点是"隙陇蜀之货物而多贾。""隙"字，按照裴骃《史记集解》引徐广的解释："隙者，间孔也。地居陇蜀之间要路，故曰隙。""隙"就是秦陇与巴蜀丛山峻岭之间唯一只能用一线孔隙似的天险狭路行走交通。就这种天险路，成为陇蜀货物交流并多商贾的要道，依赖"褒斜绾毂其口"，且是唯一"以所多易所鲜"的通道。不少陇与蜀的"富商大贾"由此而"周流天下，交易之物莫不通，得其所欲。"根据《史记·货殖列传》记载，"巴蜀亦沃野，地饶卮、姜、丹砂、石、铜、铁、竹、木之器"，其市场影响范围已扩展于整个西南以及西北部分地区。①向北通过褒斜道，与长安相连接，成为以长安为中心的全国商业网的一部分。当然，随着历史的发展，与这条路伴生的有好几条通向秦陇和中原的线路，都可算在这条蜀道内，但它的主干道路是金牛道（石牛道）。具体地说，指的是三谷四栈道。明人杨慎说："自秦入蜀有三谷、四栈道。三谷者，其西南曰褒谷；南曰骆谷，从洋入；东南曰斜谷，从郿入。""其栈道有四出：从成、和、阶、文出者为沓中阴平道……从两当出者为故道（即陈仓道）；从褒、凤出者为今连云栈道……从城固、洋县出者为斜道……"②这"三谷四栈"是"蜀道"概念的狭义。杜甫在《王命》一诗里曾有"汉北""巴西道路"等语。"汉北"指褒斜，巴西指"绵汉成都"，也是用的这个狭义。我们今天以金牛道为主干的三谷四道代指"蜀道"，正是源于前人这些中心概念。这条路在唐代称为"石牛道"，又称为"剑阁道"，又称为"飞梁阁道"，这些称谓见于《元和郡县图志》"剑南道普安县"一条中。这是线路文化历史发展的结果，是古已有之的名称，与"南丝路"这个今人名称是完全不一样的，其文化符号学的意义显然更为深厚。

"蜀道"概念，除了上述狭义内涵以外，还有广义外延的一面，指巴蜀水路陆路向外，四通八达。这也是交通文化的历史发展，特别是唐代以来交通文化的历史发展的结果。杜甫诗里多次提到"蜀道"，有时指狭义，如《石柜阁》《奉汉中王手札》等诗；有时又指广义，包括江峡，如《黄草》《赠虞十五司马》等诗。

蜀道是难还是易？中唐以后出现了不同意见。李白《蜀道难》一诗为盛唐时期开元年间所作。到中唐时期，韦皋镇蜀，其门人陆畅反其词而献《蜀道易》诗，首句为"蜀道易，易于履平地"，韦皋大喜，送他罗锦八百匹。③由这个故事可以看出这条剑阁道即石牛道的交通已有大的发展，出现了更多的线路，不再只有一个唯一的孔道，也就不是那么难了。郭沫若曾引用此句诗，创作新的《蜀道奇》，指现代蜀道包括海陆空三大领域立体交通的发展，这是后话了。

---

① （汉）司马迁：《史记·货殖列传》，中华书局1959年版，第十册，第3261～3262页。
② （明）杨慎：《丹铅总录》卷二《地理类》，《四库全书》文渊阁本。
③ （明）曹学佺撰，杨世文校点：《蜀中广记》（下册）卷一〇二"蜀中诗话第二"，上海古籍出版社2021年版，第1106页。

大概因中唐以来的社会背景，宋以后，李白的《蜀道难》是指北面石牛道陆路，还是指东面出峡的水路，就出现了争论。明人王士性《广志绎》明确否定李白《蜀道难》是指北面的栈道，而认为是指"归、巴陆路，正当峡江岸上，峻阪巉岩，行者手足如重累"，特别是指秭归城外的"人鲊瓮"和夔州的"鬼门关（即瞿门关）"。这个争论，实际上是把"蜀道"的概念向外延部分扩大了，不仅指向北，而且指向东。到明清以降，就把"蜀道"这个概念逐步扩大了，延伸为四川盆地四出交通线路的泛称。特别是宋代茶马互市的发展，茶马道、盐茶道也成为"蜀道"概念的重要组成部分。这是外延的扩大。

发展到今天，"蜀道"概念就自然出现了狭义和广义、内涵和外延的争论。不过，从上述蜀道交通遗产发展的历史来看，"蜀道"对诸条丝绸之路，包括河西走廊丝绸之路、草原丝绸之路、海上丝绸之路、南方丝绸之路，都有不可忽视的重要贡献。其中最值得重视的是"金牛道"历史遗产。因为汉唐时期西北方向河西走廊与西南方向川滇、滇缅道这两条一南一北丝绸之路是不相交的，而金牛道（石牛道、剑阁道）正是连接这两条路的轴线，具有交通中枢的地位。再从唐宋以来西向民族地区的茶马古道的发展来看，金牛道又具有连接茶马司和盐茶司集散中心和管理中心的重要意义，因此，它的最突出的特色遗产，就是两千多年来的栈道，这是巴蜀人对古中国交通发展史的首创性贡献。

（二）"蜀道"线路遗产的主要特色

"蜀道"线路遗产有多种多样的文化特色，这些特色也是整个巴蜀区域文化特色的重要组成部分。概括说来，有下列一些特点：

一是从交通线路本身发展的类型看，栈道和笮桥是主要特色。栈道和笮桥应是起源于巴蜀，有多种类型，在世界交通史上有重要地位。蓝勇先生对此有详尽分析，周到细密，能发前人未发之论，请参看他的著作，不赘引。笔者只想特别指出：巴蜀物质文化有五大特色：栈道、笮桥、巢居（干栏、吊脚楼）、林盘、梯田，包含交通、人居和农耕三大文化。虽"然四塞，栈道千里，无所不通"，[①] "又有度索寻橦之桥"，"以绳为桥"[②]，以竹索为之，因

[①] （汉）司马迁：《史记·货殖列传》，中华书局1959年版，第十册，第3261~3262页。
[②] （明）曹学佺撰，杨世文校点：《蜀中广记》（上册）卷七"蜀中名胜记第七"茂州条，上海古籍出版社2021年版，第82页。

名窄桥，"其名为笮，人悬半空，度彼绝壑"①。即栈道和窄桥这两大巴蜀交通特色，正是巴蜀文化的重要的物质文明特征。这两者在世界上也具有首创的意义。西蜀的"笮人"的名称，"笮"指竹索、竹绳桥，就是因有"笮（即竹绳）桥"制作特殊技艺而来。茂州（今茂县）还曾被命名为"绳州"，也是因"笮人"而命名。

二是从线路的自然环境看，有三大神奇的特点：

第一，剑阁道、金牛道乃"世间奇伟之观"。其一路景观"涧壑钩蔓，峦岭曲折，高材巨橄，巍岗险顶"，"湍瀑淙激"，"一日万状，无有穷极。"②杜甫由秦州走这条路进入成都府，感叹这是"天路看殊俗"，"出入异中原"。由此可见，"世间奇伟之观"的"天路"是金牛道、剑阁道第一大神奇的特色。

第二，剑山石角皆北向，趋于中原的自然地势，促使巴蜀地区各民族的文化心理发生向北仰望，心向中原凝心聚力的文化向心力。杜甫对此观察细腻，尤对巴蜀人面向中原朝廷而不背之的认同心理，深有感触。杜甫《剑门》："惟天有设险，剑门天下壮。连山抱西南，石角皆北向。"③杜甫本来就是以心向中原的文化心理来观察剑山的，他发现了这座山所有石峰石角皆北向的奇特自然景象，故《九家集注杜诗》注者认为，这是写"剑山石皆北向，如拜伏状"，"地势虽险而趋中原自然之势"，"观石角北向则有面内（即面向中原内）之义"，包括西南"异域，于石角皆北向，示朝上国而不背之也"。这就是今天广元、剑阁一带朝天岭地名的内涵和由来。朝天岭在今广元朝天镇。金牛道上以"朝天"为地名的还有不少，如利州（今广元）朝天程、朝天峡、朝天关、朝天驿、朝天水驿等等。"朝天"者，朝向中央王朝也，"向帝都者谓之朝天门也"。④特殊的向北倾伏的地势，人们在这条线路上神与物游，联想而生北向中原中央王朝的文化心理，在中华民族凝聚力和向心力形成和凝结的牢固链条上增加了新的思维结晶和历史闪光点，这是"蜀道"文化留给我们的

---

① （明）曹学佺撰：杨世文校点：《蜀中广记》（上册）卷二"蜀中名胜记第二"成都府二，上海古籍出版社2021年版，第23~24页。
② （明）曹学佺撰，杨世文校点：《蜀中广记》（上册）卷七"蜀中名胜记第七"茂州条，上海古籍出版社2021年版，第84页。
③ （宋）郭知达：《九家集注杜诗》卷六《剑门》，《四库全书》文渊阁本。
④ （宋）徐梦莘：《三朝北盟会编》卷四九，《四库全书》文渊阁本。

又一珍贵遗产，不可轻忽。

第三，蜀道多夜雨的天候，多记夜雨霖铃的诗。杜甫诗"蜀天常夜雨"一句，据九家集注，指的就是"雨霖铃道"，"多雨，故名漏天"。《明皇杂录》记载唐玄宗逃蜀，越秦岭进入褒斜道，霖雨兼旬，于栈道中听铃声与雨声交织，思念贵妃，遂作《雨霖铃曲》。这正是褒斜剑阁道秋雨夜落的季节。最有名的诗是李商隐《夜雨寄北》，两度复述"巴山夜雨"，这已是泛指大巴山和秦岭了。

三是从区域文化的特征看，这条蜀道促进了巴蜀区域与汉中区域风俗与文化的交流，形成为与巴蜀同俗区域；还促进了巴文化与蜀文化的交流与融合，形成为巴蜀文化共同体；促进了巴蜀区域与关中区域的交流，秦陇文化与巴蜀文化更加紧密同源同流交融；促进了巴蜀与中原的交流，既促使巴蜀较快融入中原为主体的全国商业城镇网络体系，又促使天府更加富庶，"天下府库莫盛于川中"。①

从考古文化审视，这条线路古称"陇蜀道"，秦陇文化为源头，与巴蜀文化相交融，就走的这条道。早在新石器时代以来就是巴蜀与汉中、岷江上游与汉水上游的文化互相影响、交汇和融汇的区域。广元中子铺遗址，受汉水上游六千至七千年前李家村新石器时代文化影响，很可能是川北山丘区域新石器文化的起源处。汉水上游以龙岗寺为代表的李家村文化、仰韶文化，西汉水的大地湾文化、马家窑文化，同岷江上游的马家窑类型营盘山、姜维城，均同为受仰韶彩陶文化影响区域。到青铜时代，汉中城固的宝山文化、宝鸡的弜国墓地文化同巴蜀三星堆文化、十二桥文化又互相交汇。汉中出土的青铜器椭圆形人面具和牛头状铺首，与三星堆铜器有相似之处。所以，自古以来，据《汉书·地理志》所载，可知汉中就是"与巴蜀同俗"的区域，同属于巴蜀文化区。巴蜀文化区和巴蜀同风同俗区的形成和发展，这条蜀道起了决定性的作用。

四是蜀道促进了江源文明与汉水文明的交流与交融，成为汉代文化奠基的源泉。

汉水、汉中、汉朝、汉族、汉文化、汉学等等名称，均与源于汉水有关。

---

① （清）顾炎武曰："王士性广志绎言天下府库莫盛于川中。余以戊子（1708年）典试于川询之藩司库信者八百万。即成都重庆等府俱不下二十万"，为各省第一。见（清）顾炎武著，（清）黄汝成集释：《日知录集释》（上）卷一二"财用"条，上海古籍出版社1984年影印本，第6~7页。

汉朝文化兴于蜀（汉中），也结束于蜀（蜀汉）。但"汉"为标志符号的汉族和汉文、汉学则绵延发展至今。这一系列"汉"字为代表的不同内涵，正是以"汉"为根，这个根就是汉水和汉中。巴蜀同风同俗区域，就是这个根生长的初源沃土。

这条线路还为我们留下了丰富的三国蜀汉文化遗产，因论述甚多，不再重复。

（三）促进"蜀道研究"思路的转型

一是由单纯线路的研究为重，转向以区域文化板块与蜀道历史发展的关系为重的研究。例如关中文化板块、汉中文化板块、巴中文化板块、利州与剑阁文化板块、绵汉文化板块、成都文化板块。这些板块各自的特色、相互的连接和交融以及它们与蜀道起源和发展的关系，都是巴蜀文化学研究值得重视的问题。

二是由线路上分布的各民族单向的研究，转向各民族凝心聚力、和谐发展与蜀道历史发展的关系的研究。巴蜀区域各兄弟民族自古即具有融合无间、凝聚综合、向上发展的特点，表现在蜀道上尤为明显。正如抗战时期学者指出："四川乃中国民族文化的大熔炉"，"全国任何地方人到了这里都会自然融合"，"可以消灭一切部族的区域的限界，使整个中华民族融合无间，而社会文化获得综合的向上发展"。[①]蜀道上各民族从古氐羌到现今的各族不断融会凝聚的过程，也就是促进中华民族凝聚力向心力认同意识积累深厚的历史底蕴的过程，需要深入研究这个过程同蜀道线路的关系。

三是由路线名称、线路考据、地名考据为重的研究，转向蜀道线路各个连接点，特别是生长出的城镇市场网络体系为重的研究。

四是在加强物质遗产研究的同时，要以非物质文化遗产的研究为重。川陕不同的非物遗产的形成，与蜀道线路交通的发展，有极大关系，要深入研究。例如栈道、索桥、溜筒、碥桥等技艺，还是值得深入研究的对象。

巴蜀文化是神奇、神秘、神妙的文化。它的特色就是神奇的自然世界，神秘的文化世界和神妙的心灵世界。古蜀道遗产是这三"神"特色的突出体现。

这是一条神奇的特色生态长廊。"宇宙之绝观"，"我行山川异，忽在天

---

① 中华书局《文史杂志》第三卷五、六期合刊"四川专号"社论：《创造四川历史的新页》，1944年3月1日。

一方",还有大熊猫在秦岭的栖息地,这是神奇的生态绿舟。

这是一条神秘的文化荟萃之路,是一条民族花灿、播种文明、播撒和谐文化种子,促进和谐社会生长之路。这条路上发生过战争,但战争冲突时间远不如和融交流时间长,而是各族交融,互相认同,和谐共处,最能体现中华民族是以文化区分内部各族,而不是以血缘和种族来划分民族的特色。中华民族共同体衍变史,首先是中华民族语言文化的认同,"诸夏用夷礼则夷之,夷狄用诸夏礼则诸夏之",蜀道文化最能体现主体民族汉族与各少数民族凝心聚力,多元融为一体的特色,最能体现历史积淀的和平安宁的特色。

这是一条神妙的心灵家园开拓之路。仅这条线路产生的诗歌遗产,如王勃、李白、杜甫、苏轼、杨升庵写这条线路的诗歌就很多。这条线路上的佛寺道庙也很多,大禹文化与羌族文化流传也不少,是心灵开悟,领悟民族精神家园的真善美神韵充斥之路。

这是一条神游之路,复兴与振兴之路。其特色是西部横断山脉汉藏彝羌民族文化交流迁徙的走廊,是该旅游走廊的生命线。通过沿途佳境胜迹的上下求索,定会带来更多的心灵感应和美感享受。它对于西部振兴,建设西部交通枢纽,也应有十分重要的现实意义。

三、笮桥栈道文化

笮桥栈道,从广义说,是蜀道文化的一部分。从狭义说,它是巴蜀特有的与水相关的水道文化。笮桥跨水,栈道则多在水畔山崖上。"蜀道",即巴蜀向外的商贸通道,建有笮桥和栈道。除此以外,巴山蜀水少数民族聚居的山居栅寨区域,虽非商道,也广泛分布着栈道笮桥。其影响所及平原林盘宅居地也建有栈道笮桥,因此,栈道笮桥成为巴蜀人居文化的突出特色。故这里把"笮桥栈道文化"与"蜀道文化"作为巴蜀两大特色文化来叙述。

(一)险绝的栈道

历史上,栈道在中国西南及陕南秦岭大巴山山地产生和分布最广、使用最多,这是与其地理环境密不可分的。中国西南山高水险,交通回曲不便,在现代交通方式产生以前,栈道无疑是平直近捷的一种交通设施。这使得栈道产生有其必要性。中国西南许多地区属新构造地带,河谷深切,岩层分布多而裸露,再加上历史时期西南河谷地区森林繁茂,为栈道产生提供了必要的石基和栈木,使修建栈道成为可能。栈道,是我国西南、西北和华南地区特有的交通道路设施，在我国古代交通上起过十分重大的作用。对于古代栈道分布兴盛衰亡和栈道形式的研究，不仅是研究古代交通史的必需，而且对整个古代文化史研究有很大参考价值，能为今天的交通建设提供许多借鉴。

栈道原意是指行竹木车之道。《史记索隐》引崔浩："险绝之处，傍绝山岩而施板梁为阁。"这便是所谓"编木为栈"，为典型的古典式木栈。但现代的栈道的含义要广得多。这主要是以后出现了石栈，唐代李白《蜀道难》有"天梯石栈相钩连"之句。明清以来，木栈多毁，偏山修路兴盛，石栈逐渐代替了木栈。

栈道设施因原材料和环境因素，形成不同类别和形式。可按质分成木栈和石栈两大类。木栈，民间俗称偏桥，加盖以后人们又称为阁道、栈阁，共计有四种形式，即标准式、无柱式、依坡搭架式、悬崖搭架式。石栈，民间俗称偏路，共计三种形式即凹槽式、堆砌式和无柱式。我国历史上栈道主要分布在西南、西北和华南地区，其中以陕西和四川栈道设置最多和最为典型，二者中又以四川尤为突出。金牛道是我国历史上设置栈道较早的古道，秦汉时称的所谓"栈道千里，无所不通""栈道千里，通于蜀汉"，就是特指金牛道。蜀汉时，诸葛亮在剑门关一带置阁道三十里，并置阁尉守御。唐代金牛道上的栈道还十分多，唐开成四年（839），山南西道节度副使石文颖等曾自散关至剑门，凿山石栈道千余里以通驿路。对盘虚栈阁"枘木亘铁，因而广之，限以钩栏"。苏颋《夜发三泉即事》有"下奔泥栈檐，上观云梯设"之句，杜甫《秦州入蜀纪行五盘诗》描绘五盘岭是"仰凌栈道细，俯映江木疏"，岑参《与鲜于庶子自梓州成都少尹自褒城同行至利州道中作》称七盘关"栈道笼迅湍，行人贯层崖"，《赴犍为经龙阁道》诗有："侧径转青壁，危梁透沧波。"按北宋时明月峡栈道仍然存在，则唐也应存。杜子美入蜀纪行诗《石柜阁》"石柜曾波上，临虚荡高壁"，可知玄宗时阁道犹存。《广元县志稿》："秦汉架木为栈，唐韦杭乃凿石成道，立阁如柜，因以为关，今废。"看来，今千佛崖曾架设木栈和凹槽石栈。清道光时，从昭化经龙爪湾、白卫岭、高庙到剑门一线也有栈孔遗迹，但今已不存。《元和郡县志》称小剑山是"飞阁通衢"，称大剑山是"飞阁以通行旅"。岑参《送郭仆射节制剑南》诗有"剑门乘嶮过，阁道踏空行"。

（二）飞渡江河的笮桥

西南横断山脉，江河横溢，重峦叠嶂。西南少数民族先民在长期的发展和交往中，创造了征服江河险阻、独具特点的交通工具，其中最为著名的有筰马和笮桥。筰马和笮桥成为西南横断山地和南方丝绸之路的重要交通工具。筰马体形较小，善于山地行走，且能负重。汉称"窄马"，后称"滇池驹""建昌马""越嶲骏"等。早在春秋战国时期，筰马就已经从巴蜀地区输往内地；汉代，筰马为西南与内地贸易的重要物资；三国时，筰马为蜀国战马。筰马品质优良，善于驱驰，典籍记载多有传奇色彩。《水经注》载："长老传言，滇池中有神马，（与）家马交之则生骏驹，日行五百里。"《太平寰宇记》载："滇池有神马，与今马交，生异驹。"《郡国志》载："滇池出骏马。"《华阳国志·南中志》载：骏马俗称"滇池驹"。《新唐书·南诏传》载："越嶲……产善马，世称'越嶲骏'。"徐渭《武录志》说："以云则取材西野，以马则收驹越嶲，……马即滇马，统谓之神马。云滇马之著名如此。"清道光《大定府志》亦载：夷人牧马于山野，与天马交生骏驹。羌戎是我国最先发明和运用畜牧杂交技术的民族。早在五千多年前，羌戎就已培育出牦牛、犏牛以及驯养马。康青藏高原的羌族，培育出黄牛与牦牛的杂交新种犏牛，比塞北胡人培育驴与马的杂交新种骡早一千多年。羌戎原始先民在炎、黄时代，以自己驯养培育的牦牛、犏牛驮着毛皮、干肉、玉器、黄金等货物入中原，与农业部落进行交换，并称这种远程贸易为"羌式商业"，"它在亚欧之间的内陆草原地区，擅利有数千年之久"。可见，西南民族的先民是一个善于经商的民族，而且与先民相比，西南古代民族驯养"日行数千里"骏马的成就，表明他们亦继承了"羌式商业"的传统。因为，马的性能比牛更适宜作为远程运输的工具。在擅长牧牛羊的基础上，驯养性能更优的骏马，无疑是出自社会交往的需要。联系到公元前4世纪就已开通的南方丝绸之路，筰马的社会经济意义就十分清楚了。

筰桥即竹索或藤索桥。彝语"筰""鲜"等音系指索和溜索，亦有以索为桥之意。纳西族及其他彝语支民族称桥之语音均与"筰"切近。筰桥并非史载"筰夷"之独有。西南少数民族大都擅长于架设溜索为桥飞渡江河深涧，因此，史载"筰夷"只不过是西南少数民族擅长驯养驮马、经营盐业和从事地区间及民族之间远程贸易的优秀代表。《盐铁论·通有》载："徙邛筰之货致之东海。"对于南方丝绸之路的开通来说，征服天堑金沙江是极为重要的。有了筰桥，可以飞渡江河天堑深谷，从事地区间的远程贸易。在长达两千多年的历史中，金沙江商旅渡口较多，且多有变化。南方丝绸之路的渡口地段虽较为稳定，一般说，僰道渡在金沙江宜宾段，清溪道渡口在会无（今会理）金沙江段。此段渡口较多，大渡口有猛连渡、红门口渡、阿机鲁渡、矣资渡、拉鲊渡、摸鱼鲜渡、龙街渡等，民间概称"三十六"。唐以后，随着云南政治、经济、文化中心东移和交通工具的改善，龙街渡因适宜船渡而发展起来。徐霞客路经元谋时，曾见龙街渡对岸有一古碑，上书"蜀滇交会"四个大字。由昆明到会理的商旅从龙街渡过江，由保山、大理、大姚方向来的商旅从拉鲊渡过江，由丽江、华坪等地到盐源等地的商旅从大渡口（今攀枝花市）过江，连通了川滇商道。

四、仙乡人居文化

在历史文化变迁的长河中，源远流长的巴蜀名城和古镇名村成为巴蜀城镇网络体系文明的结晶和展现城乡一体、亲仁睦邻、城市精英与乡绅乡愁文化交融发展的载体。

最初的城镇是从原始聚落发展出来的。由原始人的散团发展到聚落，经历了漫长的过程。再由星星点点的小聚落发展为中心聚落。在中心聚落之间因为交换的需要出现了市墟，这就是城市的雏形了。在古巴蜀国地域，最早的市是蚕丛时期出现的，文献记载蚕丛的部民"随蚕丛所在致市居"，那时的市还是流动的，又经过长时期的发展，固定的市场随着定居点的出现而形成起来，这就是最早的市镇了。这个时期可叫作城市文明的诞生阶段。城市和市镇经过几千年的发展和衍变，传到现在，就成为历史文化名城古镇。它们是人类文明智慧结晶的珍珠，是值得珍视的遗产。

早在四千五百年前宝墩文化时期，成都平原就出现了最早的中心聚落，诞生了最早的城市文明，现考古发掘的新津宝墩、郫县古城等六个古城遗址，是目前已知最早的古蜀国市镇、都邑文化的代表。从古文化（原始文化）到古城（城乡最初意义上的城和镇）再到古国（高于部落的稳定的独立的政治实体），是巴蜀文明起源和形成的"三部曲"。巴蜀城市的诞生，与其他中国城市文明的诞生过程一样，既有共同的特征，又有自身的特点。中国城市文明诞生的共同特征有二：一是她有别于欧洲和美洲城市建设的历史传统，她有自身形成和发展的特色，其来源一般可以追溯到四五千年前，并且从不间断，其延续性在这个地球上任何一个文明都无法与之媲美。二是当西方城市式微之时，却正是中国城市建设兴旺之时。"从罗马帝国垮台到文艺复兴这段时间，在西方历史学者眼中是城市衰退阶段，而在中国，则是一个城市建设兴盛时期。"世界史上这段时期相当于中国的汉唐时代。成都就是在汉唐这个阶段成为天下名镇的。成都在汉代是除京城长安以外，全国的五大城市之一，设有"五均"。这是因为这五大城市商品经济最发达，市场最大，故设五均官加以管理。唐宋时期成都则被誉为"扬一益二"，"天下第一名镇"，是中国数一数二的城市。在当时世界上，也是罗马城市衰落以后最大的世界历史都市之一。

除了这些共同点外，巴蜀城市还有其自身特点：

一是遵从"自然模式"建造。成都是按照"上善若水，崇尚自然"的自然模式来规划和建筑的城市。"太一生水，水生文明，文明成市"就是成都城市形成和发展的途径。成都又名龟城，传说是循着乌龟爬行之迹而建筑城垣的城市。实际上，是因循河道的自然之势，故造成的成都城是不规则的，城形如龟。二是最先因有"市"而后才成为"城"。早在蜀王蚕丛时代，"随其所在致市焉"，蜀王走到哪里，哪里就兴建起市镇。这种市镇有个专有名称，叫作"都"。三蜀区域就有七都：成都、广都、新都、武都（今甘肃成县）、徙都（今四川天全）、筰都（今汉源）、邛都（今西昌）等。巴蜀最早的城市就是从这些名为"都"的市坊里发展起来的。"成都这个自由都市就是从成亭，成市逐渐成长起来的。"① 到唐宋时巴蜀的城市已成为遍及巴蜀地区的城镇网络，到明清时期，巴蜀城镇网络进一步发展为城镇体系。每个镇的辐射范围在五公里以内。因此，巴蜀的乡镇基本上保持着十里一场的间距。

四川的城镇是在乡镇的基础上发展起来的。在四川的城镇发展史上，自明代的客家移民和清初"湖广填四川"以来，四川古镇建设达到了历史上从未有过的繁盛。特别是千百年来所形成的典型的巴蜀园林乡居古镇建筑特色，全然有别于北方皇家园林和江南水乡园林而自成体系，"驰骛乎兼容并包"②，兼容北方与江南园林特色而形成巴蜀的"中和"园林风格，灵巧、奇异的建筑特色和四川古镇多姿多彩的民风民俗，极大地丰富了"天府之国"的城镇文化内涵。明代以来，四川所形成的古镇有四千一百余座，至今尚存的还有一千四百多座。由于四川没有北方乡镇那样聚集在一起的村庄，汉区农家多是散户零星

---

① 徐中舒：《成都是古代自由都市说》，《成都文物》1984年第1期。
② 司马相如：《难蜀父老文》，司马相如撰，金国永校注：《司马相如集校注》，上海古籍出版社1993年版，第166页。

居住，故呈现为乡镇联排店居与林盘文化相结合的形态。这种形态经过几千年的传承，就成为今日四川乡镇独异于他处的特色。四川古镇多将街市、场镇、商埠、水陆码头、庙宇祠堂、会馆书院等聚集为一体，形成多元一体格局，人文内涵极其丰富。这样的规模，这样的特色，也是全国少见的。

西南重镇成都，古称益州，也称锦城、锦官城、蓉城。自秦汉以来，成都就一直是西南地区的政治、经济和文化中心，历史悠久，积淀深厚，是首批中国历史文化名城，是古巴蜀文化核心发展区。

除此之外，还有泸州、自贡、宜宾、乐山、都江堰、阆中等国家级历史文化名城和二十七座省级历史文化名城，也如明珠般镶嵌在"天府之国"的千里沃野和青山绿水之间。

这些历史悠久、风格各异的名城古镇，是巴蜀乡土文化最典型、最生动、最直观的写照。

四川辖区面积广阔，河流遍布，平原丘陵山区兼而有之，地质地貌复杂多变，丰富多样的地理和气候特征就成为四川民居建筑孕育的根基。古时修建场镇大多因地制宜，灵活多样。小者为场，大者为镇，与自然环境巧妙融为一体，反映着四川民居文化对中国传统建筑理想——"天人合一"的秉承。

古城镇或因山就势，凭险筑城，房屋建于高坎低坡之上。山墙鳞次栉比，屋顶错落有致，青石板铺就的街道跌宕起伏，蜿蜒而上，一砖一木都浸透了千年的巴风蜀韵。也有的傍水而建，沿河兴镇。通常建于水边的场镇，多为重要的商埠码头，楼堂馆所、道观寺庙比比皆是，临水的吊脚楼更是巴蜀一种独特的风情。

巴蜀民居经过历代经验和技艺的积累，已显出下列四大特色类型。

第一类是南北风味兼容的四合院。四合院在川西叫作"四合头""三合头"，川东地区叫作"天井"。四川四合院具有南北兼容的特色："小天井大出檐，青灰瓦高勒脚，外封闭内开敞"，既具有北方封闭型的四合院特色，又兼容南方的敞厅、轩廊和封火墙，有的大型民居还有花园、楼阁、家庭戏台等建筑。"小天井"式建筑是巴蜀民居的一大特色，既采光又通风，是纳凉、休憩的"共享空间"。大邑刘氏庄园、崇州宫保府、江安夕佳山民居是现存的明清民居的精品。第二类是布局奇特的古集镇，多因地制宜，或沿丘陵和山地而建，或沿曲回河流而建，各具特色。沿街一般都有较宽的檐廊，可遮烈日挡风雨，便于沿街摆摊设点。犍为罗城镇雄踞山脊，形似旱船，资中铁佛镇古朴典雅。这两镇始建于明代,至今存留良好。双流黄龙溪沿两江汇流布局,古朴素秀。石柱县西沱镇沿山逶迤而上,状如飞龙。第三类是沿街联排民居,有单纯居住式民居,也有下店上宅式或前店后园式民居。第四类是民族村镇。四川是多民族的省份之一,十四个世居少数民族,聚居的村镇各有其民族特色。同样是藏族民居,由于所处地理位置的不同,有南北藏居之分;因用材不同,又有木楼、碉楼藏居之分;草地藏居还有藏族特有的帐篷。羌族、彝族、土家族、苗族等建筑都各具特色。即使是汉族地区,由于四川地域大,风格也不尽一致,在毗邻陕西的地区,或北方移民较多的地区,如广元、阆中等地,部分民居兼有北方民居矮檐厚墙的特色;而西昌、会理一带的民居,又兼有云南大理、丽江一带的建筑特色。

巴蜀民居另外一大特色是邛笼—石碉文化。四川的北川、茂县、汶川、松潘等县居住着羌族。他们把平顶碉房称为"邛笼"。它主要是岷江流域的氐羌民族利用岷山多石的条件,因地制宜而创造出来的。今天阿坝藏族自治州羌族和部分藏族还保留着这种富于民族特色的民居建筑。这里的人们在建造民居时善于利用地形,因势修造,不拘成法。从古代蚕丛氏所居的石室到近代的石碉,是巴蜀人在居住文化上的重要特点。

清初"湖广填四川"的移民浪潮,给四川带来了江南数省和部分北方移民。巴山蜀水成了全国建筑技艺的大展场。有人形象地表示,四川古镇就是中国东西南北建筑文化艺术的大观园,江浙的小桥流水、北国的官商大院,都可以在四川找到它们的影子。

古老的建筑,古朴的环境氛围,悠久的历史,深厚的文化内涵,优美的风光,还有古镇人闲适恬淡的生活,让四川的古镇充盈着灵性,展现着活色生香的个性。

巴蜀文化是伴水而生的文化。岷江自古称"江源",是巴蜀文化伴生的源泉。都江堰总束岷江,以水利殖养蜀国,是城市文明和乡镇文明诞生与生长的摇篮。作为特定区域的文明,有它特定的思维定式和文化想象力。从名城古镇发展历程来看,这种文化想象力多用在以"仙居"为特征的人居环境上。"九天开出一仙乡""天地截作神仙乡",唐宋人的这些赞词,表现了巴蜀城镇优良人居环境的文化特征。清人陈桂林《青城杂诗》说:"神仙都会犹余事,知与岷峨秀两川。"巴蜀城镇神仙都会式的人居环境,是秀润两川,养育巴蜀文明的沃地。巴蜀文明最伟大的成就,多是从城镇里发育和缔造出来的。巴蜀城乡一体文明是巴蜀人历代重塑巴蜀自然的伟大创造，是有独特价值的、深远而持久的巴蜀大地文明的特殊表现形式。①

五、林盘文化

林盘，是川西农村特有的一种居住群落，多为独家，少则三五家，多者十余户，或一个小家族，周边林木环抱，小溪绕流，从高空俯瞰，像一颗颗绿色宝石，镶嵌在富饶的川西田野之上。它的基本形态是竹林茅舍，小桥流水，一家一户，一座林盘。它的基本文化内涵是人居仙乡，诗意栖居。川西农村从宝墩古城至今延续四千年文脉的林盘（自发组合的农民聚居点），它是农耕文化宝贵的遗产。据2005年的调查，成都平原大小老林盘尚有十万余座，已列入成都市林盘保护规划。这种林盘来源于四千年优越秀冠的天府农耕休闲生活方式，被誉为"逍遥自在似神仙，凌霄步虚登九天"的中国生活的原生态，这在成都传承、体现最为久远，故成都平原的林盘文化有着特殊价值，在世界乡村文化中也有独到的特色和地位。

林盘的衍生形成，与特定的环境和生产关系有关。

川西平原是全国重要的产粮区之一，农作物以水稻为主。由于川西平原耕地少、人口稠密。农耕土壤主要为水稻土、冲积土、紫色土，兼之日照时数少，大多只种一季大春（水稻），一季小春（小麦、油菜）。秋收后，为了来年有好收成，就将农田蓄水，俗称"灌冬水田"。和华北、东北那样的一望无垠的大平原不同，川西平原隔十余亩田左右，总会产生一定的高差。因此，种水稻的田亩，只能划分成十余亩一个生产单元。兼之川西平原的土地所有者（地主、富农）以中、小为主，佃农一般也以十余亩居多。为方便察看自家的生产成品，农民的习惯大多以一两华里为半径安排自己的居住地，因而形成了相距两三里就会有一个林盘出现的情况。

林盘既是生活空间，也是手工业和农副产品的生产空间。

人口多的家庭，必须从事一定的副业生产，才能满足生活的需要。居住在林盘的农民，每户都有属于自家的室外场地，俗称"晒坝"。这个晒坝，对农民来说，是一个多功能的室外空间，既是晾晒农作物的晒坝，又是从事副业

---

① 参见谭继和《九天开出的仙市人居》导引，章玉钧、谭继和主编：《天府神游·五色版》丛书，天地出版社2007年版，第15页。

生产（竹编、草编生产工具和生活用品）的基地，还是老人带领儿孙嬉戏的活动场所。房前屋后还利用零星地块种植果树、蔬菜，改善环境，丰富生活。既然是独家独户自成院落，为了积肥，一般都靠近"茅房"（旱厕所）建设猪圈。猪圈的位置，一般都建在和堂屋相对较远的下风方向，既减少秽气对卧室的影响，又表示对祖宗的敬重。这样的功能布局，体现了林盘居住环境的合情合理。

林盘是符合人类生存的健康空间，长寿空间。

常见的林盘，大多是十余户人形成的居住组团，周边有乔木或竹林环抱，林下甚至有小溪穿流，各户的房屋散布于树丛之间，或相对保持一定的距离，彼此相互照应，是一家有香共品尝、一家有事大家帮的优良组合，是乡村和谐社会治理的最佳场所。杜甫十分喜欢成都草堂"舍南舍北皆春水，但见群鸥日日来"的小桥流水竹林茅舍环境，邻里之间和谐互通，"肯与邻翁相对饮，隔篱呼取尽余杯"，自己家酿的"旧醅"喝二了，亲切呼唤邻家老翁带酒来再一起喝。多么和谐的邻里社会关系，这就是林盘文化的特质。

林盘是一个生态空间。按照物理学原理，冷空气下沉、热空气上升，林盘四周因有浓密的树林和小溪，气温比附近地面要低好几度。冷空气从周围底部进入林盘，然后把林盘中由于生产、生活产生的热空气带向上空，如此反复流动，使林盘内的热空气和污秽气体不断地从空中排出。因此，据环境管理部门检测，盛夏季节，林盘内的气温，一般比林盘外的气温要低摄氏四五度。有鉴于此，环保专家称林盘为生态空间，日本建筑师称它为"长寿空间"。

川西林盘是世界上稀有的乡愁文化的载体。

小桥流水围绕竹林茅舍，花径篷门，春水潺潺，是林盘文化的生长地。负耒横经、耕读传家是乡村林盘的基础文化生活。它们构成成都平原林盘乡绅文化和乡贤文化的西蜀书香社会和诗意生活的传统。薪火传承，时光润泽，使之成为传统农耕时代文明的结晶，最启灵悟的文化想象力、创始力的蜀人精神家园的净地。建筑规划家刘卫兵设计的《都江堰花溪村徐家林盘乡村规划》获得2012年度联合国人居环境规划设计奖，正是因为该规划传承和汲取了成都林盘仙乡人居环境蜀人的历史经验和人居文化的智慧，说明现代文明是能同历史文化相融互鉴的，本土文化是能同外来文化互学互鉴的。让我们走进林盘，喜欢林盘，爱护林盘，让林盘文化走进当代，活在当下。①

第五节　巴蜀精神文化家园的八大特征

一、仙源在蜀

古蜀神仙道发生于"小昆仑"岷山区域，是古蜀文明最鲜明的特色，也是中国西部文化想象力与创新力思维展现的始源地的特色。在东部则有蓬莱海洋区域的神仙家的仙道起源。由此看来，最早的神仙说就来源于东部海洋文化和西部大陆文化两大区域。这两大区域究竟谁先谁后，一直有争论。其实，道教在东汉末才创立，它主要就来源于"古蜀神仙道"，后来发展成为"昆仑仙宗"。而东部神仙道则发展成为"蓬莱仙宗"。这两者构成道教的两大派，后来道教各派都是从这两大宗分化出来的。②对这个问题一直有不同意见：任继愈先生主编的《中国道教史》认为："道教的主要源头，与古代荆楚文化、燕齐文化靠得更近一些，道家与神仙家这两大源主要存在于此两大文化中。"卿希泰先生主编的《中国道教史（第一卷）》则认为"尚黄老与说神仙的两股思潮，差不多同时兴起于齐楚，而神仙方士与黄老术士在历史进程中逐渐合流"。王家祐先生在《巴蜀道教碑文集成·序》中则认为："中华道教之祥嗣早启明于古山昆仑，与六千年文明相称并著。"对于这些不同意见，笔者个人认为，根据文献和现有考古材料，可说道教的主要源头萌生于巴蜀文化地区，古蜀仙道文化是道教的主要来源，其时代至少可追溯到三千二百年前相当于殷墟中晚期的三星堆青铜文明时期（也是古蜀五祖的传说年代）。

（一）古蜀五祖与古蜀仙国、古蜀仙道

"古蜀仙国"的特色早已为古人所认同。李白诗："蜀国多仙山，峨眉邈难匹。""仙国"正是古蜀的特色。蜀人李白写成都："今来一登望，如上九天游"，"九天开出一成都，万户千门入画图"。其实，这是用道家仙游思想来描绘成都。"九天"就是道家术语，指中央为钧天，四面八方有八天。成都

---

① 谭继和：《林盘序：成都平原乡愁文化的落脚点》，刘卫兵：《林盘》，四川美术出版社2016年版，第1~2页。
② 参见谭继和《道源：古蜀仙道》，台湾义守大学《人文与社会学报》2006年第一卷第9期。

郫县人、在汉代就已被人尊为"西道孔子"的扬雄在《太玄》一书中专讲玄冥九天，后来成为道教习用术语。在李白看来，成都这座城市是在凌霄步虚的九天上开辟出来的"万户千门入画图"的神仙洞府。杜甫入蜀，对古蜀仙国的特色特别有感触。他说："天路看殊俗，出入异中原，殊俗状巢居。""天路"仍是道家术语，《三洞经》说"行自翱翔入天路"，谓升仙羽化。诗圣杜甫对此深有体味，故在诗中用了"天路"一词来形容蜀地，也难怪诗仙李白要选择西蜀，"隐居于岷山之阳"，巢居以学仙了。宋人王安石写成都："盘礴西南江与岷，石犀金马世称神。桑麻接畛无余地，锦绣连城别有春。"（《送复之屯田赴成都》）宋人冯时行诗："只恐天上去，陈迹锦江涯"；"诗声写奇怪，画本出槎牙"（《梅林分韵》）。这些诗透露出宋代人对古蜀仙国的文化心理感觉。举凡李冰的石犀故事、严君平阐释海客乘槎得支机石的故事、七星桥如北斗布于锦江的故事、王褒金马碧鸡祠祭故事、二郎擒孽龙的故事、龟城锦城蓉城得名的故事，种种都透露出人们对古蜀仙国"诗声写奇怪、陈迹世称神"的神秘感和"只恐天上去，陈迹锦江涯"的浪漫情怀。古蜀仙国、洞天福地，这是历代人都能认同、形成共识的观念。

古人对"古蜀仙国"的认知，来源于古蜀五祖"得仙道"的故事。古蜀五祖仙化的传说很早。蚕丛、柏灌、鱼凫，"此三代各数百岁，皆神化不死，其民亦颇随王化去"①。"上古时，蜀之君长治国久长，后皆仙去。自望帝以来，传授始密。"②从蚕丛、柏灌到鱼凫三代都神化不死，不仅蜀王成了仙，连其部族民众也随王化成了仙。其中的鱼凫王田猎于湔山，还"忽得仙道"。③以上史料透露了古蜀仙话划时代的秘密。"蜀之君长，治国久长"，说的是古蜀五祖时代悠长而迷茫。"后皆仙去"，说的是古蜀早从"五祖"传说时代开始，甚至更早在蚕丛王时期以前就已产生了仙道。直到杜宇"望帝以来，传授始密"，说明古蜀仙道到杜宇时已发展定型和成熟，传授越来越系统化并有了严密的师承关系。所以，继前三代蜀王之后的杜宇氏望帝和开明氏丛帝都有美妙的仙化故事。

---

① 扬雄：《蜀王本纪》："蜀王之先名曰蚕丛，后代名曰柏灌，后者名鱼凫，此三代各数百岁，皆神化不死，其民亦颇随王化去。鱼凫田于湔山，得仙，今庙祀之于湔。"
② 《古文苑》章樵注引《先蜀记》。
③ （晋）常璩著，刘琳校注：《华阳国志新校注》卷三《蜀志》，四川大学出版社2015年版，第100页。

杜宇"从天坠",魂魄化为杜鹃,也是成仙故事。蜀人因思念望帝,故在"鹃字上加以杜姓,谓之杜鹃,又直名之为杜宇。"①"望帝春心托杜鹃",蜀人每岁春二月间闻杜鹃鸟鸣就要跪拜,这是西蜀特有的习俗,其俗从先秦一直流传到唐宋时代。杜甫曾写《杜鹃》诗:"西川有杜鹃,东川无杜鹃。涪万无杜鹃,云安有杜鹃。"说的就是西川和云安这些蜀人区域,尚存有蜀人跪拜杜鹃的习俗,而东川、涪万等巴人区域没有这种习俗。所以,杜宇"化禽飞去","魂化杜鹃",就是羽化飞仙的仙道故事,是后来道教的滥觞。这几句诗从来无确解,历代注杜者多认为"上四句非诗,乃题下自注,后人误写"。宋人王观国力辩此说之误,认为"此四句非子美自注,皆诗也","乃自是一格也"。但他只能从音韵角度,证明此四句本为杜诗,但不能圆满解释为什么此四句会被放在《杜鹃》一诗之首。宋人李应元《杜鹃辨》(一说为苏轼作)从诗的文化内涵角度对此作了解释,认为有无忠君态度,才是杜鹃有无的标准:"凡尊君者为有也,怀贰者为无也。"他对此说举出了东、西川节度使对君主的不同态度的史料为证,但他无法找出涪万、云安的史实,故宋人赵次公认为"应元说又为穿凿"。总之,古人没有解决《杜鹃》诗中的杜鹃"有无"问题。

今谨以巴蜀文化习俗加以解析,其诗意自明。汉扬雄《蜀王本纪》与晋常璩《华阳国志》皆记有子规鸟与杜宇故事,后者尤为明晰。至南北朝时,鲍照《行路难》一诗仍记载着这个故事:"中有一鸟名杜鹃,言是古时蜀帝魂。"至唐代,李白、杜甫多对杜鹃有所吟咏。由此可见,杜宇魂化啼血杜鹃的故事,乃是蜀人祖先自成一系的传说,不是巴人的祖先传说,故西蜀区域有杜鹃为杜宇的传说,东川巴人区域就没有这个传说。因此,《杜鹃》一诗第一句说"西川有杜鹃",是说西蜀有杜鹃传说。而且还有跪拜杜鹃的习俗。而"东川无杜鹃",东川是巴人区域,自然无此传说也无跪拜习俗。"涪万无杜鹃",涪万乃古巴地,自然也无此传说和习俗。"云安有杜鹃","云安"指夔州,亦在川东巴地,为什么又"有杜鹃"传说和习俗呢?原来云安,古为夔子国。先师徐中舒先生认为"夔"即规、圭,就是子规、巂周。古夔子国是杜宇的故乡,故云安有"杜鹃即杜宇"的传说和习俗。由此可以看出,杜宇"化禽飞去","魂化杜鹃"是西蜀地区羽化飞仙的仙道故事,是道教兴于西蜀的滥觞。

---

① (宋)郭知达编注:《九家集注杜诗》卷七《杜鹃行》注引《华阳风采录》《蜀记》。

继杜宇之后的蜀王开明氏，上天成为守昆仑之虚的开明兽。①"昆仑山"是"天下仙圣"所会治的地方，开明兽"身大类虎而九首，皆人面。"为"天兽"，"瞠视昆仑，威慑百灵"。它由守门的"天兽"又变成了管治天上九域部界和天帝苑囿的仙人"神陆吾"。袁珂先生认为这些故事是"神话仙话化之自然表现。"这是很确当的，"古蜀仙道"最初是"神话"，后来经过蜀人文化想象力的提升，变成了仙化故事。再后来道教利用了古蜀仙道这一"仙话"传说，将其进一步仙话化，岷山（包括青城山）遂成为"（昆仑）真官仙灵之所宗"。②西蜀成为道教昆仑仙宗的中心，就是这么来的。它与东边滨海的蓬莱仙宗是两个不同的系统。闻一多先生《神仙考》一文曾论证：古昆仑的神仙说，早于齐国沿海蓬莱的神仙说。也就是说，西蜀是神仙说最早起源的地方。

以上古蜀五祖的仙化故事是古蜀人仙化想象力的真实记载，是古蜀仙道文化流传的真实记录。仙字古写为僊，《说文解字》云"长生僊去"曰僊。清人段玉裁注云："仙，迁也，迁入山也"，"古以僊为仙"。③仙或僊就是迁（迁），二字同为一义。仙化就是迁化，迁来迁去，引起羽化飞升，就成了仙。一句话，迁徙活动被称为"迁"，从事迁徙活动的人则被称为"仙"，蜀人的仙化思维就是这么来的。后来道教就借用了这个"仙"字，构成了"神仙"一词，仍含有隐居山林、迁徙变化的含义，但被提升为羽化飞仙的幻化境界。例如鱼凫民本生长在成都平原上，受水患的压迫，不断迁往两水之间的高地，周围白水茫茫，人到此时最好是能像飞鸟一样"翱翔乎天路"，这个迁的过程就被想象为羽化飞仙。扬雄《蜀王本纪》说：到杜宇时代，原鱼凫部族上山学仙道而仙化的"化民"，因望帝杜宇治于汶山下的郫邑，他们又回到成都平原，成为杜宇的"化民"，故"化民往往复出"。这里的鱼凫部族"化民"就是文献记载的具有仙化想象力的第一代蜀民。他们的仙化思维特征一直在历代蜀人中得到传承。蜀人仙化的文化代表是司马

---

① 袁珂校注：《山海经校注·海内西经》，上海古籍出版社1980年版，第294页。
② 袁珂案："水经注·河水引遁甲开山图荣氏注云：'天下仙圣，治在柱州昆仑山上。'《十洲记》亦云：'（昆仑）真官仙灵之所宗，品物群生，希奇特出，皆在于此。天人济济，不可悉记。'则是神话仙话化之自然表现也。"以上见袁珂校注：《山海经校注》"山海经第十一海内西经·海内昆仑之墟"一节注。上海古籍出版社1980年版，第294、295、48页。
③ 《说文解字段注》，成都古籍书店1981年版，第407页。

相如的《大人赋》。该赋摹拟屈原的《远游》，"言神仙之事"，叙述仙人周游天地，南游祝融、东游句芒、西游弱水、流沙、昆仑、三危、西王母，北游幽都、北垠、玄阙、寒门。汉武帝"好仙道"，读了司马相如这篇赋，竟然"天子大悦，飘飘有陵云气游天地之间意。"①再看老子骑驴传授道德经，约关令尹喜千日后相遇于成都青羊肆，即今之青羊宫，这一传说也是古蜀人仙化思维的产物。严君平与支矶石的仙化传说、成都石犀寺下有海眼的故事、成都风雷振大石的故事、天涯石的故事等等，都可以看出蜀人的文化创造力，多用在仙化和幻化方面。这是蜀人流传仙道的思想基础。

总起来看，中原文化重礼化，以《诗经》为元典。南方文化重巫化，以楚文化为典型代表，以《楚辞》为元典。在南方文化系统中，巴与蜀又有所不同，巴文化重鬼化，"其俗尚鬼重巫"，丰都平都山是典型代表。蜀文化则重仙化，以古蜀仙道为代表，司马相如讲"列仙之儒"与"帝王之仙意"的《大人赋》、严君平的《老子指归》、扬雄的《太玄》、张陵《老子想尔注》是其元典。归纳起来，这是南、北文化两种系统不同的文化想象力，由此而将巴蜀文化与其他地域文化相区别开来。

（二）巴蜀考古文化与古蜀仙道

从巴蜀考古发现看，三星堆的鸟首人身青铜像、人身鸟足像以及各种鹰头杜鹃等凤鸟形象，是蜀人的羽化飞升思想的渊源。特别是金沙遗址出土的玉琮上有线刻的鸟翅人体象，这是最早的羽人。这些形象所体现的蜀人羽化飞仙的思想，正是后来道教的核心。

人与鸟结合，叫作"羽人"。羽人飞升成仙，是仙道思想的核心。道源最早就是从这里发端的，故道教特别重视"萧萧高仙，飞步太清"，就是说人要像飞鸟一样自由，才能升天成仙。如果要像飞鸟一样成仙，首先要有符图，故道教经典有《元览人鸟山形图》，主张"天帝写空中之书，以附人鸟之体"，只要"道士有此山形及书文备者，便得仙度世，游宴昆仑"。这种"附人鸟之体"有个专有名称，叫作"人鸟"。"有人之像，有鸟之形""肉身能飞""其翔似鸟，出游三界之外；其神真人，入宴三清之中，总号'人

---

① （汉）班固撰，（唐）颜师古注：《汉书》第八册卷五七下"司马相如传第二十七下"，中华书局1962年版，第2592、2600页。

鸟'"。①道教符图中的"人鸟"和"人鸟山",实际上是一种仙话化的美妙的幻想,是文化想象力和文化创造力的体现。它最早的来源,我们可以从三星堆青铜文化遗物中加以解读。

三星堆遗址出土有人身鸟爪形足人像一件,与道经"人鸟山形图"所主张和描绘的"总号人鸟"是多么地若合符契!

另有人身形铜牌饰,其背部有倒置的变形鹳鸟纹,这是道经所谓"附人鸟之体"的典型特征。特别有趣的是A型和B型铜兽面具,额正中的方孔中有一高六十八厘米的"夔龙"形额饰,与鼻梁衔接,高高竖起,如上云端。②细审之,这是铜神人像,额饰不是报告作者断定的"夔龙形",而是勾云翼形。我们知道,魂为心之灵,魄为体之灵。额顶生出勾云翼,这正是人"灵魂出窍"幻想飞升,魂魄欲从天灵盖出人体而幻化为翼鸟的形象。与此类似的,还有额头上向两边伸延的云翼鸟纹饰形象。对这些形象,联系到三星堆遗址中出土的众多鹰头杜鹃铜饰件,我们有理由联想,这就是蜀王杜宇的形象。三星堆出土的Ⅰ、Ⅱ号大青铜神树,枝上有九只鹰嘴状钩喙、尾羽镂空上翘的鸟,这是当时蜀人欲借飞鸟飞升的仙化想象力的物证。尤可注意的是小型铜树上的花朵和立鸟。立鸟为人面鸟身,头上耸立三支冠羽,如此突出冠羽,更是"肉身能飞,其翔似鸟"的真实写照。出土的神坛也是很怪异的。该神坛有四层:底层是怪兽。第二层是四个武士,可设想这也许代表着大地上武士守卫的蜀人家园,第三层有似山立,可设想这是"昆仑三丘"。最上第四层是盝顶建筑,四方四隅有四支飞鸟守卫,可设想,它代表天上的宫殿,有飞鸟神仙自由翱翔。全神殿按今天人观点作文化解读,可说是怪兽托举着蜀人的大地,蜀人则通过昆仑山上的神树,由神鸟带到天上的宫殿,变成羽化飞升的神仙,伴着仙鸟自由翱翔。最奇特的是,怪兽长有羽翅,似乎整个神坛的立人座、山形座和盝顶建筑,全部被底座的翅翼向上扬起的怪兽托起。从中可悬想古蜀人不仅要让鸟把人高举,连人所居殿堂也要托举到天上仙国中去,这正应了后来的"一人得道,鸡犬升天"的道教故事的说法。其他出土的众多铜鸟,如铜鸟A型、C型、D型、E型,皆特别突出双勾云雷纹状的鸟翼。这些数量众多的青铜鸟和青铜羽

---

① 张君房:《云笈七签》卷八〇,《符图》之《元览人鸟山行图》。
② 《三星堆祭祀坑》(四川省文物考古研究所编),文物出版社1999年版,第169、182、195页。

翅饰件形象，表明当时蜀人最崇拜飞鸟和羽翅，考古学上叫作"飞鸟崇拜"。其实，用文化学观点看，它就是把蜀人祖先想象为羽化轻身、长生久视的仙人，是具有非凡智慧，善于仰望星空，探索宇宙的"非常之人"。这种对祖先智慧想象力的崇拜，实质就是古蜀祖源文化中的"仙鸟崇拜"，这个提法应该比"飞鸟崇拜"更准确。古蜀人把对祖先的崇拜和对自然的崇拜结合在一起，形成"羽化飞仙"的观念，变成对神仙世界的信仰。闻一多先生《神仙考》一文论证古昆仑山即岷山的神仙说，早于齐国蓬莱滨海地区，可见古岷山是中国神仙说最早发源的地方。

再看成都金沙遗址出土的尖喙铜鸟，铜器和金器上较多的鸟纹图案以及各种鸟形饰。这样多的与鸟有关的器物的发现，"说明鸟当时在人们宗教信仰中占据着重要的地位"[①]，这正是羽化飞仙思想的实证。

最重要的羽化飞仙证据是金沙遗址出土的十节玉琮上的线刻羽人。根据发掘者的描述，玉琮上有四十个神面纹，其横棱上阴刻细密的平行线纹，表示羽冠。在玉琮上射的一面阴刻神人，双脚叉开，头戴羽冠，双臂并举，长袖飘逸，两臂各阴刻一上卷的羽毛形装饰。[②]对此图加以细审，实为一头戴羽冠、身生两翼的羽人形象。这个形象与三星堆遗物相比较，已突破了单纯的人与鸟结合的形象，而是较为复杂的人身直接长出羽翼的形象，这比人乘仙鸟飞升更进了一步，是后来道教"神入骨肉形的人神"观念的来源。学道之人要成仙，就必须"学仙道，长生久视，飞仙上天"[③]，并专门造出了可以"望空步虚"的"飞行羽经"。天师道的《正一经》认为这是"教人学仙"的"上古之法"。这个"上古之法"，应该就来源于玉琮羽人所体现的飞羽思想。

金沙遗址出土的太阳神鸟金箔图像，其图形是：飞旋的十二条太阳光焰，中有四只金乌（金色乌鸦）鸟绕日飞翔，而每只金乌均为三足。这一形象为《淮南子》所说："日中有三足乌"的华夏太阳神传说提供了最早的实物证明。直到汉代画像砖上才普遍出现了伏羲神腹中"日中有三足乌"的形象。世界上原始民族的太阳神崇拜大体分为人面绕光芒形象、十字架放射状形象和金乌形象三大系统。金沙遗址的太阳神鸟，证明西蜀是华夏族日神崇拜的"日中

[①] 成都市文物考古研究所、北京大学考古文博学院：《金沙淘珍》，文物出版社2002年版。
[②] 成都市文物考古研究所、北京大学考古文博学院：《金沙淘珍》，文物出版社2002年版。
[③] 《云笈七签》卷一○《老君太上虚无自然本起经》，中华书局2003年版，第177、188页。

有三足金乌"系统的起源地，在世界史上占有独特的地位，是西蜀祖先对世界值得骄傲的奉献。在金沙遗址内还出土有蟾蜍形金箔，这是月神崇拜的实物证明。《淮南子》和《论衡》均有"月中有兔、蟾蜍"的记载，月中究竟是先有兔、还是先有蟾蜍的传说发生，从唐宋以来争论了千多年，闻一多先生曾试图解决这一问题，但无法有结论。现在，三星堆、金沙遗址中有蟾蜍而无玉兔的形象，说明蟾蜍为月神象征的传说发生早于玉兔。它说明西蜀也是华夏民族的"月中有蟾蜍"的蟾魄传说最早的起源地。这两种日月神崇拜的特殊信物，在道教科仪里得到广泛应用。道教经典《思神诀》说："日者天之魂，月者地之魄，谓之神明。"应该说，上述日月神的出现，就是道教信仰的"飞奔日、月之仙"的来源，这还是仙化飞升思维模式的产物，是蜀人特殊的仙道化过程的结晶。

三星堆遗址青铜文化时代相当于殷墟中期，金沙遗址相当于殷墟晚期，距今皆在三千二百五十年以上。两个遗址出土如此丰富的体现蜀人仙道信仰和仙化思维的遗物，可见古蜀仙道早在三千二百五十年前就已诞生，它是古蜀五祖时代的特殊的宗教信仰。从三千二百五十年前古蜀仙道信仰的出现，到东汉末期汉安年间张陵创教，其间千多年古蜀仙道形成和发展的历程，正是道教的道源时期。换句话说，张陵之所以能在巴蜀创教，是因为巴蜀从相当于殷商时期的古蜀王时代始，直至东汉末，就已有长达千多年的仙道存在。它是道教创立的基础。

二、道源在蜀

道教之所以能成教，关键是在道、经、师三大要素上有系统的整合和完整的展示，故被称为"道教三宝"。"道宝"指三清诸神为中心的神仙系统信仰，"经宝"指道论、教义及其经典，如"云笈""仙经""道书""金函""玉册""神书""册书"等经籍。"师宝"指经师道士组织系统及科仪、经忏、宫观等宗教仪式。张陵在大邑鹤鸣山学仙创道，在青城山建"二十四治"教团组织似布道，主要工作就是对道教三宝加以系统化和整合化，从而形成"天师道"。在"师宝"方面，他以成都平原为中心，以天师、嗣师、系师传授系统，建立了二十四治，后来扩展为二十八治、加八治、四别治、八游治、八配治、二十四正治等众多的教区组织，道教获得了宫观载体和传播信仰的阵地。在"道宝"方面，则主要是建立"三清"诸神为核心的各路神仙系统，其中主要是以昆仑山西王母信仰为特色，以神化和仙化老子为核心。在"经宝"方面则主要是把道家学说由人学改造成为神学，主要是对道德经的改造，张陵的《老子想尔注》学习严君平的《老子指归》，成为将人学的道德经神学化、仙学化的集大成的奠基之作。

以上道、经、师三方面都各有其复杂的、多元的渊源。但从上述分析，我们不难看出仙学和仙道是多元化道源的核心部分，而古蜀仙道则对道源的核心内涵做出了突出的贡献。它是道教得以创立的理论基础和组织基础，为道教提供了丰富的思想养料和宗教组织资源。

葛洪《神仙传》说：张陵"闻蜀人多纯厚，易可教化，且多名山，乃与弟子入蜀住鹤鸣山，著作道书二十四篇"，这是创立"正一盟威之道"的思想基础和组织基础。"多纯厚"，是说蜀人信仰纯粹，信仰的主要内容是上述的仙化思想和仙道信仰。"易可教化"，是说蜀人早有"随王化去"和"随王复出"的"化民"教育。"多名山"则为"列仙之儒"提供了隐居山林的载体。宋代在简州逍遥山石室发现的汉代石刻碑，有题词："汉安元年四月十八日会仙友"，表明东汉末期蜀中仙道活动已相当发达，学道之人已有"仙友"的称呼，集会活动已有"仙集"的名称，集会地点在名山石室，学仙在隐居山林，这是道教洞天的雏形。汉安元年是汉顺帝年号，在公元140年，正值张陵创教期间。这种仙集留题活动是直接承袭古蜀"化民"活动而来的。张陵是利用了蜀中仙道早已有之的组织和活动而创教的，至为明显。正因为巴蜀具有这样优越的自然条件和历史条件，又有悠久的仙学历史渊源，才能发展出五斗米道、天师道，成为道教产生的正源。而中原、齐鲁的太平道却昙花一现，很难成为恒久的宗教。其主要原因，不能不说同西蜀仙道的广泛传布有着不可分离的紧密关系。

道教初创，核心是教论和教义即经典要神化和仙化。道教经典分为道学、神学和仙学三部分。道学指道家学说，被道教加以神学化。神学指道教诸神信仰，但如没有独到的教论、教义，诸神信仰也就缺乏支撑。因此，仙学就成为既不同于道家，又不同于道教，既融于道家又融于道教的特有之学，特别是土生土长，在蜀中流传千年以上的仙学，就成为连接道家和道教、道学和神学的纽带、核心和灵魂。因此，仙学就成为最高层的经典，它统率道学和神学，其始源来自于古蜀五祖的仙道，而将古蜀仙道整合，提升为古蜀仙学理论的奠基者则是西汉成都严君平。他最先引庄入老，最先以道德、南华二经并称，其仙学理论的代表作是《老子指归》。在《老子》一书里，未涉及仙人之事。《庄子》提出了"去而上仙，乘彼白云，至于帝乡"的理念，有了"圣人鹑居、鸟行、白云、帝乡、逍遥"等观念，有了仙人、神人、真人、圣人、贤人等概念，但还缺乏系统的仙道观念。而严君平《老子指归》一书则在"太上之象，莫高乎道德"之外，明确提出了"神明""太和""天地""阴阳"等理念，这是将老子庄子神明仙化尚未有明晰系统的思想加以了仙学化，为"神仙"信仰观念的理论化奠定了初步基础。

他的弟子扬雄和班嗣修老庄之术。尤其是扬雄的《太玄经》，虽然是儒家经典著作，但其中也化入了古蜀仙道的玄冥倾向，是承继其师严君平之学并将《老子指归》进一步玄冥化的里程碑之作。鲍照说他的《太玄经》是"良遮神明游，岂伊覃思作"，是"爱清爱静，游神之庭"（《汉书·扬雄传》）写出来的。因此之故，扬雄又被称为玄冥大师。这种与神明游、玄冥清静、游神之庭的性灵和思维，正是蜀人仙化思维传统的体现。

特别需要指出的是，《太玄》的天地人三生、三才、三玄的本体论，是儒家的本体论，但它也是会通儒、道为一家，体现优秀传统文化"中和""融通"精神的代表作。因此《太玄》也是道经"三一说"的指导思想和理论依据。扬雄主张天、地、人三玄，三玄又各分为三，共为"九天"，象征万物消长的过程。它成为道经"九天"说的来源。扬雄的《太玄》也不同于老子讲的"道"，老子讲的是"道生一，一生二，二生三，三生万物，万物负阴而抱阳，冲气以为和"。老子重视的是"一"，"一"是万物始基，这是始源一元化的思维模式。而《易经》的"太极生两仪，两仪生四象，四象生八卦"则是始源为阴阳两极对抗的二元化思维模式。扬雄则不同，他主张"天地奠位，神明通气，有一有二有三"（扬雄《太玄经》）。他认为"三"才是万物的始基，因而创出了以天、地、人三才为内核的"太玄"，这是主张始源为"三"的多元一体思维模式。这个"三"为特征的宇宙本体论是对老子的"道"和易经的"太极"的扬弃。张陵的"想尔注"正是承袭了这一思想，但他更发展了扬雄神学化的一面，而抛弃了扬雄重儒家人伦而非神学化的一面。道教吸收"太玄"思想成为"三一重玄之绪"的"三一"之法（扬雄《太玄经》）。唐代"重玄派"代表人物蜀人李荣《道德经注》将老子解为："寄名为一，一不自一，由三故一。三不自三，由一故三。由一故三，三是一三。由三故一，一是三一。"就明显是太玄思想的神学化、道教化。

到东汉末年，张陵著《老子想尔注》，是对严君平《老子指归》和扬雄《太玄》思想的逻辑发展。道经上说张陵鹤鸣山学道并著作道书，应该指的是从老子《道德经》到严君平《指归》再到扬雄《太玄》的蜀中之道。张陵《老子想尔注》就是在这些"蜀中之道"的基础上，将老子由人学改造成为神学的集大成之作。《道教》这个名词的创造，就是张陵在《想尔注》中第一次提出来的。张陵"天师道"（正一道）属符箓派的代表，应该说是符箓派最先采用古蜀仙道及其符箓行气导引成仙理论。仙学最先在符箓派中发展起来。后来丹鼎派也利用仙学成果发展出丹鼎药饵仙道，两大学派互相交叉融合，仙学遂成为道教的主体和核心。

蒙文通先生说："古之仙道，大别为三，行气、药饵、宝精，三者而已也。"①仙道三派的交叉和融合，促成道教成为系统化的宗教。而巴蜀在元代以前则始终是符箓派仙学的中心。蜀之王子乔、李八百、彭祖、李阿、涉正、栾巴、蔡长孺、徐季道、范豺、郭志生、于满川、宋文才等成仙故事，多是羽化飞仙思想的产物。飞仙羽人成为道教的核心观念，这是古蜀仙道对道教文化最为特殊和伟大的贡献。②

三、儒学源蜀

（一）原始儒学始祖大禹

中华传统文化以儒、释、道为主干，三学各有根柢。其根柢与源头皆同巴蜀有关。关于儒学与道学的源头，谢无量先生在1913年所著《蜀学原始论》③认为："国人数千年崇戴为教宗者，惟儒，惟道，其实皆蜀人所创。""儒之学蜀人所创。其最古经典，蜀人所传。"他特别指出："原始儒学"为"禹创"。"儒家者流，明尊卑贵贱之等，叙仁义礼智之德，察于吉凶祸福之乡，称天以为治，其原盖出于禹。河出图，洛出书，圣人则之，伏羲因河图画卦，禹受洛书，乃制《洪范》。《洪范》于人事详已，儒者所法，故禹纯然儒学之

---

① 蒙文通：《晚周仙道分三派考》，《蒙文通文集》第二册《诸子甄微》，巴蜀书社2015年版，第99~104页。
② 本节主要内容来源于谭继和《道源：古蜀仙道》，台湾义守大学《人文与社会学报》，2006年第一卷第9期。
③ 四川国学院《国学杂志》第六号（1913年刊行），后载中央文史研究馆馆员文选《崇文集》，中华书局1999年版，第230~234页。

祖。""（夏）连山（殷）归藏（周）周易曰三易，《连山》禹制之。"此百年前无量先生宏论，诚为卓见，独放异彩，历时虽久，弥延犹光。前已论证，兴于西羌的大禹是蜀人，他所率领的夏后氏部族是国家文明的创造者。中国国家文明的起源特征是礼治，礼治就是儒家政治伦理思想的核心，所以，大禹就是原始儒学礼制与礼治文明的创立者，这里谨从儒思（儒的思想渊源）与儒行（儒的制度行仪渊源）两方面来论证。

第一，儒思源禹。儒学的社会人伦观核心是仁与礼，儒学的哲学思想基础是"五行"。当然，大禹时代还没有这么完备的儒家观念，但大禹的五行思想是继承原史时代先民的阴阳对立观念来的，确是原始儒学的渊源。"初一曰五行"，"五行"是"洪范九畴"即"天道大法九类"的第一类，这是大禹创立的洪范，是儒学理论基础的源头。

《洪范》的洪是宏大之意，范是法式之意，洪范即根本大法，它包括九类大法，叫"九畴"。（注：释诂"畴为类者"）（见孙星衍注：《尚书今古文注疏》）。据考证，《尚书·洪范》中讲"九畴""初一曰五行"一段共有六十五字是大禹《洛书》的原文。据传说：禹得天赐《洪范九畴》，传于箕子，箕子向武王转述，就是今天《尚书》中的《洪范》篇，也就是"河图、洛书"中的"洛书"。"洪范九畴"以五行为首，儒家的"五行"即最早见于此。"五行"据郑康成注是"顺天行气"之意（见永乐大典·鉴字部：郑康成曰：行者顺天行气者），是古人顺应天时地利，重农事水利而形成的实践经验，上升成为天地阴阳的宇宙观，这是儒家五行思想的来源。箕子向武王说："我闻在昔，鲧堙洪水，汨陈其五行，帝乃震怒，不畀洪范九畴，彝伦攸斁。"水之性是自然流行，鲧采用堵塞之法是失水之本性，故天帝"乃震动其威怒，不与天道大法九类"（郑康成注），而禹对水采取疏导的办法，顺应水的本性，故天帝赐予禹"洪范九畴"，即"天道大法九类"。由上述传说，我们可以知道，儒家的五行说，最早是从大禹治水的经验中总结出来的。

大禹一生致力于治水。"岷山导江，东别为沱"，是大禹先在岷山疏导岷江，形成了崇尚自然因地制宜、因势利导的理念，创造了一套"东别为沱"的治水方法而后扩及九州的，故大禹讲"五行"顺序是水、火、木、金、土，以水为五行之首。

"洪范九畴"实质就是以水为五行之首，水为文明之母，文明伴水而生，故水是第一位的人类文明。后来蜀中继承大禹治水经验智慧遗产的李冰，把大禹"水"为文明之首的观念,发展成为"珍水万世焉"的生态文明理念,这是大禹奠定的"五行"蜀水为首文脉和基因发展的结晶,至今仍有万世不灭的永恒价值。由上可知,大禹确是原始儒学的先驱,其五行思想是儒学的源头。

1993年湖北荆门出土郭店楚简中有"天一生水"的记述。"天一生水"就是夏禹创立的观念。《易系辞》说:"阴阳谓天地。天一地二,天三地四,天五地六,天七地八,天九地十。"《月令》疏引郑康成注云:'天一生水于北,地二生火于南,天三生木于东,地四生金于西,天五生土于中。……故其次如此。'这里"五行"的顺序就是以水为首,"天一生水"是儒家早期的观念。曾运乾《尚书正读》云:"水火木金土,言其序也。"这是大禹"洪范"中的五行观念。到汉代就衍变为"金木水火土"的顺序了。故《白虎通·五行篇》说:"五行金木水火土,为人所用也。"以"金"为首,是禁忌观念重于疏导观念的体现:"金在西方。西方者,阴始起,万物禁止,金之为言禁也。"而以"水"为首则是上善为水,顺水之性,因势利导,疏导胜于防堵的涵养观念在先的体现:"水位在北方。北方者,阴气在黄泉之下,在养万物,水之为言准也。养物平均,有准则也。"五行顺序由水为首衍变到以金为首,是儒家统治观念变化的结果。但其渊源于"天一生水",来自于蜀人大禹,则是可以断定的。

第二,儒行源蜀。从儒行角度考察,大禹是最早的儒家,是原儒德行的实践者。儒字作"需",最早见于甲骨文的有三十余条,本义为"濡",其字"象人沐浴濡身之形",是戴冠冕、穿宽袍大袖、祭祀时沐浴更衣、掌握礼制的人的形象。① "儒有澡身而浴德"(《礼记·德行》),"澡身"是沐浴之意,浴德是斋戒之意。"儒"最早就渊源于掌握斋戒沐浴祭祀礼节的巫司,在殷商时代已是一个特殊知识精英阶层,甲骨文中有作为人名的"子儒"(为殷子姓王室主持祭祀祖先典礼的祭师),有作为普通名词称呼的"丘儒"(掌管以"丘"为名的村社单位事务的祭师),"师儒"(儒官之长称为儒师),"儒人"(以儒为职业的一般儒者)。斋戒沐浴为人主持相礼、祭祖事神、办丧事当司仪的人,就被称为"儒"。甲骨文中这么多种儒身份的出现,证明殷商时期已经出现以"儒"为职业的社会阶层,殷代已"有一个教阶、教区的宗

---

① 以上关于"儒"的甲骨文考证,参见徐中舒《论甲骨文中所见的儒》一文,《四川大学学报》1975年第4期,后收入《徐中舒历史论文选辑》,中华书局1998年版,第1216~1231页。

教组织"。殷代的"儒"阶层是起源于夏的，大禹治水斋戒沐浴祭礼敬神就是最早的儒。大禹是第一个儒师。它渊源于夏代大禹治水时的一套礼仪行为规范，貌、言、视、听、思都要中规中矩，睿智聪明，这就是儒者的形象。只有这样懂礼制、习礼仪、戴冠冕、掌握祭祀典礼的人，才能从事神圣的祭祀活动。所以，"儒"就是最早源于礼制文明的阶层，也是后来儒家的主要特色，故儒家作为学术和学派，其宗旨首重"礼"字。儒这个特殊阶层从夏代开始，到商周更发展成为一个特殊集团。儒在殷周时已普遍存在，孔子就是春秋时代习礼的儒师，故他自己认为"吾与禹无间然也"，就是心灵相通，能继承大禹，把大禹的原始儒学提升和创立为儒家学派。

洪范九畴中第一大法是五行，第二大法是"敬用五事"。"敬"一作"羞"。羞字从羊省，敬字也从羊省。羞即肴馔，用尊贵的肴馔以示敬意，这是儒家最基本的礼节，故叫作"敬用五事以顺五行"。"五事"指貌、言、视、听、思。貌指"行步中矩，折旋中规，立则磬折，拱则抱鼓"，故貌要恭。言则从众，视则要明，听则要聪，思则要睿智。作为儒就要有这种大道容众、大德容下的气魄。这样的"儒"就可以成为圣者。

大禹在《洪范》中所要求的"敬用五事"的形象，实际上就是儒者的形象。儒者的第一要义是沐浴斋戒，有敬重姣好的德言视听思的形象，才能从事神圣的祭祀活动。这一套祭祀礼仪是从大禹"洪范九畴"开始的，这是夏代儒者的形象，传承到殷商时期就变为甲骨文所显示的儒者了。这就是儒家特有的言行端貌的来源，它衍变为儒者的固定形象，后世遂有"儒士""儒师""儒人"的专称。因为礼仪的高下，后世又有"通儒"与"俗儒"的区别。其行为高尚者称为"儒圣""儒师""儒士"，其行为低下如冬烘先生者则被称为"俗儒""陋儒""腐儒"。由此观之，孔子的儒家是在夏、殷、周"儒"的深厚渊源和基础上才创立起来的。正是夏、殷、周的儒在德、行、思三方面都建树起一套独具特色的规范，才有孔子儒家的创立。

由上述"儒"的思想和行为两方面的论述，可知原始儒学源于蜀，禹是最早的儒者，为儒学之祖，原始儒经——《洪范九畴》为蜀人所传。结合"天数在蜀""易学在蜀"等特点看，大禹是兴于西羌的蜀人，故蜀人为儒学和儒家做出了开源性的贡献。

（二）蜀学渊源及其特征

蜀学是以儒源为孕育根系，以地域土著学术为土壤，以中原儒学为范式，学习中原儒学，持续不断地践行创新性地域转型和转化，融入中华一脉多元的儒学正统而发展成长起来的巴蜀地域学问。"蜀学比于齐鲁"是汉晋时代首先提出来的学术概念。它指的是文翁兴学，蜀中学士学习京师儒经，以"蜀解儒经"的地域特色，可与齐鲁比肩发展的学问。所以，"蜀学"这个名词，最初是指中原儒学为主流的蜀中地域学问。这是狭义上讲。如从广义上讲，蜀学则是巴蜀地域文化凝魂聚力的精神内核，是巴蜀文化的学术体系、知识体系和价值观体系的总汇。其源头可上溯到夏代大禹以来的儒源和蜀中的土著之学，主要是阴阳、五行、卜筮、历算、辞赋、黄老、仙学、道学等本土学问（此为蒙文通先生的观点）。到汉武以后，"文翁倡其教，相如为之师"，蜀士学于京师博士，本土学问与中原儒学相结合，蜀学遂成为"通儒"之学。其内涵：形而上是指以儒为本，兼容道释，直通诸子百家。形而下则是六艺百科、琴棋书画，这就是蜀学发生和发展的文脉。从汉唐到宋明，再到近代，蜀学经过了三次创新性转化和转型，遂成就为国学中一道光芒四射、影响不凡，甚至"冠天下而垂无穷"（宋人吕陶《经史阁记》语）的巴蜀地域特色文化的闪亮彩虹。

从易、道、儒学元典诞生的逻辑进程来看，蜀学的文化源头，与中华文献元典兴起、传播和发展的学术源头有关。中华传统文化的主干是儒释道三学，三学元典的形成顺序和构成过程是次第出现的。在中华民族传统学术源头发生史上，其主要脉络遵循易→道→儒→释的文脉基因和发展线索。[①]蜀学也是沿袭这个元典文脉发展的。

中华元典文化发生的第一个源头是易学。易学是从原始时代到历史时代先民智慧的结晶，是伏羲以来将结绳记事衍变成为"八卦"以阴阳为核心的抽象思维图像与数字文化符号的产物。原史时代先民的易经智慧经过后来解易派的各种文化解读，形成几千年中华思维的精神生产范式和学术脉传基因，故被称为"三玄之冠，五经之首"。

第二个源头是"道"，道之源在"易"。"道"学根据易理哲学思想，提出了"无为而治"的"以民为本"的社会治理模式。"道"与"德"相结合，是由两个分立字的单个文化因子合而为一个文化基因的长过程，最初称为"德

---

① 杨超同志《老子道德经与中华民族优秀文化传统》及《东西文化的比较研究概要》，其首创观点是"中华民族优秀文化传统的主要线索是易、道、儒"。转引自谭继和《百年学术现代化转型大波中的弄潮儿——杨超对中华文化探源的十个贡献》，向嘉贵、谭继和主编：《百年杨超——杨超百年诞辰纪念文集》（下册），四川人民出版社2011年版，第369~371页。

道经"，马王堆汉墓帛书《老子》结构，即是"德经"在前，"道经"在后，这是道家元典的原生态面貌。后来，对"道"的阐释与解读越来越丰富而多元，道家与道教把它分为下列六教：一是对人与自然的关系的解读分为崇尚自然、上善若水的"自然之教"与遵道贵德、重生贵和的"正真之教"；二是对人与社会关系的阐释分为关爱人生、还淳返朴的"返俗之教"与慈俭不争、有利众生的"训世之教"；三是对人生价值、终极价值阐释分为存思守一、生生不息的"神明之教"与羽化飞仙、浪漫理想的"飞升之教"。总起来说，一个"道"字包含归纳为尊重自然、清静无为、重生贵命、贵和返朴的明晰主题，简约为"道生一，一生二，二生三，三生万物"的最高哲理，这是中华文化思维对人类命运与大自然共同体的思考最早给出的了不起的新诠释与新答案。①正因为对起源于道路的"道"的哲思内涵越来越丰富深刻的文化解读，逐步将"道"字放在了"德"字前头，遂称为"道德"，并以"道德"名"经"。从此，道德成为中华民族终极价值观的最高要求与中华文明的最佳术语，《道德经》则成为中华学术的核心话语体系之一。

第三个源头是儒学和儒家。儒学是继道家之后产生的。大禹国家文明创立时代，需要国家治理和社会治理的学说，这便是儒。而不再是需要适应于"小国寡民"、小邦小民时代要求的道家。道家作为治理思想，就只有退居于次要地位了。"道"是"无为而治"的时代产物，儒是"依仁而治"时代的产物。

由于儒具有针对国家社会家庭治理的特点，遂使儒家成为以儒经为本，贯道释，通百家，兼综百科，表为六艺的形而上学与形而下学相结合，家国同构相结合的开放性、吸纳性体系。这个体系既善于与其他系统互学互鉴，兼容并包，又善于坚持"三省"自律，与时偕行，与时俱新，并能以孔子为"圣之时者"的典范，因而获得中华文化儒释道三学主干的主体地位。

汉唐时期是中华儒学经典法典化，注疏义理学术化，文庙孔学制度化时期。在这个时期，蜀学进入新阶段，文翁遣蜀人学习京师儒学，"通儒"司马相如、"西道孔子"扬雄"为之师"的"蜀解儒经"，给七经以"新的今文经学为主的不慕道德，而贵慕权势"，兼重文史，以"文辞显于世"，"文章冠天下"蜀人思维特征的文化解读。唐宋是儒释道三学三教紧密融合，互相借鉴、互相吸纳的新转型时期，儒家的理学，道教的仙学，佛教的禅学三学互相

---

① 谭继和：《仙源圣迹》序言，巴蜀书社2008年版，第1页。

激荡交流合作而并成为中华传统文化的三大主干。蜀学对汉唐儒学的法典化和唐宋的三教三学会通化，都做出了自己独特的贡献。两宋蜀学以苏轼为代表形成与关学、洛学、新学并驾齐驱的蜀学学派，对宋明理学向心学的转化做出了重大贡献。明清时期以明杨升庵、清刘沅为代表的蜀学对儒家心学与新心学做出了新贡献。清代尊经书院为标志的蜀学，是蜀学向近代化形态转型阶段。近百年来是蜀学走向现代化的阶段。总之，蜀学其源远而流长。从形成、发展、衍变、转型，直到现代化，自成体系，从未失其根柢；又能长葆地域特色，自有异彩，新质旧因，变动不居。

总体来看，蜀学有五大特征：一是心向中原，心向儒化中国，以蜀解儒学，贯释道，通百家为特点。二是蜀学自古迄今多"以文辞显于世"，"文章冠天下"，各时代多出"文学"，复出文坛领袖。三是以通儒之学为主，文史并重，兼综百家。晋、唐、宋时期史学尤隆于蜀。四是今古并举，犹重今文经学宏观、统体、会通思维。五是地域文化互学互鉴互融。

四、菩萨在蜀

（一）从"菩萨在蜀"的故事说起

"菩萨在蜀"是发生在唐代剑南道梓州通泉县寻菩萨的故事。一群巴蜀商人到山西五台山去拜菩萨，路上遇到一个头陀告诉他们："菩萨在蜀，你们何必舍近求远？"要他们回蜀中到灵鹫寺去找一位老和尚，他就是活菩萨。这些商人来到梓州（今射洪）灵鹫山灵鹫寺，果然见到一个菩萨在前面走，但这群人始终追不上，最后眼见菩萨走进山岩，但只看见山岩石壁上有菩萨的影子。也许这个影子就是山岩石刻的佛像。这个故事正好用来说明巴蜀禅学的独到特色：独拜菩萨，慈悲化物，利益众生，顿渐随缘，南北兼容，心性合一，佛在心中。这是巴蜀禅宗的独到特色，它是在佛教中国化过程中形成的。巴蜀作为南传佛教和北传佛教的会通交汇地，具有南北兼容的地理特色，故它能交汇兼容"北宗渐修"与"南宗顿悟"，形成顿渐随缘、"空有兼遣"、"虚实两忘"、南北会通的独到特点。因此，唐宋以来，巴蜀一直是中国禅宗会通发展的一个重要中心，向有"言蜀者不可不知禅，言禅者犹不可不知蜀"之说（贾题韬先生语）。①

---

① 贾题韬：《巴蜀禅灯录》序，成都出版社1992年版，第1页。

（二）禅宗是佛教中国化的最大标志

习近平总书记指出："中国人根据中华文化发展了佛教思想，形成了独特的佛教理论。"中国化的禅宗禅学就是"独特的佛教理论"，"中国固有文化，产生了简单又深刻、活泼泼的禅宗"（贾题韬先生语）。[①]佛教术语所用"禅"字是一个源自天竺语的译音词，译音时选用了汉语中音义略微相近的"禅"字。佛教术语"禅"，其梵语本字为DHyana，音译成汉语为"禅那"，逐渐简化为"禅"，读音为chan，也有将DUyana意译为"思维修""弃恶""静虑"，再引申则泛指与佛教有关的事物。从学术上看，禅学是禅观学与般若学的总汇。禅观学指"戒、定、慧"，重在"定"，般若学指大智慧、重在"慧"。从宗教视角看，与禅学相关联的教派是"禅宗"。禅宗，最初专修面壁禅定为主的禅法，由菩提达摩来华传授。六祖慧能开始，禅宗转化为修辞完全中国化的心法——"前念迷即凡夫，后念悟即佛；前念著境即烦恼，后念离境即菩提"，"悟此法者，即是无念无忆无著，不起诳妄，用自真如性，以智能观照。于一切法，不取不舍，即是见性成佛"。巴蜀禅系要义即"不分南北，修悟并重，顿渐随缘"。

（三）巴蜀禅系的奠基人：玄奘

巴蜀禅宗思想的形成始于玄奘，巴蜀禅系形成的前提也是玄奘奠定的。玄奘是法相唯识宗的开山祖师，是中国佛教史上由印度佛教根本二部北传中国并逐渐向中国化佛教转折的重要时期承前启后的代表人物。他既是印度正统佛教的继承者，又是中国化的佛教传统成就最大的学者。他不仅是一个纯粹的佛教徒，而且是中国的、东方的、世界的第一流思想家，杰出的翻译家和旅行家，是一个伟大的炼狱式的爱国主义者，是沟通中印文化最成功的使者，是我国同南亚诸国友好往来和文化交流的象征。

玄奘八岁即由其父教授《孝经》，读至"曾子闻师命避席"一节，小小年纪竟知道起立整襟受父训。他从小养成了"备通经典"的学风，十一岁往洛阳净土寺，依靠在该寺出家的二兄披剃为童子僧，习诵经书。十三岁就立大志向，"意欲远绍如来，近光佛法"，破格录入僧籍，由官府授予度牒。当时考官大理寺卿郑善果赞许他"风骨难得""必为释门伟器"。[②]在他十八岁时

[①] 贾题韬：《巴蜀禅灯录》序，成都出版社1992年版，第1页。
[②] 慧立、彦悰：《大慈恩寺三藏法师传》，中华书局1982年版。

来成都受具足戒，在成都学律求学长达五年，为他成就为以唯识为主，综窍名实、兼容百宗、谙习经律论三藏的百科全书式的学者奠定了初步基础，故《西游记》根据俗称，叫他"唐三藏"。在成都，他"敬习寸阴，励精无怠，二三年间究通诸部"，"五篇七聚之宗，一遍斯得。益部经论，研综既穷"，他把成都能找到的经律论都找来学完了仍不满足，"更思入京，询问殊旨"。在成都培育出来的求知欲、学问欲和穷根究底、不信陈言、断绝荧惑的精神，终其一生，是玄奘醉心学术的基本功力之一。对佛法的信仰，使他学问日益精深，"钩深致远，开微发覆，众所不至，独悟于幽奥"。到成都的第五年，玄奘负笈远游荆州、相州、赵州，直至长安大觉寺。他的学问受到当时"道振神州、声誉海外"的法常、僧辨二大德的高度赞誉，"汝可为佛门千里驹"，可见对玄奘期许之高。"千里驹"这个称谓，其实就是对玄奘法号的解读。"玄"指玄门，"奘"指壮大的驵（牡）马，"玄奘"二字含义就是"千里马"。

玄奘又号三藏法师。他从小受《摄论》有宗的教育，而后通过在成都五年的学习，会通三藏。"三藏"之名是在游学印度时得到的。玄奘以一个"摩诃脂那"（大中国）外国人成为当时印度高僧正法藏戒贤的高足，取得"三藏"这个当时印度最大佛寺的荣誉职衔，是不容易的。因来自唐朝，又被称为"唐三藏"，或"唐僧"。这是西域与印度对玄奘的敬称。在印度和西域，玄奘"声振葱岭，名流八国"，被"诸先达英杰"推为"天纵之才"。《西游记》小说中描写玄奘是十世童男出生，路上历尽八十一难，是对他十一岁为童子僧，求法西行历史的浪漫化和神话化。

巴蜀文治教化传统与和谐包容、大德云集的佛学环境，为青年玄奘的成长提供了肥沃的土壤。隋代和唐初益州的寺院和自由讲论的佛学修习文化的兴盛，吸引玄奘来成都并为他提供了问难求教的佳好学习环境。巴蜀是佛教传入最早的地区之一，地处佛教南北传的陆路枢纽，佛寺曾几度兴盛。隋朝成都的崇佛之风是蜀王杨秀带动起来的。他的妃子王氏佐助信相尼，舍宅为寺，建信相院，即今天的文殊院。蜀王秀于隋开皇十七年十月十二日亲自为美人董氏写的《墓志铭》说：董氏的祖父叫"佛子"，全家信佛。这是成都佛风甚炽的证据。近年杜甫草堂遗址出土武则天垂拱三年（687）《正觉寺行感法师墓志铭》，虽是玄奘逝世二十七年后所刻，也透露了隋唐时期成都佛寺和合安乐、安禅开悟、环境轻松自由的消息。该铭文说：行感法师"深理大乘义趣，兼览儒书"，"常在安闲之处安禅独坐"，"暗室开悟，迷方吸引"，说明唐初成都佛寺兼习大小乘，兼容儒道的环境氛围。

玄奘面对的就是这样的佛学环境。在东西两京残破，"天下饥乱"之时，"唯蜀中丰静"，玄奘与其二哥入蜀是明智的选择。两兄弟在成都开讲席，"讲座之下常数百人"，他俩以"理智宏才"很快成为诸大德中的佼佼者，"吴、蜀、荆、楚无不知闻"。玄奘二兄长捷在成都空慧寺宣讲内外学及《涅槃经》《摄论》《阿毗昙》，兼通书传，尤善老庄，"为蜀人所慕"，说明蜀人对包容大乘空有二宗、圆通儒道释的学者的仰慕，少门户之见，多研习之风，佛学环境特别宽松。

当时的成都聚集了四方的高僧大德，实际上是南北各宗派佛学交融的大都会，为玄奘"转益多师"，融汇各种学问提供了优越的条件。玄奘一生的治学态度，是"名贤胜友，大小乘宗，备悉咨询"。成都五年，玄奘从道基大师学《毗昙》，从宝暹学《摄论》、从道震学《迦延》（即《发智论》），从慧景学《摄论》《毗昙》与《心经》。慧景既是他的佛学启蒙师，也是奠定他一生以唯识为核心、以论藏为基础、以三藏为通学的学问的深造导师。玄奘在成都两三年就"究通诸部"，到第五年受具足戒时，已是博学通识。

玄奘在成都还有个学习《心经》的故事："初，法师在蜀，见一病人，身疮臭秽，衣服被污，悯将向寺，施与衣服饮食。病者惭愧，乃授法师此经（心经），因常诵习。至沙河间，逢诸恶鬼，奇状异类，绕人前后，虽念观音不得全去，即诵此经，发声皆散。在危获济，实所凭焉。"这个故事与成都百花潭的故事很相近。百花潭故事说浣花夫人见僧衣臭秽，身生疥疮，立即为之清洗，每洗一下秽处即现莲花一朵，僧衣洗净即成百花潭。由此可以联想到成都确多僧尼化度的优美故事，玄奘为成都留下了一段宝贵的文化资料。特别是《般若心经》，在隋唐之际能在巴蜀流传，玄奘后来立志重译心经，这对巴蜀有重要影响。玄奘一生学术的"套路"，实际上是从成都奠定大乘有宗的基础开始的。《摄论》即《摄大乘论》，属于大乘有宗论藏，是摄论宗、法相宗的经典。《毗昙》是大、小乘论藏的通名，特指小乘藏，也是小乘毗昙宗和法相宗的经典。玄奘创"法相宗"（"唯识宗"），就是以这些经典为内涵和基础。

玄奘的学问是从有宗的《摄论》开始的，兼习大小乘，特宗大乘一切有部。兼修三藏，又特重论藏。应该说，摄大乘之根系，实为玄奘学术发轫之所祈望的结穴处。玄奘读到摄论时就已有两个译本，有不同的讲法。义理与文字也不同，到成都与诸大德讨论，也得不到确解，反起疑窦。这才激发起西行求真经的欲望。到天竺后，又见《摄论》两个注释本，才知道中国两个译本异义的缘故。

由上述情况观之，成都也可以说是玄奘法相唯识之学发蒙的地方，也是其佛学百科体系奠定基础的地方。

玄奘时期禅宗还没有正式形成，但玄奘对巴蜀禅学、禅宗、禅系的形成有奠基性的贡献，主要体现在下列四方面：

第一，玄奘在巴蜀促进《心经》的传播，对巴蜀禅系的"空有兼遣""空有迭用""不空不有""虚实两忘"，调节空宗和有宗两派谐合，起了思想奠基的作用。玄奘之学核心是唯识论，主要的特征是会通。他在印度著《会宗论》就是会通各宗的尝试。玄奘做了四大会通工作：一是合大乘二宗；二是合大小乘；三是合众宗派；四是佛学合婆罗门教。这种会通学问，玄奘是在蜀中奠定的初步基础。

玄奘以会宗百家的思维方式，推动禅宗的中国化。其译述则是中国化禅宗出现的催生剂，也是巴蜀禅学转型的内在动力，并深刻影响和浸润于巴蜀学术与文学艺术发展的方方面面。

玄奘在那烂陀寺所著的《会宗论》是玄奘研究思维转型的鲜明标志。玄奘论"唯识"，认为：佛学当从"正知见"始，"正知见"当从原典始，原典当从真本始，真本当从译述始。这同儒家主张元典为重的研究方法是一脉相承的。玄奘的"唯识学"中国化成就，成为中国化禅学的根和魂。

第二，玄奘的译经活动，也包含着巴蜀法师的奉献。参与译经活动的证义大师十二人中，有蜀中法师二人：绵州振音寺沙门敬明、益州多宝寺沙门道因。缀文大师九人中，有简州福聚寺沙门静迈一人。玄奘所译《般若多罗密多心经》，至今广泛流传于蜀中。

玄奘的译述，主张音译加意译，是重梵典的原文而加以会通意译，是用中国风格的译法译出梵文的神韵。这是既不同于道安主张的直译法，反对纯粹意译的"葡萄酒被水"法；又不同于鸠摩罗什倡议的论藏意译法，而是意译加音译的译述风格，传承至今，成为佛经翻译学上的最高成就。他重"会宗"的学术思想，则是"会通"型的儒家今文经学的传统的浸染。

第三，玄奘《大唐西域记》记述的各种见闻，深刻影响了佛教绘事与石刻艺术。五代前后蜀时期画家赵忠义在大慈寺正门北墙画有《西域记》一铺壁画，是直接以玄奘《西域记》为题材的。

第四，玄奘新译经书成果，促进了益州雕版事业的发展。

玄奘抄写的经书，在宋灭后蜀后，即成为雕印"开宝藏"底本的来源。成都雕印"开宝藏"是我国第一部雕印佛藏。①

（四）巴蜀禅系的开创者：智诜

智诜（609～720）是五祖东山弘忍的十一大徒弟之一，与六祖南宗慧能和北宗神秀是师兄弟。慧能创立南宗，主顿悟。神秀创立北宗，主渐修。南宗胜过北宗，慧能遂成为中国禅宗的创立者，从达摩为初祖算起，为第六代，故称六祖。

智诜是蜀人，获得朝廷赐赠的达摩袈裟后，回归故乡资中德纯寺隐居。他主张把南、北二宗会通为一，"别开一宗"。智诜下传唐和尚处寂，处寂传净众无相，无相传保唐无住，创立净众——保唐禅系，后人称为"剑南保唐禅系"，今学者称为"巴蜀禅系"。

其特征是重人间，重践行，顿渐兼容，随缘会通，兼容南北，综会三教、即南即北，非南非北。这个特征同"巴蜀文化"的总特征是一致的。

（五）巴蜀禅宗向生活化转型的推动者：无相

无相（684～762）是新罗王子，出于对智诜的崇仰，也出于对达摩袈裟的追寻才不远千里，跋山涉水到资中德纯寺参谒智诜，处寂，拜之为师。俗称金和尚，他燃指为灯以见处寂，在成都修建大慈、净众、菩提等寺，净众保唐禅系中心由资州转向成都是从他开始的，故称净众保唐系。他的禅法指要在六个字"无忆、无念、莫妄"，此六字乃戒定慧三学之心要，故为"总持门"。他将修持宣教方法简化为长声念佛，遂开由禅入净之先河。无相说："无忆、无念、莫妄，我此三句话，是达摩祖师本传教法。"他还认为"许弟子有胜师之义。缘诜和尚（智诜），唐和尚（处寂）不说了教，曲承信'衣'，吾所以不引诜、唐和尚说处"。可见智诜、处寂，谨遵达摩"不立文字"之法。

他还为"禅茶一味"修持法奠了基，尽管这四个字不是他明确讲的。茶分三类：儒茶主张"茶有十德"，道主张"仙鹤入茶"。禅的"吃茶去"则是融会儒道，又同"一味"的概念结合起来。"一味"是指"如来说法，一相一味"。"相"是指三千"大千世界"的"色相"，即事物表面的物质现象。

---

① 以上内容参见谭继和《唐玄奘与巴蜀文化》，《西南民族大学学报》2010年第3期。

"味"指"法"的品位，即精神世界需"品位"专一的最高境界，故求得解脱为"一味"（见《法华经》《涅槃经》）。实质上，"禅茶一味"的概念，说的是儒释道会通的修身养性方法。这是无相的无忆、无念、莫妄，即心即佛的日常生活修持法，在继承发展过程中形成的修养习惯。

（六）推动禅宗走向人间佛教、人生佛教的奠基人：马祖道一

八祖马祖道一（709~788），俗家姓马，蜀郡什邡县人，在本地罗汉寺出家。后依智诜弟子资州唐和尚（处寂）落发，受具足戒于渝州圆律师。开元中（713~741）出岷峨，习禅定于衡岳山中，得遇慧能弟子、南岳系开山祖师怀让，密受心法。后弘教江西洪州，故称"洪州祖师""江西法嗣"。"厥后，江西嗣法，布于天下，时号马祖"。由此可见，马祖道一的禅法，既是受教于巴蜀禅系开山祖师智诜，又是传承南禅开山祖师怀让，是把巴蜀和南岳两禅系会宗起来成为承传六祖慧能禅系正脉的关键人物。他信奉的禅理禅法无分南北，这是从智诜的巴蜀体系来的。

马祖提出"若欲直会其道，平常心是道"，"万法皆从心来，心为万法根本"。这个"平常心"主旨，显然有融会儒家心学的影子。

马祖教人"随缘度日，坐起相随"，主张禅宗要走向民间、走向生活。他在江西创洪州宗，开江西禅系，传曹溪心法，下传百丈怀海、西堂智藏，开出了禅宗的临济、沩仰两大主要宗派，这就是"平常心"主旨思想体系的实践。他倡导"平常心是道"，主张佛在人间，佛在人心中，使禅学进一步人间化、生活化、社会化，为禅宗变为人间佛教做出了基因性的贡献。他又创立丛林制度，使僧团组织正规化。他还创立农禅制度，既使僧团僧人有了自我劳动自食其力的生活能力，又推动了僧人与乡村乡贤耕读为本文化的紧密结合。总之，马祖道一是六祖慧能创立南宗以后，使南宗成为人生佛教、人间佛教的关键人物。南宗从此才真正成为禅宗禅学体系的正统。

（七）唐宋至明清巴蜀禅系的传承

圭峰宗密（780~841），果州（今南充市）西充县人，俗姓何，弱冠而探释典。宗密是中唐时期禅宗"拨乱反正"的禅理大师，著《禅源诸诠》。宗密释"禅"一语出处的义涵说："禅是天竺之语，具云'禅那'，此云'思维修'，亦云静虑，皆定慧之通称也……若直论本性，即非真非忘，无背无合，无定无乱，谁言禅乎？"宗密主张"显顿悟资于渐修，证师说符于佛意""夫一心者，万法之总也。分而为戒定慧，开而为六度，散而万行。万行未尝非一

心，一心未尝违万行。禅者，六度之一耳，何能总诸法哉？"在宗密心中，不特顿渐无须隔离，即禅度与其他五度，诸法派别也无须竞争正偏、较短长。故意夸张本门，贬低他门，既陷执着，亦违佛心。宗密师事华严宗四祖澄观，著《华严原人论》，为华严五祖。又师事道圆，为荷泽宗，还宗无相弟子南印，故又属巴蜀禅系。贤首宗也由他宏大。他是会通华严、贤首与净众、保唐、荷泽各禅宗的重要人物。

宗密的学术思想是"师无常师，博考内外"，主张依唯识为基，综贤、禅、律、礼、忏，同时还会通儒道，主张三教互融，提出儒、释、道"三圣"合一的概念："孔老释迦皆是至圣，随时应物，设教殊途，内外相资，共利群生。"他是第一个裒集诸禅派禅言为"禅藏"的集大成者。

德山宣鉴（782~865），简州人，外号周金刚，住持常州德山精舍，著名的"德山棒"（"道得也三十棒，道不得也三十棒"）、"临济喝"（呵佛骂祖："达摩是老臊胡，释迦老子是干屎橛，文殊普贤是担屎汉。"），公案故事，就是晚唐开始，盛行于宋代的禅门参话头、立公案、打机锋思潮的极端代表事例。"呵佛骂祖"骂的是奉达摩为祖师代代相传的"祖师禅"，不相信这些教学能解决心性疑团，抛弃束缚头脑的祖师范例，以求凝聚心力以开悟。所以，"德山棒"宣示了祖宗禅的终结，兴起了活泼自由的"分灯禅"，出现"一花五叶"的临济宗占主导地位的局面。德山是由祖师禅向"一花五叶"分灯禅的奠基者。

悟达国师（809~881），晚年在彭州九陇山行三昧水忏法。

禅月贯休（832~912），前蜀诗僧，善诗画，为天府书香之都做出了贡献。

雪窦重显（980~1052），云门宗，后分化为杨岐、黄龙二派。杨岐继而成为临济正统。《颂古百则》就是他著的。

圆悟克勤（1063~1135），彭州崇宁人，师事杨岐五祖法演，法演诵艳诗"频呼小玉原无事，只要檀郎认得声"，圆悟由此开悟。后住成都昭觉寺，再出蜀至荆南遇张商英住碧岩寺，撰《碧岩录》为"宗门第一书"，以评唱方式点评雪窦重显《颂古百则》，以"绕路说禅"思维揭公案机锋，创偈颂新体，开一代"文字禅"新风。

到明清时代，巴蜀禅系仍在继续发展，楚山绍琦、聚云吹万、破山海明、丈雪通醉等禅学大师对中国化禅宗发展也历有贡献，终使四川成为中国禅学中心之一，所以巴蜀为中国化禅宗做出了奠基性贡献。

(八)巴蜀禅系禅理禅法的六大特征

禅宗以"心法"称,故佛学界亦称为"心宗"。"分灯禅"出现以后,分灯繁茂,竟至取代自汉晋以来先后形成之各宗各派而"一统"中华佛理、佛法,乃至天下佛寺皆为禅林。神会系南禅荷泽系的祖师,而荷泽宗正是蜀僧圭峰宗密所初创。

宋代《五灯会元》等书进一步提出南禅"五家七宗"论。其五家为七祖之后的沩仰、曹洞、临济、云门、法眼。"五家"加上黄龙派、杨歧派,合称七宗。其实五家七宗在禅理禅法上是互为借鉴补充的关系,且互有交叉。其间蜀僧马祖道一裔系最为兴盛。马祖淡化南北派系纷争,摄取方便法门,将顿渐禅法有机结合成一个整体,提出顿渐随缘,"平常心是道"。"道不用修,但莫污染","名等义等,一切诸法皆等,纯一无杂。若于教门中得随时自在"。马祖禅法兼容南北顿渐,已经突破神会所强调的"南顿北渐"的分界。故禅宗就禅理与禅法看,实际存在三大派——南顿宗、北渐宗、非南非北亦南亦北顿渐相补南北交叉之巴蜀禅宗。

巴蜀禅理、禅法可以分析出六个特点:

其一,"平常心是道"。马祖说"只如今,行住坐卧,应机接物尽是道,道即是法界"。故"万法皆从心生,心为万法之根本"——玄奘三藏将"心"译为"识",认为"万法唯识,识外无法"二宗可以会通。

其二,禅可行入,亦可理入,顿渐随缘。

其三,传法可"不立文字",也可立文字而引喻说法。从智诜始,蜀僧形成"兼有文性"的优良传统。蜀僧中学问僧多、诗僧多。北宋成都昭觉寺园悟克勤《碧岩录》就是"谒诵评唱"体说禅传法的佛学名著。五代蜀僧贯休、明清蜀僧破山海明、丈雪通醉都是诗僧名宿。

其四,在师承上,可承专师,亦可无常师。唐圭峰宗密学无常师;成都净众寺无相亦自述曾"转益多师"。马祖亦先后数师。尤为可贵者,巴蜀禅师认为在阐理、传法上"许弟子有胜师之义"。无相此语说于盛唐。到中唐韩愈才在《师说》中正式提出教育学上第一大真理:青出于蓝,而胜于蓝,弟子不必不如师,师不必贤于弟子。能者为师,极大地张扬了孔子的教诲"三人行,必有我师焉"。

其五,可参"无忆、无念、莫妄"三句法门;亦可参经律论三藏慧海。总之,"平常心是道","万法随缘",不刻意执着。

其六，修持场所，可住功德丛林，收摄"乱意"，不染红尘；亦可悯怀众生，慈悲为怀，劳作于红尘之中。众生皆可凭自身因缘，随缘顿渐。①

五、文宗在蜀

"巴蜀自古出文宗"，"自古诗人例到蜀"，"自古蜀中多才女"，这是巴蜀文学发展的三大规律。"文宗自古出西蜀"，这是郭沫若在《蜀道奇》里讲的诗句。"自古诗人例到蜀"是清人李调元总结的规律。这些看法也是历代蜀人的看法。宋代田况认为："蜀自西汉教化流而文雅盛，相如追肩屈、宋，扬雄参驾孟、荀，其辞其道，皆为天下之所宗式。故学者相传，谓与齐鲁同俗。"宋人吕陶总结为："蜀学之盛，冠天下而垂无穷者，其具有三：一曰文翁石室，二曰周公之礼殿，三曰石壁之九经"，"然则冠天下而垂无穷，非夸说也，考实以议也"。宋人席益承袭《汉书·地理志》的主张："蜀儒文章冠天下"②元代张翥有诗："天地有大文，吾蜀擅宗匠。"明人何宇度《益部谈资》认为"蜀之文人才士，每出皆表仪一代，领袖百家"。由此可见，我们四川素有"文坛宗匠"的传统。这个传统由文翁倡其教，赋圣司马相如开其端，"乡党慕循其迹"。相如、王褒、严君平、扬雄是"文章冠天下"以"文辞显于世"的汉代当时的四大家，这四家都是蜀人。

司马相如是巴蜀文化史上第一个文宗，在中国文学史上具有"赋圣""辞宗"的地位。他以"非常之人"的胆识，做"非常之事"的功业，"开路西南夷，凿山通道千余里，以广巴蜀"（《史记·平准书》），"成非常之功"的壮举，为促进多民族的团结融合与增强大一统文化中国的认同，为启发和唤醒巴蜀民众不畏艰险，开拓创新，做出了"非常"突出的贡献，是蜀人祖先"非常"精神的传承与践行者。

相如是熔铸文化中国共同体意识的伟大贡献者。他两度出使所写《喻巴蜀父老檄》和《难蜀父老文》，宣扬大汉圣德和军威，歌颂创业垂统的伟业，辑安中国的礼仪，阐述汉武帝开边政策是拯民于沉溺，四夷举首企踵之所望，符

---

① 以上论述参见祁和晖《巴蜀禅系论略》，《西南民族大学学报》2011第4期；谭继和：《唐玄奘与巴蜀文化》，《西南民族大学学报》2010年第3期。
② 以上见（宋）田况《进士题名记》、（宋）吕陶《经史阁记》、（宋）席益：《府学石经堂图籍记》，均见（明）杨慎编，刘琳、王晓波点校《全蜀艺文志》（下册），四川大学出版社2022年版，第493、494、495页。

合文化中国共同体认同的需要和国家民族的共同利益。其文义正词严,金声玉振,雄辩滔滔,气势磅礴,是巴蜀地域最早的振聋发聩的雄文。

相如绝不只是"为汉辞宗"的文学家,而且是"以诗书而儒"的通儒①,是百科全书式的汉代大儒家,是汉代"采儒术以文"的人文风气的倡导者,推动用儒家学术作为文化内涵和根本精神,形成文采礼仪的时代风范。他临终绝笔写封禅遗书,上言符瑞福祉作为国家大一统文化标识的价值,劝汉武帝封禅泰山,祭祀天地,凝聚民心,增强国家认同和民族认同。相如"吟咏情性,记述事业,润色王道,发挥圣门,天下之人谓之文伯",以古圣贤人为法者","绝后光前"的"雄伯""文雄"和"通人"(唐张说《齐黄门侍郎卢公神道碑》、李白《大鹏赋并序》、陈子良《祭司马相如文》等人语)。

相如是巴蜀诗教、礼教的开拓者。汉代具有"以文章为盛,以诗书为儒"的时代特点。汉代"文章"二字的内涵,首先是指汉大赋。这是因为汉赋为"骚之余",是承袭诗骚发展起来的。《诗经》是儒经的第一门类,诗教更是儒家礼教的核心。而汉赋则是诗教系统即"汉文章"系统的代表。相如大赋为"汉之雄文",是汉代中国诗教文章的代表,具有儒学经典"兴废继绝,润色洪业"(班固《两都赋》)的作用,属于汉代儒家主流意识形态,可登汉文大雅之堂。所以,不能把相如的赋只叫作单一学科的"词赋之祖",而要从"汉文章经典之圣"的广视角来给予肯定。

相如是"文翁倡其教,相如为之师"的蜀学宗祖。"文翁倡其教,相如为之师",他们二人继承西周国学制度开始的地方郡国官学传统和孔子创立私学自由讲学的传统,创建官学"石室"与私学"讲堂",使"蜀学比于齐鲁",文翁与相如因此成为开启蜀学教育的宗祖。司马相如以"蜀解儒经"开启了蜀学的两个学术方向:一是融会古蜀仙道于儒;二是开启重文学重史学之路。这两个学术方向结合起来,就是重"今文经学"为主,成为历代蜀学的总特点。其源头在司马相如,其本质是传承战国诸子之学的观点阐释解经的"今文经学"。从中华学术全局看,地域性蜀学"驰骛乎兼容并包"(司马相如语),重在对传统文化主干"儒学"开放性、兼容性体系的传承,是中华民族精神百花园中难得的一枝奇葩。

---

① (汉)卓文君:《长卿诔》:"嗟嗟夫子兮亶通儒,少好学兮综群书。"载踪凡编:《司马相如资料汇编》,中华书局2008年版,第2页。

相如是以《大人赋》引领历代游仙诗风的先行者。相如《大人赋》追肩继承屈原《远游》，创新出"列仙之儒"的形象："下峥嵘而无地兮，上寥廓而无天"，"悲世俗之迫隘兮，竭轻举而远游"，淋漓尽致地表现出羽化登仙、凌霄步虚的仙游气概。汉武帝读了这篇赋后，"飘飘有凌云之气，似游天地之间意"，这正是汉代雄阔、豪放、浪漫、企慕长生不死、羽化登仙的时代精神的体现，是引领后代游仙诗的开端。其浪漫、仙化的艺术思维成为历代仙游诗的"文心"，"斯乃得之于内，不可得而传"，可意会不可言传，可捉摸而不易形诸文字，靠的是心灵的感悟与内在精神的流动。李白、苏轼的仙游诗"梦游天姥""挟飞仙以遨游，抱明月而长终"的意境，就是继承相如的仙游"文心"来的。

司马相如是蜀派古琴的创立者，是"汉代蜀派古琴的始作俑者"，他的"绿绮琴"与《凤求凰》是蜀派古琴的"琴器"和"琴曲"的滥觞，得到了历代诗人琴家的认同。传承相如古琴的有后汉张道陵的青城仙乐。唐代蜀派古琴发展成为"蜀国弦"，它包括琴器、琴曲和演奏乐队，是蜀派古琴已形成特色琴器与琴曲的标志。其"乐府四弦"蜀琴曲和以"雷氏琴"为琴器的特点，是相如蜀派古琴的直接传承。把《高山流水》改为《流水》，是蜀派古琴的中心特色曲，是蜀派古琴特有的文化标识，李白、温庭筠、苏轼、赵抃都喜闻或亲弹"流水"，"逢师写流水"成为赏琴最大乐事。清代光绪年间，青城道人张孔山以七十二滚拂技法创新《流水》，成为蜀派古琴传承至近代的开派者，其第五代、第六代、第七代传人喻绍泽、曾宬伟、曾河，一脉相承，皆以相如琴为祖源。蜀派《流水》已作为人类五十五种语言的代表之一，由美国1977年9月5日发射的旅行者1号用铜质镀金唱片录制，进入太空，向地球外的文明表达来自人类的问候。这就是蜀派古琴历时而弥新，历久而弥光，从未断绝的两千年文脉。[①]

相如是第一个撰写书法理论的书法家。"《汉书·艺文志》相如作《凡将篇》。《墨薮》：汉文帝令司马长卿采日辰禽屈伸之体，升伏之势，象四时为书，名《气候时书》。"该书有字形字论，均佚。其字形，"后汉东阳公徐安

---

① 参见谭继和《序：蜀琴——本土文化的经典记忆》，杨晓主编：《蜀中琴人口述史》，生活·读书·新知三联书店2013年版，第1~6页。

于搜诸史籍，得十二时书，皆像神形也。"①其字论即书法理论，则见于《凡将篇》②，今亦佚。由此推断，相如此书是继《苍颉篇》后第一本字形与字论结合在一起的书法理论著作。

相如开启了巴蜀文宗重文学、重今文经学的传统，是巴蜀浪漫主义文学的宗师。他是蜀人发散性思维方式的特征的生动体现者，即仙化思维特征。它在文学上形成浪漫主义的倾向，富于文采和想象力，这对于后世富于激情、奇幻的文化心理有相当的启示作用。司马相如的文心蜀韵浸润在巴蜀文人思维里，成为巴蜀文人的一种文化性格。这种性格特征，就是以仙游为标志的浪漫型发散型的思维定式，司马相如倡导的仙游文化是其开端。他仿屈原《远游》写的《大人赋》就是写神仙凌霄步虚，仙游四方。汉武帝读了司马相如的赋就想成为神仙，这就是仙化浪漫为特征的蜀文学的感染力。以仙化浪漫为特征的蜀文学就是由这篇赋开其端，远肇三星堆人的梦幻想象，形成巴蜀的"文心"。"文心"是什么？司马相如的赋论最独到之处是分成"赋家之心"与"赋家之迹"两方面。"赋家之心"，就指的"文心"，指的赋家的本性、眼界、境界、性灵、灵感、智慧等等。相如总结为"苞括宇宙，总揽人物，控引天地，错综古今"四句话，今天看来这些话都还是非常开阔的世界眼光。这种意境是"斯乃得于内，不可得而传"，可意会不可言传，是靠你去领悟，靠你的内在心灵的开悟与精神的流动，这就是巴蜀人的"文心"，巴蜀人的文化性格。至于"赋家之迹"是指"合纂组以成文，列锦绣而为质"，以锦绣资质和功力为根柢，以文章巧妙结构为章法的写作方法。"赋家之心"的创作思想与"赋家之迹"的写作方法相结合，就构成司马相如浪漫主义文学的根基，体现了总揽天地人的大宇宙观和凌万乘以峥嵘之气，贮千古以磊落之胸，洗宇宙以磅礴之神的浪漫梦想精神，这是文化中国共同体精神家园坚守的情怀，是仰望星空，洗空宇宙的民族文化想象力的结晶。

司马相如之后是以"扬马"与之并称的西汉末的扬雄。他被汉代当时人誉为"西道孔子"，他的朋友桓谭认为他也是"东道孔子"，是汉代全国的"孔子"，具有汉代儒圣的地位。唐代文学革新先驱、"一代文宗"陈子昂，诗仙

---

① 见马宗霍《书林纪事》卷二"公卿士庶"，文物出版社1981年版，第291页。
② 马宗霍《书林藻鉴》卷第四"两汉·司马相如"条引《汉书·艺文志》《墨薮》，又见《书林纪事》卷二"公卿士庶·司马相如"条。以上二条载马宗霍辑《书林藻鉴·书林纪事》一书，文物出版社1984年版，第32、291页。

李白，诗圣杜甫，宋代"文章独步天下"，"苏学行于南北""千年第一文人"的苏轼，"文采风流，照耀一时"，有"小李白"之称的爱国主义诗人、钟情于巴蜀文化，特别把自己的诗集命名为"剑南诗稿"的陆游，有明一代文化巨人、明代记诵之博为第一人的杨升庵，清代"百科函海"大家李调元，性灵派诗人、与袁枚齐名的张问陶，现代被毛泽东誉为"文坛宗匠"的郭沫若、现代文学巨匠巴金，这些"天下第一秀才"多出生在蜀，或者虽不是蜀人，但却是受巴蜀文化的熏陶成就为文化巨人的，而且都是以"比肩相如"，向司马相如看齐为荣耀。杜甫是来到巴蜀以后，向相如学习，才真正成为诗圣的。他们的共同特点在于：不仅是当时文坛宗主，而且多是百科全书式球形发散性思维的学术大家，多才多艺，书画精绝的大才子。

元人张翥诗："天地有大文，吾蜀擅宗匠。"这就是说，巴蜀地域所出"天下文宗"最多，具有擅长谱写经天纬地，歌颂文化中国的天下大块文章的历史传统。其中，还不只是一般的"文宗"多，而且北斗星辰一样的文化巨擘还产得多。如：扬马、子昂、李杜、三苏、升庵，直到郭沫若，都是中华历史文化名人灿烂星空中不可多得的、各自所处时代历史文化潮流的旗手，皆是站立各自时代潮头，"手把红旗旗不湿"的弄潮儿，凌万乘、贮千古、众所仰望的北斗星辰。他们最大的特点是，受生于蜀或寓于蜀的家国同构的文化中国共同体认同意识和共识情怀所养育和熏陶，又反哺于文化中国共同体和民族命运共同体认同意识的增强与升华，为文化立国，为增强本土文化自信、历史自信的热力培根铸魂、传承创新，分别做出了大小不同的贡献。

第一个巴蜀文宗司马相如对促进和增强文化中国大一统认同共识的贡献已如上述。下面选几个主要的巴蜀文宗，再简要综述。

（一）汉代"孔子"扬雄与文化中国

汉武帝"独尊儒术"，是把儒家确立为国家主流意识形态的开端。文翁与司马相如是为汉武帝确立儒家国家主流意识形态，开启"儒化中国"传统做出巴蜀贡献的先驱者。

继其后的文化巨擘就是西汉末、新莽时期的扬雄（前53~18）。他在汉代思想文化史上最大的贡献是他模仿传承孔子言行，并把孔子、子思、荀子相传习的"思孟学派"的学说，确立为"儒化中国"的道统。这个道统传到唐韩愈、宋朱熹，遂成为中华传统文化意识形态的主流，由此可见他是儒家大一统文化中国的道统思想的奠基者和集大成者的代表人物。因此，当时就被推崇为孔子道统的继承人，称誉他"度越诸子"。他的朋友桓谭推尊其为汉代"孔子"，乃"西道孔子"，"亦东道孔子"（《新论·启寤第七》）。据《汉书·扬雄传》，扬雄仿"经莫大于"《易》的法则作《太玄》，仿"传莫大于"《论语》作《法言》，仿"史莫善于"《仓颉》作《训纂》，仿西周輶轩使者制度巡行记录不同地区语言作《方言》，仿"箴谏莫美于《虞箴》"作《十二州箴》，其初心用意就是要对儒家的元典："斟酌其本，相与放依而驰骋。"这里，用的"仿"字，往往被历代有些学者误解为模仿抄袭。其实，扬雄原意是：首先对经典元本的主旨本原要探源竟委，研究"斟酌"，吃深吃透，然后才能援古证今，循其真实文脉加以创新性文化延伸和历史解读，"放依"开拓思维，"驰骋"个人新见。简要地说，就是传承祖源薪火，开拓后来新路。这之后，历代巴蜀文宗，均以扬、马为守正创新、持本放依的榜样，故后世就产生了"扬马"，而不是"马扬"并称的习惯用语。

上述扬雄五大方面著述，加上他的骚赋诗文，证明其基本性质都是明学术、正人心的著作，其核心价值都是体现文化中国大一统，以民生国命、经世要务的正统思想和汉代国家主流意识形态为根为魂的巨著。

《太玄》是扬雄传承创新"群经之首"《周易》之学，富于创新性的大学问。《周易》是以"太极"为宇宙本体，采用阴与阳二分法展开的始源二元论作为世界图式。①道家是以道生于一，一生二，二生三，三生万物的一元论作为万物的始源。扬雄则创造性地转型为"太玄"的"三"，认为"三"才是万物的始基和宇宙的本体。这里的"三"指的是天、地、人三者，称为"三才"，又称为"三玄"（上玄、下玄、中玄）。②在扬雄眼里，"三"是超出天地万物阴阳两端对立的第三种"和合"状态，是具有合二为一，又一分为二的圆形轨道和合的球体。"三玄"之下，每玄又按方、州、部、家的逻辑布局方式来分类，统合为"九天"。每玄的方州部家体系之上是"三天"统系，"三玄"共合为"九天"统系。很显然，这是按天下古九州大一统的组合模式来设计的。它既反映了西汉时期中国大一统"方"域划分为若干州郡部家的政治社会制度的现实，又是儒家关于社会治理、国家治理以"中"为凝聚号令中心，

---

① （清）陈梦雷《周易浅述》："天下万有不齐之变，不外由太极而生阴阳。"上海古籍出版社1983年版，第11页。
② 扬雄：《甘泉赋》，郑文：《扬雄文集笺注》，巴蜀书社2000年版，第2页。

以家庭为细胞，家的扩大是国，国是最大家的家国同构的大一统文化思想情怀的体现，是对道家的"一"和《周易》的"二"两种本体哲学模式的扬弃。扬雄这个《太玄》思想模式由"一"向"二"再向"三"的衍生过程，反映了中华文化多源走向一脉，多元走向一体的中华广域文化共同体的认同意识如何增强、靠拢、凝聚和统一的进程。扬雄《太玄》是这一共同体进程在哲学本体和思维方式变革上的集大成者，也是孔子"春王正月，大一统也"的政治思想的逻辑发展。①

《法言》是扬雄对孔子《论语》"中和"政治思想的传习和创新。《法言·先知序》云："立政鼓众，动化天下，莫尚于中和。中和之发在于哲民情。"②扬雄认为"中和"是周公吐哺、立政重在民情民生，重在励众合心，动化天下归于一统的思想根基，也是"和同天人之际"（《扬子法言·问神》）的人类与大自然命运共同体的思想根基。扬子把孔子的中和之道比喻为"四渎"江河淮济的源头，四渎流向"经营中国，终入大海"③，是大一统"文化中国"的精神动力和思想内核。他宣称"甄陶天下"在于和，"不过不及"在于中，"中和"才是大一统的"正道"。只有"非正不视，非正不言，非正不行"，"正"才是多元能统一的基本原则，而"中"则是指"中于天地者为中国"④，显然，"中国"才是孔子"中正"思想的内涵之魂。总之，扬雄的《法言》对孔子中和、中正、中庸一系列思想作了进一步创造性的阐释和推衍。

扬雄仿《虞箴》作《十二州箴》是以西汉大一统盛世的地域行政划分作为历史背景的。其"十二州"的宏观构思以及对每州特色生态、文态、物质、精神、风俗、民性的生动描绘，体现了中国人对于美丽中国的热爱，对于大一统文化中国共识的思维方式和文化语境的导向。

《方言》是扬雄用一生时间写成的用功最多、传承意识最强、最富于创新性、被当时人誉为"悬诸日月不刊"（西汉张伯松语）的中华民族语言的不朽教科书。

---

① 参见谭继和：《"西道孔子"扬雄的大一统观与儒风在巴蜀的流布》，谭继和《巴蜀文化辨思集》，四川人民出版社2004年版，第329~342页。
② 纪国泰：《扬子法言今读》"先知"卷九，巴蜀书社2010年版，第228页。
③ 纪国泰：《扬子法言今读》"君子"卷一二，巴蜀书社2010年版，第354页。
④ 纪国泰：《扬子法言今读》"问道"卷四，巴蜀书社2010年版，第100页。

他在青少年"始能草文"时就由其师严君平、林间翁孺传授了"先代輶轩之使"制度以及巡访调查记录各地方言殊语的"梗概之法"的知识,还掌握了汉初已被"遗弃,无见之者",只剩"千言"的前代语言资料,并下决心开始他所在当下的汉世语言的实地社会调研工作。① 他常常手把"三寸弱翰",带着"油素四尺"纸帛,向来京的各地"天下上计孝廉及内郡卫卒"询访记录各地域方言,直到七十一岁才完成《方言》一书。

《方言》一书有三大重要价值:

第一,《方言》是守护中华民族语言文化认同、传承创新民族凝聚向心的语言纽带的不朽教科书。

《方言》一书首提"通语""通名""总语""中夏语""古今语"等学术概念术语,这是对中华"国语通言"共同体统一性的第一次创新性表述。他又使用"方言""别语""俗语""异语""转语"等术语来阐明各地域方言文化的多样性,这些方言都是在中华"通语"的一体性内发展起来的。在这里,扬雄首次展示出汉语认同意识的发展轨迹和基本规律。"汉语"以汉朝之汉冠名,汉语是汉族与中国各兄弟民族语言的"通语",是造就中华民族命运共同体凝聚不散的根。《方言》一书是中国人语言文字共同体认同意识的标志,是守护中华民族共同体意识的代表性文化符号。

第二,《方言》是世界上第一部方言词汇集,启导着中国方言学的形成和发展。各地修方志,必记方言,各代必有研究方言的书。《方言》开创了中国方言学、方言地理学与方言历史学,为现代中华语言学提供了丰厚养料和坚实基础。

第三,《方言》是巴蜀人用自己巴蜀集体文化性格创建的一套巴蜀话语体系的学术标志。②

总之,中华大一统的民族命运与文化共同体的认同演进史培养、启发、教育了扬雄,扬雄又反哺回报大一统文化中国的认同,做出了自己卓越的贡献。他是一位中华民族文化史上的文化巨人。

---

① 郑文:《扬雄文集笺注》,巴蜀书社2000年版,第177页。
② 参见祁和晖:《重读方言,再识扬雄》,《蜀学》第十九辑,巴蜀书社2021年版。

（二）诗圣杜甫与文化中国

宋代以来，杜甫"为诗学之宗师，家传而人颂之"①，出现了"以杜为正经，余为兼经"②的文化现象。它说明杜诗是中华礼乐诗教文明的结晶，具有传承比肩《诗经·大雅》的文化地位。文化中国养育了杜甫，杜甫又以自己对文化中国的诠释和坚守，对文化中国的五千年文脉做出了杰出的贡献，杜甫是文化中国"诗教"星空中的北辰之星。他对文化中国的奉献，主要体现在诠释与坚守两方面。

1. 杜诗对"文化中国"的诠释

（1）杜诗对心向中原、心向华夏，认同华夏民族凝聚力、向心力进行深入挖掘与独特描绘。

杜甫的《闻官军收河南河北》是最欢快的心向中原的文化心理的体现。"剑外忽传收蓟北"，"漫卷诗书喜欲狂"，"即从巴峡穿巫峡，便下襄阳向洛阳"，表达了对于官军收复中原，中原再度成为国家与民族凝心聚力标志的热爱欢快之情，令诗人"文化中国"的家国还乡情怀，如"青春作伴"一样迸发出来。最可贵的是，诗人对巴山蜀水的自然地势也是以心向中原的文化心理来观察的。《剑门》"连山抱西南，石角皆北向"，就是极好的例子。杜甫观察发现剑门之山虽环抱西南，但山峰"石角皆北向"，趋向中原，"如拜伏状"的自然地势，这是蜀人"面内之义"的象征，表达了蜀人"若四海一家，统制乎天子"，反对地方分裂割据的文化心理以及"朝上国而不背之也"的心向中原凝聚的初心意志。③"向帝都者谓之朝天门也"④，这就是今天广元、剑阁一带多有朝天岭、朝天峡、朝天驿、朝天水驿、朝天关、朝天程等地名的由来。"朝天"者，朝向中央王朝也，蜀中特殊的向北倾伏的自然地势，易于使蜀人神与物游，联想而生北向中原中央王朝的大一统文化心理。杜甫这类诗是在中华民族向心力、凝聚力形成和凝结的巴蜀数千年文脉链条上增添的新的形

---

① （宋）蔡梦弼：《杜工部草堂诗笺跋》，华文轩编：《中国古典文学研究资料汇编·杜甫卷》上编"唐宋之部"第三册，中华书局1964年版，第697页。
② （宋）吴可：《藏海诗话》，华文轩编：《中国古典文学研究资料汇编·杜甫卷》上编"唐宋之部"第二册，中华书局1964年版，第386页。
③ 参见（宋）郭知达编注：《九家集注杜诗》卷六、卷二三、卷二四，上海古籍出版社1985年版。
④ （宋）徐梦莘：《三朝北盟汇编》卷四九，上海古籍出版社2008年版。

象思维结晶和历史闪光点。

（2）杜甫反对地方分裂割据势力，维护民族统一与团结的文化情结，特别突出地反映在《严公厅宴同咏蜀道画图得空字》等诗中。

宋代注杜的马永卿等人认为该诗讲"华夷山不断，吴蜀水相通"，指的是华夷各族山水相连，心灵相通的血脉，实质就是文化中国的根脉。"山不断，水相通，以言蜀道不可割据也"①，杜甫这首诗是用民族团结的大义来晓示"百川赴巨海，众星环北辰"②的文化中国大一统的形象。杜诗是对中华文化核心价值观的传承，也是为维护民族团结、反对民族分裂的历史传统和精神纽带增添了新质基因要素和乡邦闪光点。

（3）杜诗用崇尚自然、上善若水的天地乾坤之道看出文化中国是个天地人和谐统一的大中国共同体。

宋人方勺说："诗中用乾坤字最多且工，唯杜甫"③，如"乾坤万里眼，诗序百年心"，"乾坤一草堂"，"开辟乾坤正"，"纳纳乾坤大"，等等，美不胜收。除"乾坤"一词外，杜甫用"赤县神州"的概念也是很多的。杜甫诗不只是人间世事写实的诗史，更具有"涵盖乾坤""泯然皆契"④的人类与大自然和谐命运共同体视野的高度。杜甫心目中的中国就是乾坤自然天地人合一共同体的大中国。

2. 杜诗对"文化中国"的坚守

文化中国的根与魂是文化，是民族共有精神家园。杜甫对文化中国民族共有精神家园的坚守，是杜甫公忠体国思想最为闪光耀眼的璀璨明珠。

（1）忠君爱国的忠肝义胆。宋人黄徹认为：杜甫《自京赴奉先县咏怀五百字》是杜甫爱国忧民的一篇"心迹论"⑤，"少陵在布衣中，慨然有致君尧舜

---

① （宋）马永卿：《嬾真子录》卷四，华文轩编：《杜甫卷》第一册，中华书局1964年版，第288页。
② （唐）杜甫：《黄河二首》，（宋）郭知达编注：《九家集注杜诗》卷一一，上海古籍出版社1985年版。
③ （宋）方勺：《泊笔编》卷二，华文轩编：《杜甫卷》第一册，中华书局1964年版，第213页。
④ （宋）叶梦得：《石林清话》卷上，华文轩编：《杜甫卷》第一册，中华书局1964年版，第228页。
⑤ （宋）黄徹：《䂖溪诗话》卷十，华文轩编：《杜甫卷》第二册，中华书局1964年版，第490页。

之志"①,"少陵有句皆忧国"②,"先生英灵之气,在天而不在地","在万世而不在一方"③。

（2）自比稷与契,"死为星辰终不灭,致君尧舜焉肯朽"④的匹夫有责的使命与担当。

（3）忠孝为本的人情与亲情。"上怀犬马恋,下有骨肉情","盖其语默所主,君臣之外,非父子兄弟,即朋友黎庶也"⑤,这就是杜诗性情的大爱所在,故梁启超称他为"情圣"。

（4）重民生的情怀。宋人赵抃说杜诗本性在于"天地不能笼大句,欲厚民生意思深"⑥,清人叶舒璐言"子美千家厦,香山万里裘"（《读杜白二集》）,杜甫的《茅屋为秋风所破歌》与白居易的《新制布裘》诗,均是悲天悯人,以民为本,忧乐天下际的佳作,但意境有高下之分。正如宋人黄徹所云:"子美诗意宁苦身以利人,乐天诗意推身利以利人,二者较之,少陵为难。"⑦杜甫的"苦身以利人"当然比白氏"利身以推及利人"的境界更高一筹。杜甫是把"穷年忧黎元",忧乐天下际放在第一位的,这是华夏大禹倡导以人为本,民唯邦本的文化中国之魂长期熏染的结晶。

（5）爱祖国爱乡土的深厚情感。列宁论述过爱国主义思想的根是从热爱乡土开始的。杜甫对祖国山水草木、黎民众庶的乡土之恋,乡愁之深,世所罕见:"国破山河在",山河含情也。"城春草木深",乃历经劫难的青春中国灵气也。"感时花溅泪,恨别鸟惊心",花鸟都有情忧于时代,何况人乎？最

---

① （宋）张戒：《岁寒堂诗话》卷下,华文轩编：《杜甫卷》第二册,中华书局1964年版,第315页。
② （宋）周紫芝：《太金稊米集》卷十,华文轩编：《杜甫卷》第一册,中华书局1964年版,第266页。
③ （宋）徐得之：《重修杜工部祠堂记》,华文轩编：《杜甫卷》第一册,中华书局1954年版,第266页。
④ （宋）张戒：《岁寒堂诗话》卷下,华文轩编：《杜甫卷》第二册,中华书局1964年版,第327页。
⑤ （宋）黄徹：《䂬溪诗话》卷十,华文轩编：《杜甫卷》第二册,中华书局1964年版,第490页。
⑥ （宋）赵抃：《赵清献公集》卷八《题杜子美书室》,华文轩编：《杜甫卷》第一册,中华书局1964年版,第74页。
⑦ （宋）黄徹：《䂬溪诗话》卷十,华文轩编：《杜甫卷》第二册,中华书局1964年版,第489页。

值得称道的是：杜甫对于成都草堂一往情深，巴蜀是他的第二故乡，"其心则未尝一日不在草堂也"①。巴蜀乡土为杜甫提供了深厚的云树之思和乔木之恋的宽阔展示舞台，是杜甫坚守文化中国情怀的重要孕育地。②

总之，杜甫对文化中国核心价值观的诠释解读，对文化中国重民生重民用传统的维护坚守，是对中华诗教、礼教、乐教文明卓绝的贡献。杜甫是文化中国星空中诗教国度里的一颗北辰之星。正如苏轼所云：杜甫"英玮绝世之姿凌跨百代，古今诗人尽废"③。

（三）"千年第一文人"苏轼与文化中国

苏轼是文化中国长廊里一颗磊落奇瑰、百科汪洋的北辰之星，是古代"华夏文明造极于赵宋之时"（陈寅恪语）的一个文化标志碑石。作为中华文化史上一个百科全书式的文化巨人，其思想最光辉的亮点，是文化中国"正统论"（苏轼《后正统论三首》）的思想情怀，是以"民者天下之本，而财者民之所以生也"（苏轼《策别训兵旅二·练军实》）作为他终身追求"民惟邦本"、民财富裕、民众精神世界丰富的文化中国价值取向和抱负襟怀。

1. 文化中国的民本思想是苏轼恒定的心性

东坡民本思想有体系，有内核宗旨，有鲜明特征。他首重"大哉人乎"（苏轼《题所作易传论语说》）的人类价值，次重"有适于民"（苏轼《书赠邵道士》）的立德修身，终则以民为天下之本作为国家治理、社会治理的思想源头与实践结晶。再简要地说，苏轼民本学是由一体两翼构成的。"一体"是"民为本""人为大"，作为内核。"两翼"中的一翼是学习"通经学古"，"怀忧国爱民之意"（《辨贸易弹奏得罪扎子》）的经书学问；另一翼是"救时行道"（苏轼《辨贸易弹奏得罪扎子》），"有适于民"（苏轼《书赠邵道士》），"通物之变"，"使民不倦"（苏轼《通其变使民不倦赋》），践行"济世之实用"（苏轼《答俞括书》），"言必中当世之过"（苏轼《危绎先生诗集叙》）的治民理政之道。换句话说，"一体两翼"要贯彻好，就是要善于主动把握时代发展的趋势，激发和指引老百姓生生不息、劳作不倦的积极

---

① （宋）葛立方：《韵语阳秋》卷七，华文轩编：《杜甫卷》第二册，中华书局1964年版，第475页。
② 参见谭继和：《杜甫与文化中国》，《杜甫研究学刊》2012年第4期。
③ （宋）苏轼：《书黄子思诗集后一首》，《东坡后集》卷九，华文轩编《杜甫卷》第一册，中华书局1964年版，第99页。

性，使百姓互助共济，和谐共生，社会安宁发展。由此可见，苏轼民本学的"一体两翼"思想，体现了中华传统文化重民生、重民用、重民彝的根本精神和关注人类的生存与发展的本来宗旨。把苏轼与他前辈的巴蜀文宗比较而论，苏轼以其文明观念和价值取向推动中华礼乐文明达到了他之前所未有的历史高度。

2. 民本为重的文化中国理念践行是苏轼恒久的常态

苏轼在逝世前一年在镇江妙高台看到自己的挂像，曾作诗自嘲："目若新生之犊，身如不系之舟。试问平生功业，黄州惠州崖州。"这正是他一生践行民本、经历坎坷的写照。"说不完的苏东坡"（王水照先生语）践行民本的事迹很多，总起来看，有五大特点：一是赈灾恤民，体恤民间疾苦。二是兴修水利，特别重视"三个西湖"（杭州、颍州、惠州）水利美景建设。"西湖"作为公众美景资源，需要公众美学享受，绝不允许权贵豪宅将其侵吞为私产，其原则坚守，泽惠于今。三是重视与民同乐，与民同忧，忧先于民，乐后于民，忧乐天下之际。四是不管王安石"新政"，还是司马光"旧政"，苏轼对其人均视之为"君子"（苏轼《与杨元素》），但对其行为则皆以是否"安万民"作为决策依违与取舍的标准。他的态度是"身如不系之舟"，不随声附和，不系于一方或另一方。平生我行我素，管甚飞短流长，不做同而不和、结党营私的小人，要做和而不同，公忠体国的君子。只要怀抱"为民"的目的，坚守"始终得其正，天下合于一"（苏轼《后正统论三首》之"辩论三"）的"文化中国"正统观念，便会有"目若新生之犊"的动力。五是苏轼通过治水兴利的实践，认识到研究"水学"作为专门学问的重要性。他是中国历史上首创"天下水学"的第一人。他主张"当今莫若访之海滨之老民，而兴天下之水学"（苏轼《禹之所以通水之法》）。苏轼主张把"水学"作为专门学科体系加以构建，这是传统《禹贡》学的生态文明理念在宋代的创造性转化和提升，在今天仍然有强烈的现实意义。

3. 为国为民居安思危的忧患意识是苏轼维护文化中国恒常的坚守

苏轼一生贯穿着"忧治世而危明主"（苏轼《晁错论》）的"不测之忧"（苏轼《禹之所以通水之法》）的国家忧患意识。他认为："天下之患，最不可为者，名为治平无事，而其实有不测之忧。坐观其变，而不为之，则恐至于不可救。起而强为之，则天下狃于治平之安，而不吾信。唯仁人君子豪杰之士，为能出身为天下犯大难，以求成大功。此固非勉强期月之间，而苟以求名者之所能也。"（苏轼《晁错论》）这一段名言在提醒居安思危意识的重要性。越是盛世,越要有安而不忘危,存而不忘亡,治而不忘乱的忧患意识。忧患意识与奋进精神,是士人应具有的相辅相成的历史使命和责任担当,二者都不可或缺。关键在于只有以民为重、以民为本的仁人君子豪杰之士才可能有此使命担当,而"苟以求名者"自私自利之徒是不可能具备这种文化中国精神的。苏轼警告做官的人应当"难行之言,当有所必行,而可取之利,当有所不取,以教民信而示之义"(苏轼《策别安万民一》),有所必行,有所不取,对民讲信义,是为官的底线。

总之,苏轼是为文化中国创新力和中华民族创造力的传承与增进,做出过重大贡献的"千年第一人"。他为我们留下了民族精神家园宝库中难得的历史遗产,是于今有用又可实现创意性转化和创新性发展,用之不竭,取之不尽的文创资源。①

(四)与时俱进的现代中国文化巨人郭沫若与文化中国

郭沫若(1892~1978)是现代中国与时俱进的文化巨人,是巴山蜀水孕育出来的现代文宗。他诞生于19世纪末中华民族解放和复兴的启蒙、觉醒年代,是近现代中华历史文化名人星空里,从跳动在地平线上的初曙霞光、汇为近百年民族文化学术群星洪波里一道独特奇异的彩虹,是谁也无法忽视的一道亮丽的风景线。

20世纪是近现代文化中国探索和追求现代化的特殊的百年,是民族文化由古典传统形态向现代创新形态转型的百年,是中华民族文化从追求启蒙、觉醒、解放到伟大复兴的百年,是学术、思想、文化的时代巨浪掀起现代化大潮,创造和成就民族新文化形态的百年。郭沫若是这"四个"百年中始终站在潮头,发时代之先声,究古今之脉变,传薪火走新路的"弄潮儿"。他能成为百科全书型的天下文宗,继鲁迅之后中国文化战线又一面旗帜,新中国科学、文化、教育、哲学社会科学建设的领导者,离不开这百年文化中国的思想养料和历史语境的哺育,也离不开他对文化中国的反哺做出的杰出贡献。

郭沫若的内在心灵是与"四个"百年时代精神完全一致的。这百年,时代的主题是走向现代化;时代的精神是民族文化的伟大复兴与民族精神家园的重建;时代的内涵是百年亘古未有的大变动、大变局,引发出如何增强与推进中

---

① 参见谭继和:《试析"民者天下之本"的苏轼》,《地方文化研究辑刊》第十三辑,巴蜀书社2018年版,第85~90页。

华文明共同体五千年文脉的认同意识,如何革新与创造民族文化现代形态的问题。它大体上包括对传统文化的批判、对世界东方与西方文化形态的审视吐纳和对中华民族新文化的建设、对世界文化史"半部白页"①的民族贡献两大方面。早在20世纪20年代,郭沫若的内心世界与文化心理已是服膺于马克思、恩格斯"辩证唯物论的观念"②,主张"研究的方法便是以他为向导"③,"要用人的观点来观察中国的社会"④。由此可见,郭沫若是当时中国第一个学者用马克思主义"人"的观点,也就是用人类文明创始形态和历史形态的马克思主义观点,由中国人自己起来研究和破解中国古代社会历史文明创始形态的起源、形成和发展,从上述世界与中国文明形态的两大方面来演绎中华民族命运共同体的文化认同,重构民族精神家园。这就是郭沫若1929年撰著《中国古代社会研究》一书的主旨和实质。该书是以马恩为向导的新的文化中国思想意识时代诞生时期第一次研究中国古代社会精神文明历史形态血脉的结晶。

1926年郭沫若写作的《马克思进文庙》⑤是当时中国第一个学者对于马克思主义与中华优秀传统文化之间的关系的新颖而独立的思考。把马克思请进文庙与孔夫子对话,让马克思思想与儒家"大道之行也,天下为公"的大同理想相沟通,这是郭沫若作为学者和革命家对马克思主义思想资源如何中国化与中华儒家传统礼乐文明如何现代化二者相结合会通的一个经典提法,是五四运动以后中国知识分子从最早的否定传统又如何回归到传统的洪涛大浪潮流中一种最清醒的认识。20世纪20年代郭沫若就能提出这样先进的中国特色的思想,并作为自己终身世界观、人生观的指导,是极不容易的,至今还不失其意义的新鲜和光辉。

中国的知识分子能够接受马克思主义并使之中国特色化,是因为有儒家大同理想的思想养料作为肥壤沃土,有中华的民族认同、国家认同和文化认同作

---

① 郭沫若:《中国古代社会研究》,"自序"云:"世界文化史的关于中国方面的记载,正还是一片白纸","在这时中国人是应该自己起来,写满这半部世界文化史上的白页"。科学出版社1960年版,第4页。
② 郭沫若:《中国古代社会研究》,"自序"云:"应该知道还有马克思恩格斯的著作","辩证唯物论的观念"。科学出版社1960年版,第5页。
③ 郭沫若:《中国古代社会研究》自序,科学出版社1960年版,第5页。
④ 郭沫若:《中国古代社会研究》自序,科学出版社1960年版,第1页。
⑤ 郭沫若:《马克思进文庙》,《郭沫若全集·文学编》第十卷,人民文学出版社1985年版,第161~170页。

为理解、阐释、传播和践行中国个性特色化的马克思主义的根源。孔子的儒家大同理想与仁义礼乐文明观念是郭沫若自励坚贞、终身不变的信仰,是他终身真诚接受和信仰践行马克思主义的思想定式和思想基石,不管任何挫折否定,不管何种飞短流长,他都从来没有变化过,这便是文化中国之脉为根为魂,从而坚定其历史自信和文化自信的热力的根本动力所在。①

郭沫若一生为现代文化中国的发展,贡献出了丰富的精神财富和文化、科学养料。其主要贡献在"诠释"和"坚守"两方面:

第一,郭沫若对文化中国血脉基因的诠释。

(1)郭沫若对"文化中国"的起源与中华大一统奠基于文化的独特诠释。中华文明的起源与中国的形成发展,离不开文化的凝聚,而且是以中原文化为向心力的凝聚,故以甲骨文表示旗杆的"中"字作为国称,从此文化便成为中国之魂。中华文明从多地域、多地区起源如满天星斗,汇成一个中华广域文明共同体。多源一脉,多元一体始终是中华大一统的多民族国家的特征。郭沫若对中华文明起源的诠释,正是对这一特征独辟蹊径的建树。他关于"中国文明滥觞于殷代","中国的文化是奠定于殷人","创制北方文化的民族,与开辟南方的民族,同是一个民族"的论述,启迪着受他影响的历史学界。他提出关于华夏中国形成的一些关键问题,如:夷夏之争走向统一的华夏国家,尧舜商汤是东方的鸟夷,夏、周是西方来源于羌氏的戎狄,双方融合形成炎黄华夏的文化国家,从此文化中国成为大一统之根脉。这些看法是郭沫若对炎黄华夏的民族向心与凝聚的文化力所做的深入挖掘和独特探讨。这些观点和史料为我们学者现在研究和诠释中华文脉的话语概念,提供了丰富的思想养料和历史文化资源。

(2)郭沫若对"以人为贵、以民为本"乃文化中国之"根魂"的诠释。从他认为战国时期是争取把"人当成人"的时代的论述开始,直到他"人民本位"的历史观的提出,都是对文化中国"人本观"的卓越贡献。

(3)郭沫若关于中国文化根本精神是动与静的结合的探讨以及上善若水、亲仁睦邻的和合文化的探讨,都具有创新性。

(4)郭沫若对中华民族命运共同体内各兄弟民族交流融汇、互鉴互学、团结统一的文化情结的独特研讨与文艺创作的鲜活描绘,素来为人称道。

---

① 参见谭继和:《五四:从否定传统到把马克思请进文庙》,《今日四川》2009年"世纪回眸"。

（5）郭沫若对天地乾坤、宇内六合的人类命运共同体以及大一统文化中国的诠释，对以儒为本，融汇释道为一体的优秀传统文化向新的现代化转型的诠释，大有益于今天的国学复兴。

第二，郭沫若对文化中国的坚守。

文化中国的灵魂是文化，是民族共有精神家园。郭沫若对民族共有精神家园的认识和解读，是郭沫若著作中最为闪光耀眼的璀璨明珠。

（1）郭沫若"我是中国人"，"爱将金石，自励坚贞"的炼狱式的爱国主义的本色与节操。

（2）郭沫若对民族精神家园的解读与坚守。例如，郭沫若对甲骨文和金文"家"与祖妣的历史解读，对家国、家乡的解读。

（3）对中华文化的本质：人性的坚守，最突出的是对儒家人性理论的坚守。

（4）肯定考古中国、文化中国的历史来源与真实存在。

（5）以中国本色创造性吸纳西方思想文化，不忘坚守文化的中国本底与中国本色。"把马克思请进文庙，与孔夫子对话"，是郭沫若坚守中国本色的创造性体现。

立国之本在于文化，这是历代仁人志士、炳英杰灵为之奋斗终身的信念。郭沫若为现代文化中国的立国之本做出了杰出的贡献。郭沫若著作的浩然之气、浪漫之韵、大雅之声，在文化中国巨人的历史长廊里占有一席不可磨灭的地位。说它是现代的《诗经·大雅》，应不为过。西汉时扬雄的朋友桓谭曾称赞扬雄是"西道孔子"，也是"东道孔子"，是汉代当时的"孔子"。把这个蜀乡乡贤的称呼，拿来移植到当代郭沫若身上，应该是历时而弥久，历久而弥光，能够得到更多人的认同吧？！[1]

六、才女在蜀[2]

早在晚唐至明代就出现"才女在蜀"的社会共识，并多举薛涛为例。如五代后蜀何光远《鉴戒录》认为"宋产歌姬，蜀出才妇。薛涛者，容姿既丽，才

---

[1] 参见谭继和、魏红珊：《走向"文化中国"的解读——近十年郭沫若研究的回顾与展望》，《郭沫若学刊》2012年第4期。
[2] 本节系采用祁和晖《才女在蜀》未刊稿（有删节）。

调尤佳"。何宇度认为蜀中"香奁之彦""才情岂在人下",并以薛涛、花蕊夫人、卓文君为例,说明"才女在蜀"不弱于男士"文宗在蜀"。在他之后,明人凌濛初在《二刻拍案惊奇》"同窗友认假作真,女秀才移花接木"一回中,更以唐朝诗人王建吟薛涛诗为开篇,讲述薛涛在明初洪武时鬼魂复活与秀才田洙相遇联句赋诗的鬼话故事,进一步论证了"蜀女多才""自古为然"的特征。这段鬼话联诗故事,发生于明代,明人《剪灯余话》和清人钱谦益《列朝诗集》都曾加以引用。凌濛初专门说明讲薛涛鬼话联诗故事的理由:"小子为何说这一段鬼话?只因蜀中女子从来号称多才。如文君、昭君,多是蜀中所生,皆有文才。所以薛涛生前诗名不减当时词客,死后犹且诗兴勃然。""见可蜀女多才,自古为然。"凌濛初总结了蜀中才女的两大特点:一是多为"女丈夫",有男子汉气:"世上夸称女丈夫,不闻巾帼竟为儒。朝廷若也开科取,未必无人待贾沽。"二是故事多,每个才女都有奇妙的事:"蜀多才女,有如此奇奇怪怪的妙话",因此之故,由"小子说这一段鬼话"。他认为薛涛与元稹的互相爱慕,也"诚为千古佳话"。凌濛初分析了蜀中才女形成上述两大特点的原因:一是天府陆海,得天独厚,有养育蜀中才女优越秀冠的生态环境:"这也是山川的秀气,唐人诗有云:'锦江腻滑峨眉秀,幻出文君与薛涛'(按:此引元稹诗),诚为'蜀中故事''千古佳话'。"二是人文特殊,巴蜀女子有同男子一样上学读书权利的教化习俗:"至今两川风俗,女人自小从师上学,与男人一般读书。还有考试进庠做青衿弟子,若在别处,岂非大段奇事。"他接着讲了成都府绵竹县才女闻蜚娥女扮男装进学堂读书,学得文武双全,既"满腹文章,博通经史",又"一身武艺,最善骑射"的故事。凌濛初认为蜀中女子"博通经史","这也是蜀中做惯的事"。他以下面的诗句对蜀女享受同男子一样读书与婚姻自主的开放习俗加以歌颂:"从来女子守闺房,几见裙钗入学堂?文武习成男子业,婚姻也只自商量。"蜀女为什么多才,这是至今也值得我们深入研究的课题,看来巴蜀文化有许多历史的特殊性。四川盆地的天时地利,既善于兼容吸收外地移民文化,又善于返本修古、传承土著祖宗冲出盆地的开放传统,因而形成文明习俗较高而封建束缚又相对松弛的环境,这有利于蜀中妇女的成长。从前我国南北各地多有溺女习惯,唯独巴蜀有"生女必举"的好传统。因此,妇女的独立人格易于树立,女权意识易于觉醒。同外地相比,蜀中妇女受教育和发挥才智的条件就稍微多一点,这也许就是促成"蜀中女子,自古多才"的因素。

历史上，蜀中才女有四大类型，对文化中国和中国文化史都做出了大小不同的贡献：一是政治家类型，如武则天对文化中国大一统做出了突出贡献。王昭君也是蜀女（冯梦龙称她为"成都姑娘"），她的和亲壮举，促进了民族融合和团结。二是特殊才干类型：女企业家，如"巴寡妇清""名显天下"。女将军，如唐代浣花夫人、明代"总兵官"秦良玉。女医学家，如清代曾懿。三是女扮男装、奋进求学、考中进士的花木兰式才女，如前蜀黄崇嘏。明代徐渭专门以她的故事为蓝本创作了杂剧《四声猿》中的《女状元》一出，还感叹自己的夫人才华和颜值不如蜀女。四是女文学家、女诗人类型，此类最多，卓文君、薛涛、花蕊夫人、黄娥等，都工于诗书，在文学上有极高成就。这四种类型都有可歌可泣、可敬可学的故事和事迹，能为今人增长智慧，培育人才，丰富精神家园，是一笔宝贵的精神财富。

（一）先秦才女

1. 禹后涂山氏

禹治水，娶于涂，汶川涂禹山、江州（今重庆市）涂山当是涂山氏原乡。候禹于涂山之阳，女乃作歌，歌曰《候人兮猗》，实始为南音。置于《诗经》十五国风之首，作为国风乐歌典范。

2. 西王母

西王母是被神话了的人物，实际上她是"女和月母之国"的首领，是巴蜀众多女国的"母系文明"的标志。《山海经》所载女国中，尤以记写西王母故事为多。有人，戴胜，虎齿，豹尾，穴处，名曰西王母。西王母所居的"少广"，就是玉山，也就是岷山东段之山，又叫"轩辕之丘"。史上此处多有女国存在，有"女和月母之国"，称其中有"西王母玉阙金堂"，今有金堂县、玉堂镇即西王母文化遗存的地理标志。西王母《天子吟》三章，大意为周穆王问：你为何在西土与虎豹、乌鹊为伍居处？西王母答：这是上天赋予我的命运职责，我既是天帝之女，就得守护好此地一切，以符天帝之望，岂能同凡俗世民之子追求享乐者同论。

3. 巴寡妇清

"其先得丹穴，而擅其利数世，家亦不赀（家资不可计量）。清，寡妇也，能守其业，用财自卫，不见侵犯。秦皇帝以为贞妇而客之"，"为筑女怀清台"，"礼抗万乘，名显天下"。巴寡妇清抵抗楚国楚君对其家族丹砂矿产业的侵夺，守护住了家族的丹砂矿产业，继而在秦灭楚的战争中，以巨大的家族资产帮助了秦国灭楚。巴寡妇清勋业，一在工商经济；二在助秦国统一全国。这才获得"礼抗万乘""筑女怀清台"的荣誉。

（二）汉代才女

1. 卓文君

《史记·司马相如列传》有记，其文曰："临邛中多富人，而卓王孙家，僮八百人，程郑亦数百人。二人乃相谓曰：'令（县令王吉）有贵客（司马长卿），为具召之'，相如不得已，强往，一坐尽倾。酒酣，临邛令前奏琴曰：'窃闻长卿好之，愿以自娱'。相如辞谢，为鼓《一再行》（即汉乐府《东门行》《西门行》两曲连奏）。是时卓王孙有女文君新寡，好音，故相如以琴心挑之。"临邛卓、程两大富豪宴请相如、王吉，相如本不想应酬，但听说卓王孙有女才貌非凡又新寡，相如假装与县令王吉关系友好而愿访于富豪之门，借独奏曲《一再行》（即《东门行》与《西门行》）向卓文君求爱。

文君乘夜私奔相如，相如连夜载文君驰归成都。文君自主婚姻的胆识、人格，相如的男儿求室的非常之举，其勇毅皆非大才女、大才子不能成。文君、相如这一私奔式婚恋，直接突破了当时伦理常俗父母之命、媒妁之言、门当户对的底线，引起轩然大波，《史记》续记道："卓王孙大怒曰：'女至不材，我不忍杀，不分一钱也'。人或谓王孙，王孙终不听"。文君因自主婚恋而获"不材"污名，相如成都之家，贫困到"徒四壁立"（一无所有），为谋生存，文君不顾世俗歧视，想出了回临邛，在乡亲面前，临街巷开小酒铺谋生的从业方法。相如与俱之临邛，尽卖其车骑，买一酒舍酤酒，而令文君当垆（酒馆）。相如身自著犊鼻裈（围腰部），与保庸杂作，涤器于市中。卓王孙闻而耻之，不得已，分予文君僮（矿山工人）百人，钱百万，及其嫁时衣被财物。文君乃与相如归成都，买田宅，为富人。

相如奉旨开通西南夷路，为何能"使，略定西南夷"，其重大成功因由来自其妻卓文君与卓文君背后以卓王孙、程郑氏为代表的"蜀商"们的出力帮助支持。卓文君协助相如为大汉开疆拓土，扩大汉文化治区。

在穷困时刻卓文君敢于放低身份当垆卖酒，做市井小民，大贵大富时刻她不迷失独立人格，不卑不亢守护自己的婚姻家庭。相传"相如将聘茂陵人女为妾，卓文君作《白头吟》以自绝，相如乃止"（《西京杂记》文）

总结卓文君平生才识，可归纳成如下七点：

一是襄助夫君司马相如为大汉重建西南夷道路、政区，促进中华民族文化、经济、政治认同，领土统治，功在千秋。

二是卓文君以智慧、勇毅、突破礼教"父母之命、媒妁之言"限制与世俗门当户对习惯，自主婚姻，私奔相如。

三是婚后家贫，文君突破世俗虚荣之见，保持人格，降低身份，回家乡卖酒。

四是文君以远见卓识获得父亲谅解，并获得在娘家与男儿平等的财产继承权。

五是在夫君欲随俗纳妾之时，文君捍卫家庭婚姻的初心，突破世俗陋习"嫁鸡随鸡，容忍多妻"常轨，敢于自绝于夫婿，夫妻白头之愿得以实现。

六是留下其独立人格、自主婚姻的千古名篇《白头吟》古辞乐府。

七是相如逝后，为相如保护《封禅书》。"长卿未死时，为一卷书。曰：有使者来求书，奏之，无他书"——"其遗札书，言《封禅》事，奏所忠。忠奏其书，天子异之"。《封禅书》是历史上继承古"社稷"祭祀传统，正式建立大一统中国礼仪制度的最高文化地标的首创建议，相如死后五年，汉武帝按相如《封禅书》所言，行封禅大礼之"祭后土"，八年而礼中岳，封于泰山，后为历代君主所效法。

2. 王昭君

王昭君故乡秭归县在汉代属巴东郡巫县，为巴文化区域。元杂剧《梧桐雨》昭君出场亮相，就自报家门："妾身，蜀女也。"

王昭君史事，首见于《西京杂记·画工弃市》故事中。其文曰："元帝后宫既多，不得常见。乃使画工图形，按图召幸之。诸宫人皆赂画。多者十万，少者亦不减五万。独王嫱不肯，遂不得见。匈奴入朝，求美人为阏氏。于是上按图以昭君行。及去，召见。貌为后宫第一。善应对，举止闲雅。帝悔之，而名籍已定，帝重信于外国，故不变更人。乃穷案其事，画工皆弃市，籍其家，资皆巨万"。同市斩首的画工有毛延寿、陈敞、刘白、龚宽、阳望、樊育等大画师。

《汉书·元帝纪·竟宁元年》记载"呼韩邪单于不忘恩德，向慕礼义，复修朝贺之礼，愿保塞，传之无穷，边陲长无兵革之事，其改元为竟宁。赐单于待诏掖庭王樯为阏氏"。王昭君号宁胡阏氏，生一男伊屠支牙师，为右日逐王。呼韩邪单于死后，服从当地风俗，又继续嫁作继位单于其大阏氏所生长子雕陶莫皋为阏氏，生二女。《汉书》所记王昭君史事，可显现王昭君远见卓识，其一，不甘自贱求宫廷画师以貌进见皇帝；其二，匈奴求与汉和亲，昭君自愿和亲，不以远嫁番邦异域为不幸，敢于"独闯"匈奴王庭。其三，嫁入匈奴妻两代匈奴单于，促进匈奴与汉和好，使大汉匈奴边疆安定数十年。其四，昭君子女、孙辈、戚属皆成为促进汉番友好的使者。南匈奴归汉，最后与内地中华文化认同一家，昭君功莫大焉。昭君青冢今留内蒙古，昭君祠祀东巴香溪，其历史功勋永垂青史。

（三）唐五代前后蜀才女

1. 武则天

武则天生于利州（今广元），她是在自汉以来第二次大一统帝国发展阶段，为文化中国的历史发展涂过一抹亮色的伟大历史人物，是初唐时期文化中国的一个特殊文化符号。她对文化中国的历史发展是做出了巨大贡献的。

一是对"文化中国"大一统的贡献。

初盛唐时期从高祖直到玄宗都很注意有关"文化中国"大一统共识的教化，武则天是其中一位有思想、敢行动、有治绩的君主，是值得肯定的一位历史人物。在贞观之治与开元盛世之间，武周起了过渡时期承前启后的关键作用，是初唐文化中国共同体重建和发展的关键人物。她对初唐文化中国大一统的贡献，主要是下列几方面：一是适应大一统文化中国的时代需求，推动隋唐中央集权制度的发展。武则天执政，如果从高宗显庆时期算起，直到她退出帝位，长达五十多年。她对维护中央集权的政治制度采取了两项举措，首先以周官周礼作为号召的旗帜，实际上是用周礼的"文化中国"大一统的内涵灵魂来统一当时的思想。其次由中央专权遴选人才。初唐承隋建立了科举制，这也是大一统国家治理的一大变革。到武则天时代，应科举者达万人之多，武则天亲自出场，御驾雒阳门临试，选取张说的对策为天下第一，这是科举殿试制的开始，殿试中举之风就是武则天吹起来的，以后即成为历代科举的定制。这是有利于中央集权的官制考试模式，是文化大一统，集权于中央观念的产物。二是适应文化中国大一统发展的需求，促进唐朝多元一体、多源一脉的民族文化国家的形成和发展，提升大一统的国家形象。

初唐是中华多元一体的中古民族文化国家进一步发展的新时代。由于李氏王室出身关陇集团，因此，从关陇地区胡汉民族文化长期交融的历史经验出发，促进中国四境民族文化的交流和融会，巩固国家的大一统，提升国家形象，这一华化蕃胡创立的李唐王朝具有天然优势。他们统一全国，不是以少数民族为身份，而是以坚守华夏民族的正统为身份。唐帝国就是在这个多源一脉、多元一体的中华文化大一统的民族认同和文化认同潮流中发展起来的。这是当时历史发展的主流趋势。

武则天在其当政的五十多年里，不仅继承唐朝太宗以来的经营四边，特别是经略西突厥的政策，取得了大破吐蕃和分设龟兹、于阗、疏勒和碎叶四镇的治绩，更为值得重视的是她主动采取了尊重民族文化，促进民族团结的政策。如她建言十二事中有"息兵，以道德化天下"一条，实质就是民族和睦的主张。她在为高宗辅政时期，制定"群臣及四夷酋长朝后肃义门"和"光朝门"的朝仪，四夷"朝皇后自此始"。这种以皇后身份尊重四夷文化的政策是从武则天开始的。她"治铜匦"，"封嵩山，禅少室"，行"封坛"，铸"九州岛鼎"，作"大周万国颂德天枢"，让番夷诸酋都参与制作，还"悉缕群臣、蕃酋名氏其上"。在乾陵神道上，她又在高宗死后镌刻六十藩王石像，至今还可以在残存石像后背发现刻于石上的"木俱罕国王斯陀勒""于阗（国王）尉迟璥""吐火罗王子持羯达健"等国名和人名。这些措施以文化中国眼光看，是展示国家形象、尊重民族文化多元发展、促进民族团结、巩固国家统一、颂德大周万国的标志性文化路标工程。武后也很注意与外国通好的大国形象。唐初，日本国遣唐史和留学生即已来中国，逐步形成留学高潮。武则天还曾送给日本国神武天皇一对"驺虞"（即大熊猫），这是大熊猫充当和平天使的最早记录。这些事例，是文化中国魅力最深刻的体现。武则天对唐朝文化的流传广播，对文化中国影响于汉字文化圈的魅力，是做出了积极贡献的。

二是对文化中国精神价值的发展做出的贡献。

武则天"不知爱身，而知爱人"的个人品德、襟怀抱负。其知人、安民、爱才的思想品德和忧劳天下的情操襟怀是得到公认的。她自己说："朕不知爱身，而知爱人"，"忧劳天下"，"朕于天下无负"，得到后世史家的公认。明李贽《藏书》云："试观近古之王，有知人如武氏者乎？亦有专以爱养人才为心，安民为念如武氏者乎？此固不能逃于万世之公鉴矣。"

她倡导"用文治天下"，"以道德化天下"。上承贞观之治，推动陈子昂改革一代文风，去六朝绮靡，而"皆有一片广大清明气象，真正风雅"；下启开元盛世，导引出"鸣国家之盛"，百家争鸣，存亡继绝，重建中华文化道统和中华精神价值。

武则天十分爱才，用了一批文化人，其中有两位文化标杆人物：一是狄仁杰，代表有唐吏治；另一是陈子昂，代表有唐文治。

最值得重视的是武则天对"鸣国家之盛"的百家争鸣文艺新风的提倡。唐代百家争鸣之风的兴起，是唐文化方方面面均显出革新清丽之风的重要原因。武则天是这个风气继太宗之后的又一个提倡者。王夫之称道她当"子昂与苏安恒、朱敬则、韦安石皆犯群凶"，直言敢谏之际，她却能"持正论而不挠"，能"秉正以抑其妄"。

在唐人心目中，武后文治，也是同贞观、开元一样值得歌颂的。武后文治与子昂高蹈互相激发，表现了唐朝盛世昂扬向上的时代精神。陈子昂高吟"前不见古人，后不见来者，念天地之悠悠，独怆然而涕下！"这样独立苍茫天下为己任的气概，是文化中国核心价值观念的最佳表达。放到时代背景上来看，这也是武后文治催生的最佳文化成果的标志，是武则天作为唐代文化中国核心精神价值体系教化的助产师催生的唐代精神文明的一个文化标志。

三是对"为政以德"——"文化中国"核心教化体系的贡献。

历代的统治者都把"官德"视为教化的开端，最早的官德教育读本出现在西周，唐代武则天撰《臣轨》，是历史上第四部官箴，上承贞观之治时期的《群书治要》，下启五代孟蜀著名的《官箴》，是一部关键时期的里程碑式著作，在文化中国官德教化史上有着重要的地位。

《臣轨》是充满智慧、知识、经验和信息的一本好书。全书的格言警句都是化自七经及诸子百家，旁及列女传等杂书。它体现了武则天的思想，也体现了她之前各时代官德教化的经验，是一本集武周以前历代官德教化之大成的著作。①

2. 薛涛

薛涛，字洪度，中唐代宗大历年间生于长安（今陕西省西安市），幼随在蜀为官的父亲薛郧来成都生活，长于成都，终老于成都，卒于唐文宗太和六年（832）。她性慧敏工诗，八九岁就懂声律，能与父唱和。十六岁及笄，诗名已"闻于外"。父早逝，母孀，为养活一家，遂进入西川节度使韦皋幕府，入乐籍，为乐伎，以"侍酒赋诗，僚佐多士"②为专门职业，历事韦皋、刘辟、

---

① 以上关于武则天论述见谭继和《武则天与文化中国》《西华大学学报（哲学社会科学版）》2014年第6期。
② （南宋）晁公武：《郡斋读书志·薛涛诗一卷》"小传"。

高崇文、武元衡、李夷简、王播、杜元颖、郭钊、李德裕、段文昌等十一镇节度使，韦皋、武元衡先后聘她为军镇幕府"军中校书"[①]，故诗人学者多敬称她为"女校书"。当时与她"竞有唱和"的风流名士，有元稹、白居易、牛僧儒、令狐楚、裴度、严绶、张籍、杜牧、刘禹锡、吴武陵、张祐等，多达二十人，都是"皆以诗受之"[②]的唱和诗友。她多才多艺，曾创新诗笺制作工艺，被称为"薛涛笺"，风行千载。她多智多慧，书法上乘，学王羲之法，仿韦陟"五云体"，笔力峻激，自成一格。她先后居于浣花里、百花潭、碧鸡坊，筑菖蒲花门，建琵琶门巷，创建吟诗楼，著女冠道服，在书香成都过着诗意"仙居"[③]生活。死后，段文昌专门为她撰写墓志铭。其诗作五百余首，最早结为《锦江集》，今存诗九十三首。薛涛是唐代女诗人中诗作最多的代表者，她在世时，就已是"享誉当时"的著名女诗人。她对中国诗史、妇女著作史、竹文化史、中国文化史都有杰出的、独具特色的奉献。

一是在蜀中女文学家中占有秀冠第一的地位。

不仅因为她是唐代女诗人诗作"数量之最"，也不仅是因为她"能篇咏，饶词辩"[④]、"诗思俊逸"（《宣和书谱》）、"诗达四方，名驰上国"[⑤]、"言语巧偷鹦鹉舌，文章分得凤凰毛"[⑥]，更主要还在于她文心高尚，吟竹诗见其托物寄志的高尚修身气节，筹边诗见其忧国忧民、鸣国家之盛的高尚报国情怀，在"心志诗"上起了站立时代潮头的作用。在唐诗文化史上，她在中唐男女诗人群体中占有翘楚地位，是中唐女诗人的魁首。

二是其诗作在唐诗发展史上占有重要地位。

薛涛诗作类型很多，不仅有边塞诗、爱情诗、述志诗、修身诗，也有咏物诗、乡思诗。而最有特色的是她的爱竹、敬竹、吟竹、甄竹诗和筹边楼、谋边城、见边头诗两类。

薛涛吟竹诗的宝贵处，不只在于艺术形象美的欣赏，这是浅表层面；更重要的是，诗作体现出她对源远流长的中华竹文化文脉基因与学术内涵的深入把

[①] （明）凌濛初：《二刻拍案惊奇》"同窗友认侵作真，女秀才移花接木"。
[②] （南宋）晁公武：《郡斋读书志·薛涛诗一卷》"小传"。
[③] （清）詹赞元：《薛涛井怀古》"枇杷花里访仙居"。
[④] （晚唐）范摅：《云溪友议·艳阳词》。
[⑤] （后蜀）何光远：《鉴戒录》卷十"蜀才妇"条。
[⑥] （唐）元稹：《寄赠薛涛》。

握与心灵浸润。她的吟竹诗,是修身明德养性、带来心灵美学震撼的宝贵思想养料。她的《酬人雨后玩竹》:"南天春雨时,那鉴雪霜姿。"正是传承她的前辈杜甫写的《春夜喜雨》的成都"好雨知时节,当春乃发生"而来。"虚心宁自持",这句承袭的是中华民族老祖宗几千年对竹文化风雅颂品德美的祖源记忆:"未出土时先有节,到凌云处总虚心。"越是凌云得意之时,越是能秉持劲节常青、谦虚谨慎的品德。"多留晋贤醉,早伴舜妃悲。"这里两句诗道出薛涛把"湘竹文化"和"竹林七贤"文化的祖宗传统,牢记在心灵深处的深刻认知。

薛涛笔下的竹,还开启了宋以后淡雅飘逸竹韵诗和文人墨竹画的新路。在宋代竹文化标志性人物文同、苏轼身上,更可以领悟到薛涛爱竹、敬竹、崇竹、拜竹审美情趣和神韵的影响。苏轼"宁可食无肉,不可居无竹。无肉使人瘦,无竹使人俗"的优雅竹居、诗意生活的美学观,其中就传承着薛涛创吟诗楼,追求诗意书香生活理想的文脉基因。薛涛竹咏诗的神韵,对宋代文人墨竹画派的形成,有深刻的精神影响。

薛涛诗作唱和诗多,大多数都是友朋唱和与节度游宴。诗作内容多是为民为国而鸣,甚少为个人不幸而鸣。这两大特点的形成,是中唐时期新乐府运动的时代诗风与唐声诗唱和风习环境的产物。

诗友交往唱和,"多务朋游,驰逐声名"[1],是中唐的时代特点。元稹、白居易是中唐次韵酬唱之风的倡导者,新乐府运动正是在中唐唱酬诗风习下发展起来的,白居易、元稹是中唐新乐府运动的倡导者和精神领袖。白居易、元稹、王建、张籍、杜牧、刘禹锡都是新乐府运动的干将。脍炙人口的新乐府、长篇排律和不少佳作,就是在唱和环境下创造出来的。巧的是,他们都是薛涛的诗友。薛涛"出入幕府""历事十一镇"与二十位名士"竞有酬和""皆以诗受知"。[2]薛涛的才华就是在这种唱和中显露出来的。元稹也是因薛涛献《四友赞》诗而惊其瑰丽才华,方在唱和中以诗回赠:"锦江腻滑蛾眉秀,幻出文君与薛涛。"感叹蜀中女儿才华是蜀中山水人文环境钟灵毓秀孕育出来的。"言语巧偷鹦鹉舌,文章分得凤凰毛",薛涛文章如同鹦鹉一样的灵巧,凤凰一样的奇瑰,这是从薛涛赠元稹的唱和诗中感觉到的;"言语"争奇斗

---

[1] 《旧唐书·高郢传》。
[2] (南宋)晁公武:《郡斋读书志·薛涛诗一卷》"小传"。

胜，这是从唱和游宴上唇舌交锋感知出来的。"纷纷辞客多停笔，个个公卿欲梦刀"，这更不得了，个个男人，不管是公卿，还是辞客，都超不过一个女人，甚至望而生畏。这样的赞誉，出自创"元白体"、为中唐诗歌首席的元稹，可见薛涛的唱和诗在中唐诗歌群体中的价值是超一流的。薛涛的绝句作为独卓"一派"，在中唐唱和诗歌发展史上占有一流地位。①

薛涛是推动中唐唱和诗歌发展的佼佼者，是"鸣国家之盛"的时代歌手，也应该是中唐新乐府运动群体中的一员主将。她在中华妇女文学史上，当之无愧是最杰出的女诗人，与最优秀的宫词女作家花蕊夫人、最杰出的女词人李清照相比，也是可以鼎足而立的。

三是生长在"古代东方音乐之都"成都的女音乐家。

薛涛十六岁进入成都幕府乐籍，作乐伎，一直被污名化为"妓女"。其实"乐伎"不是"娼妓"，是唐代宫廷内设音乐教坊，对乐伎（座部伎和立部伎）的称呼，唐玄宗就常作教坊乐伎队的司鼓手，怎么能说是妓女呢？玄宗逃难入蜀，把朝廷教坊乐伎带来成都。这个朝廷"教坊"制度，被成都节度使军中衙署所承袭，不敢再用"教坊"这个御用名称，就只能称为"乐籍"。薛涛加入的是地方节度使组织的"乐籍"乐团，不是节度使养的娼妓，而是具有"乐伎"身份的女艺人（今天就叫"女音乐家"）。

她给武元衡的诗"蜀门西更上青天，强为公歌蜀国弦"，证明她是传承"蜀国弦"的大古琴家。

四是中国书法史、中国造纸史上的女革新家。

薛涛是"行书"书法家，学王羲之法，承传韦陟"五云体"。她发明特殊用纸"薛涛笺"。因旧的成都笺，纸幅大，不便写诗，她便用木芙蓉皮作原料，加入芙蓉花汁、桃花汁，制成深红色精美小彩笺，被称为"薛涛笺"。又因是居于浣花溪时所制，故又称"浣花笺"。因笺纸色彩多，故又称为"十样笺"。今已成为著名的非物质文化遗产。今成都市望江楼公园内的薛涛井是明蜀王制作贡用的薛涛笺用水处。只有三月三，上巳日，修禊天，该井方漂娇红纸，这就成为三月三上巳竹文化节游望江楼的民俗。对薛涛的敬重，活在成都人心里，大可点赞曰：水润文明，江流千古。才女秀冠，江楼千古。回首看千年文脉，望江楼上望江流。向未来拓展新路，才女地标如明珠。

---

① （明）钟惺：《名媛诗归》"绝句一派，为今所难"。

3. 中唐浣花夫人任氏

任氏乃成都民女,崔宁将蜀时纳为妾,既有智慧,又有武功。在崔宁入朝,南蛮贼帅趁机袭扰成都,剑南局势濒危之时,任氏出家财募勇士,成立敢死队,自身率队进逼贼帅,将贼帅杨子琳逼出成都,击溃贼兵,休境安民之功卓著,方志记述朝廷因功赐赠其荣誉为冀国夫人。前蜀王建又尊任氏为"佑圣夫人"。民间呼为浣花夫人。清光绪十二年(1886)成都知府黄云鹄在杜甫草堂重建浣花祠,塑浣花夫人坐像,并立《重建唐冀国夫人任氏祠碑记》,此祠今为成都杜甫草堂花径中一景点,供人瞻仰。

4. 黄崇嘏

黄崇嘏,前蜀时临邛人(今成都邛崃市),在"吏事明敏",有王佐才干。此女父为"使君(县令)",父亡,居常为男装,且参加剑南西川乡试,成为"乡贡进士"。王蜀宰相周庠举荐其出任相府司户参军,欲招纳为子婿,崇嘏不得不留诗表明女扮男装,"自服蓝衫居郡椽,永抛鸾镜画蛾眉","幕府若容为坦腹,原天速变作男儿"(《辞蜀相妻女诗》),亮明女儿身,连夜宵遁,不知所终。其家乡今临邛火井镇有崇嘏山,是纪念她的历史遗存。明代文坛巨子福建徐渭名著《四声猿》之第四声《女状元辞凰得凤》,即写黄崇嘏故事。清乾隆进士杨潮观任四川邛州知府时,不仅在卓文君妆楼旧址建"吟凤阁",还到州属火井镇山上探考到黄崇嘏墓,为生铁坟,在坟前立祠纪念。

5. 王蜀(前蜀)孟蜀(后蜀)宫廷女词人群

前后蜀有两个宫廷女诗人群,都被称为"花蕊夫人"。

前蜀宫妃诗人群,由王建宫妃徐氏姊妹及王衍宫人李舜弦、李玉箫组成。徐氏姊妹为成都青城山徐耕所生,皆有国色,皆能诗,被称为"花蕊夫人"。李舜弦为土波斯(即数代前由波斯国迁来蜀中梓州定居,称为"土波斯")李珣之妹,兄妹二人存诗皆辑入《全唐诗》。

后蜀(孟蜀)宫廷女诗人群由孟昶宫妃花蕊夫人费氏及宫人张丽华为代表。孟昶宫妃花蕊夫人《宫词》百首为后世保留了唐五代宫廷文化生活的丰富历史资料,与中唐诗人王建并称唐五代两大宫词诗人。

(四)宋元明才女

1. 刘娥

北宋辅政、主政二十余年的女政治家刘娥,成都华阳人,是宋代临朝称制最有成绩的女政治家。刘后少孤,由母庞氏在华阳(今成都市双流区华阳镇)

抚育，生计艰难。十五岁入襄王（宋真宗初封王时名号）府。刘后出身军旅世家，从小即善军乐鼗鼓。宋真宗大中祥符五年（1012）十二月被立为皇后。刘后以其德才，参决朝政，深得真宗信赖。《宋史》刘后传记述说："后性警悟，晓书史，闻朝廷事，能记其本末。真宗退朝，阅天下封奏，多至中夜，后皆预闻。宫闱事有问，辄傅引故实以对。""帝（真宗）久疾居宫中，事多决于后。""真宗崩，遗诏尊后为皇太后，军国重事，权取处分。"刘后陪伴少年仁宗处理朝政，"皇帝视事，朝夕在侧"，"号令严明，恩威加天下"。刘后赤胆忠心辅佐仁宗往仁爱君主成长，获得仁宗的由衷感激敬爱。宋仁宗不仅"以皇太后生日为长宁节"（宋史·仁宗本纪），更率群臣多次为母后"上寿"，两次诏上刘后"尊号"。

刘后纳谏尊贤，重视文教。"皇帝听断之暇，宣诏名儒讲习经史，以辅其德。"刘后任用了一批贤能名臣，吕夷简、陈尧佐、范雍、晏殊等。刘后辅佐真宗裁决朝政十余年；仁宗即位，又临朝称制十余年。刘后垂帘主持北宋朝政二十余年，宋仁宗为刘后培育，刘后临朝，对仁厚政风之培育养成，功莫大焉。

2. 苏轼之母程氏夫人

苏轼才德绝世，光耀中华文化史、文学史、思想史，有赖自幼之母教立德成才。程氏眉州人，通经史、有气节。因夫学四方，程氏亲教二子苏轼、苏辙读书。"闻古今成败，辄能语其要。"一次程氏读《后汉书·范滂传》慨然叹息，苏轼请教母亲说："轼若为滂，母许之否乎？"程氏曰："汝能为滂，吾顾不能为滂母邪？"程氏夫人鼓励少年苏轼学习东汉桓灵二帝时名士直臣范滂，程氏慨然教诲苏轼：你能做范滂。不惜犯险立节，谋家国之义，我何尝不可以学范母，鼓励儿子持正立节，程氏夫人母训家教，传承历史，升华人格。苏母程氏，贤圣才识之母。

3. 黄峨

黄峨字秀眉，遂宁人，明南京工部尚书黄珂二女儿，母聂氏夫人。黄峨少秉家教，知书达理，工善文辞，有识见担当。二十一岁嫁入四川新都县杨氏家族，成为状元、翰林修撰三十二岁之杨慎的继室。二十二岁随夫返回北京杨家。杨慎奉旨为钦差，揩夫人回成都代皇上祭祀江渎神，又祭扫明蜀王陵寝。黄父病逝，黄峨随夫回京复命。黄峨二十七岁时，其六年左右的"首辅媳、状元妻"高光生涯结束，直至七十岁，为刑徒杨升庵家属时期，长达四十四年，此是黄峨生平最艰难，也是她显示卓越才识的漫长时期。这一时期黄峨亲历杨家社会政治地位悬崖式跌落，夫君流放充军服刑，终身不赦。她独自支撑杨家族运文脉，守护家园四十余年。"宜人少受庭训，有才识，工笔札，尤长于诗文。有曹大家风。既嫔予北京焉，闺门肃穆，文宪公（杨慎）亦严惮之"。

前人共认黄峨文才可前继李清照，后启江南顾太清，而其识见干练可媲美前蜀女状元黄崇嘏，其母仪母德可比美汉代贤母张汤之母。黄峨才识成果有两大业绩可入青史：

一是她勇敢智慧，支持夫君杨慎坚持志节，不负初心正色立朝。杨慎坚持礼法大德，处逆境数十年，终不改其气节，成为有明一代学问著述最渊博丰富的文化巨人，是黄峨的支撑坚守成就了逆境中的杨升庵。黄峨在杨慎三十九岁至四十二岁的两年多时间内，陪侍夫君度过艰难的身体心理创伤苦日。黄峨保护的不仅仅是她的夫婿，她保住了中华文化史上一位百科全书式巨星。

二是她成功守护了新都杨氏的书香家世与书香文脉。黄峨执书亲授子弟诗书，而黄峨自作诗不多，亦不稿，但其夫杨慎每得夫人稿而叹赞。于是黄峨词曲作品得以流传，其诗作有《杨夫人词曲》行于世。黄峨纪纲家务同时，常"浏览家藏群籍，每有诗词寄外，为时传颂"。绝世才女黄峨，就在"天涯极目空肠断"的悲剧生涯中，以超人才识创造了奇迹。

4. 秦良玉

秦良玉为明末人，生于忠州城西关外鸣玉村，名贞素，为贡生秦葵长女。幼慧，既课章句，通经史，晓大义，又习兵法、武艺。石柱世袭土司马千乘闻良玉文武双全，以礼娉娶，良玉为妻不久，即励志夫君马千乘，生当乱世，天下多故，男儿须立功万里。马千乘于是与妻秦良玉共同"治兵"，每号令处与妻商谋。石柱土司兵将皆敬畏土司夫人，且乐为之用。

马千乘死，由妻良玉袭土司之职。秦良玉以石柱土司，而因战功被授总兵官（明代唯一的女总兵官），又以勤王护国战功被明廷赐"蟒袍"，封一品夫人。崇祯帝更写诗四首专赠良玉，褒奖其护国功勋。南明隆武二年授以"忠贞侯太子太保"荣衔。

秦良玉生平保家卫国，保境护民战功赫赫，身经百战。尤以五大战功彪炳史册。第一战功，南征播州（今贵州遵义）平定杨应龙叛乱。第二战功，奉天启帝旨出师援辽卫国。良玉时为石柱土司，闻诏，立即派兄秦邦屏、弟秦民屏先以数千人北征。良玉自统精卒三千人继赴。援辽卫国之战结束，天启帝诏加秦良玉二品服。兵部尚书张鹤鸣奏言："援辽浑河血战，首功数千，实石柱土司功。"第三战功，天启三年（1623）平永宁土司奢崇明暴乱，解成都、重庆两城危困，保成渝两地安全。第四战功，崇祯三年（1630）奉诏勤王。秦良玉以家财济军饷，率兵北征。第五战功，崇祯七年起，秦良玉尽自己之力在巴蜀大地保境安民。秦良玉以石柱为基地忠于明廷，至张献忠灭亡，石柱未沦陷，人民未遭张献忠屠掠。

秦良玉文武双全，通经史，善诗文，精骑射。惜乎她使用过的兵器无存，她的诗文又毁于兵火，今幸存文物有：石柱县城东二十里万寿山上之万寿寨遗址，石寨驻马关石门旁石壁上所刻秦良玉手书"万寿山"三个大字。寨内当年兵营旧址、点将台、练兵场、官井等遗址尚存。秦良玉蓝缎金绣蟒袍、黄金甲胄、黄缎金绣花蟒凤衫等遗物，原藏石柱县秦良玉家庙，现藏重庆市博物馆，

秦良玉宏伟功业，后世多有赞辞。

辛亥革命中，光复会女将烈士秋瑾曾作《满江红·赞良玉》，其词曰：

肮脏尘寰，问几个男儿英哲？算只有蛾眉队里，时闻杰出。良玉勋名襟上泪，云英事业心头血。醉摩挲长剑作龙吟，声悲咽。

自由香，常思爇。家国恨，何时雪？劝吾侪今日，各宜努力。振拔须思安种类，繁华莫但夸衣袂。算弓鞋三寸太无为，宜改革！

郭沫若作颂诗《秦良玉四首》评价"石柱擎天一女豪"，引二首如下：

一

石柱擎天一女豪，提兵绝域事征辽。
同名愧杀当时左，只解屠名意气骄。

二

平生报国屡争先，隆武新颁瞬二年。
八月关防来蜀日，南朝天子又宾天。

（五）清代才女

清代乾嘉以后，巴蜀云贵川三省陆续出现了成批的诗文书画才女。捱今人胡文楷著《历代妇女著作考》及晚清一些四川县州方志所载，兹统计如下：四川省有姓名、有著作、被录载的女子诗文作者约五十二人。按作者生活地

区可分为两组，一为成都市及周边二十七人，一为成都地区以外四川地区约二十五人。从云贵川三省呈现的清代妇女文才看，可以析出以下特点：一是三省才女展才领域基本上止于家事与个人经历吟咏，社会视野狭窄，礼教束缚局限性大，纵有诗作，也常标以"绣余"闲趣。二是妇女诗人基本上出身社会中上层——尤其世家大族或优越书香之家。三是四川文学才女更接近江南才女风气，在追求自重自立地位上，清代江南才女心灵醒悟较快，然而蜀女秉持自立自重传统，却在行为实践上比江南才女走得更快更远。

1. 左锡嘉

左锡嘉，晚清成都华阳县才女，才士曾詠之妻。左氏本出身江南世家，江苏阳湖人，自幼好学明理，八岁失母，入京侍父承教读书。二十岁嫁华阳户部主事曾詠。一次左氏赴其姊召入赣州，刚抵赣，太平军进逼吉安城警闻。左锡嘉凭自己对吉安地形的了解，立刻致书曾詠为之筹划守城之策。战后验证其策，一一关合，表现出杰出的军事才能。吉安退敌复城一战获得湘军统帅曾国藩赞赏，遂调曾詠到要塞安庆军主事。曾詠在安庆军积劳成疾，竟殁于安庆军营中。锡嘉决定扶柩奔丧回曾詠故乡西蜀华阳。从江西至成都华阳，由长江转岷江，逆水上行，滩多、峡多、风雨浪涌无常，加之水陆盗贼，乱世兵祸。一路行程只能靠胆魄、智计克服，在转入岷江行船时，竟在犍为县江段的叉鱼滩遇没顶之险，船触礁石破碎，浪骇桅倒。锡嘉抱夫君灵柩长号，竟乘破舟渡滩登岸。后来锡嘉凭自己真实经历绘了一幅《孤舟入蜀图》。家贫仅茅屋数间，一位寡妇带着三男四女一群孩子贫无所依，锡嘉毅然在华阳城"悬格卖画"，又凭自幼习就的书画、工艺才能、仿照蜀俗染通草剪制成彩色花鸟出售。"一时见者各惊其妙，于是求画者、乞花鸟者络绎门前。家中生计渐次宽裕。锡嘉凭自己的才艺养活一家人。迁居浣花溪，留下诗书画：卜宅与杜甫祠为邻。最后以六十五岁之年卒于其子曾光岷官舍。左锡嘉诗文、绘画遗存甚丰，超过当时纭纭士大夫。

左锡嘉晚年，人敬称为冰如老人。西蜀大儒廖平在《冷吟仙馆诗余》"序"中对冰如老人诗词，尤其词作出高度评价。廖"序"说："太夫人之词，意在笔先，声叶字表，如行云卷舒，流波跌宕，良不易得。缘其性情蕴籍，故能以婉约出之。而又得玉田清宫之旨，不必从追琢中来，自然流露，无不拍合。斯亦甚矣"。

左锡嘉"奇"女子，长于江南水乡，成就于巴山蜀水。锦江浣溪是她精神归属的故乡。

2. 曾懿

曾懿，字伯渊，冰如老人左锡嘉长女，从小受母教，存母风，工书画，善诗词，其诗作传世《古欂堂集》（诗词总集）四卷，《女学篇》，《医学篇》，其中，献出了"伤寒，湿病"的有关治疗土方，至今犹有其价值。

3. 曾彦

曾彦，字季硕，华阳人，有《桐凤集》二卷，此女工诗画、作篆隶、善词。曾彦为曾懿胞妹。嫁汉州（今广汉市）张祥龄为妻，张时为成都文翁石室礼堂都讲，传授张栻之学，时常到相邻的尊经书院与诸生讨论学问，同学们在书院山长王闿运前"多言"张氏之妻曾氏明慧，工诗、书、画。后张、曾夫妇与王闿运结下一段尊贵友谊。王闿运《桐凤集·序》对曾彦的才华甚为叹服，评价她"业术精进"，乃至其学业水平超过其夫张祥龄。曾彦所作词翰放在尊经书院"高才生卷中，辄得高等"。后王闿运返乡，张祥龄携妻漫游吴越期间，"张生复以曾（彦）诗刻本来质余（王闿运）"。张氏言准备待王闿运点评指教后重新刊刻，王闿运说："览其诗，篇篇学古，格律无复俗华靡，而风骨亦洁。视在蜀时又异。""余既嘉曾氏有丈夫之慨，又悲夫晚近议论不探其本以枉遇人材。"曾彦，又一位突破"闺阁"局限，而有"丈夫之慨"的巾帼奇女。

七、天数在蜀

"天数在蜀"指的是巴蜀天文学有犹特的传统。蒙文通师根据吕子方先生的历法研究，一再指出：天数之学是"巴蜀古文化的特点"，是"蜀人自己的传统文化"，是在"文翁之前"就已有的"巴蜀独传之学"，不是"文翁兴学"传习中原儒学才带来蜀中的。他认为"辞赋、黄老、天文（按：此专指卜筮历数）"这三门是"巴蜀早期原有的高级文化"，是"别自为系"的土著学问。这三门学问在巴蜀各自都有自己的"杰出代表"："辞赋"是司马相如，"黄老"是扬雄之师严君平，"天文"是落下闳。而他们并不是各自只专一门学问，相反，他们每一家都是会通综合这几门学问成为百科全书式的大家。"把辞赋、黄老、阴阳、数术合为一家的风气"，就是他们倡导和推动起来的，并且使之成为"巴蜀学术风气的特色"，两汉时期更是凸显这一特色的亮点阶段。巴郡阆中从两汉时期开始即成为中国天文学的一个重要中心和文化地标，就是这些"杰出代表"作为时代的弄潮儿勇立潮头，错综古今，会通天文人文带来的结果。[①]

巴蜀古天文历算法研究，具体说来，有三大特征：一是"黄老灾异见长"，二是"天文推步知名"，三是历算天文，"别自为系"，独成"一派"。正如蒙文通师所划分的中国古历法研究的创制、成立和改进三个时期，巴蜀天数之学都有自己独特卓绝的贡献。[②]

（一）中国历法的创制时期

"历数之起上矣"，"自伏羲画八卦，由数起""至黄帝尧舜而大备"[③]。由伏羲至五帝，直到夏连山、商归藏、周易等"三易"出现，是中国古历法数术之学从初始探索走向完备创制的时期。从伏羲时代起，中国人在世界文化史上首次运用人类初始数象文明的思维，发现"阴""阳"两个宇宙数术元素，即宇宙万物内部的矛盾性规定事物对立统一的两面的运动和变化的规律，可以因不同位置的多次排列组合，形成三爻八卦、六爻六十四卦。这些卦爻符号是人脑中抽象出来的数字化概念，用以仰观俯察宇宙万物，记录复杂的天象人事，以数成象，以象记事，以事用术。这整套抽象思维方法，叫作"数术"，实质就是古人观察宇宙万物的原始的符号阐释学、概率学、模糊数学的结晶，总称为"易"，经过五帝时代和夏商周三代不断地传习、转型和创新性完善，形成"完备"的天文数术之学与象数易学。它的基本原理：阴阳二爻的变化遵循"010101"的二进位原理进行，现代计算机二进位编程数码的"祖源"，这是中华民族祖先贡献给人类的最古远最伟大的文明智慧。

在这个时期，巴蜀对中华古天文学最大的贡献是"五帝"之一、生于蜀中若水[④]的高阳氏颛顼。他"命南正重司天，火正黎司地"，[⑤]设置专司天象的职官"南正重"，创制了"建亥"即十月为岁首的"颛顼历"。颛顼是巴蜀创造天文学的第一人。

---

① 参见蒙文通《巴蜀史的问题》，《蒙文通全集》第四册，巴蜀书社2015年版，第163页。
② 参见蒙文通《巴蜀史的问题》，《蒙文通全集》第四册，巴蜀书社2015年版，第163页。
③ 《汉书》第四册，卷二一（上），"律历志第一上"，中华书局1962年版，第955页。
④ 《吕氏春秋》卷第五"仲夏纪第五""古乐"条，《诸子集成》第六册，中华书局1986年版，第52页。
⑤ 《汉书》第四册卷二一（上），"律历志第一上"，中华书局1962年版，第973页。

巴蜀第二个天文历法家是春秋时期周灵王的大夫方士苌宏。① 他乃"周室之执数者也",就是掌握"历术"的天文学家②,"号知天道"③,"天地之气,日月之行,风雨之变,律历之数,无所不通"④,是春秋时代最伟大的天文学家。他留下了"苌宏死于蜀,藏其血三年,化而为碧"⑤ 的凄美故事,"蜀地应该有他的学术传于后代"⑥。

(二)以汉武帝"太初历"为文化标志的中国历法成立时期

汉武帝太初元年(前104年)颁布的"太初历"其文脉传承至今,是中国农历正式成立的文化符号和第一标志。在汉武帝之前的历史时期,中国历法一直无法固定。"夏正"建寅,以正月为岁首。"殷正"建丑,以十二月为岁首。"周正"建子,以十一月为岁首。"颛顼历"建亥,以十月为岁首。该历主要运用在秦人区域,故秦朝用"颛顼历",直到汉初一百年间还在使用,但已很不适合当时天象与农时的实际情况,还引起一场历书是非的争论,故汉武帝决心改历。从元封元年(前110年)起,即敕命招致当时民间治历的宿学耆老唐都、落下闳等二十余人研究实际天象以改历。经过长达七年的研究、考正和实证,证明当时汉代"日辰之度"的实际天象与"夏正同","乃改元""以(元封)七年为太初元年",建寅为岁首⑦,太初元年(前104)颁布新历,命名为"太初历",年号也改曰"太初",即太古旧历作废,新历初始启用

---

① 苌弘为何时人,有三说:一说为"周宣王之大夫",见于《淮南子》"氾论训"高诱注,载《诸子集成》第七册第223页;二说"苌宏以方(言方怪者)事周灵王",见于《史记·封禅书第六》,中华书局1981年版第4册第1354页;三说为"周敬王大夫",见《吕氏春秋·孝行览第二》"必己"条高诱注,《诸子集成》第六册,中华书局1986年版,第155页。今取周灵王说。
② 《吕氏春秋·孝行览第二》"必己"条高诱注,《诸子集成》第六册,中华书局1986年版,第155页。
③ 《淮南子》卷一三"氾论训",《诸子集成》第七册,中华书局1986年版223页。
④ 王先谦:《庄子集解》卷七"外物篇"第二十六,《诸子集成》第三册,中华书局1936年版,第176页。
⑤ 王先谦:《庄子集解》卷七"外物篇"第二一六,《诸子集成》第三册,中华书局1936年版,第176页。
⑥ 蒙文通:《巴蜀史的问题》,《蒙文通全集》,巴蜀书社2015年版,第163页。
⑦ 《史记·历书》,中华书局1959年版,第1261页。司马贞"索隐":"(汉)以前历四千六百一十七岁",至元封七年"改以建寅",故"改元封七年为太初元年"。这里,推算汉以前历书已有四千六百一十七年,至汉元封七年始改用新历,故名"太初"。

之意。①两千多年来，该历作为中国农历的标本和改进的基因一直薪火相传至今，故这是中国历法成为一门有体系有理论系统的科学的标志，是中国古历法发展史上革故鼎新、推陈出新的伟大事件。而对这个伟大的标志性事件做出最大贡献的历法科学家则有巴郡落下闳。

落下闳是有汉一代"首屈一指的历数家"②。班固在《汉书》中特别提出"历数则唐都、落下闳"两位天文历数代表人物，他们是"汉之得人，于兹为盛"的名人星空中闪亮的星辰，"是以兴造功业，制度遗文，后世莫及"。③班固肯定在天文历数学方面建功立业和制度创新两方面，唐都和落下闳是"后世莫及"的科学家。两人又各自有其专业和不同的作用："方士唐都分其天部，而巴落下闳运算转历。"④唐都的专业是"天文"，专在分剖"天部二十八星宿"的"距度"⑤，而落下闳的专业才是"历数"，故闳的职责是"运算转历，其法以律起历"。⑥由于他历数最为精确，故以他为首组织了邓平等二十余人的团队，"皆观新星度，日月行，更以算推"，证明"'太初历'晦朔弦望（指月球），皆最密，日月如合璧，五星如连珠"⑦。如此准确，如此精度，亘古未有，"太初历"才真正研制成功，这是中华民族对世界天文历数文明"比寿不更"的伟大贡献，不可忘记落下闳的奠基之功。尤其可贵的是，他不仅富有创造创新精神，尤重民为邦本，淡泊名利，隐于落下，拜官不受的高贵明德，引领风尚，至今仍是巴蜀老祖宗楷模。⑧

落下闳对天文历法学的主要贡献如下：一是坚持天象实测，创造八十一分法，即近代连分数方法的雏形，第一次测算出一百三十五个月的日食周期，使"太初历"建立在科学基础上，预测出积八百年才有一天的误差。他建立的

---

① 《史记·历书》第四，中华书局1959年版，第1260页。
② 蒙文通：《巴蜀史的问题》，《蒙文通全集》第四册，巴蜀书社2015年版，第158页。
③ 《汉书》第九册卷五八"公孙弘卜式儿宽传第二十八""赞曰"，中华书局1962年版，第2634页。
④ 《史记·历书》，中华书局1959年版，第1260页。
⑤ 《史记·历书》，中华书局1959年版，第1261页，裴骃集解："《汉书音义》曰：谓分部二十八宿为距度。"
⑥ 《汉书·律历志》，中华书局1962年版，第975页。
⑦ 《汉书·律历志》，中华书局1962年版，第976页。
⑧ 《史记·历书》，中华书局1959年版，第1261页"巴落下闳运算转历"一句，司马贞"索隐"引《益部耆旧传》云："闳字长公，明晓天文，隐于落下，武帝徵待诏太史，于地中转浑天，改颛顼历作太初历，拜侍中不受。"

以孟春正月为岁首的历日制度，形成两千年春节元旦习俗至今。二是他推算出金木水火土五大行星会合周期，改革润法，以天中气之月置润，使"太初历"直接为农业生产服务。三是开创了"浑天说"，创制"浑天仪"，又名"员仪"，于地下运用水力发动"转浑天"，测定时节，这是世界最早的天球仪、浑天象，欧洲直到公元16世纪才产生同等水平的测天仪器。其"浑天说"代替了"盖天说"，构建了中国古代关于"宇宙图像"的代数结构，是最早的中国古代天文学的集大成者。四是测定太阳的黄道运行沿二十八宿"距度"的位置，可以精密定时节。五是为其家乡阆中成为中国天文学中心地标的奠基人。阆中任文公观象占星，记录日食，周舒、周群、周巨祖孙三代在阆中建立汉代第一个民间天文台，就是苌闳的历算文化基因浸润的结果。巴蜀天文学素有盛名，西汉达到高峰，就是落下闳推动的结果。[1]正因为落下闳是"中国天文史上最灿烂的星座"[2]，故国际天文学联合会于2014年命名一颗新行星为"落下闳星"。

（三）中国历法的改进时期[3]

在汉魏时期以后，中国农历进入传承太初历根脉星火，不断创新性转型时期，每个朝代都重视新历的颁布，故又称"皇历"。又因认同黄帝以来中国天文学共同体，故又称"黄历"。同时，天文学也得到进一步的发展。巴蜀地区的天文学家对中国天文历数学，皆比肩落下闳，做出了新的贡献。到唐宋，巴蜀迎来了天文学又一个发展的高峰时期。唐宋巴蜀天文学有两大特点：一是阆中成为天象学家定居，观测天象的中心。二是重视宏观数术的创新。这一时期杰出的代表人物有袁天纲、李淳风、杜光庭、陈抟、秦九韶、黄裳等。

袁天纲，临邛人，唐初著名占星风鉴学家。李淳风，简州人，唐初著名历算阴阳学家。二人友善，相约隐居阆中，研究天象数术。袁天纲在阆中蟠龙山筑观星台，以占天象。李淳风最卓越的贡献是对《周髀算经》《九章算术》

---

[1] 以上五个方面成就，根据吕子方、蒙文通、徐南洲、查有梁等先生意见归纳。见吕子方：《天数在蜀》，《大自然探索》1984年第1期；蒙文通：《巴蜀史的问题》，《蒙文通全集》第四册，巴蜀书社2015年版；徐南洲：《古巴蜀与山海经》，巴蜀书社2008年版；查有梁：《世界杰出天文学家落下闳》，四川辞书出版社2009年版。
[2] 李约瑟：《中国科学技术史》卷四《天学·浑天说》，科学出版社1975年版。
[3] "中国历法的改进时期"一节材料，多取自侯天良《巴蜀天数》一书，为未刊稿，提供使用，谨致谢意。

等十部算经整理作注，为宋元数学的高度发展奠定了科学基础。他著《乙已占》，记载风向器，是世界天文学史上首次使用的定风向、定风力并且为风力定级的测向器。唐玄宗时蜀中天文学家梁令瓒继承落下闳，创制当时已失传的"开元水运浑天仪"。五代末北宋初的陈抟是巴蜀天数学的继承人，"先天太极图"即"天地自然之图"的创立者。他的籍贯有多说，可认定在蜀中普州（今安岳），他在普州所居的时日亦最长，今安岳留有他的历史遗存和历史遗迹。他绘制了《太极图》《无极图》，注《易龙图》，开启了中华图像易学。他传与周敦颐，再传程颢、程颐，"二程"在蜀中习易，概叹"易学在蜀"，可见陈抟易学对宋明理学有直接的影响。北宋时期巴州人张思训创制"太平浑仪"。南宋时，普州（今安岳）人秦九韶在理宗淳祐七年（1247）著《数书九章》，代表了中世纪世界数学的最高水平，其所创的"大衍求一术"已采用高次代数方程数值解法，是划时代的数学巨著，在世界数学史上占有创意创新的崇高地位。还有一位蜀中剑州（今剑阁县）人黄裳为南宋嘉王（后进位宁宗）幕府，他深通天文，首绘古代世界最先进的"全天文图"，献给嘉王，刻于碑石，现今犹存于苏州碑林博物馆。清代江津女子江惠绘制《天文扇》，撰写天文著述《考订中星图》，是"蜀中自古多才女"中唯一一位女天文学家。

现当代四川则出了一位世界级的数学家阆中人张鼎铭先生，是线性积分方程和函数论研究的知名数学家，攻坚世界著名数学难题"费马大定理"，是世界模糊数学"拓扑学"的著名大师。①

总之，巴蜀天数历学有悠久古老的传统，从古至今，在中国乃至世界的天文学、数学、易学发展史上都占有重要地位，做出过卓越贡献。吕子方先生提出"天数在蜀"的论断，确是得当之论。

八、易学在蜀

"易学在蜀"是宋代理学家程颐说的话。程颐、程颢两兄弟的学说很受巴蜀的影响。这两兄弟年轻时随其父、广汉太守程珦游成都，在成都大慈寺外草市上看到一个卖箍篾桶的老翁，手里拿着本《易经》，正在研读。两兄弟很奇怪，准备上前诘问，不料，箍篾老翁先发问："你常学《易》吗？为什么

---

① 以上"中国历法改进时期"一节材料，多取自侯天良《巴蜀天数》一书，为未刊稿，提供使用，谨致谢意。

《易经》最后一卦是'未济'？"二程答不上来，老翁回答说："三阳皆失位也。"这句话使二程恍然醒悟，懂得了"未济"卦象"三阳皆失位"，说的是该卦"天地不交，水火未济"，每爻都不正位，但都可以有接应的大道理。"既济"与"未济"两卦结合，就是指天地自然与人类社会都是"阴"与"阳"对立面的矛盾与统一，这是永恒的规则与发展动力，是中华祖先表达的世界最早的原始朴素的辩证法思想。后来，程颢晚年注《易》，专门记载了"三阳失位"这一说，还申明其主旨来自"成都隐者"。有一次蜀人袁滋到洛阳，专门向程颐求教易学，程颐劝告他："易学在蜀耳，何不到蜀中往求？"袁滋就回四川访问，在富顺县遇到卖香薛翁，也有说是卖酱薛翁，不管是卖香还是卖酱，袁滋都向他执弟子礼求教，大有所得。还有记载，说四川的"夷族"（少数民族）曩氏也深通《易经》。可见宋代那个时候，四川的易学是很兴盛的，连"二程"都自谦不如蜀人，也可见蜀中易学的水平了。顺便说一句，北宋儒、释、道三教融合为一，是当时学术发展趋势。程颐来到四川，读了很多书，把儒、释、道融为理学，总其大成，四川是其学术奠基之处。

易学在蜀，渊源有自。谢无量先生云："原夫伏羲画卦。神农重卦立象。其后'连山''归藏''周易'曰'三易'。'连山'禹制之，汉时藏于兰台（或曰神农号连山氏。然桓谭亲见连山数万言，当是禹所为，久佚。后传刘炫伪本亦亡，惟扬雄太玄有云益拟连山者）。归藏亦湮灭。独后周卫元嵩（什邡人）造玄包明其学、周易自汉盛至今，亦惟蜀人能传之。传曰孔子以易授商瞿。瞿，成都人，其墓在今双流县。瞿以下至汉诸儒无他宗，虽各植门众，持说小已，要皆出于瞿己。及王弼之徒以人事测易，易几亡绝千年。有宋之初，陈抟兴于安岳，传先天图，易复明，邵雍尤能治之。其时蜀士多明易，天下谓易学在蜀云然。则三易者，连山蜀人所作，已灭不见。而归藏、周易不坠于地，唯蜀人之功。余经既不能荦荦如易，蜀治诸经者代有，亦颇称显耀，非若易之传尽在蜀。"[①]

"易学在蜀"作何解？不是说易之源只有巴蜀，也不是说只有巴蜀易学独盛，而是说易学在蜀有其独特的不同于古法的承传方式和思维定式。正如蜀人"从博士受经"，"未能笃信道德，反以好文刺讥，贵慕权势"（《汉书·地

---

① 谢无量：《蜀学原始论》，中央文史研究馆馆员文选《崇文集》，中华书局1999年版，第231页。

理志》）一样，蜀人学习中原经书，不是笃信中原道德礼法，而是按蜀人自己的"不师故辙"的思维方式，建立了自己的重今文经学和重文史的传统。蜀易学也是这样，"蜀易"是同辞赋、黄老、卜筮、数术、历数等巴蜀土著学问结合在一起的，其特征是学古法而不师古法，有自己返本开新的一套章法。《汉书·儒林传》说：蜀人赵宾学习孟喜之易学，不是师其学，而是另创新学，"持论，巧慧，诸《易》家不能难，皆曰非古法也"。这就是蜀易学的特点。严君平、扬雄两师徒习易，既不师从象数派，也不师从义理派，而是开辟了以黄老卜筮解易的新派。严君平"专精大《易》"（常璩《华阳国志·先贤士女总赞》），其解易，进行卜算，既重视道德人伦教化的义理，又重视天文五星与人间五行相符应的象数，每天定时重廉示卦，独树一帜。其弟子扬雄的《太玄》直接仿周易，但这种模仿，不是抄袭，而是有独特创新的思维。作为宇宙本体，周易讲"太极生两仪"，是阴阳二元论。老子讲"道生一，一生二，二生三，三生万物"，讲"一"是万物的始基，是"道"的一元论。扬雄创"太玄学"，以"天地人"三玄三才和合精神为内核，讲"三"是万物的始基，是"玄"的三元论。它既不同于老子的"一"，又吸收了"一"，既不同于周易的"二"，又吸收了"二"，独创出"三"这个最高哲学范畴和宇宙、社会、人生的解释模式，除了认同阴、阳对立矛盾的两面外，更认同解决对立矛盾面而达到的"三"这种和谐稳定的状态。这种"太玄"论，是对孔子社会和谐思想的发展，显示了蜀易学的独创性，成为一种专门学问。（宋）李焘说："蜀人盖多《玄学》，疑严（君平），扬（雄）所传固自不绝。"①蜀中一直世传有《太玄学》，当时的陈渐、张行成等人都是致力于扬雄《玄学》探究的著名学者。唐李荣《重玄学》就是老子的"玄之又玄"和扬雄的《太玄》的创新性发展。

扬雄《太玄》不仅对蜀中玄学有世传影响，而且对魏晋玄学之风有导引性的作用，故蒙文通先生认为："扬雄少时从君平游学，著《太玄》，魏晋玄学即由此起。"②

体现蜀易学独创性的还有"蜀才易"，是两晋之间成汉国时代隐居于青城山的范长生创立的。

---

① 《文献通考》卷二〇八《经籍考》。
② 蒙文通：《再论昆仑为天下之中》，《蒙文通全集》第四册，巴蜀书社2015年版，第498页。

既能集大成又能开新派的唐代易学的最高代表是李鼎祚。他是资州人，其《周易集解》代表唐宋易学的高峰，是两汉以来周易注疏学集大成的著作。他在唐代易学普遍"专崇王注孔疏"的义理派，轻视象数派郑玄解易的风气下，力排众议，独树一帜，倡导义理与象数并重，以"集解"为标志，遂开肇宋新解易的一代特色。宋代程颐的《伊川易传》、朱熹的《周易本义》皆受李鼎祚的影响。苏轼的《东坡易传》，援禅入易，更是蜀人好异不法古的思维特征的显现。宋蜀易学家谯定精深象数，南宋理学大师朱熹、张栻皆谯定门下再传第三代弟子，张栻之父张浚为谯定直传的第二代弟子，在道学升华转型为理学的过程中，他同蜀人张栻、魏了翁等人一样起了导师的作用。"可以说，没有'蜀易'为标志的蜀学脉流，便没有南宋理学。"①南宋资州人李石擅长易节，著有《方舟易学》，专论易卦互体，专门批判王弼义理之学，主张互卦之变与动爻之变，与一般论卦者不同，主张《连山》《归藏》是以七八为占，周易才是九六为占。连山、归藏的重卦始于伏羲，但六十四卦是不动的，乾止于乾，坤止于坤，是不能变的。到了《周易》才始有六十四卦变易之说（李石《续博物志》卷十）。这种见解确为标新立异之论。

明清蜀易学主要流行象数派之风，是宋代兴起的以图解易的新学派"图""书"之学传承发展下来的。而"易图"的兴起，肇始于华山道士陈抟在蜀中安岳演习出来的"太极图谱"。这些具体图谱形成虽在宋初，但其具体图画思维可溯源至汉扬雄《太玄》的天地人"玄图"设计，可见图象之学的兴起和发展，是蜀易学起了奠基的作用，这也是图象学在明清时代流行的主要原因。明代"图""书"之学的代表是蜀人来之德。他的《易经来注图解》主旨认为："圣人作易之原"，"理气象数，阴、阳、老、少，往来进退，常变吉凶，皆寓乎（图）中"，故"不立文字""而图之也"。②不过，蜀中图象数术之学在明清时代却也走入算卦卜筮末流，迷信卦象之说盛行，有识之士是反对的，故有"善易者不卜"之说。

清代蜀中能抵制象数派世俗末风的代表人物是近代开端时期的启蒙思想家四川双流人刘沅。他是蜀易学"以标其极，好异不法古"的思维传统的最佳

---

① 祁和晖：《蜀学文脉谱系溯源》，西华大学、四川省政府文史研究馆主办《蜀学》第十九辑，巴蜀书社2021年版，第7页。
② 施维主编：《易经图释大典》，上海辞书出版社2015年版，第306~365页。

传承者。他的《周易恒解》有独到的抗俗亮光和价值。他摆脱象数派的拘泥与义理派的空疏，打破传注解经的烦琐体系，用以经解经，自相圆融，以经文联结经文的直解方法，聚焦在《易经》义理本体认识论的焦点上，对《易》的观念符号用自然主义作了新的语境探索和解读；对《易》的义理理念，则用人文主义作了贴合于他的人伦民生观的本体阐释，建立起一个超越其前辈学者的新的《易经》解释学的框架体系。这个体系有四大特点：一是不引历代传注，而是"将孔子十翼本文意义一一得其指归"，阐述自己关于天人合一的自然道义与民生为重的人文道义合一的"天理良心"价值观。二是从《易经》中提升出表现中华民族终极生命价值观的"正道"理念。他把《易经》有关一理、一道、一诚、一本、一气的"一"归纳入儒家"中和""中庸"的总体正道价值观中。三是从《易经》中挖掘出"天下为一家，中国为一人"的凝心聚力于大一统的"文化中国"的核心思想，进一步还提升出人类命运共同体认同的美学观："天地气化以和畅为美，人心亦然"，以天下人"至公、至明、至诚、至虚""相与共成有情之世界"的肚量和情怀，建构"合四海为一人"的和谐文化世界。四是他明确地提出"易为文字之祖"，这对汉字起源学有相当的启示意义。总之，他在《易经恒解》中也体现出了其作为启蒙思想家在近代启蒙时代的先进启蒙思想和智慧。①

到现代，蜀易学的研究出现百花纷呈的新局面。其中以社会历史生活解易是蜀中易学的亮点，以郭沫若《周易时代的社会生活》一文为代表。该文写作于1927年，是用当时崭新的辩证唯物论与历史唯物论来分析《周易》把它作为"当时一个社会生活的状况和一切精神生产的模型"，以易经与易传为史料，分析"周易时代的社会生活"和"易传中辩证的观念之展开"两大方面，得出"易经的时代性"，"是由原始社会变成奴隶制时代的社会的产物"，"易传"则"产生在春秋战国的时候"，是"由奴隶制确切地变成封建制度的时代"的产物。这篇文章放在他的《中国古代社会研究》一书里作为第一篇。该书是以写作"恩格斯的《家庭、私有制和国家的起源》的续篇"，以填补"这半部世界文化史上的白页"为宗旨而写作的，是郭沫若开拓中国马克思主义史

---

① 以上参见谭继和《周易恒解分笺》，（清）刘沅著，谭继和、祁和晖笺解：《十三经恒解笺解本》，巴蜀书社2016年版，第70~76页。

学道路的开端。①因此,郭沫若《周易时代的社会生活》一文就是他开垦马克思主义中国史学的第一块试验田,也是中国第一本用马克思主义的历史观研究周易的著作,为当代蜀易学的发展道路增添了一道最亮丽的光彩和一个最鲜明的文化路标。

---

① 郭沫若:《中国古代社会研究》,科学出版社1960年版,第4~5、25~96页。

结语：
传薪火，开新路

巴蜀文化是在中华广域文化共同体内，由中华古礼乐文明润泽发育开始，又不断在中华文脉进程中丰富发展起来的，一支既有中华文明共性，又具有巴人蜀人个性特色的地域文化。如果说中华文明共同体是世界上自成体系的大文化群落，那么，其中就包含着种种子系群落，各子系群落的汇聚点，集中于具有凝聚力向心力根基的中原文化。巴蜀文化作为其中的一大子系群落，从初生时起，就从巴蜀的"巴蜀"，逐步成长为中华的"巴蜀"，具有中华文明的共同性。同时它又具有地方特性，始终是中华文明母体中一个善于容纳和集结的开放性子系群落，并始终在中华文脉系统中与其他子系文化群落不断互补、共生、发展。[①]

郭沫若先生曾论断："古代中国文化普及南北"，"创制北方文化的民族，与开辟南方文化的民族，同是一个民族"，"故南北共贯"。同时，"经过将近一千年（按：指夏殷周）的长时期间，因此也就多少表现出一些不同的地方色彩，但从本质上说来是一家的。""那时的思想学术，无论是南派北派，都富有独创精神，特别是屈原的文艺那真是特立千古。"[②]郭老这些论断，阐明了中国得以形成大一统的五千年文脉的根本原因就在于中华民族的各

[①] 参阅祁和晖《从文化群落理论为巴蜀文化定位》《从三种启示追寻中华文化群落林间的巴蜀芳踪》《中华文明的开放性品格与古代巴蜀文化的基本特点》，《西南民族大学学报·哲学社会科学版》2000年第7、8、9期。

[②] 郭沫若：《论古代文学》，《郭沫若古典文学论文集》，上海古籍出版社1885年版，第1、9、10、13页。

个子民族在文化上有共贯之源，这是来源于历史长河时期的根深蒂固的统一性纽带。这根大一统纽带，庋藏于各地域和民族的子系文化群落之中，成为五千年文化中国大一统的生存之根、发展之魂和文化之脉。而巴蜀文化为这个中华文化共贯之源、文化之脉，即伟大的中华群落"文化生态"森林成长的历程，做出了自己独特地方性的贡献。

巴蜀地域处于大江大河——长江和黄河之间的枢纽地势，它的西北与陕西、甘肃接壤的地区又处于从青海发源的长江与黄河的源头，即"江源""河源"区域。这一特殊地势既形成秦陇至巴蜀的族群迁徙与文化交流通道，成为以"其维，首在陇蜀"（《史记·天官书》）的龙头著称的"大蜀道"；同时，又为江河的经济文化交流提供了理想的通道，便于巴人蜀人以其胸襟开阔、朴实率真的开放性兼容性与聪明多智、勇为人先的创新性与完美性相结合的生活方式及思维定式不断融入和丰富中华文化的内容。黄河孕育出方正厚重、磊落质实的礼乐文化心理形态，以《诗经》为文化元典代表；长江孕育出奇瑰想象、浪漫梦幻的文化心理形态，以屈原《楚辞》为文化元典代表。在江、河两大系文脉交相影响下的巴蜀人，形成了南北兼容、东西并蒂的文化特征与历史传统，天然成为《诗经》文化美与《楚辞》文化美交流融汇的美学享受追求的一大摇篮。巴蜀第一个文宗司马相如就是以屈原为楷模，在诗教乐教文化与仙游浪漫文化交相熏陶的背景下孕育出来的，此后的历代文宗从扬雄到郭沫若都是"比肩相如"，走的屈原、相如开拓的守正创新文化之路。这就是我们沿着巴蜀历史长河回溯和前行得出来的总认识。[①]

如果把巴蜀文化比作一个巨人，那么，它生生不息的守正创新传统就是它的血脉，它生态神奇、文态神秘、心态神妙的美学追求就是它的特征。这条血脉流贯巴蜀这个文化巨人的全身，从巴蜀文化的童年到长大成人，直到当今现在，经过长达五千年以上历史文脉的量和质两方面不断的积淀和延伸，为我们留下不可多得的历史遗产、遗存和遗址，以及多姿多彩的历史文化与思想营养的资料。这些遗产和资源对于今天构建巴蜀特色的社会主义文化和新时代四川人的精神，对于巴蜀践行现代化强国建设新篇章的进程，正在起着越来越大的

---

① 参阅祁和晖《从文化群落理论为巴蜀文化定位》《从三种启示追寻中华文化群落林间的巴蜀芳踪》《中华文明的开放性品格与古代巴蜀文化的基本特点》，《西南民族大学学报·哲学社会科学版》2000年第7、8、9期。

作用。

传薪火，走新路，我们正遵循着习近平总书记关于创建公园城市的指示，传承和弘扬我们巴蜀老祖宗的历史文化传统，构建中国特色社会主义的巴蜀文化，沿着流光溢彩的历史文化长河前行。前面还有很多路需要我们继续走下去，把巴蜀文化的光辉继续发扬光大下去。

从1929年开始，近现代巴蜀文化研究工作已经开展九十多年，在巴蜀文化的一些主要门类方面，已经取得了可喜成绩，对于巴蜀文化理论体系、学科体系和话语体系的探索，也出现了可喜的势头。特别是进入21世纪以后，在西部大开发、信息化、产业化和国际化背景下，巴蜀文化研究迎来了新的发展繁荣；在创意产业带动下，巴蜀文化研究的领域、范围不断扩大，涵盖了城市建设、社会、工业、商业、农业、民俗、宗教、民族、文学、艺术等诸多领域，与社会、经济、文化建设日益紧密结合，呈现出"多线进化"、立体发展的新趋势。

随着全国地域文化研究的深入，各地的地域文化研究日益成为学术界和文化界的热点。文化是精神需求的核心，地域文化已日益成为该地域人民群众最深刻的精神需求。如同地域经济的发展已得到政府和社会、民间的高度重视一样，区域文化的发展也日益得到高度的关注。因此，加强地域文化及其共有精神家园的研究和地域文化神韵建设的研究，对于促进地域文化传承体系的建立和地域文化创意产业体系的发展，满足人民群众日益深刻的精神需要，有着重要的意义。巴蜀文化的研究，在建立和发展巴蜀文化传承体系和创意产业体系方面还大有可为。它不仅可对本地的经济、社会和文化做出自己的贡献，还可进一步为中华社会主义核心价值观体系的建立做出地域性的贡献，为多元一体、多源一脉、多样一统的中华民族和国家文化的复兴梦更加绚烂美丽，做出应有的贡献。

学术是文化精神的内核。每个地域都有自己地域的学术，是各自地域精神文化的核心，体现着各自地域的精神、个性和神韵，是各地域精神家园秘藏的宝库。

巴蜀文化在从古及今的发展进程中，蜀学的形成和发展起了精神核心、价值观内核和地方精神支柱的历史作用。尤其在马克思主义中国化、时代化、大众化的指引下，继承郭沫若等巴蜀老一辈学者在20世纪30年代开拓的以马恩为向导，写满半部世界文化史上有关中国文化白页的学术道路，今后不但需要我们这一代来继承和发展新时代蜀学，更需要放眼未来，提升建立巴蜀文化学的文化自觉性和历史自信心，以便在全国地方学的构建方面能占有一席重要地位。因此，研究和把握地方学的根柢与内涵、文心与神韵，找到今日城乡文化现代化建设与乡村振兴的神韵和灵魂，从而寻找到地域文化软实力之根，依然是今后巴蜀地域文化研究的严峻任务。

后　记

　　本卷名"通论卷",是《巴蜀文化通史》(共二十二卷)的第一卷,具有总论综析、错综会通的性质,重在会通性研究阐释巴蜀文化从古及今的发展轨迹及其根本性质与基本特征。其框架结构,按照历史进程与逻辑进程相一致的思路,着眼于文脉赓续的发展趋势和时代潮流,首列巴蜀文化的基本概念体系及其生长环境——巴山蜀水的美丽生态文脉;次析巴蜀文明历史研究的历代探索历程;再就巴蜀文化各个时期的历史形态与脉络的演进格局与发展路向,分为三大阶段加以阐释;最后则是对巴蜀文化的内在性质与特征的总体认识以及对传薪火、走新路的未来的展望。

　　巴蜀文化是巴蜀大地上各族同胞世世代代生存之根、薪传之脉和心灵之魂。它是大一统文化中国共同体的重要组成部分,是在中华传统礼乐文明五千年文脉的母体哺育润泽下成长起来的。同时它又以五千年心向中原,以中原文化为向心力、凝聚力核心的大一统文化中国认同文脉,不断做出了自己反哺性的地域贡献。本卷即以此认识为中心内容,以中华文化为根脉,努力展现巴蜀文化元素的最大亮点,体现巴蜀文化固有的仰望星空、控引天地的崇高美学境界和浪漫文化想象力、创始力的悠久传统,焕发中华民族命运共同体内巴风蜀韵的无穷魅力。

　　上述撰写思路的确立,离不开老、中、青学者专家的帮助。他们把本卷视同他们自己的翰墨著述一样,切磋琢磨,无私贡献心力和智慧。通史学术委员会专门为本卷的写作前后召开过四次专题研讨会。第一次研讨会即是就《巴蜀文化通史》编纂理念暨"通论卷"写作大纲而召开的。由于文化史的复杂性和体例上要求的创新性,大家讨论热烈,专家们均写出了专门意见。之后,得到学术委员会诸多帮助，尤其是章玉钧、李绍明、胡昭曦、林向、贾大泉等知名老专家还专门写出了个人的创建性见解提供给作者，这些见解都是没有发表过的，十分令人感佩。

本卷撰写前后三稿历时十五年，每稿均有五六十万字。草稿如小山堆积在书房内。由于本人不会电脑操作，三稿均由年轻的学生辈朋友与出版社编辑帮助转为电子文本，并悉心校阅，在编辑过程中又提出不少修改意见。特别令人感动的是，在本卷多年的撰稿和修改过程中，一直得到省社科院领导和四川人民出版社领导的关心，省社科院专门为本卷召开会议，解决撰稿中遇到的困难。在他们的大力帮助和支持下本卷始得以出版。这里对所有帮助和关心本卷的学者、专家和朋友们致以真挚的谢忱。

本卷写作立意在翰墨畦里进山采铜，不买卖市场旧铜钱。本卷行文力求简约明晰，能表达文脉赓续即可，不作史料的烦琐冗长引证，冀望学习梁启超"新民体"，力求畅晓，为大众接受。所悬鹄的甚高，但本人见识与学识有限，自难达到这样的深度和高度，其中丛脞纰漏之处定然不少，乞望读者诸君不吝指正。

谭继和

2021年12月

图书在版编目（CIP）数据

巴蜀文化通史.通论卷/章玉钧，谭继和主编；谭继和著.--成都：四川人民出版社，2021.12
ISBN 978-7-220-10565-4

Ⅰ.①巴… Ⅱ.①章… ②谭… Ⅲ.①文化史—四川 Ⅳ.①K297.1

中国版本图书馆CIP数据核字（2017）第280114号

BASHU WENHUA TONGSHI
TONGLUN JUAN
巴蜀文化通史 **通论卷**

谭继和　著

出 品 人	黄立新
项目统筹	谢　雪　董　玲　谢　寒
责任编辑	谢　雪　孙　玫
封面设计	张　科
装帧设计	经典记忆　戴雨虹
责任校对	舒晓利
责任印制	祝　健
出版发行	四川人民出版社（成都三色路238号）
网　　址	http://www.scpph.com
E-mail	scrmcbs@sina.com
新浪微博	@四川人民出版社
微信公众号	四川人民出版社
发行部业务电话	（028）86361653　86361656
防盗版举报电话	（028）86361653
制　　版	四川胜翔数码印务设计有限公司
印　　刷	成都东江印务有限公司
成品尺寸	180mm×260mm
插　　页	14
印　　张	30.25
字　　数	530千
版　　次	2021年12月第1版
印　　次	2021年12月第1次印刷
书　　号	ISBN 978-7-220-10565-4
定　　价	125.00元

■版权所有·侵权必究
本书若出现印装质量问题，请与我社发行部联系调换
电话：（028）86361656